KB233285

회중교회 사역자,

교회학교 교사,

선교단체의 리더,

그룹성경공부 구성원,

학생,

목회자,

연구자.

이 읽기 쉬운 주석 시리즈는

성서의 원래 메시지와 그 의미를

오늘날 더 온전히 이해하려는

모든 이들을 위한 것이다.

추천의 글

이 책은 누가가 예수 전통을 얼마나 정교하고 예술적으로 구성했는지를 보여주는 빛나는 문학 작품처럼 읽힙니다. 또한 예수가 두 가지 히브리 성경의 역할을 재치 있게 통합하여 비폭력적 신적 전사이자 능동적이지 않은 고난 받는 종으로서 운동을 이끄는 모습을 생생히 보여 줍니다. 해석, 신학, 실제적 적용에 대한 날카로운 통찰로 가득한 이 주석서는 평화 교회 전통 속에서 설교, 강의, 예배 준비, 개인 성서 공부 등 다양한 활용 가능성을 제공합니다.

존 아이작(Jon Isaak), 메노나이트 브레드런 연구센터 소장, *New Testament Theology: Extending the Table* 저자

메리 셔츠는 독자들에게 진정한 선물을 제공합니다. 역사적 맥락에 충실하면서도 문학적인 시선으로 누가복음을 다루며, 성경 본문에 대한 세심한 읽기에서 신학적 성찰과 개인·공동체적 적용으로 자연스럽게 이어집니다. 학자, 목회자, 일반 독자 모두가 유익하게 읽을 수 있는, 친절하면서도 깊이 있는 주석서입니다.

앤드류 아터버리(Andrew Arterbury), 조지 W. 트루엣 신학대학원, 기독교 성서학 교수

읽기 쉽고 때로는 시적인 느낌마저 주는 이 주석서는 누가복음 속 평화로운 예수의 메시지를 선명하게 보여줍니다. 셔츠 교수는 성서학의 최고 성과를 바탕으로, 독자들의 마음과 생각을 풍요롭게 하는 이해하기 쉬운 복음 설명을 만들어 냈습니다. 학계와 교회 모두에게 귀한 선물입니다.

멜라니 A. 하워드(Melanie A. Howard), 프레즈노 퍼시픽대학 성서·신학 연구 부교수

셔츠 교수는 우리를 기독교 역사상 가장 중요한 이야기 중 하나로 안내합니다. 이 주석서는 예수의 십자가 이해를 올바르게 해석하려면, 그것을 정치적 의미와 예수의 삶과 사명과 함께 이해해야 함을 명확히 보여줍니다. '무릎 꿇고 싸우기'라는 시선으로 누가복음 속 '비폭력적 신적 전사' 이야기를 오늘날의 폭력적 시대에 생생히 적용합니다. 이 메시지에 귀 기울일 가치가 충분합니다.

에머슨 B. 파워리(Emerson B. Powery), 메시아대학교 성서학 교수

메리 셔츠는 누가복음의 서사 속에서 예수와 함께 걷도록 독자를 초대합니다. 그녀의 해석과 성찰을 읽으면 마치 수업 후 휴게실에서 학생들이 나눈 대화를 엿보는 듯한 느낌을 줍니다. 나중에 학생들은 복음 이야기를 새롭게 들으며 풍부한 통찰과 영감을 얻을 것입니다.

제이콥 W. 엘리아스(Jacob W. Elias), 아나뱁티스트 메노나이트 성서신학교(AMBS) 신약학 명예교수

셔츠 교수의 누가복음 분석은 탁월합니다. 그리스어와 영어 표현의 뉘앙스에 대한 전문적 통찰로 여러 의미 층위를 보여주며, 동시에 인물 중심적이고 독자 지향적인 서술로 읽는 즐거움을 줍니다. 이 책은 각 해석을 이웃과 공동체의 진리에 비추어 검증하도록 안내하며, 참으로 삶을 풍요롭게 하는 연구서입니다.

브리애나 J. 니켈(Breanna J. Nickel), 고센대학 성서·종교학 조교수

이 대담한 주석서는 단순히 누가복음에 대한 새로운 해석을 모은 것이 아닙니다. 누가의 문학적 예술성과 비폭력적 저항을 향한 오랜 기도적 묵상, 그리고 평화의 급진적 복음을 증언할 다음 세대를 초대하는 기록입니다. 셔츠 교수는 백인 우월주의, 제국주의, 가부장제, 기독교 민족주의, 기독교 반유대주의 등 억압적 신학을 정면으로 마주하며, 오늘날의 맥락에서 누가복음을 용기 있게 해석합니다. 저는 누가복음으로 강의하고 설교할 때마다 이 주석서를 활용하고 배우게 될 것입니다."

드류 스트레이트(Drew Strait), 아나뱁티스트 메노나이트 성서신학교 신약학 조교수.

Eldon Arthur Schertz (1916~2001)와
Eileen Bachman Schertz (1916~2012)에게

신자들의 교회 성서주석
누가복음

지은이	메리, H. 셔츠 Mary H. Schertz.
옮긴이	황의무
초판발행	2025년 10월 23일
펴낸이	배용하
책임편집	배용하
등록	제364-2008-000013호
펴낸곳	도서출판 대장간
	www.daejanggan.org
등록한곳	충남 논산시 매죽헌로1176번길 8-54
대표전화	전화 041-742-1424 전송 0303-0959-1424
분류	주석 | 신약 | 누가복음
ISBN	978-89-7071-776-0
	978-89-7071-386-1 (세트 04230)

 값 30,000원

신자들의 교회 성서주석

누가복음

메리 H. 셔츠

황의무 옮김

BELIEVERS CHURCH BIBLE COMMENTARY

*표는 한국어로 번역되었습니다.

Old Testament

Genesis, by Eugene F. Roop, 1987 *

Exodus, by Waldemar Janzen, 2000 *

Leviticus, by Perry B. Yoder, 2017

Deuteronomy by Gerald E. Gerbrandt, 2015

Joshua, by Gordon H. Matties, 2012

Judges, by Terry L. Brensinger, 1999

Ruth, Jonah, Esther, by Eugene F. Roop, 2002

1–2 Kings, by Lynn Jost, 2021

1-2 Chronicles by August H. Konkel, 2016

Psalms, by James H. Waltner, 2006

Proverbs, by John W. Miller, 2004

Ecclesiastes, by Douglas B. Miller, 2010

Isaiah, by Ivan D. Friesen, 2009

Jeremiah, by Elmer A. Martens, 1986

Lamentations/Song of Songs by Wilma Ann Bailey, Christina Bucher, 2015

Ezekiel, by Millard C. Lind, 1996

Daniel, by Paul M. Lederach, 1994 *

Hosea, Amos, by Allen R. Guenther, 1998 *

Joel, Obadiah, Micah, by Daniel Epp-Tiessen, 2022

New Testament

Matthew, by Richard B. Gardner, 1991 *

Mark, by Timothy J. Geddert, 2001

Luke, by Mary H. Schertz, 2023 *

John, by Willard Swartley, 2013 *

Acts, by Chalmer E. Faw, 1993

Romans, by John E. Toews, 2004 *

1 Corinthians, by Dan Nighswander, 2017

2 Corinthians, by V. George Shillington, 1998

Galatians by George R Brunk III, 2015 *

Ephesians, by Thomas R. Yoder Neufeld, 2002 *

Philippians by Gordon Zerbe, 2016

Colossians, Philemon, by Ernest D. Martin, 1993

1–2 Thessalonians, by Jacob W. Elias, 1995

1–2 Timothy, Titus, by Paul M. Zehr, 2010

1–2 Peter, Jude, by Erland Waltner and J. Daryl Charles, 1999

1, 2, 3 John, by J. E. McDermond, 2011

Revelation, by John R. Yeatts, 2003

약어표 Abbreviations

§(§)	section(s)
ABD	*The Anchor [Yale] Bible Dictionary*. Edited by David Noel Freedman. 6 vols. New York: Doubleday, 1992. [New Haven: Yale University Press, 2007.]
Ant.	Flavius Josephus. *Jewish Antiquities,* Books 1–19. Translated by Henry St. J. Thackeray et al. 10 vols. LCL. Cambridge: Harvard University Press, 1926–65.
AT	author's translation
bce	before the Common Era
c.	century/centuries
ca.	circa, approximately
ce	Common Era
cf.	*confer*, compare
ch(s).	chapter(s)
CSB	Christian Standard Bible, 2017
e.g.	exempli gratia, for example
EN	Explanatory Notes (in the commentary)
esp.	especially
ESV	English Standard Version, 2001
et al.	*et alia*, and others
fem.	feminine
Heb.	Hebrew
KJV	King James Version, 1611
Gk.	Greek
J.W.	Flavius Josephus. *Jewish War, Vol. III*: Books 5–7. Translated by Henry St. J. Thackeray et al. LCL. Cambridge: Harvard University Press, 1928.
Lat.	Latin
LXX	Septuagint, the Greek Old Testament
m.	Mishnah
masc.	masculine
NRSV	New Revised Standard Version, 1989
Q	*Quelle*, German for "source," a hypothetical collection of Jesus' sayings common to Matthew and Luke but not in Mark
1QS	Rule of the Community (Qumran scroll)
RSV	Revised Standard Version, 1971
TBC	The Text in Biblical Context (in Contents as *)
TDNT	*Theological Dictionary of the New Testament*. Edited by Gerhard Kittel and Gerhard Friedrich. Translated by Geoffrey W. Bromiley. 10 vols. Grand Rapids: Eerdmans, 1964–1976.
TLC	The Text in the Life of the Church (in Contents as +)
trans.	translated by
v(v).	verse(s)

히브리어 자음 음역 발음 안내

Pronunciation Guide for Certain Transliterated Hebrew Consonants

ʾ	(not pronounced)
ʿ	(not pronounced)
ḥ	ch (Scottish loch)
ṣ	ts
ś	s
š	sh
ṭ	t

차례

평지설교 6:17-49

하나님의 나라에 참예함: 15:1–32

하나님 나라에서의 돈, 지위, 신앙 16:1–18:30

여정의 끝 18:31–19:44

시리즈 서문

신자들의 교회 성서주석시리즈는 기본적인 성서공부를 위한 새로운 도구를 사용할 수 있게 한다. 이 시리즈는 성서의 원래 메시지와 그 의미를 오늘날 더욱 풍부하게 이해하고자 하는 모든 사람들-주일학교 교사들, 성경공부그룹, 학생, 목회자 등-을 위해 발간되었다. 이 시리즈는 하나님께서 여전히 듣고자 하는 모든 이들에게 말씀하시며, 성령께서는 하나님의 뜻을 알고 행하고자 하는 모든 이들을 위해 말씀으로 권위 있는 산 지침을 삼으신다는 신념에 기초하고 있다.

저자들은 가능한 넓은 층의 독자들을 도우려는 열망으로 참여를 결정했다. 성서본문을 선택함에 있어 어떤 제한도 없으므로, 독자들은 가장 익숙한 번역을 계속 사용할 수도 있다. 이 시리즈의 저자들은 비교를 위한 기준으로 NRSV역과 NIV역을 사용한다. 이들은 어떤 본문을 가장 가까이 따르고 있는지, 그리고 자신들만의 번역을 하는 부분이 어디인지를 보여준다. 저자들은 혼자서 연구한 것이 아니라, 정선된 조언가들, 시리즈의 편집자들, 그리고 편집위원회와 협의했다.

각권은 성서를 조명하여 필요한 신학적, 사회학적, 그리고 윤리적 의미들을 제공해주며, 일반적으로 "고르지 않은 땅을 매끄럽게" 해주고 있다. 비평적 이슈들을 피하지 않되, 그것을 학자들 간의 논쟁이 일어나는 전면에 두지도 않았다. 각각의 섹션들은 주를 달아, 이후에 "성서적 맥락에서의 본문"과 "교회생활에서의 본문"이라는 집중된 글들이 따라오게 했다. 이 주석은 해석적 과정에 도움을 주지만 모이는 교회 속에서 분별되는 말씀과 성령의 권위를 넘어서려 하지는 않는다.

신자들의 교회라는 용어는 교회의 역사 속에서 자주 사용되어 왔다. 16세기 이후로, 이 용어는 흔히 아나뱁티스트들에게 적용이 되었으며 후에는 메노나이트 및 형제교회를 비롯해 유사한 다른 그룹들에게도 적용되었다. 서술적인 용어로, 신자들의 교회는 메노나이트와 형제교회 이상의 것을 포함하고 있다. 신자들의 교회는 이제 특수한 신학적 이해들을 나타내고 있는데, 예를 들면 신자의 침례, 마태복음 18:15-20에 나타나는 교회 회원이 되기 위해 필수적인 그리스도의 통치에 헌신하는 것, 모든 관계들 속에서 사랑의 힘을 믿는 것, 그리고 자발적으로 십자가의 길로 그리스도를 따라가고자 하는 의지이다. 저자들은 이런 전통 속에 이 시리즈가 설 수 있도록 선정되었다.

신자들의 교회 사람들은 항상 성서의 단순한 의미에 순종하는 것을 강조한다고 알려져 있다. 이 때문에 그들은 깊이 있는 역사비평적 성서학문의 역사가 길지 않다. 이 시리즈는 고고학과 현재 진행되는 성서연구를 진지하게 취하면서 성서에 충실하고자 한다. 이런 작업의 의미는 다른 많은 좋은 주석들에서 발견될 수 있는 해석들과 저자들의 해석이 질적으로 크게 다르지 않다는 뜻이다. 그러면서도 이 저자들은 그리스도, 교회와 선교, 하나님과 역사, 인간의 본성, 그리스도인의 삶, 다른 교리들에 대한 기본적인 신념을 공유한다. 이런 가정들이 저자의 성서해석을 이루고 있다. 따라서 이 시리즈는, 다른 많은 주석처럼, 하나의 구체적인 역사적 교회의 전통 속에 서 있는 것이다.

이러한 교회의 흐름 속에서 많은 사람은 성경공부에 도움될만한 주석의 필요를 역설해왔다. 이 필요에 대한 응답이 신자들의 교회성서주석을 소개하는 데 충분한 정당성이 될 것이다. 그럼에도, 성령께서는 어떤 전통에도 묶이지 않으신다. 이 시리즈가 전 세계 그리스도인들 사이의 벽을 허물며 말씀의 완전한 이해를 통한 순종 속에서 새로운 기쁨을 가져다주기를 바라는 바이다.

〈BCBC 편집위원회〉

저자 서문

사랑하는 독자에게

우리 세대의 많은 사람처럼, 나는 너무 많은 십자가, 너무 많은 그리스도의 피, 너무 많은 "나같은 죄인," 너무 많은 대속의 죽음, 예수님과의 개인적인 관계에 대한 너무 많은 질문 속에서 자랐다. 청년기의 나는 그런 말에 참지 못하고 그런 신앙을 무시했다. 그러나 지난주 한 학생이 나의 삶에 십자가가 어떤 위치에 있느냐고 물었을 때, 나는 주저하지 않고 "예수님의 십자가는 나의 삶의 중심에 있다"라고 확실하게 말했다.

이러한 변화, 순수한 마음으로의 회복은 전적으로 누가와 그가 쓴 복음서 덕분이라고 할 수 있다. 한 가지 확실하게 해두고 싶은 것은, 예수님의 삶과 사역을 무시하는 십자가에 대한 강조로 돌아가고 싶은 생각은 추호도 없다는 것이다. 나는 예수님을 십자가에 못 박게 한 정치적, 인간적 요인을 무시하는 십자가 신학을 받아들이고 싶지 않다. 나는 예수님으로부터 시작되거나 하나님의 진노를 누그러뜨리려는 구원 개념을 선호하지 않는다.

그러나 수년간 누가행전을 가르치며 본 주석을 집필하면서 나는 지금까지 무시하거나 그로 인해 받아들였던 거의 모든 신학적 개념들에 대해 재고하게 되었으며 작업을 다시 해야 했다. 나는 예수님에 대한 큰 관심을 가지고 그를 깊이 묵상했던 이 제자와의 만남을 통해 변화되었다.

우리는 기독교 정통을 정통적 사상orthodoxy과 정통적 행위orthopraxy 및 정통적 감성 orthopathy으로 생각할 수 있다. orthodoxy는 바르게 생각하는 것이고, orthopraxy는 바르게 행하는 것이며, orhtopraxy는 바르게 느끼는 것이다. 누가는 세 가지 요소 모두를 장성한 제자가 되기 위한 부르심이나 인도하심 또는 영감으로 다룬다.

누가에게 바른 생각은 바르게 보는 것이다. 제자들은 시력을 회복하여 새로운 눈을 가지고 있으나 보지 못하는 자들이다. 제자들은 빛을 볼 수 있다. 그들에게는 소망이 있다. 그것은 민족적 번영이 아니라 이생과 내세에 있어서 하나님의 긍휼하심에 대한 영원한 소망이다. 더구나 제자들은 이 소망의 사역자들이다. 그들은 예수님처럼 병을 고치고 가르치며 복음을 전하라는 사명을 받았다.

누가에게 바른 행위는 유대인과 이방인을 막론하고 모든 사람에게 모든 면에서 긍휼을 베푸는 것이다. 이러한 긍휼의 행위는 사람들을 하나님의 나라와 신자 공동체로 초대하는 보편적 방법이다. 대가를 생각하지 않고 복을 빌며 베푸는 행위, 은혜를 갚을 수 없는 자들에게 친절과 관용을 베푸는 행위, 일흔 번씩 일곱 번 용서하는 무한한 사랑, 자신의 소유로 풍성히 섬기는 행위, 함께 기뻐하고 즐거워하는 행위는 예수님을 따르기 위한 필수 요소다.

누가에게 바른 감정은 바른 생각과 바른 행위를 결합한 것이다. 제자는 병자를 위한 예수님의 열정과 잃어버린 자를 위한 하나님의 열정을 향해야 한다. 그러한 열정을 향해 끊임없이 나아가는 것은 하나님의 뜻을 알고 행하는 법을 지속적으로 배우기 위한 기본적인 작업으로, 누가에게는 매우 중요한 요소다. 사랑은 복음의 핵심이다. 사랑은 사고와 행동을 강권한다. 열정과 불쌍히 여기는 마음은 처음이자 마지막이다.

하나님의 사랑을 향한 여정은 구원에 대한 개인적 경험으로 시작한다. 우리 가운데 일부는 자신이 병들고 길을 잃었다는 사실을 알고 있다. 그들은 출발이 빠른 자들이다. 다른 사람들은 아무리 화려한 유산과 성장을 자랑할지라도 자신이 병들고 잃어버린 자라는 인식만이 빛을 향한 첫걸음이라는 사실을 알아야 한다. 우리 중 일부는 그런 점에서 누가의 탄생 기사에 나오는 신실한 유대인들과 함께 서 있다. 또한, 우리에게는 세례 요한의 메시지가 필요하다. 사실, 우리에게는 세례도 필요하다. 하나님 나라는 우리가 이 여정을 어디에서 시작하든, 모두를 위한 것이다.

그러나 하나님의 사랑을 향한 끊임없는 방향설정 역시 중요하다. 기도와 예배, 그리고 식탁 교제와 가르침에 참여하는 행위는 예수께서 제자들에게 모범을 보이신 중요한 방식이며, 제자들은 그의 죽음과 부활 후에도 이러한 행위를 계속하고 있다. 하나님, 예수님, 성령 및 다른 신자들과의 정기적이고 실제적인 관계는 우리가 그리스도와 함께하는 여정을 위한 자양분이다. 우리는 기도와 식탁 교제 및 하나님 앞에서 함께 드리는 예배를 통해 우리를 향한 하나님의 사랑과 신자들의 사랑을 정기적으로 경험함으로써 점차 하나님을 사랑하고 이웃을 사랑하며 원수까지 사랑하게 된다.

이러한 제자도의 세 가지 요소는 이 고대 문헌과 만남 및 나와 함께 수년 동안 그것을 읽은 사람들과 만남으로 인해 더욱 중요하고 생명력 있는 요소가 되었다. 이러한 성장에 대한 가장 간단한 설명은 누가복음 10장에 나오는 인물들이 내가 바르게 생각하고 행동하며 느끼는 방법을 배우는 과정을 함께한 동반자가 되었다고 말하는 것이다. 그들은 율법교사, 선한 사마리아인, 마리아와 마르다이다.

나는 신실한 제자도에서 사상과 지성의 역할에 대해 전체적 관점에서 접근하는 편이다. 왜냐하면, 누가는 지식을 무시하거나 높이는 태도를 용납하지 않기 때문이다. 올바른 인식을 바탕으로 하는 지식은 필수적이지만, 올바른 인식이 없이 지식만 쌓거나 지식을 위한 지식은 우리를 잘못된 길로 이끌 수 있다. 10장에 나오는 율법교사와 마리아는 합당한 지식 및 인식과 부당한 지식 및 인식을 보여주는 좋은 사례다. 율법교사는 자기 정당화를 위해 지식을 얻어 사용하려고 하지만, 마리아는 예수님의 발치에 앉아 그에게서 배우는 더 좋은 편을 택했다. 나는 이처럼 실천하는 자비가 하나님과 이웃에 대한 사랑의 성숙에 필수적이라고 주장하는 누가복음을 통해 섬김에 대한 보다 온전하고 단순한 통찰력을 가지게 되었다. 이웃에 대한 사랑을 실천한 자는 멸시받는 사마리아인으로, 그는 우리에게 섬김이 무엇인지를 잘 보여준다. 그러나 예수께서 사랑하시는 친구이자 나의 모습을 닮은 마르다는 율법교사가 자신을 정당화하기 위해 지식을 구한 것과 유사한 방식으로 자기를 위해 봉사한다. 예수님은 그에게 분주한 마음에서 벗어나 자신과 자신의 봉사에 대해 다시 한번 생각해 보라고 말씀하신다. 예수님은 마르다가 준비하느라 분주하기보다 자신에게 초점을 맞추기를 바라신 것이다.

누가복음이 바른 사상과 바른 행동에 있어서 나에게 도움이 된 만큼, 자신을 하나님의 열정으로 끊임없이 향하게 하는 바른 체감에 대한 통찰력은 나에게 큰 변화를 가져왔으며, 예수님의 십자가가 내 삶의 중심이라고 자신 있게 말한 이유다. 누가와 예수님과 하나님에게 있어서 바른 체감의 순간은 감람산에서 일어난다. 누가가 묘사하듯이, 예수님은 신적 전사와 고난받는 종, 또는 폭력적 구원의 방식과 비폭력적 사랑이라는 두 가지 의지와 싸워왔다. 그것은 오랜 긴장 관계를 유지해온 이중적 유산이다. 22장에서 예수님은 제자들을 남겨둔 채, 그들이 보는 가운데 홀로 아버지 앞으로 나아가신다. 그는 그 순간의 압박감 속에서 새로운 결심을 다진다. 어쩌면 예수님과 성부께서 함께 새로운 결의를 다질 수 있다. 우리는 성경이 신학자들보다 하나님의 가변성이나 불변성에 대한 관심이 많지 않다는 사실을 알아야 한다.

예수님도 아시고 우리도 아는 것처럼, 적어도 영감받은 성경은 신적 전쟁과 고난의 사랑이 둘 다 하나님의 방식임을 보여준다. 예수님은 이 고민을 아버지의 뜻과 자신의 뜻 사이의 갈등으로 보신다. 감람산 기도 직전, 22장 35-38절에 나오는 두 자루의 검에 대한 본문은 예수께서 하나님이 정하신 여정을 끝내는 방법으로 거룩한 전쟁을 염두에 두신 것으로 묘사한다. 성전은 두 자루의 검으로 충분하다. 성전은 그의 잔을 옮길 수 있는 한 방법이 될 수 있으며, 예수님은 그 잔을 옮겨달라고 기도한다.

그러나 예수님은 결국 "플렌" "그러나," 22:42이라는 짧은 헬라어 단어 하나로 고난을 통한 사랑의 편에 섬으로써 하나님과 함께 문제를 해결하신다. 그것은 성경에서 역사를 통해 울려 퍼지는 가장 통렬한 단어다. 예수님은 성부와 함께 신적 전사와 고난의 종에 대해 재정립하시고 비폭력적 거룩한 전사이자 자의로 고난당하는 종으로서 십자가를 향해 가신다고 말하는 것이 더 정확할 것이다.

그 순간, 세상을 뒤집어 놓은 일이 일어난 것이다. 그것은 하늘과 땅 사이에 드리운 휘장을 찢고, 사람과 신을 하나로 묶었다. 그것은 사랑이 죽음보다 강하다는 사실을 영원히 선포한다. 그것은 악을 결박하고, 유대인과 이방인을 막론하고 모든 민족을 위한 구원의 문을 활짝 열었다.

그처럼 신비롭고 은혜로 충만한 순간, 역사상 가장 강력한 사랑이 하나님이 창조하신 세상을 껴안았다. 예수님이 자신을 비우시고 완전한 아들이 되시는 순간, 우리가 무엇을 위해 살고 무엇을 위해 죽어야 하는지를 분명히 했다.

나는 이 사랑을 안다. 내가 더 온전히 알고 싶은 것도 바로 이 사랑이다. 나는 이 사랑 없이 살 수 없다. 나를 빛으로 이끄는 것은 바로 이 사랑이다. 나를 끊임없이 하나님의 열정과 긍휼로 향하게 하는 것도 이 사랑이다.

누가와 그의 복음서와 함께하는 필자의 여정에 많은 분이 동참했다. 나는 먼저 사우스 센트럴 엘크하트에 있는 이웃에게 감사한다. 그들은 대부분 내가 주석을 쓰고 있다는 사실을 몰랐다. 그들 가운데는 주석이 무엇인지 모르는 사람도 많이 있었을 것이다. 나는 백인으로서 이 공동체에서 20%에 해당하는 소수파다. 대학원 이상의 학위를 가진 사람으로서는 더욱 이례적일 것이다. 그러나 나에 대한 관용과 사랑은 다른 무엇과도 비교할 수 없는 기초를 형성했다. 내가 수년 동안 가르치고 쓴 모든 것은 그들에게 진실이 되어야 한다. 나는 그들에게 큰 빚을 진 것이다.

나는 아나뱁티스트 메노나이트 성경 신학교Anabaptist Mennonite Biblical Seminary의 동료들, 특히 성경학부에 감사드린다. 성경과 텍스트에 기초한 학습 및 교육에 대한 학교의 관심과 헌신은 나의 길을 밝히는 북극성이었다. 다사다난한 신학교 생활을 통해, 우리는 인도하심과 영감을 위해 이 거룩한 말씀을 함께 바라보았다. 이 고대의 지혜에 초점을 맞추고 배울 수 있었던 것은 나의 특권이었다.

나는 소위 누가 그룹에도 감사한다. 나는 Barbara and James Nelson, Gingerich, Rebecca Slough, Rachel Miller Jacobs, and Eleanor and 안타깝게도 작고한 Alan Kreider와 저녁 시간을 여러 번 함께했다. 우리는 맛있는 음식을 먹고 이야기하며 때로는 눈물을 흘리면서 주석 작업에 매진했다. 그들의 통찰력과 조언은 나와 주석에 많은 유익이 되었다. 그들은 특히 주석이 학문적으로 흐르거나 나의 부족함이 드러날 때 내가 어디서 어떻게 "목소리를 잃었는지" 분별하도록 도와주었다. 그들은 나를 독수리의 날개에 태웠다. 모든 저자가 이러한 사랑과 협력을 느꼈으면 좋을 것이다.

Loren Johns는 본 주석의 편집자로, 나와 누가복음을 잘 섬겨주었다. 이 책이 구조적 일관성이 있고 체계적이라면, 그것은 전적으로 Loren의 덕분이다. 나는 그가 원고를 검토하면서 보낸 세심하고 유익한 메모에 감사한다. 이 과정에 Herald 출판사의 직원도 많은 도움을 주었다.

끝으로, 가족에게 깊은 감사를 드린다. 남동생인 Edward와 Fredde Schertz, 여동생인 Ann Schertz와 Kate Kortemeier는 진지한 배려와 함께 웃으면서 작업하게 해 주었다. 나는 이 책을 부모님께 헌정한다. 부모님은 내가 여덟 살쯤 되었을 때, 누군가 성경이 그렇게 말한다고 해서 반드시 성경이 그렇게 말하는 것은 아니라고 하셨다.

서론

어느 화창한 봄날 저녁, 나는 블라인드 보이스 오브 앨라배마Blind Boys of Alabama가 고센Goshen 대학에서 벤 하퍼Ben Harper의 "혼자 걷지 않으리"I Shall Not Walk Alone라는 노래를 부르는 것을 들었다. 계속해서 머리에서 맴도는 잊을 수 없는 이 노래는 빛과 어둠을 분간하는 것조차 힘들 만큼 기진맥진한 사람이 모든 힘과 인내가 극에 달해 벼랑 끝에 선 심정을 묘사한다. 내 마음과 생각을 영원히 사로잡은 구절은 "나는 싸우기 위해 무릎을 꿇어야 한다"는 마지막 소절이다. 그는 싸움을 포기하지 않고 여전히 맞서 저항하려는 의지가 있다. 그러나 자원이 바닥나면, 전세는 바뀐다. 더 이상 자신의 힘에 대한 환상은 없다. 오직 자신을 초월하는 외부의 힘에 매달릴 뿐이다. "무릎을 꿇고 싸워야 한다"는 구절은 누가와 독자의 관계 및 그가 독자에게 하고 싶은 말을 대변한다. 이 시적 표현은 누가복음에 대한 나의 열정과, 누가복음이 누가가 속한 그리스도의 몸의 한 지체로서 우리에게 제공하는 삶의 모습을 정확히 보여준다. 누가는 두려움 없이 자유롭게 하나님을 예배하는 교회를 꿈꾼다. 왜냐하면, 빛을 향하여 나아가며 무릎을 꿇고 싸우는 것은 세상을 향한 하나님의 사랑과 연결되기 때문이다. 자신을 내어주시는 하나님의 사랑은 역설적으로 신자들의 삶을 유지하는 가장 풍성한 양식이 된다. 예수님은 이러한 희생적 사랑을 실천하셨으며, 교회도 성령으로 받아들였다.

누가복음은 주후 80-90년에 기록되었는데, 당시 누가의 세계는 무너져 내리고 있었다. 우리는 몇 가지 이유로 그가 유대인이었다고 추측한다. 그는 누가복음과 사도행전을 데오빌로에게 보낸다. 데오빌로라는 이름은 "하나님을 사랑하는 자"라는 뜻으로, 이것은 그가 유대인은 아니지만 유대인에게 동정적인 인물임을 보여준다. 누가는 유대인의 생활과 관습에 대해 세밀한 지식을 가지고 있다. 특히 누가복음 4장에 나오는 유대인의 예배에 관한 묘사는 이러한 사실을 잘 보여준다. 끝으로, 다른 복음서에 비해 바리새인에 대해 비교적 동정적인 태도를 보인다는 사실 및 사도행전을 고려할 때 그가 유대인일 것으로 추측할 수 있다. 누가는 주후 70년 예루살렘 성전 함락 이후에 활동한 유대인이다. 당시 유대교는 완전히 분열되었으며 유대 전쟁주후 66-70년에서 로마에 패한 후유증에서 벗어나기 위해 고군분투하는 중이었다.

그처럼 불확실한 혼돈의 시대에, 누가는 유대의 병 고치는 자에 대한 기억과 그의 죽음과 부활에 대한 경험을 공유한 자들을 중심으로 형성된 새로운 유대 분파의 일부였다. 이 새로운 운동과 그들의 전신이었던 유대교와의 투쟁 및 멀리 떨어져 있지만 믿을 수 없는 로마와의 투쟁은 예루살렘과 주변 지역의 전반적인 종교적 불확실성 및 격변을 잘 보여준다. 유대인과의 갈등적 관계는 누가의 성격이나 시대적 요인으로 인해 마태나 요한만큼 심하지 않았지만, 누가복음과 사도행전에는 이러한 긴장이 나타난다.

새것과 옛것의 긴장 및 유대교 내의 격변하는 정세에 더하여, 누가가 아는 세상은 대체로 불안정했다. 예루살렘의 유대인은 로마에 대해 불안해했다. 로마의 점령은 로마의 권력자나 그들에게 우호적인 작가들에게는 팍스 로마나로마의 평화처럼 보였을지 모르지만, 로마에서 멀리 떨어져 지배를 받는 땅에서는 평화를 느끼지 못했다. 그러나 로마는 점령군으로서 유대인과 예루살렘의 신흥 기독교에만 영향을 미친 것이 아니다. 팔레스타인과 주변 지역 역시 팍스 로마나Pax Romana를 빙자한 억압과 격변으로 정체성의 위기, 경제적 착취, 정치적 변혁을 맞았으며 오랫동안 유지해온 가치관이 무너져내리는 위기에 직면했다.

데이비드 티데David Tied가 지적하듯이, 신정론은 당시 유대인과 주변 종족 전체의 문제였다. 악하고 종잡을 수 없는 정치 세력에 대한 경험과 신을 향한 믿음이라는 상반된 관계를 어떻게 이해할 것인가? 이러한 딜레마에 직면한 것은 비단 유대인뿐만 아니지만, 그들은 전통적으로 이러한 문제에 강력한 응집력을 발휘해왔으며, 이러한 이점은 다른 종족의 관심을 끌어들이기에 충분했다. 유대 민족은 예전에도 이러한 의문과 딜레마에 직면한 바 있다. 그들에게는 주전 587년의 첫 번째 성전 함락을 전후하여 발전된 문헌이 있다. 이 문헌은 보충적 주석과 함께 여러 면에서 1세기의 딜레마에 대한 풍부한 자료를 제공했다.Tiede 1980: 1-7 유대의 사상가와 저자들은 500년에 걸쳐 하나님의 신실하심에 의문을 불러일으키는 증거들과 맞서왔다. 그러한 끈기와 회복력 및 소망을 향한 집념은 다른 그리스-로마 종족들을 유대교와 나중에는 기독교로 이끌었던 원동력 가운데 하나였다. 누가의 믿음관은 유대의 신정론 사상 및 문헌의 영향을 받았으며, 사실상 그러한 흐름의 한 부분이 되었다. 미쳐 날뛰는 세상에서 희망을 찾아 나선 것은 유대인뿐만 아니었으며, 누가의 관점은 강한 호소력을 발휘했다. 하퍼의 노래를 부른 가수처럼, 누가는 나름대로 시대를 위한 빛을 찾고 있다.

누가의 두 책에 언급된 하나님을 사랑하는 자, 데오빌로는 빛을 찾느라 기진맥진한 독자다. 누가에 관한 연구는 데오빌로가 특정 인물인지, 후원자인지, "모든 사람"을 지칭하는지,

"사랑하는 독자"를 가리키는지 밝혀내지 못했다. 그러나 이러한 모호성은 이 복음서기자의 영민함을 보여주는 기법에 해당하며, 그의 역사적 위치에서 나온 산물이기도 하다. 누가는 개인과 집단, 특히 자신의 유대 공동체는 물론 그가 알고 사랑하는 이방인들에게 편지를 쓰고 있다. 그러나 파피루스에 글을 쓰기 위해 펜을 든 모든 작가들처럼, 누가는 자신의 글이 예수께 관심이 있는 모든 유대인과 이방인에게 전달되기를 원한다. 그는 사도행전 2장에서 12개 이상의 언어 집단에 대해 언급하지만, 이 목록에는 오순절에 예루살렘을 방문한 신실한 유대인 집단만 포함된다. 이방인은 그런 식으로 언급되지 않지만, 이방인의 언어와 민족적 다양성은 예루살렘을 방문한 유대인의 언어와 민족적 다양성과 같거나 더 광범위하다. 오늘날 우리의 민족주의에 대한 개념은 우리가 생각하는 누가의 상황과 정확히 일치하는 것은 아니며 개인주의에 대한 현대적 개념도 마찬가지다. 신약성경의 세계는 서구의 개인주의적 사회가 생각하는 것보다 훨씬 집단적이다. 그러나 신약성경의 저자들이 민족과 개인과 집단에 예수님을 따르라고 촉구한 것은 의심의 여지가 없는 사실이다. 예수님과 그의 메시지에 반응해야 할 책임은 개인에게도 있고 집단에게도 있다. 누가의 마음에는 개인이나 집단이 앞으로 나아갈 길을 찾는 것이 일과이자 글을 쓰는 동력이며 목회적 관심사다. 그는 세상을 위한 하나님의 선교에 대한 비전을 가지고 있다. 이러한 비전은 예수님에 의해 형성된 것이다. 시므온은 누가복음 2장 32절에서 아기와 그의 삶을 이방인과 이스라엘의 영광, 곧 누가가 알고 있는 세상을 위한 계시로 이해한다. 누가의 독자는 현대 음악가 벤 하퍼의 노래처럼 사회적, 정치적, 종교적 시달림에 지치고 기진맥진한 사람들을 대표한다. 누가는 이러한 현실을 알고 있었으나 하퍼처럼 빛이 비취고 있다고 확신한다. 누가와 하퍼는 인간 조건의 실재에 대한 평가와 빛의 존재 및 그 빛이 길을 인도하기에 충분하다는 확신을 공유한다.

빛을 향한 전환

누가는 우리가 빛을 찾기 위해 돌아서야 한다고 생각한다. 누가 학자들은 가치관의 반전 개념에 대해 언급한다. 본 주석에서도 이 개념에 대해 자주 언급할 것이다. 누가복음에는 빛을 찾아 그것을 향해 나아가기 위해서는 방향전환이 필요하며, 때로는 180도 돌아서야 한다는 인식이 나타난다. 마리아의 찬가Magnificat로부터 예수께서 감람산에서 한 종의 귀를 치유해 주시기까지, 모든 기대와 권세와 상황은 주기적으로 뒤바뀐다. 예수님의 제자가 되기 위해서는 인식의 전환, 정신적 갱신, 회개, 행동의 변화가 필요하다. 바른 지식이나 바른 인식은 회개의 전조에 해당한다. 그것은 그리스도의 몸의 지체와 신자로서의 삶의 근본이다.

따라서 누가가 서두에 데오빌로에게 차례대로 써 보내겠다고 약속한 것은 사건에 대한 상세한 설명이나 순서에 대한 언급이 아니다. 그는 데오빌로와 모든 독자에게 예수님의 삶과 사역과 죽음과 부활에 대한 올바른 통찰력을 제공하고자 한다.

누가는 독자가 예수님을 올바로 인식하기를 원한다. 이처럼 제자도의 초점을 인식에 맞추고 있다는 사실은 특히 4장에서 예수님이 나사렛에서 행하신 첫 번째 설교에 잘 나타난다. 예수님은 책을 펴서 포로 해방에 관해 기록한 이사야 61장을 찾아 읽으신다. 누가는 이 구절을 a-b-a 패턴으로 반복되는 대칭구조로 재배열한다. 그는 인용문뿐만 아니라 본문의 틀도 이러한 반복적 패턴으로 결합하는 문학적 기법을 선보인다. 즉, 회당에 들어가신 예수님은 서서, 사환에게 책을 받은 신 후, 책을 펴서, 읽으신다. 읽으신 다음, 책을 덮어, 사환에게 책을 주신 후, 앉으신다. 이러한 패턴은 책을 읽는 것이 이야기의 중심임을 강조한다. 그것은 이 대칭구조의 핵심부에 해당하며, 누가는 이 부분을 앉고 서는 행위나 책을 펴고 덮는 행위와 구분함으로써 이러한 의도를 드러낸다.

누가가 읽는 행위에 초점을 맞추기 위해 사용한 패턴은 인용문의 내용에서도 나타난다. 이사야의 본문은 시적이므로 이 구조는 놀랍지 않다. 그러나 누가는 이러한 구조를 통해 "눈 먼 자에게 다시 보게 함"눅 4:18이라는 구절에 초점을 맞춘다. 따라서 예수님이 나사렛에서 이웃과 친척에게 치유와 공의라는 일반적인 사역을 선포하시지만, 이 사역의 가장 중요한 핵심 모티브는 눈먼 자를 보게 하는 것이다. 확실히, 눈먼 자를 보게 한다는 것은 다른 공관복음서에서와 마찬가지로 신체적인 시력 회복을 의미한다. 예수님의 치유 사역에는 신체적 실명으로 고통받는 자들의 눈을 뜨게 하는 치유가 포함된다.

그러나 누가복음에서 눈 먼 자는 무지나 영적 소경을 가리키기도 한다. 예수님은 사역을 하시는 동안 끊임없이 깨달음에 대해 말씀하시며 무지를 꾸짖으신다. 7장에서 요한의 제자들은 예수께 와서 자신들이 찾고 있는 이가 맞는지 묻는다. 예수님은 그들에게 자신이 하고 있는 일을 보라고see 말씀하신다. 같은 장 후반부에서 예수님은 바리새인 시몬에게 식사 중에 자신을 찾아와 발에 향유를 붓고 있는 여자를 보느냐고see 물으신다. 선한 사마리아인의 이야기에서 본다는 것은 불쌍히 여기는 마음으로 보고 행동으로 옮기는 것으로 정의된다. 제사장과 레위인은 길에 쓰러진 자를 보고 피하여 지나가지만, 사마리아인은 그를 이웃으로 보고see 행동으로 그를 돕는다. 바리새인 시몬이나 선한 사마리아인 이야기에서 불쌍한 사람을 못본 체 지나간 사람들은 모두 신체적인 눈은 멀지 않았지만, 눈을 새롭게 열어야 할 필요가 있다. 그들은 더 잘 보아야 하며, 올바로 보아야 한다.

무릎을 꿇고 싸워라

누가가 사람들이 근본적인 변화를 통해 예수께 돌아가기를 바라는 이야기를 전개해 나가는 과정에서, 바로 보는 것은 가장 반직관적이며 논쟁적인 반전을 포함한다는 사실이 점차 분명해진다. 바로 본다는 것은 불쌍히 여기는 마음으로 보고, 인간의 탐욕과 폭력의 상황을 행동으로 치유하는 것이다. 그것은 무릎을 꿇고 싸우는 것이다. 누가복음을 통해 볼 수 있듯이, 불쌍히 여기는 마음과 그로 인해 초래되는 고난이 어떻게 악에 맞서는 저항에 기여하는지는 예수님의 사역과 삶과 죽음과 부활의 중요한 쟁점이 된다.

누가복음에서 고난의 역할을 깊이 파고들기 전에, 우리는 사소하지만 중요한 한 가지 사실을 분명히 해 둘 필요가 있다. 그것은 신약성경 다른 곳에서와 마찬가지로 누가복음에서도 고난 자체에 가치를 두는 것은 아니라는 사실이다. 고난이 우리를 구속하는 것은 아니다. 여성주의 신학자 카렌 베이커 플레처Karen Baker Fletcher는 예수님의 어머니가 예수님에 대해 가졌던 두려움과 희망에 대한 논의에서 다음과 같이 지적한다.

> 이것은 고난이 구속적이라거나 신성하게 한다는 의미가 아니다. 고난은 우리를 더 거룩하게 하거나 하나님을 하나님 되게 하지 않는다. 우리를 구원하는 것은 그리스도에 대한 하나님의 공감empathy과, 하나님이 그리스도를 통해 악을 정복하심과, 그리스도 안에 있는 하나님의 용서하심이다. 우리는 증오와 폭력을 극복하라는 부르심을 받았다. 우리는 우리에게 약속된 이 땅에서의 부활의 삶을 살라는 부르심을 받았다. 십자가는 신체적, 감정적, 정신적, 영적인 증오와 폭력의 모든 무기를 상징한다. 악의 무기에 대한 그리스도의 반응은 전적으로 수동적인 인내가 아니라 악에 대한 하나님의 근본적인 "아니오"를 의미한다. 예수님을 따르는 우리는 악에 대한 하나님의 "아니오"와 고난에 동참하게 된다. 이러한 이유로, 우리는 예수를 따르는 동시에 세상 권력과 탐욕과 폭력에 맞서야 한다.[139]

일부 아나뱁티스트 전통에서는 고난 자체에 의미를 부여하거나 신실함의 시금석으로 보거나 미덕으로 보기도 한다. 그러나 그것은 복음에 반대되며, 특히 누가복음과 배치된다. 예수님과 제자들이 함께 한 사역에서 볼 수 있듯이, 명확한 인식과 그로 인한 행동을 가로막는 요소는 종종 고난에 대한 모호한 개념이다. 그러나 제자들의 문제는 어떤 고난이든 피하고자 하는 뿌리 깊은 욕망이다. 그들은 특히 메시아를 고난과 연계하고 싶어 하지 않는다. 그러나 우리는 누가복음에서 이 문제를 다룰 때, 누가가 묘사하듯이 예수님은 고난을 위한 고난을 구하지 않았다는 사실을 알아야 한다. 그는 이 땅에서 하나님의 사명을 신실히 수행하는 과정에서 고난이 따를 수 있다는 사실을 받아들인다. 고난은 실제적 기대일 수 있지만, 그 자체가 구속적인 것은 아니다. 하나님은 악을 이기심으로써 구원하신다.

변화산 장면 직전에 예수님은 제자들에게 사람들이 자신을 누구라고 생각하는지 묻는다. 그런 다음 예수님은 제자들에게 자신이 누구라고 생각하는지 묻는다. 베드로는 즉시 "주는 그리스도시요 살아 계신 하나님의 아들이시니이다"라고 대답한다. 그러나 예수님은 이 멋진 대답을 칭찬하는 대신, 그들에게 인자가 고난을 당할 것이며 그를 따르는 자들도 고난 당할 각오를 해야 할 것을 말씀하신다. 제자들이 이 말씀을 이해하지 못했다는 사실은 변화산에서 드러난다. 예수님과 함께 산을 오른 세 제자는 모세와 엘리야와 함께 변형된 예수를 본다. 그러나 베드로가 충동적으로 초막 셋을 짓자고 한데서 알 수 있듯이, 그들은 제대로 보지 못하고 있다. 그들은 예수님과 두 분의 대화가 예수님의 출애굽과 관련이 있다는 사실을 이해하지 못한다.9:31 그들은 자유에는 대가가 따르며 때로는 치명적 대가를 치러야 한다는 사실을 모른다. 그들은 메시아에 대한 생각과 이스라엘의 회복에 대한 희망에 고난의 가능성을 연계하지 않았다.

그것은 이해하기 어려운 진실이다. 그것은 실천하기 어려운 진실이다. 제자들 가운데 최후의 만찬에서 죽기까지 예수를 따르겠다고 말한 베드로만 이러한 사실을 이해한 것처럼 보인다. 그러나 베드로 자신보다 베드로를 더 잘 아시는 예수님은 그의 이해가 불완전하며 결국 예수님을 부인하는 결과로 이어질 것이라고 경고하신다.

그러나 베드로와 제자들은 우리의 책망보다 동정을 받는 것이 마땅하다. 우리도 복음을 위한 고난을 이해하지 못한다. 더욱이, 예수님 자신도 끝이 다가오면서 자신의 선택에 대해 고심하신다. 그는 마지막 날 밤, 기도를 통해 비로소 악과 사랑의 만남이라는 복음의 신비를 받아들이신다. 이 고뇌는 예수님의 온전한 인성과 관련이 있으며, 나중의 신조에서 밝히듯이, 그의 신성과 연결된다. 인성의 딜레마 가운데 가장 강력한 긴장은 사랑이 악과 맞서 역사하는 현장에서 고난의 자리다. 고난은 무엇에 "예"라고 말하며 무엇에 "아니오"라고 말하는가? 이 긴장은 예수께서 체포되기 전, 감람산에서 드린 기도를 통해 비로소 해소된다. 우리는 십자가에서 이 고뇌의 최종적이고 결정적인 결과를 듣게 된다. 그는 고난을 받아들이시고 구속의 사랑을 품으신다. 예수님은 그곳에서 아버지께 사형 집행자들을 위한 기도를 드리신다. 그들은 자신이 하는 일을 알지 못하며 보지 못한다. 따라서 인식이라는 주제는 원점으로 돌아온다. 완전한 이해는 이해하지 못하는 자들에 대한 사랑으로 끝난다. 복음의 관점에서 볼 때, 사랑은 선의 기초가 되며, 선이 할 수 없는 일을 한다. 선은 악에 대항할 수 있지만, 악을 변화시키는 것은 사랑 뿐이다.

우리의 당면한 핵심 질문은 "그날 밤 감람산에서 실제로 무슨 일이 일어났는가"라는 것이다. 다른 복음서는 예수께서 체포를 앞두고 기도하시기 전, 우리가 알고 있는 "검 둘"에 관한 본문눅 22:35-38을 제시하지 않는다. 누가는 이 본문을 통해 악에 맞선 싸움은 거룩한 전쟁을 통해서가 아니라 십자가를 통해 승리한다는 사실을 분명히 보여준다. 검 둘이면 충분하다고 말씀하신 예수님이 어떻게 검을 사용하지 못하게 하시고 검으로 인한 상처를 고쳐 주시게 되었는가? 제자들이 잠든 후 홀로 하나님과 씨름하시던 예수께 어떤 변화가 있었는가?

예수님이 감람산에서 드린 기도와 아버지의 뜻을 받아들인 결심에 대해 이해하기 위해서는, 무릎을 꿇고 싸우는 것이 아닌 다른 방법에 대해 상세히 살펴볼 필요가 있다. 예수님께는 다른 대안이 있었다. 제자들도 마찬가지다. 우리에게는 다른 선택의 여지가 있다는 것이다. 이 대안은 여러 면에서, 예수께서 선택하신 것보다 매력적이다. 이 대안은 훨씬 희생이 적고 더 성공적으로 보인다. 우리는 일어나서 싸울 수 있다. 우리는 하나님과 함께, 하나님을 위해 성전holy war을 통해 악과 싸울 수 있다. 이 선택은 오랜 세월 동안 가치를 인정받았다. 그것은 성경적이기도 하다. 그것은 대부분의 경건한 사람들이 악의 문제에 대처해 온 방식이다.

그러나 예수님은 누가복음에서 그런 결론에 이르지 않으셨다. 대신에 예수님은 가장 위대한 반전을 통해, 악에 맞서 싸우기로 결심하신다. 즉, 그는 십자가를 향한 사랑의 진군을 통해 가장 음흉한 형태의 악과 맞서 싸우실 것이다. 누가는 복음서 전체에서, 특히 예수께서 시험받는 장면으로부터 우리를 이러한 통찰력으로 인도해왔다. 그러나 이 주제는 22장에서 절정에 이른다. 예수님은 제자들과 함께 두 자루의 검으로 거룩한 전쟁을 시작할 것인지, 아니면 악과 싸우는 또 하나의 방법으로서 십자가에서 고난 당하시는 사랑의 길을 갈 것인지에 대한 영원한 결정을 해야 한다. 신적 전사와 고난받는 종이라는 두 가지 주제 모두 예수님의 전통과 성경의 강력한 모티브다. 예수님께는 둘 다 가능한 방법이었다. 둘 다 예수님이 알고 계신 전통의 성경적 뒷받침을 받고 있다.

고대의 기드온처럼, 이스라엘에서 가장 신실한 사람조차 하나님의 임재에 대한 의문을 가질 수 있다. 누가는 예수님이 이스라엘을 회복하라는 하나님의 사명을 성취하는 길을 택하신 것으로 생각한다. 이러한 비전은 복음서 서두의 유아기 내러티브에 분명히 제시된다. 누가는 마리아와 사가랴의 노래를 통해, 독자가 두려움 없이 자유롭게 하나님을 예배하는 이스라엘, 비천한 자가 높아지고 권세 있는 자가 내리침을 당하는 나라를 상상하도록 돕는다. 그러나 예수님이나 누가는 관습적이고 피상적이며 정치적인 회복이나 구원을 꿈꾸지 않았다. 회복에 대한 전통적 관점과 예수님의 관점이 달랐기 때문에, 누가는 복음서를 통해 무릎을 꿇고 싸우는 방식에서 절정에 이르는 역설을 깨닫게 하고자 한다. 온전함, 샬롬, 구원을 향한 길은 십자가를 통해 사랑의 길로 인도한다.

누가행전에서 이러한 인식의 반전은 예수께서 감람산에서 제자들에게 깨어 있으라고 말씀하신 후 홀로 떨어져 잔을 거두어 달라고 기도하시는 장면에서 최고의 절정에 달한다. 필자가 본 주석을 통해 주장하려는 핵심은 누가가 예수께서 광야에서 시험받으시는 장면으로부터 제자들과 함께 가신 감람산에서의 처절하고 고독한 순간에 이르기까지 자신에게 부여된 하나님의 사명을 완수할 방법에 대한 예수님의 고뇌와 갈등을 복음서의 이야기 속에 녹여 넣었다는 것이다. 예수님이 적어도 열두 살 때부터 읽으신 성경에는 거룩한 전쟁과 고난받는 종이라는 모티브가 담겨 있다. 물론, 히브리어 성경은 악에 대한 이 두 가지 접근 방식 이상의 것을 내포하고 있다. 그러나 이 두 가지 주제는 예수님을 포함한 1세기의 모든 유대인과, 그의 부활 이후 수천 년 동안의 교회에 분명한 긴장을 초래한다.

누가복음을 이해하는 열쇠로서 거룩한 전쟁과 고난받는 종

성경 용어인 성전거룩한 전쟁은 하나님의 백성을 보호하시려는 하나님의 뜻을 이루기 위해 하나님의 인도하심을 따라 싸우는 것이다. 이런 싸움은 승리의 원천이 군대의 규모나 힘이 아니라 하나님에 대한 의존이며, 따라서 특별한 신뢰가 필요하다. 사회적 약자라는 지위는 일반적으로 성전의 필수 요소다. 이것은 사람이 싸워서 이긴 것이 아니라 하나님이 하신 일이라는 사실을 달리 확신할 방법은 없는가?

전형적인 거룩한 전사로서 기드온을 생각해보라. 당시 이스라엘은 미디안 족속의 지배를 받고 있었다. 하나님이 이 "큰 용사"에게 나타나 그와 함께하시겠다고 말씀하셨으나, 그는 큰 인상을 받지 못했다. 기드온은 누가가 대답을 제시하려는 질문을 던진다. "여호와께서 우리와 함께 계시면 어찌하여 이 모든 일이 우리에게 일어났나이까"삿 6:12-13 참조 자신을 용사로 생각하지 않았던 기드온은 약간의 협상과 몇 가지 증거를 확인한 후, 주님의 전쟁에 뛰어든다. 그러나 하나님은 기드온에게 용사가 너무 많다고 말씀하신다. 문제는 이스라엘이 미디안 문제를 스스로 해결했다고 생각할 위험이 있다는 것이다. 하나님은 기드온에게 두려워하는 군인을 돌려보내라고 말씀하신다. 그렇게 해서 이만 이천 명은 돌아가고, 그에게는 만 명만 남았다. 그러나 하나님은 거룩한 전쟁을 하는 데 만 명도 많다고 여기신다.

또 한 번의 감축을 통해 기드온의 용사는 삼백 명으로 줄어들었고, 하나님은 그것으로 만족하셨다. 이어서 그들은 미디안을 공격할 준비를 한다.삿 7:2-7

누가가 묘사한 대로, 예수님은 그의 전통에 깊이 배어 있다. 그는 성전에 관한 이야기를 알고 계신다. 그러나 그는 이사야서의 예언적 전통에 나타난 고난받는 종의 모티브에 대해서도 정통하다. 선지자는 하나님의 말씀을 전하기 위해 하나님의 백성 가운데서 부르심을 받은 자다. 그러나 이 사랑하는 백성에 대한 선지자의 메시지는 환영을 받지 못할 때가 많았으며, 그들이 듣기 싫어하고 견딜 수 없는 심판으로 가득했다. 따라서 하나님이 사랑하시고 보호하시는 백성 가운데서 선택하신 선지자는 위태로운 지경에 이르게 되었다. 선지자와 그들의 메시지는 사람들의 취향을 만족시키지 못했으며, 달갑지 않은 메시지를 접한 사람들은 선지자를 거부하거나 폭력을 행사하기도 했다. 온전한 선지자의 잣대는 이러한 거부를 기꺼이 받아들이고 백성을 위해 고난을 받음으로써 그들이 회개하고 구원받아 그들을 사랑하시는 하나님께로 돌아가게 할 수 있느냐는 것이다. 선지자 이사야의 글에서, 선지자의 이미지는 고난받는 종이라는 수수께끼 같은 인물과 신비로운 방식으로 연결되는 단계로 한 걸음 더 나아간다.

이사야서에는 네 편의 종의 노래42장, 49장, 50장, 52:13-53:12가 나타나며, 61장 1-3절을 포함하면 다섯 편에 이른다. 이들 본문은 공의를 가져다줌으로써 이스라엘을 회복할 책임을 맡은 한 지도자에 대해 묘사한다. 그는 자기 백성에게 끔찍한 학대를 당해 비참한 상태에 이른다. 그러나 이 지도자는 끝까지 인내하며 견딘다. 그는 백성의 손에 완전히 파멸했음에도 불구하고, 하나님께 대한 신실함을 잃지 않는다.

이사야서 본문에는 고난당하는 종의 정체가 명확히 제시되지 않으며, 이 노래가 종의 정체에 대한 일관된 묘사인지도 분명하지 않다. 확실히 이 인물은 이스라엘의 예언적 전통에 뿌리를 두고 있으며, 어쩌면 그는 이방인에 대한 이스라엘의 선교적 사명이라는 관점에서 이스라엘 자체를 가리키는 것일 수도 있다. 분명한 것은, 종의 노래가 나사렛 예수를 염두에 두고 쓰인 것은 아니라는 것이다.

그러나 이 종과 예수님 사이에는 놀라운 유사성이 있다. 누가를 포함한 초기 그리스도인은 두 인물을 연결하며, 예수님을 이사야의 종의 노래에 비추어 해석했다. 확실히 초기 그리스도인의 성경인 유대의 거룩한 문헌에는 예수님의 그림자가 어른거린다. 누가는 이들 문헌 가운데 이사야가 묘사하는 종의 모습에 초점을 맞추었다.

신적 전사와 고난의 종이라는 두 가지 모티브는 긴장 관계에 있다. 가장 근본적인 차이점은 폭력의 역할에 대한 접근 방식이다. 두 모티브에서 폭력은 일차적이라기보다 이차적이다. 그것은 목적이 아니라 부차적인 요소다. 그러나 안타깝지만 거룩한 전쟁에서는 하나님의 백성을 위협하는 자들에 대한 폭력이 용인된다. 하나님과 전사는 대적에게 정의와 형벌을 시행하는 파트너다. 고난받는 종에게 폭력은 불가피한 것이 아니다. 그러나 그는 폭력의 가능성에 대비해야 하며, 그것을 받아들일 준비를 해야 한다.

두 번째 긴장, 즉 신적 전사와 고난의 종의 차이점은 대적에 대해 언급하는 방식이다. 신적 전사는 대적이 누구인지 알고 있다. 그는 백성과 하나님을 대적하는 자로, 이스라엘 백성 밖에 존재한다. 그러나 고난받는 종의 경우, 대체로 대적에 대한 언급이 불분명하다. 일반적으로 예언 문학에서 고난받는 종을 반대하는 자는 방종한 하나님의 백성이다. 그러나 그들을 대적으로 부르지는 않는다. 그들에 대해서는 적대감이 표출되고 하나님의 백성은 죄에 대한 책망을 받는다. 그러나 대적은 여전히 이스라엘 밖에 존재하며, 하나님이 그들을 도구로 사용하여 이스라엘을 치실 때도 마찬가지다.

신적 전사와 고난의 종은 유사성도 있다. 거룩한 전사와 고난의 종은 무엇보다도 하나님을 섬기는 자며, 둘 다 위험을 자초한다. 일반적인 사람의 행복과 만족이라는 관점에서 보면, 둘 다 자신과 자신의 미래를 희생한다. 둘 다 용기를 보이며, 하나님의 목적을 위해 최선을 다한다.

이처럼 온전히 순종적인 유대인이 되기 위한 두 가지 접근 방식은 분명 별개의 것이며 나름의 장점이 있지만, 강력한 유사성을 가지고 있다. 하나님의 아들이신 예수님은 세례를 통해 하나님이 사랑하시는 아들이심을 보이시고 성령으로 기름 부음을 받았으며 하나님의 사명을 위해 부르심을 받았지만, 누가가 묘사한 것처럼 이러한 딜레마에 빠져 있었다. 이러한 딜레마는 최후의 만찬 이후 위기로 치닫는다. 예수님은 제자들과의 대화를 통해 마치 성전을 위해 준비하시는 것처럼 검 둘이면 충분하다고 말씀하신다. 예수님은 두 자루의 검과 사랑하시는 제자들을 데리고 감람산으로 떠나신다. 그는 그곳에서 홀로 하나님과 씨름하며 사명을 완수하기 위한 두 가지 방법에 대해 하나님의 뜻과 자신의 뜻을 두고 고뇌한다. 누가복음은 이 순간의 정점을 향해 달려오고 멀어진다.

사랑의 길

예수께서 하나님과 그의 백성, 특히 제자들과 함께 행하신 사역에 대한 누가의 이해는 죽음보다 생명과 관련된다. 그것은 고난보다 사랑과 더 관련이 있다. 무릎을 꿇는 것이 악에 저항하거나 죽기까지 맞서 싸우는 바른 자세라는 인식은 바르게 죽는 것보다 바르게 사는 것과 더 관련이 있다. 바른 지식은 악에 맞서 싸우는 방법으로 폭력이 아니라 불쌍히 여기는 마음을 가지는 것과 관련이 있다. 그러나 놀랍게도, 이러한 인식에 도달하기 위해서는 고난과 죽음에 대한 두려움에 직면하지 않을 수 없다. 우리의 생명과 사랑은 역설적이지만 정확히, 생명과 사랑의 일반적인 표지를 붙잡지 않는 것에 달려 있다. 그러므로 소유나 지위나 안전이나 칭찬은 의지할 것이 못 된다. 예수님이 마태복음의 산상수훈에서 역설적으로 말씀하신 것처럼, 그런 만족을 추구하여 획득한 자는 보상을 받은 것이다. 그러나 그것은 예수님과 그가 보여주시는 구원의 보상 방식이 아니다. 예수님과 그가 제시하시는 구원은 더욱 위대하고 심오한 자유를 형성한다.

우리는 죽음과 고난에 대한 두려움에 직면하여 그러한 압박에서 벗어나 살아가는 법을 배움으로써 사랑의 여정에 온전하고 기쁘게 헌신할 수 있는 자유를 얻는다. 역설적이지만, 예수님의 방식이 우리 안에서 역사하실 때, 우리는 점차 확장되는 세상과 성장하는 사랑 속에 있게 된다. 우리가 데오빌로와 누가복음의 다른 독자들과 함께 무릎을 꿇고 싸울 때, 우리 앞에 생명이 펼쳐질 것이다. 예수님처럼 다른 사람들을 “죽기까지” 사랑하겠다는 헌신은 삶의 모든 영역에 영향을 미친다. 우리가 죽음을 더 이상 두려워하지 않는다면, 우리가 우러러볼 수도 있는 신들이 무너질 것이다. 우리가 더 이상 고난을 두려워하지 않는다면, 우리는 해방을 맛볼 것이며 불가사의한 방식으로 진정한 자아를 찾게 될 것이다. 우리가 더 이상 고난이나 죽음을 두려워하지 않는다면 우리는 자신이 참으로 누구에게 속한 자인지 알 것이며, 따라서 세상의 어떤 권력이나 사람이나 단체도 우리를 소유하지 못할 것이다. 우리는 우리의 진정한 본향을 알고 있다. 우리는 사망의 권세에서 벗어나 자유로운 삶을 누리게 되었다. 그것은 우리가 그리스도라고 부르는 분이 주시는 은사다. 그것은 소망으로 충만한 담대한 복음 전도자, 누가를 통해 우리에게 주시는 선물이다. 그것은 벤 하퍼Ben Harper가 상기시켜 주듯이, 무릎을 꿇고 빛을 향해 나아가는 행위다.

누가복음의 로드맵

누가복음은 4단계로 진행된다. 나는 누가가 1-2장에서 자신의 주제와 전체적 개관을 오케스트라와 같은 방식으로 제시한다고 생각한다. 마리아의 찬가와 사가랴의 축복송은 이 오케스트라의 한 부분이다. 두 아기의 출생에 관한 대칭구조와 마리아와 요셉, 엘리사벳과 사가랴, 안나와 시므온 등 신실한 세 쌍의 등장은 누가가 누가행전의 나머지 부분에서 초점을 맞출 주제와 모티브의 발전에 기여한다. 이런 점에서, 1악장에 해당하는 이 부분은 모티브를 소개하는 기능을 한다.

두 번째 악장은 예수님을 공생애 사역의 준비를 마친 성인으로 묘사한다. 연대기적 순서는 분명하지 않지만, 이 무렵 역시 성인이 된 요한은 예수님의 길을 준비하는 역할을 수행하며, 헤롯의 분노를 불러일으킨다. 예수님은 세례를 받았으며, 성령이 강림하시고 하나님의 사랑하는 아들이라는 음성이 들린다. 이어서 예수님의 계보 및 광야에서 시험을 받는 장면과 함께 사역이 시작된다. 광야에서 돌아오신 예수님은 첫 번째 설교와 함께 가르침과 치유 사역을 시작하신다. 이 두 번째 악장의 첫부분에서 예수님은 제자들을 부르시고 사역을 구체화하신다. 두 번째 부분에서 예수님은 설교와 가르침과 치유에 매진하신다. 마지막 부분인 변화산 장면에서 하나님은 예수님을 사랑하는 아들이라고 부르신 세례 장면을 반복하시며, 9장 51절에서 예수님은 예루살렘을 향하신다. 이제 고난의 문제가 이야기 속으로 들어온다.

세 번째 악장은 9장 51절부터 19장 44절까지 이어지는 예루살렘 여정이다. 누가복음 9장 51절은 두 단원을 연결하는 축이며, 갈릴리 사역이 끝나고 예루살렘 여정이 시작된다. 이 여정의 첫 부분은 주로 예수님과 제자들에 관한 내용으로 채워진다. 예수님은 제자들의 사역, 하나님과의 관계, 선악에 대한 반응과 관련하여 그들의 체질을 개선하려 하신다. 예수님은 자신을 암탉으로 묘사하며, 성장에 관한 비유로 제자들을 격려하신다. 이 여정의 다음 부분은 하나님 나라의 식탁에 관한 내용이다. 예수님은 자신에게 나아오는 자들과 제자들에게 가르침과 비유가 동반된 식탁 교제를 통해, 모든 사람을 환영하며 변화시키는 하나님의 식탁으로 인도하신다. 이 여정의 세 번째 부분은 그 나라의 식탁 교제를 통해 나타난 결과에 대해 자세히 설명한다. 예수님은 재물, 지위, 믿음의 문제를 다루신다. 식탁 교제를 통해 그 나라의 구성원이 됨으로써 얻는 자유와 그로 인한 대가가 분명해지기 시작한다. 세 번째 악장의 마지막 부분은 예루살렘 여정의 대미를 장식한다. 이 부분에는 삭개오의 넘치는 기쁨도 나타나지만 지배적인 장면은 제자도의 대가에 관한 것으로, 예수님이 예루살렘을 위해 우시는 마지막 장면에 초점이 맞추어진다.

누가복음의 4악장은 수난과 부활에 관한 내러티브다. 이 내러티브는 누가복음에서 가장 강렬한 순간들을 포함한다. 예수님은 하나님의 뜻을 성취하는 것이 어떤 것인지를 아시고, 그 사명을 완수하기 위해 나아가신다. 성전 뜰에서의 논쟁으로부터 제자들과의 마지막 만찬, 감람산에서 하나님의 뜻을 받아들인 결정적 순간, 그리고 빌라도와 헤롯 앞에서의 재판에 이르기까지, 긴장감은 고조된다. 이어서 십자가를 향한 마지막 여정이 기다린다. 자신이 지명한 제자들로부터 배신을 당한 예수님은 혼자 남게 되었다. 갈릴리에서부터 예수님을 따라온 여자들을 포함하여 그와 가까운 친구나 지인들은 멀리서 지켜보고 있다. 예수님이 돌아가신 후 여자들로부터 믿기 어려운 사실을 전해 들은 남자 제자들은 예수께서 엠마오

노상에서 두 제자를 만나시고 예루살렘으로 돌아와 그들에게 축복하신 후 떠나시는 일련의 과정을 통해 서서히 새로운 희망과 믿음의 길로 나아갔다.

나는 대체로 예수 운동으로 개종한 사람이 1세기 말, 아마도 80년대에 사도행전과 함께 이 세 번째 복음서를 기록했을 것이라는 누가복음 학자들의 공감대에 동의한다. 그는 현존하는 마가복음과 유사한 자료 및 마태복음에도 나타나는 교훈집 Q 자료에 접근할 수 있었다. 또한, 누가에게는 자신만이 알고 있는 자료도 있었을 것이다.

이 주석의 방법론

성경을 읽는 방법에는 여러 가지가 있고 주석을 쓰는 방법도 다양하다. 본 주석의 경우, 주로 문학적인 접근방법을 택했다. 고대 문헌에 대한 이해는 작가가 문학적 단서를 통해 우리를 인도하는 방법을 아는 것과 관련이 있다는 것이 필자의 확신이다. 따라서 텍스트의 문학적 특징을 찾아내고 그것이 당시에 어떤 의미가 있었는지를 아는 것은 매우 중요하다. 나는 누가복음 4장의 대칭구조가 강조를 위한 당시 문학적 기법의 한 사례임을 지적한 바 있다. 누가복음 22장에 대한 주석을 통해 살펴보았듯이, 누가는 검 둘에 대한 본문과 감람산 기도를 문학적으로 해석하는 방법에 대한 지침을 제공한다. 우리가 1세기의 독자처럼 텍스트를 읽기는 어렵겠지만, 고대 저자들에 대해 최대한 공감하며 그들의 용어로 이해하려는 노력은 텍스트에 대한 이해는 물론 예수님을 전하기 위한 문학적 구조를 파악하는 데에도 큰 도움이 될 것이다.

1980년대 초에 영어를 전공하면서 신학 공부를 시작한 나는 이 고대 문헌들이 어떤 식으로 연결되어 있는지에 매료되었다. 당시에는 텍스트에 대한 문학적 접근이 거의 시도되지 않았지만, 나는 다행히 윌라드 M. 스와틀리Willard M. Swartley 교수를 만나 도움을 받을 수 있었다. 캠퍼스를 방문한 필리스 트리블Phyllis Trible의 요나서에 대한 문학적 분석은 나의 관심을 끌었다. 대학원 시절, 지도교수이자 멘토였던 메리 앤 톨버트Mary Ann Tolbert는 신약성경에 대한 문학적 접근의 선구자이자 대가였다. 나는 텍스트의 문학적 특징에 대한 톨버트 교수의 예리한 안목과 탁월한 가르침에 감사한다. 나는 또한 수년 동안 아나뱁티스트 메노나이트 성경 신학교인디애나주 엘크하트의 성경학부의 일원이 되는 혜택을 누렸다. 나는 특히 문학적 논증을 받아들인 페리 요더Perry Yoder와 수년 동안 많은 도움을 준 학생들에게 감사한다. 나는 그들의 질문과 통찰력과 웃음과 사랑에 빚진 자다.

별도로 명시하지 않는 한, 모든 성경 인용문은 New Revised Standard Version에서 발췌한 것이다.

1부

탄생 내러티브

누가복음 1장 1절-2장 52절

개관

탄생 내러티브에 대해, 성탄 장면을 묘사한 인형creche 놀이라는 첫인상을 가진 사람은 나뿐만이 아니다. 이 크레슈는 이미 아기 예수의 한쪽 팔이 없을 만큼 깨어지기 쉬워 매우 조심스럽게 다루어야 한다. 그것은 사랑스러운 기억이지만, 복음서에 나타난 두 개의 탄생 내러티브와 복잡하게 결합 된 기억이기도 하다. 내가 유아기 내러티브로 불리는 누가복음 1-2장이 고유한 특성을 가진 별개의 본문이라는 사실을 알게 된 것은 한참 후의 일이다. 첫째로, 사복음서 가운데 누가복음과 마태복음만이 예수의 탄생에 관한 이야기를 전한다. 그것은 계시다. 둘째로, 두 복음서는 이 이야기들을 전하는 방식에서 큰 차이를 보인다. 마태는 요셉과 동방에서 온 동방박사들을 강조하는 반면, 누가는 베들레헴 주변에 목자들과 마리아를 강조한다. 그것 역시 일종의 계시다. 그러나 나는 지금도 아이들이 소위 "구유 장면"이라는 크레슈를 가지고 노는 것을 볼 때마다 웃음이 나온다.

누가는 서두의 이 장면을 통해 자신의 주제와 모티브를 도입한다. 1장의 프롤로그는 누가 자신에 대한 언급과 함께 이 이야기를 기록한 목적을 제시한다. 이어서 사가랴에게 요한의 탄생에 관해, 마리아에게 예수님의 탄생에 관한 예언이 고지된다. 사가랴의 아내 엘리사벳과 그녀의 친척 마리아는 함께 지내며 중요한 신학적 대화를 나눈다. 이 부분에는 엘리사벳의 축복1:42-45과 마리아의 찬가1:46-55, Magnicat가 포함되며, 엘리사벳의 출산으로 끝난다. 아이의 아버지 사가랴는 요한이라는 이름을 지었으며, 그의 입에서 찬양1:68-79, Benedictus이 터져나온다. 2장에서 누가는 예수님의 탄생과 할례 및 열두 살 때 성전에 가신 일을 들려준다. 두 장 모두 쌍은 중요한 요소다. 두 개의 수태고지, 두 명의 임산부, 두 개의 찬가 마리아의 Magnicat, 사가랴의 Benedictus, 두 아기, 성전에 있는 두 사람시므온과 안나, 두 개의 성전 이야기가 제시된다.

무엇보다도, 이 두 장은 예수님에 대한 누가의 이야기를 이스라엘의 신앙과 내러티브의 기초가 되게 한다. 요한과 예수님의 탄생은 하나님이 백성에게 하신 약속이 성취되기 시작했음을 보여준다. 그것은 이스라엘의 정당성이나 분별력과 관계없이, 하나님의 역사적 신실하심을 증거한다. 결론적으로, 사가랴와 엘리사벳, 마리아와 요셉, 안나와 시므온은 순종하는 하나님의 종들의 모범이며 하나님의 영이 충만한 자들이다.

단락 구조

서문, 1:1-4

두 사촌의 출생, 1:5-2:21

두 개의 성전 이야기, 2:22-52

서문

개관

몇 가지 독특하고 특별한 예외를 제외하면, 오늘날 편지는 사라진 방식이다. 그러나 우리 부모님 세대만 해도, 누가는 편지의 본론에 들어가기 전에 수신자의 안부를 묻거나 날씨에 대한 언급을 잊지 않았을 것이다. 사복음서 가운데 공식적인 인사말과 서문으로 시작하는 복음서는 누가복음뿐이다. 마태복음은 "아브라함과 다윗의 자손 예수 그리스도의 계보"라는 제목과 함께 예수님의 계보로 시작한다. 마가복음의 첫 문장은 "하나님의 아들 예수 그리스도의 복음의 시작"이다. 이것은 복음서의 제목으로 볼 수 있다. 마가는 계속해서 이사야서의 인용문을 삽입함으로써 세례 요한에 관한 이야기를 시작한다. 이사야의 인용문을 삽입한다. 요한복음은 "태초에 말씀이 계시니라 이 말씀이 하나님과 함께 계셨으니다"라는 감미로운 곡조로 시작한다. 각 복음서는 독특한 시작이 있다. 그러나 누가복음은 예수님에 대한 이야기를 시작하기 전에 데오빌로 "하나님을 사랑하는 자"라는 독자에게 매우 공식적이고 문학적인 헬라어로 말한다는 점에서 다른 복음서와 다르다. 추상적인 프롤로그가 아닌 공식적인 언어로 시작하는 방식은 다른 복음서의 도입부보다 고대 그리스 저술의 도입부에 가깝다.

본문 주해

반복적으로 읽어야 하는 책은 서론이 중요하다. 그것은 읽을 때마다 새로운 통찰력을 제공한다. 그러나 21세기의 그리스도인으로서 아무리 새로운 마음으로 읽어도, 데오빌로라는 인물에 관해 확실한 결론을 내릴 수 없다는 사실은 인정하지 않을 수 없다. 그는 실존 인물이었을 수 있으며, 어쩌면 누가의 후원자였는지도 모른다. 데오빌로라는 이름은 예수님이 태어나시기 전 적어도 3세기 동안 그 지역에서 흔히 사용되던 고유명사다. 당시 작가들은 문학예술을 지원하려는 사명감이 투철한 부자들의 후원을 받는 경우가 종종 있었다. 오늘날도 마찬가지지만, 1세기 당시에 책을 쓴다는 것은 고된 작업일 뿐만 아니라 비용도 많이 들었다. 누가의 기록은 방대하며, 그가 쓴 누가행전은 신약성경 전체의 약 4분의 1을 차지한다. 누가는 글을 쓰는 동안 그의 생계는 물론 파피루스값을 대신 지급해줄 누군가가 필요했을 것이다.

한편으로, 데오빌로는 독자를 가리키는 가상의 인물일 수도 있다. 이 경우, 데오빌로는 19세기 소설가들이 즐겨 사용했던 "Gentle Reader"친애하는 독자에 가까운 표현으로 볼 수 있다. 아마도 누가는 다른 작가들처럼 글을 쓰는 목적을 상기하는 데 도움이 되는 특정 독자를 염두에 두었을 것이다.

우리가 데오빌로를 실존 인물로 생각하든 일반 독자를 가리키는 것으로 생각하든, 어떻게 묘사했다고 생각하든, 우리는 프롤로그를 통해 누가가 독자를 어떻게 생각했는지 알 수 있다. 누가는 데오빌로가 예수님에 대해 어느 정도 알고 있는 것으로 생각한다. 그는 예수님에 대해 전혀 모르는 사람에게 편지를 쓰고 있는 것이 아니다. 4절에서 누가는 데오빌로에게 그가 알고 있는 바를 더 확실하게 하려고 글을 쓴다고 말한다. 누가는 독자를 "매우 훌륭하거나 존경을 받는 자"AT, "각하"라고 지칭함으로써 존경심을 보인다.

서문에서 주목할 내용은 몇 가지 더 있다. 누가는 복음서의 진정성에 관심이 있다. 그는 직접적인 목격자가 아니므로 신임을 얻어야 할 필요성을 느꼈을 것이다. 그러나 누가는 자신이 전하려는 내용이 "목격자와 말씀의 일꾼 된 자들이 전하여 준 그대로"임을 확인시킨다. 그들은 누가복음에 나오는 인물과 사건들을 직접 목격했을 뿐만 아니라 그일에 동참한 자들이다. 그들은 말씀 사역을 돕는 조력자AT, "일꾼"다.

또한 서문은 누가가 항간의 이야기에 대해 더욱 확실하게 할 필요성을 느끼고 있음을 보여준다. 이 부분에 대해서는 지나친 억측을 삼가야겠지만, 본문의 내용을 간과하는 일은 없어야 할 것이다. 누가는 1장 서두에서 많은 사람이 예수님의 말씀과 사역에 대해 내러티브를 구성했음을 인정한다. 우리는 누가가 많다고 한 것이 정확히 어느 정도를 염두에 두고 한 말인지 모른다. 우리는 그들이 기록을 끝냈는지도 모른다. 그러나 누가는 그들의 수고에 대해 알고 있다. 이어서 누가는 3절과 4절에서 자신의 글에 대해 몇 가지 중요한 주장을 한다. 1 그는 모든 일을 근원부터 정확하고 자세히 살폈다. 2 그는 데오빌로에게 차례대로 써 보낼 것이다. 3 그의 기록 목적은 독자가 이미 들은 내용에 대한 진실을 알게 하는 것이다. 이러한 주장은 누가가 덜 정확하거나 덜 연대기적이거나 덜 진실한 자료를 적어도 하나 이상 염두에 두고 있음을 보여준다. 우리는 누가가 누가복음의 자료로 사용했을 가능성이 있는 마태복음이나 마가복음을 염두에 두었는지, 최종적으로 정경에서 제외된 도마복음과 같은 자료를 염두에 두었는지는 구체적으로 알지 못한다. 어쩌면 누가는 역사 속에 묻혀버린 다른 자료를 염두에 두었을는지도 모른다. 그러나 분명한 것은 누가가 알고 있는 다른 자료를 수정하는 것이 그의 기록 목적 가운데 하나라는 사실이다. 그는 예수님의 이야기를 구성하는 사건과 사람들에 대한 자신의 관점을 제시하기로 결심한다. 우리는 누가복음의 세계에 들어가기 전에 이러한 사실을 명심해야 한다. 누가는 우리에게 정확하게 이해하기를 바라는 것은 무엇인가? 그는 독자들을 위해 무엇을 바로잡으려고 하는가? 그는 그들이 어떤 새롭거나 정확한 관점을 가지기를 바라는가?

서문은 독자에게 유익한 정보도 제공한다. 이 목적은 적어도 21세기 교회 성도인 우리에게는 더욱 중요한 목적이라고 할 수 있다. 복음서 전체를 읽고 음미한 후 서문으로 돌아오면 그곳에 나타난 누가의 의도를 이해할 수 있다. 우리는 누가가 차례대로 써 보내려던 것이 예수님의 삶과 죽음과 부활에 대한 특별한 관점이라는 것을 깨닫게 된다. 누가는 독자에게 예수님이 누구시며 무엇을 하셨는지에 대한 신학적인 이해를 제공하고자 한다. 누가는 독자가 예수님의 고난과 제자들의 잠재적인 고난이 이스라엘과 세상에 대한 구원의 일부임을 깨닫도록 돕는다. 구원적 비폭력은 누가복음의 핵심이다.

성서적 맥락 속의 본문

도입부

우리가 예배나 설교를 위해 성경을 사용하는 방식은 성경 각 권을 자체적 특성과 통일성을 지닌 문학 작품으로서 살펴볼 시간적, 공간적 여유를 허락하지 않는다. 대부분의 경우, 우리는 한 성경의 다양한 본문이나 성경 전체에서 특정 구절이나 주제에 초점을 맞추어 다룬다. 그러나 주일학교나 성경공부시간에는 각 권 전체를 살펴볼 기회가 있다. 이 경우, 각 부분이 어떻게 시작하는지를 살펴보는 작업은 매우 중요하다.

의사소통에는 화자, 내용, 청중이라는 세 가지 요소가 필요하다. 화자여기서는 저자는 내용을 통제한다. 그는 어떤 내용을 어떻게 형성할 것인지 결정한다. 화자는 내용과 청중여기서는 독자을 연결하며, 양자의 상호 작용을 어떻게 형성할 것인지 강구한다.

화자나 저자는 효과적인 전달을 위해, 내용에 대한 호의적 태도와 이해를 창출해내어야 한다. 호의적 태도와 이해를 끌어낼 수 있는 가장 좋은 기회는 본론으로 진입하기 위해 형성하는 도입부에 있다. 다른 사람의 입을 통해 소개하는 공식적인 경우를 제외하면, 대부분의 저자는 도입부 설정을 직접한다. 결과적으로 도입부는 화자가 청중이나 독자와 가장 직접적인 관련이 있는 부분이며, 주제를 어떻게 제시할 것인지에 대해 가장 많은 관심을 가지는 곳이다. 따라서 저자는 이처럼 관심과 흥미를 끌 기회를 최대한 활용하여 독자에게 내용 파악에 도움이 되는 중요한 암시를 제공하기 위해 도입부에 특별한 주의를 기울인다. 이러한 이유로, 독자는 모든 성경의 시작 부분에 세심한 주의를 기울일 필요가 있다.

때때로 도입부는 글쓰기 관습의 영향을 받는다. 특히 서신서의 경우, 편지를 쓰는 관습이 미치는 영향은 크다. 다른 성경은 도입부의 형식이 비교적 자유롭다. 가령 창세기와 요한복음은 유사한 시적 형식 및 주제로 시작한다. 욥기의 위대한 시적 대화는 욥과 그의 가족에 대한 내러티브로 시작한다. 시편이나 잠언처럼 도입부에 특별한 의미를 부여하지 않을 것처럼 보이는 성경조차 문학적 형식으로 구성되어 있다. 시편 1편은 시편 전체의 주제인 율법을 사랑하는 자와 악을 사랑하는 자에 관한 이원론을 형성한다. 시편 모음집 전체의 주제이다. 잠언 1장 1-7절은 이 책이 지혜를 배우고 명철을 깨닫게 한다고 말한다. 화자잠언기자든, 편집자든는 "여호와를 경외하는 것이 곧 지식의 근본"1:7이라는 웅장한 선포로 도입부를 마친다.

누가의 도입부서문는 독특하다. 하나의 긴 헬라어 문장으로 구성된 서문은 여러 개의 종속절을 가진 매우 복잡한 구조다. 이 서문의 어조는 고전 헬라어에 정통한 세련된 문장으로 형성되어 있다. 누가가 복음서와 사도행전에서 사용한 도입부는 성경에서는 독특하지만 당시 헬라어 저서에서는 흔히 볼 수 있는 형식이다. 예를 들면, 요세푸스는 누가의 동시대 저자들과 마찬가지로 그의 역사를 서문으로 시작한다.Pervo: 5

공식적이든 비공식적이든, 도입부에 관한 연구는 꼭 필요하다. 도입부는 저자와 독자가 연결되는 곳이며, 저자의 저술의도가 가장 잘 드러나는 곳이기도 하다.

교회생활에서의 본문 적용

성경은 누구나 읽을 수 있다!

회중에게 성경을 가르칠 때 반드시 해결해야 할 과제 가운데 하나는 성경은 누구나 읽을 수 있다는 자신감을 심어 주는 것이다. 이러한 자신감을 심어주지 못한 책임은 전적으로 학자들에게 있다. 우리는 종종 텍스트를 읽을 수 있는 유일한 사람인 것처럼 행동했다. 그러나 성경은 대체로 어렵지 않다. 일반 독자 누구라도 텍스트에 접근할 수 있다. 소설이나 영화를 이해할 수 있을 정도라면 누구나 성경을 읽을 수 있는 통찰력과 능력이 있다.

도입부는 사람들이 성경을 충분히 이해할 수 있을 뿐만 아니라 성경을 읽는 데 기쁨을 누릴 수 있다는 사실을 이해하도록 돕기에 좋은 곳이다. 내가 회중에게 사용한 한 가지 방식은 사복음서의 도입부를 자세히 살펴보게 한 것이다. 나는 참가자들을 둘씩 짝을 짓게 하거나 그룹으로 나누어 사복음서의 도입부 가운데 하나를 준다. 이 유인물에는 마태복음 1장 1-17절, 마가복음 1장 1절, 누가복음 1장 1-4절, 요한복음 1장 1-18절 가운데 하나가 인쇄되어 있으며 메모를 할 수 있는 여백도 충분하다. 나는 그들에게 이스라엘이나 팔레스타인 서안지구 및 가자지구의 사막 어딘가에서 이 문서를 발견했는데 문서에 대한 다른 정보는 전혀 없는 상황을 가정해보라고 말한다. 그들은 문서에 담긴 몇 구절만으로 어떤 정보를 얻을 수 있는가? 단서는 무엇인가? 그들이 알 수 없는 정보는 무엇인가? 이 문서가 대답할 수 있는 질문과 대답할 수 없는 질문은 무엇인가? 도입부의 어떤 구절이 이러한 결론에 이르게 하는가? 그들은 작가에 대해 어떤 추리를 하는가? 그들은 작가의 관심사와 핵심 의제가 무엇이라고 생각하는가?

이 훈련은 언제나 열띤 논쟁과 흥미로운 통찰력으로 이어졌다. 네 명의 복음서기자는 우리가 본질상 같은 내용이라고 알고 있는 이야기에 대해 매우 다른 방식으로 접근한다. 이러한 차이점에 대한 관찰은 우리의 생각과 호기심을 자극한다. 텍스트에 대한 관찰 및 다른 사람과의 토론은 우리가 가진 성경의 진한 매력에 취하게 하는 가장 확실한 방법이라고 생각한다. 이 모든 것은 전적으로 우리가 이 일을 할 수 있다는 확신으로부터 시작된다.

두 사촌의 출생

개관

우리는 신약 성경 본문을 하나의 숲으로 보지 않고 여러 개의 나무로 형성된 것으로 생각한다. 교회에서는 시간적 제약으로 인해, 성경 전체가 아니라 시편 한편이나 복음서의 이야기 또는 서신서의 한 단락을 읽는다. 이유는 다르지만, 학문적 연구에서도 이런 경향이 나타난다. 신약 성경이 학문적 역사에서 비교적 늦게 발전된 문학적 비평의 관심을 받기 전까지, 누가복음의 유아기 내러티브는 거의 주목을 받지 못했다. 이 내러티브가 매년 대림절과 성탄절에 중요하게 다루어지는 의미 있는 본문임에도 불구하고, 일부 성경학자는 이 이야기를 다른 복음서가 기록된 지 오랜 후에 쓰인 누가복음의 부록쯤으로 여기는 경향이 있었다. 누가복음에 관한 책들은 처음 두 장에 대해서는 언급조차 하지 않는다. 그러나 학자들은 누가복음을 하나의 내러티브로 연구하기 시작하면서 유아기 내러티브가 누가복음의 중요한 부분임을 인식하게 되었다. 그것은 나머지 이야기에서 일어날 일의 배경이 되는 계획적 본문이다. 누가가 유아기 내러티브를 직접 기록했을 뿐만 아니라, 나중에 다룰 핵심 주제와 인물을 도입하는 배경으로 사용했다는 사실은 점차 명백해졌다. 유아기 내러티브에 대한 연구는 최근 들어 급증하고 있다.

우리는 세례 요한과 예수님의 탄생에 관한 이야기 속에서 몇 가지 놀라운 요소를 찾아볼 수 있다. 하나는 두 이야기의 유사성이다. 먼저, 가브리엘은 요한의 아버지 사가랴에게 요한이 태어날 것을 알린다. 이어서 가브리엘은 마리아에게 예수님의 탄생을 알린다. 마리아는 아들에 대한 찬가를 부르며, 사가랴도 아들을 축복하는 노래를 부른다. 세례 요한이 태어나

자 이웃 사람들이 그를 보러 오며, 예수님이 태어나자 목자들이 그를 찾아온다. 요한은 할례를 받은 후, 요한이라는 이름이 주어지며, 예수님도 할례를 받은 후 예수라는 이름이 주어진다. 두 경우 모두, 아이가 잉태되기 전에 가브리엘이 부모에게 이름을 준다.

이러한 유사성은 요한과 예수님에 관한 이야기 너머로 계속된다. 두 개의 수태고지, 두 개의 찬가, 두 개의 탄생, 두 개의 이름 외에도 두 마리의 산비둘기, 성전에 있는 나이 많은 두 사람, 성전에 관한 두 개의 이야기가 있다. 이것은 누가의 의도적인 기법임이 분명하다.

탄생 기사에 나타나는 또 하나의 명백한 특징은 히브리적 요소다. 메신저로서 천사의 출현, 성령으로 충만한 하나님의 의로운 백성, 구약의 전례를 제사장의 직무를 행하는 사가랴, 할례 등은 모두 구약성경의 장면과 사건을 떠올리게 한다. 마리아의 찬가는 사무엘상 2장 1-10절에 나오는 한나의 노래를 상기시킨다. 마리아와 사가랴의 찬가로부터 천사와 시므온의 찬양에 이르기까지 모든 노래는 구약의 주제와 언어를 반복한다. 신약성경에서 누가만큼 성육신을 구약의 신앙에 비추어 제시하려고 노력한 사람은 없다.

끝으로, 누가는 눈을 뜨는 것과 고난이라는 가장 중요한 주제를 도입한다. 마리아는 하나님이 그녀의 비천함을 보시고 높이 드셨다고 증거한다. 성령은 시므온에게 메시아를 보기 전에는 죽음을 보지 않을 것이라고 말씀하신다. 시므온은 사람들이 이 아이로 인해 패하거나 흥할 것이라고 예언한다. 또한 그는 마리아에게 칼이 마음을 찌르듯 할 것이라고 말한다.

단락 구조

두 개의 고지, 1:5-56

    1:5-25 가브리엘, 사가랴, 엘리사벳

    1:26-56 가브리엘, 마리아, 엘리사벳

두 탄생, 1:57-2:21

    1:57-80 세례요한의 탄생

    2:1-21 구주의 탄생

본문 주해

두 개의 고지1:5-56

1:5-25 가브리엘, 사가랴, 엘리사벳

5절부터 시작되는 내러티브와 함께 누가의 문체는 급격히 달라진다. 앞서 언급했듯이, 처음 네 절은 하나의 긴 헬라어 문장으로 형성된 서문이다. 서문의 언어는 오늘날 애틀랜틱 먼슬리Atlantic Monthly나 뉴요커New Yorker의 세련된 에세이에서나 찾아볼 수 있는 탁월한 고전 헬라어다. 그러나 누가는 5절에서 새로운 시도를 한다. 그는 "유대 왕 헤롯 때에 아비야 반열에 제사장 한 사람이 있었으니 이름은 사가랴요"라는 구절과 함께 이야기 형식으로 전환한다. 그의 언어는 셈어의 어조로 바뀌며, 구약성경의 문체 및 어휘와 유사한 형태를 보인다. 문장은 더욱 짧아지고, 단어는 더욱 구체화 된다. 누가는 히브리어 성경을 인용하거나 암시한다. 히브리어 성경을 아는 사람들은 이러한 접근에 친숙함을 느꼈으며, 데오빌로처럼 하나님을 경외하는 헬라인도 마찬가지였을 것이다. 그들은 이스라엘의 신앙에 매료되어 그것을 연구했기 때문이다.

이 내러티브는 세 단락으로 명확히 구분된다. 각 단락을 시작하는 문구는 독특하다. 5절과 8절은 "And it happened"AT로 시작하며, 21절은 "And behold"AT로 시작한다. 이 관용구는 세 장면에서 본문의 흐름을 보여준다.

사가랴와 엘리사벳(1:5-7) 이 이야기는 배경과 함께 시작된다. 누가는 누가, 언제, 어디서, 무엇을 했느냐에 세심한 주의를 기울인다. 예수님에 대한 이야기에서 이러한 요소는 중요하다. 누가는 다른 복음서기자들보다 역사에 더 많은 관심을 보이지만, 그의 초점은 사건이 일어난 정확한 날짜가 아니다. "유대 왕 헤롯 때"는 대략 주전 37년에서 4년까지 기간을 일컫는다. 2장 서두는 아구스도가 시행한 호적에 대한 언급으로 시기를 더욱 구체화한다. 그럼에도 불구하고, 시기에 대한 누가의 관심은 구체적이라기보다 일반적이다.

누가는 이 사건이 일어난 정확한 시기에 대해서는 구체적인 정보를 제공하지 않지만, 사가랴와 엘리사벳에 대해서는 매우 정확한 정보를 제공한다. 그는 그들의 이름과 함께 계보에 대한 구체적인 언급을 제시한다. 사가랴는 아비야 반열의 한 제사장이다. 이 반열은 제사장의 계보를 분류하는 역사적 방법 가운데 하나다. 역대상 24장 1-31절에 따르면, 다윗은 그들을 여러 반차반열로 분류했다. 포로기가 끝난 후 모든 반열이 다 돌아온 것은 아니며, 따라서 남은 반열은 필요에 따라 재조직되었다. 에스라 7장과 8장에는 많은 제사장이 바벨론 잔류를 결심했을 때의 당혹감과 귀환한 포로가 겪은 곤경이 나타난다. 이스라엘의 제사장은 24개 반열로 재조직되었으며, 각 반열은 일 년에 두 주간 예루살렘 성전에서 봉사했다.

엘리사벳도 제사장 가문의 후손이다. 엘리사벳의 계보는 아론의 딸 가운데 한 명으로 거슬러 올라간다. 조셉 피츠마이어Joseph Fitzmyer는 요한의 부모가 모두 제사장 가문이었기 때문에 그에게 제사장의 직무를 기대했을 것이라고 지적한다.1981: 322

누가는 이 부부에 대한 몇 가지 다른 정보도 제공한다. 그들은 둘 다 의인이다.1:6 그들은 주의 계명과 규례대로 행하였으며, 사실상 모든 삶에 흠이 없었다. 더구나 그들은 자식이 없었으며, 엘리사벳은 잉태하지 못했다.

우리의 문화적 관점에서 보면 이러한 환경이 그들, 특히 엘리사벳에게 가하는 중압감은 가히 짐작하기 어렵다. 히브리어 성경의 관점에서 볼 때, 불임이라는 주제는 중의적인 면이 있다. 창세기 16장에서 하갈이 사라를 멸시한 사실에서 볼 수 있듯이, 아이를 낳지 못하는 여자는 경멸의 대상이었다. 레위기 20장 20-21절에서, 불임은 근친상간이라고 불리는 친족 간의 부적절한 성관계에 대한 형벌로 제시된다. 그러나 엘리사벳의 불임은 사라, 리브가, 라헬, 삼손의 어머니, 한나와 같은 경우에 해당한다. 이 그룹은 모두 하나님의 복을 받아 기적적인 방법으로 자녀를 낳았다. 그들의 불임이 제거되었을 뿐만 아니라, 기적의 자녀들이 모두 이스라엘 역사의 중요한 인물이 된다. 불임의 고통에 대한 성경의 지배적인 주제는 자녀의 출산이 하나님의 손에 달려 있다는 것이다. 라헬이 야곱에게 자식을 낳게 하라고 간청하자 야곱은 "내가 하나님을 대신하겠느냐"창 30:1-2라고 노를 발했다. 누가는 엘리사벳이 잉태하지 못한 사실을 언급함으로써 독자에게 이처럼 은밀한 가정사에 하나님이 역사하신 사실에 기초한 두려움과 기대감을 불러일으킨다. 그러나 사가랴와 엘리사벳의 경우, 그들의 나이가 많았다는 사실은 불임 문제를 복잡하게 한다. 고령의 나이는 아브라함 및 사라의 경우를 떠올리게 한다.

우리는 누가가 몇 가지 설명적 구절을 통해 이어질 내러티브의 무대를 설정할 뿐만 아니라 하나님이 자식이 없는 노부부의 삶에 개입하신다는 강력한 성경적 주제를 상기시킨다는 사실에 주목해야 한다.

향단에서의 현현(1:8-20) 현현은 신적 존재가 인간에게 나타남을 의미한다. 성경에서의 현현은 대체로 존재를 드러낸다는 의미이지만, 우리는 일반적으로 이 단어를 하나님의 빛을 경험한다는 의미로 사용하는 경향이 있다. 오늘날의 주현절도 마찬가지다.

1장 8-20절에서 전개되는 수태고지 장면은 이어지는 가브리엘과 마리아의 수태고지 장면과 마찬가지로 구약의 유형을 따른다.한나에 대한 수태고지 장면에 대해서는 Alter, 107-9p의 분석을 참조하라 이 패턴에서, 사람들은 주의 사자의 인사에 두려움으로 반응한다. 이어서 이 신적 방문자 -마므레의 상수리나무에서 아브라함과 사라에게 나타난 세 손님처럼 사람의 모습을 하고 있든, 천사든- 는 그를 안심시키고 메시지를 전한다. 메시지는 일반적으로 문제를 초래한다. 그것은. 너무 대단한 것이어서 사람의 머리로는 이해할 수 없으며, 세상의 상식으로는 감당할 수 없다. 따라서 사람은 놀라고 무서워하며 믿지 못한다. 끝으로 신적 사자는 메시지를 재진술하며, 징조를 주기도 한다.

8절과 9절은 무대를 마련한다. 사가랴는 예배하러 온 백성이 밖에서 기도하는 동안 성전에서 분향하는 제사장의 직무를 수행 중이다. 그날은 사가랴의 반열이 성전 봉사를 맡은 2주 가운데 하나였다. 그러나 백성을 위해 기도하는 정상적인 직무 수행에 더해, 사가랴는 제비뽑기를 통해 분향하는 일까지 맡게 되었다. 모든 유형적 장면이 그렇지만, 장면이 패턴에서 벗어나는 지점과 패턴에 부합하는 지점은 둘 다 중요하다. 이어서 11절에서 천사가 등장한다. 가브리엘은 향단 우편에 선다. 그러나 현현의 일반적인 패턴과 달리, 그는 인사를 하지 않는다. 사가랴는 놀라며 무서워한다. 이것은 현현에 대한 정당한 반응이다. 신적 임재 앞에서 놀라고 두려워하는 것은 당연한 일이다. 신적 현현은 언제나 경이로우며, 그런 장면에서 대수롭지 않은 태도를 보이는 자는 신적 현현의 경이로움을 이해할 수 없다. 현현에서의 두려움은 신앙적 행위다.

13-17절에는 가브리엘의 예언이 이어진다. 이곳의 다섯 절은 느슨한 대칭구조로 형성된다[대칭구조, p. 428]. 즉, 가브리엘의 언어는 백성의 반응에 대한 예언에서 요한의 성품으로 이어지며, 다시 백성의 반응에 대한 언급으로 돌아간 후 예언으로 마친다. 시각적 독자와 학습자는 대칭 형식으로 배열된 문장 구조를 눈으로 확인할 수 있다. 그러나 1세기의 "독자"는 주로 말을 듣는 청중이었다. 당시는 문맹이 많았고 읽을 책도 부족했기 때문이다. 그들은 대칭구조를 귀로 듣는 능력이 있었다. 우리는 그것을 눈으로 보아야 한다. 빵 두 조각에 마요네즈를 바르고 그 위에 양상추를 얹은 후 두 조각 사이에 두꺼운 컨트리 햄 한 조각을 넣어 만든 샌드위치를 생각해 보라. 또는 양쪽으로 계단이 두 개 있는 사다리를 생각해보라.

A 예언

　사가랴여 무서워하지 말라

　　너의 간구함이 들린지라

　네 아내 엘리사벳이 네게 아들을 낳아 주리니

　　그 이름을 요한이라 하라

B 사람들의 반응

　너도 기뻐하고 즐거워할 것이요

많은 사람도 그의 태어남을 기뻐하리니

C. 요한의 성품
이는 그가 주 앞에 큰 자가 되며
포도주나 독한 술을 마시지 아니하며
모태로부터 성령의 충만함을 받아

B' 백성의 반응
이스라엘 자손을 주 곧 그들의 하나님께로
많이 돌아오게 하겠음이라

A' 예언
그가 또 엘리야의 심령과 능력으로
주 앞에 먼저 와서
아버지의 마음을 자식에게,
거스르는 자를 의인의 슬기에 돌아오게 하고
주를 위하여 세운 백성을 준비하리라 1:13-17 AT

천사의 말은 엘리사벳과 사가랴에게 일어날 일에 대한 예언으로 시작한다. 다음 절은 이 탄생에 대한 사람들의 반응을 기쁨이라고 부른다. 이어지는 핵심부는 요한의 성품에 관한 묘사다. 이 대칭구조의 초점은 평생 나실인으로 살아온 요한의 성품에 관해 묘사한 이 중심부에 맞추어진다. 민수기 6장 1-21절에서 볼 수 있듯이, 나실인의 서원 —술을 멀리하고 머리를 기름— 은 서원자의 거룩함을 증거하는 표다. 민수기 6장에 묘사된 서원은 어른이 일정 기간 지키는 서원이지만, 요한은 훨씬 엄격한 나실인의 삶을 살았다. 그는 모태로부터 이 서원을 지켰다. 다시 말하면, 그는 선택의 여지가 없었다. 그것은 일정 기간 지키는 서원이 아니라 평생 지속되는 서원이었다.

요한이 따를 나실인의 규례에 대한 설명 후, 다시 백성들의 반응으로 돌아간다. 그들은 하나님께로 돌아올 것이다. 마지막 절은 요한에 대한 예언으로, 엘리사벳과 스가랴에 대한 예언을 반영한다. "주 앞에 먼저 와서"라는 구절은 종종 요한이 예수님을 위한 길을 예비할 것이라는 의미로 이해되지만, "주"him의 선행사는 예수님이 아니라 "그들의 하나님"16절이다. 이 시점까지 예수님은 언급되지 않는다. 그는 엘리야의 심령과 능력으로 아버지의 마음이 자식에게, 거스르는 자가 의인의 슬기에 돌아와야 한다는 사실을 상기시킴으로써 하나님을 위하여 세운 백성을 준비할 것이다. 그러나 사가랴는 이러한 메시지에 회의적인 반응을 보인다. 그는 이 모든 일이 어떻게 일어나겠느냐고 반문한다. 사가랴의 가장 큰 장애물은 자신과 엘리사벳의 나이였다. 그것은 인간의 자연스러운 반응이지만, 하나님의 책망을 듣게 된다. 천사는 이러한 회의적 반응에 대해 자신의 신분을 드러낸다. 그는 하나님 앞에서 이 좋은 소식을 전하라고 보내심을 받은 가브리엘이다.1:19 사실상, 우리가 사용하는 "전도"라는 용어는 이 "좋은 소식"복음이라는 단어에서 유래했다. 가브리엘은 자신의 말을 믿지 아니한 사가랴를 벙어리가 되게 함으로써 자신의 증거를 뒷받침한다.

현현 이후(1:21-25) 누가는 두 가지 사건에 대한 언급을 통해, 가브리엘의 첫 번째 방문을 기정사실화 한다. 하나는 백성의 반응이다. 그들은 사가랴를 기다리며 그가 성전에서 지체함을 이상히 여겼다. 사가랴가 나와서 말을 하지 못하자 그들은 그가 환상을 보았을 것이라고 생각한다. 사가랴는 말없이 직무를 마치고 집으로 돌아간다.

두 번째 사건은 엘리사벳의 반응이다. 엘리사벳은 예언대로 잉태하고 다섯 달 동안 숨어 지낸다. 다섯 달은 관습적인 기간일 수 있지만, 그 지역의 소문을 잠재우는 기간이 될 수도 있다. 또한, 다섯 달은 엘리사벳이 경탄하며 숙고하는 기간이기도 했을 것이다. 엘리사벳은 남편이 말을 하지 못하는 다섯 달 동안 침묵 가운데 자신에게 일어난 일에 대해 많은 생각을 했을 것이다. 그러므로 우리는 25절에 나오는 말씀을 가볍게 여겨서는 안 된다. 그것은 이어지는 마리아의 찬가에 비견되는 엘리사벳의 고백이다. 그것은 다섯 달의 숙고 끝에 나온 고백이다. 엘리사벳의 고백은 마리아의 찬가보다 훨씬 짧지만 같은 마음을 표현한다. 그것은 감사다. 주께서 나를 돌보시는 날에 사람들 앞에서 내 부끄러움을 없게 하시려고 이렇게 행하심이라는 것이다. 1세기의 관점에서 볼 때, 이 고백은 주께서 아이를 낳지 못하는 엘리사벳을 수치에서 벗어나게 했음을 의미한다. 그러나 마리아는 불임과 무관하지만 두 사람 모두 비슷한 용어로 기쁨과 구원을 표현한다는 점에서, 엘리사벳이 불임만 염두에 두고 이런 고백을 했다고 판단하기는 어렵다. 나이가 많아 아이를 갖는 것을 포기한 엘리사벳은 자신의 삶이 예상치 못하게 바뀌었다는 사실을 깨닫는다. 엘리사벳은 자신에게 일어난 일을 하나님이 주신 복으로 여겼다.

1:26-56 가브리엘, 마리아, 엘리사벳

요한과 예수님의 탄생 이야기에서 여자는 중요한 역할을 한다. 사가랴와 엘리사벳, 마리아와 요셉, 시므온과 안나는 세심하게 균형을 이룬 쌍이다. 그뿐 아니라, 사가랴와 마리아는 본문에서 가장 두드러진 인물에 해당하는 한 쌍이다. 둘 다 가브리엘의 방문을 받으며, 징표가 주어진다. 그들은 이 기적적인 사건들에 대해 해석할 수 있는 역사적, 신학적 관점을 진술한 노래를 부른다. 그러나 이곳 1장 중간부에서는 엘리사벳과 마리아가 중심인물이 된다. 그들은 이러한 탄생의 기적을 함께 경험하며 그들의 세계를 위한 생각과 감정을 나누는 강렬하고 놀라운 인물들이다.

예수께서 갈릴리에 나타나심(1:26-38) 누가의 탄생 내러티브에서 여자들이 등장하는 부분은 마리아에 대한 수태고지와 함께 시작한다. 사가랴에 대한 수태고지 장면과 마찬가지로, 이 단락은 히브리 성경의 수태고지 장면과 궤를 같이한다. 누가는 먼저 독자에게 시간과 인물과 배경을 제시한다. 누가는 종종 시간에 대한 언급과 함께 새로운 단락을 시작한다. 시간에 대한 언급은 "이튿날"9:37; 10:35처럼 평범한 경우가 많지만, 때로는 "디베료 황제가 통치한 지 열다섯 해"3:1와 같은 역사적인 시간을 제시하기도 한다. 이곳의 표현은 평범하지도 역사적이지도 않다. 그것은 아이를 가진 여자의 개인적 시간으로, 엘리사벳이 잉태한지 여섯째 달이 되었다는 것이다. 배경은 예루살렘 북쪽의 작은 마을, 나사렛이다. 이곳은 마리아의 고향일 뿐, 두드러진 장소는 아니다. 나사렛에 대한 언급은 성경에만 나타나기 때문에 정확한 정보는 알 수 없다. 새로 등장하는 인물은 마리아와 요셉이다. 누가는 사가랴와 엘리사벳, 그리고 다윗의 자손 요셉과 대조적으로, 마리아에 대해서는 비록 아론의 후손인 엘리사벳과 관련이 있음에도 불구하고1:5, 36 조상을 명시적으로 밝히지 않는다. 그러나 마리아는 두 차례나 동정녀로 언급됨으로써 하나님이 인정하시는 인물임을 보여준다.Reid 1996: 66

가브리엘은 마리아에게 "평안할지어다"chaire라는 인사를 전한다. 이것은 헬라의 일반적 인사말이긴 하지만, 이곳에서는 특히 적절해 보인다. 이 소식은 나중에 마리아와 사가랴의 찬가에서 볼 수 있듯이 구원과 해방을 선포한다. 내레이터의 관점에서 그것이 좋은 소식이고 마리아가 하나님의 은혜를 입었다는 사실은 인사말의 나머지 부분에서 명백하게 드러난다. "은총을 입다"라는 표현은 무엇인가를 값없이 받은 자에게 해당하는 말이다. 이 단어는 "주께서 너와 함께 하시도다"라는 구절과 함께 제시된다. 이 구절은 영어 시제의 과거함께 하셨다, 현재함께 하신다, 미래함께 하실 것이다 모두 적용할 수 있는 영원한 구절이다.1:28

헬라어에는 영어에 없는 명사문nominal sentence이라는 문장이 있다. 명사문은 동사가 없는 문장이다. 이곳에서는 "주님The Lord + 너와 함께 하심with you"의 구조다. 이곳의 헬라어에는 동사is 또는 be가 없다. 영어권 독자는 이러한 구조를 이해하기 위해 "to be"라는 동사를 삽입해야 한다. 이 동사는 과거, 현재, 미래, 어떤 시제도 적용할 수 있다. 따라서 이러한 명사문은 시간적 개념을 초월한다.

마리아는 이 소식에 즉시 기뻐하는 반응을 보이지 않는다. 앞서 언급했듯이, 현현에 직면한 순간 당황하며 반신반의하는 모습은 일상생활에서뿐만 아니라 성경 본문에서도 정상적인 반응이다. 하나님의 방문은 마리아의 일상 가운데 이루어졌으며, 그녀의 첫 번째 반응은 충분히 이해할 수 있다.

마리아의 반응에 대한 공감에 덧붙여, 메시지의 내용과 그를 놀라게 한 것이 무엇인지 잠시 살펴보자. 젊은 유대 여성 마리아에게 하나님이 그의 백성과 함께하신다는 개념은 전혀 새로운 것이 아니다. 새로운 것이나 문제가 될 만한 것이 있다면 마리아가 유독 하나님의 특별한 은총을 입은 자로 선정되었다는 사실이다. 우리는 마리아가 내적으로 동요한 이유를 정확히 알 수 없을지 모르지만, 그는 분명히 전통적으로 하나님의 특별한 택하심을 받은 자들이 항상 이해할 수 있는 방식으로 은총을 입은 것은 아니라는 사실을 알았을 것이다. 마리아는 아브라함과 사라, 이삭, 모세, 요셉에 대해 잘 알고 있었을 것이다. 그는 하나님의 은총을 입은 자들의 반열에 서 있다. 그들의 삶은 흥미진진했지만, 결코 쉬운 삶은 아니었다.

어쨌든, 천사는 다시 한번 확신을 주며 말을 계속했다. 가브리엘은 마리아가 낳을 아들에 대해 여덟 가지 예언을 한다. 세 가지는 아이의 임신과 출산에 관한 것이고, 나머지는 아이의 정치적 장래에 관한 것이다. 이 예언에 대한 마리아의 반응은 실제적인 질문이다. "나는 남자를 알지 못하니 어찌 이 일이 있으리이까"1:34 AT 누가복음은 마태복음과 달리, 잉태가 예언으로 제시된다는 사실을 알아야 한다. 마태복음은 우리가 일반적으로 생각하는 동정녀 잉태에 관해 분명히 한다. 그는 "마리아가 요셉과 약혼하고 동거하기 전에 성령으로 잉태된 것이 나타났더니"마 1:18라고 진술한다. 그러나 누가복음은 마리아나 우리에게 어떻게"어찌"라는 질문에 대한 답을 정확하게 제시하지 않는다. 천사 가브리엘은 35절에서 "성령이 네게 임하시고 지극히 높으신 이의 능력이 너를 덮으시리니 이러므로 나실 바 거룩한 이는 하나님의 아들이라 일컬어지리라"라고만 말한다. 신약성경에는 "덮다"라는 단어가 드물게 나타난다. 이 단어는 복음서 세 곳 모두에서 변화산 장면에 사용된다.마 17:5; 막 9:7; 눅 9:34 사도행전 5장 15절은 베드로가 지나갈 때 그의 그림자가 덮어 낫기를 바라는 사람들에 대해 묘사한다. 확실히 "덮다"는 현현과 관련된 용어며, 덮는 행위보다 행위자하나님, 성령에게 강조점이 주어진다. 누가는 "어떻게"how에서 "무엇"what으로 주의를 돌린다. 중요한 것은 잉태의 방법이 아니라 잉태의 내용이라는 것이다. 마리아는 성령의 기적적인 임재를 통해 하나님의 아들을 낳을 것이다.

잉태의 내용에는 아이가 어떤 이름으로 불리게 될지도 포함된다. "지극히 높으신 이"와 "하나님"은 동의어이며, 누가는 이 아이가 하나님의 아들이심을 분명히 한다. 지극히 높으신 이는 다니엘서와 같은 묵시문학이나 시편에서 하나님을 가리키는 용어로 사용된다. 하나님과 연결된 아들 개념은 히브리어 성경에도 나타난다. 아들은 출애굽기 4장 22-23절이나 호세아 11장 1절에서 볼 수 있는 것처럼 이스라엘 자체를 언급하거나, 사무엘하 7장 4-16절이나 시편 2장 7절에서처럼 다윗 계열의 왕들을 가리키기도 한다. 이 호칭은 대부분 대화 문맥에 나타난다. 비록 선지자나 시편 기자를 통한 것이기는 하지만, 하나님은 이스라엘이나 다윗 계열의 왕들에게 말씀하고 계신 것이다. 그러나 객관성을 함축한 3인칭 서술자로, 하나님의 아들이라는 특정 호칭은 신약성경의 용어다. 누가는 이러한 연결을 분명히 한다. 지극히 높으신 이는 성육신의 기적을 행하시는 분이며, 하나님의 아들은 이 기적의 결과다.

가브리엘은 계속해서 마리아에게 엘리사벳에 대한 예언을 하나님의 능하신 행위의 증거로 제시한다. 즉, 하나님께는 불가능이 없다는 것이다.1:37 마침내 마리아는 예배자의 태도를 보이며 그 말씀을 받아들인다. "주의 여종이오니 말씀대로 내게 이루어지이다"1:38 여기서 "여종"은 노예나 종의 여성형으로, 굳이 "시녀"handmaid라는 의미를 부여할 필요가 없다.KJV나 RSV처럼 누가는 이 단어를 비유에서 단순한 인물 유형으로 사용하기도 하지만, 그 경우 외에는 제자와 거의 같은 의미로 사용한다. 마리아는 자신이 종이라는 사실을 확인함으로써 이상적인 제자도의 원형이 된다. 마리아는 가브리엘을 통해 주신 하나님의 말씀을 받아들임으로써, 이어질 이야기에서 제자들의 준거가 된다. 복음서의 끝부분에서 무덤가의 여자 제자들 역시 찬란한 옷을 입은 두 사람의 말을 이해하고 받아들임으로써, 베드로와 다른 남자 제자들에게 동일한 준거가 된다.

엘리사벳의 축복(1:39-45) 하나님의 사자와 만난 마리아는 급히 산골로 가서 친족인 엘리사벳을 찾아 문안한다. 사가랴와 엘리사벳이 거주한 장소는 정확히 알 수 없지만, 전승에 따르면 예루살렘 외곽에 위치한 아인 카렘Ein Karem이라고 한다. 이곳은 마리아의 거주지로부터 약 90-100마일 떨어진 곳으로, 적어도 일주일은 걸렸을 것이다. 마리아가 누구와 함께 갔는지에 대해서는 언급이 없다. 임신 초기의 마리아에게 나사렛에서 유대 산골로 올라가는 여정은 상당한 체력과 인내가 필요했을 것이다. 우리는 어쩌면 빈혈이 있는 허약한 마리아의 이미지를 지우고 야생의 거친 손과 근육과 부르튼 입술의 이미지를 생각해야 하는지도 모른다.

우리는 두 임산부가 만나는 장면에서 엘리사벳의 아이가 마리아의 문안에 화답하여 복중에서 뛰노는, 두 여성의 기쁘고 거룩한 순간을 보게 된다. 엘리사벳은 그렇게 느꼈으며, 화자도 그렇게 진술한다. 그 순간, 엘리사벳은 성령의 충만함을 받아 삼중적 복을 선포한다. 엘리사벳은 마리아와 태중의 아이에게, 그리고 주께서 하신 말씀이 반드시 이루어지리라고 믿은 그 여자에게 복을 선포한다.1:45 엘리사벳의 축복에 사용된 미래 시제는 단순한 잉태 이상의 의미를 내포한다는 사실을 알아야 한다. 누가는 마리아가 언제 어떻게 임신했는지 정확히 기록하지 않지만, 이곳의 미래형은 가브리엘의 메시지 전체를 가리킨다. 마리아는 아들을 낳을 뿐만 아니라, 이 아들은 큰 자가 되고 지극히 높으신 이의 아들이라 불릴 것이며 왕이 되어 야곱의 집을 영원히 다스리실 것이다.1:32-33 우리는 엘리사벳의 축복과 이어지는 마리아의 찬가를 통해, 잉태한 두 사람이 하나님을 섬기며 출산을 기다리는 동안 개인적인 생각뿐만 아니라 민족적인 생각을 하고 있음을 알 수 있다.

마리아의 예언(1:46-56) 라틴어 역본의 첫 구절에 나오는 "찬가"Magnificat로 알려진 마리아의 예언적 노래는 두 부분으로 구성되어 있다. 첫 번째 연46-49절은 지극히 개인적인 내용으로, 마리아 자신의 기쁨을 표현한다. 이 연에는 다섯 개의 인칭 대명사가 나타난다. **내** 영혼, **내** 마음, **내** 구주, 만세에 **나**를 복이 있다 일컬으리로다, 능하신 이가 큰 일을 **내**게 행하셨으니. 이러한 도입부의 강조는 하나님이 마리아에게 베푸신 일에 초점을 맞춘다.

그러나 이 연에서 가장 초점을 맞추고 있는 부분은 이러한 개인적 요소가 아니다. 더욱 주목할 만한 내용은 마리아가 하나님이 베푸신 일을 하나의 딜레마가 아니라 복으로 받아들였다는 사실이다. 오늘날에도 뜻밖의 임신이나 예상치 못한 임신은 어떻게 설명하기 어려운 곤란한 문제이다. 하물며 여자를 남자의 소유물쯤으로 여기던 당시에는 얼마나 큰 문제이었겠는가? 이러한 딜레마에 빠진 여자는 사회적으로 심각한 위기에 처하거나 생명의 위협을 당하는 상황에까지 이를 수 있다. 나중 역사에서 마리아의 임신이 하나님의 은혜라는 사실이 밝혀진다고 하더라도, 당시에는 마리아와 가장 가까운 사람들이 그런 사실을 알 수 없었다. 확실히 그것은 부자연스럽고 문제가 있으며 위험한 임신이었다. 그러나 엘리사벳이 사는 이 안전하고 개인적인 공간에서, 마리아는 자신의 상황을 구주 하나님의 자비하신 행위이자 복으로 받아들인다. 마리아가 구주라는 용어를 사용한 사실은 특히 흥미롭다. 당시 상황에서 그의 구주는 그의 삶을 위기에 처하게 했기 때문이다. 그러나 그 후 유대 지방 및 베들레헴 여정이 보여주듯이, 마리아의 용기와 강력한 목적의식 및 명확한 확신은 성탄절 카드용 문구를 위한 것이 아니다. 이곳에는 감상적인 내용이 없다. 마리아는 모든 외적인 모습에 맞서 하나님을 자신의 구주로 선포하고 있다. 이것은 가장 원초적이며 고귀한 믿음이다.

카렌 베이커-플레처Karen Baker-Fletcher는 악과 맞선 용기와 은혜를 신의 선물로 정의한다.18 그는 다른 여성 신학자들과 함께 마리아가 폭력으로 자식을 잃는 불행을 이겨내고 미래를 향하는 용기 있는 흑인 여성의 모델이라고 주장한다.149 마리아나 그와 유사한 용기와 은혜를 가진 사람은 결코 수동적이거나 약한 사람이 아니다.

물론 마리아가 우머니스트womanist나 페미니스트feminist라는 말은 아니다. 그것은 구시대적 낡은 사고방식이다. 한편으로, 이러한 여성운동으로부터 얻은 "개인적인 것이 정치적인 것"이라는 진리를 마리아의 두 번째 연보다 더 잘 보여주는 사례는 없다. 마리아는 첫 번째 연1:46-49에서 1인칭을 사용했으나 두 번째 연1:50-55에서는 3인칭을 사용한다. 그는 두 번째 연에서 개인적인 기쁨과 하나님의 백성에 대한 복을 함께 제시한다. 마리아는 하나님이 자신을 주목하시고 돌아보셨다는 개인적 복에 대해 언급한 후, 하나님의 백성에게 시선을 돌린다. 마리아는 비천한 자를 높이시고 권세 있는 자를 낮추시며, 주린 자의 배를 불리시고 부자를 빈손으로 보내시는 하나님을 찬양한다. 아이를 기적적으로 잉태한 그는 개인적인 기쁨 속에서 하나님의 백성에 대한 공의의 복을 깨닫는다. 비천한 자를 돌아보신 하나님의 행위는 그의 긍휼하심에서 나온 것이다. "긍휼"이라는 단어는 두 번째 연의 시작과 끝에 두 차례 나타난다. 하나님의 긍휼하심은 그를 두려워하는 자를 위한 것이며50절, 하나님은 이스라엘을 긍휼히 여기시고 기억하신다.54절

로버트 태너힐Robert Tannehill이 지적한 것처럼, 이 찬가의 두 연은 두 번째 연의 서두에 제시된 강력한 동작 동사에 의해 분리된다.1986: 27-28 헬라어에서는 영어에서만큼 두드러지지 않지만, 이러한 문학적 기법은 마리아와 그의 백성을 위한 하나님의 행위를 강조한다. 그러나 두 연 사이에는 중요한 차이점도 존재한다. 첫 번째 연에서 행위는 한 사람마리아과 하나님 사이에서 이루어진다. 이것은 양자 간 연결이다. 두 번째 연에서 달라진 요소이자 정치적 급진성을 띄게 한 것은, 양자 간 연결에서 삼자 간 연결로 바뀐 것이다. 태너힐267에 따르면, 여기에는 소위 "삼각" 긴장이 존재한다. 하나님은 비천한 자에게 힘을 주시고 은혜를 베푸시지만, 권세 있는 자를 내리치신다. 이러한 삼각 긴장은 마리아의 찬가에 처음 등장하며, 누가복음 나머지 부분의 중요한 주제를 예시한다. 복음은 많은 사람에게 위로를 주는 기쁜 소식이지만 어떤 사람에게는 진노의 음성이 된다. 이런 의미에서 누가복음은 이스라엘의 예언적 전통과 정확히 부합한다. 페드리토 메이나드-리드Pedrito Maynard-Reid가 누가행전의 선교에 관한 저서, 『온전한 선교: 누가행전 모델』Complete Evangelism: The Luke-Acts Model에서 주장했듯이, 이것은 많은 사람에게 희망의 메시지인 동시에 어떤 사람에게는 자극적 메시지가 된다.

1:57-80 세례 요한의 탄생

먼저 두 차례의 수태고지가 있었다. 하나는 사가랴에게, 다른 하나는 마리아에게였다. 두 아이가 태어났으며, 첫 번째 아이는 요한이고 두 번째 아이는 예수다. 요한에게 할애된 문학적 시간과 공간은 예수님에게 할애된 시간 및 공간과 거의 같다. 누가복음의 주제 및 전체적 역학에서, 사가랴의 예언적 찬양Benedictus의 아름다움과 중요성은 마리아의 찬가Magnificat와 균형을 이룬다.

요한이라 할 것이라(1:57-66) 이웃과 친족은 요한의 출생을 엘리사벳에 대한 하나님의 긍휼히 여기심으로 받아들인다.1:58 "긍휼"이라는 명사eleos는 유아기 내러티브에서 중요하다. 앞서 언급했듯이 이 단어는 이곳 요한의 출생 장면1:58을 포함하여 이 노래에서 두 차례 나타나며, 이어지는 사가랴의 예언에서도 두 차례1:72, 78 나타난다. 흥미로운 것은 누가복음의 나머지 부분에서 이 단어는 10장의 선한 사마리아인 이야기에 단 한 번 더 나타날 뿐이라는 것이다. 선한 사마리아인에 대한 언급을 제외한 모든 언급은 백성을 위한 하나님의 행위를 가리킨다. 마리아의 노래와 사가랴의 노래에서, 하나님의 긍휼은 이스라엘 민족을 위한 것이다. 이곳 요한의 출생 기사에서는 찬양을 위한 용례와 대조적으로, 엘리사벳 한 사람을 위한 하나님의 행위에 초점을 맞춘다. 마리아의 이웃과 친족은 이러한 하나님의 긍휼하심에 공감하며 함께 즐거워한다.

계속해서 요한이라는 이름 및 할례와 관련된 내용이 이어진다. 이러한 제도는 아이를 언약 및 가족으로 받아들이는 의식이다. 이러한 의식의 전형은 창세기 17장 13절에 나타난다. 할례는 하나님의 백성의 육체에 행하는 언약의 표징이다. 사람들은 아이의 이름을 아버지의 이름을 따라 사가랴로 부르고 싶어 했으나 엘리사벳이 반대한다. 그는 "아니라 요한이라 할 것이라"고 주장한다.1:60 이때 사람들은 사가랴에게 묻지만, 사가랴는 서판에 글을 쓰는 방식을 통해 엘리사벳의 진술을 확인해준다. 이것은 그가 문맹이 아님을 보여주는 증거다. 고대사회에서 문맹은 계급 구분의 기준이 아니다. 그러나 사가랴는 제사장이며, 제사장 직무는 그에게 읽고 쓰는 법을 배울 시간과 기회를 제공하였을 것이다. 어쨌든, 사가랴가 요한이라는 이름을 쓰자 입이 열려 말을 할 수 있게 된다. 그는 즉시 하나님을 찬송한다.

군중의 반응은 흥미롭다. 먼저 그들은 엘리사벳의 해산이 하나님이 그를 위해 베푸신 자비의 행위라는 사실을 정확히 인식하고 아이의 출생을 함께 즐거워한다. 그들은 계속해서 아이의 합당한 이름에 대해 엘리사벳과 논쟁하고 사가랴에게 호소한다. 이어서 그들은 요한이라는 이름에 놀라워하며, 사가랴가 오랜 침묵 끝에 말을 하자 두려워한다. 끝으로, 이 사건이 온 유대 산골에 두루 퍼졌다는 내레이터의 진술이 제시된다. 이 소식을 들은 사람들은 이 아이의 장래에 대해 생각한다.

사가랴와 엘리사벳의 친족과 이웃은 다양한 반응을 통해 예수께서 그의 사역과 죽음과 부활을 통해 끌어낼 반응의 범위와 진전을 예시한다. 바로 깨닫고 기뻐할 사람도 있을 것이며 특히 사역의 초기에, 그의 사역을 방해할 자들도 있을 것이다. 어떤 사람은 놀랄 것이며 어떤 사람은 두려워할 것이다. 특히 종교 지도자들과 로마 군대의 긴장이 고조되는 말년에는 더욱 그러할 것이다.

사가랴의 예언(1:67-79) 이 본문은 종종 사가랴의 첫 번째 단어, "찬송하리로다"의 라틴어역Benedictus을 따라 "찬양"으로 불린다. 마리아의 노래처럼, 사가랴의 노래에도 두 개의 연이 있다. 마리아의 경우, 첫 번째 연의 개인적 영역에서 시작하여 두 번째 연의 정치적인 영역으로 이어지지만, 여기서는 반대의 흐름을 보인다. 요한의 아버지는 68절에서 75절까지 정치적 진술로 시작한 후 76절에서 이 아이가 주 앞에 앞서 가서 죽음의 그늘에 앉은 자에게 구원과 빛을 알게 할 것이라는 직접적인 예언을 한다.

이 본문은 누가복음에서 두 가지 기능을 한다. 하나는 탄생 내러티브를 관통하는 강력한 소망을 표현한다. 헬라어로 "구원"이라는 명사는 본문에 세 차례1:69, 71, 77 나타나며, 3장 6절에서 다시 등장한 후 19장의 삭개오 기사까지 언급되지 않는다. 구원은 중요한 용어지만, 누가는 이 단어를 대충 던지지 않는다. 사가랴는 요한의 탄생과 그가 백성을 준비할 메시아의 탄생을 통해, 하나님이 그 백성을 돌보사 속량하신 사실을 깨닫고 선포한다.1:68 AT 하나님은 구원의 뿔을 일으키시고 백성을 원수로부터 구원하셨으며 조상들에게 약속하신 긍휼을 베푸시고 아브라함에게 맹세하신 거룩한 언약을 기억하셨다. 사가랴의 입을 통해 나오는 찬송과 신앙 고백은 성취의 찬양이 된다. 삭개오 기사는 이 모든 구원의 요소를 구현한다. 그것은 구원을 행위로 옮긴 이야기다.

또한, 우리는 사가랴가 선포하고 삭개오가 구현한 소망의 선구자로서 사가랴가 변화한 사실을 간과해서는 안 된다. 누가복음 1장 서두에 사가랴가 거룩한 방문자의 메시지에 대해 보인 반응은 믿음의 부족을 보여주며, 그 결과 엘리사벳의 잉태에 대해 말을 하지 못하게 된다. 우리는 9개월이라는 긴 기간 동안 사가랴의 생각과 마음에 무슨 일이 일어났는지 모른다. 우리는 이제 아이가 할례를 받는 날에 사가랴가 성령의 충만함을 받아 기쁨과 믿음으로 예언한다는 것이다. 이것은 사도행전 2장 1-4절에 나오는 성령 강림을 예시한다. 언어가 성령 충만의 유일한 증거는 아니지만, 중요한 징표가 된다.

그러나 누가복음 전체에서 이 본문은 역설적이며 비극적인 기능을 한다. 이 본문과 예수께서 예루살렘을 보시고 우시는 19장 41-44절 사이에는 강력한 언어적 공명이 있다. 사가랴의 찬가 서두는 이스라엘의 주 하나님이 이스라엘 백성을 돌보사 속량하셨다고 선포한다. 노래 끝부분에서 사가랴는 아이의 사명에 대해, "돋는 해가 위로부터 우리에게 임하여 어둠과 죽음의 그늘에 앉은 자에게 비치고 우리 발을 평강의 길로 인도"하실 것을 준비하는 역할로 제시한다.1:78-79

예루살렘에 대한 예수님의 탄식에서, 예루살렘 성은 평화에 관한 일을 알지 못한다.19:42 그들은 그 날이 언제 이를지 알지 못한다. 그날은 빛의 날이 아니다. 그날은 멸망의 날을 예시하는 날이다. 누가에게 인간이 처한 비극적 딜레마는 하나님이 보내신 사자들을 무시하고 거부하고 맞서기까지 한다는 것이다.

첫 번째 요약(1:80) 누가복음 첫 장의 마지막 구절은 편집적 언급이다. 누가는 특히 유아기 내러티브에서 이러한 기법을 자주 사용한다. 내레이터는 기적의 아이 요한에 대해 세 가지를 알려준다. 그는 자라며 심령이 강하여지며 그동안 빈 들에 머물렀다. 이 진술의 첫 번째 두 용어는 2장 40절의 예수님에 대한 언급과 유사하다. 예수님도 자라며 강하여졌다.

세 번째 용어는 빈 들이라는 주제를 도입한다. 이 주제는 누가의 처음 아홉 장에서 두드러진다. 누가복음 1-9장에서 빈 들은 요한이나 예수님에게 도덕적, 영적으로 매우 민감한 장소다. 요한에 관한 기사에서 빈 들은 긍정적인 의미를 지닌다.Burnett: 9 빈 들은 선지자 요한이 하나님 나라를 전파하고 예수님을 위한 길을 준비하는 역할을 감당할 수 있도록, 그를 양육하고 단련시키는 곳이다. 빈 들은 확고하고 검소한 성품과 하나님의 사자로서의 사명이 형성되는 장소다.7:24-30 빈 들은 요한이 회개를 외치며 회개의 세례를 전파한 곳이다.3:1-20

빈 들은 예수님에게도 중요한 장소다. 이곳은 예수님의 초기 사역에서도 중요한 곳이지만, 이어지는 사역에서는 더욱 불가사의한 주제로 나타난다. 4장에서 광야는 성령께서 예수님을 인도하신 곳일 뿐만 아니라 마귀를 만난 곳이기도 하다. 예수님의 사역이 전개되면서 광야는 예수님이 피신하시고4:42 기도하러 가시는 곳5:16이 되었다. 8장 26-39절에서 예수님은 거라사 지방에서 귀신에게 붙잡혀 가끔 광야로 몰려간 자를 고치신다. 주기적으로 광야로 쫓겨난 한 남자를 고치신다. 마지막 9장 12절에서는, 예수님이 빈 들에서 떡 다섯 개와 물고기 두 마리로 오천 명을 먹이심으로 그곳을 풍성한 기적의 장소로 만드신다.

2:1–21 구주의 탄생

요한의 탄생은 하나의 짧은 내러티브 및 긴 시와 연결된다. 이와 대조적으로 예수님의 탄생은 세 개의 짧은 내러티브로 진술된다. 첫 번째 내러티브는 탄생에 관한 설명으로, 강력한 역사적 어조로 형성된다. 두 번째 내러티브는 목자들에게 천사가 나타나는 장면으로, 시적인 동시에 제의적이다. 세 번째 짧은 내러티브는 인간적이고 부드럽고 개인적이며 탄생이 관련된 사람들에게 미친 영향에 관한 내용이다.

예수님이 태어나심(2:1-7) 예수님의 탄생에 관한 이야기는 줌 렌즈 효과가 있다. 이 이야기는 가이사 아구스도라는 이름Julius Caesar의 조카 손자인 Octavius가 그에게 입양되어 이 이름을 가지게 되었다과 "천하"라는 구절로 시작하며2:1, 구유에서 태어난 아기로 끝난다. 이 이야기는 양파 껍질을 벗기는 것과 같은 구조로 형성된다. 처음 두 절에서 누가는 역사적 상황을 설정한다. 그는 천하로 호적하라는 가이사 아구스도의 영에 대해 언급한다. 누가는 이 호적이 구레뇨가 수리아 총독이 되었을 때 처음 한 것이라고 덧붙인다. 그러나 누가가 제시한 역사적 상황은 학자들 간에 논쟁이 되고 있다. 로마 역사가 가운데 당시의 호적에 대해 언급한 사람은 아무도 없으며, 구레뇨가 수리아의 총독이 되어 인구 조사를 한 시기는 주후 6년이기 때문이다.Fitzmyer 1981: 399-405 그러나 이러한 의문보다 더 중요한 문제는 누가의 상황 묘사가 유아기 내러티브에서 어떤 기능을 하느냐는 것이다. 첫째로, 피츠마이어가 지적한 것처럼 이러한 역사적 배경은 나사렛에 살던 마리아와 요셉을 예수님이 태어나신 베들레헴과 연결한다. 둘째로, 그것은 "예수님의 탄생을 호적과 관련된 정치적 혼란의 시기와 막연한 방식으로 연결한다"Fitzmyer 1981: 393 고대 사회에서 호적은 주로 세금 징수를 위해 시행되었다. 정치적 상황이 유동적이고 호적이 제대로 이루어지지 않으면 사회가 동요하게 된다. 사람들은 자신의 삶이 어떻게 될지 몰라 불안해하며 부정적인 생각을 하게 된다.

따라서 본문의 역사적 배경은 예수님이 정치적, 사회적으로 다소 불안한 시기에 탄생하셨음을 보여준다. 누가는 독자에게 요셉과 마리아는 물론 온 세상이 복종하는 가이사 아구스도의 정치적 권력을 상기시킨다. 이처럼 민감하고 위험한 시기에, 예비 부모가 할 수 있는 일은 명령에 따르는 것뿐이다. 우리는 종종 역사적으로 세상의 많은 출산 과정에서 산모나 아이 또는 둘 다 사망으로 이어진다는 사실을 망각한 채, 출산을 감상적으로 대한다. 요셉과 마리아는 명령에 따라 떠날 수밖에 없었다. 사실 그들은 이 여정에 대해 선택의 여지가 없었다.

이야기가 진행됨에 따라, 요셉과 마리아의 삶을 휩쓸고 있는 이러한 정치적 사건들조차 하나님의 뜻을 이루기 위한 것임이 분명해진다. 누가의 정치적 상황에 대한 묘사는 요셉이 거룩한 역사 속에 "자리를 잡는"placing 내용으로 이어진다. 요셉이 베들레헴으로 갈 수밖에 없었던 상황은 거룩한 아이를 돌보기 위해 선택된 자가 다윗의 족속이라는 사실을 상기시키기 위함이다.2:4 예수님이 탄생하신 곳은 다윗의 동네며, 예수님을 양육한 사람은 다윗의 족속이다. 이스라엘에서 다윗의 족속보다 고귀한 혈통은 없다. 다윗은 예수님보다 천 년 일찍 태어났지만, 하나님으로부터 그의 보좌가 영원할 것이라는 약속을 받은 자다.삼하 7:16 이러한 혈통은 요셉이 예수님의 부모라는 새로운 역할에 적합하다는 사실을 보여준다.눅 3:23 참조

끝으로, 누가는 정치적 상황에 대한 묘사 및 다윗과의 관계 설정과 함께 탄생에 대해 언급한다. 그는 마리아의 때가 이르렀다는 사실을 덧붙인다. 마리아는 아들을 낳아 강보로 싸서 구유에 뉘었는데 이는 여관에 있을 곳이 없었기 때문이다.2:7 우리는 이 간단한 진술을 통해 몇 가지 아이러니를 찾을 수 있다. 있을 곳이 없으신 예수님은 다윗의 계보에 "자리 잡으셨다." 가이사 아구스도의 변덕은 그의 의도와 무관하게 예수께서 예언된 합당한 장소에서 태어나는 결정적인 요인이 되었다. 아이를 가부장제 시대의 정상적인 관행인 요셉의 아들his son이 아니라 마리아의 아들her son로 지칭한 것은 독자에게 이 모든 정치, 종교, 혈통의 "결합"이 하나님의 주권과 처녀로 잉태한 무명의 젊은 여성의 의지에 따른 것임을 보여준다.

들판에서의 현현(2:8-14) 목자들에 관한 이 장면은 로버트 알터Robert Alter가 말한 "들판에서의 현현"51이라는 형식을 취한다. 이러한 유형적 장면은 특정한 문학적 내러티브를 기대하게 한다. 수태고지 장면이나 우물가에서 만나는 장면, 하나님이 지명하신 자를 부르시는 장면 등은 모두 이러한 "유형적" 장면으로, 전형적 내러티브가 이어진다. 들판에서의 현현 장면에는 다섯 가지의 기본적 요소가 나타난다. 첫 번째 요소는 야외를 배경으로 한다는 것이다. 이곳의 본문에서는 시간과 장소가 모두 포함된다. 목자들이 밤에 밖에서 양 떼를 지키고 있다는 것이다. 두 번째 요소는 신적 존재나 초자연적인 존재의 출현이다. 이곳에서는 주의 사자와, 그들을 두루 비추는 주의 영광이라는 두 부분으로 나타난다.2:9 이 영광은 이스라엘 역사에서 "여호와께서 그의 백성과 함께하심을 가시적으로 보여주는 영광"으로서 오랜 전통을 가지고 있다.Fitzmyer 1981: 409; 이러한 영광은 출 16:7, 10; 24:17; 40:34; 시 63:2에도 나타난다 신적 존재의 출현 후에는 첫 번째 반응이 제시된다. 그들은 그것을 받아들이거나 두려움이나 경배의 반응을 보인다. 이곳 본문에서 목자들은 크게 무서워한다. 사가랴와 마리아의 경우에서 볼 수 있는 것처럼, 두려움은 성품의 결핍이 아니라 현현을 신비하고 거룩한 계시로 받아들이는 바른 인식이다. 따라서 신적 현현에 대해 두려워하는 것은 바람직한 반응이다. 현현을 예상한 자는 아무도 없다.

현현의 네 번째 요소는 메시지 자체다. 이곳의 현현에서 메시지는 가장 많은 지면이 할

애되며 관심의 대상이 된다. 메시지는 다섯 부분으로 구성된다. 1 확신: "무서워하지 말라"2:10 2 가치 판단: 이 현현은 "온 백성에게 미칠 큰 기쁨의 좋은 소식"이다. 3 핵심 메시지: "오늘 다윗의 동네에 너희를 위하여 구주가 나셨으니 곧 그리스도 주시니라"2:11 다윗의 동네 베들레헴에서 한 아기가 탄생했다는 것이다. 여기서 누가는 이 아기를 다윗, 메시아 전승 및 구주 예수라는 세 가지 중요한 요소와 연결한다. 4 표적: 목자들에게 주어진 표적은 "강보에 싸여 구유에 누워 있는 아기"2:12RSV다. 누가는 이러한 가치 역전을 즐겨 사용한다. 5 메시지의 마지막 부분은 "수많은 천군"에 대한 언급과 함께 절정을 향한다. 문자적으로, 하늘의 군대는 천사와 함께 "지극히 높은 곳에서는 하나님께 영광이요 땅에서는 하나님이 기뻐하신 사람들 중에 평화로다"2:14라고 찬양한다. 이 찬양에는 지극히 높은 곳에 계신 하나님께 대한 찬양과 땅에 있는 하나님이 기뻐하신 사람들에 대한 평화라는 두 가지 선포가 담겨 있다.Luke Timothy Johnson, 1991:49 존슨Johnson의 주장처럼, "기뻐하신"이라는 용어는 평화를 추구하는 사람의 성품을 가리키는 것이 아니라 사람에 대한 하나님의 생각에 대한 언급이다.51

현현의 다섯 번째 요소는 메시지에 대한 사람들의 반응이며, 이곳에서는 목자들의 베들레헴 방문으로 나타난다.

현현에 대한 반응(2:15-20) 들판에서의 현현은 다섯 번째 요소인 사람들의 반응이 가장 상세하게 제시된다. 하늘의 군대stratia가 그들의 영역인 하늘로 돌아가자, 목자들은 서로 천사에게 들은 내용을 확인하러 가자고 재촉한다. 그들에게는 어떤 의심의 여지도 남아있지 않았던 것으로 보인다. 이 비천한 양치기들은 복음서 여러 곳에 나타나는 천사들의 현현을 가장 결정적이고 극적으로 경험했던 것이다. 누가복음에는 천사에 대한 언급이 자주 등장한다. 천사는 1장의 수태고지와 이곳의 현현, 그리고 24장의 무덤에서 찬란한 옷을 입은 자로 나타난다. 그러나 천사가 수많은 천군과 함께 나타난 것은 이곳이 유일하다. 오직 목자들만이 하나님을 찬양하는 군대로 가득 찬 하늘을 볼 수 있었다.

따라서 그들은 서둘러 베들레헴으로 가서 천사들이 말한 대로 마리아와 요셉과 구유에 누인 아기를 발견한다. 천사가 말한 표적을 확인한 것이다. 더욱 중요한 것은 그들이 들에서 아기에 대하여 들은 말씀을 전했다는 사실일 것이다.17절 그들은 "온 백성에게 미칠 큰 기쁨"과 "구주"라는 호칭 및 그가 "그리스도 주"시라는 사실을 전했을 것이다.

이 단락의 마지막 세 구절은 성육신에 대한 사람들의 반응에 관한 내용이다. 듣는 자는 목자들이 그들에게 말한 것들을 놀랍게 여겼다.18절 마리아는 이 모든 말을 마음에 새기어 생각했으며, 목자들은 하나님께 영광을 돌리고 찬송하며 돌아갔다.19절

타우마조thaumazō, "놀라다"라는 헬라어는 누가복음에 열세 번 나타나며, 그 가운데 네 번은 탄생 내러티브에 나온다. 이 단어는 요한과 관련하여 두 차례1:21; 1:63, 예수님과 관련하여 두 차례 언급된다. 예수님에 대해서는 이곳과, 시므온이 아기에 대해 한 말에 대한 마리아와 요셉의 반응에 나타난다. 누가복음의 앞부분에서는 이 단어가 주로 성육신이나 예수님의 설교4:22, 또는 예수께서 행하시는 기적에 대한 사람들의 반응을 묘사하지만, 이방인의 믿음에 대한 예수님의 반응에도 한 차례 사용된다.7:9 그러나 이 단어는 점차 부정적인 뉘앙스를 띠게 된다. 복음서의 내용이 전개되면서, 이 단어는 예수님의 대적에게 사용된다.11:38; 20:26 끝으로 이 단어는 부활 후 내러티브에서 부활에 대한 제자들의 놀라움 및 불신과 관련하여 사용된다.24:12, 41

마리아의 반응은 내레이터의 해석 형식으로 언급된다. 저자는 우리에게 마리아가 이 모든 말을 마음에 새기어 생각했다고 부연한다.2:19 마리아는 목자들에게서 몇 가지 새로운 사실을 듣는다. 하나는 아기가 구주시라는 것이다. 마리아는 하나님이 구주시라고 생각하지만, 이제 자신의 아기가 같은 호칭으로 불리게 된 것이다. 앞서 마리아는 하나님을 주로 불렀으며, 아기가 다윗의 집을 통치할 것이라는 말씀을 들었다.1:27, 69; 2,4 참조 이제 마리아는 목자들로부터 처음으로 아기가 그리스도 주시라는2:11 사실을 알게 된다.

누가복음 1-2장에서, 마리아는 이해할 수 없는 사건들에 직면하여 기꺼이 신자의 모습을 보여준다. 그는 백성을 대변하는 예언자이자 시인으로 묘사된다. 누가는 마리아를 예수님의 탄생 사건에 동참한 가장 사려 깊은 인물로 묘사한다. 마리아는 이 모든 것을 마음에 새긴다.2:19 이 단락은 목자들의 순전한 믿음으로 끝난다. 그들은 "자기들에게 이르던 바와 같이 듣고 본 그 모든 것으로 인하여" 하나님께 영광을 돌리며 찬송한다. 그들은 믿음으로 듣고 보았으며, 낯선 것에 대한 두려움을 극복하고 하나님의 명령에 순종하며 전적으로 기뻐하였다. 그들의 믿음에는 넘치는 기쁨으로 충만한 순간이 있었다.

그 이름을 예수라 하니(2:21) 1장 59-62절에 나오는 요한의 할례 및 명명 장면은 그의 부모의 공동체에서 논란이 되었다. 이에 반해 예수님의 할례와 명명 장면은 오직 사실에 입각한 방식으로 묘사된다. "할례할 팔 일이 되매 그 이름을 예수라 하니"21절 마리아는 이 이름을 1장 31절에서 가브리엘에게 받았다.

이 의식은 요한의 할례와 마찬가지로 아기가 언약 공동체의 일원이 되고 율법을 준수할 의무를 진다는 의미다. 당시에는 할례를 명명과 연결하는 관행이 일반화되기 전이었지만, 놀랜드John Nolland는 "유대교 내에서 율법을 준수하는 삶의 시작이라는 신학적 동인이 활성화되었을 수 있다"고 주장한다.1989: 79 그런 의미에서 누가는 아기 예수 및 열두 살 시절의 예수님과 거룩한 성전 전승을 연결한다. 성전은 예수님의 나중 사역에서 대결과 갈등의 중심이 되지만, 누가복음에는 성전이 거룩하고 경건한 장소의 기능을 한다는 인식이 드러난다. 복음서의 끝부분에 이르면, 제자들은 결국 성전으로 돌아가 하나님을 찬송한다.

성서적 맥락 속의 본문

강한 여성

누가복음의 여성에 대한 강조는 탄생 내러티브의 중요한 요소다. 요셉을 핵심 인물로 묘사한 마태복음과 달리, 누가복음 1장 및 2장에서는 마리아가 주도적인 역할을 한다. 수태고지에 대한 마리아의 반응은 사가랴의 반응에 비해 긍정적이다. 마리아는 복음서의 첫 번째 찬송Magnificat을 부른다. 그는 이 찬가를 통해 개인적 상황에 대해서 언급할 뿐만 아니라 이러한 상황을 민족과 백성의 관점에서 해석한다. 마리아는 개인적 삶의 영역에 머물러 있는 여인이 아니다. 그는 당시 문화의 여성적 이상의 틀을 깨뜨릴 뿐만 아니라 오늘날 문화를 포함한 대부분 문화의 여성적 이상을 넘어선다. 마리아는 공적 영역으로 담대히 들어설 뿐만 아니라 잉태한 몸을 이끌고 두 차례의 험난한 여행을 포함한 단호한 신체적 결단을 내린다. 저자는 두 번째 장 끝부분에서 마리아의 마음 상태에 대해 언급한다. 마리아는 여성에 대한 고정관념이 강한 시대 및 장소에서 기록된 문헌에서 세련되고 원만한 인물로 등장한다.

마리아가 이야기에서 중요한 역할을 한다면, 엘리사벳과 안나는 강력한 인물로 묘사된다. 사실상 탄생 내러티브에 등장하는 모든 남자에게는 상대역으로 등장하는 여성이 있다. 요셉과 마리아, 사가랴와 엘리사벳, 시므온과 안나를 예로 들 수 있다. 나이 많고 아이를 낳지 못하는 엘리사벳은 요한의 어머니이자 마리아의 절친한 친구로 등장한다. 엘리사벳은 성령으로 충만하며 놀라운 찬양을 고백한다. 성전에 있는 나이 많은 여 선지자 안나는 자신이 만나는 모든 사람에게 이스라엘을 속량하실 예수님에 관해 말한다.

물론 이처럼 강한 여성이 신약성경에 갑자기 등장한 것은 아니다. 누가복음 1장과 2장에서 마리아와 엘리사벳과 안나를 칭송한 것은 성경적 선례를 찾을 수 있다. 하와는 창세기 기사에서 아담보다 강한 역할을 한다. 아브라함의 무용담에서 사라와 하갈은 두드러진 역할을 한다. 리브가, 라헬, 레아는 소위 가부장적 내러티브에서 주어진 임무를 훌륭히 수행한다. 출애굽기에서 모세 이야기가 시작될 때 여자들은 중요한 역할을 한다.

사무엘의 이야기에서 한나는 누가가 묘사한 마리아의 전형적인 원형이다. 두 여자 사이에는 많은 차이점이 있다. 한나는 아이를 낳지 못하지만, 마리아는 잉태한 상태다. 그들의 상황은 전혀 다르다. 그러나 두 여자는 서로 다른 상황에서 유사한 방식으로 반응한다. 사무엘상 2장 1-10절에 나오는 한나의 노래는 마리아의 찬가에 메아리치는 주제로 시작한다. 한나의 마음은 여호와로 말미암아 즐거워하며, 마리아의 영혼은 주를 찬양한다.삼상 2:1; 누가복음 1:46 두 사람의 반응에는 강한 자를 낮추시고 비천한 자를 높이시는 하나님의 주권에 관한 내용이 똑같이 나타난다.삼상 2:4-6; 누가복음 1:51-53 누가는 확실히 마리아가 자신의 토대를 성경적 전통에서 찾은 것으로 묘사한다.

마리아와 엘리사벳과 안나는 성경적 여성의 명예롭고 오랜 전통과 궤를 같이하고 있는 것이 분명하다. 그럼에도 불구하고, 누가복음이 기록될 당시와 같은 가부장적 시대 및 장소에서 탄생 기사에 나오는 여성들의 탁월함과 강하고 원만한 성품은 주목할 만하다. 누가가 현대적 의미의 페미니스트라고 주장하는 사람은 없지만, 그들은 확실히 남자의 허락이나 중재 없이 자유롭고 솔직하게 믿음을 실천하는 모습을 보여준다. 그것은 여성 혐오와는 거리가 멀다. 누가는 성육신 기사를 통해 하나님의 사명을 성취하는 진정한 여성을 보여준다. 어쨌든 그것은 놀라운 일이다.

유형적 장면

앞서 언급했듯이, 유아기 내러티브에 나오는 많은 이야기는 히브리 성경의 유형적 장면과 매우 흡사하다. 사가랴와 마리아에 대한 수태고지는 구약성경에 나오는 수태고지 장면과 비슷하다. 들에 있는 목자들에게 천사들이 나타난 것은 들판에서의 현현이라는 유형적 장면에 해당한다. 이 유형적 장면은 고전적인 요소를 따른다. 창세기 18장에서 마므레의 상수리나무들이 있는 곳에서 세 사람이 아브라함과 사라에게 나타난 장면은 또 하나의 사례며, 광야에서 모세에게 나타난 불타는 떨기나무 계시출 3장도 마찬가지다.

이러한 이야기들은 문학적 형식을 따른다. 물론, 이것은 누가가 이야기를 지어내었다는 말이 아니다. 이야기 문화에 속한 사람들은 특정한 구조적 패턴을 따라 가장 의미 있는 스토리를 형성한다. 많은 사람은 자신만의 스토리 유형을 가지고 있다. 일부 재세례파는 전통적 역사에서 정부의 징집 명령에 맞서 조용하고 평화로운 삶이 깨어지고 박해와 고난 및 도주가 이어지는 패턴을 보이는 경향이 있다. 그러나 하나님은 우리와 함께 계신다. 그러므로 우리는 박해의 광야를 지나 새 땅으로 들어와 조용하고 평화로운 삶과 신앙을 유지할 수 있다. 우리가 이러한 틀을 사용하여 우리에 대한 하나님의 신실하심을 전한다고 해서 이야기가 실제로 그렇게 일어나지 않았다는 것은 아니다. 핵심은 모든 이야기가 구조적으로 우리의 정체성과 자기 이해의 일부가 될 만큼 충분히 일어났다는 것이다.

교회생활에서의 본문 적용

대림절과 성탄절

오늘날 성탄절은 특히 서구 사회의 소비심리를 자극하는 세계적인 절기다. 이것은 누가복음의 탄생 내러티브를 이해하고 받아들이는 데 긍정적인 요소인 동시에 부정적인 요소이기도 하다. 긍정적인 요소는 거의 모든 그리스도인이 매년 대림절이나 성탄절에 이 본문을 읽거나 듣는다는 것이다. 누가복음 1-2장의 시와 이야기는 가장 잘 알려진 본문 가운데 하나로, 교회의 정체성이나 개인의 뇌리에 각인되어 있다. 부정적인 요소는 절기용 본문에 대한 지나친 익숙함이 초래하는 감상주의적 접근과 왜곡된 인식이다.

그러나 이러한 절기용 본문의 위험은 해소할 수 있다. 대림절과 성탄절에 적합한 본문으로 사용할 수 있는 몇 가지 방안 가운데 하나는 본문을 모든 면에서 히브리 성경과 일치하는 방향으로 해석하는 것이다. 신약 성경 가운데 마태복음과 누가복음의 탄생 내러티브만큼 복음 이야기를 이스라엘에 대한 하나님의 지속적인 신실하심과 연결하려는 노력을 많이 기울인 곳은 없다. 성육신은 새로운 주권적 섭리지만, 하나님의 주권적 섭리는 결코 특이한 것이 아니다. 이스라엘이 로마에 점령당하고, 다윗 계열의 어떤 왕도 통치권을 행사하지 못하며, 선지자의 회복에 대한 예언이 공허하게 들릴지라도, 이스라엘은 여전히 하나님이 역사 속에 개입하시기를 기다리고 있다. 세례 요한과 예수님의 탄생은 바로 이러한 구약성경의 기대 속에 이루어진 것이다. 누가복음의 탄생 내러티브는 이러한 현실에 거듭 초점을 맞춘다.

절기용 본문을 회복하는 또 하나의 방법은 마리아에 대한 올바른 접근이다. 우리가 수 세기 동안 마리아를 독서 문화에 젖어 있는 사회의 여성적 이상으로 격하시킨 심리적 이유에 대해 상세히 밝히지 않더라도, 마리아는 결코 그러한 틀에 어울리지 않는다. 우리가 아무리 고전적인 미의 이상을 온유와 순종이라는 원만한 개념과 결합하고 싶어 할지라도, 마리아 자신이 강인한 여성이라는 사실은 변함이 없다. 마리아는 젊고 하나님께 순종적이지만, 그는 확실히 이러한 순종을 통해 가족과 종교 공동체 및 자신의 문화와 맞선다. 마리아는 임신 초기에 급히 광야 여정을 떠날 수 있을 만큼 강인한 신체와 대담성을 지녔다. 그의 마음은 단호했으며 흐트러짐이 없었다. 마리아는 천사가 나타났을 때도 사가랴와 달리 평정심을 잃지 않았다. 그는 새롭고 두려운 미지의 삶을 받아들이고 그 속에서 하나님의 손길을 보

려는 영적 담대함이 있었다. 더욱 중요한 것은 마리아가 개인적인 상황을 넘어 민족적 공동
선을 바라보았다는 사실이다.

절기용 본문의 회복을 위한 마지막 방법은 성육신의 사회적 배경에 대한 현실적 접근이
다. 하나님의 아들이 나타나신 것은 가난한 자, 소외된 자, 즉각적이고 물질적인 구원을 기
대하는 자들에게, 그들을 위해 일어난 사건이다. 시카고의 한 가난한 가정에서 태어나신
필자의 할머니는 일리노이와 인디애나의 메노나이트가 지원하는 시카고 홈 미션Chicago
Home Mission이라는 단체의 도움을 받았다. 할머니의 가족은 확실히 구원은 가족 전체에 영
향을 미친다고 인식했을 것이다. 이러한 구원 개념은 영적일 뿐만 아니라 물질적이다. 구원
은 영혼은 물론 가정과 공동체를 행복하게 한다.

두 개의 성전 이야기

개관

나는 "쉬지 말고 기도하라"Take Our Moments and Our Days라는 아나뱁티스트 기도서의 편집에 참여했다. 두 권으로 이루어진 이 책은 아침과 저녁에 사용할 기도 및 독서 자료를 교회력에 따라 구성한 것으로, 아나뱁티스트 교리에 초점을 맞춘다. 우리가 평소에 읽는 본문이 절기용 자료보다 부족하고 "흥미가 떨어진다"는 사실은 안타까운 일이 아닐 수 없다. 우리는 평범한 일상에 대한 추구에 더 많은 시간과 열정을 소비한다. 그러나 우리의 뇌리에 남은 것은 기념일이나 공휴일, 또는 특별한 날의 기억이다. 평범한 일상에 대한 기억은 너무 쉽게 사라진다. 20년 전은 말할 것도 없고, 불과 6개월 전의 어느 한 날에 대한 기억조차 가물가물하다.

누가복음의 탄생 내러티브는 두 개의 성전 기사로 끝난다. 두 기사 사이에는 예수께서 나사렛에서 보내신 12년간의 "평범한 일상"이 자리하지만, 이 시기에 대해서는 어떤 언급도 제시되지 않는다. 첫 번째 성전 기사는 유대인의 출생에 따른 제의적 의식과 관련되며, 두 번째 성전 기사는 성년기 유대인의 삶에 대한 교훈과 관련된다. 두 이야기 모두 평범한 일상을 엄격한 종교적 의식과 연결하며, 아이가 세상에서 수행하여야 할 역할에 대한 공적 소망에 초점을 맞춘다.

단락 구조

첫 번째 성전 기사, 2:22-40

　　2:22-24 정결예식

　　2:25-35 시므온

　　2:36-38 안나

　　2:39-40 요약

두 번째 성전 기사, 2:41-52

　　2:41-50 이야기

　　2:51-52 요약

본문 주해

첫 번째 성전 이야기 2:22-40

2:22-24 정결예식

누가가 이 성전 기사를 포함한 목적은 인용문의 서두에 나오는 율법에 대한 세 차례 언급에 잘 나타난다. 22절은 "모세의 법대로" 2:22 정결예식을 행하였다고 말한다. 23절에서 내레이터는 주의 율법에 "첫 태에 처음 난 남자마다 주의 거룩한 자라 하리라"는 말씀이 기록된 사실에 대해 언급한다. 24절에 따르면 그들은 "주의 율법에 말씀하신 대로" 제사했다. 처음 난 것에 대한 율법 출 13:2이 세 차례 강조되었다. 확실히 독자는 이 아기 예수께서 율법의 전통 안에서 태어나시고 양육될 것이라고 믿었을 것이다. 실제로 율법 문제에 대한 가족의 관심은 매우 뜨겁다.

율법을 따르려는 헌신을 잘 보여주는 두 가지 사실이 있다. 첫째로, 그들은 호적을 위한 베들레헴 여정 아마도 예루살렘을 거치는 일정이었을 것이다을 마친지 한 달 남짓 지난 시점에 또 한 차례의 여행에 나섰다는 것이다. 전통적인 소나 양이 아닌 비둘기를 제물로 바친 사실에서 알 수 있듯이, 그들은 가난했다. Nolland 1989: 118 따라서 산모와 아기가 여행으로 겪게 될 어려움은 물론, 여행 경비 지출로 인한 경제적 타격도 상당했을 것이다. 둘째로, 22절에 언급된 **"그들의 정결예식"**이라는 표현은 놀랍다. 유대 율법에 따르면, 정결에 문제가 있는 사람은 마리아뿐이다. 그는 부정한 기간이 끝나기까지 성물을 만지거나 성소에 들어갈 수 없는 유일한 사람이었다. 레 12:6-8 그들은 마리아의 정결예식을 위해 다시 한번 예루살렘으로 향한 것이다. "그들의"라는 표현이 초기 필사가를 힘들게 했다는 사실은 이문에서도 드러나지만, Nolland는 이 구절을 이해하는 가장 좋은 방법은 "가족의 문제"로 이해하는 것이라고 말한다.1989: 116 가족 구성원 한 사람의 정결 상태는 온 가족에게 영향을 미친다는 것이다. 어쨌든, 본문은 새로운 가족에게 율법 문제는 매우 중요하다는 사실을 보여준다. 그들이 이러한 희생을 감수한 것은 전적으로 율법 때문이다.

2:25–35 시므온

시므온에 관한 이야기는 세 단락으로 나눌 수 있다. 첫 번째 단락은 25-28절에 나오는 시므온에 관한 소개다. 그는 예루살렘 사람이다. 우리는 여기서 그가 축복한 아이가 나중에 19장 41-44절에서 그 도시를 보시고 우신다는 사실을 염두에 둘 필요가 있다. 그곳에서 예루살렘 사람들은 시므온과 달리 보살핌 받는 날을 알지 못한다.44절 그러나 이곳의 시므온은 예루살렘 사람으로서 위로 받는 날을 안다. 그는 이스라엘의 위로를 기다리는 자다.2:25

우리는 또한 그가 의롭고 경건한 자라는 말씀을 듣는다. 헬라어 "디카이오스"dikaios에는 "의롭다"와 "공의"라는 두 가지 의미가 있다. 현대 영어에서는 두 의미가 구별되지만, 신약 성경을 읽을 때는 두 가지 의미를 모두 염두에 두는 것이 좋다. 이 표현은 엘리사벳과 사가랴에 대한 묘사에 사용될 뿐만 아니라1:6, 아리마대 요셉23:50과 고넬료행 10:22에게도 사용된다. 또한, 이 표현은 누가복음 23장 47절의 "이 사람은 정녕 의인이었도다"라는 백부장의 고백으로부터 시작하여 사도행전3:14; 7:52; 22:14을 통해 예수님에 대한 묘사에 사용된다.

시므온은 의인일 뿐만 아니라 또한 성령으로 충만했다. 성령은 탄생 내러티브에서 이미 적극적인 역할을 하셨다. 예수님은 성령으로 잉태되셨다.1:35 엘리사벳은 마리아가 왔을 때 성령의 충만함을 받았다.1:40 성령의 충만함을 받은 사가랴의 입에서는 찬양이 터져나온다.1:67 이곳의 시므온에게도 성령이 임재하셨다. 그는 주의 그리스도를 보기 전에는 죽지 아니하리라 하는 성령의 지시를 받았다. 성령은 마리아와 요셉이 율법의 관례대로 행하고자 하여 그 아기 예수를 데리고 오는 시간에 맞추어 그를 성전으로 인도하셨다.

두 번째 단락에서는 시므온이 아기를 팔에 안고 하나님을 찬송하며 소위 사가랴의 찬가 Nunc Dimittis를 부른다. Nunc Dimittis라는 제목은 라틴어 버전의 처음 두 단어에서 따온 것이다.

주재여 이제는 말씀하신 대로
종을 평안히 놓아 주시는도다

내 눈이 주의 구원을 보았사오니
  이는 만민 앞에 예비하신 것이요
이방을 비추는 빛이요
  주의 백성 이스라엘의 영광이니이다.2:29-32

이 노래는 개인적 차원에서 민족적 차원"이방"과 "이스라엘"이라는 용어를 사용한 이곳에서는 세계적 차원으로 나아간다는 점에서 마리아의 노래와 유사하다. 이 노래는 세 개의 2행 연구로 구성된다. 첫 번째 2행 연구에서 시므온은 개인적 평안이 찾아왔다고 말하며, 두 번째와 세 번째 2행 연구에서는 이러한 평안의 이유에 대해 밝힌다. 이 의롭고 성령 충만한 노인은 자기 백성을 위한 간절한 염원이 있었기에 많은 나이에도 불구하고 생존해 있었다. 그는 결국 하나님의 구주인 이 아기의 목적과 운명을 깨닫게 된다. 누가복음에는 이 아기의 궁극적인 역할과 관련하여 "이방을 비추는 빛이요 주의 백성 이스라엘의 영광"이라는 시므온의 고백만큼 강력한 진술은 없다. 우리는 나중에 누가복음과 사도행전을 통해 이 아기의 사명이 아브라함 이후 하나님의 백성인 이스라엘을 우선으로 한다는 사실을 알 수 있다. 그의 사명은 먼저 시므온처럼 구원을 염원하며 살아온 사람들을 위한 것이다. 그러나 이 사명은 온 세상 사람들을 위한 것이기도 하다. 디미티스Nunc Dimittis는 이 부분을 2장 10절에 나오는 "온 백성에게 미칠 큰 기쁨의 좋은 소식"이라는 천사들의 메시지와 연결한다.

이 성전 기사의 세 번째이자 마지막 단락에서 예수님의 부모는 시므온의 말에 놀란다. 시므온은 그들에게도 축복한 후 어머니인 마리아에게 엄숙한 말을 전한다. "보라 이는 이스라엘 중 많은 사람을 패하거나 흥하게 하며 비방을 받는 표적이 되기 위하여 세움을 받았고 또 칼이 네 마음을 찌르듯 하리니 이는 여러 사람의 마음의 생각을 드러내려 함이니라"2:34-35 그는 칼이 마리아의 마음을 찌르듯 할 것이라는 말을 덧붙인다.

이 엄숙한 진술은 누가복음의 나머지 부분 및 사도행전의 틀을 형성한다. 그는 통렬한 마음의 갈등을 초래할 것이다. 누가복음의 관점에서 볼 때, 사람들은 이 아이에 대한 반응에 따라 흥하거나 패할 것이다. 이 진술은 찬가의 내용을 반영하며, 시몬의 집에 있는 여자7:35-50나 부자 관리18:18-23에 대한 이야기를 예시한다. 그곳에서 사람들은 예수님에 대한 반응에 따라 흥하거나 패한다. 시므온이 마리아에게 한 말에는 이 아기가 이스라엘 백성에게 힘든 결정을 내리게 할 것이며, 가난하고 억압받는 사람들보다 부자나 권세자에게 더 어려운 결정이 될 것이라는 확신이 담겨 있다.

2:36-38 안나

선지자 안나에 대한 짧은 진술은 흥미롭다. 복음서 내레이터의 해설에 가까운 이 부분은 이야기를 더욱 풍성하게 하지만 내러티브의 전개에 의미 있는 역할을 하지는 않는다. 36절과 37절은 안나에 대해 소개하며, 38절에서는 안나가 선지자 역할을 수행한다.

누가는 안나를 선지자로 묘사할 뿐만 아니라 북부지역 아셀 지파로 묘사한다. 안나는 나이가 매우 많았을 뿐만 아니라 오랜 세월 과부로 지냈다. 그의 결혼 생활은 7년에 불과했다. 그러나 중요한 사실은 안나가 성전에서 잘 알려진 인물이라는 것이다. "떠나지 아니하고"에 해당하는 헬라어는 안나가 성전에서 기거했음을 보여준다. 안나는 성전에서 주야로 금식하며 기도했다. 안나가 공식적으로 어떤 위치에 있었든 아마도 무명의 신자였을 것이다, 그의 신앙적 행위는 다른 신자들에게 잘 알려져 있었다.

안나는 아기 예수와 특별한 관계는 없지만, 마침 시므온이 아기를 축복할 때에 예루살렘의 속량을 바라는 모든 사람에게 그에 대하여 말한다.2:38 그러므로 안나의 진술은 이 아기가 이스라엘의 구원의 소망이라는 또 하나의 선언이 된다. 우리는 이 본문을 통해 설교하는 여성의 사례를 확인할 수 있으며 그의 청중은 시므온처럼 예루살렘의 속량을 간절히 바라는 사람들이다.

2:39-40 요약

이 부분은 1장 80절의 세례 요한에 대한 요약과 유사한 또 하나의 편집적 해설로, 두 가지 주제를 강조한다. 하나는 부모가 율법과 관련된 모든 일을 마쳤다는 것이다. 주의 율법은 처음부터 이 아기의 삶을 형성했다. 첫 번째 성전 기사에는 율법과 부모에 의한 율법의 성취에 대한 언급이 다섯 차례 제시된다. 마지막 언급은 "주의 율법을 따라 모든 일"을 마쳤다는 결론적 언급이다. 모든 일을 마친 그들은 갈릴리 본 동네 나사렛으로 돌아갔다.2:39

두 번째 주제는 아이의 성장이다. 예수님은 사촌 요한처럼1:80 자라며 강하여졌다. 어머니 마리아처럼1:28, 그에게 하나님의 은혜가 임했다. 예수님은 유아기 내러티브에 등장하는 다른 사람들과 달리 지혜로 충만했다.2:52

두 번째 성전 기사2:41-52

유아기 내러티브는 두 번째 성전 기사로 끝난다. 이 기사는 두 아기 및 두 아기의 탄생과 관련된 사건에 대한 마지막 요약으로 이어진다. 본문의 구조를 들여다보는 또 한 가지 방법은 이 열두 살 시절의 이야기가 그의 지혜가 충만하며 하나님의 은혜사랑를 받았다는 두 요약적 진술 사이에 위치한다는 사실에 주목하는 것이다.

2:41-50 기사의 내용

이 성전 기사는 예수님의 부모가 해마다 유월절을 지키기 위해 예루살렘 성전으로 갔다는 진술로 시작한다. 예수님은 매년 그들과 함께 가신 것으로 보이지만, 본문은 이 부분에 대해 명확히 언급하지 않는다. 이야기가 전개되면서 아이 예수님은 예루살렘과 성전에 익숙한 모습을 보여주는데, 이것은 유대 신앙의 중심지를 방문한 것이 이번이 처음이 아닐 것이라는 주장에 힘을 싣는다. 예수께서 성인이 되는 올해도 다르지 않다. 그들은 절기의 관례를 따라 올라갔다.42절 유월절에 대한 언급은 장차 이 아이가 맞게 될 22장 1절의 더욱 불길한 절기를 예시한다. 그곳의 절기는 폭력과 비극으로 끝날 것이다. 그러나 이곳의 절기는 축제 분위기다. 여기서는 가족애와 우정이 넘치며 친족의 재회가 이루어진다. 우리는 그들이 나사렛으로 돌아가는 장면에서 이러한 친족 간의 신뢰를 확인할 수 있다. 마리아와 요셉은 하룻길을 가기까지 예수께서 예루살렘에 머물러 계신 사실을 모르고 일행 중에 있는 줄로 생각했다. 친족과 함께 있을 것으로 생각한 그들은 그날 밤 아이가 없어진 사실을 알게 된다.

다른 부모와 마찬가지로, 그들은 즉시 그를 찾으면서 예루살렘으로 돌아간다. 그러나 그들이 성전에서 선생들과 함께 있는 그를 찾기까지 사흘이나 걸렸다. 여느 부모처럼 그들이 놀라 따져 묻자 예수님은 오히려 자신을 어디서 찾아야 할지 몰랐느냐고 대답하신다. "내가 내 아버지의 집에 있어야 될 줄을 알지 못하셨나이까"2:49

첫 번째 성전 기사는 율법의 의식적인 면을 강조했으나, 여기서는 교훈적인 면을 강조한다. 본문은 요셉과 마리아가 성전에 들어갔을 때 예수님을 찾았다는 사실을 분명히 한다. 이 가족에게 율법은 율법의 의식적 요구에 대한 순종을 위해서뿐만 아니라 율법의 학습을 통한 양육을 위해서도 중요하다. 예수께서 선생들 가운데 앉으셨다는 것은 율법을 배우는 장면과 관련된 익숙한 묘사다. 그는 듣기도 하시며 묻기도 하신다. 이러한 역동성은 명시적이라기보다 암시적이기는 하지만, 율법을 명확히 이해하고 묻는 그의 능력에 깊은 인상을 받은 선생들이 오히려 예수께 물어보기도 했을 것이다. 이 이야기는 예수님의 사역을 위한 준비에는 율법을 배우고 익히는 과정이 필요하다는 사실을 보여준다. 예수님은 열두 살 때 이미 지적, 영적 여정에 들어갔음을 알 수 있다. 이 준비는 아마도 이때로부터 그가 공적인 인물로 대중 앞에 나타나기까지 지속될 것이다.

그러나 마리아는 이러한 이슈에 대해 특별한 관심을 보이지 않았다. 그는 단지 어머니의 관점에서 반응할 뿐이다. 사흘 동안 애타게 찾아다녔던 마리아는 부모를 근심하게 한 아들을 꾸짖는다. 누가가 부모의 놀라움을 묘사하기 위해 사용한 헬라어 단어ekplēssō, 48절는 성전에 있던 사람들이 느꼈던 놀라움existēmi, 47절과 다르다. "에크플레소"ekplēssō에는 압도당한다는 의미가 있다. 마리아와 요셉은 성전에서 선생들과 대화를 나누는 아들을 보면서 감정의 혼란을 경험했을 것이다. 이처럼 어린 예수께서 보인 반응은 양날의 검이다. 예수님은 마리아를 부모로 순종하면서도 어머니의 말에 도전한다. 예수님은 어머니가 아버지와 함께 그를 찾아다녔다는 말에 자신은 아버지 집에 있어야 한다고 대답하신다. 우리는 여기서도 자신이 갓난아기 때부터 양육한 이 아이의 말을 요셉이 어떻게 받아들였을지에 대해 추측만 할 뿐이다. 그것은 분명 자부심과 고통이 뒤섞인 묘한 감정이었을 것이다. 이 단락은 예수께서 부모와 함께 나사렛으로 내려가 "순종하여" 받드신다는 진술로 끝난다.2:51 그의 어머니는 이 모든 말을 마음에 둔다.

2:51-52 요약

유아기 내러티브는 마지막 요약으로 끝난다. 이 요약은 2장 40절의 요약과 유사하다. 둘 다 아이 사무엘이 점점 자라며 여호와의 은총을 받았다는 요약삼상 2:26을 반영한다. 지혜와 하나님의 사랑은혜에 대한 언급도 다시 제시된다. 키에 대한 언급은 사회적 성숙"사람들에게 은총을 더욱 받더라"을 대치한다. 이런 식의 요약은 탄생 내러티브에서 세 번째다. 첫 번째는 1장 80절의 요한과 관련된다. 두 번째와 세 번째 요약은 예수님과 관련되며, 각각 두 번째 성전 기사 직전 및 직후에 제시된다. 이 요약은 하나님의 복과 은혜가 요한과 예수님에게 임했음을 보여주는 동시에 두 선지자의 환경에 대해서도 언급한다. 요한은 광야에 있고 예수님은 나사렛에 계시지만, 이 나사렛은 성전과 관련된 장소로 제시된다. 예수님은 사무엘처럼 성전에서 복을 받으시고, 가족과 함께 해마다 성전에 올라가신다. 이것은 예수께서 성전에서 선생들과 대화를 나누며 듣고 묻는 일이 적어도 열두 살부터 해마다 이루어졌음을 보여주는 것이 분명하다. 누가는 예수님의 신앙과 사역이 율법과 성전에 뿌리를 내리고 있다는 사실을 강조한다.

성서적 맥락 속의 본문

율법

예수님이 열두 살 되었을 때 성전에 올라가신 이야기에 대한 성경적 선례는 없다. 성경의 지도자들이 리더십에 필요한 교육에 관한 이야기로 소명을 시작하는 경우는 거의 없다. 그러나 성경에는 예수께서 부모와 떨어져 있는 사흘 동안 장로들과 나눈, 자신의 장래에 큰 영향을 미칠 대화의 본질과 관련된 중요한 언급이 나타난다. 시편 119편은 예수께서 당시 예루살렘의 선생들을 함께 한 중요한 순간에 경험했을 것이 분명한 율법에 대한 태도에 관해 상세히 묘사한다. 신약성경을 읽는 그리스도인 독자는 율법에 대한 고정관념에 사로잡힌 경우가 종종 있다. 이러한 율법관은 율법과 은혜라는 불확실한 양극단, 대체신학, 반유대주의 정서에서 나온다. 그러므로 성경을 물려받은 오늘날 그리스도인에게, 예수께서 성전에서 사흘 동안 선생들과 나눈 대화의 내용을 온전히 이해하려는 노력은 영적으로 많은 유익이 될 것이다.

시편 119편은 예수님의 말씀 전파 사역과 가르치시는 사역 및 치유 사역의 지침이 되었을 것으로 보이는 율법의 세 가지 면을 찬양한다. 이 세 가지 요소는 우리가 생각하는 법 개념 -일반적인 법이든 종교적인 법이든- 의 영역을 확장한다. 첫째로, 시편 119편의 율법은 전체론적holistic이다. 그것은 삶의 많은 부분, 어쩌면 삶 전체를 포함한다. 그것은 유대인이 아니면 결코 경험할 수 없는 방식으로 인간의 삶 속에 스며든다. 이방인 사회에는 로스쿨, 법원, 판사, 변호사, 법률 보조원이 있다. 많은 그리스도인은 유대인과 대조적으로 법에 대한 개념을 세분화하는 경향이 있다. 우리가 법을 유익한 것으로 생각한다면, 그것은 법이 우리에게 기쁨이나 영감을 주어서가 아니라 그것이 필요하기 때문이다. 많은 사람은 일상에서 법을 잊고 살며, 일부는 안타깝게도 매우 편향된 감옥 산업 복합체prison-industrial complex의 올가미에 걸려 있다. 이러한 필요성이나 무관심이나 불신과 같은 요소들은 시편 119편의 초점이 아니다. 둘째로, 시편 119편의 율법은 감정적이고 영적이다. 율법은 이스라엘의 하나님을 섬기는 자들의 내적 삶과 관련된다. 그러나 시편 119편에도 나타나듯이, 이것은 율법 연구가 인식이나 지성과 무관하다는 말이 아니다. 단지 이 시편의 법은 인간의 모든 삶 속에 전인적 방식으로 관여한다는 것이다. 그것은 우리의 생각뿐만 아니라 마음과 영혼에 깊숙이 개입한다. 끝으로, 시편 119편의 법은 관계적이다. 그것은 하나님, 동료 예배자, 이웃, 친구 및 원수와 관계한다. 물론 오늘날의 법도 관계적이다. 그러나 우리는 대부분 이러한 법이나 그것이 우리의 관계에 미치는 영향에 대해 법적 책임이라는 관점에서 접근한다. 이러한 책임 개념은 시편 119편에도 나타나지만, 차이점은 우리의 법적 체계는 최소한의 책임을 강조하는 경향이 있다는 것이다. 자녀에 대한 법적 의무를 다하려면 어떻게 해야 하는가? 이것은 최소한의 요구일 수 있다. 시편 119편은 공의를 비롯하여 관계가 요구하는 요소들을 풍성함과 기쁨의 세계로 승화한다.

시편 기자는 율법의 개념을 가능한 가장 광범위한 관점에서 접근한다. 율법과 율법에 대한 기쁨은 인간 실존의 모든 영역을 포괄한다. 이 땅은 주의 인자하심으로 충만하며, 주의 율례를 가르치는 선생이 된다.시 119:64 일상적 시간이든 영원한 태초의 시간이든, 모든 시간은 율법을 담는 그릇이다. 매일의 일상은 율법을 묵상하는 시간으로 채워지며97절, 율법으로 말미암아 하루 일곱 번씩 주를 찬양한다.164절 그러나 가장 광범위한 철학적 의미에서 시간은 율법과 밀접한 관련이 있다. 율법은 시편 기자의 "영원한 기업"111절이다. 시편 기자를 지탱하는 "섭리"의 핵심에 위치한 율법은 금이나 은보다 소중하며72절, 순금보다 더 많은 사랑을 받는다.127절 끝으로, 율법은 시편 기자의 생명의 근원이며73절, 사망의 극한 상황에서도 그를 지탱하는 힘이 된다.87절 예수님의 생애와 사역에는 이러한 전체론적 정신이 나타난다. 땅, 시간, 섭리의 핵심, 삶의 목적, 극단적 상황에서의 인내와 같이 율법과 관련된 요소들은 하나님의 나라를 전하시는 예수님의 사역에서도 유사한 기능을 한다.

시편 기자에게 율법은 외적 세계뿐만 아니라 내적 세계도 포괄한다. 율법은 지성뿐만 아니라 마음과 영혼을 포함하는 전인적 요소를 다룬다. 시편 기자는 자신의 모든 감정과 필요, 진리에 대한 열망을 율법에 대한 헌신에 쏟아붓는다. 그는 모든 복의 근원을 율법에서 찾는 것으로 시작한다.시 119:1 그는 전심으로 사모한다.10, 20절 시편 기자가 갈망하는 것 가운데 하나는 인자하심이다.41, 47, 97, 113절 또 하나는 배움이다. 그는 깨닫게 해주시기를 간구한다.27, 34, 73절 그는 내적 삶의 가장 좋은 것과 가장 나쁜 것을 율법 앞으로 가져온다. 이 시편에서 가장 통렬한 감정 가운데 하나는 율법이 주는 소속감이다. 그가 어디서 거주하든, 하나님의 율례는 그의 노래다.54절 반대의 경우도 마찬가지다. 하나님의 계명은 환난과 우환 가운데 즐거움이다.143절 끝으로, 율법은 진리에 대한 갈망의 중심에 위치한다.43, 160절 예수께서 선포하시고 가르치신 복음과 전심으로 사모하라는 복음의 호소는 시편 기자가 부르짖은 열정과 헌신에 기초한 것이 분명하다. 이 복음은 예수님이 거하시는 곳마다 부르시는 노래며, 어떤 환난과 우환에서도 위로가 된다. 우리도 마찬가지다.

끝으로, 예수님이 성전에서 선생들과 함께 묵상했던 율법 역시 관계적이다. 율법은 책으로 문자화된 법전보다 다른 사람들과의 일상적 상호관계와 관련이 있다. 이 관계는 먼저 하나님과의 관계에 초점을 맞추며, 특히 시편 119편의 앞부분에 잘 나타난다. 시편 기자는 자신의 구원 -행복, 목적 의식, 생존과 번영- 이 법을 제정하신 하나님께 달려 있다고 확신한다.1-20절 그를 죄로부터 지켜 주는 것은 마음속에 있는 말씀이다.11절

또한, 율법은 다른 사람들과의 관계와도 관련이 있다. 시편 기자는 다른 사람들과의 관계가 어려움에 부닥쳤을 때 율법에 의지한다. 율법은 수치에서 벗어나게 하고39절, 비방42절

과 조롱51절에 맞서게 한다. 율법은 박해하는 자들에게서 구원한다.121절 또한, 율법은 시편 기자에게 힘이 되는 공동체를 형성한다.63, 74, 165절 뿐만 하니라 율법은 믿는 자들에게 두려움 없이 맞서게 한다.46절 이 시의 마지막 3분의 1은 율법이 공의의 근원임을 분명히 밝히지만134, 157절, 이 공의는 우리가 법정에서 기대하는 것과는 차원이 다르다. 그것은 회복적 공의, 또는 평안샬롬이다.165절

반복되는 말이지만, 예수님은 시편 기자가 말하는 율법의 속성을 대부분하나님 나라의 속성으로 제시한다. 이러한 속성은 관계적 요소에서 가장 분명하게 드러난다. 즉, 우리는 하나님 및 이웃과 어떤 관계를 유지해야 하느냐는 것이다. 이 마지막 개념인 평화, 즉 회복적 정의는 시편 기자의 율법관과 예수님이 말씀하시는 하나님의 나라를 포괄한다.

교회생활에서의 본문 적용

입교식과 청소년

나는 아나뱁티스트 신앙 공동체가 입교식을 행할 때 열두 살 시절의 예수님에 대해 언급하지 않는 것에 의문을 가진다. 그렇게 하지 않는 것은 한편으로는 일리가 있다. 그것은 세례에 관한 이야기가 아니기 때문이다. 성인 세례에 관한 한 예수께서 세례를 받으시는 장면이 우리의 신앙에 더 중요한 것처럼 보이기 때문이다.

그러나 세례에 관한 논의에서 중요한 것은 적정 연령이다. 이 연령은 대체로 성인이 되는 시점이다. 따라서 이 시기는 성인이 되는 것과 세례가 겹치거나 순차적인 경험이 된다. 물론 이러한 경험이 일반적이라는 것은 아니다. 성년과 세례가 동시에 일어나거나 밀접하게 연결되지 않는경우가 있기 때문이다. 그러므로 두 경우는 별개의 개념으로 유지될 필요가 있다. 그럼에도 불구하고, 교회에서 자라난 사람들에게 두 경험은 복잡하게 뒤섞여 있다. 세례는 그리스도의 길에 자발적으로 동참하려는 자들을 위한 것이지만, 우리 가운데 많은 사람은 이러한 자발적 동참이 발달 단계에서 일어난다는 사실도 알고 있다.

예수께서 열두 살 되었을 때 성전에서 있었던 이야기는 그리스도인의 성장과 관련된 난제를 해결하는 데 도움이 될 수 있다. 이 예수님에 관한 기사는 교회가 청소년을 위해 수행해야 할 중요한 역할이 있음을 보여준다. 이러한 역할은 부모나 친척이 감당하기 어렵다. 교회는 청소년과 부모에게 하나님의 부르심을 부모 순종보다 우선해야 하는 시기가 온다는 사실을 이해하고 인식하도록 도와야 한다. 마리아와 열두 살 된 아들이 배웠듯이, 이 시기는 힘든 과정이 될 수 있다. 이러한 전환에 대한 인식이 지속적인 지도와 훈육을 불필요하게 하

는 것은 아니지만, 부모와 청소년의 기대를 근본적으로 변화시키는 것은 사실이다. 이 시간은 기쁘고 흥미롭고 두렵고 진지하고 자유롭고 벅찬 순간이며, 교회와 젊은이와 가족이 함께 축하하고 도전해야 하는 때다.

이것은 열두 살이 되면 무조건 세례를 위한 교리 수업을 받아야 한다는 말이 아니다. 또한, 비록 유대 전통을 통해 배울 것은 많지만 그들처럼 청소년 성인식을 제정하자는 말도 아니다. 단지 우리는 열두 살 된 아이들의 새로운 지위를 축하하고 기념하는 동시에 그들에게 신앙의 전통에 대한 진지한 접근을 촉구하고 공동체의 삶과 인식에 동참하도록 도전할 뿐이다. 열두 살은 부모와의 관계뿐만 아니라 하나님과의 관계도 달라져야 한다는 사실을 인식할 수 있는 나이다. 이것은 그들에게 지옥에 대한 환상으로 겁을 주려는 것이 아니라 스스로 하나님을 찾는 비전을 도출해 주려는 것이다. 그뿐만 아니라 이러한 의식은 공동체가 취약한 시기에 놓인 아이와 부모를 돌보는 사역에 해당한다. 이것은 결코 무시할 수 없는 매우 중요한 사역이다. 우리는 아이와 부모에게 그들도 하나님의 일을 해야 한다는2:49 사실을 이해하도록 도와야 한다.

제2부
갈릴리 사역

누가복음 3장 1절–9장 50절

개관

우리가 아는 한, 예수님은 신학교에 다니지 않았다. 예수님의 교육은 그의 일상적 삶의 한 부분이었으며, 우리는 그것에 대해 많이 알지 못한다. 예수님은 회당에서 공부하신 것으로 보인다. 예수께서 광야에서 시험받으시는 장면을 통해 알 수 있듯이, 예수님의 성경 지식은 광범위하고 실용적이다. 그는 확실히 성경에 정통했으며 성경에 대한 예리한 통찰력을 지녔음이 분명하다. 우리는 예수께서 어떤 과정을 통해 리더십을 형성하셨는지에 대해 자세히 알지 못하지만, 갈릴리 사역에 관한 기사를 통해 예수님의 리더십 형성의 본질에 대한 정보를 얻을 수 있다.

갈릴리 사역에 관한 내러티브는 예수님에 대해 자신의 정체성을 형성하고 소명을 구체화하는 능동적인 카리스마적 지도자로 묘사한다. 예수님은 말씀과 행위로 자신의 사역을 구현하시고, 사람들을 불러 제자로 삼으시고 그들을 제자도로 훈련하신다. 누가복음을 연구하는 많은 학자는 이 시기의 사역을 비교적 평온한 기간으로 보지만, 긴장이 없었던 것은 아니다. 예수님의 갈릴리 사역을 평화로운 시기로 보는 관점은 1915년에 태어나 20세기 중반에 저술 활동을 했던 독일의 한스 콘젤만Hans Conzelmann과 관련이 있다. 그는 여러 면에서 누가복음 연구의 새로운 지평을 연 학자지만, 몇 가지 잘못된 개념을 남기기도 했다. 그 가운데 하나는 광야에서의 시험 장면 이후 사탄이 유다에게 들어간 22장 3절까지 "사탄이 없는"Satan free 시기로 본 것이다.Conzelmann: 16 이러한 콘젤만의 영향로 인해 학자들은 내러티브 초반에 나타난 갈등을 종종 간과했다. 확실히 이러한 갈등과 긴장은 이야기가 진행되면서 점차 고조된다. 그러나 예수님은 실제로 십자가에 달리시기 전까지 복음서의 어느 곳보다 이곳에서 목숨을 잃을 뻔한 위기를 초래한다. 사탄은 이 시기에도 활동한 것이 분명하다.

복음서의 이 부분에서 예수님이 다루신 아젠다는 중요하다. 처음 세례를 받으시고 광야에서 홀로 지내신 예수님은 헤롯이 자신의 악을 지적하는 요한을 옥에 가두자3:19 어떤 능력을 사용하시고 어떤 능력을 사용하지 않을 것인지를 보여주신다. 광야에서 돌아오신 예수님은 고향 나사렛에서 사역을 시작하신다. 그곳에서 낭떠러지까지 끌려가 떨어질 뻔한 위기를 모면하신 예수님은 사역의 영역을 더욱 확장하신다. 예수님은 진심으로 반응하는 사람들을 남녀를 막론하고 제자로 부르신다. 안타깝게도 예수님을 따르기로 한 사람들은 그의 아젠다를 온전히 이해하지 못한다. 그들은 예수님의 치유 사역에 매료되었으며 그의 가르침을 어느 정도 이해한다. 그들은 예수님을 사랑하는 제자로서 모든 것을 버리고 새로운 삶을 위한 방향 전환을 위해 헌신한다. 그러나 예수님은 말씀을 전파하고 가르치며 치유 사역을 하실 때 다소 불안하고 침울한 방식, 사랑과 열정으로 가득한 제자들의 마음을 굴복시키기는커녕 그들이 이해하기 어려운 모호한 방식으로, 하나님의 나라를 전하신다.

이러한 방식의 사역은 예수께서 그의 인기와 능력을 어떻게 사용할 것인가와 관련이 있다. 광야의 시험에서 드러난 것처럼, 예수님은 언약의 나라를 세우기 위해 하나님의 아들로서의 특권을 사용하지 않으실 것이다. 오히려 하나님의 나라를 선포하기 위해서는 칼과 방패를 내려놓아야 한다. 공격과 방어는 오직 하나님께 속해 있다. 이처럼 어둡고 절제된 방식은 그의 사역의 급진적 포용성과 관련이 있다. 나사렛에서서의 시험에서도 검증된 바와 같이, 예수님은 자신이 먼저는 이스라엘에 보내심을 받았지만 동시에 이방인에게도 보내심을 받았다고 생각하신다. 예수님의 사역 초기에 있었던 이 두 가지 시험, 즉 사역과 관련된 두 가지 결심은 중요하다. 그의 제자들은 그렇지 않지만, 예수님은 이러한 결심이 이기적 성향이나 폭력적 성향의 핵심과 연결된다고 생각하신다. 안식일에 나사렛에서 폭력을 피하신 행위가 그의 제자가 되려고 했던 사람들 가운데 일부의 기대를 무산시켰을지 모르지만, 예수님의 근본적 인식은 달라진 것이 없다. 예수님과 제자들 사이의 이러한 인식적 차이는 갈릴리 사역의 많은 부분을 특징짓는다. 그것은 예루살렘을 향한 나머지 여정에서도 계속된다.

그러나 고난받는 종의 이 냉정하고 침울한 아젠다가 이 부분에 제시된 복음의 배경을 형성한다면, 이 복음의 전면에는 예수님이 선포하시는 하나님 나라의 빛과 따뜻함이 있다. 사람들은 치유함을 받고 회복된다. 그들은 부유하고 사회적 지위가 높은 사람들뿐만 아니라 가난한 자, 여자, 소외된 자, 신체적으로 허약한 자와도 식탁을 함께 하며 교제한다. 예수님을 말씀을 선포하시고 비유를 들려주신다. 그는 관습을 뒤엎고 가족의 의미를 재정의하신다.

누가복음의 핵심적 역설 가운데 하나는 생명 속의 죽음과 죽음 속의 생명이라는 모티브다. 간단히 말해서, 가장 풍성한 하나님 나라의 충만함, 가장 큰 생명의 확신 속에, 그 나라의 희생에 대한 인식과 그 나라에 대한 끊임없는 저항이 존재한다는 것이다. 동시에 가장 큰 절망, 가장 극심한 슬픔과 탄식 속에, 결국은 생명이 사망의 권세를 깨트리고 승리할 것이라는 확신이 있다. 갈릴리 사역에는 이 두 가지 중요한 실재가 함께 나타나며, 6장 17-49절의 평지 설교에는 두 요소가 가장 잘 융합되어 있다.

단락 구조

요한의 사역, 3:1-20

예수님의 사역, 3:21-4:30

사역의 형성, 4:31-6:16

평지설교, 6:17-49

계속되는 사역, 7:1-8:3

교사와 목회자로서 예수님, 8:4-56

리더십 준비, 9:1-50

요한의 사역

개관

부차적인 역할을 맡은 인물은 간과하기 쉽다. 우리는 학교에서 미국 역대 대통령의 이름을 모두 외워야 했다. 부통령에 대해서는 아무것도 몰랐다. 2인자에 대해서는 그의 업적이 어떻든, 큰 관심을 두지 않는다. 어떤 면에서 세례 요한은 이러한 고정관념에 정확히 부합하는 인물이다.누가의 탄생 내러티브에서 요한의 출생은 그의 사촌 예수보다 앞서며, 유사한 면이 많다. 누가는 요한이 그의 뒤에 오실 이의 선구자이자 원형이라는 사실을 분명히 한다. 그러나 그는 뒤에 오실 이가 요한보다 더 위대하다는 사실도 분명히 한다. 요한의 사역에 대한 이 짧은 삽화도 유사한 기능을 한다. 요한의 사역의 주제와 궤적은 모두 예수님의 사역을 예시한다. 요한은 광야에서 나와 가치관을 근본적으로 바꾸는 급진적 윤리로 이끄는 회개를 선포한다. 예수님도 광야에서 오셔서 지위고하를 막론한 모든 사람을 급진적 윤리로 부르신다. 요한은 권력자들을 실제로 위협할 수 있는 능력보다 과한 것처럼 보이는 방식으로 그들의 관심을 끈다. 예수님도 마찬가지다.

그러나 한편으로는, 예수님의 사역에서 요한의 역할은 "2인자"에 대한 고정관념에 부합하지 않는다. 누가가 묘사한 대로, 요한의 사역은 예수님의 사역과 운명을 예시하는 것 외에도 사역의 핵심적인 윤리적 규범으로 작용한다. 요한은 누가복음에서 기준을 제시한다. 7장 18-23절에서 예수님의 사역이 진행되고 있는 와중에 요한의 제자들은 요한에게 예수님이 무슨 일을 하고 계시는지 보고한다. 요한은 지금 감옥에 있다. 누가복음 3장 1-20절에 보면 그는 그들을 예수님께 보내어 "오실 그이가 당신이오니이까"라고 묻게 한다. 예수님은 이 질문을 진지하게 받아들이시고 질병을 고치고 말씀을 가르치며 전파하는 자신의 사역을 보라고 대답하신다. 예수님은 요한보다 위대한 분이시지만, 요한에게 설명할 책임도 있으시다.

단락 구조

설명, 3:1-6

사역, 3:7-17

헤롯과 요한, 3:18-20

본문 주해

설명3:1-6

누가는 요한의 사역을 소개할 때, 2장 1-2에서 예수님의 탄생을 소개할 때 사용한 역사적 "드럼롤"drum roll을 사용한다.Johnson: 67 사실, 이곳의 요약은 훨씬 정교하다. 요한의 사역은 지역의 분봉 왕뿐만 아니라 로마와 유대 및 갈릴리 정부와의 관계 속에 위치한다. 또한 본문은 특정 제사장직을 배경으로 제시한다. 이처럼 상세한 정치적 묘사 및 특정 배경은 예레미야 1장 1-3절에 제시된 예레미야의 사역에 대한 소개와 유사한 면이 있다. 선지자들의 선포는 일반적으로 정치적인 상황을 배경으로 제시한다. 요한의 경우도 마찬가지다. "하나님의 말씀이 빈 들에서 사가랴의 아들 요한에게 임한지라"라는 친숙한 구절3:2은 사실상 요한이 하나님의 위대한 선지자 계열에 위치함을 보여주는 결정적 언급이다.

누가복음에서 광야는 모호한 공간이다. 광야는 세례 요한이 자란 곳이자1:80 그에게 하나님의 말씀이 임한 곳이며3:2 그가 회개의 세례를 전파한 곳3:4이다.

이어지는 내용에서 광야는 예수께서 피신하신 장소로 제시된다. 베드로의 장모를 고치신 일을 포함한 치유 사역 및 귀신을 쫓아내시는 사역을 마치신 예수님은 무리를 떠나 한적한 곳으로 가신다. 그는 광야에서 자신의 목적이 하나님의 나라를 전파하는 것임을 분명히 밝히신다.4:43 계속해서 제자들을 부르신 장면을 포함하여 활발한 사역을 마치신 예수님은 다시 한번 한적한 곳으로 물러가사 기도하신다.5:16 확실히 예수님에게 광야는 힘을 회복하는 곳이며, 하나님을 찾고 구하는 장소다.

그러나 광야의 상징에는 또 다른 면도 있다. 광야는 요한과 예수님이 종종 하나님을 찾는 곳이지만, 성령께서 예수님을 사탄의 시험으로 이끄신 곳이기도 하다. 그곳은 마귀가 배회하며 돌아다니는 어둡고 공허한 곳이다. 무엇보다도 광야는 하나님과 악한 자가 함께 있는 극한 대립의 장소다. 이 극한 공간에서 요한은 죄 사함을 위한 회개의 사역을 시작한다.

4장에 나오는 예수님의 사역과 마찬가지로, 누가는 이사야서의 말씀을 인용하는 것으로 요한의 사역을 소개한다. 주의 길을 예비하라는 이 구절은 광야쿰란에 거주했던 에세네파도 사용한 바 있다. 그러나 그들에게 길을 예비한다는 것은 제의적 순결을 지키고 율법을 연구한다는 의미였다. 이와는 대조적으로, 요한은 광야에서 나와 회개의 세례와 올바른 삶 및 하나님의 구원을 모든 사람에게 전했다.Fitzmyer 1981: 460-61 요한은 얼마 동안 에세네파와 함께 지냈을 가능성이 있다. 확실히 의식적 세례에 대한 강조는 에세네파 공동체의 물로 씻는 의식과 유사한 면이 있다. 그러나 만약 요한이 에세네파에서 훈련을 받았다면, 누가복음 3장에서 그가 설교자이자 윤리학자로 등장한 장면은 이 집단의 교리 및 실천과의 단절을 의미한다.Fitzmyer 1981: 454 요한은 다른 준비에 대해 진술하고 요구한다.

사역3:7-17

누가가 3장 18절에서 요한의 사역에 대해 진술한 "백성에게 전할 좋은 소식"은 다섯 가지 요지를 강조한다. 첫째로, 그들은 선민의 지위에 만족해서는 안 된다. 왜냐하면, 하나님은 능히 돌들로도 선민을 만드실 수 있기 때문이다.3:8 둘째로, 그들의 삶은 선민의 영예에 안주할 것이아니라 좋은 열매를 맺어야 한다.3:8-9 이 이미지는 이곳에 처음 사용되었으나 6장의 평지 설교, 8장의 씨 뿌리는 자의 비유, 13장의 무화과나무 비유에서 계속해서 나타난다. 요한이 강조하는 세 번째 요소는 좋은 열매는 추상적 개념이 아니라는 것이다. 무리가 묻자 요한은 두 가지 즉각적이고 구체적인 의미를 제시한다. 그들은 옷이나 음식과 같은 좋은 것들을 나누어주는 급진적 분배에 동참해야 한다. 요한의 메시지 가운데 이 부분은 하나님께서는 주리는 자를 좋은 것으로 배불리신다는 마리아의 노래1:53를 반영한다. 좋은 것으로 배불리는 방법 가운데 하나는 그들이 가진 것의 절반을 나누어 주는 것이다.3:11 이 비율은 삭개오 이야기19:8에서 다시 나타날 것이다.

요한이 네 번째로 강조하는 것은 정의와 비폭력에 관한 것이다. 회개하고 세례를 받기 위해 나온 세리와 군인들이 "우리는 무엇을 하리이까"라고 물었을 때 요한은 직업을 버리라고 하지 않는다. 우리는 요한의 언어의 급진적인 성향을 감안할 때 이러한 충고를 기대할 수 있다. 그러나 그들은 직업을 떠나는 대신 직업의 영역 안에서 정의와 비폭력을 실천하는 방향으로 나아가야 한다. 회개한 세리는 세금을 징수할 때 속이거나 갈취해서는 안 된다. 그들은 부과된 것 외에는 거두지 않아야 한다. 세리는 먼저 로마에 세금을 선납한 후 납부한 금액과 비용을 회수해야 했다. 이런 이유로 세금 제도는 부패가 만연했다. 요한은 조세 제도를 직접 공격하지 않았지만, 사실상 과잉 징수 및 제도의 남용 가능성을 인정한다. 회개한 군인들은 맡은 임무를 수행할 때 사람들의 물건을 강탈하거나 거짓으로 고발하지 않아야 한다. 특히 그들은 자신이 받는 급료에 만족해야 한다.3:14 이들은 로마 군인이 아니다. 당시 그 지역에는 부대 병력이 배치되지 않았다. 아마도 그들은 헤롯 안티파스 휘하의 민병대이거나, 아니면 3장 14절이 암시하듯이 용병일 수 있다. 당시 가이사는 유대인의 로마군 징집을 면해 주었기 때문이다.Fitzmyer 1981: 470 요한은 군 복무 제도 자체를 직접 공격하지 않지만, 군인이 사람들을 괴롭히거나 자신의 탐욕을 채우지 못하게 한다.

요한이 강조하는 사역의 마지막 요소는 예수님께 초점을 맞춘다. 그는 신자들을 위해 예수님을 추수하는 농부로 묘사한다. 이 대화는 요한이 그리스도신가 심중에 생각하는 무리의 질문으로 시작된다. 피츠마이어Fitzmyer, 1981: 471에 따르면, 사람들의 이러한 기대는 기원전 2세기 초부터 팔레스타인 문화 내에서 회자하였다. 요한의 메시지, 즉 주의 길을 예비하라는 선포와 그렇게 하기 위한 구체적인 방법으로서 윤리적 명령은 사람들의 생각을 이스라엘이 대망하는 메시아로 향하게 했다. 그들이 기다리는 메시아가 요한이 아닌가?

그러나 요한은 이러한 기대와 꿈을 물리친다. 대신에 그는 오실 메시아에 대한 기대의 초점을 예수께로 향하게 한다. 요한은 예수님에 대해 경의를 표한다. 그는 능력이 많으시며, 자신은 그의 신발 끈을 풀기도 감당할 수 없을 만큼 강한 자라는 것이다. 이것은 종의 마땅한 의무이므로Fitzmyer 1981: 473, 요한의 입장은 매우 단호하다. 그는 자신을 예수님보다 훨씬 못한 자로 차별화할 뿐만 아니라, 자신의 물 세례를 예수님이 베푸시는 성령 세례 및 불 세례와 구별한다. 이러한 요한의 언급은 누가복음을 읽는 신학자와 평신도를 당황하게 했다.다양한 의견에 대한 간략하고 탁월한 요약은 Fitzmyer 1981: 473-74를 보라 문학적 관점이나 전후 맥락에 대한 성찰을 통해 오는 가장 합리적인 해석은, 물세례는 모든 신자가 예수님의 인격과 만나는 더욱 중요한 "세례"를 예시하거나 상징한다는 것이다. 결국 예수님은 "이스라엘 중 많은 사람을 패하거나 흥하게 하며 비방을 받는 표적이 되기 위하여" 세움을 받으신 분이다.2:34 예수님과 성령과 불은 여러 사람의 마음의 생각을 드러내시는 사역에 있어서, 정화하고 연단하며 책망하는 능력이 있다. 예수님과 성령과 불은 사도행전 첫 장에 함께 제시된다. 우리는 그곳에서 예수님이 승천하시기 전 성령을 약속하시고, 이 약속의 성취로 성령이 임하시며, 성령 강림과 함께 불의 혀가 나타나는 장면을 보게 된다. 그러나 누가복음과 사도행전에는 다른 곳에서와 마찬가지로 연단과 심판이라는 두 가지 모티브가 나타난다. 예수님과 성령과 불은 참되고 신실한 것을 정결케 하고, 거짓되고 부정한 것을 멸하신다. 예수님의 사역, 그의 죽음과 부활, 그의 이름으로 출현한 선교적 교회는 어떤 식으로든 만나는 자들에게 결단, 결정적 국면, 선택의 기로를 강요한다.

예수께서 베푸신 세례에 대한 이러한 이해는 요한이 그리스도에 대한 진술 말미에 사용한 이미지와 조화를 이룬다. 그것은 밀을 추수하는 농부의 이미지다. 지금은 알곡과 쭉정이를 분리할 때다. 알곡은 모아 곳간에 들이고 쭉정이는 불에 태워야 한다. 마찬가지로, 메시아와 성령은 때가 되면 각 사람의 실체를 드러내신다. 참되고 신실한 자는 알곡으로 드러나고 거짓되고 부정한 자는 쭉정이로 드러날 것이다. 복음은 심판의 예리함을 담고 있으며, 누가는 이러한 현실을 완화할 생각이 없다.

헤롯과 세례요한3:18-20

18절부터 텍스트의 음성은 세례 요한에서 내레이터로 돌아가며, 누가는 요한의 사역을 요약한다. 오늘날 해석자가 요한의 권면을 어떻게 생각하든, 누가는 예수께서 선포하신 하나님의 나라를 좋은 소식으로 묘사한 것처럼 요한의 선포를 좋은 소식으로 간주한다. 북미의 특권을 누리고 있는 우리 가운데 많은 사람은 심판을 나쁜 소식으로 생각한다. 그러나 만일 우리가 무력함과 억압을 경험하고 있다면, 심판은 좋은 소식이 될 것이다. 1세기 요한의 청중과 누가의 독자에게 심판은 좋은 소식이었다. 심판이 좋은 소식의 전부는 아니지만, 좋은 소식의 큰 부분을 차지한 것은 분명하다. 심판이 좋은 소식인 이유 가운데 하나는 그것이 헤롯을 심판할 수 있는 발판을 제공하기 때문이다. 누가는 계속해서 요한이 동생의 아내 헤로디아와 불륜을 저지른 헤롯을 책망했다고 진술한다. 누가는 헤롯이 다른 악한 일도 행하였다고 언급한 후, 거기에 복음 전도자 요한을 옥에 가두는 악을 더했다고 진술함으로써 냉정한 요약을 마친다.

성서적 맥락 속의 본문

요한과 헤롯의 관계

헤롯과 요한 사이에 일어난 일에 대한 누가의 진술은 다른 복음서와 광범위한 차이를 보인다. 누가는 세부적인 내용을 생략하고 본문을 대치하기 때문에, 이러한 차이점에 주의하는 것은 도움이 된다. 누가는 예수님의 세례에 대해 언급하기도 전에 요한이 감옥에 갇힌 사실을 언급함으로써 예수께서 요한에게 세례를 받았다는 전승에 의문을 제기하게 한다. 물론 누가가 예수께서 요한이 투옥되기 전에 그에게 세례를 받은 것으로 생각했을 가능성은 있다. 3장 21절에서 예수님의 세례에 대해 묘사된 동사는 모두 수동태다. "백성이 다 세례를 받을새 예수도 세례를 받으시고." 그러나 이러한 어법이나 시제는 세례 전승에 대한 의문을 해소하지 못한다.

또한, 누가는 마가복음6:17-29이 제공하는 세례 요한과 헤롯의 갈등에 대한 정보를 생략한다. 그는 독자에게 요한의 말을 전하기보다 요한이 헤롯을 책망한 내용을 요약한다. 누가는 헤롯이 요한을 두려워했다는 사실도 생략함으로써, 왜 헤롯과 같은 강력한 인물이 광야의 설교자에 맞설 만큼 분노했는지에 대한 의문을 가지게 한다.

일부 주석가는 누가가 요한의 투옥으로 그의 사역을 마무리한 것은 예수님의 사역이 시작되기 전에 요한을 무대에서 퇴장시키려는 문학적 기법으로 해석한다. 그러나 그것이 두 사역자 간의 불연속성을 강조하는 것인지에 대해서는 이견을 보인다. 존슨은 누가가 이로써 두 선지자의 사역에 있어서 서열을 정립한다고 주장하지만, 동시에 누가가 요한의 사역에 예수님의 탄생에 버금가는 중요성을 부여하고 있다고 주장한다.67 피츠마이어는 이 본문이 실제로 불연속성을 나타내는지에 대해 의문을 제기한다는 점에서 월터 윙크Walter Wink, 50-51와 견해를 달리한다. 피츠마이어는 이 본문이 "예수께서 요한이 기대했던 강력한 불의 개혁자"능력이 많으신 이"로 나타나지 않는 이유에 대해 암시한다"Fitzmyer 1981: 477고 말한다.

그러나 이러한 주장들은 요한이 예수님의 사역이 시작되기 전에, 어쩌면 예수님이 세례를 받기도 전에 감옥에 갇혔으나 그의 역할은 계속되고 있다는 사실을 고려하지 않는다. 그의 사역은 예수님의 사역을 예시하는 것일 수 있다. 광야에서 시작된 그의 사역, 그가 선포한 기독론 및 윤리메시지, 이른 나이에 헤롯의 감옥에서 최후를 맞이한 일은 모두 예수님의 사역에 어느 정도 반영된다. 예수님의 사역 역시 광야에서 시작되었다. 그는 그곳에서 자신의 사역을 위해 능력을 어떤 식으로 사용할 것인지에 대해 결심하고 연마했다. 그의 메시지도 자신의 신분을 하나님의 아들로 제시한다는 점에서 기독론적이며, 비록 덜 비판적인 어조로 표현되긴 했지만 요한처럼 윤리적이다. 덜 비판적이라는 관점조차 논쟁의 여지가 있다. 예수님도 분명히 가혹한 말씀을 하신다. 그러나 다른 많은 온유한 말씀과 가르침으로 인해 그의 메시지의 신랄함은 요한의 설교보다 희석된다. 예수님의 사역 역시 요한처럼 폭력적이고 정치적인 방식으로 중단된다. 헤롯은 비록 악명 높지만, 마지막 드라마에서 중요한 인물로 부상한다. 누가는 요한의 사역이 예수님의 사역의 축소판이나 예시를 제공하는 것처럼 그의 사역을 마무리하는 것 같다.

주석가들은 누가가 종종 이전 내용을 요약해 제시한다는 사실에 주목한다. 그들은 누가가 제공하는 사전검토가 청중에게 앞으로 일어날 일을 알려주는 삽화라는 사실을 쉽게 알아차리지 못한다. 당시 누가복음의 "독자"에게는 이러한 문학적 기법이 해석에 도움을 주었을 것이다. 당시는 문맹율이 높은 시기였다. 많은 사람은 글을 읽지 못했으며, 그들에게 독서는 사치였다. 두루마리를 접하는 것은 부유한 사람의 특권이었다. 일부 증거에 의하면, 복음서는 낭독을 위해 기록되었다. 낭독은 정보나 교훈을 전해줄 뿐만 아니라 즐거움을 선사했다. 오늘날 우리는 복음서를 읽을 때, 눈과 함께 귀를 개발해야 한다. 우리는 영화 예고편을 보거나 책 광고를 읽을 때 이러한 것들의 용례나 활용 방법을 어떻게 터득했는지에 대해 의식하지 않는다. 복음을 듣는 자는 대부분 누가의 요약과 사전검토를 통해 본문에 대한 이해력을 높일 수 있다. 우리는 오늘날 일반적인 문학적 기법을 의식하지 않는 것처럼 이러한 요약이나 사전검토를 의식하지 않는다.

비록 요한의 공적 사역은 헤롯의 끔찍한 결정으로 갑자기 끝나지만, 그의 사역은 복음서에서 예수님과 제자들 속에, 그리고 사도행전에서 바울 속에 살아 있다. 태너힐은 바울이 아그립바 왕 앞에서 자신의 사역에 대해 변명할 때 요한의 사역을 상기시키는 표현을 사용한 사실에 주목한다.1986: 234, 35; cf. 눅 3:8; 행 26:20, 마리아와 엘리사벳의 찬가, 사가랴의 노래, 누가복음 3장에 나오는 요한의 사역은 모두 바울의 메시지 속에 울려 퍼진다. 바울은 요한과 마찬가지로 어둠을 비추는 빛이다. 그는 요한처럼 회개의 세례를 전파한다. 바울은 요한처럼 "구원의 길"과 "주의 길"에 대해 언급한다.Tannehill 1986: 234, 35 따라서 많은 사람은 콘젤만을 따라 요한이 본문에서 사라진 것은 시대의 차이라고 강조한다.24 그러나 비극적인 종말을 포함한 요한의 사역은 누가행전에 나오는 다른 많은 사역의 예시이자 아젠다를 제시한다.

교회생활에서의 본문 적용

복음으로서 하나님의 심판

신약 성경을 읽는 오늘날 독자들의 어려움은 심판의 개념에 대한 인식이 제한적이라는 데 있다. 앞서 언급했듯이, 우리는 대체로 심판을 나쁜 것으로 생각한다. 그러나 우리는 심판과 심판주의judgmentalism를 구분하지 않는다. 중요한 것은, 우리는 하나님의 심판이 얼마나 그의 사랑과 공의에 기초하고 있는지 제대로 깨닫지 못한다는 것이다.

신약성경에 나타나는 죄, 심판, 하나님에 대한 두려움은 확실히 심각한 개념이지만, 오늘날 그리스도인이 생각하는 심판주의나 개인적인 형벌 개념과는 다르다. 점령지에서 박해받는 백성에게 심판은 해방의 종소리다. 우리는 기쁨으로 찬가를 부르는 마리아와 사막에서 주의 길을 곧게 하라고 외치는 준엄한 세례 요한을 동일시하기 어렵다. 실제로 마리아의 찬가와 요한의 메시지 사이에는 중요한 유사성이 나타난다. 둘 다 가치관의 역전을 요구한다. 둘 다 낮은 곳을 지향한다. 둘 다 하나님이 억압받는 자의 편이시라는 확신을 가지고 있다. 이스라엘의 하나님이 공의의 하나님이라는 것은 이스라엘에게 좋은 소식이다. 이스라엘이 공의를 행하지 못할지라도 이스라엘의 하나님은 여전히 공의의 하나님이시며, 여기에는 심판이나 형벌이 따를 수도 있다. 그럼에도 불구하고 심판과 형벌은 공의로우시고 사랑이 많으신 하나님께 돌아갈 기회를 제공하기 때문에 여전히 좋은 소식이다.

우리는 이 시대 이 장소에서 공의로우시고 사랑이 많으신 하나님께로 부르심을 받은 하나님의 백성으로서 심판에 대한 보다 건전한 통찰력을 회복해야 한다. 단순성은 심판에 대한 고찰의 한 방법일 수 있다. 때때로 소유를 줄이는 사람들이 뉴스거리가 되기도 한다. 사람들은 자신의 소유를 백 개어떤 방식으로 계수하든로 한정함으로써 자유를 누린다. 나는 아름답지만 작은 아파트에 사는 한 가톨릭 신자 자매를 알고 있다. 한번은 그녀의 집에 있을 때 누군가 더 넓은 공간을 원한 적이 없느냐고 물었다. 그녀는 그럴 때가 있지만 집이 비좁다는 생각이 들 때마다 가진 것을 정리하고 조금씩 버리는 기회로 삼는다고 말했다. 그녀는 자신이 소유한 물건의 효용성이나 아름다움이나 가치에 의문을 제기하면서 심판과 분별력의 과정에 대해 말했다. 그녀는 끝으로 자신의 공간을 재정리할 때마다 경험하는 평화와 조화에 대해 말했다.

나는 학창시절 한 친구로부터 심판에 대해 사고하는 또 하나의 유익한 방식을 배웠다. 오래전 남부에서 있었던 일이다. 그 친구는 흑인 교회의 뿌리와 정신 속에서 오랫동안 형성된 소수 민족 학생이었다. 다양한 형태의 차별에 직면한 그는 순수함과 용기로 그들과 맞서 싸웠다. 그러나 모든 잘못을 다 바로잡을 수는 없었다. 그럴 때마다 친구는 차별한 사람을 하나님의 심판에 맡기곤 했다. 그것은 일종의 이미지 훈련이었다. 그는 심판날에 하나님 앞에 선 죄인, 하나님의 얼굴을 쳐다보아야 하는 죄인, 자신이 행한 악과 마주해야 하는 죄인을 상상했다. 그는 이러한 이미지 훈련을 통해 정의감을 키웠다. 그것은 베드로전서와 같은 신약성경이 말씀하는 것과 유사한 신원의 방식이다. 그러나 친구는 이러한 정의감과 함께 또 하나의 사실을 깨닫기 때문에 상상을 멈추기 어렵다고 말한다. 즉, 하나님과 마주 보고 서 있는 가해자를 생각할 때 그가 자신을 아무 조건 없이 사랑하시는 유일하신 분의 얼굴을 온전히 바라보고 있다는 사실을 깨닫는다는 것이다. 죄와의 대면은 이처럼 측량할 수 없는 사랑 속에 이루어진다. 그렇다고 해서 심판의 실제가 완화되는 것은 아니지만, 확실히 긍휼은 심판의 범주에 해당한다. 이미지 훈련에 수반되는 또 하나의 깨달음은 우리에게 잘못을 범한 자가 자신의 행위 및 행위의 결과와 마주해야 하듯, 우리도 직면하게 된다는 것이다. 우리는 피해자이지만, 우리 또한 죄인이며, 모든 권리를 가진 유일하신 분에 의해 심판과 사랑을 받아야 하는 근본적으로 동일한 위치에 있다. 심판은 우리를 자유롭게 하는 진리다. 더욱이 심판은 회개와 소망과 은혜의 핵심이다. 심판은 우리를 하나님께로 향하게 한다. 어쩌면 심판에 대한 보다 강력하고 덜 모호한 개념이 우리를 은혜에 대한 보다 강력하고 덜 모호한 개념으로 이끌 수 있을 것이다.

심판이라는 주제와 관련하여 가장 전형적인 본문은 요나 이야기다. 요나서에는 가차없는 심판이 제시된다. 니느웨 백성의 죄악은 크다. 그들의 왕은 그의 백성이 악한 길을 고집하며 손으로 강포를 행했다고 말한다.3:8 그것은 하나님이 심각하게 여기시는 죄다. 하나님은 요나를 보내시어 사십 일이 지나면 니느웨가 무너질 것이라고 선포하게 하신다.3:4-10 니느웨에게는 나쁜 소식이다.

그러나 니느웨 왕은 나쁜 소식을 좋은 소식으로 정확하게 인식한다. 그는 심판과 사십 일이라는 기간을 은혜로 여겼다. 그것은 사실이었다. 니느웨 왕과 그의 백성은 사십 일 동안 회개하며 하나님을 찾고 악한 길에서 돌이켜 강포에서 떠났다.

성경은 심판에 대해 근본적으로 회개에 대한 촉구라고 증거한다. 그것은 그들을 무조건한없이 사랑하시는 자비하신 하나님께로 돌아오라는 부르심이다. 그러나 하나님은 자유 의지라는 선물을 포기하지 않으신다. 우리는 개인과 민족으로서 우리를 향한 하나님의 한량없는 사랑에서 돌아서는 길을 선택할 수 있다. 완악함은 창세기부터 요한계시록까지 일관되게 나타나는 성경의 주제다. 그러나 나쁜 소식은 하나님의 심판이 아니라 완악한 마음이다. 하나님의 심판은 완악한 마음의 지옥에 대한 대안을 제시한다.

예수님의 사역

개관

예수님은 어떻게 하나님이신 동시에 사람이 되실 수 있는가? 나는 알고 싶었다. 우리는 차를 타고 어디론가 가고 있었다. 당시는 어린이용 보조의자가 나오기 전이었고 안전벨트조차 없을 때였다. 비록 발은 바닥에 닿지 않았지만 나는 원했던 앞 좌석에 앉았으며, 여동생들은 뒷자리에 앉았다. 앞자리에 앉은 나는 교회에서부터 계속 머리에서 떠나지 않았던 질문을 던질 용기를 낼 수 있었다. 나는 어머니에게 물었으나, 어머니는 사실상 자신도 정확히 이해하지 못했다고 대답했다.

누가에게 예수님은 의심할 여지 없이 하나님이신 동시에 사람이시다. 그러나 누가복음에는 후대의 일부 신학적 흐름과 달리 그의 신성이 인성을 가리지 않는다. 누가복음 3장 21절부터 4장 30절까지는 예수님이 구주, 메시아, 하나님의 아들이자 인간 사역자로 형성되시는 과정을 보여 준다. 그것은 예수님에게 일종의 교리문답 과정에 해당하며, 예수께서 임명을 받고 시험을 거친 후 하나님의 선교적 사명을 통해 형성되는 시간이다.

이어지는 네 개의 문학적 단위, 즉 예수님의 세례와 계보와 광야에서의 시험 및 나사렛에서의 첫 번째 설교는 통일성 있는 하나의 단위로 읽어야 한다. 네 개의 문학적 단위는 누가복음의 어떤 본문보다 예수님이 누구시며 어떤 형성 과정을 거치시는지를 잘 보여준다. 예수님은 어떤 메시아이신가? 그는 메시아가 되기 위해 자신의 특별한 인성과 능력을 어떻게 사용하실 것인가? 그 과정은 기대하는 방식인가 전혀 예상치 못한 방식인가? 이 메시아가 성령과 불로 세례를 베풀고, 알곡과 가라지를 구분하실 것이라는 요한의 예언3:16-17은 어떻게 성취될 것인가? 누가는 본문을 통해 이러한 질문들에 대한 대답의 단서를 제공한다.

단락 구조

세례, 3:21-22

계보, 3:23-28

광야에서의 시험, 4:1-13

요약적 진술, 4:14-15

첫 번째 설교, 4:16-30
    4:16-20 성경봉독
    4:21-22 성경 봉독에 대한 첫 번째 반응
    4:23-27 설교
    4:28-30 무리의 살인적 반응

본문 주해

세례3:21-22

앞서 요한의 투옥에 대한 논의에서 살펴보았듯이, 누가는 예수님의 세례에서 요한의 역할에 큰 비중을 두지 않는다. 어쩌면 이러한 발전은 존슨의 주장처럼, 더 큰 자인 예수께서 작은 자인 요한에게 세례를 받는 부자연스러움을 피하기 위한 것일 수 있다.71 그러나 이 경우, 예수께서 이름 없는 요한의 제자에게 세례를 받았다는 묘사는 더 큰 문제가 될 것이다. 그보다는 인간 대리자의 역할을 축소하고 하나님의 역할을 높이려는 의도일 가능성이 크다. 누가는 헬라어 문법의 소위 "신적 수동태"를 통해 이러한 역학을 보여준다. 헬라어 성경에는 간접적 행위자라는 문법적 기법이 종종 사용된다. 사실 제자들의 사역은 대체로 간접적 행위로 볼 수 있다. 그들은 세례를 베풀고 제자 삼으며 치유와 기적을 행할 수 있다. 그러나 이 모든 사역의 이면에는 하나님의 능력이 있다는 사실을 알아야 한다. 이곳의 예수님의 세례도 마찬가지다. 누군가가 예수님에게 육체적인 세례를 베풀었다. 그의 뒤에는 하나님의 능력이 있다. 예수님은 사람에게 -요한이 아니라도 누군가에게- 세례를 받아야 했지만, 1세기 유대인 독자에게 의미 있는 것은 하나님이 그 일을 하셨다는 사실이다.

예수님의 세례 중심에 있는 하나님의 능력과 사랑은 오히려 세례 후에 더욱 분명하게 드러난다. 예수님이 기도하자 하늘이 열렸으며, 성령이 비둘기 같은 형체로 강림하셨다. 그리고 하늘로부터 그가 하나님의 아들이라는 음성이 직접 들렸다. 이 음성은 계속해서 하나님이 그를 기뻐하신다고 말씀하신다. 이것은 누가복음 3장에서 두 번째 들린 "소리"다. 첫 번째 소리는 광야에서 들려온 요한의 음성으로3:4, 사 4:30 인용, 이제 하늘로부터 소리가 들린 것이다.3:22 하늘의 음성은 시편 2편의 메시아 주제와 이사야 42장의 고난받는 종 주제를 결합한 것으로, 예수를 따르는 자가 성경을 어떻게 읽고 메시아에게 무엇을 기대해야 하는지에 대한 근본적인 방향을 재정립한다.

이러한 현현의 과정에서 새로운 것은 없다. 마리아에 대한 가브리엘의 수태고지눅 1:35에는 성령 및 성부와의 관계가 정립된다. 목자들에 대한 천사들의 선포에는 하나님이 기뻐하신 사람들에게 복음을 선포한다.2:14과 3:22에는 동일한 헬라어 어근이 나타난다 많은 사건이 일어나고 오랜 세월이 지난 후, 베드로는 하나님을 경외하는 자와 하나님이 기뻐 받으시는 모든 자에게 이 복음을 전한다.행 10:35 그러나 예수님의 사역이 시작되는 이곳에서는 성령 및 성부와의 관계가 사랑을 특징으로 하는 능력의 원천임을 상기시켜 준다.

피츠마이어Fitzmyer가 지적하듯이, 누가는 이러한 현현의 배경이 공적인지 사적인지에 대해 언급하지 않는다.1981: 481 마가복음의 현현은 전적으로 사적이며, 마태복음에서는 완전히 공개된다. 누가복음에는 예수께서 혼자 비둘기를 보고 음성을 들었는지, 아니면 다른 증인들도 있었는지를 분명하게 제시하지 않는다. 이 일은 예수께서 세례받으신 후 혼자든 함께든, 기도하실 때 일어난다. 우리는 여기서 누가복음에서 처음으로 예수님이 기도하시는 장면을 볼 수 있다. 이야기를 따라가다 보면, 예수님은 종종 홀로 물러나 기도하시는 모습을 볼 수 있다.5:16; 6:12 때때로 예수님은 제자들과 함께 기도하시거나 제자들과 "따로" 기도하신다.9:18, 28; 11:1 이 에피소드는 제자들을 부르시기 전에 일어난 일이기 때문에 예수께서 혼자 기도하실 때 일어난 일로 보는 것이 타당하다. 그러나 다른 증인이 있었는지와 상관없이, 누가는 비둘기를 실제적이고 물리적인 현상으로 묘사하며 신체적 "형체"에 대한 강조까지 한다.3:22

예수님은 왜 세례를 받으셔야 하는가? 특히 요한이 선포하는 회개의 세례를 받아야 하는 이유는 무엇인가? 성경 해석가들은 오랫동안 많은 대답을 내놓았다.자세한 내용은 Fitzmyer 1981: 481-82 참조 아마도 가장 좋은 대답은 모든 복음서기자가 예수님의 사역을 요한의 사역과 연결하고 싶어 했기 때문이라는 대답일 것이다. 한편으로, "회개하다"에 해당하는 그리스어 단어는 "죄에서 돌아서다"라는 뜻 외에도 "마음을 돌이키다"나 "생각을 바꾸다"라는 뜻이 있다는 사실을 상기하는 것도 도움이 될 것이다. 예수님이 얼마 전까지 선지자 요한이 거주했던 광야에서 회개의 세례를 받으신 것은 사역의 전환을 의미한다. 예수님은 광야의 세례를 받아들이심으로써 요한과 함께 그가 이스라엘 백성을 하나님께로 돌아오게 하려고 세운 선지자적 전승을 존중하셨다. 또한, 예수님의 광야 세례는 하나님의 아들로서 자신에게 부여된 유일한 사명을 완수할 준비가 되어 있음을 보여준다.

누가는 갈릴리 사역과 예루살렘 여정 내러티브9:51-19:44를 예수님의 정체성에 대한 선포와 환상으로 시작한다. 3장 23절에서 갈릴리 사역이 시작되기 직전, 이곳 누가복음 3장 21-22절에는 예수께서 기도하신 후 비둘기의 형체와 함께 그가 하나님의 아들이시며 하나님이 그를 기뻐하신다는 음성이 들린다. 누가는 예루살렘 여정 내러티브9:51가 시작되기 직전에도, 유사한 방식의 선포와 환상을 제시한다. 예수님은 변화산 본문9:28-36에서 다시 한 번 기도하시며, 이번에는 세 명의 제자가 함께한다. 모세와 엘리야에 대한 환상과 함께, 예수님이 아들이시라는 선포와 제자들에게 그의 말씀을 들으라고 명령하는 음성이 들린다. "환상과 음성"이라는 유사한 본문은 예수께서 말씀을 전파하고 가르치며 치유하는 구체적인 사역을 시작하시기 전에 그의 정체성에 초점을 맞춘다.

계보3:23-38

갈릴리 사역이 시작되기 위해서는, 두 가지 사항이 더 정립되어야 한다. 그것은 예수님의 계보 및 악과 맞설 능력이다. 우리는 계보를 읽을 때 아무 생각 없이 대충 훑어보는 경향이 있다. 계보는 성경이나 헬라어 문헌 등 고대 문학에서 흔히 볼 수 있다. 예수님의 세례와 광야에서 있었던 사탄과의 대결 사이에 삽입된 계보는 예수님에게 일어난 일이 인류에 대한 하나님의 관심과 목적의 광범위한 역사에 기초한다는 사실을 상기시킨다. 이 계보는 누가복음의 관점에 중요한 역할을 한다. 예수님의 세례에 이어지는 계보는 세례와 마찬가지로 그가 하나님의 아들이시라는 사실에 초점을 맞춘다.

아브라함에서 시작하여 예수님까지 이어지는 마태복음과 달리 누가복음의 계보는 예수님으로부터 시작하여 아브라함과 아담을 거쳐 하나님까지 거슬러 올라간다. 마태복음의 계보가 일반적인 형식이기는 하지만, 성경에는 두 형식 모두 나타난다.역대상 9장 14-16절의 거슬러 올라가는 방식과 9장 39-44절의 일반적 형식을 비교해보라 역사가들은 이 계보의 문제점을 지적한다. 이것은 특히 존슨이 지적한 것처럼, 마태복음과 누가복음의 목록이 조화를 이루지 못하기 때문이다.72 누가복음에는 마태복음42명과 달리 76명하나님과 예수님을 포함한다면 78명의 이름이 나타난다. 이것은 누가가 아브라함을 지나 하나님까지 거슬러 올라갔기 때문이지만, 이름도 거의 일치하지 않는다. 그러나 이름과 상관없이 두 계보는 각각의 복음서에서 주인공예수을 정당화하는 기능을 한다. 이 목록은 역사적, 사회적으로 누가 가족이며 누가 적통인지를 분명히 한다. 흥미로운 사실은 누가가 마리아에 대한 전적인 관심에도 불구하고 부계를 중심으로 하는 일반적 관습을 따른다는 점이다. 마태와는 달리 누가는 계보에 여성을 포함하지 않는다.

마태와 비교해 볼 때, 누가는 마리아의 임신이 큰 문제가 되지 않는다고 생각한다. 마태복음에서는 복음서기자가 마리아의 임신으로 인한 약혼자 요셉의 딜레마에 대해 애써 설명한다. 누가가 임신을 기정사실로 받아들인 것은 그가 마태의 계보에 기록된 문제 있는 여자들을 생략한 사실과 관련이 있는지도 모른다. 이러한 차이에 대해 무엇을 생각하든, 추측에 지나지 않는다. 그러나 누가가 마태보다 여성에 대한 관심이 부족하다고 결론짓는 것은 옳지 않다. 오히려 여성에 대한 누가의 긍정적인 개념이 부정적인 개념을 압도한 때문이라고 보아야 한다. 마태복음에서 하나님의 은혜는 남성 지배적 사회에서 문제가 있는 여성을 신적 목적에 사용하시는 방식에서 드러난다. 누가복음에서 하나님의 은혜는 복음 이야기에 동참하는 여성의 힘에서 드러난다. 두 복음서 모두 신학적, 문학적으로 비교적 혁명적인 여성관을 보여준다. 그러나 두 복음서기자의 관점에는 미묘한 뉘앙스의 차이가 나타난다.

누가의 계보는 문학적이면서 신학적이다. 문학적 관점에서 볼 때, 그것은 하나님과 예수님을 문학적 축으로 삼는 구조다. 신학적으로 이 구조는 인간과 인류 역사가 하나님과 그 아들의 영역 안에서 일어난다는 누가의 확신을 보여준다. 특별한 것에서 평범한 것이 나오고, 하나님은 평범한 것을 통해 특별한 것을 만드신다.

광야에서의 시험4:1-13

광야에서의 시험은 하나님의 아들이 해석하는 하나님의 일을 이해하는 데 매우 중요하다. 우리는 이 본문을 읽을 때, 그리고 이 본문에 기초한 신학에서, 예수님의 결심에 충분한 관심을 기울이지 않을 때가 너무나 많다. 우리의 문학적 관습은 지나치게 감정적인 면에 치우치는 경향이 있어 1세기 특유의 절제된 표현을 제대로 이해하지 못할 때가 있다. 더구나 우리는 종종 예수님이 우리처럼 문제나 불확실한 것과 맞서 분투하시는 모습을 상상하기 어렵다고 생각하는 고등 기독론을 가지고 본문에 접근한다. 그러나 세례를 받고 계보가 드러난 직후, 예수님은 결정적이고 의도적인 방식으로 악과 맞서신다. 이곳에 나타난 예수님의 말씀과 행위는 앞으로의 행로를 대부분 결정할 것이다. 예수님의 결정은 십자가 이후까지 모든 과정에 함께할 것이다.

본문은 예수께서 광야에서 마귀와 대결하시지만, 이 싸움을 위해 그를 광야로 이끄신 분은 성령이시라는 사실을 분명히 한다. 이러한 성령의 인도하심은 누가가 누가행전에서 선지자들을 묘사할 때 사용하는 특유의 방식이다.Johnson: 73 세례를 받고 하나님의 아들로 선포되신 선지자 예수는 즉시 이 싸움에 뛰어드신다.

성령은 예수님을 광야로 이끄시고 사십 일 동안 다니게 하신다. 예수님은 그 기간에 마귀의 시험을 받으신다. 본문은 우리에게 이 분투의 고뇌를 엿보여주지 않는다. 그 일은 무대 밖에서, 누가가 끝날에 예수님과 마귀 사이의 마지막 대화를 제시하기 전에 이루어진다. 그럼에도 불구하고, 우리는 이것이 악과 맞서 싸우는 우주적 전쟁의 절정에 이르게 하는 광야의 생존 시험이 아니라는 사실을 알 수 있다. 이것은 광야와 그 너머까지 지속되는 싸움이다. 이 광야 여정은 처음부터 공원을 거니는 소풍이 아니다. 사십 일은 출애굽 및 이스라엘 자손이 약속의 땅에 들어가기 전에 광야에서 보내었던 40년을 상기시킨다. 또한 이 사십 일은 모세가 시내산에서 40일 동안 떡도 먹지 아니하고 물도 마시지 아니하며 보내었던 일을 상기시킨다.출 34:28

따라서 예수님은 마귀와 세 차례 맞서신 후 신체적으로 매우 쇠약한 상태에 있었다. 마귀가 육체적으로 기진맥진한 상태에 있는 예수님을 만나 돌을 떡이 되게 하라고 시험한 것은 논리적으로 하나님이 광야 여정 가운데 있던 이스라엘 백성에게 만나를 공급하신 일을 상기시키는 제안이라고 할 수 있다. 이것은 예수님의 정체성과 관련된 첫 번째 대담한 시험이다. 예수님이 실제로 하나님의 아들이라면, 그분만의 특별한 방식으로 행동하실 것이다. 만약 하나님이 광야에서 떡을 만들어주심으로써 하나님이시라면, 예수님도 광야에서 떡을 만드심으로써 하나님의 아들이 되시라는 도전을 받으신 것이다.

우리는 예수께서 광야에서 다니시는 동안이나 마귀의 도전을 받았을 때 그의 속마음이 어떠하신지에 대해 알 수 없다. 그러나 그가 광야로 떠나시기 전 마지막 사건이 세례를 받으신 것과 그의 신분이 드러난 일이었기 때문에, 그 길고 공허한 사십 일 동안 하나님의 아들로서 자신의 역할 및 그것이 의미하는 바가 그의 마음 한구석을 차지했을 가능성이 있다. 여기서 구체적인 질문은 예수께서 능력을 사용하여 자신의 육체적 고통을 완화하거나 피하심으로써 자신이 하나님의 아들이심을 보여주실 것인가라는 것이다.

이러한 마귀의 시험이 잘못된 것은 종종 이기주의 때문이라는 식으로 설명되어왔다. 예수님은 자신의 능력을 그런 식으로 사용하는 것은 이기적이기 때문에 거부했다는 것이다. 이 말은 자신의 필요를 채우는 것은 어쨌든 예수님에게 달린 일임을 보여준다. 그러나 이어지는 장들에서 누가복음은 자신의 필요를 충족시키는 것은 죄가 되지 않는다는 사실을 분명히 한다. 주기도문에는 일용할 양식을 구하는 내용이 들어 있다.11:3 자녀가 부모에게 먹을 것을 구하는 것은 예수께서 제자들이 하나님께 나아가는 모습과 관련하여 하나의 규범적 행위로 제시할 만큼 인간의 기본적인 요구다.11:11-13 재판장에게 공의를 요구하며 따라다니는 18장 1-8절의 과부는 신실한 기도의 모범적 사례로 제시된다. 누가복음에서 자신의 필요를 채우려는 순수한 행위는 도덕적으로 잘못된 것이 아니다. 그러나 예수님의 제자가 개인적 필요를 충족시키는 방법에 대해서는 조심스럽게 제시된다. 신실한 제자는 이러한 필요를 하나님께 가져가 믿음으로 맡긴다.

이곳의 쟁점은 훗날의 제자들과 마찬가지로 하나님의 아들이 인간의 필요를 채우는 일에 하나님의 역할을 맡을 것이냐는 것이다. 문제는 하나님의 아들이 해야 할 일이 하나님이 되시는 것이냐는 것이다. 답은 분명하다. 하나님의 아들은 참으로 자신의 필요를 하나님께 가져갈 수 있다. 그는 참으로 다른 사람들의 필요를 하나님께 가져갈 수 있다. 예수님은 떡을 취하시고 축사하사 떼어 나누어주실 수 있다. 그는 최후의 만찬에서, 그리고 엠마오 도상에서 제자들에게 실제로 그렇게 하신다. 그러나 예수님은 돌로 빵을 만들지 않으시고 자신을 위해 자연계와 물질계를 이용하지 않으시며 하나님과 무관하게 신적 능력을 사용하여 자신의 인간적 필요를 채우지도 않으신다. 특권으로서 섭리는 오직 하나님께만 속해 있다.

누가복음 9장 10-17절의 수천 명을 먹이신 사건은 표면상 이러한 패턴에 부합하지 않는 것처럼 보인다. 그러나 이 이야기를 자세히 들여다보면, 누가는 예수님이 사람들이 먹을 생선과 빵을 만드셨다고 말한 적이 없다. 예수님은 오십 명씩 떼를 지어 앉게 하신다. 예수님은 떡 다섯 개와 물고기 두 마리를 가지사 축사하신 후 제자들에게 나누어 주게 하신다. 사람들은 먹고 만족한다. 그리고 남은 조각을 열두 광주리에 거두었다. 우리는 여기서 두 가지 행위에 주목할 필요가 있다. 첫째로, 오십 명씩 떼를 지어 앉게 한 것은 공동체를 형성하게 하신 것이다. 음식을 받아 축복하시고 떼어 나누어주신 행위는 풍성한 분위기를 조성한다. 둘째로, 누가는 떡 다섯 개와 물고기 두 마리가 기적적으로 많아졌다는 사실을 배제하지 않지만, 이야기의 핵심과 그가 제시하는 세부적인 내용은 공동체와 풍성함이라는 보다 큰 기적을 강조한다. 마귀가 제공하는 왕국은 자신을 위해 초인적인 능력을 발휘하여 인간의 필요를 충족시키는 것이다. 광야에서 사십 일 동안 굶주리신 예수님에게 이러한 유혹은 강력했을 것이 분명하다. 예수님의 대답은 다른 시험에서와 마찬가지로 신명기를 인용하는 방식이다. 피츠마이어가 지적하듯이, 신명기 8장 1-6절은 광야에서 굶주리던 이스라엘이 배불리 먹었던 경험을 암시한다.1981: 511 거기서 배울 수 있는 교훈은 이스라엘 백성은 떡으로 사는 것이 아니라, "말씀"과 "떡"으로 생명을 유지하게 하시는 하나님의 능력으로 산다는 것이다. 이스라엘의 광야 여정을 상기시키는 이곳 광야에서, 예수님은 하나님의 나라를 모방한 마귀의 그림자 나라가 아니라 이스라엘의 하나님이 제시하시는 나라를 선택하신다.Johnson: 75 아이러니하게도, 예수님은 마귀가 제안하는 돌을 떡이 되게 하는 방식이 아니라 그런 능력을 사용하지 않는 방식으로 자신이 하나님의 아들이심을 입증한다.

두 번째 시험은 더욱 대담하다. 예수를 이끌고 올라간 마귀는 "순식간에 천하만국"을 보여준다.4:5 마귀는 예수님이 이스라엘의 하나님에 대한 헌신을 자신에게 돌리기만 하면, 이 모든 권위와 영광을 넘겨줄 수 있다고 주장한다. 마귀에게 그런 권세가 있든 없든 그의 말을 신뢰할 특별한 이유는 없지만, 시험 자체는 실제적이다. 경배의 대상을 바꾸거나 충성심을 나누려는 유혹은 이스라엘 자손들과 예수님의 제자들이 해결해야 할 영원한 숙제다. 마귀의 제안에 대해 예수님이 인용한 신명기 본문은 이 유혹이 어디서나 존재함을 보여준다. 신명기 6장 10-15절은 5장에 제시된 계명 및 6장 4-9절의 쉐마"이스라엘아 들으라 우리 하나님 여호와는 오직 유일한 여호와이시니"에 바로 이어진다. 모세는 백성들에게 가나안 땅에 들어가면 그들이 생각지도 않은 풍성한 복을 받겠지만 그럼에도 불구하고 그들은 다른 신들을 따르려는 유혹에 직면할 것이라고 경고한다. 그들이 번영을 누릴 때, 포도원과 감람나무를 차지하고 온갖 좋은 것들로 풍성할 때, 이스라엘은 그들을 종살이에서 구원하신 하나님을 기억할 것인가?

이 시험에 대한 예수님의 반응은 분명하고 명백하다. 모든 경배와 섬김의 대상은 오직 하나님뿐이라는 것이다. 예수님은 세상 나라를 주겠다는 약속 때문에 흔들리지 않을 것이다. 이 시험과 그것을 이기신 예수님의 승리는 이 땅에서의 사역과 선교에 큰 영향을 미칠 것이다. 예수님은 애굽의 종살이에서 구원하신 이스라엘의 하나님만 경배하고 섬길 것이라고 대답하심으로써 자신과 자신의 행위를 자유롭게 할 뿐만 아니라 제한하신다. 예수님은 첫 번째 두 시험을 통해 그의 능력이 자신이나 세상 나라를 위한 능력이 아님을 보여주신다. 그가 사용하는 능력은 하나님의 능력이 될 것이다. 이 능력의 특징은 내러티브가 전개되면서 구체적으로 드러나겠지만, 그 여정은 이곳 광야에서 시작된다. 예수님은 인간의 필요를 인간적 능력으로 채우려 하지 않으실 것이다. 또한, 당시의 정치적, 사회적 수단이나 방식으로 하나님의 선교를 성취하려 하지 않으실 것이다.

세 번째 시험에서, 마귀는 예수님을 성전 꼭대기성전산 한 모퉁이에 세운 후 하나님의 사자들이 지켜줄 것이니 뛰어내리라고 말한다.기드론 골짜기까지 약 500피트 높이다 예수님은 첫 번째 시험에서 하나님의 공급하심을 신뢰하고 두 번째 시험에서 하나님에 대한 변함없는 충성을 보이셨다. 세 번째 시험에서 마귀는 왜곡된 인식을 통해 예수님의 신뢰와 충성을 흔들고자 한다. 마귀는 여기서 다시 한번 정체성을 이용한다. 도전은 가혹하다. "네가 만일 하나님의 아들이어든 여기서 뛰어내리라"4:9 그러나 이것은 정체성의 문제라기보다 인간 자아의 문제다. 마귀는 하나님과 예수님 사이의 가장 친밀한 관계에서조차 진실과 사실에 대한 왜곡을 시도한다.

예수님은 성전 꼭대기에 아찔한 광경을 바라보며 자신의 삶이 하나님의 선교에 얼마나 중요한지 이해하고자 하신다. 그의 세례, 그의 능력, 하나님의 사랑에 대한 확신, 광야에서의 사십 일, 마귀의 음흉한 궤계에 대한 두 번의 승리, 이 모든 요소가 그를 이 자리까지 이르게 했다. 생각해보라. 예수님은 지금 육신적으로 얼마나 힘든 상태이며, 감정적으로나 지적으로 얼마나 지친 상태이겠는가? 정신이 혼미해질 법도 하지 않겠는가? 예수님은 누가복음 22장의 감람산 기도가 있기 전까지, 그의 사역 기간 중 어느 때보다 지금이 인간적인 한계에 도달한 상태이다. 예수님과 그의 순종이 하나님의 뜻에 정말로 필요하다면, 하나님이 확실하게 보여주셔야 할 것이다. 그러나 그렇지 않다면 어쩔 수 없는 일이다. 이 무렵의 예수님은 성전산에서 뛰어내려 순식간에 삶을 끝내는 것이 광야를 떠난 후 부닥칠 상황보다 쉬울 수 있다는 유혹을 받지 않았을까? 마귀가 자살 충동에 대해 알든 모르든, 예수님은 이 유혹자가 세 번째 시험에서 하나님의 구원과 자살이라는 두 가지 대안을 제시하고 있으며, 둘 다 성령께서 제시하시는 대안보다 쉽다는 사실을 알고 계신다.

마귀는 하나님의 보호를 약속한 시편 91편을 인용하여 이러한 약점을 파고든다. 예수님은 이 시편 말씀의 진의를 알고 신뢰했지만, 마귀가 이 구절을 인용한 의도를 알았기 때문에 앞서와 같은 방식으로 대처하신다. 예수님은 신명기 말씀을 통해 곧장 문제의 핵심으로 나아간다. "주 너의 하나님을 시험하지 말라"4:12 하나님을 신뢰하는 자의 삶을 인도하는 유일한 샛별이신 주께서 혼돈과, 인간의 연약함과, 절대적인 확신과 보다 쉬운 길을 가고 싶어 하는 인간적 욕구와 맞서신 것이다.

이 세 번째 유혹은 빌립보서 2장 5-11절에서 예수님이 "자기를 비워" 낮아지셨다는 바울의 진술에 가장 근접한 표현으로 보인다. 하나님과 동등됨을 취하지 않는 것은 하나님을 시험하는 것이 아니다. 비운다는 것은 자신의 삶과 죽음까지 주관하려는 유혹에 저항하는 것이다. 자신을 낮춘다는 것은 광야에서의 명백한 선택 너머에 있는 것에 복종하는 것이다.

존슨은 이러한 유혹에 대해 강력하고 자극적인 표현으로 요약한다. 그는 이 세 가지 시험을 자연과 사람과 하나님에 대해 힘을 행사하려는 유혹으로 해석한다. "1세기 팔레스타인의 정치적 격변 및 대중의 메시아 대망을 배경으로... 예수님은 하나님의 나라에 대한 이스라엘의 폭력적이고 호전적이며 광신적인 환상을 버렸다"77

광야의 경험, 특히 세 차례의 시험은 예수께서 이 땅에서 자신의 지위를 어떻게 행사하고 하나님의 사역에 대한 소명을 어떻게 수행할 것인가에 대한 준거를 마련한다. 이 경험은 본문에 이어지는 나사렛에서의 첫 설교와 함께 예수께서 억압받는 자들을 풀어주고 치유하는 사역을 어떻게 감당할 것인지를 결정한다. 시험이 예수께서 어떤 일을 하지 않을 것인지를 분명히 보여준다면, 나사렛에서의 설교는 그가 무슨 일을 할 것인지를 분명히 보여준다. 둘 다 앞으로 일어날 일에 매우 중요하다.

광야에서의 시험에 관한 본문은 다소 모호한 언급으로 끝난다. 누가는 마귀가 시험이 끝난 후 "얼마 동안" 예수님을 떠났다고 말한다.4:13 이 수수께끼 같은 편집적 언급은 많은 논쟁을 불러일으켰으며, 과장된 해석까지 등장했다. 이 시점에서 마귀는 내러티브의 등장인물에서 사라진다. 그는 22장 3절에서 사탄으로 돌아와 유다에게 들어간다. 그러나 마귀나 사탄으로 의인화된 악은 사역의 배후에 여전히 살아 있다. 예수님은 8장 12절에서 이러한 악의 존재를 지적하신다. 본문에서 마귀는 씨 뿌리는 자의 비유에서 길로 비유되는 신자들에게서 "말씀"을 훔쳐 간다. 10장 18절에서 칠십인이 전도를 마치고 돌아오자, 예수님은 사탄이 떨어지는 것을 보았다고 말씀하신다. 11장 18절에서 예수님은 스스로 분쟁하는 사탄에 관해 말씀하신다. 그리고 유다와의 에피소드가 있기 전 마지막 언급에서 예수님은 열여덟 해 동안 사탄에게 매여 꼬부라진 여자에 대해 말씀하신다.13:16 따라서 마귀는 비록 배후에서 역사하지만 실제로 예수님의 사역에 등장한다. 확실히 예수님의 사역은 이 악의 화신에 맞서 승리를 거두는 것이다. 그러나 누가복음 22장 3절에 분명히 나타나듯이 악은 사라지지 않았다. 그것은 여전히 존재하는 세력이며, 예수님도 인식하고 계신다. 이 사역은 콘젤만의 주장과 달리 사탄이 없는 평온한 시기가 아니다.16 그러나 누가가 4장 13절에서 언급했듯이, 마귀가 얼마 동안 떠났다는 것은 예수님이 성령에 이끌려 가신 광야에서 마귀에게 결정적인 승리를 거두었음을 의미한다.

요약적 진술4:14-15

이 승리는 누가의 또 하나의 요약적 진술을 통해 강조된다. 누가복음 4장 14절은 광야에서 갈릴리 사역으로 배경이 전환되었음을 보여준다. 그러나 이것은 단순한 전환이 아니다. 예수님은 성령에 이끌려 광야로 나가셨듯이, 성령의 능력으로 갈릴리로 오신다. 예수님은 지금까지 자신이 세례받으시는 모습을 보여 주신 것 외에는 사실상 공적인 사역을 수행하신 적이 없다. 그런데도 예수님에 대한 소문은 사방에 퍼졌으며, 그는 갈릴리 회당의 환영을 받고 선생으로 가르쳤다.

첫 번째 설교4:16-30

예수님은 갈릴리 회당에서 얼마간 가르치신 후, 고향인 나사렛으로 돌아가 그곳에서 말씀을 전하신다. 1세기의 예배 광경을 엿볼 수 있는 드물고 소중한 이 에피소드에서, 예수님은 이사야 본문을 읽으신 후 몇 개의 다른 성경 구절과 연결하신다. 이 단락은 두 장면으로 나눌 수 있다. 첫 번째는 예수께서 성경을 읽으시는 장면이다. 두 번째는 텍스트에 대한 해석 및 이 해석으로 인해 일어난 일이다. 누가복음의 수수께끼 중 하나는 이 두 장면이 어떻게 연결되느냐는 것이다. 예수께서 성경을 읽으신 행위 자체는 이어지는 장면에서 그를 죽이려 할 만한 동기가 되지 않기 때문이다.

4:16-20 성경 낭독

많은 주석가들이 지적한 것처럼, 예수님은 이 구절을 읽으실 때뿐만 아니라 자신에게 적용하실 때조차 유대인이 이해할 수 없는 특별히 비상식적인 일을 하지 않으셨다. 누가는 이 장면을 유대인의 가장 일상적인 상황으로 묘사한다. 고향으로 돌아오신 예수님은 늘 하시던 대로 안식일에 회당에 들어가셨다. 우리는 회당 제도가 언제 어떻게 정착되었는지 알 수 없지만, 1세기 무렵 디아스포라 지역뿐만 아니라 팔레스타인 전역에 회당이 실재했다는 것은 잘 알려진 사실이다.Johnson: 78 사람들은 바벨론 포로기 동안 회당을 짓고 모였을 것이다. 그렇다면 이러한 관행은 그들이 돌아온 후에도 계속되었으며, 예루살렘에서도 그랬을 것이다.Fitzmyer 1981: 523 회당은 사람들이 모여 예배하고 말씀을 연구하며 기도하는 장소였을 것이다. 누가복음의 이 자료는 회당에서 시행된 초기의 전례 행위에 관해 알 수 있는 몇 안 되는 방법 가운데 하나다.Johnson: 78

이곳에서는 예수께서 이사야서를 읽으신다. 사도행전 13장 27절은 안식일마다 선지자들의 말을 외운 사실에 대해 언급한다. 그러나 우리는 당시에 성경 일과가 있었는지, 또는 예수님이 책을 받아서 읽고 다시 돌려주신 "말씀을 맡은 자"눅 4:20는 1:2의 "말씀의 일꾼된 자"와 같은 용어를 사용한다가 이사야 본문을 특정했는지의 여부를 알지 못한다. 이 본문은 예수님이 문맹이 아니시며, 어떤 선지서를 읽을 것인지에 대한 선택권이 주어지지 않았음을 보여준다. 어쨌든 예수님은 우리가 아는 대로 이사야 61장 1절과 58장 6절 및 61장 2절을 찾아 읽으신다, 본문의 어법은 지금의 70인역과 약간의 차이가 있다.Johnson: 79

태너힐1986: 61-68과 같은 학자들의 주장처럼, 예수님이 읽으신 본문은 탁월한 대칭구조의 배열을 이룬다. 우리는 앞서 마리아에 대한 가브리엘의 수태 고지에서 이 문학적 기법에 대해 살펴본 바 있다. 대칭구조는 중간의 핵심 요소로 향하는 샌드위치 구조, 또는 사다리구조다.

　예수께서 성경을 읽는 행위 전후에 일어난 일에 대한 묘사는 대칭구조로 제시된다. 즉, 첫 번째 항목과 마지막 항목, 두 번째 항목과 마지막에서 두 번째 항목, 세 번째 항목과 마지막에서 세 번째 항목이 공통적 요소로 연결되는 식이다. 이 대칭구조에서 회당은 첫 번째 항목과 마지막 항목의 공통적 요소다. 두 번째 항목의 성경을 읽으려고 서시는 모습은 마지막에서 두 번째 항목의 성경을 주시고 앉으시는 장면과 연결된다. 아래에 제시한 대칭구조는 상응하는 항목을 연결하거나 균형을 이루게 하는 공통적 요소에 밑줄을 쳐서 강조한 것이다.

A 예수께서... 안식일에 늘 하시던 대로 **회당**에 들어가사

　B 성경을 읽으려고 **서시매**

　C 선지자 이사야의 글을 **드리거늘**

　　D **책을 펴서** 이렇게 기록된 데를 찾으시니 곧

　　E 주의 성령이 내게 임하셨으니 이는 가난한 자에게 복음을 **전하게**

　　　하시려고 내게 기름을 부으시고

　　　F 나를 보내사 포로 된 자에게 자유를

　　　G 눈 먼 자에게 다시 보게 함을 전파하며

　　　F' 눌린 자를 자유롭게 하고

　　E' 주의 은혜의 해를 **전파하게** 하려 하심이라 하였더라

　　D' **책을 덮어**

　C 그 맡은 자에게 **주시고**

　B **앉으시니**

A **회당**에 있는 자들이 다 주목하여 보더라

　이 구조는 중심부를 향해 "회당/회당," "일어서다/앉다," "책을 받다/주다," "책을 펼치다/덮다," "전하다/전파하다", "포로된 자에게 자유를 주다/눌린 자를 자유롭게 하다"로 이어진다. 눈 먼 자에게 다시 보게 함을 전파한다는 핵심부는 상응하는 항목이 없이 홀로 서 있다. 태너힐1986: 66이 지적하듯이, 누가복음에서 "보다"라는 모티브는 중요하다. 따라서 이 구절이 본문의 중심부를 차지한다는 사실은 의미가 있다.

　누가복음에서 중요한 "보다"라는 모티브에 초점을 맞춘 이 배열에 덧붙여, 본문은 예수께서 인식하신 하나님의 선교를 주의 은혜[받아주심]의 해와 연결한다. 이 개념은 성령의

임하심과 나란히 제시된다. 은혜의 해에 대한 언급이 레위기에 나오는 희년에 대한 언급인지는 많은 논쟁의 대상이 되고 있다. 예를 들어, 존 하워드 요더29와 샤론 링지34는 은혜의 해가 희년이라고 주장한다. 그러나 제이콥 엘리아스Jacob Elias, 159-61나 윌라드 스와틀리Willard Swartley, 1976: 13와 같은 학자들은 명확하지 않다고 않다고 주장한다. 논쟁의 요지는 이곳 예수님의 설교에 인용된 이사야 61장이 희년에 관한 본문이냐는 것이다. 벤 올렌버거Ben Ollenburger는 이사야 61장이 희년에 관한 본문은 아니지만, 예수님과 누가의 상황에서 유대인은 구약성경을 헬라어로 번역한 70인역을 통해 "용서"라는 헬라어를 알고 있었기 때문에 이 구절을 희년에 관한 본문으로 이해했을 것이라고 주장한다. 그는 "이러한 생각은 누가가 이사야 61장을 희년에 관한 헬라어 본문으로 읽었음이 분명함을 보여준다"228고 주장한다.

또 하나의 중요한 고려 사항은 예수님이 현 상황에서 자신이 희년의 회복을 선포하신다고 생각했느냐, 아니면 은혜의 해를 보다 은유적인 의미로 이해하셨느냐는 것이다. 순수한 사회 개혁가의 방식은 누가가 묘사하는 예수님에게 어울리지 않는다. 그러나 순수한 영적 조언가의 방식도 마찬가지다. 누가가 묘사하듯이, 예수님은 죄로부터의 개인적 자유와 내적 평안에 무관심한 것은 아니지만, 그의 사명을 그러한 관심사에 한정할 수는 없다. 데이비드 베이커David Baker는 다음과 같이 주장한다.

> 진실은 예수님의 말씀을 시급한 사회 개혁이 시행해야 할 희년에 관한 문자적 선포로 보는 관점과 죄사함에 한정된 순수한 영적 방식으로 해석하는 양극단 사이에 있다.53

누가복음의 이 시점까지 예수께서 자신에 대해 밝힌 사실 및 누가가 그에 대해 묘사한 사실에 비추어 볼 때, 우리는 양극단 사이의 진실에 관해 한 걸음 더 다가갈 수 있다. 예수님은 잃어버린 자를 구원하고 죄인을 부르시며 세리와 함께 먹기 위해 오셨다. 그는 사람들의 마음을 하나님께 돌이키기 위해 힘쓰셨다. 예수님은 모든 사람을 주의 식탁으로 초청하셨다. 그러나 이 초청은 급진적 반전의 윤리를 받아들이라는 도전이기도 했다. 마음이 완고한 자가 아니라면 아무도 변화를 받지 않고 식탁을 떠나는 경우가 없었다. 이런 의미에서, 이것은 양극단 사이의 진실의 문제라기보다 양극단그리고 그 사이에 있는 것을 끌어들여 하나의 완전체로 만드는 문제일 수 있다. 이것은 사회적 반전과 개인의 마음을 통합하는 문제다. 따라서 예수님의 제자는 사회 평등 및 정의를 위해 최선을 다하는 동시에 자아, 불안, 죽음에 대한 공포로부터의 자유를 위해 최선을 다해야 한다. 순종행동하는 믿음에 대한 이러한 전체론적 관점은 은혜의 해를 전파하시는 예수님이 선포하시는 구원의 본질을 형성한다.

이러한 해석은 의미론적 영역에서, 2장 14절의 천사들의 선포 및 사도행전 10장 35절의 베드로의 설교와도 연결된다. 세 구절을 연결하는 단어는 "받아주심"은혜이다. 이곳과 사도행전의 설교에는 같은 단어가 사용되며, 천사들의 선포에도 유사한 단어"기뻐하신"가 사용된다. 구주 탄생의 기쁜 소식을 들은 "하나님이 기뻐하신 사람들"과, 하나님이 기뻐하신 해[은혜의 해], 그리고 하나님이 차별 없이 받으시는 사람은 모두 이사야서의 인용문이 암시하는 대상이다.

본문은 예수께서 이해하시는 하나님의 선교사역에 대해 요약한다. 가난한 자, 포로 된 자, 눈먼 자, 눌린 자는 모두 예수께서 구원하실 사람들이다. 이 목록에 해당하든 그렇지 않든, 이러한 예수님의 사역을 이해하고 받아들이는 자는 모두 하나님이 기뻐하시는 사람이다. 이런 의미에서 구원은 집단적 사건이다. 우리는 개인으로서뿐만 아니라 가난한 자, 포로 된 자, 눈먼 자, 눌린 자와 함께 살아가는 공동체로서 구원받는다.

4:21-22 낭독에 대한 첫 번째 반응

이 구절의 서두에는 고향 사람에 대한 살해 위협으로 끝날 것이라는 암시를 찾아볼 수 없다. 예수님은 지금 읽은 성경 이사야서의 본문이 "오늘 너희 귀에 응하였느니라"4:21고 말씀하신다. 마을 사람들이 이것을 주제넘은 말씀으로 생각할 것이라는 관점도 제기될 수 있겠지만, 그렇지 않다. 사실 그들은 예수님이 지혜롭다고 생각한다. 그들은 예수님의 은혜로운 말씀을 놀랍게 여겨 이 사람이 요셉의 아들이 아니냐고 말한다.4:22 이러한 반응에 관해서는 판단하기 어렵다. 이야기의 결말이 적대감으로 가득하기 때문이다. 따라서 이 초기 반응을 부정적으로 해석하는 주석가들도 있다. 부정적인 해석은 초기 반응과 나중 반응 사이의 긴장을 해소하지만, 오래가지 못했다.

예수께서 성경을 읽으시고 이 글이 응했다고 말씀하신 것에 대한 초기 반응은 긍정적이기는 하지만 제한적이라는 평가가 바람직하다. 마을 사람들이 예수님이 요셉의 아들이 아니냐고 말한 것은 내레이터와 독자가 예수님에 대해 어떻게 생각하는지를 보여주지 않는다. 내레이터는 유아기 내러티브1:32와 예수님의 세례 장면3:22에서 예수님을 하나님의 아들로 묘사한 바 있다. 내레이터를 통해 이러한 사실을 알고 있는 독자는 나사렛 사람들에게서 예수께서 요셉의 아들이심을 인정한 것 이상의 것을 기대한다. 그러나 이러한 제한적인 관점을 적대감으로 해석할 이유는 없다. 무리가 적대적 태도로 바뀐 이유는 예수님이 그들의 편협한 생각에 도전하셨기 때문이다. 이것은 편협한 호의가 "다른" 도전을 받으면 얼마나 빨리 악으로 바뀔 수 있는지를 보여주는 사례다. 이스라엘 백성만 위해 사역하지는 않을 것이라는 예수님의 주장은 나사렛 사람들이 쓰고 있는 편협성의 가면을 벗겼다.

4:23-27 설교

예수님의 설교는 두 가지 예화를 곁들인 단일 주석이다. 예수님은 오늘날 설교는 물론 고대 수사학의 규범을 대부분 지키지 않는다. 예수님은 하나의 속담 및 논리적인 문제가 있는 도전과 함께 주석을 시작하신다. 의사가 자신을 고친다는 속담이 예수님이나 나사렛 사람들과 무슨 상관이 있으며, 예수님은 왜 그들이 가버나움에서 행한 일을 나사렛에서도 행하기를 원할 것이라고 말씀하셨는가? 외견상 이 진술은 논리적으로 앞뒤가 맞지 않는다. 많은 주석가의 결론에서 볼 수 있듯이, 아마도 누가는 이 기사를 종합하면서 다양한 자료들을 하나로 결합했을 것이다.

텍스트의 전수과정이나 자료에 대해 어떤 결론을 내리든, 가버나움에 대한 언급은 예수님이 나중에 가버나움 사역과 이스라엘 영역 밖의 사람들에게 하나님의 자비를 베푸신 사역 사이에 유사한 상황이 전개된다는 점에서 의미가 있다. 더구나 예수님의 설교 서두는 사람들의 관심을 불러일으키는 동시에 하나님의 선지자에 대한 그들의 양면성을 드러내는 효과를 가진다. 고대의 수사학 기법에 의하든 오늘날의 설교 규범에 의하든, 이러한 서두는 효과적인 방식이 아닐 수 있다. 그러나 이어지는 진술을 통해 외견상 그들을 도발하는 언급을 계속하신 것을 볼 때, 예수님은 그들이 처음에 고향에 돌아온 자신에게 보인 환대와 칭찬의 배후에 있는 태도와 감정을 드러내신 것으로 보인다. 예수님은 선지자가 고향에서는 환영을 받지 못한다고 말씀하신다. 이것은 자신의 신분에 관한 말씀이자 하나님의 주권적 섭리에 관한 말씀이다. 예수님은 요셉의 아들 이상이시며, 하나님의 선지자시다. 예수님에 대한 그들의 평가는 너무나 제한적이며, 칭찬은 잘못 짚은 것이다. 그러나 하나님의 주권적 사역에서 선지자의 역할에 대한 그들의 평가는 지나치게 제한적이다. 선지자의 궁극적인 헌신은 한 지역이나 백성에 대한 것이 아니라 그를 부르시고 보내신 하나님께 대한 것이다. 그런 의미에서 하나님의 선지자를 위한 장소나 고향은 없다. 그런 선지자는 자신을 맞아주는 고향이 없이 산다.

예수님은 계속해서 이스라엘의 역사에서 가져온 두 개의 예화를 들어 이러한 관점에 살을 붙이신다. 두 이야기의 주제는 하나님이 고대 선지자를 통해 선민의 영역을 넘어 자비를 베푸신다는 것이다. 열왕기상 17장 1-16절에 나오는 엘리야의 이야기는 이스라엘을 심판한 가뭄과 기근에 관한 내용이다. 선지자 엘리야는 흉년이 닥치자 시돈 땅에 있는 한 과부에게 보내심을 받았다. 과부는 다함이 없는 가루와 기름통으로 선지자와 자신의 식구를 부양했다. 예수님이 말씀하신 요지는 이스라엘 안에도 극심한 곤경에 처한 과부가 많이 있었지만, 선지자는 시돈 땅에 있는 한 과부에게만 보내심을 받았다는 것이다.

두 번째 이야기는 열왕기하 5장 1-14절에 나온다. 이 본문은 아람 왕의 군대장관 나아만이 엘리사의 권고를 마지못해 순종하여 더러운 요단강에서 일곱 번 몸을 씻은 후 고침을 받은 이야기다. 예수님은 이 이야기에 대해, 엘리야와 과부에 관한 이야기와 동일한 요지의 말씀을 하신다. 수리아에서 온 나아만이 고침을 받을 당시 이스라엘에는 고침 받지 못한 나병 환자가 많이 있었다는 것이다. 예수님은 고향에서 행한 첫 번째 설교에서 이 예화를 사용하심으로써, 예수님을 통한 하나님의 새로운 섭리가 자비의 영역을 일시적이 아니라 근본적으로 이스라엘 밖으로 확산하고 있다고 선언하신다. 하나님의 자비를 확장한 두 예화는 이사야서 본문에 대한 낭독과 함께 하나님의 선교가 가난한 자, 포로 된 자, 눈먼 자, 눌린 자를 위한 것임을 보여준다.

나사렛 사람들은 예수님의 말씀을 알아들었다. 그들은 이 요셉의 아들이 방금 선포하고 헌신하고 계신 하나님의 섭리가 가난하고 포로되고 눈멀고 눌린 모든 사람을 위한 것임을 정확하게 인식한다. 그들은 충분히 이해하지만, 그것을 좋아하지는 않는다.

4:28-30 무리의 살인적인 반응

나사렛의 회당에 모인 무리를 폭도가 되게 한 것은 이사야서 본문을 읽거나 주의 은혜의 해를 희년과 연계했기 때문이 아니다. 그것은 하나님의 은혜가 이스라엘의 영역을 넘어 확장될 것이라는 예수님의 선포 때문이다. 크게 화가 난 나사렛 사람들은 예수님을 회당에서 쫓아낸다. 그러나 쫓아내는 것만으로는 충분치 않았다. 그들은 예수님을 그 동네가 건설된 산 낭떠러지까지 끌고 가서 밀쳐 떨어뜨리려 했다.

우리는 여기서 의아하게도 세 번째 시험과 유사한 대목에 주목한다. 예수님은 낭떠러지 끝에서 다시 한번 취약한 상황을 맞으신다. 그는 성전 꼭대기에서 공허함에 둘러싸여 있었다. 여기서도 마찬가지로 예수님은 억압적이고 적대적인 무리에 둘러싸여 있다. 그들 가운데 일부는 잘 알려진 사람들이다.

그러나 여기서는 다른 일이 일어난다. 예수님에게는 어떤 보장이나 약속도 주어지지 않는다. 예수님은 선택의 여지가 없다. 누가복음에서 흔히 볼 수 있는 장면처럼, 본문은 이 지점에서 매우 신중하며, 덜 선정적이다. 누가는 단지 예수님이 폭도들을 지나서 가셨다고만 기록한다. 그날 그 언덕에서 무슨 일이 일어났는지는 복음서의 신비 가운데 하나다. 추측은 가능하며, 많은 설교자가 그렇게 한다. 예수님은 나사렛의 반대자들을 겁먹게 하는 내재적 권위가 있었는지 모른다. 어쩌면 기적이 일어났는지도 모른다. 또는 누군가 군중을 진정시켰을 수도 있다. 그러나 우리의 추측은 역사적 상황이나 누가의 의도보다 우리가 누구이며 하나님과 사람에 대한 우리의 생각이 무엇인지에 대해 더 많은 것을 말해 준다. 우리가 본문을 통해 알 수 있는 것은 하나님이 하나님의 사랑하는 자녀를 보호하셨다는 것이다. 여기서 마귀는 예수님의 이웃과 친구들을 성난 폭도로 바꾸는 분열적 존재다. 그들은 유다와 베드로가 나중에 훨씬 더 위협적인 상황에서 그랬던 것처럼 평소와는 전혀 다른 존재가 되었다. 여기서 하나님은 예수님과 폭도들 사이에 개입하시며, 예수님은 그의 길을 가신다.

성서적 맥락 속의 본문

세례

오늘날 많은 독자에게 세례는 기독교의 독특한 의식인 것처럼 보인다. 세례라는 단어의 명사형은 기독교 문헌에만 나타난다.ABD 1:583 그러나 이 관행은 예수님이 속해 있던 히브리 문화와 그의 주변에서 영향을 미쳤을 것으로 보이는 헬라 문화에서 고대의 침례 의식과 관련이 있다.

레위기 15-16장은 유출병 및 성적 행위와 관련된 정결과 속죄제 전후 대제사장의 정결에 관한 규례다. 이러한 제의는 거룩함 및 일상적 삶의 영역과 관련이 있다. 일상적 행위는 나쁜 것이 아니다. 그런 면에서는 부정하지 않다. 히브리 문화에서 부부관계나 출산, 환자 간호, 장례를 위한 시신 처리는 모두 복된 행위다. 씻어 정결케 하는 제의는 예배자가 일상적 영역을 떠나 경건한 마음으로 거룩한 영역으로 들어가게 한다.

존 바톤John Barton이 보고한 바와 같이, 신구약 중간기에는 죄나 회개와 관련된 제의적 정결이 1QS 3:5-9 및 시빌의 신탁Sibylline Oracles, 4.165에 명시되어 있다. 제2성전 시대 마지막 두 세기 주전 130년에서 주후 70년에는 유대의 미크바제의적 목욕탕를 건축하고 사용한 데서 볼 수 있듯이 제의적 정결에 관한 관심이 두드러지게 증가한 것이 사실이다. 그러나 바톤은 그리스의 일부 신비 의식 입문식이 이런 침례나 정화와 관련이 있지만 성경의 세례와는 뚜렷한 차이가 있으므로 지나친 의미 부여는 삼가야 한다고 경고한다.166

누가복음에서 세례 요한은 세례의 의미를 정의한 인물이다. 누가는 요한의 광야 사역에 대해 묘사하면서, 세례를 예언적 모티브 및 회개와 연결한다.Burnett: 11-12 사도행전에서 세례는 더욱 다양해지면서 많은 논쟁의 대상이 된다. 주 예수의 이름으로 세례를 받는 것과 성령 세례 사이에는 약간의 차이가 있다. 두 행위 사이에는 자주 시간적 공백이 존재한다. 사도행전 19장 1-7절에서 바울은 에베소 신자들 가운데 회개와 연결된 요한의 세례만 받은 자들을 발견한다. 바울은 그들에게 주 예수의 이름으로 다시 세례를 베풀어 상황을 바로잡는다. 그런 다음 바울이 그들에게 안수할 때 성령이 임하신다.

사도행전에서 세례는 선교가 새로운 국면으로 접어들 때마다 일어난다. 성령 세례1:5로부터 베드로의 설교에 처음으로 반응한 자들에 대한 세례2:38, 10장 47절의 고넬료의 집에 모인 신자들에 대한 세례와 같은 식으로 이어진다.8:17 참조 바울은 세례 자체에 대한 직접적인 논증을 하지는 않지만, 세례에서 비롯된 이슈들에 대해 수 차례 언급함으로써 바울과 독자가 세례에 대한 당연한 가정들을 공유하고 있음을 보여준다. 바울은 세례를 베푸는 사역을 동역자에게 맡길 때가 종종 있었는데고전 1:12-17 참조, 이것은 세례를 베풀기 전에 어떤 선교지보다 오랜 체류 기간이 필요한 교리 문답이 선행되었음을 암시하는 것일 수 있다.ABD 1:587

어쨌든, 우리는 세례에 대해 신약성경에 기록된 것보다 더 많은 추측을 기정사실화한다. 그렇다고해서 이러한 과정이 필요 없다는 말은 아니다. 사실상 신약 교회는 세례에 대해, 그리고 이 의식이 언제, 어떻게, 왜 행해졌는지에 대한 논쟁을 후대에 남겨두는 것에 대한 충분한 공감대가 형성된 것으로 보인다.

교회생활에서의 본문 적용

형성과 소명

예수께서 사역을 구체적으로 형성하고 실천하기 위해서는 혹독한 과정이 필요하다. 결과가 확실하다고 해서 이처럼 힘든 과정을 간과해서는 안 된다. 하나님의 아들로서 그가 받은 세례의 참신함과 신선함은 그의 계보를 배경으로 한다. 그는 이 두 가지를 광야에서의 시험으로 가져가며, 계속해서 첫 번째 선교 활동으로 이어간다. 이것은 실제적인 싸움이다. 예수님은 하나님의 아들이라는 신분의 능력, 그의 계보와 전통의 능력을 어떻게 사용할 것인가? 그는 어떤 위험을 감수할 것이며 그 이유는 무엇인가? 그는 무엇을 보호하려 할 것이며 그 이유는 무엇인가? 이 시련의 기간은 온갖 위험으로 가득하다. 예수님은 광야에서 신체적, 정신적, 영적, 감정적 위험에 직면한다. 그는 나사렛의 회당에서 소명과 생명의 위협에 직면한다. 그러나 예수님은 이러한 위협과 두려움에 맞서 이기고 극복함으로써 리더십을 형성했으며, 이러한 리더십은 형식과 본질에서 더욱 강화되었다.

오늘날 교회는 이러한 형성 및 교리 교육과 관련하여 많은 것을 생각해야 한다. 우리가 젊은이나 새신자에게 제공하는 교리 교육은 결코 힘들거나 위험한 과정이 아니다. 사실 우리는 최대한 쉬운 방법으로 그리스도의 제자가 되게 하려고 온갖 방법을 강구한다. 우리는 젊은이들을 소외시키고 싶어 하지 않는다. 우리는 신자가 되려는 사람을 소외시키고 싶어 하지 않는다. 우리는 그들이 그리스도인의 여정을 시작하기도 전에 낙심하는 것을 원하지 않는다.

새 신자를 위한 이러한 목회적 관심은 중요하다. 우리 중 누구도 세련된 믿음을 갖춘 채 이 여정을 시작하지 못했다. 우리는 이 여정에서 수없이 비틀거리고 넘어진다. 우리는 고난 자체를 목표로 삼고 싶어 하지 않는다. 위험에 초점을 맞추는 것은 자아를 고양하며, 궁극적으로는 그리스도가 아니라 자신에게로 향하는 미련한 방법일 수 있다.

그러나 신실한 그리스도인이 되기 위한 훈련과 실천과 헌신을 경시하면 해를 입게 된다. 우리는 적어도 스포츠나 악기나 취미에 들이는 정성만큼 우리의 믿음에 쏟아부어야 한다. 기본을 익히고 실천하는 일은 우리가 관심을 가진 삶의 어떤 영역보다 신앙적 영역에 필요하다. 예수님을 신실하게 증거하는 언어와 행동은 피아노를 처음 다루자마자 베토벤 소나타를 연주할 수 없는 것처럼 우리의 영에서 자동적으로 형성되는 것이 아니다. 제자가 되기 위한 태도와 도구는 배워야 한다. 신앙의 태도와 기술은 비가 오나 눈이 오나 우리의 감정과 상관없이 하루하루 연습을 통해 형성된다.

청년이나 구도자들을 3박4일 수련회나 영성 집회에 보내는 이유는 무엇인가? 어떻게 하면 이 일을 개인과 교회의 사명으로 받아들이고 책임감을 가지고 적절하게 지원할 수 있겠는가? 만약 그리스도인의 삶에서 가령 10년 주기로 이러한 수련회를 반복한다면 어떻겠는가? 영적인 성장이 신체적 건강이나 자신이 지지하는 스포츠팀이나 자동차와 같은 우리의 일상적 대화 주제가 된다면 어떻겠는가? 우리는 종일 사역만 한다고 생각하는 성직자와 목회자에게 너무나도 자주, 그리고 오랫동안 영적인 엄격함을 기대해 왔다. 그러나 우리는 어떤 형태의 부르심을 받았든, 모두가 제자도를 진지하게 받아들여야 하지 않겠는가?

사역의 형성

개관

나의 친구들은 최근 앨라배마주 몽고메리에 있는 국립 평화와 정의 기념관을 다녀왔다. 이 기념관은 "노예로 살았던 흑인, 린치에 대한 공포에 떠는 사람들, 인종차별 및 짐 크로로 법으로 굴욕을 당한 아프리카계 미국인, 오늘날 유죄 추정 및 경찰 폭력에 억눌려 사는 유색인종에게 헌정된 최초의 국립 기념관이다." 기념관을 다녀온 친구들은 그곳에서 받은 충격적이고 심란했던 영향에 관해 이야기했다. 2018년에 세워진 이 기념관은 그들에게 폭동만큼 큰 혼란을 초래하는 것은 없다는 사실을 상기시켜 주었다. 한 집단이 다른 집단에 맞서 일어나면 어떤 일이 일어나는가? 적대적인 집단이 우리를 악의 심연으로 데려갈 때, 우리는 그 앞에서 떨고만 있을 것인가?

예수님이 말씀을 전하고 치유와 가르치는 사역을 계속하기 위해 나사렛 외곽 낭떠러지에서 무리 가운데로 지나가실 때 직면했던 것은 인간의 본성에 숨어 있는 악의 심연이다. 그는 치유라는 중요한 사역을 맡고 있지만, 이 사역은 정치적 신랄함을 동반할 때가 있다. 마찬가지로 그의 가르침과 설교는 종종 정치적, 사회적 파급력을 낳았으며 현상에 안주했던 동시대인을 불안하게 했다. 예수님의 삼중 사역은 여러 면에서 그의 권위에 대한 의문을 제기한다. 예수님이 하시는 선한 일들은 초기 단계부터 여러 가지 문제를 초래했다.

이 단원에서 예수님은 가르치고 전파하는 사역 이상의 일을 하시며, 자신의 말을 반박하는 자와 논쟁하신다. 또한, 예수님은 가장 가깝고 아끼시는 사람들을 모으신다. 그는 제자들을 부르시고 그들의 지도자가 되신다. 예수님은 그들을 돌보시며 그들을 위해 기도하신다. 그는 주변에 있는 다른 유대인과 대화를 이어가신다. 한 마디로, 예수님은 열두 살 때 성전에서 부모에게 말씀하신 것처럼, 그는 하나님의 "일"을 하고 계신 것이다.

존슨은 이곳의 본문에는 부자연스러운 곳이 있다고 주장한다. 예수님은 가버나움으로 내려가셨다는 언급이 있기 전에 "가버나움에서 행한 일"에 대해 언급하신다. 누가는 여기서 대체로 마가복음의 순서를 따르지만, 약간의 변화도 있다. 마가는 예수께서 베드로를 부르시는 장면부터 시작하지만, 누가는 세 에피소드 후에 이 부분을 다룬다. 예수님은 베드로에 대한 소개가 있기 전에 그의 장모를 고치신다. 존슨은 누가가 약간의 논리적 어려움에도 불구하고 예수께서 제자들을 부르시는 장면을 뒤로 미룬다고 주장한다. 왜냐하면, 누가는 다음 세대에 대한 문제로 넘어가기 전에 독자에게 예수님이 실제로 사역하시는 모습을 심어주고 싶어 하기 때문이다.[85] 누가는 예수님 이후 그의 사역을 수행할 사람들로 초점이 옮겨가기 전에, 예수님이 나사렛의 첫 설교에서 말씀하신 사역이 바로 이와 같이 귀신을 쫓아내고 치유하며 가르치시는 사역임을 보여주려 한다.

단락 구조

가버나움의 귀신, 4:31-37

하나님 나라의 하루, 4:38-44

첫 번째 제자를 부르심, 5:1-11

나병 들린 사람, 5:12-16

첫 번째 요구, 5:17-26

첫 번째 식탁 교제, 5:27-39

안식일에 자비를 베푸심, 6:1-11

    6:1-5 이삭을 잘라 먹음

    6:6-11 손 마른 사람

기도와 리더십, 6:12-16

본문 주해

가버나움의 귀신4:31-37

나사렛과는 대조적으로, 예수님은 가버나움에서 환영받으신다. 나사렛에서의 설교는 결과적으로 예수께서 그곳에서 계속해서 설교하시거나 가르치시지 못하게 했다. 그러나 가버나움에서 예수님은 회당 예배에 참석하셔서 가르치기까지 하셨다. 본문에 사용된 헬라어 미완료 시제"가르치시매"에서 알 수 있듯이, 예수님은 습관을 따라 그렇게 하셨다. 미완료 시제의 기본적 용례는 네 가지다. 첫째로, 지속적인 행동을 의미할 수 있다. 즉, 예수님은 계속해서 가르치고 있었다는 것이다. 둘째로, 시작을 의미할 수 있다. 즉, 예수님은 가르치기 시작하셨다는 것이다. 세 번째 용례는 시도된 행동이다. 즉, 예수님은 가르치시려고 했다는 것이다. 네 번째 용례는 이곳 본문에 사용된 것으로, 습관적 행위다. 즉, 예수님은 습관적으로 가르치셨다는 것이다.

가버나움에서의 반응은 고향에서의 첫 번째 반응과 유사하다. 누가가 이곳에 사용한 단어ekplēssomai, 압도당하다는 나사렛 사람들에게 사용된 단어thaumazō, 놀라다보다 강력하다. 이 단어는 귀신을 쫓아내는 또 하나의 본문인 9장 37-43절에 다시 나타난다. 더구나 가버나움 사람들은 예수께서 하나님의 권위로 말씀하신다고 생각했다. 이곳 사람들의 태도는 처음부터 환영하는 반응이었으며, 이러한 태도는 계속해서 유지되었다.

회당에서 가르치던 어느 날, 예수님은 "더러운 귀신 들린 사람"4:33을 만나신다. 귀신이라는 헬라어는 반드시 부정적인 의미로 볼 필요가 없다. 그것은 "증상"을 의미하는 중립적 의미다.Johnson: 83 누가는 이 단어에 더러운 영이라는 개념을 붙임으로써"더러운 귀신들린" 부정적인 의미로 사용하고 있음을 보여준다. 그러나 우리는 예수께서 귀신을 쫓아내시는 장면이나 복음서기자가 "더러운"이라는 단어를 사용하여 부정적 의미로 묘사한 때에도 이러한 성경적 개념이 이것을 사탄의 활동과 연계하는 오늘날의 마귀론demonology과는 무관하다는 사실을 알아야 한다. 피츠마이어Fitzmyer는 공관복음에서 이러한 현상은 "사탄과의 관련성이 적으며, 이러한 현상에 사로잡히는 것이 도덕적 타락을 의미하는 것은 아니다"1981: 545라고 주장한다. 귀신 들린 것과 신체적, 정신적 질병 사이에는 일정한 연관성이 있다. 복음서의 세계관에서는 인간의 육신과 정신을 파괴하는 내적, 외적 힘을 의인화한다. "더러운 귀신들린 사람"은 부자연스러운 표현이지만, 누가는 확실히 명료성을 위해 문학적 세련미를 희생한 것처럼 보인다. 이것은 누가가 예수님의 귀신을 쫓아내시는 사역을 설명하기 위해 사용하는 용어다.

예수님이 이처럼 크고 작은 방식으로 인간을 위협하는 세력과 맞서신다는 사실은 의심의 여지가 없다. 그러나 예수님이 이 대결을 주도적으로 시작하시는 것은 아니다. 먼저 귀신이 고통받는 자로 다가와 말한다. 귀신은 자신을 내버려 두라는 의미로 부르짖는다.4:34 AT 문자적으로는 "우리[마귀]가 당신과 무슨 상관이 있느냐"라는 것이다. 귀신은 나사렛 사람들과 달리 예수님이 "하나님의 거룩한 자"시라고 정확히 말한다. 공관복음서에서 영적 존재들은 예수님을 정확히 인식하고 부르지만, 사람들은 그러지 못할 때가 많다. 이처럼 정확한 인식은 8장 28절의 거라사 지방의 무덤 사이에 거하는 자를 통해 다시 나타난다.

귀신이 예수님을 정확히 알아보았음에도 불구하고, 예수님은 그를 꾸짖으신다. 문제는 귀신이 예수님께 도전하고 있기 때문이 아니라, 귀신이 그 사람을 고통스럽게 하고 있다는 것이다. 귀신의 반응은 그 사람을 무리 중에 넘어뜨리고 나오는 것이었다. 우리는 귀신이 그 사람을 상하게 하지 못했다는 사실을 알게 된다.4:35 그 후에 귀신이나 그 사람이 어떻게 되었는지는 알 수 없다. 이야기의 초점은 구경하는 자들에게 맞추어진다. 회당에 있던 자들은 더러운 귀신을 쫓아내신 예수님의 권위와 능력에 놀라며, 그 근처 사방에 예수의 소문을 전한다.

하늘나라의 하루4:38-44

4장의 마지막 절은 예수님이 갈릴리 사람들 가운데 자신의 사역에 동참할 제자들을 부르시기 전에 그의 사역을 요약한다. 누가는 가버나움 회당에서 귀신을 쫓아낸 것으로부터 5장 1절의 제자들을 부르시기까지 모든 일이 24시간 안에 일어난 것으로 묘사한다. 앞서 언급했듯이 4장 31절의 헬라어 미완료형 동사는 예수님이 회당에서 습관적으로 가르쳐왔음을 보여준다. 그러나 누가는 첫 번째 귀신을 쫓아내신 사역과 시몬의 장모를 고치신 일 및 이어지는 많은 사역은 모두 당일에 일어난 일임을 분명히 한다. 다음날 날이 밝은 후에야 예수님은 한적한 곳에 가시고자 하나 여의치 않다. 텍스트의 이 부분에 나타난 공간적, 시간적 묘사는 특이하다. 4장 38절에서 예수님은 회당을 떠나 시몬의 집으로 향하신다. 4장 40절에서 누가는 해 질 무렵이 되었다고 말하며, 4장 42절에서는 날이 밝았다고 말한다.

이 지치고 고된 하루의 사역에 대한 누가의 묘사는 두 가지 문학적 목적을 제공한다. 그것은 "하나님의 거룩하신 자"로 드러나신 예수님이 추구하실 사역의 성격에 대해 알려 준다. 또한, 이러한 묘사는 제자들이 예수께 이끌린 이유나 동기를 제공한다. 시몬에 대한 소개 이전에 그의 장모를 고치신 사역이 먼저 제시된 것은 시몬이 이 하나님의 선지자에게 이끌린 이유를 설명해 준다.

예수님은 가버나움에 있는 회당을 떠나신 후 시몬의 집으로 향하신다. 시몬의 장모는 열

병을 앓고 있었는데, 그곳에 모인 가족과 이웃은 예수님을 그에게 모셔갔다. 예수님은 더러운 영을 꾸짖으셨던 것처럼 열병을 꾸짖었으며, 여자는 즉시 고침을 받았다. 시몬의 장모는 곧 일어나 수종들 만큼 신속하고 완전하게 고침을 받았다.

이 치유 기사에 이어 그날 있었던 나머지 사역에 대한 요약이 제시된다. 안식일이 끝났음을 알리는 해가 지자 사람들이 온갖 병자를 데려왔으며, 예수님은 일일이 안수하시고 고쳐 주셨다. 귀신에게서 풀려난 사람들도 있었는데, 이것은 신약 성경 다른 곳에서와 마찬가지로 질병과 귀신의 관계를 명확히 보여주기 때문에 중요한 진술이다. 질병의 영역과 귀신 들림의 영역은 겹친다. 그러나 두 범주는 동일하지 않다. 모든 환자가 다 귀신들린 것은 아니지만, 귀신들린 자는 질병의 위험이 높다. 둘 가운데 질병의 영역은 더욱 광범위하고 포괄적이다.

귀신을 쫓아내는 사역과 각종 치유 사역이 등장하는 이 단락은 예수님이 그리스도메시아 신줄 아는 귀신들이 당신은 하나님의 아들이라고 소리 지르는 흥미로운 장면으로 끝난다. 예수님은 그런 말을 하지 못하게 하신다. 이 짧은 대화에 대한 해석은 주석가 수만큼이나 많다. 가령 존슨은 예수님의 신분에 대한 귀신들의 지식은 내러티브 속의 등장인물들이 일반적으로 갖지 못한 지식과 대조를 이룬다고 말한다. 그가 하나님의 아들이심을 아는 자는 마리아와1:35 예수님 자신뿐이시다.3:22 마찬가지로, 예수님이 그리스도라는 지식은 이곳 귀신의 언급 및 2장 11절의 천사의 선포가 유일하다. 이 지식은 9장 20절의 베드로의 고백 전까지 나타나지 않는다.Johnson 1981: 84

피츠마이어는 마가복음에서 예수님의 신분에 대한 마귀의 지식은 복음서기자가 다루는 메시아적 비밀이라는 주제의 일부라고 주장한다. 누가는 대체로 이 주제를 강조하는 편이 아니지만, "41절 후반부에는 이 주제에 초점을 맞추는 모습이 나타난다"Fitzmyer 1981: 554 마가복음에 나타난 은닉성에 관한 주제에 대한 해석은 많고 다양하다. 가장 설득력 있다고 생각하는 해석은 예수께서 자신을 그리스도나 메시아로 부르는 것을 꺼리신다는 것이다.그리스도는 메시아라는 히브리를 헬라어로 번역한 것이다 이것은 아마도 이 용어가 수반하는 기대 때문일 것이다. 마가복음의 독자들이 알고 있듯이, 예수님은 메시아시다. 그러나 그는 그들이 생각하는 것과 다른 메시아시다. 나는 누가가 마가와 다른 방식으로 메시아의 비밀을 강조한다는 피츠마이어의 의견에 동의한다. 그러나 누가복음의 예수께서 자신을 메시아로 환호하는 것을 꺼리시는 이유는 비슷하다.

이 문제에 대한 놀랜드Nolland의 대답은 가장 신학적이다. 그는 예수께서 귀신에게 그런 말을 하지 못하게 하신 것은 귀신의 말이 신앙의 진리에 부합하지 않기 때문이 아니라고 주장한다. 그는 사도행전 16장 17-18절의 유사한 장면 역시 진술이 잘못되었기 때문이라기보다 바울을 괴롭게 한 때문이라고 말한다 놀랜드는 오히려 귀신의 표현이 잘못된 것은 십자가와 단절된 진술이기 때문이라고 주장한다. 고난 당하신 예수님을 그리스도로 고백하는 자만이 공개적으로 예수님을 메시아로 선포할 수 있다는 것이다.1989: 214

이러한 설명에는 일리가 있다. 그러나 내러티브 비평적 관점에서 보면, 귀신의 고백은 바람과 물을 포함한8:22-25 모든 요소가 예수님의 권위를 인정하는 것과 유사한 기능을 한다. 이러한 인정은 청중이나 독자가 이 설교자를 누구로 생각해야 하는지를 보여준다. 내러티브 속의 등장인물이 인식하든 못하든, 여기에는 호소력이 있다. 이러한 호소력은 수사학적이다. 귀신들까지 예수님이 그리스도시라는 사실을 알고 예수님의 반대에도 불구하고 이러한 진리를 고백하지 않을 수 없다면, 우리는 얼마나 더 이러한 진리를 깨닫고 선포해야 하겠느냐는 것이다.

예수님의 치유 및 귀신을 쫓아내는 사역은 날이 밝을 때까지 계속되었다. 사역을 마치신 예수님은 한적한 곳으로 가시고자 하나, 따라온 무리가 함께 머물기를 간청한다. 가버나움에서 있었던 이 에피소드는 나사렛에서의 경험과 극명한 대조를 이룬다. 나사렛 사람들은 예수님을 사라지게 하려고 회당에서 쫓아내어 낭떠러지까지 끌고 가서 떨어뜨리려 하지만, 이곳에서는 예수께서 사라지시기 위해 한적한 곳으로 가려하나 사람들이 막아선다. 예수님을 떠나지 못하게 하려는 압력은 누가복음 전체에서 자신의 사명에 대한 예수님의 가장 명확하고 통렬한 진술로 이어진다. 예수님은 함께 머물러 달라는 무리의 간청에 대해 자신은 하나님의 나라 복음을 전하기 위해 보내심을 받았으므로 다른 동네들도 가야 한다고 말씀하신다.4:43

복음서기자 가운데 치유와 귀신을 쫓아내는 사역을 하나님의 나라로 인도하는 선교 활동으로 제시한 사람은 누가뿐이다.Johnson: 86 이 선교 사역은 열두 제자를 파송하는 9장에서 구체화 된다. 4장은 다소 모호한 요약으로 끝난다. 예수님은 유대의 여러 마을에서 전도하신다. 일부 고대 사본은 갈릴리로 수정하는데, 이러한 수정은 5장 1절이 갈릴리 사역으로 돌아간다는 점에서 문맥적으로 자연스럽다.Johnson: 85 누가행전에서 하나님의 나라에 대한 개념은 미래적 요소도 있지만, 여기서는 현재적 개념이 다분하다. 하나님의 나라는 예수께서 여러 동네에서 행하신 치유와 말씀 전파 및 귀신을 쫓아내는 사역의 핵심이자 결과다.

첫 번째 제자를 부르심5:1-11

이 단락은 무리가 몰려드는 장면으로 시작한다. 지금 예수님은 갈릴리 게네사렛 호숫가에 계신다. 누가는 이곳에서 어떤 병행구보다 정확한 지리적 표현을 사용한다. 그는 여기서 지중해를 가리키는 "바다"라는 광범위한 용어 대신 "호수"라는 정확한 용어를 사용한다.Fitzmyer 1981: 565 예수님이 호숫가에 서서 가르치실 때, 무리가 하나님의 말씀을 듣기 위해 몰려왔다. 해결책은 간단했으며, 예수님은 그 방법을 취하신다. 예수님은 배 두 척을 보셨는데, 밤새 일을 마친 어부들이 그물을 씻느라 나와 있어 비어 있는 배였다. 한 배에 오르신 예수님은 밀려드는 무리에 대한 걱정 없이 말씀을 마치고자 주인인 시몬에게 육지에서 조금 떼기를 청하신다.

무리에 대한 말씀을 마치신 예수님은 배 주인에게 초점을 맞추신다. 독자는 앞서 4장 38-39절에서 예수께서 그의 장모를 고치신 사실을 알고 있다. 그러나 여기서 시몬은 다른 사람들을 대변하는 인물로 제시된다. 그는 그 배의 선주로 보인다. 깊은 곳으로 가라는 명령은 시몬에게만 해당하는 단수형이다. 그러나 그물을 내리라는 명령은 복수형으로 제시된다. 이것은 시몬에게 함께 일하는 자들이 있었음을 보여준다. 선주 또는 선장으로서 시몬의 역할은 그와 다른 제자들이 예수님으로부터 수련을 받는 내내 계속된다.

첫째로, 시몬을 위한 또 하나의 기적이 있다. 그것은 시몬이 처음에는 꺼렸던 또 하나의 은혜와 긍휼의 행위였다. 시몬은 배를 깊은 데로 끌고 가서 다시 그물을 내리라는 말씀을 따르고 싶지 않았다. 그와 동료들은 밤새도록 수고했으나 성과가 없었다. 이제 막 정리를 마치고 그물을 씻고 있던 시몬은 지친 선원들을 데리고 다시 그물을 내리라는 말씀이 탐탁지 않았다. 그는 무엇보다 그곳에 물고기가 없다는 사실을 알고 있었다. 시몬은 어부가 직업이다. 그는 이 호수나 고기에 대한 전문가다. 그러나 그는 누가만 사용하는 선생님despotēs이라는 표현을 사용하여, 비록 밤이 새도록 수고하였으되 잡은 것이 없지만 말씀에 의지하여 다시 그물을 내리겠다고 대답한다.

이번에는 결과가 달랐다. 그들은 그물이 찢어질 만큼 많은 고기를 잡았으며, 다른 배의 도움을 받아야 했다. 고기는 두 배가 잠길 만큼 가득했다. 누가는 어떻게 해서 그런 기적이 일어났는지 말해 주지 않지만, 모든 사태는 수습되었고 시몬은 예수의 무릎 아래에 엎드린다. 고기 잡는 일은 해결되었으나, 시몬은 마음의 위기를 경험한다. 무릎을 꿇는 행위는 경외와 겸손을 보여주며, 성경에서 처음부터 나타나는 특징이다. 시몬 베드로는 예수님께 "주여 나를 떠나소서 [왜냐하면] 나는 죄인로소이다"5:8라고 말한다. 존슨이 지적하듯이, 이러한 말과 행위는 시몬을 하나님의 영광 앞에서 무릎을 꿇었던 이사야와 같은 선지자들의 전통을 잇게 한다.88 이것은 또한 누가복음에서 이 선지자 예수에 대해 회개와 헌신으로 반응할 모든 죄인을 예시한다.

여기서는 시몬이 예수님을 선생님Master 대신 제자도에 익숙한 "주"Lord라는 호칭을 사용한다. 둘 다 권위 있는 사람을 부를 때 사용하는 "세속적" 호칭이다. 그러나 누가복음에서 베드로를 위시한 제자들은 갈릴리 사역에서만, 그리고 믿음이나 헌신과 무관한 상태에서만, Master한글 성경에서는 '선생님,' 또는 '주'로 번역/역주라는 용어를 사용한다. 이 용례는 이곳에서 처음 찾아볼 수 있으며, 두 번째는 호수에 광풍이 내리치는 장면으로, 제자들은 예수님을 선생님이라고 부르며 깨운다.8:24 세 번째는 8장 42-48절의 혈루증으로 앓는 여자에 관한 이야기에 나타난다. 예수님이 내게 손을 댄 자가 누구냐고 묻자 베드로는 그를 "주"Master라고 부르며 무리가 밀려들어 밀고 있다는 사실을 상기시킨다. 이런 상황에서 손을 댄 자가 누구인지 찾는 것은 불가능하다는 것이다. 네 번째는 변화산 장면에서 찾아볼 수 있다. 베드로는 "주여"Master라고 부르며 예수님과 모세와 엘리야를 위해 초막을 짓겠다는 불합리한 제안을 한다.9:33 끝으로 제자들은 갈릴리 사역 마지막 본문에서 이 용어를 사용한다. 요한은 "주여 어떤 사람이 주의 이름으로 귀신을 내쫓는 것을 우리가 보고 우리와 함께 따르지 아니하므로 금하였나이다"라고 말한다. 그것은 올바른 행동이 아니다. 예수님은 그들을 꾸짖으시며, 너희를 반대하지 않는 자는 너희를 위하는 자라고 말씀하신다.

이러한 패턴을 감안할 때, 시몬이 예수님을 선생님 대신 주Lord라고 부른 것은 하나의 큰 변화가 아닐 수 없다. 시몬과 그의 동업자인 야고보와 요한은 고기가 많이 잡힌 기적을 하나님이 하신 일로 해석한다. 그들이 회개와 믿음의 반응을 보이자, 예수님은 시몬에게 무서워하지 말라고 하시며 이제부터는 그들이 고기가 아니라 사람을 취할 것이라고 말씀하신다. 누가복음의 초기 독자나 21세기의 독자는 고기를 잡는 것과 사람을 낚는 행위에 대한 언어유희를 즐긴다. 그러나 영어에는 예수께서 사람에게 사용하신 "취하다"zōgreō, 사로잡다라는 헬라어 단어에 해당하는 표현을 찾기 어렵다. 문자적으로 이 동사는 물고기와 같은 동물을 "산 채로" 잡는다는 의미가 있다. 여기에는 소탕한다거나 식용으로 잡아먹는다는 것이 아니라 "잡아서 살려주다"라는 뜻이 담겨 있다. 예수님은 베드로와 그의 동료에게 붙잡힌 사람들이 다시 살 수 있게 그들의 관심과 상상력을 붙들라는 의미로 말씀하신 것일 수 있다. 사실 예수님은 이미 베드로의 관심과 상상력을 사로잡았다. 어부들은 제자도의 삶을 살기 전 마지막 행동으로, 배를 육지에 대고 모든 것 -배, 생계, 어업- 을 버려두고 예수님을 좇았다. 그들은 다시는 예전의 삶으로 돌아가지 않을 것이다.

나병 환자5:12-16

누가는 나사렛에서의 불행한 일과 베드로와 야고보와 요한을 첫 번째 제자로 부르신 시간 사이에 두 개의 치유 기사 및 요약적 진술을 제시한다. 이제 세리 레위를 부르시기 전에, 다른 두 개의 치유 기사를 제시한다. 이 부분의 출처는 마가복음이며, 누가는 마가의 순서와 윤곽을 그대로 따른다. 첫 번째 기사는 한 나병 환자에 관한 이야기다. 얼마 전까지만 해도 우리는 이 사람이 앓고 있는 병이 우리가 아는 한센병이 아니라고 생각했다. 이 병은 고대부터 알려졌고 기원전 6세기의 인도 문헌에도 나타나지만, 1870년까지는 별도의 질병으로 규명되지 않았으며 병명도 없었다.Fitzmyer 1981: 573-74 최근의 몇몇 연구는 예수님이 사실상 매우 심각하고 중한 한센병을 다루었을 가능성을 보여준다.Surlock and Anderson: 70-73 이곳에서 일어난 모든 일은 레위기 13-14장에 비추어 이해해야 한다. 한센병이든 습진, 건선, 백선과 같은 다른 피부 질환이든, 모두 육안으로 파악할 수 있었다. 이런 질병을 앓고 있는 자는 제의적으로 부정했으며, 다른 사람들과 격리되었다.

나병 환자는 예수님을 보고 엎드렸다. 이것은 존경심을 보여주는 태도로, 반드시 종교적 의미를 내포하는 것은 아니다.Fitzmyer 1981: 574 이스라엘 사람이라면 누구나 나아만의 치유 기사를 떠올렸을 것이다. 병을 고치는 분이자 선생으로서 예수님의 명성은 이전 선지자들과 동일한 능력을 기대하게 했을 것이다. 이 나병 환자는 예수님이 원하시면 깨끗함을 받을 수 있다는 기대를 하며 예수께 나아갔다. 예수님은 기꺼이 그렇게 하신다. 예수님은 손을 내밀어 그에게 대시며 깨끗함을 받으라고 명령하신다. 그는 즉시 깨끗하게 되었다. 예수님은 그에게 아무에게도 이르지 말라고 경고하신 후 제사장에게 몸을 보이고 예물을 드려 백성에게 증거함으로써 모세의 법을 성취하라고 말씀하신다. 증인, 증언, 증거로 번역되는 이 구절은 어렵다. 피츠마이어Fitzmyer는 누가가 마가복음의 어순을 바꾸지 않았다는 결론을 내린다. 왜냐하면 "누가 역시 이 구절을 이해하지 못했기 때문"1981: 575이라는 것이다. 존슨은 이 구절에 대해, 나병에서 고침을 받은 자의 새로운 지위에 대해 제사장에게 증거한다는 뜻이거나 예수님이 기적을 행하는 자가 아니라고 주장하는 자들에 대한 증거로 볼 수 있다는 결론을 내리지만, 어느 쪽 설명도 만족스럽지 못하다.92

예수님이 고침을 받은 자에게 하신 말씀의 의미는 확실하지 않지만, 그러한 행동이 예수님에게 미칠 결과는 명약관화하다. 예수님은 그에게 누구에게도 말하지 말라고 하셨으나, 소문은 확산되었다. 예상할 수 있듯이, 많은 무리가 그의 말씀도 듣고 병도 나음을 얻고자 하여 모여들었다. 그러나 예수님은 한적한 곳으로 물러나 기도하신다. 그는 교사이자 치료자로서 가장 큰 성공을 거두신 후 광야로 돌아가셨다. 고뇌의 현장이 안식과 위안의 장소가 된 것이다. 우리의 삶에서나 예수님의 삶에서 성령은 위로도 하시고 고뇌하게도 하신다. 무리의 관심이 고조되고 사람들의 필요가 분출되자, 예수님은 악과 맞서 자신의 정체성과 사명을 연마하고 확립했던 험지로 되돌아가신 것이다. 본문에는 상세한 언급이 제시되지 않지만, 예수님이 그곳에서 자신의 소명을 새롭게 하셨음을 암시한다.

첫 번째 요구 5:17-26

중풍병자를 고치신 이야기는 태너힐이 말한 누가의 일곱 가지 요구 기사 Quest Story 가운데 첫 번째다. 이 요구에는 특정 구조가 있다. 누군가 예수께 다가와 사람에게 중요한 문제를 해결해 주시기를 요구한다. 그러나 이 요구를 들어주기 전에 먼저 장벽이나 장애물을 제거해야 한다. 이야기의 초점은 이러한 장애물과 그것의 제거나 제거하지 못하는 부분에 맞추어진다. 끝으로 이 요구는 해결되거나 해결되지 않는다.

일곱 가지 요구 가운데 5장 17-26절의 중풍병자 이야기, 7장 1-10절의 백부장의 하인을 고치신 이야기, 7장 36-50절의 죄사함 받은 여자에 관한 이야기 등 세 가지는 갈릴리 사역에 나온다. 다른 세 가지 요구는 예루살렘으로 향하는 여정 중에 나오며, 17장 11-19절의 열 명의 나병환자, 18장 18-30절의 부자 관리, 19장 1-10절의 삭개오에 관한 이야기다. 마지막 요구는 가장 가슴 아픈 이야기로 23장 39-43절의 십자가에 달린 한 행악자에 관한 이야기다. Tannehill 1986: 111-26

이 첫 번째 요구는 바리새인과 율법교사가 처음으로 등장한다. 5:17, 이 표현은 신약성경에서 이곳 중풍병자 기사와 사도행전 5장 34절의 가말리엘에 대한 설명 및 디모데전서 1장 7절에 세 차례 나타난다. 복음서에 따르면 종종 예수님의 사역을 반대해온 이 그룹은 갈릴리의 각 마을과 유대와 예루살렘, 세 곳에서 왔다. 사도행전 26장 5절에서 바울은 바리새인들을 유대인 가운데 가장 엄격한 종파로 묘사한다. 요세푸스도 그들을 유대 종파 가운데 하나로 묘사한다. Ant. 18.1.2 §11; Fitzmyer 1981: 580 우리는 누가복음에 등장하는 "바리새인"이라는 인물에 익숙해지고 예수께서 그들과 열띤 논쟁을 벌이시는 모습을 보면서, 신약성경의 반유대주의에 대한 고찰의 필요성을 느끼게 된다[누가복음의 반유대주의, p. 414]. 누가는 바리새인이라는 집단을 정죄하지 않는다. 그들은 수난 기사의 일부가 아니다. 바울은 사도행전 전체에서 훌륭한 바리새인으로 남아 있다. 더욱이 사도행전 마지막 부분에서 바리새인은 예루살렘 공회 앞에 선 바울을 변호하는 무리에 속한다. 23:6-11 우리는 누가복음에서 이 집단을 대할 때, 이처럼 미묘한 관점을 기억할 필요가 있다.

이러한 사실을 염두에 두면서, 바리새인과 그들의 역사에 대해 간략히 살펴보자. 피츠마이어는 바리새인이 포로기가 끝난 후 등장했다고 말하지만, 이들이 조직화 된 집단으로 등장한 것은 마카베오 시대, 아마도 요한 히르카누스의 통치 직전인 것으로 보인다. 바리새인이라는 이름은 "분리된 자"라는 뜻의 아람어에 대한 헬라역인 것으로 보인다. 이 이름은 스스로 붙였다기보다 집단 밖의 사람들이 붙여준 이름일 가능성이 크다. 바리새인은 구전을 포함한 율법에 대한 엄격한 준수를 선호했다. 그들은 구전을 성문화된 율법의 "울타리"로 보았다.Fitzmyer 1981: 581; cf. m. Avot 1:1 다시 말하면, 문자로 기록된 거룩한 토라를 범하지 않기 위해 구전 율법까지 지키려는 열정을 보였다는 것이다. 그들은 구전을 성문화된 율법만큼 중요하게 여기지는 않았지만, 확실히 구전은 거룩한 토라를 경시하거나 우연히 범하는 일을 막아주었다.

누가 역시 이 이야기를 시작하면서 율법 교사에 대해 언급한다. 이처럼 구체적인 묘사는 복음서에서 더 이상 할 일이 없다. 앞서 언급했듯이 이 단어는 신약 성경 전체에서 단지 두 차례 더 사용될 뿐이다. 그러나 그들은 사실상 21절에 나오는 서기관과 같은 사람들인 것으로 보인다.피츠마이어는 서기관이라는 단어를 전통에서 발견하지만, 누가는 도입부에서 율법교사라는 자신의 표현을 사용한다.5:17; Fitzmyer 1981: 581

이 바리새인들과 율법 교사는 갈릴리와 유대와 예루살렘에서 왔다. 누가는 이들 장소에 특별한 의미를 부여하기보다 예수님의 사역과 그의 영향력이 광범위한 주목을 받기 시작했음을 알리려는 것으로 보인다.

누가는 이 고위 성직자들이 모였을 때, 예수님에게 병을 고치는 "주의 능력"이 임했다고 진술한다. 여기서 "주"는 예수님 자신이 아니라 하나님을 가리키는 것이 분명하다. 이야기의 본론은 이렇게 시작한다. 사람들이 한 중풍병자를 고치기 위해 예수께 데려왔다. 치유를 원하는 마음은 인간의 행복에 필수적인 영역에 해당한다. 우리가 당연하게 생각하는 단순한 이동은 자신과 이웃을 돌보는 능력과 직결된다. 이 치유가 일어나기 위해서는 두 가지 장애물이 극복되어야 한다. 첫 번째는 치유자를 둘러싼 무리로 대표되는 물리적 장벽이다. 예수님을 둘러싼 무리는 환자를 데리고 오는 사람들이 가까이 접근하는 것을 효과적으로 차단할 수 있다. 이 장벽은 그들이 대담하게 지붕 위로 올라가 친구를 예수님이 계신 곳으로 내려보냄으로써 극복된다. 이 광경을 보신 예수님은 이처럼 대담한 행위를 보여준 믿음에 주목하신다.

그러나 예수님은 중풍병자를 즉시 고치시지 않는다. 오히려 예수님은 그에게 죄사함을 선포하신다. 이 구절은 문자적으로 "네 죄가 용서를 받았다"는 뜻이다.5:20 AT 성경 학계에서 이 수동태는 종종 신적 수동태로 불린다. 즉, 하나님이 그 사람의 죄를 용서하셨다는 것이다. "용서하다"에 해당하는 단어 역시 완료 시제로, 과거에 성취된 행위가 현재까지 지속됨을 보여준다. 따라서 엄밀히 말하면 이 구절은 예수님이 환자를 용서하신다는 확신을 주고 있는 것이 아니다. 이것은 누가복음에서 죄사함에 관한 네 번째 진술이다. 죄 사함은 사가랴가 1장 77절에서 예언했으며, 세례 요한이 3장 3절에서 선포했다. 예수님은 4장 18절에서 이사야서를 읽으시면서 포로된 자에 대한 용서를 사역의 기초로 제시하신다. 4장 18절에서 "자유롭게 하다"로 번역된 헬라어는 용서로 번역되기도 한다.

그러나 하나님에 대한 언급에도 불구하고, 우리는 예수님의 사역과 관련된 행동으로 용서를 받는다. 누가복음에서 예수님은 죄를 사하시는 하나님의 역할을 맡지 않으려 하시지만, 죄 사함을 확인하는 제사장의 역할은 수행하신다. 그러므로 예수님의 말씀이 그를 둘러싼 사람들, 특히 서기관과 바리새인들을 경악하게 한 것은 그리 놀라운 일이 아닐 것이다. 그들은 우리도 수긍할 수밖에 없는 정당하고 합당한 질문을 제기한 것이다. 죄사함은 하나님의 특권이다! 죄사함은 제사장과 성전, 희생과 제의의 영역에 해당한다. 죄사함에 대한 확신을 줄 수 있는 이 설교자는 누구인가? 그들의 반응은 전혀 터무니없는 것은 아니지만, 이어지는 사건에서 볼 수 있듯이 그들은 예수께서 스스로 용서하신 것이 아니라 조심스럽게 하나님의 용서에 대해 말씀하신 사실을 놓치고 있다. 예수님은 우리의 기대와 달리, 보이기 위한 행동을 하지 않으신다. 예수님은 그들의 추측이 잘못되었다고 말씀하시는 대신, 그들의 오해를 받아들이고 그것을 이슈화하신다. 예수님은 단도직입적으로 물으신다. 죄사함을 선포하는 것과 치유 가운데 어느 것이 더 어렵겠느냐는 것이다. 중풍병자가 고침을 받은 것은 예수께서 죄를 사하는 권세가 있음을 보여준다. 따라서 예수님은 죄사함은 하나님께 속한 것임을 밝히면서도 인자NRSV의 Son of Humanity보다 Son of Man이 바람직한 번역으로 보인다. 다음 단락 참조이신 자신에게 죄를 사하는 권세가 있음을 보여주신다. 사실상 그의 설교를 듣고 치유를 보기 위해 찾아온 신실한 자들이 가장 두려워했던 일이 벌어진 것이다. 예수님은 지금 자신의 신적 특권을 주장하고 계신다.

누가복음에서 인자라는 표현은 이곳에서 처음으로 나타난다. 누가는 이 구절을 마가복음 2장 10절에서 가져오지만, 존슨이 지적하듯이94 공관복음에 나오는 이 호칭과 의미의 궁극적인 출처는 학자들 사이에 오랜 논쟁이 되고 있다[인자, p. 452]. 공관복음서에서 예수님은 자신을 언급할 때만 이 호칭을 사용하신다. 일반적으로 예수님은 자신을 인자라고 부르심으로써 자신의 신성을 주장하지 않으신다. 오히려, 그는 자신을 이사야서에 나오는 이스라엘의 과거적 모호한 인물과 연결시키신다. 그러나 이곳 누가복음에서 예수님은 자신의 삶과 사역과 수난에 있어서 어느 때보다 신적 특권에 가까이 다가서는 주장을 하신다.

여기서는 적어도 기적적인 치유가 그를 비판하는 자들에 대한 대답이 된 것으로 보인다. 인자는 죄를 사하는 권세뿐만 아니라 병자를 고치는 능력도 있다. 누가는 무리의 반응을 묘사하기 위해 포괄적인 표현을 사용한다. 예를 들어, 예수님은 무리 가운데 일부가 놀라 하나님께 영광을 돌렸다고 말하지 않으신다. 아니 "모든 사람"이 놀라 하나님께 영광을 돌렸다.5:26

첫 번째 식탁 교제5:27-39

이제 본문은 우리를 누가복음에 나오는 식탁 교제 가운데 첫 번째 장면으로 인도한다. 누가복음의 특징 가운데 하나는 식사 장면이다. 이 장면의 패턴은 예수님이 누군가의 초대를 받아 사람들과 식탁을 함께 하며 그곳에서 가르치시는 동안 종종 논쟁이 발생하는 방식이다. 이곳에서는 두 가지 중요한 이슈가 부상한다. 하나는 잔치에 참석한 자들에 관한 것이며, 또 하나는 금식에 관한 것이다. 둘 다 토라에 대한 해석이 초점이다. 예수님은 두 문제에 대해 율법에 대한 자신의 해석을 제시한다.

이 본문은 세리 레위가 예수님 주변에 모인 공동체에 합류하는 장면으로 시작된다. 어부를 부르시는 장면을 상기시키듯이, 레위도 모든 것을 버려두고 예수님을 따른다. 세리 레위는 19장에 나오는 세리장 삭개오보다 지위가 낮다. 레위는 삭개오처럼 로마의 명령을 받는 직속 상관 아래에서 통행료와 같은 간접세를 징수하는 사람이었을 것이다. 세리들은 종교 지도자들의 비난을 받았지만, 세례 요한과 예수님을 한결같이 지지해온 집단이다.Johnson: 65

어부들과 마찬가지로 레위는 과거에 중요했던 모든 것과 세관을 떠나 예수님을 따른다. 그러나 그는 자신의 가정을 포기하지는 않는다. 그가 행한 첫 번째 사역은 그날 자신의 집에서 예수님을 위해 큰 잔치를 연 것이다. 본문의 "잔치"dochē는 14장의 큰 잔치에 관한 비유에 나오는 단어와 같다. 또한, 이곳의 본문은 당황스러운 참석자 명단을 예시한다. 우리는 이미 예수께서 선포하시는 하나님 나라의 식탁 교제는 위로와 함께 불안감이 조성되는 특이한 현장임을 알고 있다. 예수님과 제자들은 헬라의 연회장에서처럼 식탁에 비스듬히 기대어 있으며, 이 자리에는 세리를 비롯한 많은 사람이 함께했다.

그러나 세리들만 참석한 것은 아니며, 적어도 그들만 근처에 있은 것도 아니다. 그들을 알고 있었던 바리새인과 서기관들도 질문을 던질 수 있을 만큼 가까이 있었지만, 사실상 예수님과 함께 식사하고 있었던 것은 아닌 것으로 보인다. 그들이 말을 건 것은 예수님이 아니라 그의 제자들이다. 그들은 제자들이 세리와 죄인과 함께 먹고 마셨다고 비방한다. 베드로는 예수님이 제자로 부르시는 장면에서 자신이 죄인임을 고백했기 때문에, 그들의 질문은 역설적인 면을 보여준다. 그들의 질문에 대답한 것은 제자들이 아니다. 예수님은 건강한 자에게는 의사가 쓸데없다는 경구로 그들을 변호한다. 이 말씀처럼, 예수님의 사명은 이미 의인된 자가 아니라 죄인을 불러 회개시키는 것이다.

누가복음에서 죄 사함은 자주 언급되지만, 회개 사역은 몇 차례 언급되지 않는다. 그러나 이 몇 차례의 언급은 중요하다. 세례 요한의 설교에서 회개는 예수님의 사역을 위한 길을 예비한다. 누가가 앞서 두 차례 언급한 3장 3절과 8절에서, 요한은 회개의 세례를 전하고 회개의 열매를 요구한 것으로 묘사된다. 이곳 본문의 언급은 세 번째 용례에 해당한다. 예수님은 사역 초기에 자신에 대해 죄인을 불러 회개시키러 온 자로 규정하신다. 이 특별한 주제는 15장의 잃어버린 양에 관한 비유에서 다시 나타난다. 예수님은 죄인 한 사람의 회개로 인한 하늘의 기쁨을 산에서 잃은 양을 찾았을 때의 기쁨에 비유한다. 이 단어가 마지막으로 등장하는 곳은 복음서 끝부분에 나오는 파송 장면이다. 예수님은 제자들을 떠날 준비를 하시면서 그의 이름으로 죄사함을 받게 하는 회개가 모든 족속에게 전파되어야 함을 상기시키신다.24:47 회개라는 주제는 이런 식으로 인클루지오를 형성한다. 그것은 누가복음의 틀을 형성한다. 이 주제는 누가복음의 서두에서 세례 요한과 예수님의 사역 모두에 나타난다. 이어서 15장의 비유에서 예화를 위해 한 차례 등장한 사례를 제외하면 복음서의 끝부분에만 나타난다. 죄인을 위한 사역은 예수님이 식탁에 초청하신 사람들을 비난하는 자들에 대한 대답이다.

첫 번째 식탁 교제 장면에서 벌어지는 또 하나의 논쟁은 금식을 포함한 특정 신앙 관습에 관한 것으로, 이 논쟁은 예수님의 제자들이 밀밭에서 이삭을 잘라 먹는 이야기로 넘어가는 교량 역할을 한다. 이곳 5장 33절에서 비판자들은 제자들에게 질문을 던지기보다 예수께로 초점을 향한다. 그들은 "바리새인의 제자들"과 예수님의 제자들을 비교하기 때문에 바리새인은 아닌 것으로 보인다. 그들은 금식과 기도라는 두 가지 경건한 삶과 관련하여 예수님의 제자들이 요한의 제자들이나 바리새인의 제자들에 비해 못하다고 평가한다. 그들은 예수님의 제자들이 금식하며 기도하는 대신 먹고 마시는 이유를 물어보았다. 예수님은 그들이 제기하는 특정 질문에 대해서뿐만 아니라 자신의 선교 사역 전반에 대한 일반적인 생각을 밝히신다.

먼저, 예수님은 금식에 관한 질문에 대해 잔치와 관련된 진술로 대답하신다. 그의 사역은 결혼식 잔치와 같아서, 금식을 기대하는 손님은 없다. 금식이 다른 상황에서는 아무리 필요한 관행이라 할지라도, 잔칫날 금식은 어울리지 않는다. 따라서 예수님의 제자들은 먹고 마신다. 예수님의 사역은 마치 결혼식처럼 새로운 가족을 형성하는 작업이기 때문에 식탁 교제는 그의 선교 사역에서 특히 중요한 요소이다. 벤 위브Ben Wiebe가 그의 저서 『메시아의 윤리학』Messianic Ethics에서 주장한 것처럼, 예수께서 선포하신 하나님의 나라는 이전 선포들에 비해 현재적 실현이라는 새로운 요소가 나타난다.95 예수님이 선포하시는 하나님의 나라에도 미래적 요소가 나타나지만, 그 나라는 예수님의 사역 속에 이미 일어나고 있다. 따라서 축하와 잔치는 그의 사역에서 중요한 역할을 한다. 금식은 폐지된 것이 아니다. 그것은 예수님의 죽음과 부활 이후 제자들의 삶에서 중요한 역할을 할 것이다. 그러나 아직은 때가 아니며 금식은 그때까지 기다려야 한다.

예수님은 자신의 사역이 이스라엘의 전통에 뿌리를 내리고 있음에도 불구하고 전적으로 새로운 하나님의 행위를 포함한다는 사실을 거듭해서 말씀하신다. 예수님은 바느질과 포도주 양조라는 물질계의 두 가지 이미지를 통해 이러한 사실을 강조하신다. 깨끗한 새 옷을 찢어 그것으로 낡은 헌 옷에 붙이는 자는 없다. 새 포도주를 낡은 가죽 부대에 넣는 자도 없다. 두 경우 모두 끔찍한 결과를 초래할 것이다. 새 옷은 찢어지고 세탁하면 새 옷을 찢어 붙인 조각이 수축해서 다른 천을 당겨 더 큰 수선 작업이 필요하게 될 것이다. 낡은 가죽 부대는 발효중인 새 포도주의 팽창을 견딜 힘이 없어 터져 버릴 것이다. 방축가공 및 포도주 보틀링 공정이 발달한 오늘날, 이러한 예화는 예수님의 말씀을 듣는 당시의 사람들에게 미친 것만큼 큰 영향을 주지는 못할 것이다. 그럼에도 불구하고 본문의 핵심은 분명하다. 예수님의 말씀을 듣는 자들은 그에게서 익숙한 말씀을 기대해서는 안 된다는 것이다. 하나님은 지금 새로운 일을 하고 계신다. 예수님과 누가는 그 일이 과거와 연속선상에 있다고 주장한다. 그러나 한편으로 그것은 다르고 새롭다. 그것은 많은 사람을 불안하게 만들 것이다.

이 이야기의 마지막 구절은 냉소적이고 수수께끼 같은 말씀이다. 예수님은 자신의 "포도주"가 새 것이므로 새 가죽 부대에 넣어야 한다고 주장하신 후 새 포도주를 원하는 사람은 아무도 없다고 말씀하신다. 일부 사본이 주장하는 것처럼 묵은 것이 더 좋기 때문이다.

안식일에 베푸는 자비6:1-11

이어지는 두 개의 짧은 본문은 이야기를 시작하는 방식에 의해 연결된다. 이삭을 잘라 먹는 기사는 "안식일에"on a Sabbath라는 시간적 표지로 시작된다. 오른손 마른 사람에 관한 기사는 "또 다른 안식일에"6:6라는 시간적 표지로 시작한다. 두 본문은 내러티브에서 몇 가지 중요한 기능을 수행한다. 이 단락은 율법에 대한 예수님의 해석학적 입장을 명확히 한다. 예수님의 해석은 동역하는 공동체의 해석과 다른 부분이 있음을 분명히 보여준다. 그러나 이러한 해석학적 입장은 6장 12-16절에서 핵심 그룹에 해당하는 열두 제자에 대한 선택과, 특히 6장 17-49절에서 그의 가르침을 요약한 평지설교로 이어진다.

두 본문은 두 가지 차원에서 접근할 수 있다. 한편으로 두 이야기는 거룩함과 자비란 무엇이며, 이러한 신앙적 가치의 상호 작용 속에서 어떻게 신실한 삶을 살 것인가에 대해 다룬다. 다른 차원에서, 이처럼 심오한 신앙적 가치를 판단할 수 있는 권한이 누구에게 있느냐는 것이다.

6:1-5 이삭을 잘라 먹음

예수님과 제자들이 안식일에 밀밭을 지날 때, 제자들이 이삭을 잘라 손으로 비비어 먹었다. 이삭을 자르는 행위 자체는 문제가 되지 않는다. 신명기 23장 24-25절은 그릇이나 낫과 같은 도구를 사용하지 않는 한 이웃의 밭에서 포도나 이삭을 따 먹는 행위를 용납한다. 배고픔을 채우기 위한 최소한의 행위는 허용된다는 것이다. 그러나 이웃이 수고한 것을 자신의 창고에 채우거나 다른 사람에게 파는 행위는 용납되지 않는다. 문제는 안식일이다. 출애굽기 34장 21절은 밭을 갈고 추수하는 중요한 농사철에도 안식일에는 쉬어야 한다고 말씀한다. 이삭을 자르는 것은 추수가 아니지만, 율법을 어기지 않으려고 보호막을 치는 "울타리" 정신에 따르면 그것도 추수 행위에 해당한다.

일부 바리새인이 제자들이 하는 일을 보고 문제를 제기하자, 예수님은 사무엘상 21장 1-6절을 상기시킴으로써 제자들의 행동을 변호하신다. 그곳 본문에서 다윗은 제사장 아히멜렉에게 그의 병사들에게 먹일 떡을 달라고 한다. 문제는 아히멜렉에게 제사장만 먹을 수 있는 거룩한 떡뿐이라는 것이다. 아히멜렉은 병사들이 여자를 가까이하지 않았다는 사실만 확인함으로써 이 문제를 해결한다. 다윗이 모든 여정에서 그런 일이 없다고 주장하자 제사장은 다윗에게 "진설병"을 내어준다. 진설병은 안식일을 위해 준비한 떡으로, 안식일마다 새로운 떡을 올린 후 물려낸 떡은 제사장이 먹는다.Fitzmyer 1981: 28, 609

예수님의 새로운 이야기와 다윗의 옛 이야기 사이의 유사점은 안식일이 아니다. 다윗의 이야기에는 안식일에 대한 언급이 없다. 오히려, 더욱 고상한 거룩함으로서 자비와 이러한 거룩함을 요구하는 자의 권세라는 유사점이 있다. 거룩한 날이나예수님 거룩한 떡은다윗 그 자체로 거룩한 것이 아니다. 그러나 두 경우 모두, 사람의 필요가 단순한 거룩함보다 우선한다. 사람의 필요, 정확히 말하자면 이러한 필요를 채우기 위해 필요한 자비는 더 높은 거룩함을 나타낸다. 이처럼 고상한 거룩함을 주장하신 예수님은 예전의 다윗과 마찬가지로 저항에 직면한다. 이 저항은 전적으로 무분별한 것은 아니다. 예수님의 제자들에 대한 의문을 가졌던 바리새인들과 아히멜렉은 신앙적으로 건전한 관점을 보여준다. 즉, 제의적 정결을 보호하기 위한 합법적 "울타리"는 가치가 있다는 것이다. 예수님은 이러한 의문을 가진 바리새인들의 반론을 이해해 주신다. 그는 이 기회를 통해 자신의 해석학적 원리를 가르치신다. 예수님은 이스라엘 역사에 나오는 이야기를 사용하신다. 이어지는 이야기에서는 저항이 더욱 격렬해진다. 화자 입장에서는 그들의 태도가 부당해 보이지만, 예수님은 대적하는 바리새인들을 비교적 온화한 태도로 대하신다. 그러나 문제는 예수께서 고상한 거룩함에 대해 판단하고 이러한 거룩함을 당시의 종교 지도자들에게 요구할 수 있는 권위에 있어서 자신을 다윗과 동등한 지위에 두신다는 것이다. 그것은 결코 가벼운 주장이 아니다.

6:6–11 손 마른 사람

예수께서 "또 다른 안식일"에 하신 말씀은 또 하나의 논쟁을 불러일으킨다. 이 이야기는 앞서의 이야기를 반영하면서 더욱 강화시킨다. 사람들의 요구는 더욱 커지거나 극적으로 바뀐다. 그날 회당에 있던 한 사람은 외견상 오른손을 쓸 수 없는 자였다. 바리새인들만 의심의 눈초리로 지켜본 것은 아니다. 서기관들도 마찬가지였다. 그들은 율법에 대해 질문하는 것이 아니라 예수님을 고발할 증거를 찾고자 했다. 이곳의 분위기는 앞서 이삭을 잘라 먹는 이야기보다 훨씬 더 심상치 않다.

예수님의 대답 역시 더욱 예리하고 강력하다. 앞서의 본문에서는 서기관과 바리새인들이 그들의 전통에서 무엇을 배웠느냐는 수사학적 질문이 제시된다. 다윗과의 관계는 유추적이다. 여기서는 예수께서 손 마른 자를 한가운데 세우신 후, 율법의 근본적인 원리 및 율법을 신실하게 준수하는 삶에 대한 대적의 이해에 직접 도전하신다. 예수님과 그를 대적하는 서기관과 바리새인들은 율법과 율법의 거룩함을 유지하는 방법에 관한 생각이 다르다. 쟁점은 어떻게 하면 토라를 신실하게 지킬 수 있느냐는 것이다. 서기관과 바리새인들은 모든 계명에 "동등한 의무와 중요성"을 부여하는 것이라고 믿는다.Johnson: 104 그들은 모든 율법을 중요하게 여기는 방법은 율법을 구성하는 개개의 명령에 고상한 지위를 부여하고 동일한 주의와 열정으로 지키는 것으로 생각한다. 이러한 의도는 좋으며, 어느 정도까지는 효과가 있다. 율법에 관한 관심도 올라가고, 큰 의미가 없는 사소한 조항까지 지킬 수 있다. 그러나 도덕적 조항이든 제의적 조항이든 모든 율법에 그런 에너지와 관심을 쏟는 것은 효과적인 결과로 나타나지 않으며, 예수님은 이러한 결과에 초점을 맞추신다.

율법에 대한 예수님의 관점은 상당히 엄격하며, 온전한 율법에 대한 관심도 적지 않다. 그러나 토라를 하찮게 여기지 않고 신실하게 준수하는 방법에 대한 예수님의 대답은 선을 행하느냐 악을 행하느냐의 문제나 생명을 구할 것인가 죽일 것인가의 문제를 제의적 준수보다 우선해야 한다는 것이다. 사실상, 모든 율법 조항에 동일한 비중을 부여하는 것은 중요한 율법을 경시하고 평범한 율법에 과도하게 집중하는 결과를 초래한다. 따라서 각각의 율법에 적합한 가치 서열을 부여하는 방식만이 모든 율법을 존중하는 길이 될 수 있다. 예수님의 해석은 가치를 고려하는 방식이다. 동정심을 다루는 율법, 그가 선을 행하고 생명을 구원하는 것이라고 부르는 율법은 안식일 준수의 율법보다 더 가치가 있다. 안식일에 관한 법도 중요하지만, 선을 행하고 생명을 구원하는 사랑자비의 법은 더 높은 가치가 있다. 이러한 법은 안식일에 관한 율법을 파괴하는 것이 아니라 성취한다. 예수님이 손 마른 자를 치유하신 것은 안식일을 지키는 한 방법이다.

말씀을 마치신 예수께서 그 사람에게 손을 내밀라고 하시자 그의 손이 회복된다. 대적들은 노기가 가득했으나 이 시점에서는 어떻게 할 수 없었다. 존슨은 이러한 해석학적 논쟁은 누가복음이 기록될 당시의 교회 상황을 반영한다고 말한다. 두 이야기는 누가복음이 기록될 당시 유대교의 주요 경쟁 집단인 랍비 운동과 메시아 예수 운동 사이의 갈등을 보여준다.Johnson: 104 두 이야기는 나중 시대를 반영하고 있지만, 예수께서 사역하실 당시에도 유사한 갈등이 없었다고 보기는 어렵다. 이러한 갈등은 더욱 깊어져도, 해석학적 논쟁도 계속되었을 것이다. 예수님이 토라를 해석하고 실천한 방식과 동시대 사람들이 율법을 이해하고 실천한 방식 사이에는 상당한 차이가 있었던 것으로 보인다.

기도와 리더십6:12-16

안식일과 안식일을 거룩하게 지키는 방법에 대한 두 번의 논쟁이 끝난 후, 예수님은 기도하시러 산으로 가신다. 누가복음은 예수님이 내러티브의 중요한 전환점마다 기도하셨다는 사실을 보여준다. 여기서 예수님은 핵심 그룹인 열두 제자를 선택하시기 전에 산에서 밤이 새도록 기도하신다. 기도의 밤이 지난 후, 예수님은 제자들을 모두 부르신 후 그 가운데 열둘을 택하시고 사도라 칭하신다. 그들의 이름은 모두 열거된다. 신약성경에 나오는 네 개의 목록은 처음 여덟 개의 이름에 대해서는 대체로 일치한다. 다른 점은 순서다. 네 개의 목록 가운데 두 개는 누가행전이곳과 행 1:13에 나온다. 누가의 목록에서 달라진 것은 이름의 순서와 두 번째 목록에서 가룟 유다가 빠진 것이다.

"사도"apostle라는 단어는 "보내다"라는 헬라어 동사의 명사형으로, 보냄을 받은 자를 가리킨다. 누가복음의 이 지점까지, 보냄을 받는다는 개념은 가브리엘과 예수님에게만 적용되었다. 1장 19절에서 가브리엘은 사가랴에게 자신에 대해 세 가지 사항을 제시한다. 그는 자신이 하나님 앞에 서 있으며, 사가랴에게 보냄을 받았으며, 그것은 그에게 "좋은 소식"을 전하기 위함이라고 말한다. 1장 26절에서 가브리엘은 마리아에게 자신은 보내심을 받은 자라고 말한다. 우리는 이전 에피소드 때문에, 가브리엘의 신분에 관한 다른 요소들이 보냄을 받았다는 개념 속에 포함된 것으로 가정한다. 4장에 나오는 예수님도 마찬가지다. 영어는 이 구절의 언어유희를 담아내지 못하지만, 4장 18절에는 "보냄을 받다"라는 동사가 두 차례 사용된다. 이 선지자는 가난한 자에게 복음을 전하고 포로 된 자에게 자유를, 눈 먼 자에게 다시 보게 함을 전파하며 눌린 자를 자유롭게 하기 위해 보내심을 받았다. 눌린 자를 자유롭게 하기 위해 하나님의 보내심을 받았다는 의미는 분명하다. 예수님은 이어지는 4장 43절에서 그가 가버나움에 머물기를 원하는 사람들에게 자신은 다른 곳에서도 하나님 나라의 좋은 소식을 전파하기 위해 보내심을 받았다고 말씀하신다.

이 무렵에 "사도들의 선교"에 해당하는 단어는 몇 가지 특징적인 내용을 함축한다. 여기에는 하나님의 임재, 복음, 하나님의 나라, 눌린 자를 자유롭게 함이라는 네 가지 개념이 결합된다. 사도들은 6장 12-16절에서 이름이 불릴 때마다 이 사명의 상속자가 된다. 그들은 사도로 부르심을 받음으로써 하나님 앞에 선 자로서 특별한 지위를 가지며 하나님 나라의 기쁜 소식을 선포하고 눌린 자를 자유롭게 하는 특별한 임무를 부여받게 된다. 여기서 "자유롭게 하다"release라는 개념은 많은 도움이 된다. 보내심을 받은 사도는 특별한 사명을 위해 하나님의 보내심을 받은풀려난 자다. 이 사역의 핵심은 포로 된 자를 자유하게 하는 좋은 소식이다. 풀려난 자는 다른 포로된 자를 풀어주는 일을 한다.

성서적 맥락 속의 본문

히브리 성경 귀신론

히브리 성경의 귀신론은 사탄에 대한 논의나 일반적 악에 대한 광범위한 논의를 배제한다. 나는 사람이나 짐승 안에 있는 악한 영이나 더러운 영, 또는 귀신에 대한 주제를 찾아보고 있다. 이런 류의 귀신은 히브리 성경보다 신약성경에 광범위하게 나타나지만, 신약성경의 귀신론은 구약성경에 뿌리를 두고 있다.

귀신이나 더러운 영, 악령은 여러 본문에 등장한다. 오경에는 귀신이 거의 나타나지 않는다. 레위기 16장의 나오는 살아 있는 두 번째 염소의 이름이 에녹1서 10장 8절에서 타락한 천사로 등장하는 아사셀이기 때문에 귀신으로 생각하는 사람들도 있지만, 레위기 본문의 어떤 내용도 아사셀을 귀신으로 묘사하지 않는다. 오히려 이 염소는 속죄일에 거행되는 정결 의식에서 유익한 도구로 사용된다.P. Yoder 2017: 157-58 귀신에 대한 언급은 신명기 18장 10-11절 및 32장 17절에 나타난다. 신명기 18장은 진언자나 신접자나 박수나 초혼자를 용납하지 말라는 일반적인 명령이다. 귀신은 구체적으로 언급되지 않지만, 이 본문은 오늘날 우리가 초자연적 현상이라고 부르는 것에 대한 일반적인 태도를 확립하게 한다. 신명기 32장 17절은 모세오경에 나오는 귀신에 대한 유일한 언급이다. 귀신에게 제사하는 것은 그들을 내신 하나님을 잊어버리는 전형적인 행위로, 본문은 이처럼 명백한 불신앙적 행위에 대해 책망한다.32:18

역사서에는 귀신에 대한 몇 가지 언급 및 이야기가 제시된다. 사사기 9장 23절은 하나님이 아비멜렉과 세겜 사람들 사이에 악한 영을 보내셨다는 진술로 두 진영 사이의 긴장에 관한 이야기를 시작한다. 이 경우, 악한 영은 하나님을 도와 아비멜렉을 벌한다. 사무엘상 18장 7절 및 12절에서 사울은 노래하는 여인들이 사울은 천천이요 다윗은 만만이로다라고 비교하자 다윗을 질투한다. 18장 10절에서 하나님은 사울에게 악령을 내리시며, 사울은 다윗을 암살하려 한다. 사무엘상 28장 5-25절에서 사울은 블레셋 사람들을 두려워하여 엔돌의 신접한 여인에게 묻는다. 신명기 18장의 명령과 달리, 그리고 스스로 신접한 자를 쫓아내었음에도 불구하고삼상 28:3 사울은 신접한 자에게 죽은 사무엘을 불러올리라고 독촉한다. 그러나 이 만남은 사울에게 좋은 결과를 가져오지 못한다.

악령과 신접한 자에 대한 이러한 언급은 역사서에도 자주 나타나지 않는다. 영들이 하나님의 능력 아래 있다는 것은 분명하지만, 내러티브는 이러한 현상을 인정하거나 관심을 보이지 않는다. 귀신 현상은 규범적이라기보다 예외적이다.

선지서와 성문서에는 귀신에 대한 언급이 거의 나타나지 않는다. 시편 106편은 죄를 고백하는 시다. 이스라엘 백성이 애굽과 광야에서 범한 죄 가운데는 그들의 자녀를 악귀들에게 희생제물로 바친 죄가 있다.37절 타락한 천사사 14:12-15나 묵시적 피조물겔 28:12-15에 대한 언급을 포함하더라도, 히브리어 성경은 귀신이나 인격화된 악에 대한 묘사에 신중하다. 결론적으로, 귀신에 대한 신약성경의 이해는 히브리어 성경 본문에 산재된 언급으로 거슬러 올라갈 수 있지만, 유대인이 생각하는 귀신 개념이 신약성경에서 그것을 일반적인 현상으로 받아들이는 데 결정적인 영향을 미친 것으로 보기는 어렵다. 다른 문화적 영향이 있었다는 것은 분명한 사실이다. 가장 설득력 있는 증거는 예수님과 제자들이 사역의 한 방법으로 귀신을 쫓아내었다는 것이다. 복음서기자들 가운데 누구도 귀신 현상을 독자들에게 설명할 필요를 느끼지 않는다. 어떤 문화적 영향을 받았든, 출처가 유대든 다른 곳이든, 귀신으로부터의 구원은 예수님과 초기 사역자들이 하나님의 은혜를 베푸는 중요한 요소다.

교회생활에서의 본문 적용

귀신, 악, 대적

서양인의 입장에서 볼 때, 신약성경은 이천 년 전 지구 반대편에서 이런 용어들을 사용한 것이다. 특히 귀신, 악, 대적이라는 주제에 관한 한, 이러한 세월과 거리는 문제가 된다. 이처럼 오래되고 먼 개념이 우리와 무슨 관계가 있는가? 우리는 과연 이러한 것들에 공감할 수 있는가?

신약성경은 귀신을 부정적으로 묘사하지만, 더러운 귀신이라는 표현은 종종 과하다는 느낌을 받는다. 헬라의 초기 전승, 특히 플라톤에게 귀신은 가치 중립적이었다. 이런 의미에서 귀신은 오늘날 우리가 생각하는 개념보다 영어의 spirits영에 가깝다. 우리가 종종 사용하는 "악한 영"이라는 표현은 선한 영과 구별하기 위해서인데, 이것은 이 단어가 가치 중립적 용어임을 보여준다.

귀신이라는 개념이 가지는 문제점 가운데 하나는 오늘날 문화에서 귀신의 존재에 대해 다양한 의견이 있다는 사실이다. 많은 그리스도인은 귀신의 존재를 믿지 않는다. 그들은 신약성경에 나오는 귀신의 역할을 원시적 사고에서 비롯된 것으로 생각한다. 귀신은 심리적 현상에 대한 인격화나 구체화라는 것이다. 그것은 질병, 특히 정신적 질환이다. 귀신의 억압이나 귀신과의 싸움은 중독이나 정신적 질환을 가리키는 메타포에 해당한다. 우리는 종종 자살로 생을 마감한 사람들을 귀신과의 싸움에서 졌다며 안타까워한다. 또한 우리는 적어도 과거에는 특정 물질을 귀신으로 생각하기도 했다. 알코올 중독자인 아버지와 다투었던 할머니는 "귀신의 럼주"라는 말을 자주 했다. 할머니는 여성 그리스도인 절제 연합WCTU의 충실한 회원이었다. 이러한 사례에서 볼 수 있듯이, 우리는 대체로 귀신이라는 용어를 문자적 의미가 아닌 다른 용례로 사용한다. 우리는 대부분 이 용어를 은유나 약어, 또는 일부로 전체를 나타내는 제유법으로 사용한다

그러나 북미에서조차, 귀신은 일부 기독교 문화나 종파에서 공동체의 현실에 해당한다. 그들은 신자를 귀신으로부터 풀어주기 위한 의식이나 기도를 한다. 귀신의 억압이나 귀신과의 싸움은 실제적 상황이다. 이 경우 귀신은 밖에서 사람을 괴롭히는 외적 존재로 여기지만, 본인이나 조상의 죄는 귀신의 억압에 더 취약하게 만들 수 있다.

귀신에 대한 견해차는 분열을 초래할 수 있지만, 다른 이슈와 달리 교파적 분열로 이어진 경우는 거의 없다. 이런 면에서 개신교는 가톨릭의 방식에 기울어진 것으로 보인다. 확실히 오순절 교단은 어떤 교파보다 이 사역에 더 익숙하다. 그러나 많은 교회는 광범위한 견해를 받아들이는 방법을 모색했다. 우리는 이 문제를 넘어 공통의 선교학적, 신학적 기초를 찾을

수 있다는 사실을 알게 되었다.

북미 아나뱁티즘에서, 지금은 고인이 된 딘 호흐스테틀러Hochstetler는 1986년 5월 인디애나-미시간 메노나이트 총회Indiana-Michigan Mennonite Conference에서 귀신을 쫓아내는 사역자로 안수받았다. 이 과정은 순탄치 않았으나, 총회는 고심 끝에 이러한 결정을 내렸다. 그들이 메워야 할 세계관 및 성경 해석상의 괴리는 결코 적은 것이 아니었다. 그러나 총회는 호흐스테틀러와 옐로우 크릭 메노나이트 교회Yellow Creek Mennonite Church와 함께, 성령의 바람이 불어오게 하는 창의적인 방법을 모색했다. 이 일에 관계된 사람들은 책임 있는 대화를 통해 모두가 받아들일 수 있는 장기적이고 생산적인 방안을 모색했다. 우리는 개인과 회중과 총회의 노력을 통해 다양한 세계관을 사람들의 진정한 필요를 채우는 방식으로 수용할 수 있는 모델을 갖게 되었다. 성경 해석에서 이러한 세계관에 부정적이었던 총회원도 이 사역의 순수성과 그것이 많은 사람에게 유익을 주었다는 사실을 인정하고 받아들이게 되었다.

신약성경에 나타난 귀신의 구체성이 문제가 된다면, 말하자면 오늘날 우리가 귀신의 실체적 존재 여부에 대해 선택을 해야 한다면, 신약성경에 나타난 악은 그런 구체성이 부족한 것이 문제라고 할 수 있다. 예를 들면, 예수님은 로마의 점령을 결코 악으로 정죄하지 않으신다. 귀신, 악, 귀신을 쫓아냄과 같은 용어를 사용하는 오늘날 북미의 아나뱁티스트는 예수님이 언급하신 적이 없는 추상적 악에 훨씬 더 익숙해져 있다. 우리는 예수님이 제시하신 것보다 더 체계적으로 생각하는 경향이 있다. 사실, 우리는 옛 시대 사람들보다 더 체계적인 사고를 한다. 우리는 결국 계몽주의와 산업혁명의 산물이다.

그러나 예수님이 우리처럼 체계적인 생각을 하지 않으셨다고 할지라도, 그의 말씀은 오늘날 악에 대한 개념이나 악에 대한 반응과 관련이 있다. 예수님은 악을 세력으로 보신다. 그러나 우리의 이해는 부족하다. 나는 최근에 섬김을 주제로 한 회의에 참석했는데, 오늘날 우리가 생각하는 섬김에 관한 모든 개념에는 힘의 원리가 포함한다는 사실을 인정하는 데 이틀이 걸렸다. 우리는 "자산에 기반한 섬김"에 대해 배웠는데, 이것은 도움을 줄 수 있는 사람과 도움을 받는 사람을 평준화하는 접근법으로, 공동체의 현재 가용 자산을 기반으로 한다. 이 방식은 사업을 시행하기 전에 먼저 듣는 귀를 강조한다. 또한, 파트너십을 강조하고 경험을 소중히 여기며 공동체에 의사결정 및 자체적 성장을 강화할 수 있는 재량권을 부여한다. 이것은 매우 탁월한 접근법이다. 다만 "가진 자"가 모든 과정을 시작하고 이해하며 상황을 주도하는 주체라는 현실은 피할 수 없다.

그런 특권을 가진 우리는 힘의 우위에 있다. 이러한 상황은 결코 바로 잡을 수 없다. 순수한 동기는 우리의 시야에서 벗어나 있으며, 특권에 대한 포기는 부분적일 수밖에 없다. 그러나 우리는 누가복음의 예수께서 무엇을 바로잡기보다 친밀함과 관대함을 보이신다는 사실을 마음에 새긴다. 중요한 것은 이 포용의 원리다. 이러한 사랑의 원리는 비록 우리가 사는 이 땅, 하나님이 사랑하시는 이 세상에서 특권을 근절하지는 못할지라도 그것을 악용하는 것을 막고 세상을 향한 하나님의 사랑이라는 목표를 지향한다는 것은 확실하다. 포용의 원리는 주인의 자리를 버리고 나가는 것과 손님의 자리로 들어오는 두 가지 움직임에 초점을 맞춘다. 예수님이 주인과 손님으로서 보인 모범은 악의 문제에 대해 체계적이지는 않지만 포괄적인 접근을 보여준다.

주인의 자리에서 나가는 것과 손님으로 들어오는 것은 둘 다 친밀함과 관대함에 기반한 관계적 행위다. 식민지화, 성차별, 빈곤, 인종차별, 경제적 불균형, 착취와 같은 악에 대한 우리의 수많은 체계적 접근은 악이 휘두르는 결핍에 대한 동일한 가정, 동일한 거리두기에 가담한다. 주인의 자리에서 나가 손님으로 들어오는 행위는 악의 힘을 되돌린다. 정확히 말하면, 친밀함과 관대함은 악이 자신을 갉아먹게 한다. 예수님은 주인과 손님으로서 사랑의 친밀함을 실천하셨다. 악을 되돌려 놓은 것은 관계의 힘이다. 물론 여기에는 인내가 필요하다. 이러한 실천에는 개인의 주체적 결단이 필요하다. 그것은 모든 결과를 하나님께 맡기고 대부분의 시간을 더듬거리며 나아간다. 아니, 그것은 영웅적이지 않다. 그것은 결코 화려하지 않다. 그것은 이기적이거나 자기중심적이지 않다.

그러나 그것은 좋은 소식이다. 그것은 복음이다. 자산에 기반한 섬김으로 돌아가서, 우리는 이러한 방식에 대해 긍정적으로 생각한다. 그러나 그것은 우리가 이러한 섬김의 사역을 작동하는 힘의 역학을 초월할 수 있기 때문이 아니다. 이 방식이 좋다는 것은 사람들의 말에 귀를 기울이고 그들과 교제함으로써, 특권을 내려놓는 법을 가르쳐 주는 관계를 형성할 수 있기 때문이다. 그것은 우리를 다른 사람들에게 다가가게 하고 관대함을 베풀고 받아들이는 기회를 제공한다.

끝으로, 대적에 관한 문제를 살펴보자. 우리는 이 복음서의 결말에 대해 알고 있지만, 예수님이 자신의 목숨을 바치신 것은 평지설교를 통해 선포하신 하나님의 긍휼하심 때문이라는 사실을 알아야 한다. 반복되는 말이지만, 우리는 예수님의 희생을 광범위한 이론적, 신학적 차원에서 접근하는 경향이 있다. 예수님은 십자가에서 제자들과 우리를 위해 생명을 내어주셨다. 그러나 십자가가 모습을 드러내기 오래전부터, 예수님은 자신의 생명을 조금씩 내어주고 계셨다. 그의 희생은 귀신을 쫓아내는 사역 및 주인의 자리에서 손님의 자리로 내려오신 포용의 사역과 완전히 일치한다. 예수님이 생의 마지막 순간에 직면했던 딜레마, 즉 그가 감람산에서 아버지께 드린 마지막 기도를 통해 이겨내신 시험은 어떻게 하면 아버지의 긍휼하심을 끝까지 실천할 것이냐는 것이었다. 예수님은 제자들과 그의 말씀을 들으려고 모인 사람들에게 지극히 높으신 분의 자녀가 되는 길은 원수를 사랑하는 것이라고 말씀하셨다.6:35 그러나 이러한 요구를 충족하기 위해서는, 대적을 정복하는 유일한 방법은 그와 원수가 되는 것뿐이라는 확신과 그러기 위해서는 자신의 모든 것, 심지어 목숨까지 내어놓아야 한다는 사실에 대한 분명한 인식이 필요하다. 자신의 뜻을 아버지의 뜻에 맡긴다는 것은 긍휼하심의 발로다. 예수님은 이처럼 측량할 수 없는 사랑의 이름으로, 한 제자에게서 받은 상처를 치유하셨다. 예수님은 자신에 대한 심문과 고문을 받아들이시고 보복하지 않으셨다. 그는 자신을 십자가에 내어주셨으며, 거기서 자신을 십자가에 못 박은 사람들에 대한 용서를 구하셨다. 한 번에 한 가지의 자비로우신 행동이 모여 세상을 화해하게 하신 것이다.

예수님이 귀신, 악, 원수에 대해 하신 말씀 가운데 그의 접근 방식이 가장 잘 요약된 곳은 겨자씨 비유라고 할 수 있다. 압박에서 벗어남, 상대에 대한 관용, 원수를 친구로 만드는 것, 이러한 것들은 어떤 희생이 따를지라도 겨자씨 한 알과 같다. 겨자씨 한 알을 뿌리는 것은 작은 일이다. 그러나 한 알의 씨만 뿌리는 것으로 끝나는 것이 아니다. 우리는 적절한 때를 기다려 씨앗을 뿌린다. 우리는 햇볕과 비를 기다린다. 우리는 잡초를 제거하고 해충을 골라낸다. 우리는 싱싱한 잎사귀를 기대한다. 우리는 가장 작은 겨자씨 한 알이 우리의 기대를 뛰어넘어 새들이 피난처로 삼을 만큼 큰 나무로 자라는 것을 볼 때 비로소 놀라워하며 은혜의 보좌 앞에 엎드린다.

나는 오늘 사랑하는 친구 윌라드 스와틀리Willard Swartley가 세상을 떠났다는 소식을 들었다. 나는 귀신과 악에 대한 그의 사역 및 신학적 연구를 깊은 감사의 마음으로 기억한다. 1980년대 초, 스와틀리는 호흐스테틀러Dean Hochstetler와 함께 귀신을 쫓아내는 사역을 시작했다. 스와틀리는 메노나이트 연구소Institute of Mennonite Studies의 귀신과 축귀에 관한 출판 사역 및 초기 회의를 주도했다. 2019년 6월에 출간된 그의 마지막 저서 가운데 하나는 『예수여 우리를 구하소서』Jesus, Deliver Us: Evil, Exorcism, and Exousiai라는 책이었다. 스와틀리는 귀신에 대한 인식을 개인적, 사회적 개념으로 결합했다. 그는 두 경우 모두에서 이 땅에 존재하는 악의 실재와 깊이를 확인하였으나 이러한 세력이 하나님의 통치 아래 있다는 소망을 잃지 않았다. 스와틀리의 이런 면에서 예수님의 모습을 찾을 수 있다. 스와틀리는 개인적인 악과 사회적인 악을 제거하기 위해서는 귀신을 쫓아내는 사역과 견고한 믿음의 맑은 눈이 필요하다는 예수님의 생각을 읽었던 것이다.

평지설교

개관

나는 켄터키에 사는 여동생을 방문한 적이 있다. 우리는 함께 차를 타고 켄터기주에서 가장 높은 블랙 마운틴Black Mountain을 찾았다. 참으로 아름다운 산이었다. 블랙 마운틴은 주에서 가장 높은 산이기 때문에 산꼭대기가 제거되는 일은 피할 수 있었지만, 위로 올라가는 길 주변 곳곳에서 석탄 발굴 작업으로 황폐화된 지역이 드러났다. 그런 의미에서, 이 복음서가 외치는 소리를 처음 들은 사람들에 비하면 우리에게는 모든 골짜기가 메워지고 모든 산과 작은 산이 낮아질 것이라는 말씀이 크게 와닿지 않는다. 그러나 땅을 개간하고 자동차로 산을 오르기 오래전 예수님 시대에는, 그런 이미지가 확실히 큰 울림을 주었을 것이다. 산과 골짜기는 아름답지만, 1세기 팔레스타인의 농부와 여행자들의 삶을 편하게 해 주지는 않았다. 따라서 예수님과 누가에게 하나님이 창조하신 평지 개념은 신학적 힘과 시적 감흥을 가진다.

이 단원에서 예수님은 교훈의 영역을 확장하시고, 하나님의 사역을 위한 가장 결정적인 틀을 제시하신다. 예수님의 평지 설교는 하나님 나라의 반전된 가치관, 원수를 사랑하라는 급진적 요구, 지혜로운 제자도의 삶과 같은 핵심적 주제를 다룬다. 우리는 대부분 이러한 가르침에 대한 마태의 해석을 염두에 두고 있으므로, 누가의 해석을 살펴보는 것은 의미가 있다. 누가의 평지 설교와 마태의 산상수훈 사이에는 유사점도 있지만 중요한 차이점도 있다. 이러한 차이점은 말씀을 전한 장소와 함께 시작한다. 마태복음에 나오는 산은 복음서기자가 율법에 대한 새로운 권위로서 예수님의 이미지에 대해 알고 있음을 보여준다. 예수님은 하나님의 백성에게 새로운 율법 또는 율법에 대한 해석을 가져다주는 역할을 하신다는 점에서 모세와 유사한 분이시다. 시내산에서의 모세는 산상수훈의 배경을 형성한다.

이와 대조적으로, 누가의 평지설교는 세상을 평준화하는 하나님의 사역을 강조한다. 이것은 비천한 자를 높이시고 권세 있는 자를 내리치신다는 마리아의 찬가1:46-55를 상기시킨다. 이것은 모든 산이 낮아지고 모든 골짜기가 메워질 것이라는 요한의 예언3:3-6을 상기시킨다. 이것은 16장 19-31절의 부자와 나사로 비유 및 가난한 중에서 생활비 전부를 넣은 가난한 과부에 관한 삽화를 예시한다. 예수님의 핵심적인 가르침에 대한 누가의 관점은 복음서를 관통하는 복음의 위대한 평형자leveler, 의를 이루시는 자, 가치관의 역전이라는 누가의 관점과 일치한다.

단락 구조

서론, 6:17-19

복과 저주, 6:20-26

결정적 성품: 원수에 대한 사랑, 6:27-36

듣고 행함: 지혜로운 제자의 삶, 6:37-49

　　6:37-38 언약 및 다른 사람들과의 관계

　　6:39-49 또 비유로 말씀하심

본문 주해

서론6:17-19

율법을 가르치는 선생으로서의 권위를 확립하고 사도들을 택하신 예수님은 위대한 가르침의 사역을 시작하신다. 이곳에서 예수님은 소위 평지설교를 통해 제자들과 무리에게 제자도의 다양한 면에 대해 상세히 가르치신다. 누가는 무리가 자신의 신체적 연약함과 정신적, 영적 고뇌를 극복하게 도와주시는 예수님의 권세에 이끌린 사실에 대해 상세히 묘사한다. 그들은 단순한 구경꾼이나 호기심 많은 구도자가 아니다. 그들은 예수님이 자신을 도와줄 수 있을지도 모른다는 생각으로 찾아온, 고뇌로 가득한 자들이다. 그들은 적대적인 군중이 아니다. 그들이 돌변하는 것은 나중 일이다. 19절은 예수님의 능력에 대해 분명하게 언급한다. 이 무리는 예수님의 치유하시는 능력 때문에 그의 말을 듣고 싶어 했다. 그들이 원한 것은 예수님을 만지는 것이었다.

마태복음의 산상수훈은 누가복음의 평지 설교보다 잘 알려져 있다. 두 본문 모두 우리가 전통적으로 Q라고 부르는 원전에서 가져왔다. 이 문헌은 존재하지도 않고 그것이 기록된 문서라는 증거도 없지만, 축어적 유사성이 워낙 많아 그런 문헌이 존재했을 것이라는 결론은 합리적인 것으로 보인다. 이 자료에는 마가복음에 언급되지 않는 내용이 많이 등장한다. 마태복음과 누가복음의 설교는 주로 Q에 의존하지만, 누가복음의 설교는 29절로 마태복음의 111절에 비해 훨씬 짧다.Johnson: 110 존슨의 언급처럼, 누가복음의 설교는 유대인뿐만 아니라 이방인도 쉽게 이해할 수 있도록 윤리적 문제에 초점을 맞춘다. 누가복음의 본문은 마태복음보다 더 매끄럽고 세 개의 단락으로 뚜렷이 구별된다. 첫 번째 단락은 6장 20-26절이며, 복과 화가 네 가지씩 제시된다. 두 번째 단락은 제자도를 위한 행동 규범을 제시한다. 원수를 사랑하고 다른 사람을 비판해서는 안 된다는 것이다. 이 설교는 실천을 촉구하는 세 번째 단락으로 끝난다. 여기에는 두 가지 비유가 제시된다. 하나는 나무에 관한 것이고 다른 하나는 집을 짓는 것에 관한 것이다.

복과 화6:20-26

누가복음의 팔복은 마태복음의 팔복과 비교하며 읽어야 한다. 두 설교는 유사점과 차이점이 뚜렷하다. 두 설교 모두 선지자에 대한 유추가 나타나지만, 누가복음은 복과 화는 신명기율법의 복과 저주는 물론 선지자의 메시지까지 상기시킨다. 두 본문의 가장 큰 차이는 마태복음이 하나님 나라 백성의 특징인 내적이고 개인적인 성향을 강조하는 반면, 누가복음은 "하나님이 역사하고 계신 반전적 상황에 대해 객관적으로 묘사한다"Johnson: 111는 것이다.

이러한 복과 화의 구조는 흥미롭다.

복

너희 가난한 자는 복이 있나니 하나님의 나라가 너희 것임이요

지금 주린 자는 복이 있나니 너희가 배부름을 얻을 것임이요

지금 우는 자는 복이 있나니 너희가 웃을 것임이요

인자로 말미암아 사람들이 너희를 미워하며 멀리하고 욕하고

너희 이름을 악하다 하여 버릴 때에는 너희에게 복이 있도다

그 날에 기뻐하고 뛰놀라
  하늘에서 너희 상이 큼이라
그들의 조상들이 선지자들에게 이와 같이 하였느니라

화

화 있을진저 너희 부요한 자여 너희는 너희의 위로를 이미 받았도다
화 있을진저 너희 지금 배부른 자여 너희는 주리리로다
화 있을진저 너희 지금 웃는 자여 너희가 애통하며 울리로다

모든 사람이 너희를 칭찬하면 화가 있도다
  그들의 조상들이 거짓 선지자들에게 이와 같이 하였느니라6:20b-26

이 짧은 본문 안에서도 확실히 특별히 긍정적인 부분이 강조된다. 각 연의 처음 세 구절은 비교적 평행적이다. 가난한 자와 그들에 대한 보상과 부요한 자와 그들에 대한 보상은 탁월한 균형을 이루며, 주린 자/배부른 자, 우는 자/웃는 자도 마찬가지다. 그러나 네 번째 복을 자세히 살펴보라. 이 구절은 관계와 관련이 있다. 구체적으로 말하면, 이것은 인자로 말미암아 잘못되어 버린 관계와 관련이 있다. 이 복에는 미워하는 것과 멀리하는 것과 이름이 악하다 하여 버리는 세 가지 행위가 열거된다. 신자가 이런 일을 당하면, 세 가지 결과가 초래된다. 즉 기뻐하고 뛰놀게 되며, 하늘의 상을 받게 되며, 선지자들의 반열에 서게 된다는 것이다. 이 복에 상응하는 화는 칭찬을 조심하라는 단순한 경고다. 그런 칭찬은 거짓 선지자들에게 해당된다. 따라서 누가복음의 복과 화는 어느 정도 균형을 맞추지만, 여전히 강조점은 복에 관한 말씀에 있다. 누가복음의 예수님은 높은 자보다 낮은 자에게 더 많은 관심을 가지고 계시지만, 본문은 두 부류의 청중 모두 염두에 두고 있는 것으로 보인다.

마태복음과 대조적으로, 누가복음은 팔복을 영적인 관점에서 접근하지 않는다. 이러한 경향은 첫 번째 복에 분명히 드러난다. 마태는 가난한 자에 대한 묘사에서 "심령이"라는 구절을 덧붙인다.누가의 경우, 생략한다 그러나 누가복음에서 주린 자는 은유적, 신학적 영역에 해당하지만, 엄연한 사회적, 경제적 집단인 것도 사실이다. 1장에 나오는 마리아의 찬가 및 16장에 나오는 부자와 나사로의 이야기에 나타나는 이러한 복 개념에 주목하라. 누가는 주

린 자에 대해 육체적 필요로부터 경제적, 사회적, 영적 기갈, 그리고 누가에게 가장 큰 굶주림인 하나님 앞에서 얼마나 부족한 존재인지를 아는 지식의 부족에 이르기까지, 모든 의미론적 영역을 부여한다.

처음 두 세트의 용어가난한 자/부유한 자, 주린 자/배부른 자에 대한 이러한 관찰에 비추어 볼 때, 마지막 두 세트의 용어는 풍성한 실제적, 은유적 의미를 지닌다. 우는 것/웃는 것, 미움/칭찬 역시 구체적이고 신학적인 개념을 지닌다. 누가복음에는 진정한 기쁨뿐만 아니라 진정한 슬픔도 있다. 둘 다 현재적이며 미래적이다. 예수님 자신도 13장과 19장에서 예루살렘에 대해 마음 아파하시며 우신다. 마리아와 엘리사벳은 탄생 내러티브에서 기뻐하며, 삭개오는 19장에서 기쁜 마음으로 의를 행한다. 누가복음에는 하나님 나라의 가치관과 조화를 이루는 탄식과 기쁨이 온전히 제시되며 확인된다. 이런 의미에서 하나님 나라의 감정은 그 나라의 상태를 보여주는 가치관의 지표다.

마지막 구절은 문장 배열에서의 결정적 위치로 인해 복과 화에 관한 말씀 전체를 요약한다. 누가가 가치관의 역전을 강조한다는 사실에 비추어 볼 때, 이 복과 화가 다른 사람들에 대한 칭찬과 관련이 있다는 것은 놀라운 일이 아니다. 누가복음에서 인기는 사형 선고이며, 선한 사마리아인의 비유에 따르면 거의 죽은 상태라고 할 수 있다. 선한 사마리아인의 비유에서 거의 죽은 사람은 누구인가? 피해자는 신체적으로 거의 죽었으나, 그를 돕지 않고 지나간 사람들 역시 온전히 살아 있는 상태는 아니다. 누가복음에서 인기를 얻고 칭찬을 받는다는 것은 거의 죽은 것이다. 동료들에게 인기 있는 자는 거짓 선지자가 될 위험이 크다. 하나님 나라의 가치관으로 인해 미움과 핍박을 받는 자는 참된 선지자다. 그 나라의 가치관에는 더 높은 명예가 없다.

결정적 성품: 원수를 사랑하라6:27-36

누가가 제시하는 예수님의 독특한 가르침에는 팔복과 원수에 대한 사랑이 결합되어 있다.Bovon 2002: 233 기독교와 유대교를 막론하고, 대부분의 성경 학자들은 원수에 대한 사랑이야말로 예수께서 1세기의 해석학적 논쟁에 던지신 독창적인 화두라고 믿는다. 도덕적 원리로서 원수에 대한 사랑은 산상수훈/평지설교에 나타난 유일한 명령으로, 랍비 유대교에서는 유래를 찾아볼 수 없다. 이것은 랍비 문헌에는 원수를 선대하는 행위를 금하는 내용이 없다거나, 예수님이 강조하신 특정 내용의 역사적 뿌리를 찾을 수 없다는 뜻은 아니다.Bovon 2002: 234 저명한 유대교 학자인 데이비드 플루서David Flusser, 74-76는 원수를 사랑하라는 예수님의 가르침은 에세네파와 관련된 일부 집단에 기원을 두고 있다고 주장한다.Klassen 2002: 62 원수에 대한 사랑이 아무리 독특한 기독교적 원리라고 해도, 이 명령을 마음에 새기고 실천하는 삶에 관한 한, 그리스도인은 결코 다른 사람들보다 낫지 않다.

원수를 사랑하라는 구절은 하나의 인클루지오를 형성한다. 이 단어는 27절 서두에 나타난 후 마지막 35절에 다시 나타난다. 따라서 원수를 사랑하라는 예수님의 주장에 대한 누가복음의 버전은 마태복음에서 볼 수 있는 것과 같은 대조법의 형태가 아니라 이러한 인클루지오의 틀로 구체화된다. 본문의 구조에 대해서는 세밀하게 살펴볼 필요가 있다.

사랑의 원리

그러나 너희 듣는 자에게 내가 이르노니

너희 원수를 사랑하며

　너희를 미워하는 자를 선대하며

너희를 저주하는 자를 위하여 축복하며

너희를 모욕하는 자를 위하여 기도하라

도발적 사례

너의 이 뺨을 치는 자에게 저 뺨도 돌려대며

　네 겉옷을 빼앗는 자에게 속옷도 거절하지 말라

네게 구하는 자에게 주며

　네 것을 가져가는 자에게 다시 달라 하지 말며

사랑의 지혜

남에게 대접을 받고자 하는 대로 너희도 남을 대접하라

특별한 사랑의 은혜

너희가 만일 너희를 사랑하는 자만을 사랑하면 칭찬받을 것이 무엇이냐

　죄인들도 사랑하는 자는 사랑하느니라

너희가 만일 선대하는 자만을 선대하면 칭찬 받을 것이 무엇이냐

　죄인들도 이렇게 하느니라

너희가 받기를 바라고 사람들에게 꾸어 주면 칭찬 받을 것이 무엇이냐

성부와의 관계로 인도하는 사랑의 원리

오직 너희는 원수를 사랑하고 선대하며 아무것도 바라지 말고 꾸어주라 그리하면 너희
상이 클 것이요 또 지극히 높으신 이의 아들이 되리니

그는 은혜를 모르는 자와 악한 자에게도 인자하시니라

너희 아버지의 자비로우심 같이 너희도 자비로운 자가 되라6:27-36

첫 번째는 원수를 사랑한다는 것이 무엇을 의미하는지에 대한 정의이다. 그것은 특히 우
리를 싫어하는 사람들에게 선을 행하는 것이다. 그것은 우리를 저주하는 자를 위하여 축복
하며, 우리를 모욕하는 자를 위하여 기도하는 것이다. 원수에 대한 사랑은 반드시 실천해
야 할 소명이며, 공적이든 개인적이든 모든 예배에서 중요한 위치를 점한다. 예수님은 원수
에 대한 사랑을 이렇게 정의하신 후, 몇 가지 사례를 제시하신다. 이러한 사례들은 문자적으
로나 법적으로 받아들이기보다 다른 사례들에 대한 연상작용을 위한 것임이 분명하다. 다
른 뺨을 돌려대는 것, 속옷까지 내어주는 것, 구걸하는 자에게 주는 것, 다시 받을 생각 없이
빌려주는 것은 모두 "기준이 되는 사례"에 해당한다. 이러한 사례들은 하나의 기준으로서,
결코 불가능하다고 생각해서는 안 되며 오히려 다른 급진적 행동을 고쳐시키기 위한 것임
을 알아야 한다. 원수에 대한 사랑을 정확히 이러한 행동으로 드러내어야 한다는 것은 아니
다. 그러나 적어도 그러한 정신을 실천해야 한다. 원수에 대한 사랑은 이러한 기준적 사례들
을 그대로 모방하는 것이 아니라 그러한 기준에 비추어 판단해야 한다는 것이다.Schertz and
Yoder: 131-32

누가복음에서는 이러한 사례에 이어 소위 황금률이라는 일반적 원리가 제시된다. 이것
은 복음적 전통뿐만 아니라 다른 전통에서도 발견되는 인간의 기본적인 원리로, 적어도 호
메로스Homer까지 거슬러 올라가는 가장 일반적이고 전통적인 원리다.Bovon 2002: 241 예수
님이 여기서 가르치시는 원수를 사랑하라는 원리는 하나님에 대한 신앙뿐만 아니라 일반적
통념에 뿌리를 내리고 있다.

그러나 예수님이나 누가는 아무리 심오한 전통적 지혜라 할지라도, 사랑의 원리를 그런
것에만 근거하지 않는다. 예수님은 계속해서 자신이 요구하는 사랑과 일반적 사랑의 차이
에 대한 질문을 통해 논지를 강화하신다. 신자가 원수를 사랑하며 남에게 대접을 받고자 하
는 대로 대접하는 행동의 동기는 하나님과의 관계에 있다. 여기에는 인간의 규범과 하나님
과 관계를 맺는 사람들에게 적용되는 또 하나의 규범 사이의 대조가 함축되어 있다.

누가는 예수님의 핵심적인 교훈과 관련하여, 우리가 하나님을 닮는 방법은 자비를 통해

서라고 말한다. "하나님을 본 받음"imitatio Dei은 성경적으로 매우 중요한 개념이다. 레위기 19장 2절에서 이스라엘 백성은 하나님이 거룩하신 것처럼 그들도 거룩해야 한다는 명령을 받는다. 마태복음의 설교에서 신자들은 하나님이 온전하신 것처럼 온전하거나 완전해야 한다는 명령을 받는다. 누가복음에서 말씀을 듣는 자들은 아버지의 자비로우심 같이 자비로운 자가 되라는 명령을 받는다. 이것은 유아기 내러티브에 나오는 "긍휼"이나 선한 사마리아인의 이야기에 나오는 "자비"와 다른 단어이다. 자비mercy는 헬라어로 엘레오스eleos이며, 누가가 여기서 사용한 것은 오익티르몬oiktirmōn이라는 단어다. 그러나 이것은 누가가 이곳에서 거룩함과 온전함보다 긍휼의 개념을 포함하고 싶어 했음을 보여준다. 물론 이러한 개념들은 히브리어 성경이나 복음서기자의 마음과 무관한 것이 아니다. 하나님의 사랑은 그의 거룩하심이나 온전하심과 관련된다. 그러나 누가에게 하나님의 긍휼은 하나님의 가장 중요한 속성으로 나타난다. 하나님의 핵심적 성품은 긍휼이며, 이 성품은 하나님의 빛에 거하기 원하는 자들에게 윤리적 함의를 지닌다. 하나님의 긍휼은 우리가 원수를 사랑하고 우리를 미워하는 사람들에게 선을 행할 수 있게 한다. 그것은 우리를 저주하는 자를 위하여 축복하고 우리를 모욕하는 자를 위하여 기도할 수 있게 한다. 누가복음에서 사랑의 명령은 팔복과 화에 나타난 대조적 삶을 완성한다. 예수님은 칭찬받는 선지자들과 달리 "너희 듣는 자에게 내가 이르노니 너희 원수를 사랑하며"6:27라고 말씀하신다. 공동체는 이처럼 확장되고 풍성하며 특이한 사랑의 원리를 따라 살아야 한다.

듣고 행함: 지혜로운 제자의 삶6:37-49

평지설교의 마지막 부분은 서두의 선포적이고 예언적인 어조에서 지혜로 성장하려는 제자들에 대한 온화한 권면의 어조로 옮겨간다.Johnson: 115 이 단락은 설교의 앞부분보다 느슨하게 구성되어 있는데, 예수님이 그들에게 "또" 비유를 말씀하셨다는 39절의 언급은 이러한 사실을 인정하는 것으로 보인다. 그럼에도 불구하고, 이 부분은 교훈에서 도발적인 방식의 은유로 이어진다.

6:37-38 언약 및 다른 사람들과의 관계

하나님의 긍휼로 제자가 된 신자는 다른 사람에 비판과 정죄를 용서와 관대함이라는 삶의 방식으로 바꾼다. 이러한 정신은 자비로우신 하나님과의 책임 있는 관계에 기초한다. 모든 인간관계는 하나님의 긍휼이라는 기준에 따라 이루어진다. 비록 행위와 은혜의 관계에 대한 논쟁은 계속된다고 할지라도, 하나님의 주권에 대한 인간의 반응은 당연히 중요한 요소로 여겨진다. 하나님이 모든 일을 주관하신다는 사실은 논란의 여지가 없지만, 인간의 반응 역시 중요하다. 은혜가 지속적으로 유지되기 위해서는 받기만 해서는 안 되며 주어야 한다. 제자는 풍성하게 베풀어야 한다. 37절은 지혜로운 제자는 타인과의 관계에서 풍성히 베풀어야 한다고 말씀한다. 지혜로운 제자는 비판이나 정죄와 같은 인간적인 성향의 판단을 버려야 한다. 또한, 지혜로운 제자는 용서를 주저하는 인간적인 성향을 버려야 한다. 그런 포기는 하나님의 긍휼을 닮아가는 데 필수적이다. 그것은 사랑이 역사하게 하며, 하나님의 사랑이 흐를 수 있도록 자신이 물러나는 방법이다.

38절은 지혜로운 제자는 자신의 소유를 베푸는 관대한 마음을 가져야 한다고 말씀한다. 반복되는 말이지만, 자신의 주변에 축적해 놓은 것들을 움켜잡으려는 인간적 사망의 본능을 버리는 것은 하나님의 긍휼을 본받기 위해 꼭 필요하다. 복음서의 정신에 따르면, 이러한 포기는 무거운 한숨과 죄책감과 의무감으로 수행해야 할 일이 아니다. 오히려, 누가가 여기서 Q 자료에 덧붙인 풍성한 정신은 19장에 나오는 삭개오 이야기의 넘치는 기쁨을 예시한다. 우리가 무엇을 포기하든, 그것이 관계적이든 물질적이든, 그로 인한 기쁨에 비하면 극히 미미한 것이다. 여기서 누가는 Q 자료에 세 가지 서술적 분사를 덧붙인다. 우리가 풍성히 베푼 것은 더욱 풍성한 분량으로 되돌아온다. 그것은 누르고 흔들어도 그릇에 다 담을 수 없을 만큼 차고 넘치는 양이다. 이처럼 풍성한 마음은 근본적으로 오직 하나님만이 우리 모두의 심판자이신 공정한 경쟁의 장에서 다른 사람들과 함께 서 있는 자신을 받아들이는 데서 나온다. 이 본문과 삭개오 기사눅 19장는 둘 다 마리아의 찬가를 반영한다. 풍요의 장은 부유한 자가 비우고 가난한 자가 채워지는 평지에서 이루어진다. 풍요의 장소는 가브리엘의 방문에 대한 마리아의 기쁜 화답에서 찾을 수 있다. 누가복음의 지혜는 기쁨에서 솟아 나와 기쁨을 창조하는 공의를 촉구한다.

6:39–49 또 하나의 비유

누가는 평지설교의 다음 부분을 장르의 변화와 함께 시작한다. 예수님은 직설적인 교훈에서 은유적인 언어로 옮겨간다. 당연한 말이지만, 누가는 이 비유가 언젠가 불러일으킬 논쟁에 대해 알지 못했다. 이곳의 내용은 우리가 일반적으로 이 비유의 특징이라는 생각하는 것들과 대체로 무관하다. 이곳에는 "하나님의 나라"와 같은 표현이나 이야기의 플롯도 없고, 3인칭 내러티브도 아니다. 본문에는 속담과 은유 및 잠언이 포함되며, 과장법과 비유적인 언어가 사용된다. 수 세기의 연구가 보여주듯이, 누가에게 있어서 비유의 범주는 동시대인보다 느슨하다.

누가의 문장 배열은 세 가지 흐름으로 전개된다. 첫 번째는 수사학적 질문과 대답으로 형성된 짧은 단락이다. 예수님은 당시의 유대나 헬라 문화의 철학적 논쟁에서 흔히 볼 수 있는 주제를 통해 제자들에게 바라시는 관대한 마음에 대한 논지를 확장하신다. 제자들은 예수님의 관점에서 보아야 한다. 그는 맹인을 인도하는 맹인이 아니시다. 구덩이에 빠지지 않는 방법은 먼저 자신의 부족을 돌아보는 것이다. 먼저 자기 성찰과 자기 교정을 거친 후에야 다른 사람의 결점을 돌아볼 수 있다. 예수님은 자신의 잘못을 바로잡기 전에 다른 사람의 잘못을 돌아보는 것을 외식으로 규명하신다. 지혜로운 제자가 되기 위해서는 이러한 외식이 발붙일 수 없게 해야 한다. 누가복음의 예수님은 섣부른 판단을 외식이라고 표현하심으로써, 온전함에 관한 흥미롭고 중요한 진술을 하신다. 거룩함과 긍휼은 지혜로운 제자가 되기 위해 꼭 필요한 덕목이다. 타인에 관한 판단을 거부하는 것은 온전함에 관한 문제다. 하나님이 둘 사이의 심판자가 되시게 하는 것은 온전함에 관한 문제다. 마리아의 찬가에 나타난 공평한 경쟁의 장을 받아들이는 것은 온전함의 문제다. 공의를 실천하는 것은 온전함의 문제다. 하나님 앞에 모든 사람이 함께 선 상황을 받아들이는 것은 거룩함과 긍휼의 기초가 된다. 그것은 하나님을 본받음과 예수를 따름의 핵심이며 본질이다.

예수님은 온전함과 관대함을 이렇게 연결하신 후, 비유로 접근하면 이해하기에 쉬운 두 가지 이야기를 더 들려주신다. 본문의 좋은 나무/못된 나무와 지혜로운 건축가/어리석은 건축가는 더욱 정교한 연결을 제시한다.

누가는 좋은 나무와 못된 나무에 관한 비유에 온전함과 관대함의 연결이 요구하는 마음에 관한 언급을 덧붙인다. 즉, 선한 마음에서 선한 행위가 나온다는 것이다. 누가복음과 마태복음은 마음의 생각과 행동의 상호관계에 대해 유사성을 보여준다. 그러나 누가복음에서 좋은 나무의 선한 뜻은 선한 열매로 이어지며, 관대한 마음과 선한 생각은 둘 다 말과 연결된다. 제자도의 삶의 기초를 형성하는 관용과 온전함은 행동은 물론 말을 통해서도 분명히 드러난다. 말과 행동은 모두 마음의 있는 것이 드러난 결과다.

집 짓는 자에 대한 비유는 마태복음의 비유와 뉘앙스 차이가 있다. 누가복음의 경우, 반석과 모래의 대조라기보다 땅을 깊이 파고 주추를 반석 위에 놓은 자와 주추 없이 흙 위에 집을 지은 자의 대조다. 누가복음에서도 마태복음과 마찬가지로 예수를 주로 인식하는 것만으로는 충분하지 않다. 예수님이 주시라는 인식은 행동으로 옮겨져야 한다. 예수의 말씀을 듣고 그것을 실천하지 않는 자는 어리석은 건축자다. 그러므로 땅을 깊이 파고, 예수님의 말씀에 귀를 기울이며 그 말씀을 마음에 새겨 온전함과 관대함의 정신을 실천함으로써 다가올 분열과 탐욕의 혼란한 세력에 맞서야 할 것이다.

성서적 맥락 속의 본문

열방을 비추는 빛

평지설교를 듣는 두 부류의 청중은 친숙한 히브리어 성경 주제를 반영한다. 예수님은 여기서 우선적으로 제자들에게 말씀하고 계신다. 그러나 6장 17절이 진술하듯이, 예수님은 유대 사방과 예루살렘과 두로와 시돈의 해안으로부터 온 많은 백성에게도 말씀하신다. 확실히 이 교훈은 제자들을 위한 것이지만, 무리로 대변되는 온 세상을 위한 말씀이기도 하다. 예수님은 그들도 중심으로 나아와 제자의 삶을 살기를 바라신다. 두 부류의 청중이 함께한 이 장소를 통해, "열방의 빛"으로서 이스라엘이라는 히브리 성경의 주제가 울려 퍼진 것이다. 히브리 성경의 율법, 이야기, 전통 및 대부분의 언약은 이스라엘 백성에게 주시는 말씀이다. 그러나 이스라엘은 사명을 부여받는다. 그들은 다른 민족을 하나님께 인도하기 위해 특정 방식으로 삶을 산다.

창세기 12:1-3에서 하나님은 아브람에게 복을 주신다. 그러나 아브람의 복에는 "땅의 모든 족속"이 그로 말미암아 "복을 받을 것"이라는 궁극적인 목적이 담겨 있다. 그에 못지않게 설득력 있는 또 하나의 장면은 하나님이 모세에게 바로를 살려두신 이유는 하나님의 이름이 온 천하에 전파되게 하려 하심임을 알리라고 명령하시는 장면이다.출 9:16 이스라엘을 향한 하나님의 긍휼의 행위는 이스라엘만을 위한 것이 아니다. 이스라엘을 향한 하나님의 긍휼의 행위는 애굽 백성에게 증거하기 위한 것이기도 하다. 이 경우, 하나님의 심판조차 선교적 목적이 있음을 볼 수 있다. 시편 또한 열방에 대한 관심사와 하나님의 마음에서 그들이 차지하는 위치에 대해 언급한다. 예를 들어, 시편 67편 4절은 하나님이 민족들을 공평히 심판하실 것이기 때문에 온 백성은 기쁘고 즐겁게 노래하라고 말씀하신다. 이 주제는 이사야서에서 절정에 이른다. 이사야 42장 6-7절은 예수님이 알고 계신 본문이 분명하다.

> 나 여호와가 의로 너를 불렀은즉 내가 네 손을 잡아 너를 보호하며 너를 세
> 워 백성의 언약과 이방의 빛이 되게 하리니 네가 눈먼 자들의 눈을 밝히며
> 갇힌 자를 감옥에서 이끌어 내며 흑암에 앉은 자를 감방에서 나오게 하리라

이사야 49장 5-6절에서 여호와는 그의 종에게 야곱의 지파들을 일으키며 이스라엘 중에 보전된 자를 돌아오게 할 것은 "매우 쉬운 일"이라고 말씀하신다. 그들에게 부과된 임무는 "이방의 빛"이 되어 그의 "구원을 땅끝까지 이르게" 하는 것이다.

평지설교를 듣는 두 부류의 청중은 예수께서 나사렛 사람들의 반발을 초래했던 누가복

음 4장의 첫 번째 설교에서 선포하신 사명을 실제로 수행하시는 현장에 서 있다. 선지자들의 메시지에 나타난 하나님의 요구와 그것에 수반된 심판은 이스라엘만을 위한 것이 아니라 이 땅의 모든 백성을 위한 것이다. 마찬가지로, 예수님의 요구는 그의 교훈 및 심판과 함께 제자들뿐만 아니라 무리 전체를 위한 것이다. 예수님은 이방인에게 다가가신다. 나사렛 사람들, 범위를 넓히면 모든 이스라엘 백성이 달갑지 않게 여길지라도, 예수님은 이방인에게 손을 내미신다.

물론 오늘날의 상황에서, 우리는 성경의 이스라엘과 오늘날의 이스라엘을 세심히 구별해야 한다. 성경의 이스라엘은 역사적으로 종종 우리가 제국의 전유물로 생각해온 억압을 자행했다. 선지자 아모스는 이 문제에 대해 언급한다. 그러나 누가복음이 기록될 1세기 무렵 이스라엘은 다른 나라를 억압할 만한 힘이 없었다. 그들의 자기 이해는 제국으로 행동하기보다 제국을 반대하는 입장에 가깝다. 그러나 팔레스타인을 억압하는 오늘날 이스라엘은 마치 제국처럼 행동하고 있다. 그들은 열방을 비추는 빛처럼 보이지도 않고, 이스라엘의 고대 저자들이 기대했던 방식으로 그런 역할을 수행하는 것 같지도 않다. 우리는 하나님은 이스라엘이 다른 민족의 빛과 희망이 되기를 원하셨다고 주장한 성경 기자들의 마음으로 공의를 위해 기도하고 일할 뿐이다.

교회생활에서의 본문 적용

원수에 대한 사랑과 교회의 남용

1990년, 내가 1987년부터 2017년까지 신약성경을 가르쳤던 아나뱁티스트 메노나이트 성서 신학교에서 "메노나이트 평화 신학 및 여성에 대한 폭력"이라는 주제로 회의가 열렸다. 당시 메노나이트 가정과 교회가 학대자를 보통 사람과 똑같이 받아들일 수 있느냐는 주제는 쉽지 않은 문제였다. 우리가 사랑하는 평화 신학이 학대에 대한 해법을 제시하기보다 사실상 영속화할 수도 있다는 개념은 전적으로 낯설고 받아들이기 힘든 주장이었다. 그 회의는 극적이고 격렬한 순간이 있었다. 오늘날 우리는 평화 신학의 한계에 대한 비판적 관점에 훨씬 열려 있다. 우리는 여성과 아동 폭력의 경우, 우리의 평화 신학이 그로 인한 고통이나 희생에 제대로 대처하지 못한 사실을 기꺼이 인정한다. 실제로 우리의 신학은 오히려 그러한 희생과 고통에 일조한 면이 있다.

남성이 학대를 당한 사례도 있다는 인식을 포함하여, 초기 회의 이후 사회와 교회에 많은 변화가 있었지만, 이 문제는 여전히 미해결 상태로 남아 있다. 우리는 피해자에게 용서와 사랑의 책임을 강요하는 것은 잘못이라는 공감대를 끌어내기 위해 움직이고 있다. 피해자가 자신을 학대한 자를 용서하거나 사랑해야 한다는 압박을 받아서는 안 된다. 우리는 항상 최선의 길을 실천할 수는 없지만, 그것이 무엇인지는 알고 있다. 거듭되는 말이지만, 피해자가 가해자를 사랑하고 용서해야 한다는 주장은 2차 가해에 해당한다. 그것은 선한 의도로 볼 수 없으며, 신자 간의 목회적 돌봄이나 조언이나 권면에 해당하지 않는다.

그럼에도 불구하고, 누가복음이 제시하는 원수를 사랑하라는 예수님의 말씀을 오늘날 교회 내 학대에 대처하기 위한 우리의 노력과 병행함으로써 얻을 수 있는 유익은 없을까? 교회는 현실적으로 가해자와 피해자를 포함할 수밖에 없는 구조다. 특히 복음은 이러한 사회적 제도 안에서 학대에 맞설 수 있는 신학적 필요를 제시해야 한다. 교회는 자연적으로, 그리고 의도적으로, 교회를 찾는 자들을 받아들인다. 예수님은 하나님의 부르심에 응답하는 모든 사람을 받아들이라는 훨씬 급진적인 윤리를 요구하신다는 리처드 버리지Richard Burridge의 주장은 옳다.55항 예수님의 식탁은 완전히 열려 있다. 그러나 예수님의 식탁은 윤리적으로 매우 엄격하다. 변화의 도전에 직면하지 않고 식탁을 떠나는 경우는 결코 없다. 확실히 교회는 가정과 교회와 학교에서 폭력을 행사한 자를 받아들이고 식탁을 함께 한다. 마찬가지로 분명한 것은 우리가 그러한 피해를 막기 위해 그들과 맞서야 한다는 것이다. 예수님의 식탁에 참여한다는 것은 변화를 전제한다.

피해자와 가해자 모두 교회 안에 함께 있다는 사실을 감안할 때, 취약한 사람들을 보호하고 폭력을 행사하는 자에게 책임을 물으려는 우리에게 원수를 사랑하라는 말씀이 어떤 영향을 미칠 수 있는가? 원수에 대한 사랑이 폭력의 공포를 멈추기 위해 성령에 의지하려는 우리에게 도움을 줄 수 있는가? 오늘날 교회는 그리스도의 몸으로서 우리가 뼛속 깊이 가해자이자 피해자라는 사실을 인식할 만큼 성숙한 단계에 있는가? 우리는 자신이 누구인지에 대한 실제적이고 명석한 판단을 하며, 공동체 내에서 원수를 사랑함으로써 피해자를 돕고 가해자를 멈추게 할 수 있는가?

신자들 교회의 누가복음 주석은 이러한 질문들을 다루는 적절한 장이 될 수 있다. 물론, 우리가 제공하는 모든 대답은 신중하고 제한적이어야 할 것이다. 피해자는 제시된 대안이 유익한지, 어떤 면에서 도움이 되는지 스스로 판단해야 한다. 어쩌면 "아니오"라고 단호하게 외치는 것이 바른 대답이 될 수 있다. 지난 수십 년 동안 세상과 교회가 변화해 왔듯이, 앞으로도 계속해서 변화할 수 있다는 사실을 상기하는 것도 현명한 방법이 될 수 있다. 우리에게는 옳고 그름을 판단할 수 있는 최종적 권한이 없으며 앞서간 사람들이나 성경기자들도 마찬가지다.

그러나 원수를 사랑하라는 예수님의 말씀은 신자들이 이 말씀에 대해, 그리고 교회에서 일어나는 학대에 대해, 어떻게 생각해야 할 것인지에 대한 지혜롭고 유익한 방법을 제공해 줄 수 있다. 학대자를 사랑하는 것에 대한 논의는 원수 사랑에 대한 잘못된 개념을 바로잡을 수 있는 측면도 있다. 원수 사랑을 우리의 가정과 교회에 있는 학대자와 관련하여 고찰하는 것은 여러 면에서 도움이 될 수 있다.

두 개념을 함께 고찰함으로써 얻을 수 있는 첫 번째 유익은 학대자를 원수라고 부를 수 있다는 것이다. 우리 문화에서 우리를 대적하는 자들을 어떤 이름으로 부를 것인지는 항상 어려운 문제였다. 교회 안에 적이 없다는 것은 자부심을 가질 만한 사실이지만, 그것은 우리의 미덕을 보여주기보다 교회의 균질성을 보여준다고 할 수 있다. 그러나 우리가 원수에 대한 정의를 우리에게 해를 끼치는 자로 규정한다면, 학대자는 우리의 원수임이 분명하다. 더구나 교회는 그리스도의 몸이라는 바울의 교회관이 타당하다면, 이 몸의 일부에 대한 어떤 원수도 몸 전체의 원수라는 사실을 알아야 한다. 학대자에게 원수라는 이름을 붙이는 것을 주저한 이유는 그들이 자신이 처한 상황에서는 나름대로 유익한 일을 했다는 평판을 듣는 지도자이기 때문이다. 진실은 권력자 앞에서 왜곡되기도 한다. 교회 안의 학대자가 신분과 지위를 유지하는 반면, 해를 당한 사람은 도덕성을 의심받는 경우가 얼마나 많은지 모른다. 유명한 목사, 카리스마 있는 음악가, 위대한 신학자, 길거리에서 도움을 주는 친절한 이웃은 좋은 평판을 유지하지만, 학대받은 사람은 기껏해야 고통을 당한 사람이나 믿지 못할 사람으로 전락하게 된다는 것이다. 특권과 권력이 초래한 이러한 결과는 원수를 원수라고 부름으로써 하나님의 정의라는 이름으로 더욱 공고해질 수 있다. 그러나 우리는 물러서지 않을 것이다. 우리는 그들을 원수라고 솔직하게 부를 것이다. 해를 끼친 자는 결과를 받아들여야 한다. 우리는 원수가 누구인지를 안다.

우리는 원수라는 이름이 유동적 개념이라는 사실을 안다. 형사사법을 연구하는 학자들이나 사회학자들은 학대자, 특히 비참한 통계치를 보여주는 성적 학대자의 회복 가능성에 대해 언급하기를 꺼리지만, 교회는 그런 관점을 받아들일 수 없다. 원수 사랑은 누구든지 그리스도의 빛을 통해 회복될 수 있다는 희망에 기초한다. 이러한 희망은 결코 어리석거나 가벼운 것이 아니다. 우리의 기대는 진지하고 사려 깊으며 극히 신중해야 한다. 그러나 우리는 이러한 기대를 단념하거나 포기할 수 없다. 학대자를 그리스도의 몸의 원수로 부르고, 변화와 구속에 대한 기대를 품는 것은 예수님이 교회 내 학대자 문제를 다루는 우리에게 주시는 중요한 선물이다. 원수 사랑은 본질적으로, 외견상 어려운 구원에 대한 희망에 기초한다.

둘째로, 학대를 악으로 보는 한, 폭력을 행한 사람에게 베푸는 사랑은 결코 친절한 행위나 죄를 간과하는 차원의 문제가 아니다. 예수님이 원수 사랑과 관련하여 제시하신 중요한 사례들은 모두 수치심과 관련이 있다. 오늘날은 수치심을 더 이상 도덕적 제재의 수단으로 여기지 않지만, 우리는 죄를 심각하게 여기고 무엇인가 하려 했던 1세기의 정신을 잃지 않으면서 당시의 수치심을 현대적 개념으로 바꾸어 생각할 필요가 있다. 1세기의 수치심은 도덕적 구속력 및 사회적 해법의 기능을 했다. 우리는 이러한 수치심을 더 이상의 피해를 막기 위한 시스템이나 책임감의 개념으로 대체할 수 있지만, 당시의 도덕적 구속력 및 사회적 해법의 기능은 유지해야 한다. 방법론은 다를 수 있지만 기능면에서는 1세기와 동일해야 한다는 것이다.

우리는 때때로 원수를 사랑하라는 말씀을 원수에게 친절하거나 원수가 원하는 것을 주거나 원수에게 굴복하는 것으로 생각하는 경향이 있다. 그러나 학대자가 학대를 계속하게 하는 것이 무슨 유익이 있느냐는 의문이 제기될 수밖에 없다. 학대자가 계속해서 타인에게 해를 끼치도록 놓아두는 것은 그들에게도 아무런 유익이 되지 않는다. 학대자의 구원은 교회의 관심사가 되어야 마땅하다. 폭력의 가해자와 피해자가 모두 하나님의 나라에서 충만하고 창조적인 삶을 사는 것 역시 교회가 할 일이다. 학대자가 계속해서 악을 행하는 것은 피해자나 가해자 모두에게 유익이 되지 않는다. 성폭력이나 가정폭력 및 온갖 형태의 폭력이 계속되는 것은 그리스도의 몸에 결코 유익하지 않다. 원수를 사랑한다는 것은 그들에게 가장 유익한 것을 주는 것으로, 이것은 그들이 원하는 것을 주는 것과는 전혀 다르다는 사실을 알아야 한다. 원수를 사랑하라는 예수님의 가르침에 대한 누가의 묘사에서, 사랑은 결코 해를 끼치려는 사람에게 친절하거나 굴복하는 행위와 동일시되지 않는다. 사랑은 공손함이나 사회적 일치보다 근본적이고 실제적이며 인간적인 필요와 관련이 있다.

이것은 원수 사랑을 학대 문제와 연계하여 고찰함으로써 얻을 수 있는 세 번째 유익으로 인도한다. 원수를 사랑하라는 말씀이 명령하지 않는 것, 원수를 사랑할 때 조심해야 하는 것은 상대를 인간 이하나 이상으로 여기는 것이다. 예수님은 대적을 인간 이하로 취급하는 행위를 금하신다. 그들은 악당이 아니며, 적어도 악당이기만 한 것은 아니다. 원수와 십 리를 동행한다는 것은 그들을 사람으로 대한다는 것이다. 또한 원수는 인간 이상의 존재도 아니다. 그들은 초자연적 힘을 가진 존재가 아니다. 원수도 우리와 같은 사람이다. 그들과 오 리를 더 간다는 것은 자신의 인간성을 인식하고 폭력의 가해자와 피해자가 같은 성정의 사람임을 인식하게 한다.

사랑에 대한 성경적 관점, 특히 원수에 대한 사랑은 상대가 인간이라는 사실을 부인하지 않는다. 우리가 아무리 큰 해를 끼치거나 선을 행할지라도, 사람은 그런 행위 하나로 인해 본연의 모습을 상실하는 것이 아니다. 원수에 대한 사랑은 우리를 향한 하나님의 사랑처럼 사람을 온전한 인격체로 대한다. 원수 사랑은 상대를 인간 이하나 인간 이상으로 생각하지 않는다. 폭력, 특히 성폭력은 가해자가 인격적으로 미성숙했음을 보여주는 것이 분명하다. 다른 뺨을 돌려댄다는 것은 결국 상대가 자신보다 덜 성숙한 존재임을 보여준다. 이것은 예수님 시대 영예/수치 문화의 핵심 가치다. 이런 의미에서 원수 사랑은 가해자의 행위가 다른 사람뿐만 아니라 가해자 자신에게로 향하는 것으로 여긴다. 폭력 행위는 가해자를 인간 이하로 만드는 것이 아니라 그의 성숙도를 떨어뜨린다. 이처럼 미성숙한 상태에서는 관찰과 책임의식, 궁극적으로는 돌봄이 필요하다. 예수님이 제시하시는 원수 사랑의 주요 사례들은 그들이 완전한 인격체이지만 미성숙하여 온전하지 못한 상태라는 사실을 상기시킨다. 수치심의 목적은 영예 회복에 있다. 우리는 영적으로 미성숙한 사람이 예수님의 성숙한 제자로 성장하도록 도와야 한다.

악을 용납하는 것은 다른 형태의 악과 마찬가지로 타락적 행위라는 사실을 인식할 때, 원수 사랑은 그런 폭력을 멈추기 위한 또 하나의 통찰력으로 인도한다. 그리스도의 몸 안에서 이러한 타락적 행위에 대한 해법은 영적으로 성숙한 동반자 관계, 즉 그리스도의 지체로서 가해자와 동행하는 것이다.

오래 전, 젊은 신학 교수였던 나는 교회에서 가정폭력 문제에 대해 논의하는 가운데 베드로전서 3장의 아내와 남편에 대한 교훈을 이해하고 적용한 바 있다. 당시 나는 결혼의 신성함에 대해 덜 강조한다는 말을 듣곤 했다. 시간이 흐르면서 경험이 쌓인 나는 더욱 발전된 대답을 내놓았다. 결혼의 신성함이 교회의 핵심 가치라면, 가정폭력이 있을 때마다 교회가 할 일은 폭력을 멈추기 위해 날마다 24시간 그 집을 찾아가야 한다는 것이다. 이것은 예전의 비저항적 사랑에 대한 주장을 원수 사랑이라는 지금의 상황에 적용한 것이다. 비저항적 사랑이나 원수 사랑의 책임은 결코 공동체 내 취약한 개인에게 부과되어서는 안 된다. 비저항적 사랑과 원수 사랑은 결코 개인의 행위로 축소될 수 없다. 우리는 이러한 사랑의 짐을 함께 져야 한다. 가정에서 폭력이 일어난 상황이라면, 영적으로 성숙한 성도들이 그 집으로 가야 할 것이다. 그것은 공동체나 당사자에게 부담스러운 일이 될 것이다. 이 일은 한 사람만으로는 감당하기 어려우며, 공동체 전체가 함께해야 한다. 그러나 이러한 노력이 없다면, 그리스도의 사랑이라는 교회의 근본적인 목적을 이루지 못할 것이다.

오늘날 우리는 결혼의 신성함을 위해 폭력적인 결혼 생활을 유지하라고 강요할 필요가 줄어들었다. 이러한 신성함은 피해자종종 여성가 떠났기 때문이 아니라 이미 폭력에 의해 파괴되었기 때문이다. 그러나 우리는 여전히 우리 가운데 있는 가해자들에 대한 단호하고 구속적인 조치에 어려움을 겪고 있다. 원수 사랑에 대한 신학적, 실천적 실험은 우리가 자주 봉착하는 이 두려운 여정을 계속할 방법을 제공할는지 모른다. 이 길은 고된 길이다. 공동체의 한 지체를 원수로 부른다는 것은 쉬운 일이 아니다. 변화와 구원에 대한 가능성의 끈을 놓지 않는 것은 힘든 일이다. 사랑이란 가해자에게 잘해 주거나 굴복하는 것이 아니라는 사실은 깨닫는다는 것은 결코 쉬운 일이 아니다. 공동체가 가해자를 관찰하고 제지하며 권면하고 함께하는 일은 쉬운 작업이 아니다. 그것은 그리스도의 몸 된 공동체의 희생적인 삶이다. 우리에게는 이러한 능력이 없다. 이러한 삶은 오직 하나님의 은혜에 전적으로 의지하고 십자가와 부활을 통해 정화되며 성령의 능력으로 생명을 회복할 때만 감당할 수 있다. 그러나 이것은 오늘날 원수 사랑의 가장 근본적이고 변화적인 기능 가운데 하나일 것이다. 이것은 또한 이처럼 탈진한 세상에서 그리스도의 사랑을 성취하기 위해 애쓰는 오늘날 교회에 주어진 중요한 도전 가운데 하나일 것이다.

기쁨과 용서로 말씀을 실천하라

아나뱁티스트 전통에 속한 우리는 누가복음의 예수께서 평지설교를 통해 요구하신 무비판적 용서의 삶을 사는 데 어려움을 겪었다. 아나뱁티스트의 정신으로 예수님을 따르기로 선택한 우리는 예수님을 따르는 삶은 기독론적 행위라기보다 신학적 행위라는 누가복음의 새로운 관점을 고려하지 않을 수 없다. 예수님은 우리의 모델이 되시지만, 우리는 그를 모범적 인간으로서가 아니라 우리 모두에게 요구되는, 하나님을 전적으로 의지하는 삶을 사신 분으로서 본받는다. 고난의 밑바탕, 곧 예수께서 그의 사역과 죽음을 통해 보여주신 비폭력적인 사랑의 뿌리에는 모든 사람을 사랑하시고 풍성히 베푸시는 하나님을 전적으로 의지하고 모든 것을 포기하신 헌신이 자리한다.

우리는 종종 누가복음의 평지설교를 히브리 성경의 시내산에서 주신 율법과 다르지 않은 일련의 원리로서 마태복음의 산상 수훈에 비추어 해석해 왔다. 이러한 원리를 따라 사는 것이 어렵다는 사실을 깨달은 우리는 이러한 원리를 종말론적 교훈으로 돌리거나, 이러한 설교의 정신을 따라 살 수 있다고 주장하며 기독교와의 구별을 고집하는 분파의 주장으로 격하해 왔다. 물론, 평지설교의 정신을 실천하는 것은 가능하다. 그러나 그렇게 하기 위해서는 두 가지 양보가 필요하다. 하나는, 이 설교는 명확한 지침이라기보다 암시적이고 연상적이라는 것이다. 예수님은 원리 자체보다 원수에 대한 사랑과 자비심의 모범을 제시하신다. 그것은 매개 변수의 기능을 하기보다 하나의 사례로 제시되었다. 이러한 원리는 확실하고 명확한 상황에서 따라야 할 엄격한 절차가 아니라 일종의 유추, 비유, 대안을 상기시킨다는 것이다.

둘째로, 우리는 하나님의 은혜 없이도 이러한 기대를 어떻게든 충족시킬 수 있다는 생각이다. 그러나 우리의 의도가 아무리 강하더라도, 회중이나 친구들 사이에서 우리에 대한 지지가 아무리 강할지라도, 아무리 부유하거나 가난할지라도, 우리의 생각과 성품이 아무리 복잡하거나 단순할지라도, 우리 힘으로는 이 말씀대로 살 수 없다. 우리는 오직 자신의 한계를 깨닫고 은혜의 보좌 앞에 무릎을 꿇을 때만 예수님이 요구하시는 기쁨과 헌신과 관대함으로 이 말씀을 실천할 수 있다.

아이러니하게도, 예수님은 본문에서 은혜와 율법에 관한 새로운 말씀을 하지 않으신다. 확실히 예수님은 이러한 점에서 히브리 성경과의 연속성을 보여주시지만, 우리는 종종 신구약 성경을 율법과 은혜의 관계로 오해해 왔다. 그러나 절대로 그렇지 않다! 이스라엘의 경험에 비추어 볼 때, 율법에 대한 올바른 이해는 언제나 이스라엘이 감사와 은혜에서 나온 율법을 따랐다는 이해와 궤를 같이한다. 이스라엘 자손이 율법에 순종하는 것은 의무감에서가 아니라 감사함에서 비롯된 것이다. 이것은 본질적으로 우리의 순종이 의무적인 것이 아님을 보여준다. 우리는 기꺼이 순종하기를 원한다. 예수님은 제자들을 새로운 의미의 은혜가 아니라 옛 율법의 의미로 부르신다. 율법과 은혜는 하나다.

이것은 결코 우리의 투쟁을 부정하는 것이 아니다. 나는 주일 미사에 참석하는 것을 그들의 "주일 의무"라고 말하는 가톨릭 친구들이 생각난다. 나는 이 말을 처음 듣는 순간, 주일날 교회에 간다는 말을 엄격하게 표현한 것으로 생각했다. 이 표현은 내 속에 있는 모든 개신교적 사고와 정면으로 배치되었다. 우리는 의무적으로 교회에 가는 것이 아니라 기쁜 마음으로 자발적으로 간다. 얼마 후 나는 이 가톨릭 친구들이 내가 주일 아침 교회 문을 열고 들어갈 때보다 큰 기쁨으로 미사에 참석한다는 사실을 알게 되었다. 출석을 주일의 의무라고 부른 것은 가장 귀한 복에 대한 인간적 저항을 극복하기 위한 동일한 싸움에서 비롯된 것이었다. 우리의 의무의 기반이 되는 기쁨이 언제나 샘솟듯 하는 것은 아니다. 때때로 이 기쁨은 행복감이나 만족감과 혼동되는데, 둘 다 기쁨을 대체할 수는 없지만 충분한 즐거움을 준다. 우리는 의무감 때문에 가는 것은 아니지만, 확실히 이러한 의무감은 기쁨을 얻을 수 있는 곳으로 우리를 데려다줄 수 있다.

계속되는 사역

개관

직장에는 허니문 단계라는 시기가 있다. 우리는 거의 모든 분야에서 신입 관리자나 전문가에게 직장에 정착할 때까지 기다려주는 시간을 허락한다. 우리는 비판을 자제하고 그들이 하는 일을 긍정적인 시각으로 보려고 노력한다. 예수님은 어떠신가? 광야에서의 시험이나 나사렛의 초기 사역에서 겪었던 위기를 보면, 과연 이러한 시간이 주어졌는지 의문이다. 어쨌든, 예수님의 사역에서 허니문 단계는 벌써 지났다.

누가복음의 두 번째 대단원인 갈릴리 사역의 세 번째 단계에서 예수님의 사역은 정착되고 정해진 궤도를 따라 진행된다. 그의 사역은 요한의 의문과 내부의 도전 및 질병이나 억압과 같은 외적 현실로부터 도전을 받는다. 그러나 예수님의 설교와 가르침 및 치유 사역은 이러한 도전을 통해 더욱 깊어지고 강해진다. 우리는 예수께서 눌린 자를 자유롭게 하고 눈 먼 자를 보게 하시겠다고 선포하신 첫 번째 설교를 통해 하나님의 사랑이 이스라엘을 넘어 모든 민족에게 미칠 것이라는 사실을 상기시킨 바 있다. 이러한 목적은 예수님의 여정이 권력과의 충돌을 피할 수 없게 했다. 이 단원에서 예수님은 그것이 자신의 길임을 보여주신다. 7장 1-10절에서 예수께서 백부장의 하인을 고치신 것과 7장 36-50절에서 향유를 부은 여자에 대한 언급은 유대 영역 밖의 소외된 자와 낮은 자에 대한 관심을 잘 보여준다. 요한과 그의 제자들에 대한 예수님의 대답은 병든 자와 가난한 자에 대한 헌신을 분명하게 한다. 이 단원에 나오는 이야기의 대부분에는 약자를 가로막는 자들에 맞서시겠다는 예수님의 의지가 분명히 드러난다.

현상 유지의 안일함, 사람들이 자신의 위치를 알고 불평 없이 거하는 마법의 나라는 예수께서 선포하시고 시행하시는 하나님의 나라와 아무런 관계가 없다. 예수님은 좋은 땅에 대한 비유와 전통적 지혜를 뒤집는 등불 및 가족 개념을 제시함으로써 이러한 개념에 대한 자신의 행위를 보충한다.

이 단원에는 두 개의 요구Quest Story가 제시된다. 예수님은 친구들이 지붕을 뜯고 내려보낸 중풍병자에 관한 기사를 통해 확립된 패턴을 통해, 자신의 하인을 지극정성으로 돌보아왔던 백부장 및 예수님을 청한 바리새인 시몬의 계획을 방해한 그 동네 여자와 교감하신다. 끝으로, 누가는 8장 1-3절에서 병 고침을 받은 후 자신의 소유로 복음 사역에 수종 든 여자 제자들에 대해 언급한다. 그들은 이어지는 본문에서 광풍을 보고 두려워한 남자 제자들과 대조를 이룬다. 이러한 대조는 지나치게 강조할 것은 아니지만, 확실히 두 부류의 제자들은 상대를 돋보이게 하는 역할을 한다. 이 대조는 주일 아침 예수님의 무덤을 찾아가서 먼저 믿었던 여자들과 그 후 부활 후 내러티브에서 동일한 믿음을 가졌던 남자들 간의 대조를 예시한다.

단락 구조

두 개의 치유기사, 7:1-17

　　7:1-10 두 번째 요구: 백부장의 하인에 대한 치유

　　7:11-17 과부의 아들을 살리심

세례 요한의 질문, 7:18-35

　　7:18-23 도발적인 질문

　　7:24-35 지혜와 공의

예수님의 사역과 여성, 7:36-8:3

　　7:36-50 세 번째 요구: 향유 옥합을 가진 여자

　　8:1-3 여성 제자들

본문 주해

두 개의 치유 기사7:1-17

7:1-10 두 번째 요구: 백부장의 하인을 고치심

누가는 이 부분에서 Q 자료를 따라, 자신의 하인을 고쳐주시기를 요구한 백부장에 관한

기사를 제시한다. 누가는 이 두 번째 요구를 예수님의 평지설교 이후 첫 번째 사역으로 제시하는 방식으로 본문의 중요성을 강조한다. 7장 1절에는 설교를 듣는 청중의 두 번째 부류에 대한 언급이 다시 제시된다. 그들은 제자들과 함께 이 설교를 들었던 "백성"6:17이다. 이제 예수님은 가르치는 사역을 마치시고 순회 치유 사역으로 돌아가신다.

프랑수아 보봉François Bovon이 지적한 것처럼, 이 이야기의 초점은 내러티브 전체에서 예수님이 아니라 백부장에 맞춰진다.2002: 258 예수님은 백부장이 보낸 유대 장로들과 함께 가셨다는 언급만 나타날 뿐, 이 이방인의 믿음에 놀라시는 마지막 장면까지 특별한 말씀을 하지 않으신다. 반면에, 우리는 백부장에 대해 많은 사실을 알게 된다. 첫째로, 그에게는 돌보는 하인이 있다. 이 구절에 대해서는 다양한 해석이 존재한다. 역본에 따라 백부장에게 소중한 하인이나 가치 있는 하인으로 번역된다.7:2, "사랑하는" 당시의 사회경제적 현실을 고려할 때 하인에 대한 투자를 금전적인 관점에서 이해할 수도 있겠지만, 이야기의 맥락이나 전개 과정을 고려하지 않은 접근으로 보인다. 이어지는 묘사는 백부장이 유대 민족을 사랑하고 그들을 위해 회당을 지었다고 진술한다. 그가 유대 민족에게 유익한 인물이라는 진술은 그에 대한 유리한 해석을 가능하게 하며, 하인에 대한 태도 역시 긍정적인 것으로 볼 수 있게 한다.

백부장은 유대 장로들의 존경을 받는 자이다. 그것은 억지가 아니라 마음에서 우러나오는 존경이다. 장로들은 예수께 이러한 사정을 강력히 호소한다. 끝으로, 우리는 이 백부장이 겸손하다는 사실을 알 수 있다. 그는 비록 예수님을 직접 만나는 대신 사람들을 보냈지만, 백부장을 대변하는 자들은 제삼자를 통해 일하는 그의 방식이 오만이 아니라 겸손한 때문임을 분명히 밝힌다. 백부장은 사람들을 통해 자신은 예수님이 집에 들어오심을 감당할 수도 없다고 말할 뿐만 아니라 예수님을 주로 부른다.7:6 이 호칭은 존경의 의미를 담고 있으며, 누가복음의 독자라면 누구라도 이것이 믿음의 고백임을 알아차릴 것이다.Johnson: 118

이야기의 절정은 하인의 치유가 아니다. 이 자비의 행위는 사후에 무대 밖에서 일어난다. 그것은 내레이터의 편집적 언급을 통해 제시된다. 우리는 이 이야기 말미에, 백부장이 보낸 자들이 집으로 돌아갔을 때 종이 이미 나아 있었다는 진술을 듣는다. 이 이야기의 절정은 백부장과 예수님이 교감하는 장면이다. 이 교감은 자신은 예수님의 오심을 백부장의 진술로 시작하여 "이스라엘 중에서도 이만한 믿음은 만나보지 못하였노라"7:9라는 예수님의 선언으로 끝난다. 오래 전 자신의 하인을 위해 예수님의 도우심을 구했던 백부장의 진술은 미사의 말씀으로 영원히 남게 되었다. 일부 기독교 전통에서 성찬의 잔과 떡을 분배하기 전에 회중이 하는 마지막 말은 백부장의 진술을 변형한 것이다. "주여, 나는 당신을 감당할 수 없사오니 말씀만 하옵소서. 내가 고침을 받겠나이다." 이곳의 감당할 수 없다는 표현은 자기부정이 아니라, 하나님과 사람 사이의 근원적 거리에 대한 인식을 보여준다. 어린아이같이 솔직한 겸손은 이러한 인식에서 나오며, 은혜로 향하는 통로가 된다. 이것은 오래전 백부장은 물론 오늘날 우리에게도 해당된다. 그의 겸손과 자신의 하인과 유대 민족을 향한 강력한 "이중적 사랑"Bovon 2002: 261은 "이스라엘 중에서도 이만한 믿음은 만나보지 못하였노라"라는 예수님의 칭찬을 끌어내는 태도와 행동이다. 그것은 참으로 대단한 칭찬이다.

끝으로, 우리는 본문에 울려 퍼지는 누가복음의 성경적 공명에 주목할 필요가 있다. 존슨의 주장처럼, 마태복음과 요한복음에서도 발견되는 이 이야기에 대한 누가의 편집은 열왕기하 5장 1-14절에 나오는 아람의 나아만에 대한 이야기를 상기시킨다.117 겸손한 백부장과 낮아진 군대 장관 사이에는 차이점이 많지만 보냄을 받은 사람이라는 공통적 요소가 나타난다. 더욱 중요한 것은 두 이야기 모두 하나님의 은혜가 이스라엘 밖의 사람들에게까지 확장되었음을 보여준다는 것이다. 나아만 이야기는 예수님을 위기로 몰아넣었던 나사렛의 첫 설교에서 제시한 두 가지 이야기 가운데 하나다. 나사렛 사람들은 예수께서 하나님의 은혜가 이방인에게까지 미친다고 선포하는 두 가지 사례를 제시하기 전까지는 그의 성공적 귀향을 환영할 준비가 되어 있었다. 그러나 예수께서 선포하시는 말씀을 들은 이웃과 친구들은 그를 죽이려 했다. 우리는 여기서 예수님이 나사렛에서 설교하신 내용을 실행에 옮기시는 모습을 볼 수 있다. 누가복음의 독자는 물론, 예수님도 임박한 예루살렘 입성을 떨리는 마음으로 내다볼 수 있지 않았을까?

이방인을 향한 본격적인 선교는 사도행전에 나타나는 오순절 성령, 베드로가 지붕에서 본 환상, 바울의 사역, 공의회의 결정이 있기까지 기다려야 한다. 그러나 이 이야기는 누가행전의 다른 이야기들과 마찬가지로 이러한 선교 사역을 예시적으로 보여준다.

7:11-17 과부의 아들을 살리심

존슨은 이 이야기와 앞서 백부장과 그의 하인에 관한 이야기는 평지설교와 함께 누가복음 4장 말씀에 대한 성취라고 주장한다. 평지설교는 가난한 자에게 복음을 전할 것이라는 4장 18절에 대한 성취다. 백부장의 하인을 고치신 이야기와 나인성 과부의 아들을 살리신 이야기는 예수님이 누가복음 4장 25-27절에서 이사야 말씀에 덧붙이신 이야기에 대한 성취다.Johnson: 120 예수님과 그의 제자들은 갈릴리를 다니시다 장례 행렬과 마주하게 된다. 이 장례는 특별히 비극적인데, 죽은 남자는 외아들이자 과부가 된 어머니의 생계를 책임진 유일한 부양자였기 때문이다. 예수님은 아들의 비극적인 슬픔보다 불확실한 미래에 직면하여 깊은 슬픔에 빠진 어머니에 대해 불쌍한 마음이 드셨다.

"불쌍히 여기사"에 해당하는 스플란치니조마이splanchnizomai라는 단어는 원수를 사랑하라는 본문이나 마리아의 찬가나 사가랴의 노래에 나오는 단어와 다르다. 이 단어는 누가복음 10장에 나오는 선한 사마리아인과 누가복음 15장의 탕자 비유에 나오는 아버지에게 사용된 단어이다. 이것은 우리가 누가복음에서 살펴본 마음에 관한 주제를 따른다.

예수님은 슬픔에 빠진 자를 불쌍히 여기시고 두 가지 면에서 접근하신다. 즉, 예수님은 과부에게 울지 말라고 말씀하시고 시체가 누워 있는 관에 손을 대신다. 예수님은 이어서 죽은 자에게 일어나라고 명령하신다. 청년은 일어나 앉고 말까지 하며, 우리는 이어지는 아름다운 재회의 장면을 보게 된다. 예수님은 그를 어머니에게 주신다.

이 기적에 대한 반응은 예수께서 5장에서 중풍병자를 고치신 후 무리가 보인 반응과 유사하다. 이 사역을 목격한 자들은 합당한 두려움으로 반응한다. 하나님의 능력이 역사하심을 알았던 그들은 합당한 두려움으로 반응한다. 그들은 두 가지 중요한 방식으로 하나님께 영광을 돌리며 예수님을 인정한다. 그들은 예수님이 단순한 선지자가 아니라 예언의 준거가 되는 위대하고 중요한 선지자임을 인정한 것이다. 또한 그들은 하나님이 예수님의 사역을 통해 자기 백성을 "돌보셨다"는 사실을 인정한다. 19장 44절에 사용된 이 동사의 명사형은 매우 엄중한 뉘앙스를 가진다. 그곳에서 예수님은 과부처럼, 예루살렘 백성이 보살핌을 받는 날을 알지 못함을 인하여 눈물을 흘리신다.

세례 요한의 질문7:18-35

7장에는 두 가지 치유/용서 이야기가 나온다. 둘 다 요구에 관한 본문Quest Story이다. 하나는 병든 하인을 둔 백부장에 관한 이야기이고7:1-10, 다른 하나는 7장 끝부분에 나오는 향유를 부은 여자와 시몬에 관한 이야기7:36-50다. 누가는 치유/용서에 관한 두 가지 요구 사이에 세례 요한과 그의 제자들에 대한 3개의 독립적 단편을 삽입한다. 성경 해석사에서 이 본문은 예수님이 요한보다 우월하심을 강조하거나 예수님의 제자들과 요한의 제자들의 역사적 차이를 강조하는 내용으로 이해되었다. 본문은 그런 기능도 하지만, 예수님의 사역 중간에 삽입된 요한에 관한 기사는 또 하나의 기능을 수행하는 문학적 기법에 해당한다. 존슨의 지적처럼, 누가의 자료 배열은 그의 진술만큼 중요하다.124 이곳에 삽입된 대화는 누가복음의 서두에 언급된 요한의 윤리적 아젠다를 중요한 요소로 전면에 내세운다. 이 아젠다는 예수님도 나사렛에서의 첫 설교에서 제시하신 바 있다.누가복음 4장

7:18-23 도발적인 질문

요한의 제자들과 예수님의 제자들 사이의 관계에 대한 정치 역학도 문제가 되었을 수 있지만, 예수님에 대한 요한의 질문은 당시의 독자나 오늘날의 독자 모두 누가가 묘사하는 예수님에 대해 던질 수 있는 질문이다. 이러한 질문은 이미 누가복음의 서문에서 제기된 바 있다. 예수님은 과연 그의 어머니 마리아의 찬가에 나타난 사역도 수행하실 것인가? 사가랴의 노래를 통해 제시한 관심사나 세례요한이 광야에서 선포한 관심사에 대해서는 어떻게 하실 것인가? 아니면, 예수께서 초기에 받은 찬사에 취해 이러한 근원적 사역을 잊어버릴 것인가?

본문은 예수님의 사역이 요한에게 알려지는 장면으로 시작한다. 요한은 이 보고에 대해 개인적인 반응을 보이지 않는다. 대신에 그는 감옥에서 두 명의 제자를 예수께 보내어 "오실 그이가 당신이오니이까 우리가 다른 이를 기다리오리이까"7:19라는 도발적인 질문을 던진다. 요한이 묻고 그의 신실한 제자들이 전달한 질문에 대한 예수님의 대답은 매우 인상적이며 흥미롭다. 예수님은 대답을 미루시고 지금 하고 계신 일을 계속하신다. 그는 치유와 구원 사역을 통해 사람들의 필요를 채우시는 일을 하신다. 특히 예수님은 많은 맹인을 보게 하신다.7:21 마지막으로 예수님은 요한의 제자들에게 관심을 돌리신다. 그는 자신의 첫 번째 설교에 대해 언급하시며, 그들이 목격한 사역을 약속의 성취로 인용하신다. 예수님은 자신이나 자신의 사역으로 말미암아 실족하지 않는 자요한이나 그의 제자들는 복이 있다는7:23 흥미로운 말씀으로 자신과 자신의 사역에 대한 변론을 마치신다.

유아기 내러티브와 광야에서 제기된 윤리적 아젠다는 포기된 것이 아니다. 그 일은 예수님의 일상적 삶 속에서 계속되었으며 앞으로도 그럴 것이다. 그는 가족과의 믿음을 저버리지 않았다.

7:24-35 지혜와 공의

요한의 제자들이 떠나자, 예수님은 이 장면을 목도한 무리를 향해 요한에 관해 말씀하신다. 예수님은 그들에게 처음에 무엇 때문에 광야로 가게 되었는지를 물으신다. 그것은 "바람에 흔들리는 갈대" 곧 광야 자체 때문이 아니다.7:24 그들이 이끌린 것은 광활한 야생의 공간이 아니라는 것이다. 그렇다고 광야와 정반대인 왕궁의 화려함과 권력은 더더욱 아니다. 그런 것을 보려고 광야에 나간다는 것은 터무니없는 일이다. 이러한 표현은 예수님의 유머 감각을 보여주는 것으로 보인다. 그들이 원하는 것은 과잉excess[도를 넘음, 방탕, 방종/역주]으로부터 도피하거나 그것을 향해 나아가는 것이 아니다. 예수님이 의도하시고 인정하시는 갈망, 우리 모든 인간의 내면 깊은 곳에 자리 잡은 염원은 궁극적 의미에 관한 것이다. 우리의 진정한 자아는 이러한 갈망이 결코 회피나 획득축적에 의해 충족되지 않는다는 사실을 잘 알고 있다.

우리의 깊은 갈망은 하나님의 길을 보여주는 선지자의 음성을 향한 것이다. 이 길은 어렵지만 평탄한 공의의 길이다. 나는 최근 두 번째 대강절 예배에 참석했는데, 그곳에서는 요한이 외친 준비, 모든 골짜기와 낮은 산을 개인 구원을 위한 개인적인 마음의 준비로 해석했다. 이 해석도 가능하지만, 예수님이 여기서 한때 요한에게도 끌렸던 무리에게 말씀하신 정확한 의도는 아니다. 예수님은 그들을 광야로 끌어낸 것은 공의에 대한 비전이었다는 사실을 상기시킨다. 요한은 사람들에게 개인적인 마음의 회개를 촉구했지만, 가난과 불의에 대한 윤리적 반응으로서 사회적, 정치적 회개도 요구했다. 예수님은 요한의 질문에 대한 대답을 통해 자신이 요한의 사역을 계속하고 있다고 말씀하신다. 그가 하고 계신 사역은 누가복음의 서두에 나타난 관심사들이다. 예수님은 이 땅에서 사람의 영혼은 물론 육신까지 아우르는 사역을 하신다. 이러한 전인적 사역을 이해하고 받아들이며 실족하지 않는 자는 참으로 복된 자다.

요한은 하나님 나라에서 가장 큰 자이자 극히 작은 자라는 예수님의 말씀에 대해서는 다양한 해석이 존재한다. 보봉Bovon은 이 말씀의 진정한 의미는 신적 시대dispensation와 관련이 있다고 주장한다. 요한은 새 시대의 선구자이며, 따라서 가장 위대한 자이다. 그러나 그는 여전히 한 발은 옛 시대에 담고 있으므로 예수님의 제자가 더 위대하다는 것이다.Bovon 2002: 284 존슨은 이 대조가 요한과 예수님에 대한 대조가 아니라 옛 질서와 새로운 질서 사이의 대조라는 주장에 동의하며123, 프레드 크래독Fred Craddock도 마찬가지다.101 놀랜드는 요한의 사역과 예수님의 사역에 대한 대조로 본다. 예수님은 요한의 기대에 부응하지 못하셨는데 이것은 "이 엄격한 회개의 선지자가 하나님의 목적에서 은혜가 우선임을 알지 못했기 때문"1989: 331이라는 것이다. 피츠마이어Fitzmyer는 헬라어 형용사의 문법적 문제를 주장하지만, 의미에 영향을 주는 결정적 요소는 아니다.1981: 675

다른 텍스트상의 문제와 마찬가지로, 이곳의 난제에 대한 어떤 해법도 완벽할 수 없다. 나름의 문제가 없는 것은 아니지만 그나마 가장 합리적이고 무난한 대안은 다소 수수께끼 같은 이 진술을 작은 자와 큰 자, 나중 된 자와 먼저 된 자의 역설에 관한 언급으로 보는 것이다. 예수님은 어떤 인간적 기준에서도 요한은 위대한 사람이라고 말씀하신다. 그러나 인간적 기준은 하나님 나라의 준거가 될 수 없으므로, 경기장은 근본적으로 평준화된다. 이러한 이해는 적어도 요한과 그의 부모가 두드러진 역할을 하는 유아기 내러티브와 연속성을 가진다. 이것은 또한 예수께서 요한의 제자들에게 자신의 사역은 가난한 자에게 복음을 전하고 병든 자를 고치시는 일이라고 변론하신 것과도 궤를 같이한다.

이러한 해석은 이어지는 말씀에 비추어 보아서도 합당함을 알 수 있다. 누가는 요한의 세례를 받은 백성과 세리들이 하나님의 의로우심을 인정했다는 설명을 덧붙인다.7:29["하나님을 의롭다 하되"] 이것은 그들이 하나님의 영역에서 가치관의 역전이라는 예수님의 요지를 이해했음을 의미한다. 그러나 누가는 요한에게 세례를 받지 않은 일부 바리새인과 율법교사들이 가치관의 역전이라는 하나님의 뜻을 저버렸다고 진술한다.

우리는 여기서 요한의 세례를 받은 집단과 받지 않은 집단, 하나님의 뜻을 받아들인 집단과 저버린 집단의 상대적 관성에 주목할 필요가 있다. 복음서 전체에서, 부자나 가난한 자 모두 예수님에 대해 반응한다. 지위가 높은 자나 낮은 자도 마찬가지다. 그러나 가난한 자와 지위가 낮은 자는 부유한 자와 지위가 높은 자보다 훨씬 더 긍정적인 반응을 보인다. 예수님은 수수께끼 같은 비유와 함께 요한에 관한 말씀을 마치신다.31-35절 그는 이 세대의 사람들일부 역본의 '남자'는 오역임을 어떤 놀이에도 무관심한 아이들에 비유한다. 우리는 이처럼 명백한 은유적 표현을 문자적으로 해석하려고 해서는 안 된다. 나는 두 집단이 서로 상대가 제안한 놀이결혼식이나 장례 행렬를 거부함으로써 모두가 무료해지고 관심을 끌 만한 것이 전무한 상태를 상상한다. 예수님이 이러한 상태를 염두에 두셨든 그렇지 않든, 본문의 분위기는 불만이나 무료함으로 가득하다. 하나님 나라의 사역에서 요한이 제시한 윤리적 금욕주의나 예수님이 제시하신 기쁘고 즐거운 삶은 선지자의 메시지에 굶주린 무리의 비판에서 벗어날 수 없었다. 그들은 도무지 이해하지 못했던 것이다. 그러나 예수님은 결국 지혜로운 자녀는 하나님의 나라가 요한과 예수님의 사역을 이해하고 받아들일 것이라는 결론을 내리신다.

예수님의 사역과 여성7:36-8:3

7:36-50 세 번째 요구: 옥합을 가진 여자

누가복음의 요구에 관한 본문 가운데 세 번째는 갈릴리에서의 마지막 사역에 해당하며, 전통적 규범에서 벗어난 행동으로 자신을 구경거리로 만든 여자에 관한 이야기다. 그는 그 동네에 사는 죄인으로 드러난다. 예수님은 시몬이라는 바리새인의 집에 식사 초대를 받으신다. 누가복음에는 예수께서 바리새인의 청함을 받으시는 장면이 종종 나타나므로11장 및 14장 참조 이것을 특별한 사건으로 볼 필요는 없다.Craddock: 104 예수님과 바리새인은 공통점이 많다. 예수님과 바리새인의 대화는 주로 "집안에서" 이루어지며, 양자에게 중요한 이슈를 다룬다.

이 단락은 36-39절, 40-43절, 44-47절, 48-50절의 네 장면으로 형성된다.Bovon 2002:

이 이야기는 좋은 분위기로 시작한다. 청함을 받은 예수께서 도착하셔서 식탁에 앉으신다. 여기까지는 좋았다. 그러나 그때 한 외부인이 등장하여 사회적 관습에 벗어난 행동을 한다. 이 여자는 성경해석사 및 설교에서 전형적인 창녀로 제시되지만, 확실한 것은 아니다. 1세기 팔레스타인에서 여성 범죄의 유형은 매춘 외에도 더 있었을 것이다. 그러나 이 여자의 죄는 공개적이다. 누가는 그를 죄인으로 소개하며, 시몬도 그의 평판에 대해 알고 있다. 우리는 그를 매춘부의 삶을 사는 여자로 보는 것이 이야기의 흐름과 잘 맞아떨어진다는 사실을 부인할 수 없다. 그러나 이 이야기의 서두에는 여자에 대한 다른 언급도 제시된다. 이 언급은 사실상 텍스트에서 많은 지면을 차지하며 많은 단어와 상세한 설명으로 이루어진다. 그러나 우리는 그를 매춘부로 단정하여 그가 예수님이 계신 곳을 알고 있을 뿐만 아니라 향유 담은 옥합을 미리 준비하였다는 사실을 간과하는 경향이 있다. 어쨌든, 그 여자는 그 집에 들어가 예수님의 뒤로 다가감으로써 예수님과 일행을 놀라게 했을 것이다. 여자는 크게 울었다. 예수님의 발 곁에 선 여자는 눈물로 그 발을 적시고 자기 머리털로 닦았다. 이 장면은 논리적으로 고대 문맥보다 현대적 표현이 더 어색할 수 있다. 예수님이 당시 관습대로 식탁에 비스듬히 기대어 누우셨다면, 발이 옆으로 나온 자세였을 것이다. 따라서 옥합을 든 여자는 뒤에서도 발을 닦을 수 있었을 것이다.

그러나 여자는 예수님의 발을 적시고 닦기만 한 것이 아니다. 그는 그 발에 입맞추기를 그치지 않았다. 이곳에 사용된 동사 katephilei는 미완료형이다.7:38 헬라어의 미완료형 동사에는 다양한 의미가 있지만, 어느 것도 이곳의 문맥과는 정확히 부합하지 않는다. 미완료형은 동사의 행위가 일정 기간 지속됨을 보여준다. 이것은 여자가 발에 입맞추기 시작했으나 자의든 타의든 중단되었다는 뜻이기도 하지만, 확실한 본문의 뒷받침을 받지 못한다. 시몬은 뒤늦게 알고 항의한다. 이것은 여자가 예수님의 발에 입맞추려 했으나 누군가에 의해 제지당했다는 의미일 수도 있지만, 본문에는 나타나지 않는다. 끝으로 미완료형은 관습적 행동이나 습관적 행동을 가리킬 수 있지만, 여자의 입맞춤은 비판의 대상이 된다. 따라서 가장 바람직한 해석은 입맞춤이 잠시 지속된 것으로 보는 것이다.

본문의 세부적인 내용은 이것이 성적인 뉘앙스까지 함축하는 특이하고 기괴한 행동임을 보여준다. 향유를 발에 붓는 행위는 고대 사회에서도 드문 일은 아니지만, 주로 가정에서 아내나 딸이나 여자 노예가 남자에게 시중드는 장면에 나타난다. 물론 예수님은 요한복음 13장에서 제자들의 발을 씻겨 주셨는데, 이것은 유사한 친밀감을 보여주는 또 하나의 의식이다. 그러나 우리는 베드로의 대답을 통해 예수님의 행동이 결코 정상적이지 않았다는 사실을 알 수 있다. 그것은 비록 친밀한 이너서클 내에서 이루어진 일이지만, 베드로는 매우 부적절하다고 생각했다. 만일 발을 씻겨야 한다면, 베드로가 예수님의 발을 씻겨야 한다는 것이다. 본문의 경우 여자는 신분에 맞는 행동을 했지만, 정결 규례에도 맞지 않고그는 죄인이다 친밀한 공동체의 일원도 아니었다. 보본은 매춘부라고 생각하는 그 여자가 "에로틱한 사랑의 제스처" 외에는 달리 자신의 헌신을 표현할 방법을 찾지 못했을 수 있다는 기발한 주장을 한다.2002:295

시몬은 당황했을 것이다. 예수님이 특별한 반응을 보이지 않자 시몬은 그에 대해 의구심을 가진다. 그는 예수님이 이 여자가 어떤 사람인지 알지 못하고 그의 부적절한 행동을 제지하지 않는 모습에 예수님이 선지자가 맞는지 의심한다. 그러나 시몬은 아무 말도 하지 않는다. 그는 마음으로 생각만 할 뿐이다. 이어지는 본문40-43절은 누가가 선호하는 중요한 역설에 관한 예화로 시작된다. 시몬은 예수님이 선지자신가에 대해 마음속으로만 의문을 가졌으나, 예수님은 자신이 그가 생각하는 선지자이심을 보여주신다. 예수님은 그 여자에 대해서뿐만 아니라 시몬에 대해서도 알고 계심을 보여주신다. 이어지는 시몬과 예수님 사이의 대화는 플라톤적 함축을 담고 있다. 예수님의 말씀에는 권위가 있었다. 그의 태도는 일반적으로 손님이 주인에게 대하는 동양적 예의와는 거리가 있었다.Bovon 2002: 295 예수님은 시몬에게 "내가 네게 이를 말이 있다"고 말씀하신다. 시몬은 "선생님 말씀하소서"라고 대답함으로써 이 새로운 관계를 인정한다.7:40 RSV

예수님이 하신 말씀은 비유다. 그것은 천국에 관한 비유가 아니다. 이 비유는 "천국은 마치…"라는 말씀으로 시작하지 않는다. 오히려, 이 비유의 요지는 이 연회, 곧 시몬의 집에서 나누고 있는 식탁교제의 상황과 부합된다. 이 교제의 정신 가운데 하나는 영과 육을 아울러 배불리는 것이다. 논의를 활성화하고 자극하기 위한 수사학은 예수님과 시몬과 여자가 공유하는 문화적 환경에서 변함없는 가치다.

이야기의 내용은 간단하다. 이것은 유대인의 해석학적 논쟁에서 흔히 볼 수 있는 비유다. 빚과 채무는 그들 사회에서 자주 논의되는 주제다.Bovon 2002: 296 한 채권자에게 두 사람이 빚을 졌다. 한 사람은 1년 반의 임금에 해당하는 엄청난 금액을 빚졌다.Fitzmyer 1981: 690 다른 사람은 10분의 1에 해당하는 금액, 두 달이면 갚을 수 있는 돈을 빚졌다. 이 금액을 아나뱁티스트 교수의 월급으로 환산하면, 둘 다 변제가 불가능한 액수는 아니지만, 전자의 경우 평생을 갚아야 할 것이다. 질문은 명백하다. 두 채무자 가운데 누가 더 감사하겠느냐는 것이다. 채권자가 빚을 탕감해 주었을 때, 이 비유에서 유일하게 놀라운 사실이지만 누가 더 채권자를 사랑하겠는가? 질문의 요지를 파악한 시몬은 즉시 탕감함을 많이 받은 자라고 대답한다. 예수님의 대답에도 플라톤의 어조가 드러난다. "네 판단이 옳다"라는 표현은 플라톤의 스승인 소크라테스가 학생이 대화에서 정확한 대답을 할 때마다 했던 말이다.

그러나 우리는 이 이야기의 세 번째 장면44-47절에서 간단한 비유가 복잡하고 미묘한 적용을 가능하게 한다는 사실을 발견한다. 식탁교제는 결코 원초적이거나 단순한 관습이 아니다. 플라톤의 경우에서 볼 수 있는 것처럼, 이 대화의 의미는 얼핏 보는 것처럼 간단하지 않다. 이 이야기의 의미는 시몬이 여인에 대한 자신의 반응과 예수님의 반응 사이의 차이를 관찰하고 이해함으로써 무엇을 알아내었는지를 보여준다. 또한 이것은 그가 예수님을 대하는 방식과 여자가 예수님을 대하는 방식의 차이에 주목함으로써 알아낸 의미이기도 하다. 그러나 적어도 이 이야기 속에서 시몬은 안타깝게도 어느 쪽과도 연결되지 않는다. 이 이야기는 시몬뿐만 아니라 여자와 모든 참석자에게 새로운 실재에 대한 눈을 뜨게 한다.

예수님은 손님을 대하는 합당한 방식으로 자신을 맞이한 여자를 칭찬하심으로써 시몬에게 이 새로운 실재를 분명히 보여주시고 그의 양면성을 드러내신다. 시몬은 예수님을 집으로 청하여 식사를 대접하였으나 손님이 기대하고 원하는 서비스를 제공하는 데에는 실패했다. 이러한 실패는 시몬이 여자를 매춘부가 아니라 따뜻한 환대가 필요한 한 인간으로 보지 못한 사실과 연결된다. 시몬은 예수님과 여자에게 이러한 환대를 보여주지 못했다.

한편으로, 예수님은 시몬에게 그 여자를 회개와 풍성한 감사의 모범으로 보라고 말씀하시는 것일 수 있다. 이미 필요한 모든 것을 받은 여자는 자신의 온전함에 대한 새로운 인식을 바탕으로 사회적 예절을 거부했다. 예수님은 시몬의 상상력을 확장시키고 있는 것처럼 보인다. "시몬아, 이 여자를 보느냐? 그에게서 배워라. 그가 어떻게 하는지 잘 보라"는 것이다. 시몬이 그 여자를 매춘부로 알았다면, 그는 여자를 제대로 본 것이 아니다.

이 장면은 본문에서 가장 해석하기 어려운 수수께끼같은 구절로 끝난다. 예수님은 시몬에게 그 여자가 사랑함이 많으므로 사함을 받았다고 말씀하신다. 이어서 예수님은 그 말을 뒤집어 "사함을 받은 일이 적은 자는 적게 사랑하느니라"고 말씀하신다. 우리는 종종 여기에는 사랑을 통해 용서를 받는다는 암시가 나타나지 않는다는 사실을 보여주기 위해 이 구절을 왜곡해 왔다. 그러나 이 구절은 은혜와 행위에 대한 우리의 오래된 주장을 위해 조작되어서는 안 된다.

성경적으로 말하면, 은혜와 행위의 관계는 신학자들이 생각하는 것보다 훨씬 복잡하다. 창세기 처음부터 요한계시록 끝까지, 하나님의 절대적인 은혜가 전제된다. 하나님의 은혜는 당연한 것으로 간주된다. 그것은 이미 주어진 것이다. 그러나 창세기 처음부터 요한계시록 끝까지, 우리는 은혜로우신 하나님께 어떻게 반응할 것인가에 대해 선택권을 가진다. 문제는 우리의 반응이다. 우리는 하나님께 "아니오"라고 말할 수 있으며, 하나님은 이러한 선택에 개입하지 않으신다. 하나님은 우리가 하나님과 억지로 관계 맺게 하지 않으신다. 누가복음 18장에 나오는 호기심 많은 한 부자 관리는 심히 근심하며 돌아간다. 아무도 그와 논쟁하거나 마음을 바꾸려 하지 않는다. 우리가 하나님께 "예"라고 대답하는 것과 별개로, 은혜는 개별적이 아니라 집단적이다. 하나님은 의로운 자와 불의한 자 모두에게 비를 내리신다. 개인적 은혜는 우리가 하나님께 보이는 반응에 달려 있다. 예수님은 두 가지 면에서 옳은 것으로 보인다. 여자는 예수님을 사랑하기로 선택했고, 예수님은 그에게 용서의 문을 열어주셨다. 예수님은 용서의 문을 여셨으며, 여자는 마음의 문을 열었다. 은혜는 오직 하나님만이 하실 수 있으며, 반드시 하나님과 사람의 협력이 필요하다. 누가는 이러한 역설을 기정사실로 받아들인 것으로 보인다. 보본이 지적하듯이, "누가는 용서가 일어나는 정확한 시점에 관심이 없다"2002: 297

이 이야기의 마지막 장면인 48-50절에서 예수님의 관심은 시몬에게서 여인에게로 향한다. 예수님이 그에게 보이신 관심은 전인적이다. 그것은 예수님의 목회적 초점을 엿볼 수 있는 흥미로운 창구다. 예수님이 여자에게 네 죄 사함을 받았다고 말씀하시자 함께 앉아 있는 자들이 크게 동요했다. 시몬의 초청을 받은 자들은 웅성거리며 예수님이 중풍병자를 고치실 때 무리가 보였던 반응과 유사한 반응을 보인다. 이 구절은 사실상 5장 20-22절과 거의 일치한다. "이가 누구이기에 죄도 사하는가"7:49 AT 예수님의 정체성에 대한 의문은 복음서의 후반부에도 나온다. 이 질문은 헤롯이 9장 9절에서 제기하며, 예수님과 제자들은 9장 18-22절에서 이 주제에 대해 논의한다. 그러나 예수님은 앞에 선 여자에게서 관심을 돌리지 않으신다. "네 믿음이 너를 구원하였으니 평안히 가라"7:50

본문에 나오는 구원은 능동적 사랑에 관한 문제다. 그것은 하나님과 사람을 함께 움직이는 사랑이며, 끊임없이 성장하고 추구하는 영역 안에서 하나님과 사람을 세상으로 나아가게 하는 사랑이다. 여자는 예수님의 영역으로 들어가 소란을 통해 영역을 확장하며 이전에 무시했던 소란한 방식으로 예수님을 위해 헌신한다. 그는 마음으로부터 사명을 받는다. 예수님은 그를 위해 영역을 넓히시지만, 이목을 집중시키는 방식으로 그를 받아들이신다. 예수님은 여자에 대한 마음을 여심으로써, 여자뿐만 아니라 시몬과 다른 손님들까지 받아들일 수 있는 은혜로운 공간을 창조하신다. 기회는 주어졌지만, 텍스트에는 그들이 기회를 받아들였는지에 대한 언급이 나타나지 않는다. 결정권은 그들에게 있으며, 따라서 그들의 몫이다. 그러나 여자는 기회를 받아들이고 평안히 가서 자신에게 주어진 인간 관계적 영역 안에서 은혜를 확장한다.

8:1-3 여자 제자들

누가는 향유를 부은 여자와 시몬의 이야기에 이어 규칙적으로 삽입하는 요약적 진술 가운데 하나를 제시한다. 이 작은 단락은 나인성 과부와 향유를 부은 여자 등 앞서의 에피소드를 마무리하는 동시에 예루살렘으로 향하시기 전9:51 마지막 대단원8:1-9:50을 시작한다. 이 짧은 진술의 첫 절은 하나님의 나라에 대한 선포와 복음을 전하는 사역뿐만 아니라 갈릴리의 각 성과 마을이라는 지리적 요소를 강조한다. 그런 다음 누가는 여자들에 대해 언급하기 전에 먼저 열두 제자의 존재에 대해 언급한다.

여성 사역자에 대한 누가의 요약은 그 시대, 그 장소의 문서로는 놀라운 자료다. 누가는 결코 21세기의 페미니스트나 19세기의 참정권론자가 아니다. 다른 한편으로, 1세기에 여성에 대한 관점이 어떠했는지를 감안할 때 유명, 무명의 여성을 포함한 사실은 놀라운 일이 아닐 수 없다. 세 명의 여자는 이름이 나타나며, 그 외 이름 없는 많은 여자가 무리의 일부가 아니라 핵심적인 인물인 열두 제자와 함께했다.

이름이 기록된 첫 번째 여자는 막달라인이라는 마리아다. 막달라는 갈릴리 호수 또는 게네사렛 서쪽 해변에 위치한 마을로, 헤롯 안티파스 시대의 수도였던 티베리아스라는 대도시에서 멀지 않다. 누가는 이 마리아가 예수님의 병 고침을 받아 일곱 귀신이 나간 여자라는 사실을 덧붙인다. 당시 유대인에게 일곱 귀신의 압제는 특히 억압적인 상황을 의미한다.Bovon 2002: 301 복음서 가운데 누가복음에만 언급된 요안나는 24장 10절의 빈 무덤 장면에도 등장한다. 이름이 흔해서 출신지와 함께 언급해야 하는 마리아와 달리 요안나라는 이름은 드물다. 그는 헤롯의 궁정에서 재정을 맡고 있는 행정가 구사의 아내다.Bovon 2002: 301 요안나는 처음부터 예수님을 따르기로 결심한 후 끝까지 함께한 인물로 잘 알려져 있다. 그녀는 십자가 처형 현장에 있었으며 빈 무덤을 찾았던 갈릴리 여자들 가운데 한 명이다. 헤롯 궁정 출신 제자로서 요안나는 처음에는 관심을 보였으나 나중에는 나약하고 우유부단한 태도로 물러나 예수님을 대적했던 헤롯과 뚜렷한 대조를 보여준다.Bovon 2002: 301

세 번째로 이름이 기록된 수산나는 신약성경 다른 곳에는 언급되지 않기 때문에 그가 예수님의 초기 제자라는 가장 중요한 한 가지 사실 외에는 알려진 것이 거의 없다. 수산나는 막달라 마리아 및 헤롯 궁정의 요안나와 함께 예수님 일행을 섬겼다. 여러 역본에서 provide공급하다로 번역된 "디아코네오"diakoneō는 "섬기다," "사역하다"라는 뜻이 있다. 이 단어는 누가행전에서 바울의 후기 사역을 포함하여 다양한 사역을 가리키는 의미로 확장된다. 여성 사역에 경제적 지원이 포함된다는 사실은 흥미롭다. 이러한 지원은 당시 부유한 여성 가운데 경제권을 가진 자들이 있었음을 보여준다. 이 구절은 헬라어에서 명확히 드러나는 남녀를 구분하는gender-specific 대명사를 모호하게 만드는 영어 번역의 성향을 보여주는 많은 사례 가운데 하나다. 누가는 예수님 일행을 섬긴 자로 막달라 마리아, 요안나, 수산나를 언급한 후 "다른[여성] 여러[여성] 여자가 함께하여 자기들[여성]의 소유로 그들[남성]을" 섬겼다고 진술한다.

여성 사역에 대한 우리의 이해는 물질적 지원에만 국한되어서는 안 된다. 본문에는 이것이 어떤 성격의 섬김이었는지 명시되어 있지 않지만, 이 단어가 누가행전에서 광범위하게 사용된 사실을 감안할 때 지나치게 좁은 의미로 해석해서는 안 될 것이다. 그들은 사역과 물질의 은사를 풍성히 받아 헌신한 여자들이었다.

성서적 맥락 속의 본문

낮아짐과 공의

우리는 7장 18-35절에 대한 주석에서 요한은 가장 큰 자이자 가장 작은 자라는 예수님의 수수께끼 같은 평가에 대해 살펴보았다. 성경에는 전체를 꿰뚫는 하나의 강력한 주제가 있는데, 나는 이 구절의 말씀이 이 주제와 관련이 있다고 생각한다. 그것은 낮아짐과 공의의 관계와 관련이 있다. 히브리어에는 외모나 지위나 부와 같은 외적인 것들을 보시지 않는다는 의미로 번역될 수 있는 관용구적 표현이 나타난다. 이 관용구는 사도행전 10장 34절에서처럼 외모를 보시지 않는 하나님으로 묘사된다. 신명기 10장 17절은 "너희의 하나님 여호와는 신 가운데 신이시며 주 가운데 주시요 크고 능하시며 두려우신 하나님이시라 사람을 외모로 보지 아니하시며 뇌물을 받지 아니하시고"라고 말씀하며, 역대하 19장 7절은 "우리의 하나님 여호와께서는 불의함도 없으시고 치우침도 없으시고 뇌물을 받는 일도 없으시니라"고 말씀한다. 욥기 34장 19절은 하나님이 고관을 외모로 대하지 아니하신다고 말씀한다.

누가복음 7장에 나오는 세례 요한에 관한 구절은 어휘적으로는 이 모티브와 연결되지 않지만, 몇 가지 주제적 요소들은 중심을 보시는 하나님의 공평하심이라는 개념과 연결된다. 예수님은 자신이 메시아냐고 묻는 요한에게 눈먼 자, 저는 자, 나병 환자, 귀먹은 자, 죽은 자, 가난한 자에게 하고 계신 일을 보라고 대답하신다. 예수님은 그의 사촌 요한에 대해 잘 알고 계신다. 요한은 이러한 반전적 사역과 공의의 행위를 통해 그가 자신이 찾고 있던 분이심을 확신하게 될 것이다. 반전적 하나님의 나라에 참여하고 하나님의 위대한 반전의 사역자가 되며 하나님의 공평하심에 "예"로 반응하는 것이야말로 예수님과 요한을 하나로 묶는 요소다.

구약성경과 누가복음에서 낮아짐은 공의와 연결되며, 공의는 낮아짐과 연결된다. 사람과 사회 제도에 대한 치유는 하나님이 부나 지위나 권력과 같은 외적인 것들을 보지 않으신다는 사실을 인식하는 것으로부터 시작된다. 대신에, 하나님은 눈먼 자, 저는 자, 나병환자, 귀먹은 자, 죽은 자, 가난한 자에게 다가가는 마음과 손을 인정하신다. 하나님은 셰이커교의 오래된 찬송가"Simple Gifts," 1848 가사처럼, "마땅히 있어야 할 곳으로 내려가는" 자들을 찾으신다. 이러한 우리는 연합을 통해 복을 받는다. 우리가 능력을 받는 것은 이러한 연합을 통해서다.

교회생활에서의 본문 적용

성적 재구성

나와 함께 예수님과 바리새인 시몬의 집에서 향유를 부은 여자에 관한 본문을 연구했던 여성들은 이 장면에 잠재된 에로티시즘에 대해 움찔하지 않았다. 나는 물론 이 이야기를 꺼내지 않았다. 다른 사람들과 마찬가지로 나는 룻기나 아가서는 물론 성경의 에로틱한 장면을 다루는 데 불편함을 느낀다. 그러나 이 질문은 우리 앞에 놓였고, 우리는 끈질기게 버텼다.

누가는 여자를 그 동네에 사는 "죄인"으로 묘사한다.7:37 우리는 이 묘사를 통해 그가 매춘부일 것이라고 추측하지만, 다른 가능성도 많다. 우리는 이 묘사가 끝이 아니라는 사실을 알았다. 누가는 계속해서 그가 예수님이 어디에 계신지 알았으며 향유가 담긴 옥합을 가져왔다고 진술한다. 우리는 예수님과 이 무명의 여자 사이의 배경이 궁금했다. 그는 예수님에 대한 사전 지식과 함께 어느 정도 관심이 있었음이 분명하다. 이 여자는 예수님이 어디서 무엇을 하고 계신지 파악했다. 이것은 그가 예수님에게 끌렸다는 의미인가? 그가 원하지 않는 장소에 들어간 이면에는 성적인 감정이나 동기가 있었는가?

확실히 여자의 행동은 다소 감정적이고 노골적이었다. 그는 자신과 예수님이 보여주는 모습에 개의치 않는 것 같다. 여자는 눈물로 예수님의 발을 씻었다. 이것은 조심스럽게 훌쩍이는 눈물도 아니고 뺨을 타고 흘러내리는 두 줄기 눈물도 아니었다. 그것은 큰 흐느낌과 함께 거친 숨을 내쉬며 엉엉 우는 눈물이었다. 여자는 머리카락으로 예수님의 발을 닦았다. 그러기 위해서는 머리카락을 풀어야 했을 것이다. 이것이 매춘부임을 보여주는 행동은 아니지만, 흔히 볼 수 있는 장면도 아니다. 여자는 예수님의 발에 입을 맞추었다. 이것이 에로틱한 행위가 아니라면, 여러 면에서 볼 때 확실히 당황스러운 행동임이 분명하다. 예수님의 발에 입을 맞추는 행위는 한동안 계속되었다. 이어서 여자는 예수님의 발에 향유를 부었다. 향유나 옥합은 결코 싼 물건이 아니다. 여자의 행동과 선물은 단정치 못하고 감정적이며 과장되고 부적절했다.

이 모든 장면은 우리에게 많은 것을 생각하게 한다. 에로틱하든 아니든, 공적인 자리에서 지나치게 과한 감정적 행동은 불편함을 준다. 특히 우리가 어떤 식으로든 책임을 져야 하는 자리라면 더욱 그럴 것이다. 우리는 시몬의 입장이 되어, 저녁 초대가 엉망이 되어버렸을 것이라는 생각을 해보았다. 우리는 자신이 이 이야기의 어디쯤 위치하느냐는 질문을 받는다면 적어도 예수님의 위치에 서 있는 것은 아니라는 생각을 했다. 어쩌면 우리는 시몬과 함께 예의범절을 따지며 예수님의 사랑을 받은 자의 당황스러운 행동이 어디서 나온 것인지 제대로 보지 못하는 상태에 있을 수 있다.

그러나 우리는 시몬의 입장에도 만족하지 못했다. 우리는 여성의 문제를 쉽게 묵살해버리는 종교 지도자의 편에 서고 싶지 않았다. 우리는 이 여자를 다른 관점에서 보고 싶었다. 우리는 그녀의 편에 서고 싶었다. 여자는 시몬에게 따뜻한 대우를 받지 못했으며 해석사에서도 정당한 대우를 받지 못했다. 그러나 예수님은 이러한 교회 지도자들처럼 행동하지 않으신다.

따라서 우리는 끈기 있게 버텼다. 우리는 시험 삼아 한번 깊이 들어가 보기로 했다. 우리 중에는 자신의 삶과 성적인 문제sexuality가 항상 잘 구분된 것은 아니며 때로는 어지럽게 뒤섞이기도 한다는 고백이 나왔으며 나머지 사람들은 고개를 끄덕였다. 우리는 이야기 속의 여자와 함께 현장에 서 보았다. 우리는 여자의 입장에서 공감해보았으며, 그제야 비로소 예수께서 그의 혼란스러움, 여성의 문제, 재능, 고통, 불안을 거두어가셔서 따뜻하게 재형성해주심을 알게 되었다. 예수님은 시몬에게 말씀하셨지만, 그 여자를 향한 말씀이기도 하다. 이러한 우회적 방식은 여자에게 말씀을 듣고 회복할 수 있는 공간과 시간을 부여했다. 예수님은 시몬에게 후대의 모범적 사례로 여자를 높이셨다. 예수님은 당황스럽게 터져 나온 감정의 이면에서 절망적인 고통 가운데 이곳을 찾아온 핵심적 사랑을 보았다. 예수님은 이 사랑의 선물을 받으셨으며, 그것을 거룩한 사랑으로 되돌려 주셨다.

이 이야기는 성별과 관계없이 우리 모두를 위한 이야기다. 우리 모두의 삶에는 이런 혼란스러움이 존재하기 때문이다. 그러나 이 이야기는 특히 여성에게 은혜가 되는 말씀이다. 우리의 고통과 사랑은 예수님 앞에서 무시당하는 것이 아니라 거룩한 선물이 될 수 있기 때문이다.

교사이자 목회자이신 예수님

개관

복음서의 이 부분을 영상화한다면 줌 렌즈가 필요할 것이다. 예수님이 본문을 통해 이루신 교육적, 목회적 성취는 친밀하고 개인적이다. 예수님 앞에는 언제나 무리가 있다. 그들은 예수님의 주변에 몰려들어 그의 비유를 들었다. 그들은 예수님을 그의 가족에게서 떼어 놓았다. 그의 어머니와 형제들은 전달하는 사람을 통해서만 예수님과 연락할 수 있었다. 혈루증을 앓는 여자는 치유에 대한 열망으로 무리 가운데 숨어 예수님의 옷을 만진다.

본 장에서 예수님은 무리가 밀려드는 가운데서도 개인에 초점을 맞춘 사역을 하신다. 사람이 많았음에도 불구하고, 모든 만남과 대화는 개인적 차원에서 친밀하게 이루어진다. 예수님이 무리에게 여러 유형의 땅에 관한 비유를 말씀하신다. 그러나 예수님은 비유에 관한 제자들의 질문에 대해 더욱 친밀한 분위기에서, 아마도 저녁 식사 후나 모닥불 주위에 둘러앉아 대답하신다.

제자들과 함께 광풍을 만나신 예수님은 그들을 바다에 대한 두려움에서 벗어나게 하신다. 예수님은 제자들과 소수의 돼지 치는 자들이 보는 가운데 귀신 들린 자를 고치신다. 혈루증 앓는 여자의 머뭇거리는 손길을 느끼신 예수님은 그의 행동을 공개하고 그를 고립과 은둔에서 불러낸 후 치유하신다. 끝으로 예수님은 딸의 부모 및 세 명의 제자와 함께 야이로의 집에 들어가 죽은 딸을 살리시고 가정을 회복하신다.

이 단원의 사역에는 장애물이 있다. 그러나 그것은 예수께서 회당의 지도자나 바리새인과 맞서실 때 보았던 것과 같은 사회적, 정치적 장애물이 아니다. 이 단원에서 예수께서 직면한 장애물은 제자들과 가족의 이해 부족 및 다양한 형태의 두려움이다. 질병과 사망 역시 그의 가르침과 치유의 대상이 되는 장애물이다.

자신의 사역을 성공적으로 시작하신 예수님은 모인 무리를 가르치고 돌보는 일상적 사역을 수행하신다. 이 사역에서 말과 행동은 중요한 교육적 도구가 된다. 예수님의 가르침을 이해하도록 돕든, 그가 하신 일을 이해하도록 돕든, 핵심은 묵상이다. 이 단원은 비유와 이야기로 시작하며, 그의 도우심을 필요로 하는 혈루증 앓는 여자와 열두 살 된 소녀에 관한 통렬한 이중적 기사로 끝난다.

단락 구조

선생이신 예수님, 8:4-21

    8:4-8; 8:11-15 땅에 관한 비유 및 해석

    8:9-10 제자들과 다른 사람들

    8:16-18 말씀의 빛

    8:19-21 말씀의 참된 가족

목회자이신 예수님, 8:22-56

    8:22-25 예수님이 제자들을 안심하게 하심

    8:26-39 귀신 들린 자를 풀어주심

    8:40-56 야이로의 딸을 살리시고 혈루증 앓는 여자를 고치심

본문 주해

가르치는 선생으로서 예수님 8:4-21

이 교훈 단락은 세 가지 주제를 포함한다. 핵심 주제는 땅에 관한 비유로, 예수님은 무리에게 이 비유를 말씀하신 후 제자들에게 따로 설명하신다. 누가는 이 비유 뒤에 등불에 관한 짧은 비유를 덧붙인다. 이어서 자신의 가족이 찾아옴으로써 예수께서 무리에게 하나님 나라의 새로운 실재에서 가족의 의미에 관해 설명할 기회가 주어진다. 이 단원에서는 지금까지와 달리, 땅에 관한 비유 8:4-8와 비유에 대한 해석 8:11-15을 함께 살펴볼 것이다.

8:4-8; 8:11-15 땅에 관한 비유 및 해석

본문은 비유 형식의 가장 전형적인 사례 가운데 하나다. 이 비유는 광범위한 청중을 모든 사람이 공감할 수 있는 일상적 삶으로 데려와 그들의 반응을 끌어내거나 결단하게 한다. 비유는 종종 청중의 허를 찌르는 반전이나 놀라움을 포함하는 것으로 알려진다. 그러나 이러한 놀라움은 비유가 처음 선포된 후 거의 사라졌으며, 비유가 다양한 형태로 남아 있다는 것은 그것이 반복적으로 사용되었음을 보여준다는 사실을 기억할 필요가 있다. 확실히 비유라는 형식의 효력은 최초의 충격 효과를 초월한다.

보본이 언급한 것처럼, 누가는 마가와 달리 씨 뿌리는 자가 아니라 씨를 이야기의 중심에 놓는다.2002: 307 이 비유의 축이 되는 말씀으로 보이는 이사야 55장은 여호와의 입에서 나오는 말씀이 "파종하는 자에게는 종자를 주며 먹는 자에게는 양식을 줌"55:10-11과 같다고 진술한다. 이것은 아름다운 이미지다. 선지자는 하나님의 복을 비와 눈의 합작품으로 설명하고 하나님의 말씀을 인간의 생명을 윤택하게 하는 씨앗으로 설명한다

씨는 다양한 형태의 땅에 떨어진다. 학자들은 땅에 관한 누가복음의 비유와 다른 공관복음서의 비유에 대한 해석을 통해 이처럼 다양한 땅에 씨를 뿌리는 자를 안타까운 자로 여겨야 할지 어리석은 자로 여겨야 할지에 대해 갑론을박해왔다. 그들은 자신의 견해를 뒷받침하기 위해 1세기 팔레스타인의 농사법을 인용했다. 씨를 뿌린 후에 밭을 가는 농부는 덜 어리석은 자로 여겼다. 광의의 성경 신학적 관점에서 볼 때, 이러한 긴장은 해소되어서는 안 될 것이다. 성경은 종종 하나님이 창조하신 인간에 대한 하나님의 주권을 비극적이고 어리석은 존재로 여긴다. 성경적 관점에서 은혜는 초라한 결과에도 불구하고 토라와 예언 및 성육신을 통해 우리를 끊임없이 말씀과 결부시키려는 하나님과 관련이 있다.

비유와 비유에 대한 해석에는 불신, 연약함, 변심, 결실이라는 네 가지 상황이 묘사된다. 말씀이 마음 속에 자리 잡을 곳이 전혀 없는 불신은 외부의 힘이 작용한 것으로 묘사된다. 이 비유에서 길 가에 떨어진 씨를 밟는 것은 발이고, 그것을 먹어 치우는 것은 새들이다. 이 비유의 해석에 따르면, 하나님의 말씀이 뿌리를 내리기 전에 사람들의 마음에서 빼앗아 가는 것은 마귀다. 외부의 힘이 가공할만한 존재이지만, 땅은 팔레스타인의 포장도로처럼 단단한 길이다. 길은 씨를 뿌리기 위한 곳이 아니라 수송을 위한 도로이기 때문에 불모지다. 비옥함이 경건, 종교적 수련, 공감, 창의성, 상상력 등 어떤 의미로 인식되든, 경직된 땅은 씨를 포식자로부터 보호해 주지 못한다. 이런 땅은 말씀을 받기 전후에 외부 세력의 공격을 받지만 아무런 대응도 하지 못한다. 흙이 없는 상태의 길은 외부 세력에 노출될 수밖에 없다.

연약한 사람은 씨를 자라게 할 수분을 공급할 수 없다. 그들은 말씀을 기쁨으로 받아들인다. 이것은 삭개오가 예수님을 자신의 집으로 모실 때와 같은 기쁨이다. 그러나 삭개오와 달

리 여기서는 기쁨으로 받은 말씀이 더욱 풍성한 기쁨으로 인도할 결심이나 행동으로 이어지지 못한다. 말씀은 바위 위에서 수분을 얻지 못하고 시든다. 이 비유에 해당하는 사람들은 한동안 실제로 믿지만 천국 말씀이 뿌리를 내리지 못함으로써 시험이 오면 배반한다. 확고한 반응을 보였던 삭개오의 믿음과 달리, 헌신과 행동이 없는 믿음은 믿음이 전혀 없는 것과 같다.

마음을 바꾼 청중은 하나님의 말씀을 듣고 받아들인 자다. 그들은 천국 말씀을 자라게 하고 돌보지만 다른 것도 함께 양육한다. 예수님은 이생의 염려와 재물과 향락이라는 세 가지 요소를 제시하신다. 재물은 염려와 향락을 지배하는 것으로 보인다. 문제는 재물이나 소유와 관련된 염려나 향락이라는 것이지만, 소유의 개념을 단순히 물질적 부에 국한할 필요는 없다. 중요한 것은 더 많이 가지려는 탐욕이다. 우리가 지위나 물질을 획득함에 따라 하나님 나라의 말씀을 자라나게 하려는 우리의 간절한 노력은 어쩔 수 없이 다른 관심사들과 함께 묻히고 우선순위에서 밀리게 된다. 우리의 근본적인 신뢰는 사라지고, 주님과 주님의 말씀에 대한 우리의 충성심은 힘을 잃는다.

하나님 나라의 가치관에 견고한 자는 말씀이 뿌리를 내리고 성장하며 가장 중요한 요소로 남아 있는 사람들이다. 그런 사람들은 무엇보다도 땅이 좋다. 그것은 굳어 있지 않고 마르거나 돌이 많지 않으며 온갖 잡초가 무성하지 않다. 이런 땅은 큰 장점이 된다. 그러나 그들은 이런 장점을 당연한 것으로 여기지 않는다. 오히려 그들은 정직함과 선함과 인내로 말씀을 굳게 붙든다. 이 세 가지 성품은 당시 성도들은 물론 오늘날 성도들의 창의성과 생산성에 매우 중요한 요소다. 이것은 다음 장에서 요구하는 자기 부인의 한 과정이다. 하나님의 자녀, 예수님을 따르는 자는 착하고 좋은 마음으로 말씀을 받아 자라게 하는 자다. 피츠마이어Fitzmyer의 예리한 지적처럼, 누가는 여기서 히브리의 이상과 헬라의 이상을 결합한다. 마음은 "하나님과 그의 말씀에 대한 인간적 반응의 좌소"라는 성경적 개념에 대한 언급이며, "착하고 좋은"good이라는 형용사는 고상한 관대함을 가라키는 헬라의 인문주의 표현이다.Fitzmyer 1981: 714 따라서 이곳의 비유는 히브리 문화와 헬라 문화의 이상에 다가가는 동시에 그것에 대한 저항도 보여준다. 이러한 저항은 문화에 익숙한 염려와 재물과 향락에 대한 획득과 축적은 하나님 나라의 역전된 가치관을 질식시킬 우려가 있다는 사전 경고다. 이전의 경고이다.

8:9-10 제자들과 다른 사람들

우리는 비유와 비유에 대한 해석에 나타난 네 가지 유형의 땅을 함께 다루었는데, 이것은 두 본문을 개별적으로 다룰 경우 내용이 중복될 염려가 있기 때문이다. 그러나 누가는 비유와 비유에 대한 해석 사이에, 오늘날 사람들에게 생소할 수 있는 짧은 역설적인 단편을 삽입한다.

누가는 다른 복음서기자들과 마찬가지로, 이스라엘 백성이 놀라우신 하나님과의 오랜 역사에도 불구하고 이 새로운 주권, 그들을 위한 하나님의 능력과 사랑의 새로운 계시에 긍정적인 반응을 보이지 않는다는 비극적인 현실을 자신의 관점에서 다루어야 한다. 이 짧은 단락에는 성경 어느 곳에서나 찾아볼 수 있는 긴장이 나타난다. 즉, 부정적 반응의 실상, 부정적 반응에 대한 인간적 책임, 그리고 이러한 현실이 이스라엘의 전능하신 하나님에 대한 믿음에 초래하는 딜레마 사이의 긴장을 보여준다. 이곳의 아이러니는 제자들이 방금 들은 여러 유형의 땅에 대한 설명을 요구한다는 사실이다.

예수님은 제자들이 제대로 이해하지 못한 내용을 설명하시기 전에, 그들에게는 하나님 나라의 비밀을 아는 특권이 있으나 사실 이 비유는 그런 특권이 없는 다른 사람들을 위한 것이라고 말씀하신다. 보본이 지적하듯이, 지식과 비밀에 대한 이 구절은 사실상 누가의 말이 아니다.2002: 312 이 주제를 다룬 다른 본문에서 누가는 지식보다 바울의 믿음에 기우는 경향이 있다. 여기서는 전통을 따르되, 마가복음의 흐름을 좇아 메시아의 은닉성에 대한 강조와 함께 전통을 발전시키는 대신 이 비밀을 땅 비유와 연계하여 구체적으로 설명하는 한편, 이스라엘의 전능하신 하나님이 믿지 아니할 자를 미리 아심을 강조한다.

8:16-18 말씀의 빛

이 단락에서 예수님이 가르치신 두 번째 주제는 말씀이다. 이 비유는 집에서 사용하는 등불의 용도에 관한 전통적 지혜에 초점을 맞춘 메타포로 시작한다. 등불이 그 집에 사는 가족과 찾아오는 손님을 위한 것이라면, 등불을 켜서 그릇으로 덮어 꺼지게 하거나 보이지도 않고 화재의 위험도 있는 평상 아래에 숨겨 두지는 않을 것이다. 마찬가지로, 하나님 나라의 말씀은 본질상 비밀이나 은밀한 지식이 아니다. 이것이 바로 예수께서 비유로 말씀하신 이유 가운데 하나다. 복음에 대한 접근성을 더욱 높이기 위해서라는 것이다.

이어지는 문장에서 예수님은 이러한 요지를 은유가 아닌 평이한 일상적 용어로 반복하신다. 아무것도 숨길 수 없다. 모든 것은 반드시 드러난다는 것이다. 예수님이 계속해서 말씀하시듯이, 문제의 본질은 드러남에 있지 않고 듣는 데 있다. 복음은 이해하기 어렵지 않다. 그러나 그것은 귀를 기울여 주의 깊게 듣고 배우려는 자세를 갖춘 자들만이 이해할 수 있다. 복음은 여러 세대에 걸쳐 이스라엘에게 자신을 알리시는 은혜로우신 하나님으로부터 오는 선물이다. 그러나 이 선물은 인간의 묵종, 동의, 상호작용 및 반응이 있어야만 실현될 수 있다. 누가에게 이러한 인간적 반응은 하나님 나라의 놀라운 반전의 복음을 받아들일 수 있는 겸손한 마음으로 말씀에 귀를 기울이는 자세나 태도다. 자기만족은 복음을 받아들이는 데 방해가 되지만, 하나님의 말씀을 주의 깊게 경청하는 자는 더욱 큰 통찰력을 얻을 것이다. 인간과 하나님의 상호작용에 있어서, 필요한 통찰력을 가지고 있다고 생각하는 자는 겸손히 마음을 열라는 요구를 놓치게 될 것이다. 그들은 있는 줄로 아는 것까지도 빼앗기게 될 것이다.

8:19-21 말씀의 참된 가족

하나님 나라의 말씀은 가족을 재정의한다. 예수님이 이곳에서 그의 어머니와 형제들에게 보인 태도가 무례하고 센스없는 것처럼 보인다는 사실에 대해서는 많은 말이 있었다. 가족 간에 만나지 못한다는 것은 인간의 삶에서 충분히 문제가 될 수 있는 상황이다. 예수님이 계신 현장에 도착한 어머니와 형제들은 그를 만나고 싶어 했으나 무리로 인해 다가갈 수 없었다. 그들이 무슨 일로 찾아왔는지는 알 수 없으나 누군가 예수께 알림으로써 예수님은 가족에 관해 가르치실 기회를 얻는다. 예수께서 하신 말씀이 특별히 공손하거나 자상한 말씀은 아닐지라도, 그가 어머니와 형제들을 거부하신 것은 아니다. 다만 예수님의 사명에 비추어, 혈육보다 신앙의 가족이 우선이라는 것이다.

오늘날도 그렇지만 1세기에도 가정은 신성불가침 구역이었다. 그때나 지금이나 사람들은 가족을 높이면 가정이 잘 돌아간다고 생각한다. 그때나 지금이나 가정의 가치에 대한 미사여구는 우리 사회가 가족을 제대로 부양하지 않는다는 사실을 보여준다. 예수님은 여기서 하나님 나라의 가치관이 가장 가깝고 소중한 사람들과의 관계보다 우선한다고 말씀하신다. 예수님은 가족이 아니라 하나님의 나라에 초점을 맞추신다. 하나님 나라의 가치관을 모든 삶에서 최우선 순위에 둘 경우, 가장 가깝고 소중한 사람들의 유익뿐만 아니라 공동체의 유익에도 영향을 미치는 두 가지 결과를 초래한다. 첫째로, 하나님 나라가 삶의 우선순위에서 맨 앞자리를 차지하면, 자신은 물러나게 된다. 자신의 필요나 욕망은 더 이상 삶의 목적이나 동기가 되지 않는다. 이것은 자신의 필요나 욕망을 무조건 무시하거나 외면해야 한다는 것은 아니다. 단지 그러한 것들은 더 이상 전면에 나서거나 중심이 될 수 없다는 것이다. 둘째로, 하나님 나라가 우리 삶의 최우선 순위가 되면, 가난하고 억압받는 자의 복지가 개인적, 집단적 판단의 준거가 되는 가치 체계를 가지게 된다. 따라서 이타심과 자비가 규범이 된다. 하나님 나라가 우리 삶의 중심이 되고 가장 약하고 힘없는 사람들의 복지를 우선한다면, 자녀가 무시당하지 않고 가정 폭력이 없는 사랑이 넘치는 가정이 될 것이라는 데에는 의심의 여지가 없다. 재정의된 하나님 나라의 가정은 하나님 나라의 빛과 말씀 못지않게 급진적이다.

목회자로서 예수님 8:22-56

8장의 가르치는 단원에서 땅에 관한 비유를 말씀하신 후 제자들에게 설명하신 예수님은 말씀의 빛과 말씀의 가족에 관해 가르치신다. 누가는 결론적으로 목회자로서 예수님의 사역을 보여주는 일련의 유사한 단락을 제시한다. 예수님은 광풍을 만나 불안에 떠는 제자들을 진정시키고 귀신 들린 거라사인을 고치시며 야이로의 딸과 혈루증으로 12년 동안 앓고 있는 여자를 낫게 하신다. 이곳의 이야기에는 양면성이 있다. 모든 이야기는 예수님을 백성의 목회자로서 아무 근심 없이 그들 가운데 다니시는 분으로 묘사한다. 본문에는 다양한 복선의 상징주의가 나타나며 훨씬 은밀한 신학적, 정치적인 의미를 담고 있는 것으로 보인다. 예수님은 목회자이자 메시아시다. 정확히 말하면, 그는 메시아적 목회자시다.

8:22-25 제자들을 진정시키신 예수님

예수님과 광풍과 제자들에 관한 이 이야기는 누가복음의 신학적 관점에서 매우 중요하다. 이 이야기는 실생활에서 볼 수 있는 내러티브로 시작된다. 그들은 배를 타고 호수 저편으로 향한다. 보본은 우리가 누가복음 8장 1-3절에서만큼 본문의 여자 제자들에 대해 읽어 내지 못한다는 사실을 상기시킨다. 이 문제에 대해서는 두 가지 방식으로 접근할 수 있다. 하나는, 보본의 주장처럼 이 배에는 여자들도 있었을는지 모른다는 것이다. 다른 하나는 8장 서두의 조용하고 역량 있는 여자들은 불안에 떨고 있는 남자 제자들과 대조되는 역할을 통해 24장에서 남자들보다 빨리 믿고 무덤을 찾았던 여자들을 예시하는 것일 수 있다는 것이다. 두 가지 대안은 상호 배타적이지만 둘 다 누가복음과 공감대를 형성하며, 우리가 역사적으로 여자 제자들을 고려하지 못했던 부분을 바로잡을 수 있게 한다. 일반적으로 갈릴리 바다로 불리는 이 호수는 거센 바람이 순식간에 불어올 수 있는 산 옆에 있다.Bovon 2002: 320 그들이 호수를 건너는 동안 예수님은 배 안에서 주무셨다. 혼란한 와중에서도 침착함을 잃지 않는 영웅에 관한 이야기는 흔히 들을 수 있다. 예수님은 피곤하셨거나, 이 구절 자체가 그의 인성을 반영한 것일 수 있다. 우리 가운데는 언제 어디서나 누우면 바로 잠들 수 있는 사람들도 있다.

이유는 알 수 없지만, 예수님은 잠이 드셨다. 놀랍게도 예수님은 광풍이 몰아치는 가운데서도 계속 주무셨다. 갑자기 배가 위태로운 상태에 빠졌다. 배는 물에 잠기기 시작했으며, 제자들은 죽음의 위기를 느꼈다. 우리는 그들 가운데 일부는 바다에서 생계를 유지하는 노련한 뱃사람들이라는 사실을 알고 있다. 우리는 그들이 까닭 없이 불안해한다고 생각해서는 안 된다. 누가가 이곳에서 사용한 광풍이라는 단어lailaps는 토네이도처럼 크게 휘몰아치

는 바람을 가리키는 전문 용어다.Bovon 2002: 320

이 에피소드에는 역사적 사실주의와 함께 신학적인 의미도 있다. 광풍과 잠은 성경 자료 전체에서 문학적 의미를 가진다. 바다, 특히 폭우가 몰아치는 바다는 당시 히브리 및 헬라 문학에서 혼돈의 개념을 보여준다. 잠, 특히 이곳에서 예수께서 주무신다는 것은 이 이야기를 처음 읽는 독자나 청중에게 하나님의 부재를 상기시킨다. 이 이야기의 해석에 대해서는 다양한 접근이 가능하다. 문자적인 면에서 이 이야기는 누가복음 전체의 흐름에 따라 논리적으로 전개되며, 예수님과 제자들은 한곳에서 다른 곳으로 장소를 이동한다. 한편으로 이 이야기는 기적에 관한 기사다. 이것은 가장 일반적인 접근에 해당할 것이다. 예수님과 제자들이 처한 자연적 환경은 예수님이 어떻게 날씨를 주관하시는지를 보여 줄 기회를 제공한다. 그러나 보다 근원적인 심층적 차원에서, 이 이야기는 그리스도인을 포함한 세상, 인간적인 고통 가운데 하나님께 버림받았다고 생각하는 모든 사람에 대한 이야기다.Bovon 2002: 320-21

이러한 심층적 관점에서 예수님과 제자들이 나눈 합리적인 대화는 매우 중요하다. 배에 타고 있던 제자들여자 제자들이 있었다면 포함해서은 긴급히 예수님을 깨운다. 그들은 예수님을 선생님이 아니라 "주여"라고 부른다. 이곳의 "주여"는 문맥상 Master보다 Captain에 가깝다. 그들은 "우리가 죽겠나이다"라고 말한다.8:24

그들의 절박감과 그들의 곤경에 대한 묘사는 둘 다 암묵적으로 예수님에 대해 비판적이다. 예수님이 정말 그들을 돌보신다면 주무시지 않았을 것이며, 적어도 광풍이 몰려올 때 일어나 해결해줘야 했다는 것이다. 그랬다면 죽게 되었다고 말할 필요도 없었을 것이다. 좋으신 하나님, 돌보시는 하나님은 항상 깨어 있어 사태를 파악하고 분주히 무엇인가를 하셔야 한다는 것이다.

그러자 예수님은 그들에게 결정적인 질문을 하신다. 이 질문에는 동사가 나타나지 않는다. 성경에서 이런 문장은 명사문nominal sentence으로 불리며, 히브리어 성경에 나타나는 하나님의 이름과 유사한 구조로 되어 있다. 즉, 하나님은 전에도 계셨고 지금도 계시고 장차 계실 야웨YHWH/Yahweh신 것처럼, 이곳의 예수님의 질문은 "너희 믿음이 어디 있었느냐/있느냐/있을 것인가?"라는 의미로 해석될 수 있다.8:25 믿음의 사람, 예수님의 제자에게 요구되는 것은 지속적 믿음이다. 그것은 하나님이 계시지 않거나 주무신 것처럼 보일 때에도 하나님을 포기하지 않는 욥의 믿음과 비슷하다. 이런 의미에서, 제자들에게는 믿음이 있다고 할 수 있다. 그들은 이런 믿음으로 예수님을 깨우고 광풍으로 인한 위기를 상기시켰다. 이 믿음은 그들에게 예수님을 "주"captain로 부르게 했다. 그러나 그들의 믿음은 합당한 믿음으로 보기 어렵다. 그들은 예수님이 바람과 물결을 꾸짖으시는 모습에 두려워하고 놀랐기 때문이다.

제자들은 "그가 누구이기에 바람과 물을 명하매 순종하는가"8:25라고 했다. 제자들은 여전히 그들이 따르는 예수님이 누구신지 알아가는 중이었다. 예수님이 방금 행하신 것과 같은 능력은 오직 하나님만이 하실 수 있다고 생각한 그들은 두려워하며 놀랍게 여겼다.

문자적 차원이든 심층적 차원이든, 이 짧은 기사의 내용은 놀랍다. 예수님과 제자들의 관계는 발전하고 있다. 제자들은 그들이 관계를 맺고 따르기로 결심한 분이 누군지 궁금해한다. 그들의 이해는 진화하고 있다. 이 이야기는 이러한 관계와 학습의 한 순간을 포착한다. 또한 저자는 성경이 증거하는 광범위한 이슈에 대해 언급하면서, 욥기나 시편의 애가와 같은 본문이 다루는 주제를 더욱 확장한다.

8:26-39 귀신들린 자를 고치심

바다를 잠잠케 하신 예수님은 제자들과 함께 갈릴리 동쪽 거라사인의 땅으로 가신다. 이 지역의 정확한 이름과 위치는 명확하지 않다. 마태는 이곳을 가다라 지방이라고 부른다.지명과 위치에 관한 사본상의 문제는 Bovon 2002: 326-27 참조

이곳에서 정확한 지리보다 중요한 누가의 주된 관심사는 분위기다. 마가복음의 큰 흐름을 따라가고 있는 누가는 사나운 바다와 함께 귀신과 돼지 떼가 있는 이 맞은편 지역에 대한 묘사를 통해 거칠고 기묘한 분위기를 담아낸다.

예수께서 배에서 내리시자 그 도시 사람 하나가 예수께 나아온다. 이 사람에 대한 묘사는 상세하다. 그는 오랫동안 군대 귀신에 사로잡혀 있다. 귀신이 그에게 한 일은 매우 극단적이다. 벌거벗은 채로 무덤 사이에 거하는 귀신은 죽음에 가까운 처참한 모습이었다.Bovon 2002: 327 그는 예수님을 보자 엎드려 큰 소리로 부르짖었다. 예수님에 대한 귀신의 반응은 적대감과 예수님을 인정하는 태도가 혼합되어 있다. 귀신이 예수께 엎드린 것은 은혜의 근원을 인정하고 은혜를 구하고 있음을 보여준다. 그러나 그의 입에서 나온 첫 마디는 열왕기상 17장 18절의 말씀과 정확히 일치한다. 그곳에서 여자는 선지자 엘리야에게 자기 아들의 치명적인 병에 대한 책임을 묻는다.Fitzmyer 1981: 738 70인역 열왕기상 17장 18절과 누가복음의 이 구절은 모두 문자적으로 "나와 당신에게 무엇이 있느냐"8:28라는 의미다. "당신이 나와 [더불어] 무슨 상관이 있나이까"는 "결코 아무 상관이 없다"라는 대답을 전제한 번역이라고 할 수 있다. 그러나 그는 예수님을 "지극히 높으신 하나님의 아들"이라고 부르며 자신을 괴롭히지 말아 달라고 공손하게 간청한다. 우리는 여기서 두 가지 분명한 사실을 찾아볼 수 있다. 먼저, 그는 자신이 아니다. 무엇인가 다른 것, 또는 다른 누군가가 그를 붙잡고 있다. 그는 인간의 가장자리에 존재한다. 그러나 그 자리를 벗어난 적은 없다. 그는 자신

에게 예수님과 그가 베푸시는 치유가 필요하다는 사실을 인식하지 못할 수 없다. 그는 예수께 다가와 그의 발 앞에 엎드려 예수님을 인정하며 예의를 갖추어 말한다. 그는 자신이 회복할 가망이 없는 것은 아님을 보여준다.

예수님은 그를 보자마자 즉시 치유를 시작하신다. 사실, 귀신들린 자의 대답에는 예수님이 나타나신 사실보다 치유를 원하는 반응도 포함된다. 누가는 귀신 들린 자의 절망적인 상황을 강조하는 내러티브를 삽입한다. 사람들은 그를 쇠사슬과 고랑에 매어 지켰지만, 그 맨 것을 끊고 귀신에게 몰려 광야로 나갔다.

귀신들린 자에 대한 단락의 두 번째 장면에서 예수님은 그에게 이름을 묻는다. 많은 주석가는 예수님이 귀신의 이름을 묻고 있다고 가정한다. 이러한 가정은 언제나 "왜 예수님은 귀신의 이름을 미리 알지 못하는가? 이름을 아는 것이 귀신을 제압하는 기능을 하는가?"라는 의문을 제기한다. 그러나 본문은 예수께서 그 사람의 이름을 물었다고 진술한다. 예수님은 그 사람 안에 거하는 귀신들에게 직접 말씀하시기보다 그 사람의 인간적 속성을 상기시키려 하신 것으로 보인다. 그러나 여기서 그는 "군대"라고 대답한다.8:30 "군대"는 라틴어에서 차용한 단어로, "수천"이라는 뜻이다. 단수로는 일반적으로 6,000명으로 구성된 로마군 연대를 가리킨다. 말하자면 귀신들은 그 남자의 이름을 물으시는 예수님의 질문에 수가 많다고 대답한 것이다. 군사적 용어라는 것과 수가 많다는 것은 예수님이 어떤 존재와 맞서고 계신지를 보여준다. 유아기 내러티브에서 목자들에게 나타나 노래했던 하늘의 천사들 역시 군사적 용어로 묘사된다. 그들은 수많은 천군이었다.2:13 여기서는 그들에 상응하는 악의 세계를 보여준다.

이 시점에서, 그 사람 안에 있는 귀신들은 다시 한번 복종의 태도를 보인다. 그들은 예수께 자신들을 무저갱으로 들어가게 하지 말아 달라고 간구한다. 그들은 인간 세상에 머물고 싶어 한다. 무저갱은 유대인이 페르시아나 헬라 문화에서 차용한 신학적 용어로, 하나님의 대적이 종말에 갇히게 될 형벌의 장소였다.Bovon 2002: 329 예수님 일행은 지금 막 광풍이 내리치는 바다를 건너왔기 때문에, 무저갱에 대한 언급은 두 본문을 예수께서 다양한 세력에 맞서 싸우는 모티브로 묶는다.

귀신들이 대안을 가지고 있다는 사실은 흥미롭다. 그들은 근처 언덕에서 먹이를 먹고 있는 돼지 떼에 들어가게 해달라고 간구한다. 당시 유대인은 돼지에 대한 부정적인 인식을 가지고 있었다. 돼지는 식용으로 사용할 수 없는 부정한 짐승이었다. 또한, 돼지는 그들이 증오하는 로마군과도 관련이 있다. 이것은 귀신을 쫓아내는 이야기일 뿐만 아니라 아이러니하고 정치적인 함축도 가지고 있다. 예수님이 귀신들에게 돼지에게로 들어가게 허락하시자 그들은 즉시 돼지에게로 들어갔으며 그 떼가 비탈로 내리달아 예수께서 방금 제자들을 구해 준 호수로 뛰어들었다. 비탈이라는 단어는 누가복음 4장 30절에서 나사렛 사람들이 예수님을 절벽에서 밀어 떨어뜨리려 했다는 구절에 사용된 동사의 명사형이다. 확실히 이 이야기는 이전 이야기를 떠올리게 한다

귀신을 쫓아내는 이 이야기는 두 부분으로 나뉜다. 전반부는 예수님과 귀신이 맞서는 장면으로 그 사람의 생명과 인간성이 달린 중요한 순간이다. 후반부는 예수님과 마을 사람들의 두려움이 대조되며, 기쁜 소식을 받아들일 것인가라는 문제가 달려 있다. 이 후반부는 목가적 분위기로 시작한다. 돼지를 치던 자들이 도망하여 성내와 마을에 알렸으며, 사방에서 사람들이 예수께로 모여들었다. 그들은 귀신들렸던 자가 인간성을 회복했으며 옷을 입고 정신이 온전하여 앉아 있는 것을 보았다. 그는 예수님의 제자처럼 그의 발치에 앉아 있었다.

사람들의 반응은 기쁨이 아니다. 오히려 그들은 두려워한다. 누가의 세계에서 두려움은 반드시 부정적인 반응이나 감정은 아니다. 두려움은 거룩한 임재에 대한 경험으로부터 오는 적절한 반응이다. 그러나 이중적으로모든 이야기는 두 단계로 진행되는 것처럼 보인다 전개되는 이 반응은 거룩함에 대한 합당한 경외심을 넘어 모든 것을 마비시키는 두려움으로 바뀌어 예수님 일행에게서 멀어지게 한다. 그들은 그 사람이 "옷을 입고 정신이 온전하여 예수의 발치에 앉아 있는 것"을 본다.8:35 그는 마치 제자가 된 듯하다. 그들은 이어서 목격자들의 보고를 듣지만, 정확한 내용은 제시되지 않는다. 그 후 그들은 큰 두려움에 사로잡혀 예수께 떠나가시기를 간구한다.8:37 따라서 예수님은 그들을 남겨 두고 배에 오르신다.

예수님은 배가 떠나기 전, 귀신들렸던 자와 마지막으로 중요한 대화를 나누신다. 마을 사람들이 예수님을 떠나보내려 하자, 그는 예수님의 제자로 함께 가게 해 달라고 간구한다. 그러나 예수님은 여기서 그의 요구를 거절하시며 대신에 그에게 사명을 주신다. 예수님은 그에게 "집으로 돌아가 하나님이 네게 어떻게 큰 일을 행하셨는지를 말하라"8:39고 명하신다. 그 사람은 예수께서 말씀하신 대로 온 성내에 좋은 소식을 선포한다.

따라서 이 이야기는 전후 내용을 조명한다. 그 사람은 예수님을 따르는 제자들의 선구자가 된다. 제자들 역시 나가서 좋은 소식을 전하라는 사명을 받을 것이다.10장 이곳에서 귀신에게서 풀려난 사람은 예수님의 선교 사역에 동참하라는 명령을 받는다.

8:40-56 야이로의 딸과 혈루증 앓는 여자

예수님이 목회자와 치유자로 사역하시는 일련의 이야기는 이중적 이야기로 끝난다. 우리는 구조적으로 단순한 구성에서 복잡한 구성으로 옮겨간다. 광풍에 관한 이야기는 하나의

플롯을 중심으로 전개된다. 귀신을 쫓아내신 이야기는 두 개의 흐름을 가진 하나의 이야기다. 이 단락에서는 한 이야기가 다른 이야기로 넘어갔다고 다시 원래의 이야기로 돌아오는 구조다. 우리는 이것을 "샌드위치" 구조라고 부른다.

야이로의 문제(8:40-42) 예수님은 아마도 광풍을 만나지 않고 호수 건너편으로 가셨다. 이곳의 분위기는 우호적이다. 예수님은 호수 동쪽, 돼지가 많은 나라에서 귀신들린 자를 고치심으로써 많은 사람을 놀라게 하셨으나, 그곳에서 떠나라는 요구를 받았다. 호수 서쪽으로 돌아오신 예수님은 환영을 받으셨다. 이곳 사람들은 예수님을 기다렸으며 그를 만나고 기뻐했다. 호수 맞은편에서 일어난 일을 반영하듯이, 한 사람이 예수께 다가와 엎드려 간구했다. 그러나 이번에 찾아온 자는 정신적으로나 육체적으로나 사회적으로 가장자리에 있는 사람이 아니라 높은 지위에 있는 사람이다. 야이로에게는 이름이 있으나 귀신들린 자는 그렇지 않다. 야이로는 회당장이라는 지위에 있으나, 귀신들린 자는 쇠사슬에 매여 있을 뿐이다. 야이로에게는 집이 있으나, 귀신들린 자는 무덤 사이에 거했다. 야이로와 귀신들린 자의 공통점이 있다면, 그것은 자신이 바라는 욕구의 깊이다. 야이로에게는 열두 살 된 외딸이 있는데 죽어가고 있다. 딸의 목숨, 사랑과 애정으로 가득한 관계뿐만 아니라 대를 이을 사람이 끊어질 위기에 처한 것이다. 열두 살 된 딸은 이제 막 다음 세대를 이어갈 희망의 시기에 접어들었다. 욥의 경우는 예외지만욥 42:15, 일반적으로 딸은 아들이 없는 상황이 아닌 한 상속을 받을 수 없다.민 27:8 야이로의 간절함이 이 딸이 야이로의 상속자임을 보여주는 것은 아니지만, 그럴 가능성이 크다. 그는 예수께 자기 집에 오시기를 간구한다.

여자의 곤경(8:43-48) 예수께서 야이로의 집으로 가실 때 무리가 밀려든다. 이 시점에서, 텍스트의 초점은 또 한 명의 이름 없는 사람에게로 옮겨간다. 남자에 관한 이야기와 여자에 관한 이야기를 결합하는 누가의 성향에 따라 이번에 등장하는 인물은 여자다. 그는 열두 해를 혈루증으로 앓고 있다. 그녀는 야이로의 딸의 생애에 해당하는 세월만큼 피를 흘리며 고통을 겪었다. 여자의 증세는 현대 의학 용어로 명확하게 규명되지 않지만, 그는 확실히 제의적으로 부정한 상태에 있다. 레위기의 율법15:25-30에 따르면, 그가 눕거나 앉은 자리는 모두 부정하며 그가 사용한 가구를 만지는 자까지 부정하다. 예수님 시대에 이러한 규례가 실제로 어떻게 시행되었는지는 알 수 없지만, 이 이야기를 자세히 들여다보면, 이 규례는 여전히 중요하며 여자와 주변 사람들에게 영향을 미친 것으로 보인다. 부정이 반드시 악을 의미하는 것은 아니다. 일상적인 것이나 평범한 것, 또는 심지어 우리가 선하다고 생각하는 것조차 부정한 사람으로 만들 수 있기 때문이다. 그러나 이 규례의 목적은 생명을 주는 것과 그렇지 않은 것을 구분하고 개인과 사회를 보호하는 것이다. 하지만 종교적으로나 사회적으로 박탈당한 이 여자에게 이러한 보호의 대가는 가혹하다. 더욱이, 여자의 병은 제의적 분리를 초래했을 뿐만 아니라 일부 사본에 따르면 그를 가난하게 만들었다. 여자는 의사에게 가진 것을 다 허비하였으나 아무 효험이 없었다. 그의 상황은 암담했다.

귀신들린 자나 야이로와 달리, 이 여자는 말로 호소하지 않는다. 그는 무리 가운데 들어감으로써 이미 율법을 범했으며, 예수님을 만짐으로써 또 하나의 경계를 범한 것이다. 이 여자는 복음서에 나오는 어떤 사람보다 담대한 행동으로, 무리 속에 숨어 예수님께 다가가 그의 옷 가에 손을 댄다. 아마도 여자는 민수기 15장 38절에 나오는 옷단 귀의 술을 만졌을 것이다. 본문은 여자가 그렇게 할 때 혈루증이 즉시 그쳤다고 말씀한다.8:44; 47절 참조

여자가 고침을 받은 후, 이야기의 두 번째 부분이 시작된다. 이 장면에 처음으로 대화가 등장한다. 복음서의 내러티브에서 종종 볼 수 있듯이, 이러한 변화는 중요하다. 자신에게서 "능력이 나간 줄" 아신 예수님은 누가 손을 대었느냐고 물으신다.8:45-46 첫째로, 아마도 여자를 포함하여 모든 사람이 아니라고 부인한다. 베드로는 무리가 밀려들어 밀기 때문에 누구든지 예수께 손을 댈 수 있다고 분명히 말하지만, 예수님은 그 말에 만족하지 않으신다. 예수님은 자신에게서 능력이 나갔기 때문에 누군가 손을 댄 것이 분명하다고 다시 한번 말씀하신다.

이 이야기에서 능력이 나간 사실을 인식한 것은 예수님만이 아니었다. 고침을 받은 여자는 스스로 숨길 수 없다는 사실을 잘 알았다. 여자의 치유는 겉으로 드러나지 않기 때문에, 치유를 인식한 여자는 예수님에 대해 정확히 알고 믿었을 것이다. 즉, 예수님은 자신을 치유하실 뿐만 아니라 자신에 대해 알고 계신다는 것이다. 여자는 귀신들린 자나 야이로처럼 두려워 떨며 나아와 예수님의 발 앞에 엎드린다. 여자는 침묵하지 않고 예수님에게 손을 댄 이유와 나은 사실을 말한다.

예수님은 여자가 두려움에 떨며 나오면서 생각했던 어떤 말씀이나 행동도 하지 않으시고 단지 그를 위로하시고 칭찬하셨다. 예수님은 그를 딸이라고 부르시지만, 아마도 여자는 예수님보다 나이가 많았을 것이다. 예수님은 여자에게 "네 믿음이 너를 구원하였으니 평안히 가라"고 말씀하신다.

"네 믿음이 너를 구원하였으니 평안히 가라"8:48라는 말씀은 예수님이 향유를 부은 여자에게 하신 말씀이다. 믿음과 구원을 결합한 표현은 8장 50절의 야이로의 딸에 관한 이야기에도 나타난다. 이러한 말씀 가운데 어느 것도 구원에 영향을 미치는 것이 하나님의 능력이라는 사실에 의문을 제기할만한 내용은 없다. 그러나 확실히 믿음은 매우 중요한 역할을 한다. 구원은 적극적인 동의 없이, 정확히 말하면 구원에 대한 간절함이 없는 한, 일어나지 않

는다. 믿음은 담대함과 용기를 필요로 한다. 믿음으로 구원 얻은 사람 가운데 두 사람이 절박한 여자라는 사실은 우연이 아니다. 모든 경우에, 절박함은 담대함을 낳는다. 남은 것이 거의 없는 사람은 예수님의 도우심을 갈구하며 그가 자신을 알 것이라고 믿는다.

야이로의 딸의 곤경8:49-56 이 시점에서 내러티브의 초점은 다시 한번 열두 살 된 소녀와 그의 부모에게로 향한다. 이 이야기는 회당장의 집에서 온 사람아마도 야이로의 하인이 등장하여 나쁜 소식을 전하는 장면으로 재개된다. 야이로의 딸이 죽었기 때문에 더 이상 예수님을 괴롭힐 필요가 없다는 것이다. 오늘날 독자가 감지할 수 없는 것이 무엇인지는 알 수 없다. 우리는 이 소식이 어떤 어조와 의미로 전달되었는지 모르기 때문이다. 그의 말은 퉁명스럽고 무례하게까지 들릴 수 있다. 여기에는 절망과 비통함 및 사라진 희망에 대한 암울한 어조가 나타난다. 그것은 더 일찍 오시지 않은 예수님에 대한 암묵적으로 비판, 또는 더욱 다급하고 강력한 도움을 요청하지 못한 야이로에 대한 야속함일 수 있다.

예수님은 이 소식을 듣거나 엿듣고는 그 사실을 부정하신다. 예수님은 야이로에게 두려워하지 말고 믿기만 하라고 말씀하신다. 딸은 고침을 받을 것이다. 본문은 이 말씀에 대한 어떤 반응도 기록하지 않으며, 예수님 일행은 야이로의 집으로 향한다. 이러한 전개는 야이로의 입장에서는 믿음을 보여주거나 사형 선고에 대한 불신을 보여주는 것일 수 있다. 야이로의 집에 도착하신 예수님은 베드로, 요한, 야고보 세 명의 제자만 데리고 들어가신다. 세 사람은 곧 예수님의 변모를 경험하게 될 것이다. 소녀의 부모도 그들과 함께 했으며, 이 여섯 사람은 소녀가 있는 방으로 들어간다. 이어지는 두 구절8:52-53에는 소녀가 죽은 것이 아니라 잔다며 울지 말라는 예수님의 말씀에 누가 비웃었는지 나타나지 않는다. 보본은 그들이 소녀와 함께 방에 있던 전문 호곡꾼이거나 예수께서 밖에 남겨 둔 사람들일 것이라고 주장한다.2002: 340 이런 주장은 부모나 제자들이 비웃었다는 것보다 더 그럴듯하지만, 누가는 이 부분에 대해 명확한 언급을 하지 않는다.

어쨌든 비웃음은 오래가지 않았다. 예수께서 아이의 손을 잡고 일어나라고 명하셨기 때문이다.8:54 아이의 영이 돌아왔으며, 아이는 예수님의 말씀에 순종했다. 예수께서 그 부모에게 "먹을 것을 주라"고 말씀하시자 부모는 놀란다. 여기서 제자들의 반응은 나타나지 않는다. 예수님은 부모에게 이 일을 아무에게도 말하지 말라고 말씀하신다.

예수님은 두 딸 -아이와 나이 많은 딸- 에 관한 이야기에서 성결의 영역을 넘는다. 혈루증으로 앓는 여자나 죽은 소녀를 살리기 위해 접촉하는 것은 오랜 금기를 어기는 행위다.

성서적 맥락 속의 본문

제자도

제자도는 각 복음서가 어느 정도 다루는 주제다. 사복음서에서 다루는 제자도에 대한 다양한 강조점과 뉘앙스를 어떤 행동이나 성취를 위해 필요한 세 가지 요소에 비추어 살펴보는 것은 도움이 될 것이다. 필자의 은사인 밴더빌트 대학원 종교학 교수인 다니엘 패트 Daniel Patte는 종종 우리는 일을 하는 방법을 알아야 하고 그 일을 할 수 있는 능력이 있어야 하며 그 일을 하고 싶어 해야 한다는 말씀을 종종 하셨다. 지식과 능력과 의지가 있어야 한다는 것이다. 우리는 개인적으로나 집단적으로나, 이 세 가지 영역 가운데 하나가 나머지 두 영역보다 문제가 있다고 생각하는 경향이 있다. 사도 바울과 마르틴 루터 및 오늘날 많은 루터교 신자들은 능력이 중요하다고 생각한다. 인간은 옳은 일을 하는 방법을 알고 하고 싶어 하지만 능력이 부족하다는 것이다. 오직 하나님과 하나님의 은혜만이 옳은 일을 할 수 있는 능력을 주신다. 예수 그리스도의 제자들은 하나님의 은혜가 아니면 무력한 존재다.

마태와 많은 가톨릭 신자 및 재세례파 신자는 의지의 문제를 강조한다. 우리는 무엇이 옳은지 알고 그 일을 할 능력도 있다. 그러나 우리에게는 그 일을 하려는 의지나 열망이 부족하다는 것이다. 예배와 성례와 공동체는 우리의 연약한 의지를 도와주는 중요한 역할을 한다. 우리는 예배를 통해 우리가 어디서 어떻게 하나님의 뜻을 향해야 하는지, 그리고 어떻게 그 뜻에 따라 책임 있는 삶을 살아야 하는지 상기한다. 우리는 공동체의 조언과 지원에 힘입어 하나님의 뜻을 분별하고 행한다.

요한복음의 핵심은 지식에 관한 문제이다. 요한은 예수님의 인성이나 인간적 선하심을 부인하는 자들과 자신을 철저히 구별하지만, 결국 영지주의에서 온전히 드러나는 성향을 보여준다. 그러나 진리를 아는 것과 빛을 아는 것은 요한복음의 강력한 주제다. 우리는 바른 길을 걸을 수 있으며 이 길을 따라 걷기를 원한다. 그러나 바른길을 걷기 위해서는 예수님의 진리와 빛이 필요하다.

사복음서 가운데 마가복음은 이러한 유형학에 따라 분류하기 가장 힘든 책이다. 마가복음은 빈 무덤을 목격한 여자들의 두려움에 대한 언급으로 끝난다. 말하자면, 제자의 길을 걷는 독자에게 더 잘하라는 격려일 수 있다는 것이다. 지식의 부족이 문제라면, 예수님이 누구신지 제대로 이해할 때까지 처음부터 다시 읽으면 될 것이다. 그러나 두려움은 해야 할 일을 할 수 있는 능력과 의지를 문제 삼는 언급일 수 있다. 마가복음에 나오는 제자들은 흙이 얕은 돌밭에 떨어진 씨앗과 같다. 그들은 곧 싹이 나오나 해가 돋으면 타서 말라버린다.

누가에게 있어서 문제는 요한의 경우와 마찬가지로 지식이다. 그러나 누가에게 이 지식은 특별한 지식이라기보다 자신이 알고 습득한 것을 해석하는 특정 방식이다. 우리는 누가가 서두에서 독자에게 차례대로 기록하겠다고 약속한 사실을 상기해 볼 필요가 있다. 또한 예수님의 첫 번째 설교의 초점이 이사야서의 눈먼 자가 시력을 회복하는 이미지에 맞추어진다는 사실을 상기해 보아야 한다. 누가는 예수님의 관점이 하나님이 가난한 자를 생각하신다는 구약성경의 개념과 정확히 일치하는 것으로 묘사한다. 눈먼 자가 시력을 회복하는 것은 고아와 압제 당하는 자에게 귀를 기울이시는 하나님의 관점시 10:17-18과 일치한다. 요한의 제자들이 예수님을 찾아와 그들이 기다리던 분이 맞는지 물었을 때, 예수님은 주변에서 일어나는 일들을 보라고 말씀하신다. 그들은 "맹인이 보며 못 걷는 사람이 걸으며 나병환자가 깨끗함을 받으며 귀먹은 사람이 들으며 죽은 자가 살아나며 가난한 자에게 복음이 전파"눅 7:22되는 것을 보았다. 엠마오로 가다가 예수님을 만난 두 제자는 처음에는 그를 알아보지 못하였으나, 예수께서 떡을 떼실 때 그를 알아본다. 이것은 성찬을 상기시키지만, 누가복음에 나타난 식탁교제의 포괄성을 보여준다. 이 주제는 사도행전에서도 이어진다. 바울은 빛을 보고 눈이 멀었으나, 나중에 더 이상 폭력적이지 않은 변화된 사람으로 다시 보게 된다.행 22:19-20; 26:10-11

누가복음은 관점이 중요하다. 그의 복음서 전체에서 이 이야기가 어떻게 더욱 광범위한 틀에 부합하는지를 보여준다. 그는 독자가 큰 그림, 이야기 전체에 대한 바른 관점을 가지게 하려고 노력한다. 제자도는 이해하는 것인데, 머리로 이해하는 것이 아니라물론 그것도 중요하지만 마음으로 이해하는 것이다. 이것은 세상에서 하나님의 사명을 함께 나누는 제자로 변화시키는 이해다.

제자도에 대한 큰 틀의 그림을 얻기 위해서는, 모든 교단이 다 필요한 것처럼 사복음서 전체가 필요하다. 제자도에는 의지와 지식과 능력이 필요하다. 모든 강조에는 그늘진 면이 존재한다. 은혜만을 강조하는 것은 소위 "값싼 은혜"로 이어질 수 있다. 즉, 생명력을 상실한 은혜가 될 수 있다는 것이다. 일부 재세례파 전통에서 볼 수 있듯이 의지에 대한 강조는 은혜가 결여된 율법주의로 이어질 수 있다. 지식이나 특별한 관점에 대한 강조는 엘리트주의, 즉 자신의 망상으로 만족하는 내집단in-group 정신으로 이어질 수 있다. 우리가 근시안적 강조라는 최악의 상태에서 벗어나 그림 전체를 완성하기 위해서는 옛 사복음서가 필요하듯이, 우리에게는 오늘날 모든 교단이 필요하다. 그러나 어느 면에서 누가는 매우 보편적이고 사려 깊은 복음서기자로서, 큰 그림의 근본적 의미에 가장 근접한 것으로 보인다.

교회생활에서의 본문 적용

사역과 여성

예수님의 삶과 사역에서 여자들은 누가복음의 시작과 끝부분에 해당하는 유아기 내러티브 및 부활 후 내러티브에 국한되지 않는다. 누가복음의 중간 부분에는 여성에 대한 사역의 사례가 계속해서 나타난다. 누가는 다양한 사회 경제적 배경을 가진 다양한 연령대의 여자들이 예수님의 사역에 중요하다는 사실을 보여주는 것 같다. 한 걸음 더 나아가, 그들이 다양한 사회적 억압으로부터는 물론 전통적인 사회적 인식과 기대에서 벗어난 사실은 누가가 배열하는 본문의 구조에서 핵심적 위치를 차지한다. 누가복음 7장에서 바리새인이 죄인이라고 부르는 여자는 평판이 좋지 않은 자를 대표한다. 예수님은 그를 사회적 추방 및 죄로부터 구해 주신다. 예수님은 여자를 괴롭힌 죄와 억압을 용납하지 않으신다. 이 이야기에서 예수님은 여자가 책임져야 하는 개인적인 죄와 그에게 책임이 없는 사회 구조적인 죄를 해소하고 치유하는 일을 하신다.

성인으로 진입하는 시점인 열두 살에 해당하는 야이로의 딸은 여성의 삶이라는 스펙트럼의 다른 단면을 보여준다. 예수님이 보시기에 새롭게 등장한 이 소녀는 세대를 이어갈 존재일 뿐만 아니라 그 자체로 한 인격체이다. 열두 해를 혈루증으로 앓는 중년의 여자는 단지 옷 가에 손을 댄 자가 아니라 자신의 품위로 가치를 인정받은 자이다.

오늘날 페미니스트가 어떤 부분에서 부족하다고 생각하는지는 모르겠지만, 이러한 이야기나 여성에 대한 태도는 1세기 팔레스타인의 사고나 삶의 정황에서는 기적에 가깝다. 당시 여성은 남성의 소유물로 여겼다. 그들은 변덕스러운 남성에게 전적으로 의존하는 존재였으며, 남편이 없다는 사실 자체가 저주였다. 이러한 상황에서 예수님은 복음서기자인 누가를 통해 구조적 지배와 편견이라는 거대한 급류를 거슬러 올라간다[누가복음과 교회 안의 여자들, p. 459].

WWJD는 "What Would Jesus Do"의 약어로, "예수님은 어떻게 하실 것인가?"라는 뜻이다. 우리는 예수님 이후 20세기가 지난 오늘날 여성에 대한 은밀하고 지속적인 차별 및 가정 폭력에 대해 예수님이시라면 어떻게 생각하고 행동하실 것인지 돌아보아야 한다. 그는 이 문제에 대해 오늘날의 종교 지도자들과 어떤 다른 행동을 하실 것인가?

우선 예수님은 청중이 아무리 많아도 개인에 대한 사역을 포기하지 않으셨다. 예수님은 언제나 목회자이자 복음전도자셨다. 예수님이 가정폭력에 대해 어떻게 말씀하시든, 그는 설교와 가르침을 통해 가정폭력의 피해자와 가해자 모두에게 말씀하시고 돌보시며 치유하셨다. 우리는 예수께서 이 문제에 접근하시는 방식의 핵심은 실제로 이 죄에 사로잡힌 자를 어떻게 다루셨는지를 보면 알 수 있다고 생각한다.

또 하나는, 누가가 묘사한 대로 예수님께는 사람의 마음과 생각을 꿰뚫어 보는 타고난 능력이 있다는 것이다. 누가는 예수님이 사람들의 옳고 그름을 분별하실 때 상대의 의도를 꿰뚫어 보신다는 사실을 종종 언급한다. 죄를 범한 자가 아무리 유명하거나 존경받는 자라 할지라도 결코 숨기거나 은폐하지 못한다. 아무리 많은 사람이 따르고 강한 자라 할지라도 예수님은 그들의 영혼을 들여다보신다. 그것만으로도 많은 것이 달라질 것이다. 결코 숨길 수 없다!

끝으로, 예수님은 가정폭력과 여성에 대한 폭력 문제를 사례로 드실는지 모른다. 예수님은 어느 면에서 이미 그렇게 하신 것처럼 보인다. 비록 오늘날 페미니스트들이 바라는 것만큼 노골적인 방식은 아니지만, 예수님은 마태복음에서 일부 바리새인들을 가리켜 "너희가 박하와 회향과 근채의 십일조는 드리되 율법의 더 중한 바 정의와 긍휼과 믿음은 버렸도다"23:23라고 말씀하실 때 자신이 아는 많은 여성의 곤경을 염두에 두었을 것이다. 이러한 묘사 방식은 적어도 성향상 누가가 예수님을 묘사하는 방식과 일치한다.

존 하워드 요더는 1997년에 우리 곁을 떠났다. 그는 가장 유명한 메노나이트 신학자였으며, 지금도 그렇다. 필자의 스승이기도 한 그는 아나뱁티스트 메노나이트 성경 신학교에서 여러 해 동안 가르쳤다. 그러나 그는 성폭력을 범했다. 나는 그의 글을 어떤 식으로든 인용하는 것에 대해 상반된 마음을 가지고 있지만, 그의 사상은 이 책에 기여하는 바가 있다. 하워드의 행위와 관련하여, 2015년 봄, 메노나이트 성경 신학교에서는 사라 웽거 쉥크Sara Wenger Shenk 총장이 주재하는 예배가 있었다. 나는 우리가 여성들의 이야기를 듣고 위로할 때, 예수님이 청중 가운데 계셔서 우리와 함께 듣고 마음 아파하시는 모습을 상상해 보았다. 예수님이시라면 어떻게 하셨을까? 우리의 회중과 총회와 교단과 모든 교회에서 여성이 처한 곤경에 무심했던 사실에 대해 예수님은 어떻게 생각하실까? 학교가 요더의 행위를 공개적으로 인정하기까지 걸렸던 시간에 대해 예수님은 어떤 반응을 보이실까? 참으로 많은 생각이 스쳐 지나간 시간이었다.

리더십 준비

개관

현대 사회는 가르치는 일에 큰 가치를 두지 않는다. 국가적으로 가장 중요한 일 가운데 하나를 수행하는 유치원 교사는 항상 낮은 보수를 받는다. 최근에 소위 올해의 천재상 명단이 발표되었는데 역시나 교사는 없었다. "현장에서 실패한 무능력자가 가르치는 일을 한다"는 잔인한 조소가 있다.

우리는 예수님이 그런 생각을 가지지 않은 것에 감사해야 한다. 갈릴리 사역을 마치시고 순회 설교자로서 예루살렘을 향한 여정을 준비하시는 예수님께 가장 중요한 이슈로 부상한 것은 제자 교육이었다. 예수께서 자신의 운명이 달린 예루살렘 여정을 시작하심에 따라, 어떻게 하면 부르심을 받은 제자들이 하나님의 선교를 책임 있게 감당할 수 있는 자리에까지 이를 수 있을 것인가는 중요한 이슈가 된다. 그러나 잘 알려진 대로 그것은 간단한 과정이 아니다. 예수님은 학습 목표를 정확하게 제시하지 않는다. 그것은 여정을 통해 배우는 방식이다. 그들은 성숙을 향해 한 걸음씩 힘들게 나아가며 배우기도 하고, 다음 과정을 준비시키려는 예수님에게 실망하고 물러서기도 한다.

단락 구조

제자들에 대한 위임 명령, 9:1-6

헤롯의 등장, 9:7-9

오천 명을 먹이심, 9:10-17,

예수님의 신분 및 부르심, 9:18-27,

    9:18-20 제자들에 대한 질문

    9:21-22 죽음과 부활의 당위성

    9:23-27 남은 자에 대한 당부

변모, 9:28-36

    9:28-31 환상

    9:32-33 환상에 대한 인간적 반응

    9:34-36 환상 속에 들린 음성

갈 길이 먼 제자들, 9:37-50

    9:37-43a 그들은 능력이 없음

    9:43b-50 그들은 묻지도 않음

본문 주해

제자들에 대한 위임 명령 9:1-6

바다의 광풍이 지나간 후 귀신 들린 자를 고치시고 혈루증으로 앓는 여자와 야이로의 딸을 고치신 예수님은 핵심적인 열두 제자를 불러 모으신다. 마지막 장을 깔끔하게 요약한 짧은 진술에서 누가는 예수님이 열두 제자에게 귀신을 쫓아내고 병을 고치는 능력과 권위를 주셨다고 말한다. 누가복음에서 열두 제자가 별도의 그룹으로 언급된 것은 이곳이 세 번째다. 그들은 6장 13절에서 부르심을 받고 사도로 지명되었으며, 8장 1절에서는 여자들과 함께 예수님을 따라 각 성과 마을을 두루 다닌다. 그들은 9장 10절에서 다시 한번 사도로 불릴 것이다. "사도"라는 명사는 이곳 2절의 "보내다"sent라는 동사로부터 나왔다. 그러므로 사도는 보냄을 받은 자다. 따라서 이곳의 위임 명령은 보냄을 받은 자에 관한 첫 번째 직무기술서라고 할 수 있다.

위임 명령은 부여된 능력과 권위에 기초한다. 그들은 귀신을 쫓아내고 병을 고치는 예수님의 능력과 권위를 부여받았다. 그러나 한 가지 분명하고 흥미로운 사실은 이러한 능력과 권위는 그것을 행사하는 방식에 관한 제약과 함께 제시된다는 것이다. 사도들에 대한 첫 번째 위임 명령은 광야 시험 이후 처음으로, 이 메시아는 민족을 초월한 태도로 말미암아 일반적인 메시아론으로는 도저히 설명할 수 없다는 사실을 가장 분명하게 보여주는 진술이다. 사도들은 그들의 상황에서 부러워할 만한 권위와 능력을 부여받았다. 이러한 능력은 조금 전까지 예수님이 행하시던 능력이다. 모든 사람이 이러한 능력의 결과를 수긍하고 받아들인 것은 아니지만바다 건너편 사람들이 두려워하며 예수님께 떠나시라고 했던 사실을 기억해보라, 예수님은 상당히 많은 백성의 호응을 불러일으켰으며, 백성의 관원과 지도자들이 긴장하지 않을 수 없을 만큼 급속히 세력이 확장되었다. 열두 제자에게는 정신이 번쩍 들게 하는 긴장된 순간이었을 것이다. 그들은 상당한 능력과 권위를 부여받았다. 그러나 동시에 그들은 이 힘을 어떻게 휘두를 것인가에 대한 매우 놀랍고 불안한 지시를 받는다.

그들이 할 일은 이 능력으로 하나님의 나라를 전파하며 앓는 자를 고치는 것이지만, 그들은 상상할 수 있는 가장 취약하고 무력한 상태에서 그 일을 감당해야 한다. 그들은 지팡이나 어떤 보호막도 없이 위험하고 적대적인 세상으로 나가야 한다. 그들은 배낭도 가져가서는 안 되는데, 이 배낭은 예수님과 제자들에게 필수품으로 가득 찬 여행 가방이나 구걸한 물건을 위한 동냥자루를 의미했을 것이다. 어느 쪽이든, 그들은 아무런 대책 없이 나가야 한다. 더욱이, 예수님은 "아무것도 가지지 말라"라는 말씀을 구체적으로 제시하신다. 그것은 양식이나 돈이나 여분의 옷을 가져서는 안 된다는 뜻이다. 우리 중 예수님이 제시하신 사도들의 규범에 가장 근접한 것은 여행 중 지갑이나 가방을 잊었거나 잃어버린 경우일 것이다. 그것은 썩 내키지 않는 경험이다.

마지막 위임 명령은 신체적 무방비 상태를 요구하는 것이나 다름없다. 그들은 자신을 받아들이고 사역 수행에 필요한 것이 갖춰진 곳이라면 그곳에 머물러야 한다. 그들은 더 나은 숙소나 더 편안한 장소를 찾아 떠나서는 안 된다. 만약 그들을 받아들이지 않으면, 발에서 먼지를 떨어버리고 떠나야 한다. 이것은 그 지역의 환대가 부족하다는 사실을 보여주는 무언의 단순한 증거다.

보본이 지적하듯이, 예수께서 제시하시는 이러한 기대로 풍성한 그림은 그들에게 익숙한 예루살렘 순례 여정과 정반대의 모습이다.2002: 345 그들은 여행을 위한 치밀한 준비 대신, 아무런 준비도 해서는 안 된다. 그들은 다른 많은 사람과 함께 유대인의 삶과 제의의 중심으로 가는 대신, 혼자나 작은 그룹을 지어"둘씩"에 대한 언급은 10장에 나타난다 유대인의 삶과 제의의 오지로 가야 한다.

이 부분은 사도들이 지시대로 따랐다는 누가의 코멘트로 끝난다. 그들은 예수님을 남겨두고 나갔다. 그들은 각 마을에 두루 다니며 곳곳에 복음을 전하고 병을 고쳤다. 제자들이 어떻게 그들의 사명을 수행했는지에 대해 비판적인 시각을 갖기 전에, 우리 자신은 이러한 도전에 어떤 반응을 보일 것인지 숙고해 볼 필요가 있다. 누가는 여기서 가장 고상한 그리스도인의 어리석음과 전적인 믿음에 대한 놀라운 묘사를 보여준다. 제자들은 결정적인 인간성의 한계와 모든 약점에도 불구하고 숨 멎을 듯한 용기와 충성심을 보여준다.

헤롯의 등장 9:7-9

예수님의 인기가 절정에 달하고 제자들이 그의 사역을 확장하기 위해 나간 이 순간, 누가는 독자들에게 헤롯에 대한 최신 정보를 제공하는 짧고 불길한 내러티브를 삽입함으로써 앞으로 다가올 어두운 일을 예시한다.

이 이야기의 배후에는 항상 헤롯의 그림자가 어른거렸다. 1장 5절의 유아기 내러티브 서두는 그의 부친이 통치하던 시대임을 보여준다. 세례요한의 사역이 시작되는 3장 1절에서 누가는 이곳의 헤롯이 갈릴리의 분봉 왕으로, 그의 동생 빌립이 북쪽의 이두래와 동쪽의 드라고닛 자방의 분봉 왕이 되었음을 보여준다. 그러나 무엇보다 위협적인 사실은 3장 19-20절에서 요한이 헤롯의 처제 헤로디아와의 불륜을 비롯한 여러 가지 악행에 대해 헤롯을 책망한 후 헤롯이 요한을 옥에 가두었다는 것이다. 누가복음을 읽는 우리는 헤롯에 대한 의심을 거두지 않았으며, 이러한 의심은 이곳의 본문에서 사실로 드러난다. 누가는 헤롯의 미심쩍은 영향력을 세밀히 추적해간다. 누가는 헤롯의 당황한 모습에 대한 언급으로 시작한다. 그는 끝에 가서 요한이 목 베임을 당했으며 그 일을 행하는 자가 헤롯임을 보여준다. 헤롯은 예수님에 대한 소문을 들었으나 의견이 분분했다. 어떤 사람은 요한이 다시 살아났다고 하고 다른 사람은 엘리야나 옛 선지자 한 사람이 다시 나타났다고 했다.

누가는 흥미로운 내러티브 기법을 통해 우리를 헤롯의 마음속으로 데려간다. 그는 헤롯이 "요한은 내가 목을 베었거늘 이제 이런 일이 들리니 이 사람이 누군가" 9:9라고 중얼거리는 모습을 보여준다. 헤롯의 질문은 이 장의 나머지 부분의 전조가 된다. 예수께서 제자들의 이해와 상관없이 예루살렘을 향한 여정을 시작하시기 9:51 전까지 9장 나머지 부분은 예수님이 누구시며 누가 그의 정체를 부분적이든 온전히든 알아챌 것인가라는 내용으로 채워진다.

누가는 헤롯이 예수님을 보고자 한다는 결론을 내린다. 이 구절에 사용된 동사는 미완료형으로, 헬라어 단어의 의미는 예수님을 만나고 싶어 했거나 만남을 시도했다는 것이다. 번역은 두 가지 방향으로 제시된다. 미완료형의 의미가 무엇이든, 이 구절은 수난 내러티브 23:6-12에서 헤롯과 예수님의 더욱 긴장감 넘치는 관계를 예시한다.

오천 명을 먹이심9:10-17

다양한 암시와 함께 헤롯에 관해 언급한 후, 누가는 하나님 나라의 기쁜 소식을 선포하고 앓는 자를 고치라는 사명을 받고 파송된 제자들에 관한 이야기로 전환한다. 이 본문에서 사도들은 돌아와 그들이 행한 일과 무슨 일이 일어났는지 예수께 보고한다. 구체적인 보고 내용은 본문에 나타나지 않으나, 보고를 들으신 예수님은 사도들을 데리시고 갈릴리 호수 북동쪽 언덕에 있는 벳세다로 물러나신다. 예수님은 그곳에서 잠시 휴식하며 피곤한 노정에서 돌아온 제자들이 재충전하기를 원하셨다.

그러나 그들의 휴식은 오래가지 못했다. 예수님을 따라다니던 무리가 그들이 있는 곳을 알고 교외까지 따라왔기 때문이다. 사도들과만 있으려는 계획이 무산되었음에도 불구하고, 예수님은 자비를 베푸신다. 예수님은 그들을 영접하시고 하나님 나라의 일을 이야기하시며 병 고칠 자들은 고치신다.

도움을 구하는 자들이 찾아와 휴식을 방해한 경우는 전에도 있었지만, 이번에는 날이 어두워져도 끝날 줄을 몰랐다. 날이 저물어 가자 열두이 숫자에 주목할 필요가 있다 사도가 예수께 다가와 몇 가지 제안을 했다. 누가가 들려주는 이야기에 비추어 볼 때, 이 대화의 어조는 다소 어색한 것처럼 보인다. 지금까지 열두 사도를 포함한 제자들은 예수께 그처럼 직설적이거나 신랄한 언급을 하지 않았다. 베드로는 예수님이 부르실 때 그물에 대한 말씀을 비웃은 것부터 예수님께 가장 스스럼없이 대한 제자였다. 아마도 그는 배에서 예수님을 깨운 제자 가운데 한 명일 것이다. 그는 또한 혈루증으로 앓는 여자가 예수님의 옷 가에 손을 대었을 때 예수께 이의를 제기한 사람이기도 하다. 그러나 여기서 열두 제자는 매우 다급하고 구체적인 어조로 사실상 예수께 무엇을 어떻게 하라고 진언한다.

"무리를 보내어 두루 마을과 촌으로 가서 유하며 먹을 것을 얻게 하소서 우리가 있는 여기는 빈 들이니이다"9:12 이 말을 한 동기가 무엇인지는 알 수 없다. 무리를 생각하는 마음에서인가? 피로감에 지쳐 다시 휴식하고 싶어 하는 마음에서인가? 개인 시간도 없이 종일 일하시느라 심신이 고단하신 예수님을 염려하는 마음에서인가? 동기나 어조가 무엇이든, 예수님에 대한 제자들의 직접적인 조언이 적절하든 그렇지 않든, 그들의 제안은 예수님의 허락을 받지 못한다. 그는 "너희가 먹을 것을 주라"9:13는 단호한 말씀으로 거부하신다.

열두 제자는 말문이 막혔다. 마치 예수님은 이곳이 빈들이라는 말을 듣지 않으신 것 같았다. 예수님은 그것이 무슨 의미인지 모르시는가? 이 구절은 예수님이 비현실적이라는 면에서 바다의 광풍 이야기와 유사한 면이 있다. 그들은 그곳에서 배 안에 있는 그들의 곤경을 모르시는 예수님에 대해 당황하며 놀라워했다. 그들은 외진 이곳에서 날이 저물어 가고 있다는 사실이나 무리의 필요에 무관심해 보이는 예수님이 답답했다.

열두 제자에게는 떡 다섯 개와 물고기 두 마리밖에 없었다. 떡과 고기는 당시의 주식이었으며 그 정도 양의 떡과 물고기는 그들과 예수님이 먹기에 적당한 양이었을 것이다. 그러나 그들은 떡 다섯 개와 물고기 두 마리로는 여자와 아이들을 제외한 남자만 5,000명이나 되는 무리가 먹기에 부족하다는 사실을 상기시킨다. 다른 복음서에는 다섯fives과 둘twos이 복수로 나타나기 때문에 이것을 상징적인 수로 보고 싶은 유혹도 있지만, 나는 보본을 따라 이것이 제자들이 먹기에 적당한 양이라는 사실 외에 이 숫자에 특별한 의미를 부여하지 않을 것이다.2002: 356

이 시점에서 예수님이 전면에 나서신다. 그는 제자들에게 무리를 50명씩 떼를 지어 앉게 하라고 말씀하신다. 그런 다음 예수님은 제자들의 음식을 받아들고 축사하신 후 떼어 그들에게 주시며 무리에게 나누어 주게 하셨다. 무리가 먹고 다 배불렀으며 남은 물고기와 떡 조각을 열두 바구니에 거두었다.

우리는 실제로 어떤 일이 일어났는지 알고 싶다. 말하자면 예수님은 모자에서 기적적으로 더 많은 떡과 물고기를 끄집어내셨는가? 제자들이 먹을 음식에 대한 그의 관대함이 다른 사람들에게 가진 것을 나누어 먹도록 영감을 주었는가? 적어도 누가는 기적의 역학을 독자들의 놀라움에 맡기는 것으로 만족하는 것으로 보인다. 오히려 이곳의 강조는 황량한 빈 들에서의 야외 식사가 성찬의 성격을 가진다는 사실에 초점을 맞춘다. 핵심은 "취하다," "축사하다," "떼다," "주다"라는 네 개의 동사다. 이러한 동사들은 성만찬눅 22장 및 부활 후 엠마오에서 제자들과 함께한 식탁24장에 중요한 개념으로 제시된다. 갈릴리 사역이 끝나가고 예루살렘을 향한 여정이 시작되기 전, 제자들의 인내가 한계에 도달하고 예수님 자신도 지친 상태인 이곳 9장에서… 팡파르도 없이 굶주린 자로 가득한 상태에서 첫 번째 성찬이 거행된 것이다. 이처럼 사람이 살지 않는 예상치 못한 장소에서 거행된 성찬 의식은 장차 떡을 떼며 지도자를 기념하기 위해 모일 영원한 공동체를 예시한다.

예수님의 신분 및 부르심9:18-27

9:18-20 제자들에 대한 질문

베드로가 벳새다 근처 빈 들에서 축사하시고 떡을 떼시던 분이 메시아이심을 정확하게 밝힌 본문은 예수께서 제자들과 함께 따로 기도하시는 장면으로 시작한다. 이곳은 누가복음에서 예수님이 기도하시는 장면에 대해 구체적으로 언급한 네 번째 본문이자 제자들에 대한 리더십과 관련된 기도로 언급한 두 번째 본문이다. 예수님은 6장 12절에서 열두 사도를 선택하기 전에 기도하셨으며, 이제 그들과 이 중요한 대화를 하기 전에 다시 한번 기도하신다.

기도를 마치신 예수님은 제자들에게 두 가지 질문을 하신다. 그는 먼저 무리가 자신을 누구라고 생각하는지 물으신다. 오천 명을 먹이신 직후라, 사람들이 그를 엘리야나 옛 선지자 중의 한 사람이나 바로 직전 선구자인 세례 요한이라고 생각한 것도 무리는 아니다. 두 번째 질문은 "너희는 나를 누구라 하느냐"이다. 베드로는 제자들을 대표해서 조금도 망설임 없이 "하나님의 그리스도시니이다"9:20라고 대답한다. 예수님은 하나님의 기름 부음 받은 자라는 것이다.

누가복음에 나오는 제자들의 궤적을 따라가다 보면, 먼저 5장 1-11절에서 제자들을 부르신 예수님은 6장 12-16절에서 그 중에서 열둘을 택하시고 사도라 칭하심을 볼 수 있다. 이어서 예수님은 9장 1-6절에서 열두 제자에게 능력과 권위를 주신다. 마지막으로 이 장면 직전 9장 10-17절에서 우리는 열두 제자가 먹을 것을 공급하는 모습을 볼 수 있다. 그러나 우리는 이 장면에서 떡과 물고기의 기적이 일어나기 전에 예수님과 대화를 통해 드러난 그들의 근시안적 태도도 보게 된다.

하지만 이곳에서 사도들은 예수님에 대한 정확한 판단을 보여준다. 그들은 예수께서 십자가에서 죽으시고 부활하시기 오래전에 그가 주와 메시아이심을 인식하고 깨닫는다. 그들의 인간적 한계와 여러 차례의 실패에도 불구하고, 그들은 그의 가르침과 치유와 귀신을 쫓아내는 사역을 통해 그를 주시해 왔다. 그들은 인간적 연약성에도 불구하고 기도로 아버지와 함께하시는 그의 삶의 증인이자 기도의 대상이 되기도 했다. 이러한 경험과 인상을 종합하여 예수님과의 바른 관계를 정립해온 베드로는 이곳에서 예수님은 "하나님의 그리스도"9:20라는 바른 고백을 통해 이 과정을 통과하게 된다.

9:21-22 죽음과 부활의 당위성

앞서 언급했듯이, 일반적으로 "...하리라"It is necessary로 번역되는 dei라는 단어는 누가복음에서 중요한 표지가 된다. 이 단어는 예수님의 삶을 통해 하나님의 목적이 특별히 드러난 사건이나 진술에 사용된다. 이곳에서는 수난에 관한 첫 번째 예언과 연결된다. 그러나 예수님은 그가 메시아시라는 베드로의 선언에 대해 놀랍게도 자신의 정체를 아무에게도 알리지 말라는 강력한 명령과 함께 먼저 자신의 고난에 관한 진술을 제시하신다. 보본은 말하지 말라는 명령에 대해 두 가지 가능한 해석을 제시한다. 그리스도라는 칭호는 이 명령에 이어질 고난에 관한 설명이 없이는 위험하며, 더욱이 백성의 지도자들이 메시아라는 지위에 대해 들을 준비가 되어 있지 않은 상태에서 그의 신분을 섣불리 드러내면 그의 사역을 단축시킬 수 있다.2002: 363 이러한 가능성에 덧붙여, 당시는 로마가 점령한 시기이므로23:2, 38; 요 19:12, 15 고난에 대한 언급과 무관하게 위험한 일이라고 할 수 있다. 예수님은 현재로서도 현 체재에 위협적인 존재이시다. 특히 수천 명을 먹이신 기적을 베푸신 후 그의 정치적 영향력과 그에 따른 위험은 극적으로 증가했을 것이다. 우리는 결코 이 경고의 의미를 정확히 집어낼 수 없겠지만, 예수님은 이 말씀을 즉시 누가복음의 첫 번째 수난 예언과 연결하신다. 그는 인자가 많은 고난을 받고 백성의 지도자들에게 버린 바 되어 죽임을 당하고 제삼일에 살아날 것이라고 말씀하신다.9,22 참조

이 본문에서 복음의 목적이 처음으로 뚜렷하게 드러난다. 물론 그동안에도 암시는 있었다. 탄생 내러티브에서 시므온은 아기 예수가 이스라엘 중 많은 사람을 패하거나 흥하게 할 것이라는 심상치 않은 예언을 한 바 있다.2:34 예수님은 나사렛에서 첫 설교를 하신 후 목숨이 위태로우실 뻔했다. 그는 호수 건너편에서 귀신들린 자를 고치신 후 그곳에서 떠나라는 요구를 받았다. 예수님은 현재 전례 없는 찬사를 받고 있는 것처럼 보이지만, 앞으로의 길은 결코 순탄치 않을 것이라는 예수님의 예언은 전혀 놀랍지 않다. 예수님은 무리의 환호가 거부보다 유쾌한 일이기는 하지만 그의 명성이 알려지면 알려질수록 권력에 위협이 된다는 사실을 모를 리 없으시다.

수난에 관한 예언은 이 시점에서 누가복음의 연결을 위한 구성에 기여할 뿐만 아니라, 누가복음 및 사복음서 전체의 신학적 틀을 보여주는 역할을 한다. 이 관점은 1세기의 독자나 청중만큼 우리에게도 어렵다. 이것은 하나님은 자신의 뜻이 훼방을 받을지라도 그의 거룩하신 뜻을 반드시 성취하신다는 믿음이다. 예수님의 고난과 죽음은 하나님의 뜻이 아니지만 하나님의 뜻이기도 하다. 우리가 이 수난에 관한 예언에서 직면하는 수수께끼는 바로 이것이다. 하나님은 사랑하는 아들의 고난은 물론 인간의 고난도 바라지 않으시며 그것을 즐거워하거나 원하지도 않으신다는 점에서 예수님의 고난은 하나님의 뜻이 아니다. 그러나 인간의 의지와 자유의 본질을 감안할 때, 신적 사랑의 본질이 가장 근원적인 차원에서 모든 형태의 악에 도전하고 위협한다는 사실을 감안할 때, 예수님의 고난은 전적으로 예측 가능하다고 말할 수 있다. 기적은 결과를 알고 있음에도 불구하고 하나님과 예수님이 성육신이나 성육신을 통한 삶에서 물러나지 않으신다는 것이다. 보본의 주장처럼, "하나님의 사역은 계속 될 것이며, 하나님은 죽음도 그의 계획 속에 받아들일 것이며 예수님의 부활을 통해 그의 죽음에 완전히 새로운 의미를 부여하실 것이다."2002: 363

9:23-27 남은 자에 대한 당부

23-27절은 보본이 네 번째 설교라고 부르는 본문이다.2002: 368 이 설교는 평지 설교 6:20-49, 비유 설교8:4-21, 사명에 관한 설교9:3-5에 이어진다. 예수님은 여기서 가능한 가장 광범위한 영역으로 논의를 확장하신다. 주변에 있는 사람은 모두 말씀의 대상이 된다. 그러나 그들 가운데 예수님이 가르치실 때나 치유하실 때 모여든 무리는 없다. 우리는 오천 명을 먹이신 기적을 베푸신 후 9장 18절에 암시된 불특정 시간 속에 있다. 더욱 중요한 사실은, 우리는 여전히 이 구절이 암시하는 비교적 은밀한 공간에 있다는 것이다. 지금 예수님은 제자들과 함께 따로 계신다. 그러나 예수님은 열두 제자나 8장 1-3절의 여자들을 포함한 제자들뿐만 아니라 그의 제자가 되기를 원하는 모든 사람에게 말씀하고 계시는 것이 분명하다. 이 짧은 지혜의 말씀은 예수님을 따르기 위한 세 가지 조건을 제시한다. 첫째로, 제자는 자신을 부인해야 한다. 1세기 사람들은 아마도 21세기의 북미 문화에서 신앙적 행위로 생각하는 "자아 발견"과 같은 개념이 형성되지 못했을 것이다. 그럼에도 불구하고, 자신을 부인하라는 강력한 촉구는 확실히 오늘날과 마찬가지로 당시에도 반문화적 주장이었을 것이다. 그때나 지금이나 이런 주장은 인간의 자기 참여self-involvement나 자기 발전과 궤를 달리 한다. 그러나 예수님은 이러한 "원칙"으로 제자도를 시작하신다. 그를 따르고자 하는 자는 자신을 부인해야 한다. 회개하고 예수님을 따르는 일은 필연적으로 개인의 삶과 중요성을 상대화하게 될 것이다. 이제 개인의 운명보다 더 크고 중요한 것이 있다. 이것은 자기애를 버리고 자기혐오로 채워야 한다는 말이 아니다. 예수님은 계속해서 자기를 부인하는 자는 진정한 자신을 찾게 될 것이라고 말씀하신다. 그러나 이처럼 영적으로 성숙한 자아 발견 및 자아실현을 위한 길은 자기 부인으로부터 시작된다.

제자가 되기 위한 두 번째 조건은 자기 비움의 윤리적 영역과 관계가 있다. 자기 부인으로 인해 비워진 공간, 자신이 집착했던 인간적 복지로 가득했던 공간 대신 채워야 할 것은, 예수님의 표현을 빌리자면 날마다 십자가를 지는 것이다.9:23 날마다 십자가를 지는 것이 순교를 의미하는 것은 아니지만, 순교에 대한 두려움이 우리의 행동을 지배해야 한다는 암시도 나타나지 않는다. 오히려 개인이나 공동체가 날마다 자기 십자가를 진다는 것은 예수님의 태도와 자세와 관점을 받아들인다는 것을 의미한다.

자기 부인과 날마다 십자가를 지는 일은 "나를 따를 것"이라는 마지막 세 번째 조건에서 결정적인 의미를 가진다. 자기를 부인하는 목적이나 날마다 십자가를 지는 이유는 예수님의 삶과 사역을 실제로 본받기 위한 것이다. 예수님을 따르는 일은 평지 설교의 윤리와 관련이 있다. 그것은 팔복과 화를 진지하게 받아들이는 것을 의미한다. 그것은 주변의 가난한 자와 억압받는 자를 보고 그들을 위하여 나서서 돕는 것을 의미한다. 그것은 새로운 실재, 반전된 하나님 나라와 부활의 새로운 삶을 사는 것을 의미한다.

예수님은 제자들에게 이러한 세 가지 요구를 하신 후, 복음의 역설에 대해 말씀하신다. 우리는 새로운 자아의 정립, 날마다 십자가를 지려는 각오, 예수님의 모범적 삶과 사역을 본받아 고난을 헤쳐나가는 실천과 함께 이 길을 시작한다. 이 길에 있는 모든 것은 문화가 가르치는 만족스러운 삶과 결이 다르다. 그러나 우리가 알고 있는 모든 보호막을 과감히 버리고 제자도라는 미지의 길로 담대히 뛰어든다면, 역설적이게도 자신의 목표와 행복을 추구할 때보다 더 충만하고 진정한 만족을 찾게 된다. 예수님을 따르는 삶은 생명을 약화하는 것이 아니라 더욱 풍성하게 한다. 이러한 역설적 진리 외의 어떤 목표도 초라한 것일 뿐이다. 예수님이 보여주시는 풍성한 삶의 반대편에는 탐욕이 있다. 우리가 가질 수 있는 모든 것을 가지더라도 자신의 본질인 영혼을 잃어버린다면 무슨 소용이 있겠는가?

2006년 가을, 나는 미네소타 주 칼리지빌에 있는 세인트 존스 소년 합창단을 위해 기획된 오페라 단막극을 관람했다. 이 오페라는 소년들을 위해, 소년들에 대해, 그리고 그들이 어떻게 인격적인 남자가 되는지를 보여주는 작품이다. 극이 진행되면서 소년의 삶은 그가 가진 것이나 획득한 것이 아니라 그가 무엇을 포기하였는지에 의해 결정된다는 사실이 분명해진다. 이런 정신은 일부 토착 문화에서도 발견된다. 이곳 누가복음에도 이러한 정신이 나타난다. 우리의 성품은 우리가 축적한 것에 의해서가 아니라 영혼의 관대함, 우리의 팔을 벌리고 손을 펼쳐 풍성한 삶을 살 수 있는 능력에 의해 형성되고 드러난다.

자기를 부인하라는 말씀은 실천하기 어렵지만 이해하기 어려운 것은 아니다. 이 짧은 지혜로운 말씀의 나머지 두 진술은 부끄러움에 관한 말씀과 죽기 전에 하나님의 나라를 볼 제자들도 있을 것이라는 말씀이다. 이 말씀은 오늘날의 상황에서는 이해하기가 더 어렵다. 두 진술은 누가복음에서 이어지는 변모에 관한 본문으로 전환하는 기능을 하는 것으로 생각하면 이해하기 쉽다. 부끄러움에 관한 말씀은 인자의 영광과 아버지와 거룩한 천사들의 영광에 관한 언급으로 끝난다. 확실히 예수님의 변모의 영광 가운데 나타나는 것은 거룩한 천사가 아니라 선지자들이다. 그러나 우리는 모세와 엘리야의 영광과 함께 아버지의 음성을 듣고 예수님의 영광을 본다. 더구나 충분히 합리적인 가정으로서 변모가 하나님의 나라에 대한 시각적인 표현이나 재현이라면, 하나님의 나라를 죽기 전에 볼 것이라는 말씀은 문자적으로 이루어진 사실이다.

부끄러움이라는 개념은 누가복음과 신약성경 다른 곳에도 나타난다. 신약성경의 문화는 수치심 문화를 특징으로 하며, 이러한 수치심은 객관적인 죄나 그보다 악한 것으로 여겼다.

어쩌면 우리는 수치심 문화에서 생각보다 가까이 있는지도 모른다. 필자의 증조부는 몇몇 친구들과 함께 어떤 사건에 연루되어 엘크하트 카운티 교도소에서 하룻밤을 보낸 적이 있다. 증조부는 나중에 무죄 판결을 받고 풀려났지만, 그럼에도 불구하고 감옥에서 하룻밤을 보낸 수치로 인해 지역 엘크하트 카운티 메노나이트 교회에서 출교당했다.

어쨌든, 이곳의 쟁점은 예수님을 공개적으로 주장하는 것이다. 만약 제자가 예수님과 그의 말씀과 가르침을 부끄러워하여 공개적으로 주장하지 못한다면, 그는 인자가 "아버지와 거룩한 천사들의 영광으로 올 때에" 그를 인정하지 않으실 것이다.9:26 이러한 상호성은 결코 무시할 수 없다.

죽음을 보지 않을 것이라는 말씀은 단순히 변모로 이어지는 전환구의 역할 이상의 기능을 한다. 이 말씀은 종말을 가리킬 수도 있지만, 하나님 나라의 본질에 대한 폭넓은 이해, 하나님 나라의 새로운 실재에 대한 더욱 확실한 깨달음이라는 광의의 의미로 확장할 수 있다. 제자들은 예수님의 변모를 경험했으나 완전히 깨달음은 예수님의 죽음과 부활 이후 사도행전에서 찾아왔다.

변모9:28-36

9:28-31 환상

예수님의 네 번째 설교와 변모 사이에는 일주일 이상의 간격이 있다. 팔 일쯤 되어 예수님은 열두 제자 가운데 세 사람, 곧 제자들의 대변인격인 베드로와 요한과 야고보를 택하신다. 세 사람은 예수께서 5장 1-11절에서 처음 제자로 부르신 자들이다. 그들은 부르심을 받을 때 함께 고기 잡는 일을 하던 사람들로, 지금은 전적으로 다른 일을 하고 있지만 여전히 동업자다. 그들은 6장에 나오는 열두 사도 가운데 첫 번째, 세 번째, 네 번째로 거명되며, 두 번째 자리는 베드로의 형제 안드레가 차지한다. 예수님은 세 사람을 데리고 기도하러 산에 오르신다. 예수님이 기도하실 때 그의 용모가 변화되고 옷이 광채가 났다. 이 변모 에피소드는 갈릴리 증인들의 리더십에 있어서 중요한 국면이라는 피츠마이어의 주장은 옳다.1981: 793 예수님의 얼굴과 옷이 빛나고, 구약의 주요 인물인 모세와 엘리야가 함께하면서, 예수님과 동행한 세 사도는 그의 신분과 이 땅에서의 사역에 대한 확실한 증거를 받는다. 이 장면에는 두 가지 중요한 요소가 나타난다.

첫째로, 변모는 갈릴리 사역을 시작하기 전 세례 장면과 겹치는 부분이 있다. 따라서 두 장면은 갈릴리 사역을 앞뒤에서 감싸는 인클루지오를 형성한다. 두 장면에서 하늘에서 들려오는 음성은 예수님을 아들로 선포한다. 세례 장면에서 예수님은 사랑하는 아들로 선포되며, 여기서는 택함을 받은 아들로 선포된다. 이것은 "이런 일이 들리니 이 사람이 누군가"9:9라는 헤롯의 물음에 대한 결정적인 대답이 된다. 또한 이것은 "무리가 나를 누구라고 하느냐"9:18라는 예수님의 질문에 대한 대답이기도 하다. 그러나 예수님은 자신을 "인자"9:22라고 부르신다. 이것은 예루살렘을 향한 여정에서 제자들이 새겨들어야 할 대답이다. 제자들은 예수님이 인자로서 처형당하시기까지 모든 참혹한 과정을 지켜보게 될 것이다. 그러나 현재로서는 재앙에 대한 암시만 보았을 뿐, 그들이 겪어야 할 시련을 온전히 이해하지 못하고 있다.

두 번째 요소는 사역의 성격이다. 산에서 모세와 엘리야와 같은 놀라운 인물들이 예수님과 함께 나타났을 때, 그들은 가만히 있을 수 없었다. 누가나 다른 복음서기자들은 이 대화의 내용에 대해 진술하지 않지만, 예수님의 출애굽 또는 별세에 대한 언급이 나타난다. 이 용어에 대해서는 오랜 세월 논쟁이 되어 왔으며, 대부분의 주석가는 예수님의 죽으심이나 부활에 대한 언급이라고 생각한다. 그러나 모세와 엘리야라는 인물은 예수님이 상속하신 성경적 전승의 율법과 예언서를 가리키는 것으로 보인다. 보본이 지적하듯이, 역사적 인물의 등장과 함께 문맥상 수수께끼 같은 이 용어를 선택한 것은 "누가도 출애굽이라는 이스라엘의 근본적인 경험을 염두에 두었을 가능성"2002: 376이 있음을 보여준다. 나는 그 이상이라고 생각한다. 누가가 나중에 누가복음 24장 50-51절과 사도행전 1장 9-11절에서 승천과 별세를 연결한 사실을 감안하면, 누가는 예수님의 사역, 죽음, 부활 및 승천과 이스라엘의 문화적 축이 되는 사건 사이에 연관성이 있다고 보는 것 같다. 속박으로부터의 해방은 핵심이며, 누가의 표현을 빌리면 눈먼 자가 보고 가난한 자에게 복음이 전파된 것과 같다.

9:32–33 환상에 대한 인간적 반응

예수님과 함께 산을 올라 그의 변모와 고대 영웅들의 현현을 경험한 사도들의 반응은 단순한 경외심이나 놀라움이 아니다. 이유는 알 수 없으나 제자들은 깊이 졸았으며, 하마터면 그 장면을 놓칠 뻔했다. 산을 오른다는 것은 힘든 일이며 제자들은 만성적인 수면 부족에 시달렸을 수도 있지만, 그들의 졸음은 이러한 신체적 상태와 함께 아마도 인간의 연약성에 대한 누가의 평가와 관련이 있는 것으로 보인다. 제자들은 예수께서 잡히시기 전 감람산에서 기도하시는 중요한 장면에서 다시 깊은 잠에 빠진다. 그때 예수님은 그들을 나무라시는데, 이것은 누가가 이곳에서 인간의 연약성을 묘사하고 싶어 한다는 사실을 보여준다. 그러나 여기서는 예수님의 개입 없이 스스로 온전히 깨어난다.

잠에서 깨어난 그들은 그곳에 임한 영광을 인식하고 모세와 엘리야가 떠나려는 것을 본다. 베드로는 급히 예수께 "우리가 여기 있는 것이 좋사오니"라고 말한다. 베드로는 인간적인 관점에서 전적으로 타당한 만족을 표현한 것이다. 이러한 감정 자체는 아무런 문제가 없다. 그들에게는 모두 함께 있는 것만큼 좋은 일도 없을 것이다. 이어서 베드로는 사도들이 예수님을 포함한 하늘의 존재들을 위한 초막 셋을 지으면 어떻겠냐고 말한다. 이 제안은 모호해 보인다. 그것은 모세와 엘리야가 떠나려 하자 한 말이기 때문에 그들을 붙잡아두기 위한 일시적 시도일 수 있다. 그러나 베드로가 짓겠다는 초막은 유대인이 광야에서 방황하던 이스라엘 백성을 기념하기 위해 초막절Sukkot에 초막을 짓고 생활하던 것을 상기시키는 것일 수 있다. 베드로가 이 절기를 본문에 도입한 것은 의식적이든 무의식적이든, 이 사건의 의미를 깨닫고 구속사와의 연관성을 포착했음을 의미한다. 베드로의 제안은 시기적으로 적절하지는 않았으나 전혀 엉뚱한 생각은 아니었다. 어쨌든, 인간이 만든 초막이 그들의 출발을 늦추고 그 순간에 매달리는 것 외에 무슨 소용이 있겠는가?

9:34-36 환상 속에 나타난 하나님의 음성

이 시점에서 이 장면의 현현은 신현으로 바뀐다. 하나님또는 하나님의 음성이 이 장면에 등장한다. 구름이 제자들을 덮었으며 그들은 무서워했다. 히브리어 성경에는 이러한 구름에 대한 선례가 나타난다. 그것은 애굽에서 나온 이스라엘 백성을 낮에 인도했던 구름출 13:21-22과 광야에서 있었던 하나님의 임재33:9-10를 상기시킨다. 또한, 이 구름은 독자에게 열왕기상 8장 10절에 나오는 성전 봉헌식을 상기시킨다. 이곳의 내러티브에는 구름에 대한 언급이 세 차례 나타난다. 구름은 그들을 덮었다. 그들은 구름 속으로 들어갈 때 무서워했다. 구름 속에서 소리가 났다. 이 소리는 예수께서 세례를 받으실 때 성령이 비둘기 같은 형체로 강림하시더니 들린 음성과 유사하면서도 다르다. 그곳에서는 음성이 예수님께 직접 말씀했으나, 여기서는 제자들에게 말씀한다. 세례 장면에서 음성은 예수님을 사랑하는 아들로 부른다. 이곳의 변모 장면에서는 예수님을 택하심을 받은 아들로 부른다. 그곳에서는 예수님을 기뻐하신다는 말씀이 나타나지만, 여기서는 제자들에게 그의 말을 들으라는 명령이 제시된다.

변모 장면에서 그처럼 극적으로 제시된 음성은 예수님을 앞뒤 본문과 연결한다. 이 음성은 예수님을 시내산 전승과 모세 및 광야에서의 율법 수여와 연결한다. 또한 이 음성은 예수님과 그의 사명을 고난받는 종의 노래, 특히 이사야 41장 및 42장과 연결한다. 그곳 본문에서 이스라엘은 두려워하지 말라는 음성을 들으며 택함을 입은 자, 정의를 시행하는 자, 상처를 입고도 부르짖지 않는 자로 묘사된다. 예수님을 택하신 자로 언급하는 다음 본문은 누가복음 23장 35절이며, 그를 처형한 자들의 입을 통해 듣게 된다. 우리는 그곳에서 예수께서 십자가에 못 박히실 때 백성의 관리들이 십자가 밑을 서성거리며 "만일 하나님이 택하신 자 그리스도이면 자신도 구원할지어다"라고 조롱하는 모습을 볼 수 있다.

앞서의 세례 장면에는 누가복음의 기독론적 요소가 나타난다.Bovon 2002: 380 이 장면에서 하나님은 예수님에게 직접 말씀하시며 그를 아들이라고 부르신다. 이 변모 장면에서 하나님의 음성에는 교회론적 요소가 나타난다. 이 음성은 제자들에게 직접 말씀하신다. 그들은 하나님께로부터 예수님이 누구신지 직접 듣고, 그의 말씀을 들으라는 명령을 받는다.

하나님의 음성이 그치자 환상이 사라진다. 모세와 엘리야는 사라지고 제자들과 예수님만 남는다. 이 단락은 결정적인 결말 없이 조용한 어조로 끝난다. 내레이터는 그들 -세 제자와 예수님- 이 보고 들은 것을 아무에게도 이르지 않았다고 진술한다. 그들은 아무에게도, 심지어 다른 제자들에게조차, 하나님이 예수님을 증거하신 사실에 대해 말하지 않았다.

갈 길이 먼 제자들눅 9:37-50

9:37-43a 그들의 무능력

예수님이 귀신 들린 아이를 고치신 이 이야기에서, 초점은 제자들이 예수님의 사역에 합당한 신뢰할 수 있는 증인이 되기 위해서는 갈 길이 멀다는 사실에 맞추어진다. 예수님이 열두 제자를 택하신 후 산에서 내려오시자 무리가 모여들었다는 사실을 기억해 보라. 이곳에서는 예수께서 변화산에서 내려오시자 다시 한번 무리가 모여든다. 그때 무리 중의 한 사람이 다급히 소리쳤다. 그는 예수께 자기 아들을 돌보아 주시기를 요청하고 상세한 설명을 덧붙였다. 이 사람도 야이로처럼 아들 하나뿐이며, 그 아들은 귀신에 사로잡혀 거품을 흘리며 경련을 일으켰다. 오늘날 이러한 증상은 주로 간질병과 관련이 있다. 예수님 시대에도 일부 의사들은 이 증상에 대해 알았을 것이다. 그러나 당시의 대중문화에서 이러한 상태 변화는 "신성한" 것으로 여기거나 세속적 일상을 넘어서는 영역에 기초한 현상으로 생각했다.Bovon 2002: 386 이 아이는 발작이 잦았으며 귀신에게 오랫동안 사로잡혀 있어 큰 고통을 겪었다.

여기까지는 누가복음에서 접했던 다른 치유기사와 유사하다. 그러나 아이의 아버지는 여기서 우리가 지금까지 만나지 못했던 생소한 언급을 한다. 그는 자신이 이미 제자들을 찾아갔으나 아이를 고치지 못하였다고 말한다. 우리는 아이와 아버지를 실망시킨 제자들이 9장 1절에서 예수님이 병자를 고치고 귀신을 쫓아내는 능력을 주신 열두 제자 가운데 속한 자들인지 확실히 알지 못한다. 이야기의 흐름에 비추어볼 때 그럴 가능성도 있다. 이 경우, "열둘" 또는 사도라는 말 대신 제자라는 표현을 사용한 것은 그들에 대한 예수님이나 내레이터의 실망감을 보여준다. 예수께서 제자들을 꾸짖으셨다는 것은 그러한 능력을 요구하는 것으로 보이며, 따라서 우리는 아이와 아버지를 돕지 못한 제자들이 병자를 치유하고 귀신을 쫓아내라는 말씀을 받은 열두 제자 중 일부라고 생각할 수 있다.

그것은 엄한 꾸짖음이다. Bovon이 지적하듯이, 이 꾸짖음은 거부당한 지혜의 언어로 표현된다.Bovon 2002: 387 예수님은 제자들을 "믿음이 없고 패역한 세대"9:41라고 부르시며 그들을 얼마나 더 참아야 하느냐는 극적인 표현을 사용한다. 이러한 감정은 누가행전에 나오는 주제의 일부지만, 표현의 신랄함과 준엄함으로 인해 거의 다루어지지 않는다. 누가복음 11장 29-32절에는 예수님이 무리를 향해 표적을 구하기 때문에 악한 세대라고 말씀하시는 장면이 나온다. 그리고 잠시 후 예수님은 종교 지도자들을 "이 세대"로 지칭하며 그들이 "모든 선지자의 피"에 대한 책임이 있다고 말씀하신다.11:49-52 그러나 이곳에서는 이처럼 격정적인 순간에 잠시 전 산에서 경험한 환상으로 인해 더욱 예리해지신 예수님은 제자들을 따끔하게 꾸짖으신다. 예수님은 그 사람에게 아이를 데려오라고 말씀하신다. 그러나 아이가 도착하기도 전에, 귀신이 그를 거꾸러뜨리고 심한 경련을 일으켰다. 예수님은 아이를 낫게 하시고 그 아버지에게 도로 주셨다. 제자들을 포함한 모든 구경꾼은 하나님의 위엄에 크게 놀랐다.

9:43b-50 그들은 묻지도 않음

이어지는 구절은 무리가 예수께서 행하신 일, 특히 귀신을 쫓아내신 일을 비롯하여 여러 가지 치유 사역에 대해 놀라는 장면으로 시작한다. 예수님은 자신이나 제자들이 이처럼 고조된 분위기에 젖어 있는 것을 용납하지 않으신다. 오히려 예수님은 자신의 고난과 죽음에 대한 또 한 차례의 예언을 한다. 이 에피소드는 예수님과 제자들 사이에 작동하는 시행 원리를 드러낸다. 그것은 생명의 한 가운데서, 특히 이곳에서처럼 모든 것이 낙천적인 방향으로 흐르는 것처럼 보일 때 고난과 죽음을 상기하는 것이다. 그리고, 가혹한 죽음의 한가운데서, 치유와 생명을 상기한다. 이러한 상호작용은 이미 치유기사를 통해 확인되었으며, 부활 후 내러티브를 통해 더욱 확장될 것이다.

9장 44절의 예언은 베드로의 고백과 변모 사이에 있는 9장 22절의 예언에 비해 짧으며, 실제적인 죽음에 대한 암시는 없다. 예수님은 단지 "인자가 장차 사람들의 손에 넘겨지리라"9:44고 했을 뿐이다. 이 말씀에 대한 제자들의 반응은 흥미롭다. 적어도 누가의 보고는 그렇다. 한편으로 그들은 그 말씀을 이해하지 못했으며, 다른 한편으로는 그것에 관해 묻는 것조차 두려워했다. 이것은 그들이 본능적으로 감지했을 것임을 보여준다.

제자들이 이해하지 못한 것이 아니라 이해하지 않으려 했다는 해석은 합리적인 결론으로 보인다. 이것은 그들의 깨달음이 부족하다는 언급에 이어지는 내용을 감안하면 그렇다. 그들은 조금 전 9장 23-27절에서 자기 부인의 제자도로 부르심을 받았으나 이제 누가 크냐라는 헛되고 무익한 논쟁을 벌임으로써 이러한 부르심을 전적으로 거부한다. 9장은 예수께서 열두 제자를 부르시고 능력을 주시는 장면으로 시작한다. 이 장에는 자기 부인, 베드로의 고백, 산에서의 변모, 그리고 오천 명을 먹이시고 병자를 고치시는 놀라운 기적들이 나타난다. 제자들은 이러한 기적을 직접 목격했다. 그러나 지금 그들은 이 모든 기적과 가르침을 잊어버리고 사마귀 같은 인간성을 드러낸다. 그들은 그들 중 누가 가장 크냐라는 논쟁에 빠져 있다. 우리의 모습과 얼마나 유사한가!

누가복음에서 마음과 생각을 읽는 특별한 능력이 있는 예수님은 즉시 간파하셨다. 그러나 예수님은 이 문제를 직접 언급하지 않으신다. 그는 조금 전 그들을 믿음이 없고 패역한 세대라고 했으나 이번에는 꾸짖거나 화내지 않으신다. 대신에 예수님은 어린아이 하나를 데려다가 곁에 세우시고 누구든지 이런 어린아이를 영접하는 것은 예수님을 영접하는 것이며, 예수님을 영접하는 것은 곧 하나님을 영접하는 것이라는 수수께끼같은 말씀을 하신 후, 그들 가운데 가장 작은 자가 가장 큰 자라는 말씀을 덧붙이신다. 이 말씀은 두 가지 면에서 접근할 수 있다. 첫째로, 예수님은 하나님의 나라의 성취에 관한 문제를 재조명하신다. 하나님 나라에서의 성취는 업적이 아니라 수용성이 준거가 된다는 것이다. 어린아이를 영접하고, 아들을 영접하고, 아버지를 영접하는 것이 위대함의 진정한 척도가 된다. 이러한 위대함은 사람이 노력해서 얻을 수 있는 것이 아니다. 위대함은 소유나 다른 사람을 지배함으로써 얻을 수 있는 것이 아니다. 진정한 위대함은 이웃, 특히 그들 가운데 "작은 자"와 예수님과 그를 보내신 하나님께 마음을 여는 것에 있다. 둘째로, 예수님은 인간의 계급제도 자체에 대해 다시 초점을 맞추신다. 하나님 나라의 가치관에는 실제로 이러한 개념이 있지만, 그것은 우월함과 열등함에 대한 인간의 일반적 개념을 뒤엎는 독특하고 역설적인 개념이다. 인간 세계에서 낮은 자가 하나님 나라에서는 높은 자리를 차지한다. 높은 자리를 차지하려고 애쓰는 것은 본질상 무의미하며, 가장 어리석은 노력이다.

갈릴리 사역은 제자들의 지위가 다소 위태로운 상태에 이른 가운데 불완전한 모습으로 끝난다. 예수님의 공적 사역은 절정에 이르렀다. 그는 오천 명을 먹이시고 질병으로 앓고 있는 자나 귀신들린 자를 고치심으로써 많은 사람의 환영을 받았다. 그러나 제자들에 대한 은밀한 사역은 큰 성공을 거두지 못했다. 그들은 예수님을 정확하게 알아보았으며 산에서의 변모와 구름 가운데 들려온 하나님의 음성을 통해 확인까지 받았다. 열두 제자는 병자를 치유하고 귀신을 쫓아내라는 사명과 능력을 받았다. 그러나 그들은 예수께서 오천 명을 먹이실 때, 귀신들린 아이를 고치지 못하였을 때, 그리고 결국 누가 크냐는 논쟁에 빠짐으로써 연약한 모습을 보였다. 이제 예수께서 예루살렘으로 향하시기 직전 이곳에서 그들은 다시 한번 그들의 부족을 드러낸다. 또는 그들은 이해했지만, 단지 두려워하여 마음을 완전히 열지 못한다.

예수님이 어린아이를 사례로 드시며 천국에서 큰 자에 대해 말씀하시자 요한이 예수께 어떤 사람이 주의 이름으로 귀신을 쫓아내는 것을 보았다고 말한다. 요한은 그가 예수님의 이름으로 일했으나 "우리와 함께 따르지 아니하므로 그를 금하였나이다"9:49라고 말한다. 그는 예수님 일행에 가담하지 않았다. 그러나 예수님의 대답은 놀랍다. 예수님은 그를 금하지 말라고 대답하신다. 이어서 "너희를 반대하지 않는 자는 너희를 위하는 자니라"9:50는 말씀을 덧붙이신다. 보본의 지적처럼, 이 이야기는 민수기 11장 24-30절과 유사하다. 엘닷과 메닷은 장막에 나가지 않았으나 그들에게도 예언의 영이 임했다.2002: 396 여호수아는 모세에게 그들이 예언하지 못하게 하라고 했으나 모세는 거절한다.

이렇게 하여 갈릴리 사역은 아이러니로 끝난다. 제자들은 이 시점까지 예수께서 주신 치유와 귀신을 쫓아내는 능력을 사용하지 못하며, 예수님의 이름으로 시행되는 다른 성공적인 사역에 대해 이너서클이 아니라는 이유로 중단시키려 한다. 제자들은 예수님의 사역에 대한 신학적 의미를 부분적으로 알았다. 그들은 예수께서 메시아라는 사실을 정확히 알았으며, 이러한 인식은 구름 속에서 들린 소리를 통해 확인되었다. 그들은 예수님 곁에 충실하게 머물렀으며 그로부터 능력을 받았다. 그러나 그들은 자신들이 동참한 사역의 윤리적 함의를 파악하지 못했다. 그들은 하나님 나라의 사역이 전개되고 있는 이 땅의 가치관의 놀라운 반전을 이해하지 못했다. 그들은 또한 하나님 나라의 사역이 그들과 별도로 전개될 수 있다는 사실을 깨닫지 못했다. 예수님은 이처럼 아직도 갈 길이 먼 열두 제자를 비롯하여 당신이 부르신 제자들과 함께 예루살렘을 향하여 올라가기로 굳게 결심하신다.9:51, 그들은 아직 준비가 덜 된 상태로 먼 길을 가야 한다.

성서적 맥락 속의 본문

풍요의 신학

오천 명을 먹이신 이야기는 바다의 광풍에 관한 본문과 마찬가지로, 이중적 관점에서 접근할 수 있다. 이 이야기는 감정에 치우치지 않는다. 모든 흐름은 특정 시간과 공간을 배경으로 하는 이야기에 요구되는 논리적 틀 안에서 전개된다. 이 이야기는 요란하지 않다. 이 이야기의 어조는 마치 아미쉬 여성이 건초를 만드는 무더운 날 들판에서 딸과 함께 차린 식사를 일기로 옮길 때 사용하는 언어만큼 평온하다. 이처럼 절제된 언어를 사용함에도 불구하고, 이 이야기는 강력한 성경 주제를 드러낸다. 보본은 성경이 증거하는 풍요의 신학 및 본문의 관점에 대한 탁월한 주석을 제공한다.2002: 357-60 그러나 여기서는 모든 내용을 요약할 수 없다.

이러한 부류의 이야기는 이스라엘의 하나님이 축제와 기근, 풍요와 궁핍의 하나님이라는 선지자적 전통과 궤를 같이 한다. 열왕기상 17장 8-16절의 엘리야와 사르밧 과부에 관한 이야기와 열왕기하 4장 42-44절의 엘리사와 바알 살리사에서 온 사람에 관한 이야기에는 누가복음의 이 이야기와 유사한 요소가 나타난다. 보본이 나열한 대로, 이러한 이야기는 신적 기적을 행하는 자, 부족한 떡, 하나님의 사람의 학생이나 제자들, 음식을 나누어주라는 하나님의 사람의 명령, 저항, 명령의 시행, 남은 음식에 대한 언급 등이 나타난다.358 이런 이야기는 하나님의 공급하심을 증거한다. 하나님은 평소에 풍성한 흙과 태양과 비를 공급하신다. 그러나 하나님은 결핍과 위기의 시기에 하나님의 백성에게 공급하실 수 있는 능력이 있다. 이 이야기에서 멀리 떨어진 공간과 많은 수의 사람은 출애굽을 상기시킨다. 하나님이 광야에서 만나와 메추라기를 공급하신 것처럼, 예수님도 그의 말씀을 들으려고 이 먼 곳까지 찾아온 사람들에게 떡과 물고기를 주신다. 만나와 떡, 메추라기와 물고기는 하나님이 공급하시는 육신적 양식뿐만 아니라 영적인 식량으로서 율법 및 예수님의 말씀과 연결할 수 있다. 그러나 열왕기상 및 열왕기하의 이야기와 이 복음서의 이야기에는 출애굽의 의미를 보여주는 윤리적 요소가 포함되어 있다. 엘리야와 엘리사와 예수님은 제자들에게 그들이 가진 것을 다른 사람과 나눌 수 있게 하시는 하나님의 풍성하신 공급을 믿으라고 요구한다. 풍요는 근본적인 신뢰와 이러한 신뢰가 있어야 가능한 나눔을 통해서만 경험할 수 있다. 보본의 결론처럼, "하나님의 사랑은 배제하는 힘이 아니라 통합하는 역동성을 통해 전달된다."360

교회생활에서의 본문 적용

기독교 교육

예수님의 제자 교육은 우리의 교회와 신학교가 예수님의 제자를 형성하는 방법에 관한 몇 가지 의문을 제기하게 한다. 최근 몇 년 동안 우리는 교육에 많은 관심을 기울이기 시작했지만, 아직도 여전히 부족한 상태다. 하나님의 나라에 대해 배운다는 것은 무슨 뜻인가?

다시 말하면, 하나님의 나라를 위한 교육의 의미는 무엇이냐는 것이다. 누가복음의 이 부분에서 힌트를 얻는 것도 나쁘지 않다.

교육은 사명 부여와 함께 시작한다. 이것은 누가복음의 중요한 관점이다. 제자들은 먼저 사명을 받았다. 사명은 믿음에 기초한다. 지금까지 제자들은 오직 한 가지 방법으로만 자신을 입증했다. 그들은 예수님이 가시는 현장마다 따라다니기만 했다. 그러나 이처럼 검증되지 않은 상태에서 예수님은 그들에게 귀신을 쫓아내고 병자를 치유하는 능력과 권위를 주신다. 예수님은 그들에게 능력을 주신 후에 하나님의 나라를 선포하고 아픈 자를 고치라고 보내신다. 제자들이 일을 시작하기 전에 믿음을 가져야 한다. 이 과정은 누가복음 24장에서 더욱 포괄적이고 확장된 방식으로 재현된다. 예수님은 제자들을 떠나시기 전에, 예루살렘에서 시작하여 세상 끝까지 가라는 사명을 주신다.24:47-49 이것은 제자들이 예수님을 실망시킨 직후의 일이다. 유다는 그를 원수의 손에 넘겼으며, 베드로는 그를 세 번이나 부인했다. 여자들을 포함한 다른 제자들은 멀리 서서 보기만 했다. 그러나 그들은 베드로가 형제자매를 굳게 하기 전에, 그리고 성령을 받기 전에, 믿음에 기초하여 사명을 받았다.

본문에는 확실히 다른 교육적 요소도 나타난다. 제자도에는 "보냄을 받음"과 "다시 돌아와 배움"이라는 흐름이 나타난다. 자유주의 이론가들은 행동과 사색의 주기에 대해 언급한다. 제자들은 선포와 치유를 위해 보내심을 받으며, 돌아와서는 예수께 자신이 행한 모든 것을 이야기한다. 말하자면 교육은 실제적 삶을 중심으로 이루어진다. 예수님과 제자들은 모여든 무리에 대한 사역을 잠시 멈추고 보고를 듣기 위해 앉았다. 날은 저물어 가는데 무리는 먹을 것이 없었다. 예수님과 제자들은 오천 명 이상 되는 그들을 먹였다.

그러나 밀려드는 사역에도 불구하고, 그들은 예수님과 자신의 정체성 및 양자의 관계에 대해 묵상할 수 있는 충분하고 느긋한 시간이 있었다. 예수님은 십자가가 제자들의 마음에서 가장 멀리 떨어져 있는 이 시점에서 십자가를 소개하신다. 예수님은 인기가 절정에 달해 있다. 어쨌든 그는 빈 들에서 오천 명 이상의 사람들을 먹이셨다. 많은 사람은 이 선생이 누구신지에 대한 호기심으로 들끓었으며, 온갖 소문이 돌았다. 예수님은 이 작은 공동체의 삶의 중심에 계신다.

이곳은 격렬한 현장이지만, 예수님은 그 가운데서 진지한 성찰을 제공하며 제자들과 함께, 그리고 제자들을 위한 기도 생활의 모범을 보이신다. 예수님은 제자들과 함께 치유 사역을 통해 구현된 소망과 함께 그들이 선포하는 하나님 나라에 대한 소망과 사역의 토대 위에 중심을 잡고 굳게 선다.

끝으로 누가는 세심하게 전개되는 은사적이고 영적인 경험을 제공한다. 변화산 장면은 누가복음에서 다양한 기능을 수행한다. 그것은 세례를 확인한다. 예수님은 하나님과 역사적으로 유명한 두 인물로부터 인정을 받는다. 그러나 이것 역시 제자들을 위한 교육의 일환이다. 예수님 주변의 작은 무리에 속한 모든 사람이 이처럼 차원 높은 영적 경험과 통찰력을 받아들일 준비가 되어 있는 것은 아니지만, 예수님은 야고보와 요한과 베드로를 데리고 가신다. 그들은 항상 바로 보는 것은 아니며, 배워야 할 것이 많다. 예를 들어 초막 셋을 지어 그 순간을 기념하자는 베드로의 요구는 좌절되었다. 그러나 그들은 예수님과 함께 날마다 어떤 도전에 직면해야 할지 모르는 상태에서 어렵지 않게 받아들인 사역의 장엄함을 볼 수 있었다.

우리는 제자들에 대한 예수님의 교육 방식을 통해 우리의 양육 및 기독교 교육에 필요한 많은 것을 배울 수 있다. 가르치는 자는 초보자에 대한 자신감이 있어야 한다. 사명을 주고 권위와 능력을 부여하는 행위는 제자도 커리큘럼의 첫 번째 순서는 아니지만 커리큘럼의 마지막 순서에 해당하는 것도 아니다. 제자들은 누가복음 5장에서 예수님의 길에 합류했지만, 이곳 누가복음 9장에서 능력과 권세를 받는다. 능력과 권위라는 선물은 중간에 주어진다. 이러한 능력과 권위는 전도자뿐만 아니라 선교 사역에도 힘이 된다. 우리는 제자들에게 처음부터 사명을 부여하기보다 일정 기간이 지난 후에 임무를 부여하는 것이 좋다. 이러한 위임 후에는 다양한 활동이 따른다. 정치적 현실도 고려되었으며, 제자들은 말씀 선포와 치유 사역을 시작했다. 그들은 예수님과 함께 모여 사역에 대한 보고와 함께 신학적 성찰이 이루어졌다. 그들은 기도를 배웠으며 휴식과 재충전을 위해 주기적으로 시간을 내는 법도 배웠다.

끝으로, 제자들은 영적인 성숙을 촉구받으며, 주변에서 일어나는 거룩한 일에 관심을 가지고 적절하게 대응하는 법을 배운다. 우리는 이처럼 특별한 여정에서 예수님을 수행하는 특권을 누렸던 세 제자에게 변화산 장면이 어떤 영향을 미쳤는지 모른다. 누가는 그것에 대해 자세히 설명하지 않는다. 어쨌든, 누가는 제자들을 위한 훈련 편람을 쓰고 있는 것이 아니다. 우리가 교육 현장에 접목하려는 이론이나 실천은 모두 간접적일 수밖에 없다. 그러나 예수님의 부르심을 받은 이 투박한 어부들을 제자로 형성한 것은 강렬한 신적 만남이 있었기에 가능했다는 것은 부인할 수 없는 사실이다. 어떤 면에서 변화산에서의 경험은 특정 교파 종교에 중요한 영적 교류 의식과 다르지 않다. 환상이나 영적 교류 의식은 아나뱁티스트의 제자 양성 교육에서 일반적으로 접하거나 접목해보지 않은 경험이다. 그러나 전형적인 3년제 신학교의 커리큘럼에 이러한 개념을 부분적으로 시행해본다면 흥미로울 것이다.

이러한 방식이 실제로 시행되면 어떻게 되겠는가? 교육의 목표는 무엇이 되겠는가? 그들은 어떻게 성취할 수 있겠는가? 아마도 다음과 같은 상황을 생각해 볼 수 있을 것이다. 첫 해

1학년에 할 일은 소명에 대한 확신과 함께 하나님의 나라를 선포하고 치유할 수 있게 하는 것이다. 이러한 방식은 상황에 따라 다르게 보일 수 있겠지만, 북미의 상황에서는 익숙한 요소와 익숙하지 않은 요소가 혼합된 모습을 보일 것이다. 익숙한 요소는 내용이다. 즉, "하나님의 나라는 무엇이며, 어떻게 선포할 것인가"라는 것이다. 하나님의 나라가 말하는 치유에 대한 오늘날의 필요성은 무엇인가? 성경을 읽고 문맥을 파악하는 작업은 신학교에서 익숙한 활동이다. 우리는 이러한 목표를 달성하기 위해 이미 다양한 방법을 수립하여 시행해왔다.

우리에게, 또는 적어도 아나뱁티스트 전통에 속한 우리 가운데 일부에게 익숙하지 않은 요소는 소명을 분별하고 하나님의 나라를 선포하고 치유할 수 있는 능력과 권위를 위해 성령께 의존하는 것이다. 우리는 성령의 임재와 역사를 위한 종교적 의식이나 분별력 훈련에 집중할 필요가 있을 것이다. 소명을 분별하는 기준은 바뀌어야 할 것이다. 어쨌든 예수님이 부르신 사람들은 지극히 평범한 어부들이었으며 리더십이 특별한 사람들도 아니었다.

첫 번째 해가 끝나면, 부르심을 받고 성령의 능력과 권위를 분명히 드러낸 사람들은 두 번째 해나 세 번째 해를 위한 행동과 사색의 주기로 들어갈 것이다. 그들은 하나님의 나라를 선포하고 치유하기 위해 보냄을 받을 것이다. 그들은 돌아와서 자신이 행한 일에 대해 들려주고 자신의 사역에 대한 신학적 성찰에 돌입할 것이다. 학생들이 이러한 활동과 성찰의 순환을 통해 담대함과 확신이 견고해가는 과정에서, 성령은 다시 한번 학생과 교수진의 중심이 될 것이다.

마지막 해나 마지막 학기에 할 일은 수련회나 영적 교류 의식과 같은 영성 훈련이 좋을 것이다. 이것은 장기적인 제자도나 사역을 위해 제자들의 건강과 복지를 근본적으로 보장할 수 있는 종교적 경험과 비전을 가지는 시간이 되어야 할 것이다. 이 과정에는 위험이 수반될 수 있다. 영성 훈련은 학생들을 인내와 자립의 가장자리로 데려갈 것이다. 성령과의 교제는 경솔함이나 권위의식을 위한 것이 아니다. 예수님이 광야에서 시험을 받으신 것은 이러한 사실을 잘 보여준다. 예수님의 감람산 기도도 마찬가지다. 이 훈련의 목적은 학생이 가르치고 배우는 주변 공동체의 경험을 공유하기 위한 것이다. 그것은 삶을 변화시키는 교육이 될 수 있다. 그것은 확실히 전향적인 삶이 될 것이다. 그것은 학생과 가르치고 배우는 공동체에도 큰 영향을 미칠 것이다.

무엇보다도 이러한 커리큘럼은 리더십의 성공과 실패에 대한 정의를 새롭게 할 것이다. 성령은 프로그램의 성공이나 실패를 보장하지 않는다. 커리큘럼은 말하기를 다양한 차원의 듣기로 대체할 것이며, 말하기보다 듣기를 즐겨하는 리더를 양성할 것이다. 우리는 오순절 교회 친구들에게 조언을 구하지 않을 수 없을 것이다. 이 과정을 마친 지도자는 카리스마적 지도자가 될 것이다. 그러나 우리는 은사주의에 대한 정의를 새롭게 해야 할는지 모른다.

제3부
예루살렘 여정

누가복음 9장 51절-19장 44절

개관

복음서를 잘 읽는 것은 다른 것도 잘하는 것과 같다. 요리는 오븐을 가열하기 전에 레시피를 살피고 순간마다 조리법을 확인하는 사람이 잘한다. 산을 오르는 사람은 지도나 지형을 통해 전체적 그림을 염두에 두면 등산을 즐기며 마칠 수 있다. 건축가는 청사진을 참조한다. 피아니스트는 어려운 마디만 연습하는 것이 아니라 곡 전체의 흐름을 염두에 두고 연습한다. 나무를 이해하기 위해서는 숲 전체에 대한 감각이 필요하다. 우리는 여기서 누가복음의 중요한 전환점에 이르렀다. 이곳은 우리가 어떤 과정을 거쳐 왔으며 어디로 향해 가고 있는지를 점검해보기 좋은 지점이다.

누가복음의 첫 번째 대단원은 유아기 내러티브다. 누가는 이 이야기에서 복음서를 관통하는 중요한 주제들을 제시하기 위한 무대를 마련한다. 우리는 이스라엘의 해방에 대한 하나님의 관심에 대해 배운다. 한 가난하고 젊은 시골 여자에게서 예수님이 탄생하셨으며 여자는 자기 백성을 위한 찬가를 부른다. 누가는 이러한 반전적 가치관을 통해 이스라엘에 대한 하나님의 관심이 전통적 방식이나 모티브를 취하지 않을 것임을 암시한다. 우리는 이스라엘의 소망이 머잖아 실현되겠지만 이스라엘 민족이 생각하는 일반적인 기대와는 동떨어진 방식이 될 것이라는 느낌을 받는다.

두 번째 대단원은 갈릴리 사역이다. 예수님은 광야에서 마귀의 시험 및 성경을 통해 앞으로의 진로를 정하신다. 그는 고향 나사렛에서 자신의 아젠다를 제시하고, 말씀을 가르치고 전파하며 병자를 치유하는 사역을 계속하신다. 이 사역은 변화산에서 절정에 이르며, 그 후에는 예루살렘으로 향하신다. 거듭되는 말이지만, 이 시점에서 예수님은 대중적 인기를 누렸으나, 전통적 영웅주의나 리더십 개념이 예수께서 제자들에게 하시는 일과 비교됨에 따라 그의 사역은 긴장을 초래한다.

흔히 여행 내러티브로 불리는 이 세 번째 대단원에서 누가는 예루살렘으로 향하시는 예수님의 여정에 대해 묘사한다. 이 여정의 목적은 모호하다. 이것은 의도적인 것으로 보인다. 애에 대해 누가는 9장 51절에서 예수님의 "승천하실 기약이 차가매"라고 묘사한다. 목적지는 언제나 명확하지만 긴박함은 찾아볼 수 없다. 예수님은 우회로를 택해 다니시며 가는 동안 여기저기 머무신다. 10장 1절에서 예수님은 칠십 인을 세우시고 친히 가시려는 지역으로 둘씩 앞서 보내신다. 예수님은 그들이 돌아오기까지 기다리신다. 제자들이 돌아오자 예수님은 그들의 보고를 들으신 후 말씀을 가르치고 전파하며 치유하는 사역을 계속하시며 예루살렘으로 향하신다. 그러나 예수님이 실제로 각 마을로 다니시는 모습은 13장 22절에만 나타난다. 이러한 여정에 대한 언급은 노중에 일어나는 에피소드에 비해 중요하지 않다.

여정이 계속되면서 탄생 내러티브에서 암시되고 갈릴리 사역에서 기억을 상기시킨 긴장감이 고조된다. 논쟁은 점차 격해지고 훨씬 위협적으로 바뀌며, 대적은 예수님을 죽이려는 마음을 품게 된다. 제자들은 더욱 긴장하며 동요한다. 그들은 갈릴리 사역 당시에 권력을 위해 다투었지만, 예루살렘을 향한 여정에도 이러한 경쟁심은 더욱 분명해진다. 마침내, 예수님이 예루살렘에 가까이 오시고 입성을 위한 준비를 하면서 분위기는 침울해지며, 마지막 장면에서 예수님은 이스라엘 백성이 사랑하는 성을 보시며 눈물을 흘리신다.

단락 구조

선지자의 제자도, 9:51-12:48

제국과 맞서신 예수님, 12:49-13:35

하나님 나라의 환영 식탁, 14:1-15:32

    하나님의 나라에서 먹기, 14:1-35

    하나님의 나라에 참예함, 15:1-32

하나님의 나라에서의 돈과 지위와 신앙, 16:1-18:30

여정의 끝, 18:31-19:44

선지자의 제자도

개관

선지자이자 제자가 될 수 있는가? 언뜻 보기에는 두 역할이 양립할 수 없는 것처럼 보인다. 선지자는 종종 외로운 인물이다. 우리는 하나님과 하나님의 백성 사이에 서 있는 선지자를 생각한다. 요나, 예레미야, 이사야는 모두 하나님의 신탁을 백성에게 전하기 위해 그들과 떨어져 있는 자다. 반면에, 제자는 핵심 인물을 추종하는 집단의 일원이다. 무리 가운데 눈에 띄는 특별한 존재가 아니라 묵묵히 추종하기만 한다는 것은 제자도의 필수적인 요소다. 제자는 무리의 일원으로서, 함께 하는 동료 집단이 있다.

누가복음의 이 부분에서 분명히 밝히고 있듯이, 선지자는 예수님과 함께 제자도의 시공간을 초월하여 춤춘다. 누가복음 학자들은 대부분 이 단원 장들의 일관성에 어려움을 호소하지만, 제자와 교감하며 그들에게 영향을 미치는 선지자, 또는 선지자와 교감하며 그들에게 영향을 미치는 제자라는 개념은 본문에 대한 통찰력에 도움이 된다. 누가는 이 두 가지 강력한 주제 사이를 오가며 두 주제를 중복하거나 혼합하거나 양자 간의 긴장을 조성하기도 한다.

우리가 예수님과 제자들과 함께 예루살렘으로 향할 때, 예수님은 자리를 잡으시고 사역을 시작하신다. 예수님은 주변에서 일군의 제자들을 모으시고 그들에 대한 교육에 집중하신다. 예수님과 제자들은 여행을 떠난 신학교와 같다. 예수님은 그들에게 첫 번째 임무를 맡기신다. 이 시도는 큰 성공을 거두며, 그들은 기뻐하며 의기양양하게 돌아온다. 그러나 예수님은 그들이 항상 성공을 경험하지는 못할 것이며 언젠가는 이스라엘의 선지자 전승의 틀

속에 빠지게 될 것이라고 말씀하신다. 선지자와 제자에 대한 요구는 둘 다 엄격하지만, 몇 가지 놀라운 사실을 찾아볼 수 있다. 선지자의 기적은 생략됨으로써 잠재적으로 훨씬 강력한 증거와 치유의 기적이 된다. 선지자의 신탁 역시 침묵을 통해 훨씬 강력한 복음 전파 및 가르침이 된다. 동시에, 제자의 역할은 선지자의 주도권과 리더십을 통해 발전한다. 따라서 제자도는 제자에게 기대할 수 있는 일반적 요구 이상의 품격을 요구한다. 제자는 따르기만 할 뿐만 아니라 앞에서 이끌기도 해야 한다. 우리는 이처럼 조화로운 어울림춤을 먼 길을 가는 선지자를 위한 제자도나 먼 길을 가지만 입이 떨어지지 않는 제자를 위한 선지자적 선포로 생각할 수도 있다. 제자는 먼 길을 가는 트럭 운전사이며, 두 역할을 바꾼다. 제자는 도로 위 흰 선이 흐릿해질 때에도 품격을 유지한다. 선지자는 인내를 배우고 필요한 스테미너를 보존함으로써 끝까지 운전하여 화물을 배달한다.

단락 구조

서론, 9:51-62

선한 제자 10:1-42

    10:1-16 이 집이 평안할지어다

    10:17-24 사탄이 떨어지는 것을 봄

    10:25-42 네 부류의 사람

제자들과 하나님의 관계, 11:1-13

    11:1-4 예수님의 기도

    11:5-13 구하라 그러면 주실 것이요

제자들과 선 및 악과의 관계, 11:14-12:48

    11:14-36 무리에 대한 대답

    11:37-54 바리새인과의 식사

    12:1-48 "적은 무리"와 "큰 무리"

본문 주해

서론 9:51-62

이 단락은 누가복음의 중요한 전환구이기 때문에 누가복음의 중간 대단원을 도입한다. 이 본문은 비폭력적 하나님 나라의 선지자로서 예수님이라는 주제를 재강조하고, 그를 따르고자 하는 선지자들의 제자도를 간략히 제시한다. 우리는 이 단락에서 세 가지 사항에 주목해야 한다. 1 예수님을 선지자로 묘사하는 언급과 암시, 2 그들을 받아들이지 아니하는 마을에 대해 불을 내리지 않기로 한 중요한 결정, 3 10장의 선교 활동과 직접적으로 연결되는 제자도의 요건에 대한 강조.

본문에 나타난 선지자적 암시는 주목할 만하다. 이곳 서론의 언어는 선지자 엘리야와 에스겔을 상기시킨다. 9장 51절의 "승천"이라는 명사는보통 "데려감을 당함"으로 번역되는데 예수님의 십자가 죽음이나 승천을 의미한다.행 1:2, 11, 22의 동사 형태는 승천을 가리킨다 이 명사의 모호함은 엘리야가 회오리바람으로 데려감을 당하는 열왕기하 2장 1절을 상기시킨다. NRSV의 "얼굴을 예루살렘으로 향하여"라는 번역은 에스겔 21장 2절을 상기시킨다. 에스겔 역시 얼굴을 예루살렘으로 향한다. 여기서 예수님을 묘사하는 언어는 "명백히 선지자적"이다.Johnson: 162

이러한 선지자적 암시는 이곳 서론에서 갈등 구조로 스며든다. 이렇게 형성된 서론은 예수님이 선포하시는 비폭력적 하나님 나라의 본질적 성격을 드러낸다. 첫째로, 누가는 예수께서 사자들을 앞서 보내셨다고 진술한다.9:52, 이 구절은 세례 요한과 그의 초기 선지자 사역을 상기시킨다. 이어서 사마리아인과 유대인 사이의 오래된 갈등이 제시된다. 그들은 선지자에 대한 반응의 전승을 따라 예수님을 거부한다. 사마리아인과 유대인의 갈등은 많은 것이 걸려 있는 오래된 갈등이다. 이 갈등은 신실한 이스라엘은 어디서 예배를 드려야 하며 성경은 어떤 관점에서 해석해야 하느냐와 같은 근본적인 문제와 관련된다. 예수님의 선발대는 예수께서 예루살렘을 향하기로 굳게 결심하신 후9:51, 사마리아인의 마을에서는 성공을 거두지 못한다.

따라서 야고보와 요한은 선지자처럼 행동한다. 그들은 예수께 불을 내려 이 마을을 멸하기를 원하시는지 묻는다. 이러한 태도는 열왕기하 1장 10, 12절에서 엘리야가 했던 일을 상기시킨다. 문제는 이스라엘의 하나님과 그의 선지자의 인정이었다. 제자들의 태도는 과잉 반응인 것처럼 보일지 모르지만, 이러한 선지자적 맥락은 본문의 상황을 이해하는 데 도움이 된다.

야고보와 요한은 예수님이 긍정적인 반응을 보일 것으로 생각했지만 예수님은 그들을 꾸짖으신 후 함께 떠나신다. 이어지는 장에서 예수님은 적대감에 대한 다른 반응에 대해 상세히 설명하실 것이다. 여기서 본문은 예수께서 꾸짖으셨다고 언급한다. 오늘날 해석가인 우리는 이 꾸짖음의 중요성을 지나치게 극적이고 야심적인 야고보와 요한에 대한 주의로 보는 경향이 있다. 그들은 이 복음서의 뒷부분에 다시 등장하여 주목을 받기 위해 경쟁할 것이다. 그러나 예수님은 여러 면에서 엘리야와 같은 모습을 보이신다. 따라서 여기서 엘리야의 전철을 밟지 않으려는 예수님의 모습은 광야에서 있었던 하나님 나라를 어떻게 선포하실 것인가에 대한 근본적이고 중요한 결정과 같은 맥락에서 보아야 한다. 예수님이 선포하시는 하나님의 나라는 폭력이 없는 나라, 평화와 정의의 나라다. 누가복음에서 흔히 볼 수 있는 것처럼, 하나님 나라의 특징이 계시된 이후에는 이 나라의 왕에게 순종하기 위해 필요한 희생에 대한 냉철한 평가가 뒤따른다. 세 사람이 제자가 되려 했으나 부족함이 드러나 무리에 합류하지 못한다. 우리는 그들을 유난히 약하고 불충한 자로 보고 싶지만, 본문의 초점은 그들의 평범함에 맞추어진다. 첫 번째 사람은 복음서에서 보기 드물게 자원하여 제자가 되고 싶어 한다. 그는 조건을 제시하지 않지만, 예수님은 다소 퉁명스럽게 제자가 되기 위해서는 집이 없어야 한다고 말씀하신다. 본문은 자세한 내용에 대해 언급하지 않지만, 제자가 되기 위해서는 집도 없이 살아야 한다는 것은 그에게 너무 큰 희생이었음을 암시한다. 두 번째 사람은 자원자가 아니다. 그는 부르심을 받았으나 먼저 아버지를 장사해야 할 책임이 있다고 말하며 머뭇거린다. 예수님은 하나님의 나라를 전파하는 일은 죽은 자들이 우리에게 요구할 수 있는 어떤 일보다 우선한다고 대답하신다. 세 번째 사람 역시 첫 번째 신청자와 마찬가지로 자원자다. 그는 제자가 되기 전에 먼저 가족과 작별하기를 원하지만, 손에 쟁기를 잡고 뒤를 돌아보는 자로 여김을 받는다. 이 만남은 하나님의 나라에 합당하지 아니한 자라는 결정적인 선언으로 끝난다. 앞서의 두 사람도 이러한 선언이 암시되어 있다.

이 본문은 종종 잘못 해석되었다. 우리는 가혹함을 완화하기 위해 이것은 우선순위의 문제라고 주장한다. 하나님 나라의 선포가 우리의 삶에서 최우선이라는 사실을 아는 한, 먼저 가족에 대한 책임을 다하고 머리 둘 곳을 가질 수 있다는 것이다. 우리는 예수님이 관계의 기쁨과 책임을 반대할 수 없었을 것이라는 말로 스스로 위안한다. 그러나 본문의 핵심은 가혹함에 있다. 이것은 집이 없어야 한다거나 사랑하는 사람을 버리라는 것은 아니지만, 하나님의 나라가 우리의 삶에서 절대적인 자리를 차지해야 한다는 가혹한 부르심이다. 그것은 단지 은유적으로나 이론적으로가 아니라 매 순간 유지되어야 하는 참되고 실제적인 원리다. 그러기 위해서는 가정과 가족에 대한 책임을 포기하는 것 이상의 힘든 도덕적, 심리적 행동과 결단이 필요하다. 이러한 행동에 대한 판단은 우리에게 있지 않다. 재판관은 예수님이시다. 언젠가 우리가 옳다고 생각하는 제자도가 적합했는지 여부가 드러나면, 깜짝 놀랄 사람도 있을 것이다.

선한 제자10:1-42

대부분의 주석은 10장을 두 부분으로 나눈다. 그들은 전반부1-24절에 대해서는 다양한 방식으로 나누지만, 거의 대부분의 주석은 1-24절의 "선교 강화"를 선한 사마리아인 이야기나 마리아와 마르다 이야기와 구분한다. 본 주석은 이러한 이야기들을 하나의 단위로 본다. 복음서기자가 훌륭한 제자도를 선포하기 위해 이러한 이야기들을 모았다는 것이다. 첫 번째 단락에서 제자들은 선교적 사명을 받는다. 그들은 무엇을 말해야 하는지, 이 사명을 수행하기 위해 어떻게 행동해야 하는지에 대한 지시를 받는다. 두 번째 단락에서는 생각과 마음, 지성과 섬김의 문제를 네 가지 유형의 인물, 즉 두 명의 생각하는 사람과 두 명의 행동하는 사람을 통해 다룬다. 누가는 두 부분을 연결함으로써 제자들의 모범을 제시한다. 복음의 평화를 선포하는 추수꾼으로 세상에 나가기 위해서는 예수님의 이름으로 섬기는 헌신이 필요하다. 그것은 또한 지적으로 민첩한 마음뿐만 아니라 하나님의 일에 적극적인 마음을 요구한다.

10:1-16 이 집이 평안할지어다

이 단락은 예수께서 칠십 인을 세우시고 친히 가시려는 지역으로 먼저 보내시는 장면으로 시작한다. 세례 요한과의 유사성은 분명하다. 그들은 특정한 방식과 말로 길을 예비해야 한다. 이곳에는 명백한 이문이 나타난다. 고대 사본 가운데는 칠십 인이라고 말하는 사본도 있고 칠십 이인이라고 말하는 사본도 있다. 존슨의 주장처럼, 두 부류의 사본은 텍스트의 수나 질에 큰 차이가 없다. 그는 모세가 칠십 인을 택했다는 민수기 11장 16-17절 및 24-25절의 본문을 근거로 칠십 인이 맞다고 주장한다.Johnson: 167 누가복음의 특히 모세와 관련된 선지자적 주제의 중요성을 고려할 때 이러한 추론은 타당해 보이며, 필자의 생각도 마찬가지다.

이 오래된 난제에 대한 해결은 이곳의 해석학적 이슈가 아니다. 특히 신자들 교회의 관점에서 볼 때 더욱 중요한 것은 이 책이 최고의 평화 문서라는 것이다. 평화와 선교는 불가피하게 얽혀 있다.

이 장에서 칠십 인은 9장 51절의 사자들이 할 일은 물론 9장 2절에서 보내심을 받은 열두 사도가 할 일을 하기 위해 둘씩 보내심을 받는다. 그들은 열두 제자처럼 병자를 고치고 하나님의 나라를 선포해야 한다. 또한, 그들은 9장 52절의 사자들처럼 예수님이 가시려는 장소를 준비해야 한다. 예수님은 그들이 떠나기 전에 몇 가지 당부를 하신다. 이 당부는 2절에서 16절까지 이어진다. 이 내용은 1 서론, 2 칠십 인에 대한 구체적인 지침, 3 성읍들에 대한 경고, 4 칠십 인에 대한 최종적 확신의 네 부분으로 나눌 수 있다.

본문은 추수에 관한 서론적 진술로 시작한다. 추수할 것은 많지만 일꾼이 적다는 것이다. 칠십 인은 추수하는 주인에게 추수할 일꾼들을 보내 달라고 기도해야 한다. 이어서 예수님의 말씀은 갑자기 명령조로 바뀐다.

3-8절에는 선교에 임하는 태도에 관한 구체적인 지침이 나타난다. 그들은 이리 가운데로 가는 어린 양과 같아야 한다. 사마리아인의 적대감은 9장 53절에 잘 나타난다. 그들은 예수께서 예루살렘으로 향하시기 때문에 그를 받아들이지 않았다. 칠십 인은 전대나 배낭이나 신발을 가져서는 안 된다. 그들은 돈이나 식량이나 갈아입을 옷도 없이, 여행 준비도 못한 채 떠나야 한다. 그들은 길에서 사람을 만나도 인사해서는 안 된다. 그들은 오직 임무에 민감하고 집중해야 한다.

그들은 집에 들어서자마자 즉시 "이 집이 평안할지어다"라고 말해야 한다.10:5 이러한 인사에 대해 어떤 해석학적 비중을 두어야 하는지는 알 수 없다. "안녕하세요" 정도의 습관적 인사로 보아야 하는가? 그렇다면 특별한 의미를 부여할 필요가 없다. 아니면 사명과 관련된 중요한 의미를 담은 특별한 인사인가? 아마 이 두 가지 가능성 사이 어딘가에 해당할 것이다. 그것은 습관적인 인사였을 수도 있지만삼상 25:26; 스 7:12, 그렇지 않을 가능성이 크다. "안녕하세요"는 확실히 습관적인 인사이지만, 우리가 아는 사람을 만났을 때 할 수 있는 많은 말 가운데 하나일 뿐이다. 그러므로 예수님이 이렇게 인사하라고 하신 데에는 의미가 있다. 인사에 대한 반응이 평안이라면, 그에게 평안이 머물 것이며, 그렇지 않으면 이 평안은 제자들에게 돌아갈 것이다.여기서 "너희"는 단수가 아니라 복수다 따라서 이러한 인사가 습관적이라 해도 그것은 칠십 인에게 부여된 사명과 관련이 있는 중요한 인사가 된다. 그들은 민감하고 겸손하며 초라한 모습으로 가야 한다. 그들은 평화의 사신이 되어야 한다. 우리는 종종 상대에 대한 환대를 선교의 핵심으로 생각하지만, 본문은 상대의 환대가 칠십인 선교의 핵심임을 보여준다.

이어지는 지침은 사역의 중심에 관한 것이다. 칠십 인은 평안의 반응을 보이는 집에 머물러야 한다. 그들은 이 집 저 집 다니며 사교 활동에 힘을 허비해서는 안 된다. 그들은 차려 놓은 음식에 대해서는 사양하지 않고 먹고 마셔야 한다. 그들은 수고의 삯을 받은 것이다. 예수님은 논리적이고 실제적인 충고보다 사역의 핵심을 드러내신다. 즉, 그들은 병자를 고치고 하나님의 나라를 선포해야 한다는 것이다. 구체적으로 말하면, 그들은 성읍을 향해 너희에게 하나님의 나라가 가까이 왔다고 선포해야 한다.

전도자에 대한 지침을 주신 후, 예수님은 그들이 환영을 받지 못하고 거부당할 때 어떻게 할 것인가에 대해 설명하신다. 누가복음의 서두에서 시므온은 예수께서 이스라엘 중 많은 사람을 패하거나 흥하게 하는 표적이 될 것이라고 경고한 바 있다. 10장의 이 구절은 이러한 흥망성쇠의 한 사례를 제공한다. 세 성읍이 예수님의 진노의 대상이 된다. 그 가운데 두 성읍은 명백히 화를 당할 것이다. 세 번째 성읍 가버나움은 이러한 화가 암시된다. 고라신과 벳새다는 두로와 시돈에 비해 나쁜 평가를 받는다. 이 성읍의 사람들은 이미 예수께서 전파하시는 말씀을 듣고 귀신을 쫓아내시는 현장을 목도했다. 예수님은 두로와 시돈에게 고라신과 벳새다가 거부한 기회가 주어졌더라면 회개했을 것이라고 말씀하신다.

이유는 알 수 없지만, 가버나움에 대한 최악의 독설은 보류된다. 이전 언급4:31-44 및 7:1-10은 기껏해야 중립적이다. 누가복음 4장에서 가버나움 사람들은 그의 가르침과 및 베드로의 장모와 귀신들린 자를 고치시고 귀신을 쫓아내신 사역에 대해 긍정적인 반응을 보인다. 가버나움 사람들은 예수님이 남아서 더 많은 자비를 베풀기 원했지만, 예수님은 다른 동네들에서도 하나님의 나라를 가르치고 전파하며 치유하기 위해 가셔야 한다고 말씀하신다.4:43 누가복음 7장에는 가버나움에서 두 번째 요구 기사가 제시되며, 예수님은 백부장의 종을 고치신다. 따라서 예수님이 이곳에서 가버나움에 대해 진노하신 이유나 설명은 나타나지 않는다. 예수님에게 어떤 사정이 있었는지는 알 수 없다. 예수님은 고라신과 벳새다와 가버나움에 대해 진노하신 후, 칠십 인의 제자들에게 그들과 자신과 자신을 보낸 자는 하나라고 말씀하신다. 사람들이 하나를 받아들이면 모두를 받아들이는 것이고, 하나를 거부하면 모두를 거부하는 것이다.10:16

10:17-24 사탄이 떨어지는 것을 보심

이곳에는 세 가지 일이 일어난다. 첫째로, 본문에는 칭찬하는 장면이 있다. 자세한 설명이 없는 일정 기간이 지난 후, 칠십 인이 돌아온다. 그들은 기쁨이 충만했다. 그들은 귀신들까지 주의 이름 앞에 항복했다고 보고했다. 예수님은 더 기뻐하시며 사탄이 하늘에서 떨어지는 것을 보았다고 말씀하신다.10:18 사탄이 하늘로부터 번개처럼 떨어진다는 것은 성령이 하늘에서 비둘기처럼 내려온 세례 장면을 상기시킨다. 세례 장면에는 사탄에 대한 언급이 나타나지 않는다. 이것은 누가가 이 구절을 잘못 배치한 때문이지만Marcus: 519 참조, 양자의 연관성은 주목할 만하다. 예수님은 이 이미지와 함께, 그들이 원수의 모든 능력을 제어할 권능을 받은 사실을 상기시키며 그들의 이름이 하늘에 기록된 것으로 더욱 기뻐하라고 말씀하신다.

우리는 고난과 부활에 모든 초점을 맞추어 복음서를 읽는 경향이 있기 때문에, 결정적 순간을 놓칠 때가 많다. 사복음서 모두 이러한 기쁨과 칭찬의 장면이 나타난다. 그것은 마치 하늘과 땅의 기쁨이 시공세계를 초월한 우주적 조화를 이루며 울려 퍼지는 듯한 순간이다. 이 에피소드가 바로 그런 순간에 해당한다. 예수님이 이사야 14장 12절의 "계명성"Day Star[RSV]에 대해 언급하셨는지는 알 수 없지만, 사탄이 떨어졌다는 것은 예수님이 장차 일어날 것이라고 믿는 일을 가리키는 것이 분명하다. 즉 선이 악을 정복한다는 궁극적인 승리에 대한 언급이라는 것이다. 의인의 이름이 생명책에 기록된다는 개념도 마찬가지이다. 그것은 출애굽기32:32-33와 시편69:28 및 히브리어 성경의 다른 곳에도 등장하는 오래된 개념이다.

예수님은 이러한 암시를 통해 하나님 나라 제자들의 순종은 시공을 초월하는 의미를 지닌다는 사실을 분명히 하신다. 이러한 사례들은 일상적 의미를 넘어서는 가치와 중요성을 가진다.

예수님은 칭찬을 마치신 후 기도하신다. 그는 성령으로 기뻐하시며 기도하신다. "성령으로 기뻐하시며"눅 10:21라는 구절은 황홀한 경험을 묘사하는 것일 수도 있지만, 그만큼 큰 기쁨에 대한 표현으로 보인다. 마리아도 찬가에서 이러한 표현을 사용한 바 있다.눅 1:47 이 표현은 사도행전 2장 26절에서 베드로가 오순절에 행한 첫 번째 설교에도 나타난다. 그럼에도 불구하고, 누가행전은 이 큰 기쁨을 성령에 대한 경험과 연결한다. 마리아는 성령으로 충만했으며, 이곳의 예수님이나 사도행전의 베드로도 마찬가지다.

기도는 유대인 회당의 일반적인 기도 스타일을 따른다. 이 기도는 서두의 찬양, 찬양의 이유, 동의 또는 찬양의 반복으로 이루어진다.Johnson: 169 이곳의 찬양은 복음의 역설적 성격에 관한 것이다. 누가복음이 앞서 언급했듯이, 하나님과 하나님의 나라는 세상의 권력자나 많이 배운 자가 아니라 낮은 자, 여기서는 어린아이들에게 계시된다.10:21 이것은 누가복음의 일반적인 반전 주제와 일치한다. 동의는 예수님과 하나님 아버지의 관계와 관련이 있다. 예수님은 누가행전보다 요한복음의 어조에 가까운 말씀으로 자신과 아버지는 하나이시며 자신을 통하지 않고는 아버지를 알 수 없다고 말씀하신다.10:22

기도를 마치신"아멘"이라는 표현이 없다는 사실에 주목하라 예수님은 다시 한번 제자들을 돌아보신다. 이어지는 말씀은 헬라어로 복을 의미하는 마카리즘macarism이다. 이것은 누가복음에서 일곱 번째 나오는 마카리즘이다. 이 복은 우리가 예상하는 것처럼 믿음의 눈과 귀로 보고 듣는 것을 강조한다. 여기서는 제자들과 그들보다 먼저 그들이 보는 바를 보고자 했던 많은 선지자와 임금을 비교한다. 제자들은 하나님의 일을 곁에서 볼 수 있는 복을 받은 것이다. 이처럼 하나님의 일을 볼 수 있는 특권과 책임은 당연한 것이 아니다. 예수님은 조용히

"지금 이 순간이 얼마나 복되고 중요한 시간인지 알라"AT고 말씀하신다.

따라서 이 단락은 칭찬과 기도와 마카리즘으로 구성된다. 이 세 가지 요소는 예수님과 그의 제자들을 만물을 창조하신 하나님과 연결한다. 이 순간, 지금과 같은 상황 속에서 이 땅에서 일어나고 있는 일은 가장 넓은 관점, 즉 주 하나님 자신의 관점에서 전개되고 있다.

10:25-42 네 부류의 인물

이 장의 두 번째 부분은 제자도에 대한 말씀이 계속되며, 제자는 무엇을 해야 하는가에서 제자가 사명을 완수하기 위해서는 어떻게 해야 하는가로 초점이 바뀐다. 이처럼 바로 보고 듣는 것은 어떤 성품을 초래하는가? 믿음의 눈과 귀로 보고 듣는다면, 말씀 선포와 치유를 통해 예수님의 길을 예비하는 사명을 받아들인다면, 이러한 활동은 사람들을 어떻게 변화시킬 것인가?

이곳에서 두 개의 이야기를 통해 네 부류의 인물이 제시된다. 두 이야기가 나란히 제시됨으로써 네 명의 인물이 상호 비교 및 대조된다. 첫 번째 기사는 한 율법교사와 사마리아인에 관한 이야기다. 두 번째 기사는 마르다와 마리아라는 두 자매에 관한 이야기다. 율법교사와 마리아는 두 종류의 사고방식 또는 지적 활동을 나타낸다. 사마리아인과 마르다는 두 종류의 행위 또는 섬김을 나타낸다.

율법교사와 사마리아인10:25-37 이 본문은 이야기 속에 이야기가 들어 있다. 예수님은 대화 상대인 율법교사에게 자신의 요지를 설명하기 위해 사마리아인이라는 가상의 인물에 관한 이야기를 들려준다. 따라서 두 개의 영역에서 내러티브가 전개된다. 첫 번째는 예수님이 조금 전 적대적인 성읍으로 묘사하신 지역에서 일어난다. "어떤 율법교사가 일어나 예수를 시험하여"10:25라는 구절에서 "시험"이라는 헬라어 단어는 이러한 적대적 분위기를 이어간다.

예수님과 율법교사의 대화는 몇 가지 중요한 해석학적 쟁점들을 제기한다. 하나는 영생을 얻는 것이다. 더 중요한 이슈는 이웃에 대한 사랑의 한계다. "선생님 내가 무엇을 하여야 영생을 [유업으로] 얻으리이까"10:25라는 질문은 성경 문학에서 보기 드문 용어들의 조합으로 이루어진다. "영생"eternal life[영원한 생명]이라는 단어 조합은 구약성경에서 다니엘 12장 2절에만 나타난다. 이 구절은 앞서 살펴본 생명책에 기록된 이름들을 가리키는 또 하나의 언급에 가깝다.단 12:1; 눅 10:20 예수님이나 누가는 다니엘서를 염두에 두고 있은 것으로 보인다. 어쨌든 우리는 여기서 다니엘서와의 유사성을 발견한다. "상속하다"는 자주 사용되는 단어다. 항상 그런 것은 아니지만 이 단어는 일반적으로 땅을 가리킨다.가령, 창 28:4; 신 1:8;

잠 13:22 "영생"은 특히 바울의 글에 많이 나타난다. 그러나 영생을 유업으로 받는다는 개념은 성경에서 드물며, 대부분 마가복음10:17-30과 이곳에만 나타난다.

율법교사가 추구한 것은 바로 이 영생의 유업이다. 그의 목표는 자신이 원하는 것을 얻는 방법이다. 그는 율법을 알고 있으며, 율법이 생명을 준다는 사실도 안다. 심지어 이 율법교사는 율법의 우선순위에 대해서도 정확히 알고 있다. 그는 율법을 어떻게 읽느냐는 예수님의 질문에, 이중적 사랑의 계명을 인용하여 대답한다. 그의 대답은 모든 면에서 정확하며 답하신다. 그의 대답은 본질적으로 모든 면에서 정확하며, 예수님은 "이를 행하라 그러면 살리라"10:28고 대답하신다. 이것은 예수님이 복음서에 나오는 누구에게나 주실 만큼 긍정적인 권면이지만, 율법교사를 만족시키지 못한다. 본문에 따르면 그는 "자기를 옳게 보이려고"10:29 계속해서 질문한다. 그는 성경을 어떻게 읽는가? 율법교사는 자신을 옳게 보이기 위해 성경을 읽는다. 이 문구는 누가복음에서 흥미로운 주제를 도출한다. 이것은 누가복음 서두에 율법교사와 함께 했던 바리새인들이 예수께 받았던 책망 가운데 하나를 끄집어낸 것으로 보인다. 자신을 의롭게 함과 하나님을 의롭다 하심이라는 두 가지 가능성은 7장에 나타난다. 누가는 그곳에서 편집적 언급7:29-30을 통해, 요한의 세례를 받은 백성과 세리들은 하나님을 의롭다 하였다고 지적한다. 바리새인과 율법교사들은 그의 세례를 거부함으로써 "자신을 위한 하나님의 뜻"을 저버린다. 그곳에서 하나님의 공의는 하나님 나라의 반전적 가치관을 받아들이는 것과 관련이 있다.

누가복음 후반부 세 곳에서 바리새인과 율법교사들은 하나님의 의보다 자기의 의를 내세운다. 이곳 본문은 그 첫 번째로, 율법교사는 예수님이 제시하시는 영생을 받아들이지 않고 자신을 정당화하려 한다. 16장에서 일부 바리새인은 재물에 관한 예수님의 말씀을 비웃으며 예수님은 그들을 사람 앞에서 스스로 옳다 하는 자라고 말씀하신다.16:15 끝으로 우리는 18장에서 성전에서 기도하는 세리와 바리새인의 비유를 읽는다. 바리새인은 사람 앞에서 자신을 의롭다고 믿지만, 세리는 자비를 간구한다. 예수님은 이 비유의 끝부분에서 세리가 의롭다 하심을 받았다고 말씀하신다.18:14

이처럼 자신을 의롭게 여기는 행위는 몇 가지 관점에서 접근할 수 있다. 그것은 하나님을 의롭다 하는 대신, 스스로 선택하는 것이다. 그것은 세례를 거부하는 것과 관련이 있으며, 아마도 세례에 선행하는 회개와 관련이 있을 것이다. 그것은 예수님의 급진적인 재물관에 대한 비웃음과 관련이 있다. 끝으로, 그것은 합당하지 못한 태도로 드리는 예배와 관련이 있다.

따라서 방금 예수님의 칭찬을 받은 이 율법교사가 하나님보다 자기를 옳게 보이려고 일련의 질문을 던진다는 것은 참으로 아이러니가 아닐 수 없다. 그는 하나님 나라 윤리의 진실에 다가가지만, 옆으로 돌아서서 "그러면 내 이웃이 누구니이까"라고 묻는다.10:29 만일 그가 하나님을 의롭다 했다면, 이 질문을 할 필요가 없었을 것이다.

"이웃이 누구인가?"는 성경의 오랜 질문이다. 마태복음의 산상수훈과 마찬가지로, 이 논쟁을 신구약 성경 간의 차이로 여겨서는 안 된다. 우리는 너무나도 자주 구약성경의 이웃 사랑은 동족 이스라엘 백성에 국한된 것이며, 신약성경은 사실상 그 개념을 확장한다고 주장한다. 그러나 사랑의 명령레 19:18이 나타나는 레위기 19장 33-34절에는 이미 이웃의 개념을 외국인과 거류민으로까지 확장된다. 따라서 이 문제는 신구약 성경 사이의 논쟁이 아니라 각 성경이 가리키는 집단 사이의 논쟁이다. 확실히 쿰란 공동체에 대한 연구는 이웃에 대한 다른 개념을 볼 수 있다. 선한 사마리아인의 이야기는 구약의 개념에 대한 확장이라기보다 이 문제에 대한 오늘날의 논쟁으로 들어가는 진입로일 가능성이 크다.

존슨의 지적처럼, 이 이야기는 "도발이 목적인" 이야기다.175 이 이야기는 우리에게 너무 익숙한 나머지 역사적으로나 문학적으로도 얼마나 큰 파장을 몰고 왔을 것인지 가늠하기 어려울 정도다. 이러한 충격은 부분적으로, 제의적 부정에 대한 염려를 고려하더라도 유대인이 어려움을 당한 동족을 돌보지 않는다는 사실과 관련이 있다. 율법은 언제나 제의적 정결보다 인간이나 동물의 고통을 우선했다. 따라서 이 이야기에 등장하는 유대인은 선한 유대인처럼 행동하지도 않는다. 이것은 예수님의 말씀을 듣는 자나 누가복음을 읽는 자 모두를 혼란스럽게 했을 것이다. 그러나 충격의 또 다른 한 부분은 사마리아인과 유대인의 해묵은 갈등뿐만 아니라 사마리아인이 예수님과 그의 사역에 대해 보인 적대적이고 위험한 반응과 관련이 있다. 이러한 사실 역시 예수님의 말씀을 듣는 자나 누가복음을 읽는 자에게 혼란을 초래했을 것이다.

예수님은 복음서의 다른 곳에서와 마찬가지로 이 비유를 통해 율법의 핵심으로 주의를 집중시키신다. 이것은 Johnson: 175와 달리 복음 대 율법이 아니라, 율법의 복음이다. 이것은 전혀 새로운 가르침이 아니다. 앞서 언급했듯이, 레위기는 이스라엘 민족뿐만 아니라 외국인도 이웃이라고 가르친다. 강도 만난 자를 피하여 지나간 유대인보다 율법의 정신을 훌륭히 실천한 사마리아인의 모범은 예수님의 말씀을 듣는 자나 누가복음을 읽는 자에게 율법의 핵심을 깨닫게 한다. 즉, 율법의 핵심은 바로 한 사람의 삶의 방향은 물론 모든 계획을 바꿀 수 있는 온전한 자비라는 것이다. 그것은 율법의 복음이다.

이 비유에서 경제와 관련된 세부적인 언급은 돈에 대한 일부 바리새인의 태도에 대한 비판과 그들이 이 율법교사처럼 하나님보다 자신을 옳다 하는 자들이라는 비판을 묶은 16장

14-15절에 비추어 볼 때 흥미롭다. 이 이야기에 나오는 사마리아인은 하나님을 의롭다 하는 사람의 모범으로서, 자비로운 행동을 위해 높은 경제적 대가를 치르고 있다. 그가 지출한 금액이 그가 감수할 수 있는 유일한 위험은 아니지만, 그것에 상응하는 위험이다. 그는 기름과 포도주와 데나리온을 아낌없이 투자했을 뿐만 아니라 주막 주인에게 백지 수표까지 써주었다. 그는 주막 주인이 강도 만난 자를 위해 쓴 비용은 전액 갚을 것이다.35절 누가행전에서 율법과 복음을 온전히 깨달은 참된 제자도는 역설적 가치관에 기초한 경제적 함의를 포함한다는 사실에는 의심의 여지가 없다.

마르다와 마리아10:38-42 선한 사마리아인의 비유가 포함된 율법교사와 예수님의 이야기와 마르다와 마리아의 이야기 사이의 전환은 다소 갑작스럽다. 그러나 이 장 전체를 읽어 보면, 마르다와 마리아의 이야기는 예수님이 예루살렘으로 가시는 길에 원하셨던 환대의 예를 보여준다. "한 마을"10:38이라는 표현에는 장소의 전환에 대한 분명한 암시나 예수께서 사마리아를 떠나셨는지에 대한 어떤 단서도 나타나지 않는다. 제자들 사이가 사마리아를 떠났는지에 대한 어떤 마을10:38이라는 구절에도 단서가 없다. 오히려 우리는 여기서 비록 사마리아에서이지만 평안의 인사를 주고받은 사례를 볼 수 있다.

마르다는 예수님을 자기 집으로 영접한다. 그러나 실제로 예수님을 섬긴 것은 마리아였다. 마리아는 예수님의 발치에 앉아 그의 말씀을 들었다. "~의 발치에 앉아"라는 표현은 누가복음 및 당시 문화에 잘 알려진 완곡어법으로, 누군가의 권위를 인정한다는 의미다. 예를 들어, 이 단어는 랍비와 함께 공부하는 장면에 사용된다. 어쨌든, 예수님의 발치에 앉아서 귀를 기울인 마리아는 예수님의 칭찬을 받는다. 그러나 준비하는 일이 많아 마음이 분주한 마르다는 그의 지적을 받는다. 마르다의 문제는 반드시 "신경증" 때문이 아니라 단지 준비할 일이 너무 많았기 때문이라는 것이다.Johnson: 173 그럼에도 불구하고 마르다는 진정한 영접의 핵심, 즉 그의 말을 듣는 것을 놓치고 있다.

일부 해석자들은 이 이야기를 여성 사역에 대한 부정적인 관점으로 본다. 예를 들어, 여성 성경 주석Women's Bible Commentary에서 누가복음편을 집필한 제인 샤버그Jane Schaberg는 마르다를 초대 교회의 집사로서 여성의 리더십 역할에 적극적인 인물로 해석한다. 따라서 마리아는 교회에서 수동적인 여성의 역할을 대표하는 자로 해석한다. 그는 앉아서 듣는 사람이다.Schaberg: 507-9 이러한 해석은 누가를 여성을 억압하는 자로 만든다. 그는 예수께서 억압에서 벗어나게 하신 여성을 다시 사회적 상자 속에 가두는 역할을 한다는 것이다.

물론 마리아는 앉아서 말씀을 듣는 자다. 그러나 이러한 역할을 수동적으로 해석하는 것은 시대착오적인 해석일 뿐만 아니라, 학문에 대한 유대인의 태도나 1세기의 관습 이상으로 학문적 삶을 "상아탑"으로 규정해버린 오늘날의 행태를 반영하는 것일 수 있다. 율법교사와 선한 사마리아인에 관한 이야기 뒤에 바로 이어지는 이 이야기에 등장하는 인물들은 바람직한 제자의 성품을 보여준다. 그러나 율법교사와 선한 사마리아인의 대조나 마르다와 마리아의 대조가 전부인 것은 아니다. 이러한 대조는 이 이야기가 강조하는 절반에 불과하다. 오히려 초점은 율법교사와 마리아, 그리고 선한 사마리아인과 마르다의 대조에 맞추어진다. 율법교사와 마리아는 하나님의 나라와 지성에 대해 두 가지 다른 태도를 보인다. 율법교사는 자신을 정당화하기 위해, 정확하게 말하면 자신이 의로움을 보이기 위해 노력하는 부류를 대표하는 인물이다. 누가의 관점에서 자기 의는 세례를 거부하고 역설적 가치관을 존중하는 예수님의 재물관을 비웃으며 하나님을 의롭다 하지 않는 태도를 가리킨다. 반면에 마리아는 지성을 이용하여 예수님과 그의 가르침에 주의를 기울인다.

사마리아인과 마르다는 섬김에 대한 두 가지 태도와 함께 분주한 마음에 대한 두 가지 이해를 보여준다. 사마리아인의 경우 섬김 자체는 목적이 아니다. 그는 죽어가는 자를 살릴 수 있는 의사나 전문적으로 섬기는 자가 아니다. 이 이야기 속의 다른 등장 인물들과 마찬가지로 그는 단지 한 곳에서 다른 곳으로 이동하는 자다. 그러나 그는 피해자의 필요에 의해 자신의 여정에서 벗어난다. 반면에, 마르다는 섬김 자체를 위해 봉사하고 있다. 그의 처지는 충분히 이해할 수 있지만, 우리는 마르다의 고충을 충분히 이해하며 공감한다. 그러나 마르다는 율법교사가 자신의 지성을 이용하여 자기 의를 드러내려 했던 것처럼, 섬김을 통해 자신의 의로움을 나타내려 한다.

연속적으로 배열된 두 에피소드는 분주함과 주의력, 연구와 섬김에 대한 강화다. 초점을 제대로 맞추기만 하면, 연구와 섬김은 둘 다 하나님 나라에 순종하는 경건하고 사랑스러운 행위가 된다. 그러나 자기 의를 드러내거나 연구나 섬김에 대한 초점이 잘못된 경우, 하나님 나라에 대한 순종이 될 수 없다.

제자들과 하나님의 관계11:1-13

11:1-4 예수님의 기도

여정 내러티브에 대한 누가의 정리가 다소 느슨하다는 데에는 의심의 여지가 없다. 공간적 언급은 이러한 모호함을 인정하는 듯하며, 누가가 의도적으로 느슨하게 한 것이 아니냐는 의문을 제기하게 한다. 앞서 언급했듯이, 누가는 마르다와 마리아가 사는 마을이 사마리아인지에 대해 언급하지 않는다. 우리는 여기서 불확실한 요소가 계속되는 것을 본다. 예수님은 "한 곳에서"a certain place 기도하신다. 제자들은 기도가 마치기를 기다렸다가 요한이

제자들에게 기도를 가르친 것처럼 자기들에게도 기도를 가르쳐 달라고 요구한다.11:1

이러한 배경하에, 누가는 자신의 주기도문 버전을 삽입한다. 이 주기도문은 마태복음의 버전보다 현저히 편향적이며, 덜 전례적인 것처럼 보인다. 마태복음에는 일곱 가지 간구가 나타나지만, 누가복음에는 다섯 가지 간구만 나타난다. 하나님의 뜻이 이루어지기를 원한다는 것과 우리를 악에서 구원해 달라는 간구는 빠져 있다. 일반적으로 누가의 버전을 초기 자료로 보는데 이것은 단지 서기관들이 전수된 자료를 꾸미고 덧붙이는 경향이 있기 때문이다.

이 기도에는 다른 차이도 찾아볼 수 있다. 마태복음은 하나님을 "하늘에 계신 우리 아버지"6:9라고 부르지만, 누가복음은 하나님을 "아버지"라고만 부른다.11:2 이어서 카디시 Kaddish라는 유대인의 전통적 기도를 따라 하나님의 거룩하심과 하나님 나라가 임하시기를 간구한다. 이 카디시는 하나님께 영광을 돌리고 하나님의 나라가 이 땅에 임하기를 간구하는 기도로서, 전례의 유형에 따라 다양한 형태를 취한다.

나머지 세 가지 간구는 일용할 양식과 용서를 구하고 시험에 들지 않게 해 달라는 간구로, 복음서기자인 누가와 예수님의 그의 사역을 통해 강조한 주제에 해당한다. 떡양식은 지금까지의 내러티브에서 중요한 역할을 해왔다. 떡은 예수님이 광야에서 받은 시험 가운데 하나다. 당시 예수님은 떡은 사탄의 권한에 속한 것이 아니라 하나님의 권한에 속한다고 선언하셨다.4:3-4 또한, 떡은 6장 1-5절의 에피소드에서 제자들이 안식일에 이삭을 잘라 먹은 행위에 대한 논쟁에도 언급된다. 그곳에서 떡의 용례는 전례적 용도보다 시장할 때 배를 채우는 용도가 우선한다. 9장의 두 에피소드는 떡양식이 하나님의 선물임을 거듭 강조한다. 첫 번째 에피소드에서, 예수님은 열두 제자를 보내시며 양식을 가지지 말라고 말씀하신다. 그들은 하나님의 공급하시는 섭리를 믿어야 한다. 이러한 섭리는 9장 12-17절의 두 번째 에피소드에서 떡과 물고기의 기적을 통해 입증된다. 따라서 우리는 이러한 내러티브의 역사와 함께 11장 3절의 주기도문에서 일용할 양식을 간구하는 것이다.

죄사함은 지금까지 누가복음의 강력한 주제였다. 탄생 내러티브에서 사가랴의 노래는 주의 길을 준비하는 아들의 사명 가운데 하나가 죄사함을 알게 하는 것이라고 선언한다.1:77 회개와 죄 사함은 요한의 메시지의 핵심이다.3:3 예수님은 처음부터 치유 사역과 죄 사함을 병행하신다. 또한, 예수님은 중풍병자의 죄를 사하셨다는 이유로 종교 지도자들과 논쟁을 벌이게 된다.5:17-26 이어서 시몬의 집에서 일어난 죄 많은 여자의 이야기에서 죄 사함은 다시 쟁점으로 부상한다. 죄사함은 요한의 메시지에서는 프로그램적으로, 예수님의 사역에서는 실제적으로, 이곳 주기도문에 언급되기 전까지 중요한 역할을 해 왔다. 뿐만 아니라 죄사함은 복음서와 사도행전에서 계속 중요한 역할을 이어간다. 십자가에 달리신 예수님은 자신을 괴롭히는 자들의 죄 사함을 간구하시며눅 23:34, 24장 47절에서 제자들은 죄사함을 전하라는 위임을 받는다. 이 죄사함은 사도행전에서 사도와 선교사들의 설교의 핵심 주제가 된다.

마태복음과 디다케에 나타난 주기도문의 다른 버전과 마찬가지로, 이곳 누가복음의 주기도문에는 조건이 포함되어 있다. 즉, 예수님이 가르치신 대로 기도하는 제자들은 죄의 용서를 구할 때 자신에게 "빚진[죄 지은]" 자를 용서해야 한다. 누가는 여기서 마태가 사용한 것과 동일한 "용서"라는 단어를 사용하지만, 죄를 인간과 하나님의 관계에서 "빚"으로 대체한다.눅 10:4; 마 6:12 헬라어는 "우리가 우리에게 빚진[죄 지은] 모든 사람을 용서하오니 우리 죄도 사하여 주시옵고"라고 말한다, 여기서 "용서하오니"에 사용된 gar는 "왜냐하면," "~한 것처럼"이라는 뜻 외에도 "때문에, 그러므로, 사실상, 확실히"라는 뜻도 있다. 따라서, 다소 부자연스럽기는 해도 "우리 죄를 용서하시오면 우리에게 빚진 모든 자를 용서하겠나이다"AT라는 번역이 가장 바람직해 보인다. 여기서 중요한 것은 신자와 하나님의 관계는 사람과 사람의 관계에서 상호성을 가진다는 것이다. 죄사함으로 인한 감사는 신자 공동체뿐만 아니라 인간 공동체 전체의 삶 속으로 흘러 들어간다. 인간의 행위가 하나님의 행위를 제한한다는 반대적 개념은 합리적이지 않다. 우리에 대한 죄사함은 우리의 용서하는 능력에 달린 것이 아니다. 그러나 우리는 하나님의 용서에 대한 기쁨을 사장할 수 없다는 가정 역시 잘못된 것이다. 만일 우리가 자신이 경험한 은혜를 밖으로 향하게 하여 주변 사람들에게로 확장하지 않는다면, 자신의 기쁨을 제한하는 것이다.

기도의 마지막 간구는 "우리를 시험에 들게 하지 마시옵소서"10:4라는 수수께끼같은 구절이다. 이 개념은 누가복음에서 두 번 나타났으며, 나중에 한 차례 더 나타날 것이다. 4장에서 예수님은 광야에서 시험을 당하신다. 씨 뿌리는 자 비유에서 바위 위에 떨어진 씨는 시험[시련]을 당한다.8:13 누가복음 끝부분에서 제자들은 새로운 방식으로 시험을 당한다. 예수님은 22장 28절에서 자신이 시험당할 때 함께한 그들에 대해 칭찬하신다. 이 말씀이 무엇을 의미하는지는 분명하지 않지만, 아마도 예수님은 그들이 자신의 모든 삶과 함께하며 종교 지도자와 대중의 공격을 함께 견뎌 온 것을 칭찬했을 것이다. 그러나 같은 장 후반부에서 예수님은 제자들에게 두 차례나 시험에 들지 않게 기도하라고 촉구하신다. 물론, 그들은 시험에 들어 참담한 실패를 경험한다. 제자들은 감람산에서 깨어 있지 못했다. 그들은 체포에 폭력으로 저항했으며 예수님을 부인했다.

우리는 누가복음을 통해 예수님이 의미하신 바를 더 자세히 규명할 수 있을 것이다. 전체

문맥에 비추어 볼 때, 이 시험은 사람의 정욕 자체와 관련이 있는 것으로 보이지는 않는다. 그것은 사람의 정욕이 어떻게 하나님의 나라를 위한 목적과 계획을 방해할 수 있느냐와 관련이 있다. 하나님의 주권을 인정하지 않는 것, 하나님이 하나님 되시게 하지 않는 것, 하나님의 선물을 사탄의 특권으로 바꾸는 것, 폭력으로 하나님 나라를 세우려는 것, 이러한 것들이 바로 예수께서 광야에서 싸우셨던 시험이다. 이것은 예수님의 생애 마지막 날에 제자들이 싸웠던 시험이기도 하다. 예수님의 운명이 위기에 처했을 때, 그는 제자들에게 이 기도를 하라고 촉구하셨다. 따라서 이 간구의 목적은 죄와의 싸움을 회피하는 것이 아니라 인간의 정욕이 하나님과 하나님의 일을 가로막지 않게 해 달라는 것이다.

11:5-13 구하라 그러면 너희에게 주실 것이요

누가는 주기도문을 통해 소위 "담대한 기도"를 도입한다. 그는 주기도문에 대한 진술을 마친 후 예수께서 제자들에게 들려주신 한 가지 사례를 소개한다. 이 예화에는 적은 것에서 많은 것으로, 작은 것에서 큰 것으로 이어지는 유대인랍비의 논리가 포함된다. "밤중에 찾아온 성가신 벗"으로 불리는 이 이야기는 기본적 논리를 이해하지 못하면 잘못 해석하기 쉽다. 이 이야기는 문이 닫혔고 아이들이 누워 자는 집에 한 친구가 찾아오는 장면으로 시작한다. 사려 깊은 사람이 아닌 이 친구는 문 밖에서 여행 중에 찾아온 자신의 벗에게 줄 떡 세 덩이를 꾸어 달라고 말한다. 주인은 이 귀찮은 친구를 포기시키려 하지만, 친구는 끈질기게 간청한다. 주인은 결국 친구 때문이 아니라 끈질긴 간청 때문에 일어나 떡을 내어준다. 이 예화는 기도에 관한 이야기처럼 보인다. 주기도문에 이어질 뿐만 아니라, 구하라, 찾으라, 두드리라는 구절 앞에 제시되기 때문이다. 그러나 이 이야기를 기도에 관한 알레고리나 비유로 생각한다면 오산이다. 사려 깊지 못한 친구가 기도하는 제자를 나타내고 집주인이 하나님을 가리킨다면, 이 이야기를 통해 얻을 수 있는 기도의 본질이나 실천에 관한 의미는 황당할 것이다. 우리는 불쾌감을 주는 기도를 해야 하는가? 하나님은 제자와의 관계 때문이 아니라 단지 성가신 제자를 물리치기 위해 응답하시는가?

해석가들은 오랫동안 이 본문과 씨름해왔다. 이러한 사실은 "anaideia"라는 단어에 대한 번역에 잘 나타난다. 이 단어는 "부끄러움이 없음"이라는 뜻으로, 친구의 필요와 평화를 전적으로 무시한다는 의미다. 이 단어는 "끈덕진"이나 "끈질긴"으로 번역되거나 부정적인 요소를 완화하는 쪽으로 번역되어 왔다. 그러나 클라인 스노드그래스Klyne Snodgrass가 지적한 대로, 이 단어를 긍정적 의미로 만들려는 노력은 언어적 검증에 실패했다.505-14

그러나 이 이야기를 "하물며"라는 이야기로 이해한다면, 기도와 관련된 의미를 찾을 수 있을 것이다. 이 "하물며"는 고대 문학에서 흔히 찾아볼 수 있는 규범적 형식이다. 이 이야기의 논리는 예의 없는 친구 때문에 화가 난 사람이 귀찮아서 그가 원하는 것을 준다면, 하물며 하나님이 제자들의 기도에 응답하지 않으시겠느냐는 것이다. 이것은 하나님이 화가 나셨다거나 제자들이 뻔뻔하다는 말이 아니다. 단지 최악의 상황에서도 좋은 일이 일어났다면, 헌신적인 제자들이 오래 참으시고 사랑이 많으신 하나님께 기도하는 상황에서는 얼마나 더 좋은 일이 일어나겠느냐는 것이다.

그러므로 제자들은 담대한 마음으로 기도해야 한다. 그들은 귀찮게 하려는 태도가 아니라 확신을 가지고 기도해야 한다. 이 단락의 나머지 부분은 이 주제를 반복한다. 여기서 누가는 마태가 산상수훈의 끝부분에 삽입한 내용을 가져온다. 이 내용은 예의 없는 친구와 불쾌감을 느낀 친구에 대한 유머러스한 예화에 맞게 각색된다. 적절하지 않은 시간에 찾아와 귀찮게 하는 사람일지라도 원하는 것을 얻었다는 사실을 염두에 두고 자신감을 가지고 구하고 찾고 두드리라는 것이다.

이러한 추론은 11절과 12절에서 더욱 분명해진다. 예수님은 어떤 부모가 자녀에게 생선 대신에 뱀을 주고 알 대신 전갈을 주겠느냐고 물으신다. 이 단락 전체에 대한 해석의 키는 "하물며"다. 이곳의 요지는 하나님과 집주인, 또는 하나님과 부모 사이의 일대일 관계가 아니다. 핵심은 "하물며"다.

"하물며"의 목적어는 성령이라는 선물이다. 예수님은 11장 13절에서 제자들에게 "하물며 너희 하늘 아버지께서 구하는 자에게 성령을 주시지 않겠느냐"라고 말씀하신다. 이 성령에 관한 문제는 나중에 누가행전에 다시 나타난다.

제자들과 선악의 관계 11:14-12:48

이어지는 본문은 구성에 대한 체계는 물론 설명조차 찾기 어렵다. 이 단원은 대체로 선악과 관련이 있다. 누가는 예수께서 무리와 제자들 및 그를 반대하는 자들과 나눈 대화를 중심으로 예수님의 가르침을 산발적으로 제시한다. 우리는 다양한 청중에 대해 주목하면서 예수님이 선과 악이라는 주제에 대해 그들에게 어떤 도전이나 대답을 하시는지 살펴볼 것이다. 물론, 예수님의 가르침이나 사람들과의 대화에서 선과 악은 추상적이거나 철학적인 사색이 아니다. 선악은 하나님의 나라 및 하나님의 말씀을 듣는 것과 매우 밀접한 관련이 있다. 예수님은 이 모든 가르침을 통해 다양한 부류의 사람들에게 자신이 무엇을 위해 예루살렘으로 향하고 계신지를 밝히신다.

11:14-36 무리에 대한 대답

제자들에게 어떻게 기도해야 할 것과 하나님께 담대히 나아가야 함을 가르치신 예수님은 치유 사역으로 돌아가신다. 이곳의 전환은 급작스럽다. 누가는 예수님의 가르치시는 사역에 이어 갑자기 예수께서 귀신을 쫓아내셨다고 진술한다. 이곳 본문의 핵심은 치유 사역이 아니라 그로 인해 드러난 선악의 문제다. 이런 면에서 이 전환은 덜 급작스럽다고 할 수 있다.

11장 14절의 경우, 말 못하게 하는 귀신이 쫓겨나자 무리가 "놀랍게 여긴다." 누가행전에서 "놀라다"thaumazō라는 단어는 항상 긍정적인 의미를 가지는 것은 아니다. RSV는 일반적으로 부정적이거나 의심을 하는 상황에서는 wonder놀라다로 번역하고 긍정적이거나 신성한 상황에서는 marvel경탄하다로 번역한다. 이 구절에서 RSV는 "marveled"로, NRSV는 amazed로 번역한다. 그러나 이어지는 질문, 즉 예수님의 능력이 어디서 오느냐는 의심은 이 단어를 긍정적인 의미로 보기 어렵게 한다. 더구나 이 단어는 누가행전에서 점차 부정적인 의미로 사용되기 때문에 중립적 의미가 바람직한 번역으로 보인다. 어쨌든, 무리는 예수님에 대해 양면적 반응을 보인다. 그 중 더러는 예수님이 바알세불을 힘입어 귀신을 쫓아낸다 하고, 다른 사람들은 의견을 보류한 채 다른 표적을 요구한다

예수님은 이러한 양면성에 대해, 비록 21세기의 독자들에게는 이해하기 어려운 표현이지만 진지한 반응을 보이신다. 이 부분은 해석이 어려우므로 부분별로 나누어 접근하기보다 단락 전체를 살펴보는 것이 유익하다. 누가복음의 이 부분은 특히 나무를 보다 숲을 놓치기 쉬운 지점이다.

주의 깊은 독자라면 놀랄 일도 아니지만, 이곳의 문제는 하나님의 나라와 목적에 대한 전적인 헌신이다. 이것은 예수님은 무리에 대한 대답 마지막 부분11:33-36에서 말씀하신 빛으로 가득한 성한 몸과 같다. 누가는 이처럼 온전한 몸까지 이르는 과정 속에, 다른 면이 어떻게 보이는지를 보여주는 콜라주 안으로 몇 가지 삽화와 가르침을 삽입한다. 이 콜라주는 두 가지 다른 부류의 사람들에 대한 반응이다. 의심하는 자들 가운데 한 부류는 예수님이 행사하시는 것과 같은 능력은 바알세불왕하 1:2-4에서 다락 난간에서 떨어져 병든 아하시야가 찾았던 에그론의 신과 같은 악에서 기인한다는 결론을 내린다. 다른 부류는 부정적인 판단을 보류한 채 이미 받은 표적에 만족하지 않고, 하늘로부터 오는 표적을 더 구했다. 두 부류 모두 예수님의 엄한 가르침에 직면한다.

예수님은 바알세불을 힘입어 귀신을 쫓아낸다는 첫 번째 혐의에 대해 두 가지 논리로 반박한다. 먼저, 예수님은 어떻게 귀신이 귀신을 쫓아낼 수 있는지 물으신다. 그것은 "스스로

분쟁하는 나라"11:17가 아니냐는 것이다. 분쟁하는 집은 약한 집이다. 예수님은 이어서 사람들이 자신이 귀신을 쫓아내는 것을 문제 삼는다면 다른 유대인이 귀신을 쫓아내는 것에 대해서는 어떻게 설명할 수 있겠느냐고 물으신다. 예수님이 바알세불을 힘입어 귀신을 쫓아낸다는 말은 곧 자신들의 축귀 행위를 정죄하는 것이다.

그런 식으로 접근하려면, 엉뚱한 비난을 할 것이 아니라 하나님의 선지자로 일하시는 예수님을 통해 하나님의 손을 보아야 할 것이다.11:20 누가는 탄생 내러티브에서 하나님의 "팔"1:51과 "주의 손"1:66에 대해 언급한 바 있다. 하나님의 손은 출애굽기 8장에서 "이"gnats 재앙이 끝난 후 바로의 요술사들이 결론적으로 한 말8:19을 상기시킨다. 예수님이 귀신을 쫓아내신 것은 출애굽기의 재앙이나 누가복음 1장의 기적적인 탄생처럼 하나님의 역사다. 그것은 하나님의 나라가 이미 임하였다는 증거다.

이어지는 두 구절은 강한 자와 더 강한 자의 이미지를 도입하며, 이어지는 속담함께 함, 모음, 헤침과 연결한다. 이 부분을 지나치게 비유적으로 해석하려는 시도는 대체로 실패했다. 이곳의 이미지는 하나님의 선하심이 그의 역사에 대적하는 세력보다 강하다는 예수님의 믿음을 보여준다. 사탄은 하나님을 대적할 수 없다. 헤치는 자는 모으는 자를 당하지 못한다. 그러므로, 모으시려는 하나님의 뜻에 동참하라는 것이다.

하나님의 뜻에 함께하라는 부르심은 이 단락 끝부분의 빛으로 가득한 온전한 몸이라는 긍정적인 이미지로 이어지기 전, 세 가지 설명이 주어진다. 24-26절의 설명은 악한 세력에서 벗어나는 것으로 모든 것이 끝나는 것은 아니라는 사실을 보여준다. 사탄과의 분리는 반드시 하나님에 대한 헌신으로 이어져야 하며, 그렇지 않으면 귀신 하나가 사는 집을 깨끗이 청소하고 수리하여 귀신 여덟을 위한 공간으로 만드는 것과 같다는 것이다. 존슨이 지적한 대로, 이 구절은 진지한 내용이지만 유머가 담겨 있는 것으로 보인다.181

27-28절은 이러한 부르심이 예수님의 사역이나 인품으로의 부르심이라기보다 하나님의 말씀에 대한 순종으로의 부르심이라는 사실을 보여준다. 누가는 복음서 전체에서 예수님을 이스라엘에 대한 하나님의 역사와 연계하기 위해 노력한다. 이 구절은 이러한 노력이 가장 분명히 드러나는 곳이다. 무리 가운데 있는 여자는 아무리 좋은 의도라 할지라도 핵심을 놓친 것이다. 헌신의 대상은 예수께서 하시는 일이나 그를 낳은 어머니가 아니라 하나님의 말씀이라는 것이다.

세 번째 설명은 이러한 헌신은 기적이나 표적에 의존하지 않는다는 것이다. 예수님은 요나를 통해 하나님의 말씀을 들은 니느웨 사람들과 선지자 요나를 통해 하나님의 말씀을 들은 니느웨 시민들과 솔로몬을 통해 하나님의 말씀을 들은 남방 여왕을 예로 드신다. 예수님이 자신의 어머니를 찬양하고 싶어 하는 여자에게 하신 말씀에 나타난 대로, 핵심은 하나님의 말씀을 들을 때 헌신이 필요하다는 것이다. 즉, 이스라엘 역사 속에 나타난, 그리고 지금까지 이어지는, 하나님의 일을 이해하고 감사하는 데 최선을 다해야 한다는 것이다.

하나님과 하나님의 나라에 대한 잘못된 개념과 여러 가지 오해들에 대해 언급한 누가는 마지막으로 등불과 온전한 몸에 대한 예수님의 가르침을 제시한다. 마태는 이 가르침을 산상수훈의 한 부분으로 포함했지만, 누가는 이 말씀을 무리에 대한 예수님의 반응의 절정으로 제시한다. 이것은 예수님의 가르침의 목회적 배경에 초점을 맞추려는 누가의 성향을 반영한다. 예수님은 지금까지 자신을 바알세불의 하수인이라고 비난하는 자와 사역의 근원에 도전하는 자, 하나님과 하나님의 말씀을 듣기보다 자신에게 관심을 돌리려는 자, 또 다른 표적을 원하는 자들을 상대하셨다. 이제 예수님은 긍정적인 관점에서 무리의 마음과 상상력을 사로잡을 수 있는 대조적인 비전을 제시한다. 예수님은 먼저 집을 밝게 하려면 등불을 켜서 움 속에나 말 아래에 두어서는 안 된다는 지혜의 말씀을 제시하신다. 예수님은 이어서 눈에 대한 유추를 도출하신다. 즉, 등불과 집의 관계는 눈과 몸의 관계와 유사하다는 것이다. 이 유추의 핵심은 몸의 빛을 돌보라는 것이다. 예수님은 다른 지혜의 말씀을 하실 때와 마찬가지로, 말씀의 핵심에 대한 상세한 설명을 제시하지 않으신다. 그러나 누가복음의 문맥에서 이 말씀은 하나님의 말씀을 듣는 것과 예수님의 사역을 통해 하나님의 나라가 가까이 다가오고 있음을 인식하는 것과 관련이 있다.

11:37-54 바리새인들과의 식사

예수님은 무리를 상대하시는 중에 한 바리새인으로부터 점심 식사 초대를 받으신다. 이것은 바리새인의 두 번째 초대이다.7:36-50 참조 첫 번째 초대와 마찬가지로 이곳의 식사 자리 역시 순조롭지 않다. 손님으로 오신 예수님은 자신이 대립적이며 전투적이기까지 하다는 사실을 보여주신다. 이 사건은 예수님과 유대의 특정 지도자 집단과의 관계에 전환점이 되었다. 이 순간은 예수께서 자신이 생각하는 바리새인의 아젠다와 대립하는 아젠다를 제시한 시점이다.

이 대화는 모든 반론에도 불구하고, 유대인에 대한 비판이라기보다 유대인 내부의 대화다. 예수님은 유대인으로서, 많은 부분에 공감하면서 일부 사안에 대해서만 첨예한 견해차를 보이는 다른 유대인에게 말씀하고 계신다[누가복음의 반유대주의, p. 414].

예수님이 바리새인과 율법교사에게 각각 세 가지 화를 선포하신 이유는 집주인 바리새인이 예수께서 잡수시기 전에 손을 씻지 않는 모습을 보고 놀란 때문이다. 여기서 문제가 된 것은 청결이 아니라 씻는 의식이다. 헬라어로 "씻다"라는 단어는 세례baptism와 같은 어근을 사용한다.baptizō 이것은 이곳의 문제가 의식에 관한 것임을 분명히 보여준다. 그러나 예수님은 이 문제를 통해 그들을 비판하신다. 예수님은 그들의 내적 삶이 제의적 정결에 대한 관심과 일치하지 않는다고 말씀하신다. 그들은 탐욕과 악독이 가득하며, 이러한 특징은 그들이 손을 씻는 것과 같은 의식을 통해 어떤 유익도 기대할 수 없게 한다. 이 바리새인들을 위한 해결책은 그들의 "속에 있는 것"NRSV, 11:40으로 구제하는 것이다.11:40 11장 41절의 "그 안에 있는 것"enonta에 대한 번역은 어렵지만, 존슨의 해석에 따르면 누가에게 소유물을 얻거나 내어놓는 행위"구제"는 그 사람의 내적 상태속를 보여주는 지표나 척도가 된다.189 이러한 연결은 다음 장에서 명백히 드러난다. 예수님은 "적은 무리"에게 아버지께서 그 나라를 그들에게 주시기를 기뻐하신다고 말씀하시며 그들의 소유를 팔아 구제하라고 권면하신다.12:33

예수님은 식탁에서 바리새인들을 비판하신 후 세 가지 화를 선포하신다. 이 화는 앞서 두 차례 선포된 바 있다. 6장에는 부유한 자, 배부른 자, 웃는 자, 사람에게 칭찬을 듣는 자에 대한 화가 선포된다. 이것은 누가복음의 팔복에 해당한다. 10장에는 회개하지 않는 성읍들에 대한 화가 선포된다. 이 화는 복음서 후반부에 다시 나타난다. 22장에서 유다에게 선포된 간접적인 화를 제외하면, 누가복음에서 특정인에 대한 화가 선포된 곳은 이곳이 유일하다. "화"로 번역된 헬라어 "우아이"ouai는 히브리어 호이hoy에 대한 70인역의 번역을 반영한 것으로, 선지자의 선포와 관련이 있다. 그러나 의성어의 특징이 보여주듯이, "아!"나 "오!"라는 번역은 원래적 의미를 제대로 살리지 못한다. 이 단어의 의미는 이디시어Yiddish의 oy나 vey처럼, "실망하다, 크게 놀라다"라는 뜻이다. NRSV는 이사야 5장 8-23절에 나오는 유사한 선지자적 선포를 "아, 당신은…"으로 번역한다.

바리새인에 대한 예수님의 첫 번째 실망은 유대인의 구전 율법 및 바리새인의 용례와 관련이 있다. 그들은 율법에 세부적인 내용을 덧붙이고 울타리나 완충 장치를 설치함으로써 우연히, 또는 부지중에 율법을 범하는 것을 방지하고자 했다.m. Avot 1:1 반복되는 말이지만, 예수님의 지적은 윤리적이다. 율법의 사소한 부분에 대한 그들의 관심은 바람직하나, 이러한 행위가 율법의 핵심이자 의미인 하나님의 공의와 사랑에 대한 태만을 덮어주지는 않는다. 따라서 그들은 하나님은 물론 율법 자체에 대해서도 해를 끼쳤다.

예수님의 두 번째 실망은 이 바리새인들이 명예와 특권에 사로잡혀 있다는 판단과 관련이 있다. 그들이 사랑한 것은 하나님이 아니라 회당의 높은 자리와 시장에서 문안받는 것이다. 하나님의 사랑을 명예와 특권에 대한 인간의 사랑과 대조한 언어유희에 주목하라. 이 주제는 누가복음의 독자들에게 친숙하며, 20장에서 거의 동일한 어법으로 다시 등장할 것이다.

그들에 대한 마지막 실망은 새로운 비판이라기보다 앞서 제시한 두 가지 실망을 요약한 것으로 보인다. 즉, 그들은 마치 평토장한 무덤 같아서 사람들이 그 위를 밟고 다니면서도 알지 못한다는 것이다. 이 말씀에도 아이러니를 찾을 수 있다. 바리새인의 행동, 하나님과 공의에 대한 사랑의 부족 및 명예에 대한 집착은 사실상 제의적 청결을 부정한다. 이 지적은 손을 씻지 않았을 때의 이상히 여긴 장면에서 다룬 이슈로 되돌아가는 것 같다. 즉, 그들은 손을 씻었지만 그들의 속은 마치 무덤 위를 걷는 것처럼 부정하다는 것이다.무덤이라는 외식보다 그 위를 걷는 사람들의 외식에 초점을 맞춘 해석임/역주

바리새인들에 대한 지적이 끝난 후, 예수님은 그 집의 손님으로 참석한 율법교사들에게 초점을 맞추신다. 그들 가운데 한 명은 모욕감을 느끼며 대화에 끼어들고 싶어 하는 것처럼 보인다.11:45 이어서 율법교사들과 아마도 서기관들에 대한 세 가지 화실망가 제시된다. 첫 번째와 세 번째 화는 구체적으로 율법교사에게 초점을 맞춘다. 두 번째 화11:47의 복수너희는 53절에서 바리새인들과 합세하여 예수님을 압박하고 따져 물었던 서기관들을 포함하는 것으로 보인다.

첫 번째 판단의 요지는 윤리적이다. 즉, 율법을 해석하고 강요하는 율법교사들은 사람들에게 기쁘고 복된 율법을 깨닫게 돕는 것이 아니라 오히려 무거운 짐을 지운다는 것이다. 그들은 불필요한 규례를 많이 만들어 무거운 짐을 부과하고 자기들은 같은 짐을 지려 하지 않는다.

예수님의 두 번째 실망은 "너희"라는 복수형을 사용하며, 선지자들을 받아들이지 않는 태도와 관련이 있다. 이곳의 언어와 이미지는 어렵다. 이구절은 "선지자를 죽이는" 이스라엘의 오랜 전통이라는 관점에서 보아야 한다. 놀랜드에 따르면 히브리어 성경에는 이러한 전통이 비교적 드물게 나타나지만. 유대 사상에서는 "확고한 자리"를 잡고 있다.1993a: 667 이런 관점에서 볼 때, 47절의 "무덤을 만드는도다"라는 구절은 죽은 자를 기리는 것이 아니라 죽음을 기뻐한다는 부정적 의미로 읽어야 한다.

이곳에 나타난 예수님의 비판은 포괄적이다. 예수님의 말씀은 모든 세대가 당대에 선지자를 직접 죽이지 않았다 할지라도 이러한 집단적 죄책감을 느껴야 한다는 것이다. 식사 자리에 참석한 모든 사람은 선지자들에 대한 역사적 박해에 그들도 가담한 사실을 인식할 뿐 아니라, 예수님과 사도들이 이러한 선지자적 전통을 이어오고 있다는 사실을 알아야 한다. 예수님은 여기서 "하나님의 지혜"를 인용한다. 이 지혜가 문헌으로 기록된 자료라면 오래

전에 사라진 것으로 보인다.11:49 이 구절에 대한 이론은 풍부하지만, 예수께서 이 말씀에 자신과 사도들을 포함하신 것은 그들과 고대 선지자들의 연속성을 보여주기 위한 것이다. 아벨에서 사가랴까지 이르는 선지자에 대한 언급은 예수님이나 적어도 누가가 알고 있는 히브리 정경을 반영할 수 있다는 점에서 흥미롭다.

마지막 실망은 다시 한번 율법교사에게 초점을 맞춘다. 이것은 바리새인에 대한 세 번째 화와 마찬가지로 새로운 이슈에 대한 비판이라기보다 문제를 요약한다. 즉, 그들은 백성에게 무거운 짐을 지우고 불쌍히 여기는 마음조차 없으며 선지자들을 받아들이지 않았기 때문에 소명을 잃어버렸다는 것이다. 그들은 지식의 길로 들어가지 않고 사람들을 그 길로 인도하지도 않고 오히려 그들이 들어가는 것을 막았다.

이 시점에서 예수님은 그 집을 떠나신다. 누가는 예수께서 나오실 때 서기관과 바리새인들이 기다리다 그의 말을 책잡고자 했다는 불길한 주석을 덧붙인다. 이러한 반응은 바리새인의 집에서 있었던 예수님의 직설적인 말씀으로 인해 예수님과 그를 대적하는 자들 사이의 적대감이 새로운 국면에 접어들었음을 보여준다.

12:1-48 "적은 무리"와 "큰 무리"

12장 1-48절의 청중과 무대는 이중적이다. 상상이 가지 않는 장면이지만, 예수님은 수만 명이 모여 서로 밟힐 만큼 혼잡한 상황에서 제자들에게 말씀하신다. 예수님은 그들을 "내 친구"12:4, "적은 무리"12:32라고 부르신다. 이 장면은 목회적 상황이다. 예수님은 제자들에게 두려워하거나 염려하지 말라고 말씀하신다. 그러나 이러한 목회적 상황 내내 많은 무리가 모여들었으며, 그들 중에는 무례한 질문으로 사역을 방해하는 자도 있었다.12:13 예수님은 그 질문에 대답하신 후 다시 제자들에 대한 말씀을 이어가신다. 독자들이 이러한 두 부류의 청중으로 혼란스러워한다면, 베드로도 그랬던 것으로 보인다. 베드로는 예수께서 말씀하시는 중에 이 비유가 제자들에게 하시는 말씀인지 주변에 있는 모든 사람에게 하신 말씀인지 묻는다.12:41

시간이 지나면서 예수님의 언어는 점차 무겁고 거칠며 긴박해진다. 때때로 그의 언어는 목가적이라고 부를 수 있는 내용을 넘어선다. 그러나 예수님의 종말론적 긴박감은 이 부분에서의 어조를 거칠게 한다. 그는 마치 큰 경기나 콘서트를 앞둔 감독이나 지휘자와 같다.

12장 35절에서 누가는 염려에 관한 말씀에서 혼인 잔치에 간 주인이 돌아오기를 기다리는 종들에 관한 종말론적 이미지로 눈을 돌리면서, 예수님이 점점 서두르시며 조심스러워하시는 모습을 묘사한다.

안심하라12:1-12 거친 대화가 오갔던 바리새인의 집에서 나오신 예수님은 계속해서 동일한 주제의 말씀을 이어가신다. 예수님은 일부 바리새인의 이중적인 마음, 또는 위선을 누룩에 비유하신다. 누룩이 떡을 만들 때 효력을 발휘하듯이, 위선이 그들의 삶 속에 스며들어 모든 것을 망쳐 놓았다는 것이다. 제자들은 겉과 속이 다른 이중적 태도를 경계해야 한다. 이어지는 두 구절은 이 가르침에 대한 몇 가지 이유를 제시한다. 감추인 것이나 숨긴 것, 어둔 데서 말한 것이나 은밀하게 속삭인 모든 것이 드러나고 알려지며 광명한 데서 들리고 지붕 위에서 전파될 것이다.12:3 본문에는 예수께서 하나님이나 사람 앞에서의 투명성을 염두에 두셨다는 암시가 나타나지 않는다. 예수님의 말씀이 실용적인지 신학적인지는 중요하지 않다. 제자들이 그들의 행동과 말이 드러나고 알려지며 광명한 데서 들리고 지붕 위에서 전파되는 삶을 산다면, 그들이 하나님이나 이웃에게 열려 있느냐의 여부는 중요하지 않을 것이다.

예수님은 위선에 대한 주제에서 두려움에 대한 주제로 넘어간다. 예수님은 이 주제를 도입하시면서 제자들을 "친구"라고 부르신다. 누가복음에서 제자들을 친구라고 부르신 것은 이곳이 유일하다.12:4 예수님은 두려움에 관한 말씀을 하시면서 부자들은 이해하기 어렵지만 잃을 것이 없는 자들은 충분히 알아들을 수 있는 말씀을 하신다. 이것은 복음서가 서구의 부유한 자들을 염두에 두고 쓰인 것이 아님을 보여주는 또 하나의 증거다. 우리는 말하자면 주제넘은 청중인 셈이다.

예수님은 제자들의 두려움에 관해 알아듣기 쉽게 말씀하신다. 제자들은 몸을 죽일 수 있는 자들을 두려워하지 말아야 한다. 그런 자들이 할 수 있는 것은 그것이 전부이기 때문이다. 만일 그들이 두려워해야 할 자가 있다면, 몸을 죽일 뿐만 아니라 지옥에 던져 넣는 그를 두려워해야 한다. 그는 참새 한 마리도 잊지 않으시고 제자들의 머리털까지 다 세신다. 다시 말하면 제자들이 두려워해야 할 자, 절대적 힘을 가진 그분은 전혀 두려움을 느끼지 않아도 될 만큼 그들을 사랑하시는 분이라는 것이다.

누가복음의 이 구절은 마태가 자주 사용하는 지옥Gehenna이라는 용어가 유일하게 언급된 곳이다. 더구나 누가는 신자를 두렵게 하는 힘을 완화하는 방식으로 이 용어를 사용한다. 절대적 힘을 가진 존재에 대해서는 마땅한 두려움과 경외심을 가져야 하지만, 그는 이러한 두려움이 사라질 만큼 사랑이 풍성하신 분이라는 것이다.

이어지는 본문12:8-10은 세 부분으로 이루어지는데 해석이 까다롭다. 첫 번째 부분은 예수님, 인자, 하나님의 사자들의 상관관계를 보여준다. 예수님은 누구든지 그를 시인하거나 부인하는 자는 인자도 하나님의 사자들 앞에서 그 사람을 시인하거나 부인할 것이라고 말씀하신다. 이 수수께끼 같은 말씀의 의미는 무엇인가? 우리는 이 말씀에 지나친 의미를 부여하지 않아야 한다. 이 장면은 승귀하신 그리스도와 천사들이 하나님의 심판의 보좌 앞에 서 있는 하늘의 법정 장면에 대한 체계적인 진술이 아니다. 이 부분의 요지는 예수님과 함께하는 순회 사역은 예루살렘으로 향하는 험한 여정 이상의 의미가 있다는 것이다. 초라한 제자들을 이끌고 가시는 지극히 세상적인 지도자 예수님을 시인하거나 부인하는 것은 매우 큰 의미를 지닌다.

이 말씀을 하신 예수님은 즉시 제자들의 주의를 다른 곳으로 돌린다. 이것은 누가가 예수님을 묘사할 때 자주 사용하는 방식으로, 여기서는 성령께 초점을 맞춘다. 예수님은 성령을 모독하는 것은 자신에 대한 모독보다 훨씬 심각한 문제라고 생각하신다. 예수님은 수난 내러티브에서 모독을 당하시겠지만22:65; 23:39, 십자가 위에서 하나님께 그들을 용서해 달라고 기도하실 것이다.23:34

그렇다면 성령을 모독하는 자는 사하심을 받지 못한다는 말씀은 무엇을 의미하는가? 존슨은 누가복음에 기록된 이 말씀은 누가행전의 문학적 관점에서 보아야 한다고 주장한다. "누가복음에서 선지자로서 예수님에 대한 부인은 사도행전에서 제자들의 선포를 받아들임으로써 반전이 가능하다. 그러나 성령으로 선포하는 제자들에 대한 거부는 최종적인 거부로 이어진다. 누가는 사도행전 4-5장의 내러티브를 통해 이 예수님의 말씀이 이루어지는 장면을 보여준다"Johnson: 197

그러나 이 주장에는 심각한 문제가 있다. 아나니아와 삽비라는 성령을 모독하지 않았다. 그들은 성령께 거짓말을 했다. 그들은 하나님께 거짓말한 것이다. 베드로는 아나니아를 책망하면서 두 용어를 같은 의미로 사용한다. 그는 삽비라에게도 왜 주의 영을 시험하느냐고 책망한다. 이 책망은 죽음을 초래할 만큼 심각한 것이지만 용서에 대한 언급은 나타나지 않는다. 반면에 사도행전 2장의 성령을 모독하는 장면에서 용서가 불가하다는 암시는 나타나지 않는다. 오히려 회개하는 자는 용서를 받는다. 사도행전 2장에서 성령의 역사를 목격한 사람들 가운데 일부는 그들이 새 술에 취하였다고 조롱한다.13절 그러나 베드로의 설교를 들은 후 그들은 "마음에 찔려"37절 회개함으로써 죄 사함을 받고 신자가 된다.

존슨이 자신의 주장을 뒷받침하기 위해 인용한 다른 본문은 면밀한 검토를 거치지 않았다. 그는 스데반이 하나님의 백성에 대해 "항상 성령을 거스르는도다"라고 말한 사도행전 7장 51절을 성령 모독의 사례로 든다.Johnson: 195

그러나 스데반이 말한 역사는 성령을 거슬러 용서받지 못한 죄의 역사가 아니라, 하나님이 더 많은 선지자를 보내시고 더 많은 회개의 기회를 주신 역사다. 또한, 스데반의 설교와 그의 순교에 이어지는 사도행전의 역사 역시 존슨의 결론을 뒷받침하지 않는다. 스데반의 죽음으로 제자들은 흩어졌으며, 복음은 더욱 멀리 전파되고 더 많은 사람이 몰려들었다.

누가행전의 이러한 장면 및 신약성경 전체의 광범위한 증거에 비추어 볼 때, 누가복음 12장 10절의 성령 모독은 문자적 이해보다 수사학적 이해가 바람직해 보인다. 예수님은 성령을 모욕하는 것은 매우 심각한 일이라고 말씀하신다. 오늘날 우리는 아동 범죄와 같은 죄를 범한 흉악범을 "용서할 수 없는" 자라고 말하며 고개를 흔든다. 그렇다고 해서 하나님이 그를 용서하지 않으신다거나 용서하실 수 없다는 말은 아니다. 다만 그런 자를 어떻게 용서할 수 있는지 상상하기 어렵다는 뜻이다. 누가행전에는 하나님이 실제로 성령을 조롱하거나 모욕한 자를 용서하시는 장면이 많다. 하나님은 성령이나 하나님께 거짓말하는 자를 그 자리에서 죽이실 수 있는 절대적 힘을 가지고 계신다. 우리는 용서하거나 벌을 내리시는 하나님의 자유에 대한 논리나 그러한 논리의 부족에 대해 비판할는지 모른다. 그러나 다시 한번 말하지만, 하나님은 자신의 생각이나 행동을 깔끔하게 정리하려는 해석가들의 노력을, 그것이 설사 선한 의도라 할지라도, 피하신다.

그럼에도 불구하고, 나는 백성들의 완악한 마음이 하나님의 사랑과 말씀이 더 이상 그 사람에게 전달될 수 없는 지경까지 이를 수 있다는 사실을 부인하고 싶지 않다. 그러나 그 정도의 마음 상태나 존재 방식은 그가 비록 종교적인 언어를 구사하지 못하는 사람이라 할지라도 그의 지식이나 동의 없이 찾아오지 않는다. 그럴 위험은 거의 없다. 이러한 반항적 태도는 자신의 필요와 만족을 의도적으로 다른 어떤 것보다 우선할 때 일어난다. 이러한 현상은 다른 사람을 희생시키면서까지 자신의 이익을 실현할 수 있는 수단과 권위를 가진 상황에서만 찾아볼 수 있다.

이 단락의 마지막 두 절은 성령에 대한 올바른 이해로 되돌아간다. 성령은 친구며 인도자시다. 성령의 역할 중 하나는 우리가 시험당할 때 생각과 마음속에 할 말을 가르쳐줌으로써 우리의 불안을 해소하고 평안케 하시는 것이다.

무리의 방해12:13-21 예수님이 제자들과 함께 친밀한 대화를 나누시는 중에 무리 중에 한 사람이 불쑥 끼어드는 장면에서 이중적 청중을 상기할 수 있다. 그는 예수께 자신의 형에게 유산을 나누게 해주시기를 원한다. 이러한 요구 자체는 잘못된 것이 아니다. 랍비들은 율법에 대한 해석을 통해 가족 간의 분쟁을 해결해왔다. 그러나 예수님에 대한 질문의 시기와 방법에 있어서, 그는 예수님이 선포하시는 하나님 나라의 핵심에 대해 근본적으로 오해하고 있음을 보여준다. 예수님은 그를 책망하시며 한 가지 비유를 제시하신다. 먼저 예수님은 소유에 관한 문제를 해결하는 랍비의 역할을 거부하신다. 예수님은 그 사람에게 자신은 그런 재판장이나 물건 나누는 자가 아니라는 사실을 확실히 주지시킨다. 그러나 예수님은 즉시 그 사람의 근본적인 문제를 다루신다. 그것은 지극히 인간적인 문제다. 문제의 근원은 형이 그의 유산을 차지한 데 있는 것이 아니라 오직 재물에 의존하는 그의 태도에 있다.

예수님은 사람의 생명이 소유의 넉넉함에 있지 않다고 가르치신다. 그는 곡식과 물건을 쌓아 둘 더 큰 곳간을 지으려는 한 부자에 관한 비유를 들려주신다. 든든한 미래가 보장될 것이라고 확신한 그는 평안히 쉬고 먹고 마시고 즐거워하자고 말한다.12:19 그러나 그날 밤 하나님이 그의 목숨을 찾으시면 그는 참으로 가련한 존재가 될 것이다.12:20 이 비유에서 하나님은 그를 "어리석은 자"라고 부르신다. 예수님은 잔과 대접의 겉만 씻는 바리새인을 "어리석은 자"라고 부르셨다.11:41 누가행전에서 자주 찾아볼 수 있듯이, 땅의 재물로 부요한 자는 하나님께 부요한 자가 아니다. 누가복음에서 재물은 예수님의 사역을 위해 사용될 때만 긍정적인 주목을 받는다. 누가복음 8장 1-3절의 여자들, 19장 1-9절의 삭개오, 23장 50-53절의 아리마대 요셉이 그들이다. 일부 비유에서 재물은 단순한 설명이나 중립적인 가치를 지니기도 하지만, 누가복음에서 재물에 대한 태도는 전적으로 부정적이다. 신자는 재물에 부요할 것인지 하나님께 부요할 것인지를 선택해야 한다. 이것은 복음에 대한 중요하고도 냉엄한 현실이다. 본 주석은 돈과 소유에 대한 예수님의 "인격적 윤리"에 관한 크리스토퍼 헤이스Christopher Hays의 관점을 다룰 것이다. 헤이스의 관점은 누가의 관점에 대한 설명으로 유익하지만 전적으로 부합하는 것은 아니다[돈과 소유, p. 442].

다시 제자들에게로 향하심12:22-34 누가는 소유라는 주제를 마태가 산상수훈에서 언급한 "백합화를 생각하여 보라"는 구절과 절묘하게 짜깁기한다. 누가복음에는 이 말씀이 소유에 관한 가르침 속에 들어 있다. 이러한 배열은 소유에 대한 집착에서 벗어나는 것과 염려로부터의 자유가 연결되어 있다는 사실을 강조한다. 누가복음에서는 자기를 위하여 재물을 쌓아 두고 하나님께 대하여 부요하지 못한 자를 어리석은 자로 규정한 "남자와 곳간에 관한 이야기"에서 염려에 관한 말씀으로 바로 이어진다. 염려에 관한 말씀은 "적은 무리"12:32 에 대한 진술로 끝난다. 하나님은 그 나라를 그들에게 주시기를 기뻐하시며, 따라서 그들은 자신의 소유를 팔아 구제해야 한다는 것이다. 이곳의 "샌드위치 기법"은 "염려하지 말라"12:22라는 구절에 대해 산상수훈과는 다른 접근을 보인다. 산상수훈의 염려에 대한 가르침은 바른 길, 좁은 길, 생명의 길에 대한 가르침의 일부로 제시된다. 그러나 이곳 누가복음에서 염려는 소유나 물질적 부에 대한 관점 및 행동과 직결된다.

누가는 소유에 관한 가르침과 불안에 관한 가르침을 나란히 제시함으로써, 사람의 심리에 대한 깊은 이해를 보여 준다. 존슨의 말처럼 "탐욕의 본능이 괴물처럼 바뀌는 것은 두려움 때문이다. 목숨은 너무 약하고 불확실하므로 그것을 보존하기 위해서는 많은 것을 소유해야 한다고 생각하지만, 소유는 목숨보다 약하다"201 예수님은 제자들에게 필요한 성품으로서 자유를 가리키는 두 가지 상징으로 까마귀와 백합화를 제시한다. 까마귀와 백합화는 곳간을 더 크게 지어 영혼의 평안을 누리고자 했던 어리석은 자와 정반대이다. 까마귀와 백합은 필요한 것을 얻는다. 그들은 그 이상의 것에는 관심이 없다. 더 많은 소유는 불필요하기 때문이다. 예수님은 우리가 기본적인 필요 이상의 것을 얻으려 한다는 점에서 다른 피조물보다 못하다고 말씀하신다. 이러한 욕구는 거짓 안전의 곳간을 건축하지만, 결국은 목숨을 보호하지 못하는 불법 건축임이 드러날 것이다. 하나님은 이러한 지혜를 따라 기본적인 필요를 공급하실 것이기 때문에, 제자들은 그들의 필요를 아시는 하나님께서 공급해 주실 것을 믿고 먼저 하나님의 나라를 구해야 한다.

앞서 언급했듯이 이 단락은 소유에 관한 주제로 돌아감으로써 끝난다. 이것은 대담한 전환이지만, 이전 문맥과 흐름이 일치한다. 적은 무리제자들는 무서워할 필요가 없다. 그들은 믿음과 자유 안에서 자신의 소유를 팔아 구제해야 한다. 앞서 바리새인은 "안에 있는 것으로 구제하라"는 말씀을 들었다.11:41 제자들은 이곳에서 사실상 같은 일을 하라는 말씀을 듣는다. 겉이 아니라 속에 있는 내면, 생각과 마음이 중요하다는 것이다. 그러나 소유에 대한 포기는 내적 변화에 수반된 외적 변화의 지표이자 상징이며 보조수단이다. 누가복음에는 이러한 포기의 사슬에서 벗어날 수 있는 것은 없다. 마음을 바로잡고 모든 우선순위를 그 나라의 윤리에 따른다고 해서 자신이 원하는 것을 다 가질 수는 없다는 것이다.

오늘날 소비 사회의 독자들은 이 말씀을 합리화한다. 많은 사람은 자신의 소유가 하나님의 것이라고 믿는다. 우리는 물질을 우상화하거나 신뢰하지 않는 한 소유는 문제가 되지 않는다고 말한다. 우리는 그런 식으로 이 말씀의 잔잔한 기쁨을 놓치고 있다. 예수님은 적은 무리에게 하나님이 그 나라가 우리에게 확장되는 것을 기뻐하신다고 말씀하신다. 우리는 은혜에 감사하는 마음으로 소유를 팔아 가난한 자를 구제해야 한다. 우리는 그것이 거짓된 안전을 진정한 안전으로 바꾸는 것이며 마땅히 해야 할 임을 안다. 우리의 보물은 정확히 우리의 마음이 있는 그곳에 있을 것이다.

주께서 이 비유를 우리에게 하심이니이까12:35-48 이 부분은 인간적 특성이 잘 나타난다. 41절에서 베드로는 예수님의 말씀을 가로막으며 이 비유가 제자들에게 하신 말씀인지 주변에 모인 무리에게 하신 말씀인지 묻는다. 우리는 이런 인간적 모습을 통해, 누가가 12장 전체에서 예수께서 두 부류의 청중에게 말씀하고 계심을 보여준다는 사실을 알 수 있다.

우리는 베드로의 말에 공감할 수 있다. 이 부분의 대화를 추적하기는 쉽지 않다. 예수님은 적은 무리제자들에게 소유를 팔아 구제하라는 말씀을 하신 직후, 비유적인 말씀을 하신다. 말씀의 주제는 염려와 소유로부터의 자유에서 하나님 나라에 대한 헌신과 깨어 있어야 한다는 주제로 바뀐다. 물론 두 주제가 무관한 것은 아니다. 자신이 통제할 수 없는 문제들에 대한 불필요한 걱정으로부터의 자유나 소유물처럼 자신이 통제할 수 있는 것으로부터의 자유는 목표가 아니다. 이러한 자유는 정작 중요한 하나님 나라의 일을 돌볼 수 있는 시간과 공간을 제공한다. 이곳에서는 인자의 심판을 기다리는 일로 제시된다.

예수님은 하나님의 나라를 구하는 자들의 태도와 책임에 대한 말씀에서 세 가지 시나리오를 제시하신다. 청중은 각 시나리오의 인물이 되어보아야 한다. 베드로가 혼란스러워한 것은 당연하다! 세 가지 시나리오는 12장 35-38절과 39절 및 42-48절이다. 첫째로, 그들은 깨어 있는 종의 입장이 되어야 한다. 둘째로, 그들은 깨어 있는 주인의 입장이 되어야 한다. 셋째로, 그들은 다른 종들을 감독하는 진실한 청지기의 입장이 되어야 한다.

첫 번째 시나리오35-38절에서 제자들은 마치 주인이 혼인집에서 돌아오기를 기다리는 종들처럼 허리에 띠를 띠고 등불을 켜고 서 있어야 한다. 이처럼 잘 짜인 삽화 같은 장면에서 주인은 혼인집에 갔고 종들은 주인이 언제 돌아올지 모른다. 두 번째나 세 번째 시나리오의 시계에 따르면 그는 상당히 늦게 올 수 있다. 그러나 주인이 돌아오면 놀라운 반전이 이어질 것이다. 종들이 주인을 섬기는 것이 아니라, 주인이 띠를 띠고언어유희에 주목하라 그들에게 수종들 것이다. 발 움직임이 편하도록 긴 예복을 잡아당겨 허리에 띠를 매는 행동은 출애굽기 12장 11절의 유월절 전통에서 유래한다.Johnson: 203 다시 말하면, 종들은 시중들 준비를 하며 주인을 기다려야 한다는 것이다. 그러나 이곳에서는 주인이 돌아오자마자 종들을 섬길 준비를 한다. 하나님 나라의 일을 하는 사람들의 특징은 행동할 준비가 되어 있다는 것이다. 이 준비는 등불을 켜고 띠를 띠는 행위뿐만 아니라 소유와 "염려"를 버리는 것을 포함하여 앞서 예수께서 제자들에게 말씀하신 모든 내용이 해당된다. 첫 번째 시나리오에 담긴 한 가지 함의는 그 나라의 사역을 준비하는 자는 누가 누구를 섬길 것인지가 반전되는 상황에 대해서도 준비해야 한다는 것이다. 이 삽화는 이처럼 즐거운 식탁 반전을 통해 누가복음의 지도자는 다른 사람을 섬기는 자라는 중요한 사실을 강조한다.

이어지는 39절의 시나리오에서는 종에서 집주인으로 초점이 바뀐다. 이 삽화는 부정적인 사례에 해당한다. 여기서 하나님의 나라 사역을 위해 준비된 제자들은 자신의 안전을 걸고 도박하는 집주인처럼 되어서는 안 된다. 그들은 도둑이 언제 올지 추측하여 그 시간만 집을 지켜서는 안 된다. 끝으로 그들이 깨어 있어야 할 이유가 드러난다. 예수님이 말씀하시는 하나님 나라의 구체적인 일은 인자의 오심이다. 이 시점에서 누가가 사용하는 이 전문 용어의 용례는 초점이 바뀌며, 더욱 긴박한 이미지를 가지게 된다. 즉, 지금까지 인자의 이미지는 주로 예수님의 사역이나 고난과 관련이 있었지만, 여기서부터는 심판의 이미지가 훨씬 강해진다.Johnson: 204

마지막 세 번째 시리즈의 일련의 이미지는 베드로와 다른 모든 청중에게 인자의 심판이 무엇이며 그것을 위해 깨어 준비하는 것이 왜 중요한지를 상기시켜 준다. 이것은 세 개의 삽화 가운데 가장 발전되고 흥미로운 시나리오다. 또한 예수님이 선포하시는 하나님 나라의 윤리를 이해하는 데 중요한 본문이기도 하다. 이제 초점은 예수님이 앞서 말씀하신 종과 주인의 관점에서 그 집 종들을 맡아 사역할 청지기의 관점으로 옮겨간다. 청지기가 맡아서 해야 할 일은 자신에게 의존하는 자들을 어떻게 대하느냐는 것이다. 만약 청지기가 종들을 돌보지 않고 그들을 때리며 먹고 마시고 취하게 되면 예기지 않은 시간에 주인이 돌아와 엄한 벌을 내릴 것이다. 그럼에도 불구하고 이 이야기는 누가행전의 다른 강조점과 궤를 같이하는 특별한 자비로 끝난다. 무지에서 비롯된 비도덕적이고 비인간적인 행위는 알고 행하지 아니한 것보다 처벌을 적게 받을 것이다. 주인이 원하시는 행동을 알면서도 무시하고 무책임한 행동을 한 청지기는 많이 맞을 것이며12:47, 주인이 무엇을 원하는지 몰라 무지한 행동을 한 자는 매를 맞되 적게 맞을 것이다. 누가는 받은 만큼 요구한다는 익숙한 잠언을 받아들인다.

성서적 맥락 속의 본문

기도

신약성경은 기도에 대해 여러 번 언급한다. 그러나 신약성경에는 실제적인 기도가 상대적으로 적다. 주기도문은 이곳 누가복음과 마태복음의 산상수훈에 나타난다. 두 본문에 대한 비교는 누가복음 11:1-4에 대한 주석을 참조하라. 1세기 후반 작자 미상의 초기 기독교 교리서, 디다케Didache, 8에는 누가복음의 주기도문보다 마태복음의 주기도문에 가까운 형식의 주기도문이 나타난다. 요한의 글과 서신서는 우리에게 송영과 축복 및 찬가 형식의 예배 자료를 제공한다. 누가도 사도행전 4장 24-30절에서 담대함을 구하는 제자들의 기도를 들려준다.

정경 자료 가운데 주기도문과 가장 유사한 내용은 시편에서 찾을 수 있다. 주기도문의 언어는 시편과 거의 유사성이 없지만, 어조와 내용은 유사한 면이 있다. 하나님의 이름과 거룩하심에 대한 경외심은 주기도문과 시편을 통해 울려 퍼지는 주제다. 또 하나의 유사성은 하나님의 뜻은 알 수 있으며 성취할 수 있다는 인식이다. 사실상 하나님의 뜻을 알고 행하는 것은 의인과 악인을 구별한다. 하나님의 율법을 찬양하는 시편 1편은 하나님의 뜻이 하늘에서와같이 땅에서도 이루어지기를 간구하는 것과 비슷하다.

공급하시는 하나님은 시편과 주기도문에 나타난 또 하나의 주제다. 푸른 초장과 잔잔한 물의 이미지를 제시하는 시편 23편은 "일용할 양식을 주시옵고"눅 11:3라는 간구에 해당한다. 죄사함은 시편 51편에서 발견된다. "우리를 시험에 들게 하지 마시옵소서"눅 11:4라는 간구는 시편 46편의 "하나님은 우리의 피난처시요 힘이시니"라는 구절과 궤를 같이한다.

그뿐만 아니라 주기도문에는 동일한 친밀감과 동일하게 익숙하고 집요한 기대가 나타난다. 그것은 하나님이 하나님 되시게 하고 하나님의 약속이 성취되기를 기대하며 그 일이 지금 이루어지기를 바라는 기도이다. 시편 기자의 경우, 기도를 통한 하나님과의 교제는 살아 있는 경험이다. 예수님은 "너희 중에 아버지 된 자로서 누가 아들이 생선을 달라 하는데 생선 대신에 뱀을 주며 알을 달라 하는데 전갈을 주겠느냐"11:11라고 물으신다. 여기에는 하늘 아버지는 얼마나 더 그러하시겠느냐는 뜻이 함축되어 있다. 예수님이 제자들에게 가르치신 주기도문에는 확실히 시편의 어조와 태도가 반영되어 있다.

교회생활에서의 본문 적용

자기 의

교회를 다니고 다른 사람들을 돌보며 하나님의 뜻대로 살고 싶어 하는 자가 가장 빠지기 쉬운 함정은 자기 의다. 우리를 하나님께로 향하게 하는 도덕적 분별력은 자신의 행위에 대한 성찰을 요구한다. 자기 성찰과 고백은 하나님과의 올바른 관계에 필수적이다. 이 두 가지는 하나님을 의롭게 하는 거룩한 행위의 핵심이지만, 자기 의와도 밀접한 관계가 있다. 누가복음에서나 우리의 삶에서 그것은 catch-22진퇴양난의 딜레마와 같다. 율법교사, 마르다, 마리아, 사마리아인은 모두 선한 사람들이다. 회중 가운데는 반드시 이런 사람들이 있다. 그들은 내 머리와 가슴에도 일정하게 나타난다.

자기 의는 주기적으로 나타날 수 있다. 우리는 한동안 잘해나간다. 우리는 자신에 대해 좋은 평가를 내린다. 우리는 부르심에 합당한 삶을 살고 있다. 우리는 선한 그리스도인이 되고 있다. 우리의 삶은 훌륭하다. 이럴 때 무슨 일이 일어난다. 그 일이 무엇이든, 우리는 그것에 압도당하거나 낙심한다. 우리는 벼랑 끝에 서게 되며, 실패를 맛보고 쓰러진다. 우리는 하나님의 보좌 앞에 무릎을 꿇는다. 우리에게는 풍성한 은혜가 넘친다. 하나님은 우리를 다시 일으켜 세우신다. 우리는 감사하는 마음으로 다시 한번 새로운 삶을 시작한다.

이러한 순환은 개인적으로 일어난다. 이것은 또한 교회나 총회나 교파적 차원에서도 일어난다. 우리는 개인적으로나 집단적으로 용기를 낼 수 있다. 우리의 소망은 자기 의가 아닌 하나님의 의로 안전해질 때까지 이러한 순환을 억누르는 데 있지 않다. 하나님 나라의 삶은 도달하거나 성취하는 것이 아니다. 우리의 소망은 예수께서 율법교사 및 마르다와 함께 보낸 시간에 있다. 우리의 소망은 예수께서 그들이 하나님 나라에 가까이 있다고 인정하신 사실에 있다. 예수님은 그들의 자기 의가 선을 행하려는 마음에서 나온 것임을 아신다. 그는 그들이 자신을 성찰하며 부르심의 본질을 온전히 이해할 수 있게 도우신다. 예수님은 그들에게 하나님을 구하는 목적이나 선을 베푸는 목적은 자기만족을 위한 것이 아님을 가르치신다. 하나님을 구하고 선을 베푸는 목적은 하나님 나라의 반전된 가치관에 기꺼이 참여하기 위한 것이다.

개인으로서, 그리고 기독교 공동체의 일원으로서 우리는 사람이다. 인간은 복잡하며 복잡한 제도를 만든다. 우리는 하나님을 의롭다 하고 싶어 하지만 자기 의라는 나락으로 떨어지고 만다. 이것은 어쩔 수 없는 과정이다. 이러한 상태임을 보여 주는 지표는 두 가지다. 1 하나님 나라의 반전된 가치관이 아닌 전통적 가치관에 따라 행동한다. 2 일이 잘 풀리는 상황에서도 근본적인 기쁨을 경험하지 못한다. 기쁜 소식은 우리가 빠진 이 구덩이에 예수님도 함께 계신다는 것이다. 자기 의는 더욱 정직하고 생산적인 자기 성찰, 더욱 진실한 고백, 하나님의 뜻을 향한 올바른 방향 및 기쁨의 회복으로 이어질 수 있다. 우리는 이러한 주기적 과정을 피할 수는 없겠지만, 그것을 통해 더욱 성장할 수 있다. 개인으로서, 공동체로서, 기관으로서 우리는 장인의 손에 자신을 맡긴 선반처럼 더욱 깊이 절단되고 더욱 아름다운 모습으로 바뀌게 된다. 또한 그리스도인의 성장은 회중 가운데나 우리의 마음에 있는 율법교사, 선한 사마리아인, 마르다, 마리아에 대한 사랑과 감사를 배우는 데 있다, 그들은 인생 여정에서 성숙한 그리스도인이 되기 위한 길을 함께 가는 귀한 동반자이다.

제국과 맞서신 예수님

개관

제자들과 선지자의 조화로운 춤은 이 단원에서도 계속된다. 그리스도를 따르는 자로서 선지자는 인내를 배운다. 이 인내는 선지자의 일반적 성품은 아니다. 그러나 앞서 살펴본 바와 같이, 예수님은 제자들을 받아들이지 않는 성읍들에 대해 불을 내리기를 거절하셨다. 이러한 변화가 보여주는 상대적 의미는 분명하다. 인내하는 제자가 선지자의 공격성을 버렸다고 해서 현상 유지에 만족하는 안주자가 된 것은 아니라는 것이다. 인내하는 제자는 결코 선지자의 예리함을 잃지 않는다. 제자들과 함께 예루살렘을 향해 가시는 예수님은 점점 더 권력의 심장부에 다가가고 있다. 그곳은 이스라엘을 다스리는 점령군과 로마 제국의 권력에 동조하는 이스라엘 백성 가운데 성공한 자들이 거주하는 중심지다. 예수님은 그곳을 향해 가시면서 몸소, 그리고 말씀으로 제국과 맞서신다. 예수님을 따르는 자는 제자와 선지자로서 인내하며 순종하는 저항으로 시대의 요구에 부응한다.

이 단원으로 넘어오면서 누가가 지금까지의 내용과 상반된 것처럼 보이는 전개를 한다는 것은 놀라운 일이 아니다. 이곳의 언어는 거칠고 타협적이지 않다. 구약을 율법이나 심판의 책으로, 신약을 은혜의 책으로 잘못 생각하는 사람들은 이 본문을 읽어야 한다. 그것은 우리가 생각하는 신약의 은혜 개념에 도전한다. 자료의 배열만 보면 예수님이 그런 사실을 "잊어버리신 듯" 하다. 이것은 마치 청중과의 이중적 대화가 예수께서 선지자의 격정적 선포를 터뜨리실 만큼 절정으로 치달은 것 같다. 이것은 가장 고전적 의미에서 선지자의 조급함이다.

한편으로 예수님은 나중에 인내에 관해 말씀하신다. 무화과나무는 일 년의 유예를 받는다. 우리는 겨자씨와 누룩에 관한 비유를 듣는다. 둘 다 결실을 위해서는 관심과 시간이 필요하다.

역설과 대조로 가득한 텍스트에서는 둥지 주위를 기웃거리는 여우로부터 병아리를 지키려는 암탉으로서 자신에 대한 비유보다 더 가슴 아픈 것은 없다

단락 구조

선택과 심판, 12:49-13:9

자상하고 강한 암탉, 13:10-35

　　13:10-17 꼬부라진 여인

　　13:18-21 성장에 관한 비유

　　13:22-30 하나님 나라의 식탁

　　13:31-35 가서 여우에게 이르라

본문 주해

선택과 심판12:49-13:9

예수님은 땅에 불을 던지러 왔다는 말씀으로 시작하신다. 이것은 제자들이 자신을 받아들이지 않은 성읍에 불을 내려달라고 했을 때 엄히 꾸짖으신 모습과 수사학적으로나 감정적으로 모순된다. 예수님은 계속해서 이 불이 이미 붙었다고 말씀하신다. 이어서 세례에 관한 말씀으로 주제를 바꾸신 예수님은 자신은 받아야 할 세례가 있으며 그때까지는 갇혀 있을 수밖에 없다고 말씀하신다. 예수님은 자신이 이 땅에 화평을 주려고 온 것이 아니라 분쟁하게 하려고 왔다고 말씀하신다. 이것은 예수께서 태어나실 때 천사들이 불렀던 찬양과 정반대되는 말씀이다. 또한 이 말씀은 10장에서 제자들에게 주신 명령과도 배치된다. 그들은 이리 가운데 보냄을 받은 어린 양으로서 평안을 선포해야 한다. 예수님은 분쟁하는 가정에 관한 사례까지 제시하신다. 아버지가 아들과, 어머니가 딸과, 시어머니가 며느리와 분쟁할 것이다. 이 말씀은 사가랴의 수태고지에서 약속한 가정의 평화에 비추어 볼 때 지극히 통렬하고 혼란스러운 말씀이 아닐 수 없다. 사가랴는 요한이 아버지의 마음을 자식에게 돌아오게 함으로써 주의 길을 준비할 것이라고 예언했다.

예수님이 지금까지의 태도와는 많은 면에서 혼란스러울 만큼 달라지신 것은 평화와 공의의 통합에 일부 기인한다. 예수님은 그의 인격과 사역을 통해 평화와 공의를 위한 열정을 보여주신다. 그렇다고 해서 이곳의 모호함을 부인하는 것은 아니다. 불 이미지는 누가복음 3장 16절의 불로 약속된 성령이나 사도행전 2장 3절에서 불의 혀처럼 나타나신 성령을 가리키는가? 아니면 구약 시대 엘리야가 열왕기상 18장 36-40절에서 바알 선지자들에게 불을 내린 것이나 열왕기하 1장 10-14절에서 아하시야의 군사들에게 불을 내린 것을 가리키는가Johnson: 207? 예수님이 받아야 할 세례는 순교자의 세례인가? 아니면 사도행전의 성령 세례를 미리 내다본 것인가?

본문의 전반적인 어조 및 예루살렘 여정이라는 광범위한 문맥에 나타나는 선지자로서 제자라는 주제를 감안하면 엘리야의 공격적인 언급을 가리킬 가능성이 커 보인다. 본문의 어조는 노골적이며, 긴박한 시기의 결정적 행동에 대한 요구가 분명하다. 그러나 우리는 이러한 모순에도 불구하고, 누가행전 나머지 부분과의 연속성에 주목한다. 마리아와 요셉이 아기 예수를 성전에 데리고 갔을 때, 시므온은 이 아기에 대한 사람들의 반응이 나뉠 것이라는 사실을 알았다. 그는 많은 사람을 패하거나 흥하게 할 것이다. 사도행전에서 성령은 하나 되게 하지만, 분열을 초래하기도 한다. 성령이 베드로와 고넬료를 포함한 다양한 사람들을 하나 되게 하신다는 것은 의심의 여지가 없다. 그러나 성령에 대한 반응은 다양하므로 성령은 사람들을 분열시키기도 한다. 삽비라와 아나니아는 가장 극적인 사례다.

핵심은 예수님이 선포하시는 나라는 전적인 헌신을 요구한다는 것이다. 이 헌신은 절대적이어야 하며, 따라서 결국 분열을 초래할 수밖에 없다. 더구나 이 헌신은 나중이 아니라 지금 즉시 요구된다. 시간이 촉박하다는 예수님의 인식은 종종 종말론적 긴박성에 기인한다. 당시 항간에는 역사의 종말에 대한 이론들이 떠돌고 있었다. 예수님이 이러한 종말론에 대해 어떻게 생각하셨으며 텍스트에는 어느 정도 반영이 되었는지는 복음서 연구의 영원한 숙제다. 예수님이 종말을 염두에 두셨다고 생각하든 그렇지 않든, 우리는 예수께서 자신이 선포하시는 나라에 대한 사람들의 반응이 긴급함을 인식하신 것으로 생각한다면 헛된 상상에 빠지는 일은 없을 것이다. 예수님은 자신의 시간이 얼마 남지 않았다는 사실을 아셨다. 또한, 이스라엘의 역사가 끝나가고 있다는 생각을 하셨을 것이다. 어쨌거나 예수님은 선지자로 묘사된다. 선지자는 멀리 내다보는 경향이 있다.

이러한 개인적 시간의 한계에 대한 인식은 이어지는 본문에 나타난 종말론적 긴급성에 대한 설명이 될 수 있다. 예수님은 조급해 보이신다. 조급함이 죄라고 생각하는 사람들에게는 이 구절이 문제가 될 수 있다. 예수님은 사람들에게 스스로 판단하라고 분명하게 요구하신다. 그들은 천지의 기상을 분간하며, 시대에 대한 영적 분별도 해야 한다. 그들은 사리를 분별할 줄 알며, 옥에 갇히기 전에 법관과 일을 바로잡는 방법을 알아야 한다. 그들은 훨씬 더 비참한 결과를 당하기 전에 하나님과 일을 바로 잡는 방법을 알아야 한다. 남은 시간이 별로 없다.

13장은 무리의 개입으로 시작된다. 우리는 12장 41절에서 베드로가 예수께 누구에게 말씀하시는지 물었을 때부터 어떤 무리를 가리키는지 알지 못한다. 여기서 누가는 다시 한번 관심의 초점을 무리에게 맞춘다. 예수께 문제를 제기한 자들의 동기는 예수님의 대답을 통해 추론할 수밖에 없다. 무리 가운데 두어 사람은 "빌라도가 어떤 갈릴리 사람들의 피를 그들의 제물에 섞은 일"13:1에 대해 언급한다. 예수님의 대답에서 알 수 있듯이, 그들은 이 불쌍한 갈릴리 사람들이 죄 때문에 죽었다고 생각한다. 이것은 충분히 생각할 수 있는 가정이다. 오늘날 우리 사회에도 겉으로 드러내지는 않지만 해를 당한 자는 그만한 잘못이 있었을 것이라는 인식이 자리 잡고 있다. 예수님은 이러한 관점을 거부하시면서, 망대가 무너져 치여 죽은 열여덟 사람에 대한 또 하나의 사례를 제시하신다. 예수님의 대답은 빌라도에게 죽은 자들이나 망대에 치여 죽은 자들이 해를 받은 것은 나머지 사람보다 죄가 더 있어서가 아니라는 것이다. 인간의 딜레마에 대한 예수님의 대답은 이 단락에서 끊임없이 촉구하는 회개에 초점을 맞춘다.

다소 거친 수사학적 표현에도 불구하고, 이 단락은 은혜와 소망에 대한 언급으로 끝난다. 회개는 꼭 필요하지만, 시기가 있다. 그것은 무한하지는 않지만 충분한 시간이다. 누가는 13장 6-9절에서 열매 맺지 못하는 무화과나무 비유에 대한 해석을 삽입한다. 이 본문은 마태복음이나 마가복음보다 덜 가혹하고 희망적이다. 존슨Johnson이 지적한 것처럼, 무화과나무 비유를 이곳에 삽입한 것은 이 본문의 해석학적 열쇠가 된다.214 누가복음에서 예수님은 열매 맺지 못하는 무화과나무에 관해 포도원지기와 대화하는 한 사람에 대해 말씀하신다. 이 주인은 "내가 삼 년을 와서 이 무화과나무에서 열매를 구하되 얻지 못하니 찍어버리라 어찌 땅만 버리게 하겠느냐"13:7라고 말한다. 그러나 포도원지기는 주인에게 또 한 번의 기회를 달라고 요청한다. 그는 금년에도 그대로 두시면 더 많은 거름을 주고 보살피겠다며 무화과나무를 변호한다. 포도원지기는 열매 맺지 못하는 나무를 영원히 그대로 두시라고 요구하지 않았다. 그는 한 해만 더 그대로 두시기를 요구했다. 그러므로 회개할 기회는 남아 있다. 포도원지기가 두루 파고 거름을 주면, 하나님의 나라에 대해 합당한 반응을 보일 수 있을지도 모른다. 선지자의 공정무사함과 긴급성은 다시 한번 인내와 보살핌의 제자도를 통해 완화되며, 반대의 경우도 마찬가지다. 예수님이나 누가는 그때나 지금이나 이 순회 설교자를 따른다는 것은 결코 쉬운 일이 아님을 보여준다.

자상하고 강한 암탉 13:10-35

무화과나무에 관한 본문에서 울린 희망의 종소리와 함께 청중과 분위기가 모두 바뀐다. 지금까지 예수님은 많은 무리와 적은 무리라는 두 부류의 청중을 대상으로 말씀하셨다. 이곳의 배경은 예수님이 안식일마다 가르치신 회당이다. 22절에서는 무대가 다시 바뀐다. 예수님은 마을과 성읍을 두루 거쳐 예루살렘으로 향하시는 중이다. 종말론적 긴박감은 여전히 남아 있지만, 밖으로 드러난 어조는 조급하지 않고 부드럽다. 이 단락은 치유에 관한 기사로 시작한다. 이것은 11장 14절에서 예수님이 귀신을 쫓아내셨다는 간략한 언급 이후 처음 등장하는 치유기사다. 여기서는 대조적으로 상세한 설명과 대화로 가득하다. 이 단락에는 겨자씨와 누룩의 성장에 관한 비유, 그리고 좁은 문과 하나님 나라의 식탁에 관한 말씀이 포함되어 있다. 그러나 선지자적 예리함이 완전히 사라진 것은 아니다. 이 본문은 예루살렘에 대한 예수님의 첫 번째 탄식으로 끝난다.

13:10-17 꼬부라진 여자

예수님은 회당에서 가르치시다가 "열여덟 해 동안이나 귀신 들려 앓으며 꼬부라져 조금도 펴지 못하는 한 여자"를 주목하신다.13:10 열여덟이라는 숫자는 4절에서 망대에 치여 죽은 사람들의 수와 같다는 사실에 주목하라. 이곳의 문맥에서도 유사한 추론이 적용되어야 한다. 독자들은 이 여자가 다른 사람보다 더 죄가 있다고 생각해서는 안 된다. 모든 사람은 회개가 필요하다. 이 여자가 그동안 꼬부라져 조금도 펴지 못한 사실은 더욱 큰 동정심을 유발한다. 여자는 예수님과의 만남을 주도할 수 없다. 예수님은 여자나 그의 친족의 요구가 없었음에도 그가 병에서 놓였다고 선포하신다. 예수께서 안수하시자 여자는 즉시 허리를 펴고 일어났다.

이 장면을 지켜본 회당장은 안식일에 병 고치시는 행위를 문제 삼으며 안식일을 지키라는 전통적인 명령을 제시한다. 존슨은 회당장이 예수님께 직접 말하지 않고 무리에게 말한 사실에 주목한다.212 예수님의 대답 역시 전통적이다. 즉, 인도주의에 관한 법이 안식일에 일하는 것에 관한 법보다 우선한다는 것이다. 그러나 누가가 "dei" "하는 것이 합당하다"를 이중으로 사용한 데에서 알 수 있듯이, 여기에는 율법 이상의 것이 있다. 누가에게 dei라는 헬라어의 용례는 특별하다. 그것은 단순히 일반적인 의미에서 필요한 행위가 아니라 하나님이 요구하시는 행위다. 이것은 예수께서 수난을 예고하는 장면에 사용된 단어다. 이 단어는

2장에서 열두 살 된 예수님이 자신을 찾아 성전으로 온 부모에게 "내 아버지 집에 있어야 될 줄을[dei] 알지 못하셨나이까"49절라고 하신 말씀에도 나타난다. 예수님이 삭개오를 나무에서 내려오라고 하신 것은 예수께서 그의 집에 유하여야 하기 때문[dei]이다.19:5 Dei는 십자가 사건 이후 예수님의 시신을 돌보려고 찾아간 여자들에 대한 천사의 메시지에 나타난다. 그들은 "인자가 죄인의 손에 넘겨져 십자가에 못 박히고 제삼일에 다시 살아나야[dei] 하리라"24:7 AT는 말씀을 기억해야 한다[당위성, p. 436].

누가복음 어디에도 이곳만큼 신적 질서와 현상적 질서라는 두 개의 당위성이 명백히 드러나며 상충되기도 하는 곳은 없다. 둘 다 율법에 기초하지만, 다른 행동으로 이어진다. 예수님이 꼬부라진 여자를 고치신 후 회당장은 엿새 동안 일하고 안식일에는 일하지 말라는 율법을 따르지 않은 것을 문제 삼아 사람들의 동의를 얻으려 했다. 예수님은 즉시 여자를 매임에서 푸는 것이 합당하며 율법에 내포된 가치관이 율법에 대한 회당장의 해석보다 우선한다는 말씀으로 반박하신다. 예수님의 말씀은 자신의 율법에 대한 해석이 하나님의 나라를 선포하는 사역의 명확한 일부라는 것이다. 그는 이스라엘의 딸, 이웃에 대한 관심이 회당장이 지키려는 안식일에 관한 율법보다 우선한다고 주장한다. 무엇보다도 율법에 대한 이러한 해석은 하나님이 예루살렘으로 향하시는 예수께 원하시는 핵심이다.

예수님은 그날 회당에 모인 무리를 설득하셨으며, 사람들은 예수님의 말씀에 수긍했다. 반대하는 자들은 부끄러워하고 온 무리는 그가 하시는 모든 영광스러운 일을 기뻐했다.13:17 무리가 환호하는 장면은 예수께서 예루살렘으로 가까이 가면서 점점 드물어진다. 이 시점에서의 장면은 감사와 경배의 장면이다.

13:18-21 성장에 관한 비유

겨자씨 비유와 가루 속의 누룩 비유는 본질적으로 같은 주장을 한다. 두 비유는 실제보다 더 복잡하고 우화적인 관점에서 접근하려는 시도에도 불구하고 목회적 비유에 해당한다.

하나님의 나라에 반응하는 사람들은 이 나라에 대해 탁월하고 확고하며 현실적이면서도 희망적인 개념을 가져야 한다. 하나님의 나라는 채소밭에 갖다 심은 작고 보잘것없는 겨자씨 한 알이 자라 공중의 새들이 그 가지에 깃들일 만큼 큰 나무로 성장하는 것과 같다. 또한, 그 나라는 작고 보잘것없는 누룩이 가루 서 말을 전부 부풀게 한 것과 같다. 누가복음의 맥락에서 하나님의 나라는 예수께서 행하신 작은 치유의 행위와 같으며, 이 치유는 옹졸하고 잔인하며 율법을 왜곡하는 세상에 스며들어 건강과 자유를 회복시켜 주는 성장의 능력이 있다.

13:22-30 하나님의 나라 잔치

이 단락의 서두에서 누가는 예수께서 예루살렘으로 가는 중이라는 사실을 상기시킨다. 그러나 예수님은 가시는 길에 각 성 각 마을로 다니시며 가르치신다. 여기서는 따르는 자 가운데 한 사람의 질문에 대답하시는 형식으로 가르침을 시작하신다. 질문의 요지는 구원받을 사람이 적느냐는 것이다. 이것은 종교인의 영원한 질문이다. 존슨이 지적하듯이, 이 질문은 신실한 남은 자, "참" 이스라엘을 중요하게 여기는 유대교에 뿌리를 둔다.219-20 이 주제에 대한 논쟁은 오래되었으며, 교단적 차원에서는 물론 대부분의 에큐메니컬 논쟁에서도 찾아볼 수 있다. 누가는 여기서 이 질문에 대한 대답으로 좁은 문에 관한 예수님의 말씀을 삽입한다. 이 대답에는 두 개의 이미지가 함께 제시된다. 하나는 많은 사람이 들어가고자 하는 좁은 문 이미지다. 그러나 이 문은 공간이 충분하지 않아 들어가지 못하는 사람이 많다.

더 중요한 것은 두 번째 이미지다. 예수님은 하나님의 나라 잔치 문을 닫은 집주인에 대해 언급하신다.많은 사람이 이 잔치에 참여할 것이라는 29절을 참조하라 잔치에 참여할 것이라고 기대한 자들 가운데 들어가지 못하는 사람들도 있다. 그들은 밖에 서서 문을 두드리며 열어달라고 애원한다. 그러나 집주인은 그들을 모른다고 대답한다. 그들은 어떻게 그와 함께 먹고 마시며 길거리에서 가르치는 말씀을 들었는지 설명하지만, 주인은 인정하지 않는다. 그는 다시 한번 그들을 어디에서 온 자인지 모른다고 말한다. 그는 그들을 행악하는 자또는 불의한 자라고 부른다. 여기서 누가는 마태가 종종 사용하는 "슬피 울며 이를 갈리라"라는 언급을 삽입한다. 누가는 이 언급을 이곳에서 유일하게 사용한다. 행악하는 자는 문으로 들어가지 못할 뿐만 아니라 슬피 울며 이를 갈 것이다.

"행악하는"에 해당하는 헬라어 "아디키아"adikia라는 단어는 정확한 의미를 규명하기 어렵다. 누가복음에서 이 단어는 오직 비유에만 나타나며, 16장 8-9절에서는 "옳지 않은 청지기," 18장 6절에서는 "불의한 재판관"을 묘사하기 위해 사용된다. 사도행전에서는 1장 18절에서 가룟 유다에게, 8장 23절에서 성령을 돈으로 사려는 시몬에게 사용된다. "아디키아"는 일반적으로 "죄," "잘못," "불의," "옳지 않음," "악"이라는 의미를 가지고 있다.Bauer: 17, 18 이 단어의 반대말인 "디카아오시네"dikaiosynē는 하나님이 우리에게 요구하시는 성품에 해당하는 올바름, 공의라는 뜻이 있다.Bauer: 196 이러한 용례는 누가가 "아디키아"라는 단어를 결코 가벼운 의미로 사용하지 않음을 보여준다. 이 용어는 양면적 의미로 사용한 옳지 않은 청지기 비유를 제외하면, 매우 "준엄한" 상황에 나타나는 드문 단어다. 이것은 심각한 실패를 가리킨다. 이 실패가 구체적으로 어떤 도덕적 또는 종교적 실패인지는 정확히 규명하기 어렵지만, 예수님의 가르침에 대한 단순한 사교적 친교나 지식만으로는 충분하지 않다는 사실을 잘 보여준다. 사람들은 예수님을 사교적으로나 지식적으로 알지만, 그들은 여전히 문밖에서 잔치를 들여다보고 있다. 어떤 면에서는 이러한 괴리를 메우는 것이 이 복음서 나머지 부분의 과제다. 예수님에 대한 반응에는 무엇이 필요한가? 예수님과 누가는 예수님과 그가 선포하시는 나라에 대해 어떤 합당한 반응을 기대하는가?

이어지는 본문은 부분적인 대답이 될 수 있다. 아브라함과 이삭과 야곱과 모든 선지자는 잔치에 참여했다. 이 자리에는 동서남북으로부터 온 모든 사람도 포함된다. 수수께끼 같은 말씀이지만, 나중 된 자 가운데 이 잔치에 참여할 자들도 있을 것이다.13:30 이 하나님의 나라 잔치13:29에는 이스라엘과 세상과 나중 된 자 가운데 신실한 자들이 참여할 것이다. 지금으로서는 이 대답으로 만족해야 할 것이다.

13:31-35 가서 저 여우에게 이르되

이 시점에서 내러티브의 초점은 다시 한번 바뀐다. 예수님이 예루살렘을 향해 가시는 중에 다시 한번 무리 가운데 여러 사람이 나아온다. 그들은 바리새인들로, 예수께 "헤롯이 당신을 죽이고자" 하니 "여기서 떠나소서"라고 경고한다.30:31 이것을 예수님에 대한 호의적인 언급으로 보아야 할 이유가 없다는 존슨의 주장과 달리, 그들의 경고를 굳이 예수님에 대한 적대적인 언급으로 볼 이유는 없다.217 일부 바리새인은 예수님의 의식적 정결을 문제 삼았으며, 예수님은 율법의 핵심인 공의와 사랑에 대한 그들의 무관심을 지적하셨다. 예수님과 바리새인 사이의 대화는 신랄하지만, 이러한 논쟁은 어디까지나 "내부적" 논쟁이다. 예수님과 바리새인은 공통점이 많으며 여러 면에서 유사하다. 예수님은 사두개인이나 열심당원이나 에세네파보다 바리새인과 공통점이 많다. 더구나 누가복음의 수난 내러티브 속으로 깊이 들어가 보면 바리새인들이 예수님에 대한 가장 공격적인 주장으로부터 이탈하는 모습을 볼 수 있다. 사도행전에서 바리새인에 대한 평가는 계속해서 엇갈린다. 대부분은 예수님에 대해 적대적인 태도를 유지하지만, 일부는 예수님을 따르기도 한다. 가장 극적인 사례는 평생 바리새인으로 살았던 바울이다. 이 시점에서 예수님에 대한 일부 바리새인의 경고가 적대적이라고 볼 이유는 없지만, 그들이 예수께서 예루살렘으로 향하시는 이유를 알지 못한 것은 분명해 보인다. 그러나 제자들도 마찬가지다.

아무튼, 이 경고는 예수님을 단념시키지 못한다. 예수님은 이 바리새인들에게 "가서 저 여우에게" 자신을 죽이려는 헤롯의 계획과 상관없이 해야 할 일이 있다고 전하라고 말씀하신다.13:32 그들이 실제로 헤롯에게 이 메시지를 전했는지, 그들에게 그만한 용기가 있었는지는 알 수 없다. 예수님이 헤롯을 "저 여우"헬라와 랍비 문학에 등장하는 경멸적 표현으로, 오늘날 인종적 비방과 유사하다라고 언급하신 것은 수사학적 표현에 해당한다.Johnson: 218 예수님은 자신의 사역을 계속하실 것이며 정해진 시간에 예루살렘에 입성하실 것이다. 도피는 대안이 될 수 없다. 오히려, 오늘과 내일과 모레는 귀신을 쫓아내고 병을 고치시는 자신의 길을 가셔야만dei 한다.13:33 우리는 여기서 다시 한번 예수님을 이끄는 신적 당위성의 표현을 만나게 된다. 예수님은 우리에게 익숙한 "dei"라는 표현을 사용하여 우호적인 바리새인들의 헤롯에 대한 경고에 대답하신다. 하나님의 뜻은 예수님이 사흘 동안 귀신을 쫓아내고 병을 고치시다가 선지자들이 죽임을 당한 예루살렘으로 향하는 것이다. 선지자들을 죽인 장소인 예루살렘은 예레미야 26장 20-23절에 나타난다. 그곳에서 애굽으로 도망친 우리야는 예루살렘으로 잡혀 와 죽임을 당한다.

선지자들이 죽임을 당한 도시로서 예루살렘은 예수님의 마음과 생각 속에서 탄식의 근원이 된다. 이 선지자 중의 선지자는 온유한 고뇌를 드러내신다. 그의 탄식은 여정이 끝나는 19장 41-44절에서 예루살렘에 입성하기 직전의 상황과 유사하다. 누가 역시 이러한 유사성을 인식하고 있다. 이 탄식에는 하나님이 가장 소중하게 여기시는 성이 예수님을 마음으로 받아들이지 않는다는 비통함이 잘 드러난다.

이 탄식은 세 부분으로 나뉜다. 첫 번째 부분은 예루살렘을 부르는 도입부다. 우리는 "예루살렘아 예루살렘아"13:34라는 반복구를 통해 드러난 정서에 주목할 필요가 있다. 예루살렘은 두 가지 잘못을 범했다. 그들은 선지자들을 죽이고 그곳으로 파송된 자들을 돌로 쳤다. 이것은 예루살렘에 대한 유대인의 탄식, 특히 예레미야의 애가를 반영한다.Fitzmyer 1981: 1035

두 번째 부분에서 예수님은 새끼를 날개 아래에 모아 안전하게 따뜻하게 보살피고 싶어 하는 암탉으로 묘사된다. 그러나 그들은 흩어져 위험과 추위를 자초한다. 이것은 신명기 32장 11절과 시편 91편 4절에도 나타나는 적절하고 강력한 이미지다.Johnson: 218-19

마지막 부분은 해석하기 어려운 두 가지 말씀으로 이루어진다. 첫 번째 말씀은 집이 버림을 받았다는 것이다.가능한 해석이다. Johnson: 219 참조 이 구절은 지나치게 문자적으로 받아들여서는 안 될 것이다. 이 말씀은 흩어진 새끼들처럼, 하나님의 보내심을 받고 사역하시는 예수님을 알아보지 못함으로 인한 황폐함을 상기시킨다. 두 번째 말씀은 "주의 이름으로 오시는 이를 찬송하리로다" 할 때까지는 그를 보지 못할 것이라는 예언이다.13:35 이 구절 역시 모호하다. 이 예언은 예수께서 예루살렘에 입성하시고 "주의 이름으로 오시는 왕이여"라는 찬송을 받으실 때38절 성취된다. 예수께서 자신을 왕으로 부르지 않는 것은 공관복음에 나타난 예수님의 특징이며, 따라서 주의 이름으로 오시는 이the one라는 표현을 사용한 것은 전형적인 겸손을 드러낸다. 더욱 중요한 질문은 그때까지 그를 보지 못할 "너희"는 누구냐는 것이다. 예수님은 이 말씀을 바리새인에게 하셨는가, 아니면 다른 사람에게 하셨는가?

성서적 맥락 속의 본문

제국에 맞서신 예수님

이 단원은 12장 49-53절에서 시작하여 13장 31-35절의 예수님에게서 들을 수 있는 가장 강하고 공격적인 언어로 끝난다. 우리는 12장 49-53절에서 예수님이 자신을 분쟁적이라고 말씀하시는 것을 들으며, 13장 31-35절에서는 분쟁을 초래하시는 예수님의 모습을 본다. 예수님이 전반부에서 선포하신 준엄한 말씀과 후반부에서 가장 강력한 정치적 인물인 헤롯에게 보내는 분명한 도전적인 메시지는 예수님의 관점에서나 누가의 관점에서 의도한 대로 우리를 불안하게 만든다. 누가가 묘사한 것처럼, 예수님의 관점에서 그의 사역은 사람들을 편안하게 하는 것이 아니라 그들과 맞서신 다음 위로하는 방식이다. 이러한 역설적 방식은 선지자들에게서 비롯되었다. 누가가 확실하게 말하고 싶은 것이 있다면, 예수님이 선지자들의 전례를 따르신다는 것이다. 예수님은 선지자 이상이시다. 예수님이 부활하신 후 제자들이 저지르게 될 실수는 예수님을 유일한 선지자로만 보았다는 것이다.24:19 그러나 그는 유일한 선지자이자 참된 선지자라는 사실을 잊어서는 안 된다. 이 선지자의 위로는 유일하신 참 하나님에 대한 근본적인 신뢰에서 오는 위로이다. 이 선지자의 위로는 좋은 것, 멋진 삶, 지배력이 아니다. 이 선지자의 위로는 그러한 것들에 대한 약속도 아니며 주거지나 양식과 같은 인간의 기본적 필수품에 관한 것도 아니다. 모든 사람은 그런 위로를 기대한다. 그러나 위로와 편안함을 혼동해서는 안 된다. 이 선지자의 첫 번째 행동은 하나님의 백성은 모든 삶과 신앙이 편안해야 한다는 생각을 바로잡는 것이다.

예수님은 아모스, 이사야, 호세아, 예레미야와 같은 옛 선지자처럼, 이스라엘을 학대하는 제국 -이스라엘의 내부 세력이든 바벨론이나 로마와 같은 외부 세력이든- 에 맞서 적대적 접근 방식을 취하신다. 그는 옛 선지자들처럼 담대히 권력자들과 맞서신다. 더구나 예수님은 그를 따르는 자들에게 자신처럼 단호하고 대립적이며 공격적인 태도를 촉구한다. 권력에 맞서 진실을 말하는 것은 새로운 개념이 아니다. 정경 성경에는 믿음의 조상들이 처음부터 그렇게 해 왔다는 광범위한 증거가 나타난다. 우리 구주 예수 그리스도는 말할 것도 없다. 예수님은 여기서 헤롯을 향해 자신이 해야 할 일과 시간에 대해 거침없이 쏟아내시는 방식으로 제국과 그들의 음흉한 궤계에 어떻게 맞서야 할지를 보여주신다.

예수님과 그의 제자들은 제국과 맞섬으로써 위로를 얻는다. 그러나 그것은 편안함이 아니다. 그것은 우리가 통제할 수 있는 인간적 용기와 능력을 넘어 하나님을 신뢰함에서 오는 평안이다. 가장 큰 위로는 권력에 맞서 진실을 말하는 데서 온다. 그것은 진정으로 살아 있음을 느끼는 데서 오는 평안이다. 그것은 잃을 것이 아무것도 없는 평안이다. 그것은 은혜의 보좌 앞에 무릎을 꿇는 평안이다. 그것은 자신을 비우는 평안이다. 그것은 최고의 역설적인 평안이며, 진정한 자유의 평안이다. 그것은 오직 하나님만이 "피난처시요 힘"시 46:1이심을 깨달은 시편 기자의 평안이다. 그것은 선지자이며 제자가 된 자의 평안이다.

교회생활에서의 본문 적용

조급함과 인내심

인내심과 선지자의 증거는 양립할 수 없는 것처럼 보인다. 인내심과 사회 운동가들도 마찬가지다. 우리는 그들이 조급할 것으로 생각한다. 우리가 이런 유형의 사람들에게 의존하는 이유는 그들이 우리를 자극하여 보다 특별하고 나은 일을 할 수 있게 할 것이라고 믿기 때문이다. 우리는 그들에 대해 방어적이지만, 마음속으로는 그들이 아무리 우리를 성가시게 할지라도 그들이야말로 집단 전체에 유익을 주는 필요한 존재임을 알고 있다. 우리는 그들이 우리 대신 위험을 감수하는 것에 대해 고맙게 생각한다. 우리는 이 단원의 첫 부분에서 예수님의 조급함을 볼 수 있다.

그러나 여기서 누가는 회당에서 있었던 반대자와의 대결과 헤롯을 "저 여우"13:32라고 공격한 것 사이에 인내에 관한 말씀을 제시한다. 금년에도 그냥 넘어간 무화과나무나 겨자씨와 누룩에 관한 비유는 모두 제자들에게 인내를 촉구한다. 우리는 무화과나무를 돌볼 수 있는 기간을 한 해 더 늘여야 한다. 우리는 겨자씨를 심고 그것이 새들의 피난처가 될 만큼 크게 자랄 것이라고 믿어야 한다. 가루를 섞고 반죽한 다음 그것이 부풀어 오르기까지 쉬어야 한다. 일, 기다림, 경이로움, 조급함과 인내심. 예수님은 이러한 미덕에 대해 잘 알고 계셨다.

조급함과 인내심 가운데 우리에게는 후자가 더 어려울 것이다. 조급함은 영감을 주는 역할도 하지만 오늘날 교회특히 북미의 경우는 조급한 문화에 속한다. 우리는 빠른 결과, 특히 즉각적인 결과에 익숙하다. 내가 사는 시대만 해도 프라이팬, 냄비, 오븐에서 전자레인지, 압력솥으로 발전해왔다. 이러한 도구의 발전 가운데 음식의 맛을 좋게 하거나 영양가를 높이기 위해 고안된 것은 없다. 내가 아는 한, 이러한 발전의 유일한 동기는 부엌에서의 시간을 절약하고 요리 속도를 올리는 것뿐이다. 교회 성장이나 사회 변화도 마찬가지다. 우리는 회중의 생명력을 숫자로 판단하며, 빠른 것이 좋다고 생각한다. 우리는 사회 운동을 그것이 얼마나 효과적이며 얼마나 빨리 변화를 초래하느냐에 따라 평가한다.

이와 대조적으로, 앨런 크라이더Alan Kreider는 초대 교회 삶에 관한 저서의 제목을 "초대 교회의 인내심: 로마 제국에서 기독교의 놀라운 부상"The Patient Ferment of the Early Church: The Improbable Rise of Christianity in the Roman Empire이라고 지었다. 그는 이 책에서 인내가 적대적이고 억압적인 로마 제국에서 초대 교회가 경험한 위대한 성장의 핵심 요소였다는 사실을 분명하게 보여준다. 초기 그리스도인들은 예배와 가르침과 기도에 모든 관심을 집중하는 방식으로 권력과 맞섰다. 이 책의 논지는 일상적 헌신과 인내로 신앙에 매진함으로써 교회가 숫자상으로나 영향력 면에서 성장했다는 것이다.

이 광란의 세상에서 우리는 속도를 늦추라는 부름을 점점 더 많이 받고 있다. 우리는 일상적 삶에서 묵상과 예배의 공간으로 이동하는 법을 배울 수 있는가? 우리는 하나님의 때와 하나님을 기다리는 방법을 배울 수 있는가? 우리는 완성과 성공에 대한 우리의 개념을 하나님의 완성과 성공에 대한 개념에 더 가까워지도록 조정할 수 있는가? 우리는 인내하는 믿음으로 살면서도 담대하게 증거하며 권력에 맞서 주저 없이 진리를 선포할 수 있는가?

하나님 나라의 환영 식탁

개관

이어지는 두 장은 이야기하시는 예수님에 대해 묘사한다. 이것은 저녁 시간에 모닥불 앞에 모여서 듣는 하나의 긴 이야기로 이어지지 않는다. 한 바리새인 지도자의 집에 떡 잡수시러 들어가신 예수님은 첫 번째 두 가지 이야기를 들려주신다. 이야기를 마치신 예수께서 그 집을 나와 길을 가시자 수많은 무리가 따른다. 예수님은 자신을 따르기 위해서는 얼마나 큰 대가를 치러야 하는지에 대해 간단한 비유로 경고하신다.

예수님은 세리와 죄인들, 바리새인과 서기관들이 듣는 가운데 다시 한번 이야기를 들려주신다. 따라서 이 단원은 제자도의 비용에 대해 말씀하신 부분을 제외하면 모두 이야기로 채워진다. 이곳의 이야기는 오랫동안 기독교인의 관심과 상상력을 사로잡았다. 여기에는 14장의 큰 잔치 비유와 15장의 탕자 비유가 포함된다.

단락 구조

하나님의 나라에서 먹기, 14:1-35

하나님의 나라에 참예함, 15:1-32

하나님 나라에서 먹기

눅 14:1-35

개관

잔치를 열고 참석하는 관습은 문화권마다 다르며 한 문화권 내 계층마다 다르지만, 우리는 어릴 때부터 이러한 관습에 대해 배운다. 엄마가 친구 집에서 열린 첫 번째 생일 파티에 데려다주면서 뭐라고 말했는가? 우리는 어떻게 하면 좋은 파티가 되고 어떻게 하면 나쁜 파티가 되는지 안다. 우리의 기준은 어머니의 기준과 다를 수 있지만, 그럼에도 불구하고 우리의 판단은 매우 명확하다.

예수님은 잔치에 대한 생각이 확고했다. 예수님의 생각이 항상 그의 어머니의 생각과 일치한 것은 아니다. 이러한 사실은 요한복음 2장에 나오는 가나의 혼인 잔치를 어머니의 관점에서 살펴보면 알 수 있다. 그러나 더 중요한 것은 좋은 파티에 대한 예수님의 생각이 당시 문화의 기대와 일치하지 않았다는 것이다. 누가복음의 이 부분에서 이야기의 배경은 식탁 예절에 대한 예수님의 가르침의 핵심을 보여준다. 14장 1절에서 예수님은 바리새인 지도자의 집에 계신다. 그곳에는 사회적, 종교적 지위가 높은 사람들이 있었으며, 율법교사와 바리새인들도 있었다. 예수님은 그곳에서 잔치 예절에 대해 가르치시고 큰 잔치에 관한 비유를 들려주신다. 14장 25절에는 큰 무리가 그와 함께한다. 예수님이 바리새인과 율법교사들에게 말씀하신 포용성은 이제 예수님 자신의 사역에서 가시적이고 실제적으로 형성되고 있다. 더구나 이어지는 15장 1절에서 예수님은 세리와 죄인들과 함께하심으로써 그가 선포하시는 하나님 나라의 손님 명부를 완성하실 것이다. 이 다양한 무리는 누가 식탁에 초대되어야 하는지에 대한 이전 이야기의 핵심에 해당한다.

단락 구조

식탁에서의 대화, 14:1-24

　14:1-6 어색한 시작

　14:7-14 식탁 예절

　14:15-24 하나님 나라에서 떡을 먹음

노중에서 하신 말씀, 14:25-35

    14:25-33 제자도의 대가

    14:34-35 식탁을 위한 소금

본문 주해

식탁에서의 대화14:1-24

14:1-6 어색한 시작

저녁 식사의 시작은 흥겹지 못했다. 이러한 어색함은 1절에서 시작된다. 예수님은 안식일에 바리새인 지도자의 집에 초대를 받았음에도 불구하고, 흥겨워야 할 시간에 바리새인들은 그를 "엿보고" 있다. 이 단어는 다른 안식일에 있었던 일을 상기시켜 준다. 6장 6-11절에서 예수께서 회당에서 손 마른 사람을 고치시자 무리가 분노했다. 서기관과 바리새인들은 그가 안식일에 병을 고치시는가 엿보았다. 이곳의 상황도 비슷하다. 이곳에는 수종병 든 한 사람이 있다.14:2 dropsy라는 영어 단어는 헬라어 hydrōpikos에서 유래했다. 피츠마이어 Fitzmyer는 이를 체액의 이상 정체로 인한 수종edema으로 정의한다. edema는 dropsy보다 심각한 증상이다.1985: 1041

여기서도 예수님은 다시 한번 가르침과 도전을 위한 기회로 삼으신다. 예수님의 가르침은 율법교사와 바리새인들이 율법을 어떻게 이해했는지와 관련이 있으며, 도전은 그들의 동정심에 관한 것이다. 두 가지 모두 새로운 이슈는 아니지만, 누가복음에서 이 두 가지 주제를 함께 다루는 전형적 패턴을 보여준다. 먼저 가르침이 제시된다. 예수님이 식사 손님들에게 던진 질문은 안식일에 병을 고치는 것이 합당하냐는 것이다. 그들은 이것이 법의 모호한 영역이라는 것을 알고 있었으며 함정에 빠지지 않고 싶어 했으므로 침묵한다. 그들이 잠잠하자 예수님은 그 사람을 고쳐 보내신 후 자신이 한 일이 합법적임을 보여주는 율법적 근거를 제시하신다. 만약 어린아이나 짐승이 안식일에 우물에 빠졌다면 자비를 베푸는 것이 마땅하다는 것이다. 따라서 잔치에 참석한 율법교사와 바리새인들은 율법에 대한 이해와 자비심이 모두 부족했음이 드러난다. 그들은 침묵을 지킴으로써 예수께 대한 불편함을 드러낸다. 그들은 대답할 수 없었다. 이 파티는 사교적 행사로 큰 성공을 거두지 못했다.

14:7-14 식탁 예절

누가는 다음 본문을 비유라고 소개한다. 그러나 이 이야기는 우리가 아는 비유와 다르다.

이어지는 두 개의 짧은 에피소드는 식탁 예절에 대한 예수님의 충고이며, 예수님이 지금까지 복음서에서 말씀하신 것만큼 실천적 지혜의 범주에 해당한다.

바리새인의 집에서 사람들은 예수님을 엿보고 있었으나, 예수님 역시 손님들을 살펴보셨다. 예수님은 청함을 받은 사람들이 높은 자리를 택하는 모습을 보셨다. 예수님은 그러한 행동이 잘못되었음을 알아야 한다고 말씀하신다. 더 높은 사람이 청함을 받아 나중에 들어올 경우, 그들은 자리를 양보하라는 요청을 받고 당황하게 될 것이다. 예수님은 그들이 오히려 끝자리를 선택해야 할 것이라고 말씀하신다. 그러면 자리를 바꾸라는 부탁을 받고 더 높은 자리에 앉게 될 것이다. 예수님은 이 실제적인 권면을 "무릇 자기를 높이는 자는 낮아지고 자기를 낮추는 자는 높아지리라"라는 말씀으로 끝내신다.

예수님은 이어서 자신을 청한 자에게로 향하신다. 그는 자신을 청한 바리새인 지도자에게 일반적으로 기대할 수 있는 사람들을 초대해서는 안 된다고 말씀하신다. 예수님은 그들의 목록을 제시하신다. 그들은 벗이나 형제나 친척이나 부한 이웃으로, 아마도 그 방에 모인 사람들일 것이다. 예수님은 그들보다 차라리 가난한 자들과 몸 불편한 자들과 저는 자들과 맹인들을 청하라고 말씀하신다. 이 목록은 7장 22절에서 요한이 예수께 사람을 보내어 그가 자신이 찾는 분인지 물었을 때 대답하신 목록과 유사하다. 또한, 이 목록은 다음 장의 큰 잔치 비유에 등장하는 사람들의 목록과 일치한다. 예상 밖의 사람들을 초대한 주인은 그들이 적어도 같은 방식으로는 갚을 것이 없으므로 오히려 그에게 복이 될 것이다. 그처럼 베푸는 마음에 대한 보상은 "의인들의 부활시"에 인정을 받는 것이다.14:14 바리새인은 부활을 믿기 때문에행 23:8, 이 말씀은 그들에게 특히 의미가 있다.

예수님은 이러한 두 가지 충고를 통해 잔치에 청함을 받았을 때 수치를 당하지 않는 방법으로부터 하나님의 나라 잔치에 참여함의 의미에 이르기까지 식탁 예절에 대한 통념을 바꾸어 놓으셨다. 한편으로 예수님은 실천적 지혜와 실제적 경건함을 보여주신다. 예수님이 호소하시는 모티브는 특별히 고상한 것이 아니다. 수치를 피하려는 마음과 미래를 위해 좋은 점수를 받으려는 욕구는 우리의 삶에서 공통적으로 경험하는, 이해하기 쉬운 내용이다. 그러나 이처럼 관대한 실천에 꾸준히 참여하는 것은 사회적 혁명을 가능케 하는 잠재력이 된다. 본문의 말씀은 간단명료한 표현에도 불구하고 마리아의 찬가에 나오는 내용과 정확히 합치하며, 누가복음의 반전적 주제와도 완전히 일치한다.

그리스도인이라는 사람들이 자신보다 다른 사람을 높인다면, 그리스도인이라는 사람들이 갚을 것이 없는 자들을 끊임없이 집으로 초대하며 잔치에 청한다면, 우리의 문화와 사회는 상당한 사회적 변화를 겪게 될 것이다. 의인의 부활시에 이러한 그리스도인이 받을 보상은 이 땅의 공의를 위한 사역에 동참한 것에 대한 하늘의 상급이 될 것이다.

14:15-24 하나님의 나라에서 떡을 먹음

바리새인의 집에서 예수님의 말씀을 듣던 자 가운데 하나가 사소한 부분에 대해 질문했는데, 예수님은 그것을 주제 삼아 한 가지 비유를 말씀하신다. 역사적으로 종교인들이 그랬던 것처럼, 그 사람은 공의보다 신앙에 관한 말씀이 이해하기 쉬웠다. 갚을 것이 없는 불쌍한 자들을 집으로 청하라는 말씀의 요지를 완전히 놓친 그는 의인의 부활시에 대한 마지막 말씀을 붙잡는다. 그는 "하나님의 나라에서 떡을 먹는 자는 복되도다"14:15라고 외친다. 그런 사람이 복된 것은 맞지만, 예수님이 말씀하시려는 요지는 그것이 아니다. 따라서 예수님은 같은 취지의 말씀을 새로운 버전의 비유로 제시하신다.

예수님의 큰 잔치 비유에서, 잔치를 베푼 주인은 청하였던 자들에게 종을 보내어 잔치가 준비되었음을 알리게 한다. 그러나 다 일치하게 사양한다. 이 비유는 세 가지 변명에 대해 상세히 설명한다. 한 사람은 밭을 샀으니 나가 보아야 한다고 했으며, 또 한 사람은 소 다섯 겨리를 샀으니 시험하러 가야 한다고 했으며, 나머지 한 사람은 신혼 초이니 갈 수 없다고 했다. 이러한 변명은 정확하게 일치하는 것은 아니지만 신명기 20장 5-8절에 열거된 거룩한 전쟁에 나가지 않아도 될 정당한 이유를 연상시킨다. 본문에 제시된 네 가지 이유는 다음과 같다. 새 집을 건축하고 낙성식을 행하지 못한 자, 포도원을 만들고 그 과실을 먹지 못한 자, 여자와 약혼하고 그와 결혼하지 못한 자, 두려워서 마음이 허약한 자. 이러한 유사성의 중요성은 세부적 묘사에 있는 것이 아니라 공통성에 있다. 누가복음의 이유와 신명기의 이유는 둘 다 분산된 관심이라는 공통점이 있다. 첫 번째와 두 번째 이유에 사용된 단어들이 누가복음의 중요한 개념인 "인식"에 관한 용어라는 것은 우연이 아니다. 밭을 산 사람은 그것을 보러see 가야 한다.14:18 소를 산 사람은 가서 그것을 시험하러consider 가야 한다.14:19 그들의 관심은 분산되어 있다. 그들의 마음과 생각은 잔치에 있지 않다.

신명기의 군사들이나 이곳의 손님들은 악을 물리치는 하나님의 목적에 동참할 생각과 의지가 없다. 예수님은 22장에서 거룩한 전쟁에 관한 이슈를 다시 제기하실 것이다. 예수님은 그곳에서 고난받는 종의 역할과 거룩한 전사의 역할 사이에서 결정을 내려야 한다. 성전에 관한 이슈는 나중에 중요한 주제로 다루어질 것이기 때문에, 여기서는 누가가 이 문제를 어떻게 예시하고 있는지에 주목할 필요가 있다. 예수님을 따르고자 하는 사람들은 거룩한 전쟁에 동참하겠다는 서명이 필요하다. 이것은 칼이 아니라 십자가에 의해 이루어지겠지만, 동일한 헌신이 요구된다.

집주인의 반응은 충분히 예상할 수 있다. 그는 진노했다. 청함은 청함을 수락한 자에게 행사를 우선해야 할 의무를 부과한다. 두 차례의 초청 과정을 더 거치는 가운데 참석자의 목록이 바뀌고 확장된다. 주인은 더 이상 밭을 사고 소를 사며 장가갈 여유가 있는 부유한 자들을 부르지 않는다. 이번에는 시내의 거리와 골목에서 가난한 자들과 몸 불편한 자들과 맹인들과 저는 자들을 청한다. 그렇게 해도 자리를 채우지 못하자 길과 산울타리 가에 있는 사람들을 청한다. 이 비유는 처음 청하였던 사람 중에는 아무도 잔치를 맛보지 못할 것이라는 언급으로 끝난다.

많은 주석가는 이 집주인이 청한 사람들의 목록과 14장 13절에서 예수님이 바리새인에게 제시하신 목록 및 7장 22절에서 예수께서 요한이 보낸 자들에게 자신의 사역의 대상자로 지목한 사람들의 목록 사이의 연관성에 주목한다. 우리는 이러한 사회적 변화와 사역을 위한 식탁교제에 관한 본문의 의미를 경시해서는 안 된다. 예수님은 역사적으로 위대한 사회 철학자나 정치인이 하는 방식으로 제자들에게 사회적 강령을 전달하지 않으신다. 이러한 현실이 일부 신자들에게는 실망스러울 수 있겠지만, 예수님이 비정치적이거나 사회 변화에 관심이 없었다고 말하기는 어렵다. 식탁에서 나눈 대화는 복음의 핵심이 갚을 돈이나 능력이 없는 자들에게까지 이러한 교제를 확장하는 것이 바로 복음의 핵심임을 보여준다. 예수님이 생각하시는 사회 변혁은 지갑에 무엇을 담을 것인가로 시작하지만, 지갑의 끈을 푸는 것 역시 사람의 마음과 생각을 변화시켜 사회적 장벽을 무너뜨리기도 한다는 것이다.

노중에서 하신 말씀 14:25-35

14:25-33 제자도의 대가

이제 장면이 바뀌어 예수님은 안식일 저녁 식사를 위해 바리새인의 집에 계시지 않는다. 수많은 무리가 그를 따랐으며, 누가는 정확한 장소를 밝히지 않지만 예수님은 길을 가는 중이시다. 식탁에 앉아 율법교사 및 바리새인들과 대화를 나누시고 제자들에게 여러 가지를 가르치신 후, 예수님은 제자도에 대해 가장 분명한 어조로 말씀하시며 타협을 거부하신다.

본문은 세 부분으로 나뉜다. 먼저 예수님은 14장 26-27절에서 제자들에게 말씀하시고자 하는 요지를 제시하신다. 이어서 예수님은 28-32절에서 두 가지 사례를 제시하신 후 마지막 33절에서 자신의 진술을 요약하신다.

제자도는 우선순위를 결정하기 위한 비장함과 어려운 선택에 대한 의지를 요구한다. 26절의 언어는 많은 신자에게 문제를 야기했다. 수차례 긍휼을 강조하셨던 예수님이 어떻게 제자들에게 가족과 자기 목숨까지 미워하라고 가르치실 수 있는가? 조금 전 식탁에서 나눈 대화의 맥락에서 볼 때, 가족이나 자신의 목숨이 문제의 초점이 아니다. 예수님을 따르는 일은 자신이 가장 소중히 여기는 가치관, 가장 사랑하는 사람, 심지어 목숨 자체보다 우선해야 하는 절대적 가치에 해당한다. 폴 보그먼Paul Borgman이 지적하듯이, "이 이야기에서 미움은 감정적 상태가 아니라 의도와 의지를 가리킨다. 미워하라는 것은 감정에서 나온 본능적 반응이라기보다 사려 깊은 행동, 어려운 선택을 가리킨다"200 이 개념은 확실히 우선순위와 관련이 있다. 물론 이러한 우선순위는 전통적 정서와는 상충되는 면이 있을 것이다.

이어지는 십자가에 관한 진술은 제자도의 본질을 더욱 분명하게 한다. 오늘날의 종교 문화는 십자가의 상징에 대한 남용에 익숙해 있다. 예수님은 그의 제자가 되기 위해 총살이나 전기의자나 사형집행인의 치사 주사를 감당할 수 없는 자는 제자도를 시도조차 할 수 없다고 말씀하신다. 이 말씀은 매우 거칠고 혐오스러운 표현이며 개념이다. 예수님은 실제로 그런 의미로 말씀하셨다. 제자가 된다는 것은 오늘날 중산층 교회에 등록하는 과정보다 거리의 갱단이나 특수 부대에 가입하는 절차에 가깝다. 더욱 위험한 차이점이 있다면, 이 무리는 갱단처럼 구역을 지배하는 것이 아니라 아무런 무장도 하지 않은 채 하나님 나라의 대의를 위해 싸워야 한다는 것이다. 이것은 미국의 시민권 운동, 특히 이 운동의 초창기에 마틴 루터 킹 주니어 목사Dr. Martin Luther King Jr.,, 존 루이스John Lewis, 메리 화이트 오빙턴Mary White Ovington, 줄리안 본드Julian Bond, 메드가 에버스Medgar Evers, 헤리엣 무어Harriette Moore와 같은 지도자들과 함께 참여하여 불확실한 시대에 죽음의 위험에 맞서 두려움 없는 용기와 담대한 모습으로 신앙을 지킨 아프리카계 미국인의 모습과 유사하다.

예수님은 두 가지 사례를 통해 하나님 나라의 운동에 대한 분명한 부르심을 제시한다. 두 사례는 비용을 계산하는 일에 관한 매우 차분하고 실제적인 예화다. 예수님은 첫 번째 예화로, 망대를 세울 때 먼저 자기의 가진 것이 준공하기까지 충분한지 비용을 계산해보지 않겠느냐고 물으신다. 기초만 쌓고 건축을 포기함으로써 비웃음과 수치를 당하지 않으려면 공사를 시작하기 전에 재정 상태를 파악하는 수밖에 없다. 두 번째 예화는 전쟁에 나가는 임금에 관한 것이다. 만일 이 임금이 전쟁에서 이길 수 있는 군사가 충분하지 못하다면, 적과 화

친을 청하는 것이 낫다는 것이다. 본문에는 명확히 언급되지 않지만, 평화조약은 당연히 까다롭고 불리할 것이다.

이 단락의 마지막 진술은 제자도로 부르심에 대한 요약적 진술14:33이다. 이곳의 헬라어는 대부분의 영어 번역에서 놓치고 있는 뉘앙스가 담겨 있다. 헬라어 본문은 사유 재산을 모두 버리지 않는 한 제자가 될 수 없다고 잘라 말한다. 대부분의 영역 성경은 "is not able" 대신 "cannot"라는 단어를 사용한다. 그러나 "can"은 제자가 되는 것이 허락되지 않는다는 뉘앙스를 가지고 있다. 누가의 소유에 대한 관점에 따르면, 이 본문은 소유에 대한 포기가 제자도를 위한 자유를 가능하게 하는 한 요소라고 말한다. 땅이나 소를 사거나 결혼함으로써 다른 곳에 마음을 뺏긴 자들의 두 마음을 생각해 보라.

14:34-35 식탁을 위한 소금

누가가 이 시점에 예수님의 소금에 대한 말씀을 삽입한 것은 적절하면서도 흥미롭다. 14장과 15장은 유사한 주제로 연결된다. 식탁교제와 잔치는 하나님 나라와 그 나라에서 살기에 합당한 행동과 태도에 대한 상징으로 사용된다. 음식과 관련된 논의에서 소금과 그것이 음식을 보존하고 향상하는 방식은 제자도의 적절한 이미지로 제시된다. 소금은 좋은 것이나, 본연의 맛을 잃어버리면 아무런 소용이 없다. 이것은 제자들이 본연의 맛을 보존하는 데 최선을 디해야 함을 보여준다.

성서적 맥락 속의 본문

저는 자와 눈먼 자

큰 잔치에 청할 손님 목록에 가난한 자, 몸 불편한 자, 맹인, 저는 자를 포함한 것은 감동적이면서도 역사적으로 유례없는 일이다. 피츠마이어가 지적하듯이, 가난한 자는 주인에게 갚을 돈이 없었을 것이다. 저는 자와 맹인은 신체적으로 그렇게 할 수 없었을 것이다.1985:1047 레위기 21장 16-23절에 따르면, 저는 자와 맹인은 제사장의 직무에서 배제되는 흠의 첫 번째 두 영역에 해당한다. 그러나 페리 요더Perry Yoder가 지적하듯이, 제사장 직무를 감당할 수 없는 흠은 이처럼 간단한 범주화를 거부한다. 팔이 부러진 사람은 적어도 팔이 나을 때까지는 제사장 직무에서 배제되었다. 또한, 흠 있는 제사장은 제물을 바치지 못하지만 제사장 몫의 제물은 먹을 수 있었다.P. Yoder 2017: 217-18 맹인과 저는 자는 사무엘하 5장의 다윗의 집에서도 제외되었다. 이 사건은 다윗의 통치 초기에 일어났다. 서른 살의 다윗은 헤브론에서 이스라엘 장로들과 언약을 맺었다. 그의 첫 번째 활동 가운데 하나는 여부스 사람이 장악하고 있는 예루살렘으로 진군하는 것이다. 이 이야기에서 맹인과 저는 자는 6-8절의 이야기에 등장한다. 여부스 사람은 맹인과 저는 자라도 그를 물리칠 것이라고 조롱한다. 다 윗은 맹인과 저는 자에게 보복하고 그의 왕국에 들어오지 못하게 한다.

우리는 예수님이 이러한 역사적 언급과 선례를 염두에 두고 계셨는지, 아니면 단지 다른 사람이 당연히 여기는 혜택을 받지 못하는 불쌍한 계층의 사람들에 대한 언급인지 알 수 없 다. 더구나 보지 못하는 상태는 깨달음에 초점을 맞춘 누가복음에서 특별한 관심의 대상이 지만, "맹인과 저는 자"라는 합성어는 이곳 누가복음 14장 13절과 21절 및 예수님이 요한 에게 대답하신 7장 22절에만 나타난다.

분명한 것은 가난한 자, 몸이 불편한 자, 저는 자, 맹인이 예수님의 사명감 한가운데 자리 잡고 있다는 것이다. 예수님의 관심의 대상인 이들이 왕의 잔치에 청함을 받은 귀한 손님의 목록에 포함된 것은 복음 선포에 수반된 반전을 잘 보여준다.

교회생활에서의 본문 적용

다양성과 포용성

오늘날 사회에서 희망을 가로막는 장애물 가운데 하나는 규모다. 우리는 영웅, 전설적인 이야기, 전면적 개혁, 세계 일주 여행을 원한다. 누가복음은 이처럼 거대한 것에 대한 우리 의 욕구를 채워주지 않는다. 대신에 예수님은 우리가 일상에서 겪는 작은 일과 선택에 초점 을 맞추신다.

오늘날 북미 교회와 기관들이 직면한 가장 심각한 도전 가운데 하나는 인종적 다양성이 다. 일부 학자는 2040년경에는 미국에 주류 인종이 없을 것이라고 예측한다. 세상은 우리 가 추적할 수 없을 만큼 빠르게 변화하고 있다. 이 새로운 세상에서 동질성을 가진 우리의 교회와 기관들은 어떤 결과를 초래할 것인가? 나는 백인 위주의 메노나이트 교육기관에서 수차례 교수 검증 위원회를 거친 노장으로서, 보다 다양한 교수진에 대한 내적, 외적 장벽은 확고했다. 만약 우리가 자신과 같은 부류의 사람들을 찾는 본성적 경향을 극복할 수 있다 면, 우리는 동일한 변화를 추구하는 수많은 기관의 수많은 자리에 비해 유색인종의 수가 지 나치게 적다는 문제에 봉착하게 될 것이다. 다양성을 달성하는 것은 종종 지나치게 어려운 목표인 것처럼 보였다. 때로는 당면한 큰 목표를 달성할 수 없다는 좌절감으로 인해 다양성 을 실천할 다른 기회를 놓쳐 버리기도 한다. 우리는 신학교 주변의 다양한 공동체에 대해 더 잘 알고 다양한 부류의 사람들을 캠퍼스로 모셔와 우리와 우리 학생들은 유색인종 공동체의 신학적 성경적 연구물에 대한 열린 자세가 되어 있음을 알리려고 노력하는 등의 변화에 대비하는 작고 덜 화려한 일을 하지 못했다. 지나친 백인 위주 제도를 변화시키기 위해서는 폭넓은 비전과 광범위한 목표가 필요하다. 또한, 그 과정에서 외견상 일상적인 것처럼 보이는 수많은 작은 단계가 필요하다.

나는 예수님이 우리가 다양성을 성취하고 있느냐보다 다양성을 실천하고 있느냐에 더 관심이 있을 것이라는 사실을 직감한다. 이 복잡하고 당황스러운 문제를 누가복음 14장과 나란히 제시한다면 어떻게 될까? 자신과 다른 사람을 지속적으로 존중한다는 것은 어떤 의미인가? 계급과 인종, 생활 환경, 국적이 다른 사람을 자신의 집과 축제의 장으로 지속적으로 초대한다는 것은 어떤 의미인가? 우리가 이처럼 작은 실천을 지속한다고 해도 다양성을 성취하지 못할 수 있다. 그러나 우리는 변할 것이며, 시간이 지남에 따라 상황도 바뀔 것이다. 그것은 우리가 생각하는 방식이 아닐 수도 있지만, 우리가 결코 상상하지 못한 방식일 수도 있다.

하나님의 나라에 참예함

눅 15:1-32

개관

안타깝게도 아나뱁티스트 신앙 전통을 따르는 우리 가운데 일부는 종종 예수님의 제자가 된다는 것은 고역이라고 말한다. 물론 이 길은 힘들고 어렵다. 그것은 먼 길이다. 그것은 순종과 고난을 포함하며 순교까지 각오해야 한다. 그것은 결코 쉬운 일이 아니며 누구나 할 수 있는 일도 아니다. 그러나 그만한 가치가 있다.

내가 묻고 싶은 것은 어떤 가치가 있느냐는 것이다. 그것은 누구를 위한 가치인가? 확실히 이러한 태도는 진실하다. 예수님의 종으로서 나는 이러한 현실을 정확히 인식한다. 그것은 예수께서 선포하신 실제다. 누가복음의 예수님은 제자들이 만나게 될 위험이나 그것을 극복하는 데 필요한 인내를 미화하지 않는다. 그러나 이처럼 위험한 화해와 변화의 과정에는 또 다른 측면도 있다. 여기에는 우리가 대체로 제자도에 적용하지 않는 담대함, 멋, 기백과 같은 용어가 포함된다. 예수님은 소금이라는 표현도 사용하셨다.

누가복음에서 식탁교제와 잔치는 소금과 같은 제자도에서 중요한 요소다.눅 14:34-35 주석 참조 누가복음 15장은 잔치라는 주제에 초점을 맞춘다. 누가는 여기서 선한 목자 이야기, 여자와 잃은 동전 이야기 및 탕자 이야기를 들려준다. 세 번째 이야기는 가장 복잡하며 예수님이 이 이야기를 하신 후 2천 년 동안 많은 예술가와 이야기꾼들의 상상력을 자극했다. 하나님 나라의 잔치는 단순한 파티가 아니다. 이 잔치는 사회의 호혜적 모임이 아니다. 그것은 사교모임이 아니다. 그들은 국경일이나 종교적 절기를 기념하는 것이 아니다. 하나님 나라의 잔치는 잃어버린 양, 잃어버린 동전, 잃어버린 사람을 찾아 회복하고 화해하는 기쁨의 잔치다. 소금을 가져오라.

단락 구조

죄인과 함께 먹음, 15:1-2

목자의 잔치, 15:3-7

주부의 잔치, 15:8-10

아버지의 잔치, 15:11-32

본문 주해

죄인과 함께 먹음15:1-2

많은 무리가 모인 가운데 예수님은 한 바리새인의 집에서 안식일 식사를 하고 계신다. 14장 25절은 수많은 무리가 동행했다고 말한다. 이곳 15장 1절은 이 무리에 세리와 죄인을 덧붙인다. 무리의 수가 늘어난다는 것은 하나님 나라의 포용성, 예수께서 베푸시는 하나님 나라 식탁의 개방성에 대한 누가의 강조에 도움이 된다. 예수님은 긍휼의 법이 정결 규례보다 우선한다는 사실을 가르치셨다.14:1-6 그는 계속해서 자신의 영예와 존귀를 구하지 말 것과 14:7-11 잔치에 누구를 초대해야 하는지14:12-14에 대해 가르치신 후, 여전히 말씀을 이해하지 못하는 자들을 위해 큰 잔치 비유14:15-24를 들려주셨다. 예수님은 이러한 가르침에 이어 제자도와 소금에 대해 언급하셨다.14:25-35

여기서는 세리들과 죄인들이 무리에 합류하며, 바리새인의 집에서 함께 먹던 원래의 대화 상대는 여전히 예수님의 말씀을 이해하지 못한 상태임을 보여준다. 그들은 예수님이 말쓸하신 하나님의 나라에 청함을 받아야 할 자들을 환영하기는커녕 이 새로운 전개에 대해 수근거린다. 그들은 예수님이 죄인을 영접하고 음식을 같이 먹는다며 비난한다. 그들은 궁휼의 법이 정결 규례보다 우선한다는 첫 번째 교훈조차 받아들이지 않았다. 그러나 예수께는 언제나 또 한 번의 기회가 있다. 예수님은 즉시 하나님 나라의 포용성을 드러내는 세 가지 이야기를 더 들려주신다. 세 이야기 모두 하나님의 나라 식탁교제를 예시하는 잔치로 끝나는 비유다.

목자의 잔치15:3-7

이 이야기는 누가복음을 읽는 우리에게 가장 친숙한 이야기 가운데 하나다. 우리는 이 이야기를 어려서부터 듣거나 그림이나 연극을 통해 보았다. 우리는 이 이야기를 주로 마태복음의 버전이나 목자 시편으로 유명한 시편 23편의 특정 주제와 연결한다. 누가복음의 버전은 식탁교제라는 주제에 어떻게 기여하느냐에 초점을 맞추어 주의 깊게 살펴볼 필요가 있다.

누가복음 버전의 독특한 특징 중 하나는 상실이라는 주제다. 마태복음에서 양은 길을 잃고 방황한다. 이것은 양의 잘못이며, 이 이야기에 대한 우리의 일반적인 이해도 마찬가지다. 누가복음 양 이야기는 동전을 잃은 여자나 아들을 잃은 아버지의 이야기와 마찬가지로 초점은 비난이 아니라 상실에 맞추어진다. 목자와 여자와 아버지는 잃어버렸다. 잔치의 주인은 빼앗겼으며, 하나님 나라의 식탁은 상실을 겪었다.

양을 잃은 목자는 나머지 양을 "들에 두고"15:34 잃은 것을 찾아 나섰다. 이 단어는 복음서 서두의 탄생 내러티브와 갈릴리 사역, 특히 세례요한 및 광야 시험과 관련된다. 이 이야기의 핵심은 이곳에서 잃은 양 한 마리의 가치는 나머지 양 전체의 안전을 담보로 할 만큼 중요하다는 것이다.

그러나 이 이야기는 기쁜 결말을 맞이한다. 양을 찾아낸 목자는 어깨에 메고 돌아와 이웃을 불러 모은 후 잃은 양을 찾은 기쁨을 나눈다. 이 비유는 죄인 한 사람이 회개하면 하늘에서는 회개할 것 없는 "의인 아흔아홉"으로 말미암아 기뻐하는 것보다 더하리라는 진술15:7로 마친다.15:7

주부의 잔치15:8-10

누가는 동전을 잃어버린 여자에 대한 이야기를 소개하면서 비유라는 꼬리표를 붙이지 않는다. 그러나 이곳의 이야기들은 주제와 구조에 있어서 유사성이 있으므로 일반적으로 비유로 이해한다. 이 이야기의 주제 역시 상실에 초점을 맞춘다. 이번에는 드라크마 하나를 잃어버렸다. 드라크마에 대한 언급은 신약성경에서 이곳이 유일하기 때문에 이 동전의 정확한 가치는 알 수 없다.Fitzmyer 1985: 1081 그럴듯한 추측은 그 여자는 가난했으며, 한 드라크마는 그에게 큰 가치가 있었다는 것이다. 어쨌든 이 여자의 행동은 목자의 행동과 유사하다. 그녀는 등불을 켜고 동전을 찾을 때까지 온 집을 샅샅이 뒤졌다. 등불을 켠다는 것은 여자가 잠도 못 자고 동전을 찾았다는 사실을 암시한다. 확실히 여자는 잠을 자거나 저녁 모임에 가거나 다른 모든 일을 제쳐둔 채 동전을 찾았다. 길 잃은 양을 찾아낸 목자처럼, 여자는 결국 잃어버린 동전을 찾는 데 성공한다. 동전을 찾아낸 여자 역시 벗과 이웃을 불러 모아 동전을 찾은 기쁨을 나눈다. 이 비유는 목자 비유와 같은 방식으로 끝난다. 즉, 죄인 한 사람이 회개하면 하나님의 사자들 앞에서 기쁨이 된다는 선언으로 끝난다.15:10

아버지의 잔치15:11-32

이처럼 잃은 것을 찾는 이야기, 또는 잔치 이야기의 가장 발전된 형태는 아버지와 두 아들에 대한 짧은 이야기이다. 이 본문은 정경 전체에서 가장 친숙한 이야기 가운데 하나며, 성경을 잘 모르는 사람들에게도 잘 알려진 이야기이다. 탕자 이야기에 대한 암시는 역사적으로 많은 문화권에서 나타난다. 그것은 소설과 연극의 주제는 물론 다양한 시각 예술에도 영감을 주었다.

이 이야기는 다섯 장면으로 전개된다. 첫 장면에는 배경이 제시된다. 이어서 두 아들에 대해 각각 두 장면씩 할애된다. 11-12절은 상황 설명과 함께 이야기를 전개한다. 둘째가 아버지를 찾아와 아버지가 죽기 전에 자신의 몫의 유산을 나누어달라고 요구한다. 유대 율법은 아버지가 사후 유언을 통해 재산을 나누어주거나 미리 선물로 나누어주는 방식을 허용했다.Fitzmyer 1985 : 1087 따라서 본문의 상황은 전례 없는 장면이 아니며, 흔히 찾아볼 수 있는 상황이다. 집회서 33장 20-23절은 이러한 관행에 대해 경고하는데, 이것은 이 관행 및 그것이 가진 모호한 성격을 동시에 보여준다.

아버지는 작은아들의 말대로, 두 아들에게 살림을 나눠준다. 아마도 작은아들의 몫은 전체 재산의 1/3이었을 것이며신 21:17 큰아들의 몫은 아버지가 죽을 때까지 직접 관리했을 것이다. 이 이야기는 이러한 분배로 말미암아 아버지가 가난해졌다거나 가정에 대한 장악력이 약해졌다고 말하지 않는다.

두 번째 장면인 13-19절은 작은아들에 관한 내용이다. 아버지와 대화를 마친 작은아들은 며칠이 안 되어 자신의 재산을 현금화한 것으로 보인다.Fitzmyer 1985: 1087 그는 먼 나라

로 가서 허랑방탕하여 재산을 낭비한다. 본문에는 정확한 설명이 나오지 않지만, 나중에 큰
아들은 동생이 살림을 창녀들과 함께 삼켜버렸다고 말한다.30절 작은아들이 돈을 순식간에
허비했다는 점에서, 형의 말이 전혀 근거 없는 말처럼 들리지는 않는다. 돈을 어떻게 낭비했
든, 절망에 빠진 그에게 흉년까지 닥쳤다. 작은아들은 돼지 치는 일을 했다. 그것은 매우 힘
들고 천한 노동일뿐만 아니라, 돼지는 유대 율법 및 관습에서 전통적으로 부정하다고 여기
는 동물이었다. 그는 자신의 문화에서 비천하게 여기는 일을 하고 있다. 설상가상으로, 그는
돼지가 먹는 쥐엄 열매로도 배울 채우지 못할 만큼 굶주렸다. 그는 지극히 비참한 상황에 처
했다.

이러한 상황은 그를 정신 차리게 했다. 작은아들은 17절에서 자신의 상황을 아버지 집의
품꾼들과 비교했다. 그들은 그가 이전에는 부러워하지 않았을 사람들이다. 그러나 이제 그
는 혼잣말로 아들의 자리를 버리고 아버지께 돌아가 품꾼의 하나가 되리라고 말한다. 그는
이러한 독백을 통해 회개하는 마음을 드러내었다. 그는 자신이 하늘하나님과 아버지께 죄를
지었다고 말하며 회개하는 마음으로 아버지를 섬길 각오를 했다.

세 번째 장면인 20-24절은 회개한 자와 아버지 사이의 대화다. 작은아들은 일어나서 아
버지께로 돌아간다. 뜻밖에도 아버지는 멀리서 아들이 오기를 기다리다 그를 보고 측은히
여겨 달려가 껴안는다. 따라서 아들의 고백은 그를 사랑하는 아버지의 품을 통해 전달된다.
둘 사이의 거리는 좁혀졌다. 아버지의 반응은 목자와 주부의 반응과 같다. 그는 잃었다 찾은
아들에게 온갖 좋은 것을 내어놓고 살찐 송아지를 잡았으며 잔치를 베풀었다. 그의 아들은
죽었다가 다시 살아난 것이다. 그는 잃었다가 다시 얻은 아들이었다.

이 이야기는 앞서의 두 이야기보다 상세하고 인간적이지만 여기까지는 비슷하다. 그러나
이 이야기는 맏아들에 관한 두 장면을 더 제공한다. 그는 더 의로운 형이지만, 돌아온 동생
을 사랑하는 마음으로 받아들이지 않고 잔치에도 참여하지 않는다.

네 번째 장면인 25-28a절은 두 번째 장면이 동생의 생각을 묘사한 것처럼 형의 생각을
묘사한다는 점에서 두 번째 장면과 유사하다. 맏아들은 장차 자신의 땅이 될 밭에서 부지런
히 일하다 돌아온다. 그는 집에 가까이 왔을 때 풍악과 춤추는 소리를 듣는다. 한 종이 그에
게 동생이 건강하게 돌아왔기 때문이라고 대답하자27절, 화가 난 형은 들어가지 아니한다.

다섯 번째 장면인 28b-32절은 아버지와 맏아들 사이의 대화라는 점에서 세 번째 장면과
유사하다. 맏아들이 들어가지 않으려 하자 아버지가 나와서 권한다. 아버지는 두 아들에 대
해 주도권을 취한다. 그는 작은아들을 껴안았던 것처럼, 여기서는 맏아들에게 간청한다. 그
러나 맏아들의 대답은 의분으로 가득한 항의였다. 그는 여러 해 동안 아버지를 섬기고 순종

해 왔지만, 동생과 같은 파티를 열어준 적은 한 번도 없었다고 말한다. "인생은 공평하지 않다"라는 것이다. 형제간의 경쟁은 오랜 문제이다. 그것은 자신의 가치를 자신의 것이 아니라 다른 사람이 가진 것으로 판단하는 매우 인간적인 성향이다.

이 이야기는 아들에 대한 아버지의 또 하나의 진술로 끝나는 열린 결말의 형식을 취한다. 아버지는 자신과 항상 함께 있는 맏아들에게 자신의 소유가 모두 그의 것임을 상기시킨다. 이 진술은 아버지가 자신의 재산을 두 아들에게 나누어 주었으나 맏아들의 몫은 아버지가 죽을 때까지 직접 관리한다는 사실을 확인해 주는 것 같다. 그러나 아버지는 돌아온 작은아들을 위해 잔치를 열고 기뻐하는 것도 당연하다고 말한다.

테렌스 틸레이Terrence Tilley는 용서를 제자도 훈련으로 제시한다. 이 훈련 가운데 한 가지는 "화해와 용서가 가능한 상황을 만드는 것"이다.Tilley: 174 아버지가 두 아들을 위해 한 일은 바로 그것이다. 두 아들의 반응은 그들의 책임이다.

이 비유에 대한 해석은 다양하며 그만큼 제목도 많다. 우리는 여기서 문학적 맥락에서의 일차적 해석에 주목한다. 물론 이 이야기가 문맥적인 차원에서 일차적인 의미가 있다는 것은 다양한 해석을 제한한다는 것은 아니다. 그러나 누가복음에서 잃은 것을 찾는 비유는 모범적 식탁교제, 하나님의 나라를 미리 맛봄이라는 여정 내러티브의 일반적 주제와 잘 부합한다. 이런 의미에서 맏아들은 예수께서 하나님 나라 식탁의 포용성에 대해 가르치신 직후 그가 세리와 죄인들과 함께 먹는다고 비방한 바리새인들과 같다.15:2 아버지와 여자와 목자는 모두 잃어버렸다가 다시 찾은 죄인들을 기뻐하시는 하나님의 모습을 보여준다.

성서적 맥락 속의 본문

목자와 양

양, 양떼, 목자는 모두 신구약 성경에서 중요한 상징적 역할을 한다. 마태는 특히 양을 중요시한다. 우리는 잃은 양 비유에 대한 마태복음의 평행구에 주목했다. 그러나 마태는 25장의 양과 염소에 대한 비유는 물론 양의 옷을 입은 이리마 7:15에 대해서도 언급한다.

베드로전서의 마지막 장에는 양 무리가 메타포로 등장한다. 이 강렬한 마지막 장에서 저자는 교회를 우는 사자 같이 두루 다니는 마귀에게 둘러싸인 양떼로 제시하며, 목회자는 양을 돌보고 보호하며 권위주의를 피하라는 목자장 예수의 명령을 따라 양떼를 돌보는 목자로 제시한다.5:2-9

하나님의 어린 양 역시 요한 서신과 바울 서신 등 신약성경 전체의 공통적 주제다. 하나님의 어린 양은 세상 죄를 지고 가시며요 1:29, 요한계시록에서 예수님의 형상으로 묘사된다. 바울은 고린도전서 5장 7절에서 예수님을 "유월절 어린 양"으로 부른다.

히브리어 성경에는 양과 목자에 대한 풍부한 시와 이미지가 나타난다. 가장 통렬한 묘사 가운데 하나는 이사야 53장이다. 이사야는 고난받는 종을 "털 깎는 자 앞에서 잠잠한 양"7절으로 묘사하며, "우리는 다 양 같아서 그릇 행하여"6절라고 선언한다. 누가는 사도행전 8장 32절 및 35절에서 예수님을 양으로서 고난받는 종의 이미지로 묘사한다.

이 모든 용례 뒤에는 많은 사랑을 받는 시편 23편이 있다. 이 시는 하나님의 백성을 하나님의 사랑으로 돌보심과 인도함을 받는 양으로 묘사한다. 하나님은 푸른 초장과 잔잔한 물가로 인도하신다. 그는 우리를 소생시키시고 기름을 부으시며 인도하시는 분이시다. 하나님은 우리와 함께 사망의 음침한 골짜기를 걸으시고 해를 두려워하지 않게 하신다.

예수님과 신약성경기자들은 이 메타포에 접근할 때 인간의 영혼에 소중하고 가까운 원형을 활용한다. 이 이미지는 우리의 연약함과 취약함 속에서 안전과 보호에 대한 본능적인 요구를 상기시킨다.

교회생활에서의 본문 적용

상실

상실에 관한 이야기는 인간성의 가장 깊은 곳에 영향을 미친다. 사람이나 사물을 잃고 깊은 절망에 빠져보지 않은 사람이 있겠는가? 우리는 이런 이야기를 다양한 차원에서 접근할 수 있다. 지갑이나 중요한 서류를 잃어버린 것부터 아끼는 동물이나 직업, 그리고 서먹서먹한 자식과의 완전한 단절에 이르기까지, 우리는 자책감과 공황 상태에 빠진 적이 한두 번이 아니다. 우리를 괴롭히는 그때 그랬었더라면 하는 후회, 우리가 돌보아야 하는 사람을 잃어버리고 깊은 절망과 상실감에 빠졌던 적은 얼마나 많은가? 상실은 인간의 보편적인 경험이다.

상실은 중요한 신학적 주제이기도 하다. 우리가 찾은 바 되려면 우리가 잃었던 자라는 사실을 인정해야 한다. 우리는 하나님을 멀리 떠난 자로 하나님과의 화해가 필요하다는 사실을 인정해야 한다. 누가가 반복해서 강조하듯이, 본향으로 돌아가기 위해서는 하나님이 필요하다는 인식이 반드시 있어야 한다. 예수님은 선한 목자시며 부지런한 주부시며 아들을 기다리는 아버지시다. 이러한 이미지들은 그를 세상의 구주로 이해하는 데 중요하다. 우리는 길 잃은 양이고, 침대 밑에서 굴러다니는 동전이며, 방탕한 아들이다.

그뿐만 아니라 상실은 교회의 선교 사역에 중요한 주제다. 우리는 이 이야기에서 잃어버린 자이지만, 한편으로는 찾는 자다. 특히 우리가 하나님의 열심에 공감할 때[정통적 사상, 정통적 행위, 정통적 감성, p. 445], 우리는 잃어버린 자에 대한 간절한 마음을 가지게 된다.

이 이야기들, 특히 아버지와 아들의 이야기는 인간에게 매우 중요하고 신학적, 선교적 주제가 풍성하므로 성경적 영성의 관점에서 접근해야 하는 중요한 말씀이다. 성경적 영성을 발전시키는 한 가지 방법은 본문을 읽기만 할 뿐만 아니라 본문이 우리를 읽게 하는 것이다[경적 영성, p. 427]. 이야기와 함께 걷는 한 가지 방법은 이야기 속에 자신을 위치시키거나 적어도 템포적으로는 이야기 속의 다양한 공간을 시험해 보는 것이다. 우리는 스스로 물어야 한다. 나는 이 이야기에서 어디에 있는가? 우리의 생각은 불과 10분 후면 바뀔 수 있다. 우리는 내일이면 본문의 다른 어딘가에 있을 수 있다. 그러나 우리는 지금 어디에 있는가? 나는 내가 잃은 것을 부지런히 찾고 있는 주부인가? 나는 가시덤불 속에 갇혀 울고 있는 잃은 양인가? 나는 많은 그림에서 볼 수 있는 것처럼, 비록 지친 상태지만 목자에게 발견되어 어깨에 매달려 있는 양인가? 나는 혼자서 해낼 수 있다는 충동적이고 성급한 욕망에 가득 찬 피곤한 아들인가? 아니면 밭에서 소외감을 느끼고 있는 시기로 가득한 형인가?

이러한 질문과 함께 본문에 대한 개인적 묵상이나 집단적 연구를 한다면 의미 있는 결과와 변화를 초래할 수 있을 것이다. 밥 에크블라드Bob Ekblad는 교도소에서의 성경 공부 사역에 대해 그들로 하여금 복음서의 이야기를 통해 "자신의 사회와 삶에 일치하는 것"을 찾게 하는 것이라고 말한다.155 우리는 성경 말씀을 마음에 받아들일 때 자유와 성장을 경험한다. 우리는 성경을 읽고 텍스트가 우리를 읽게 해야 한다. 그것은 우리가 하나님을 향해 성장하는 한 가지 중요한 방법이다.

하나님 나라에서의 돈, 지위, 신앙

개관

이 본문이 다른 곳에서처럼 샌드위치 구조라면, 호밀에 햄 한 조각과 스위스 치즈를 얹은 얇은 샌드위치가 아니라 겹겹이 층을 쌓은 대그우드Dagwood에 가까울 것이다. 그만큼 이 단원은 정확한 규명이 어려우며, 서두의 옳지 않은 청지기 비유나 사람마다 하나님의 나라로 침입한다는 16장 16절 말씀 등 가장 난해한 구절이 담겨 있다. 본문은 명확한 문학적 통일성이 부족하며, 단지 전후 본문처럼 일관성을 갖지 못한다는 공통점으로 묶인 단위일 뿐이다. 앞 단원은 식탁 이미지와 찾은 것에 대한 잔치라는 주제로 묶여 있다. 18장 31절부터 시작되는 다음 단원은 여정 내러티브의 마지막 부분으로, 예루살렘 입성을 앞둔 정서로 묶여 있다. 본 단원은 돈과 지위, 그리고 이러한 것들이 하나님의 나라 및 신앙과 어떤 관련이 있는지를 다룬다. 본문은 돈에 대한 주제로 시작하고 끝난다.

16장은 옳지 않은 청지기 비유, 돈에 대한 몇 가지 교훈, 그리고 부자의 상 앞에 있는 나사로 비유를 중심으로 재물과 소유에 관한 내용을 다룬다. 그러나 16장 18절의 이혼과 재혼에 관한 내용은 외견상 전후 내용과 상관 없이 삽입된 구절로 보인다. 17장은 실족, 믿음, 섬김에 대한 교훈으로 시작하여 열 명의 나병환자에 대한 치유로 이어진다. 이어서 하나님의 나라가 언제 임하는지 묻는 바리새인들의 질문에 대한 예수님의 대답이 제시된다. 이 말씀은 21장의 긴 종말론적 강화를 예시하기 때문에 종종 "작은 묵시록"이라고 불린다. 18장은 불의한 재판관에 관한 비유에 이어 다시 돈과 지위에 관한 통일성 있는 말씀으로 돌아간다. 이 단락은 바리새인과 세리에 대한 비유로 시작하여 하나님의 나라에서 어린아이들의 지위에 관한 문제를 다룬 후 한 부유한 관리에 관한 이야기로 마친다.

이처럼 본 단원은 부와 지위에 관한 두 개의 밀접한 본문을 축으로 치유기사와 짧은 종말론적 강화를 포함한 다양한 에피소드가 겹쳐 있는 대그우드식 구성을 보여준다.

단락 구조

돈과 믿음에 관한 첫 번째 말씀, 16:1-31

16:1-8a 옳지 않은 청지기 비유

16:8b-9 이야기의 교훈

16:10-18 하나님의 나라에 대한 가르침

16:19-31 부자와 나사로

목회자로서 예수님, 17:1-37

17:1-10 몇 가지 이슈에 대한 교훈

17:11-19 네 번째 요구Quest Story: 나병환자를 고치심

17:20-37 보이지 않는 나라

돈과 믿음에 관한 두 번째 말씀, 18:1-30

18:1-8 과부와 재판관

18:9-14 바리새인과 세리에 대한 비유

18:15-17 어린아이를 축복하심

18:18-30 다섯째 요구: 무엇을 하여야 영생을 얻으리이까

본문 주해

돈과 믿음에 관한 첫 번째 말씀16:1-31

16:1-8a 옳지 않은 청지기 비유

앞 단원14:1-15:32의 청중은 14장 1절의 바리새인들과 제자들로 시작하여 15장 1절의 세리와 죄인들을 포함하는 큰 무리다. 이곳의 옳지 않은 청지기 비유는 제자들에게 주신 말씀이지만, 16장 14절은 바리새인들도 듣고 있었음을 보여준다. 옳지 않은 청지기 비유는 여러 시대에 걸쳐 해석자들을 당황케 했으며, 과도한 학문적 연구와 저술 작업으로 이어졌다. 존

슨이 말한 것처럼, 본문의 세부적인 내용과 구조적 연결을 모두 이해한다는 것은 거의 불가능하지만 이 비유의 기본적인 요지는 특별히 복잡하지 않다.246

이 비유를 둘러싼 논쟁 가운데 하나는 이 비유가 어디서 끝나느냐는 것이다. 예수님은 어디서부터 제자들에 대한 직접적인 말씀을 시작하시는가? 나는 이 비유가 8절 상반절에서 끝난다고 생각한다. 일을 지혜 있게 한 청지기에 대한 칭찬은 예수님의 칭찬이 아니라 이 비유에 등장하는 주인의 칭찬이다. 그러나 이러한 결론은 두 번째 논란으로 이어진다: 즉, 이 청지기가 주인에게 어떤 칭찬받을 일을 했느냐는 것이다.

이 비유는 풍부한 물질적 부를 배경으로 한다. 부자 주인은 청지기가 자신의 소유를 낭비한다는 보고를 받고 즉시 책임을 지라고 말한다. 청지기는 망연자실했다. 그에게 큰 위기가 찾아온 것이다. 그러나 그는 육체노동을 하자니 신체적으로 허약하고 구걸하기에는 자존심이 허락하지 않는다며 자신이 처한 현실을 직면한다. 그는 혼란한 와중에서도 살아남기 위해 단호한 결심을 한다. 그는 주인에게 빚을 많이 진 사람들을 불러 빚을 탕감해 주었다. 어떤 사람은 절반을, 어떤 사람은 1/5을 탕감해 주었다. 그렇게 함으로써 청지기는 그들이 자신에게 감사하는 마음을 갖게 했다. 그들은 청지기에게 다른 빚을 진 것이며, 청지기가 주인에게 쫓겨나면 그를 받아줄 수도 있을 것이다. 만일 채무자가 줄어든 금액을 실제로 갚았다면 주인이 만족할 수도 있을 것이다. 전액을 돌려받은 것은 아니지만 현금 유동성은 개선되었을 것이다. 그러나 본문은 그렇게 말하지 않는다. 이 비유는 주인이 일을 지혜롭게 처리한 청지기를 칭찬했다는 말로 끝난다. 우리는 주인이 빚을 돌려받았는지에 대해 알지 못한다. 우리는 청지기가 빚을 탕감해 주면서 자신의 몫을 포기했는지도 알지 못한다. 우리는 주인이 청지기에 대한 칭찬에도 불구하고 그를 계속해서 데리고 있었는지 해고했는지도 알지 못한다. 우리는 청지기가 실제로 자신의 계획을 믿었는지, 그것이 효력이 있었는지도 알지 못한다. 이 비유는 이런 질문들에 대해 답을 주지 않지만, 열린 결말을 제시한다는 점에 주목해야 한다.

이 어려운 비유를 가장 잘 해석하는 방법은 누가복음에서 전개되고 있는 내러티브적 배경이다. 앞 단원의 주제는 식탁교제 및 찾은 것들에 대한 잔치와 관련이 있다. 이 단원의 주제는 소유와 부에 관한 것이다. 청지기의 위기는 그가 주인의 소유를 낭비한 데서 찾아온다.Johnson: 247 그러나 청지기는 이러한 위기에 맞서 당황하지 않았다. 대신에 그는 두 가지 칭찬받을 만한 일을 한다. 그는 빚을 탕감해 줌으로써 일정한 재정적 책임을 받아들인다. 또한, 그는 경제적 실재를 관계적 실재로 바꾼다. 결과가 어떻든, 그가 탕감해 준 빚을 갚았든 해고가 되었든, 그는 다양한 사람들과 좋은 관계를 형성했다. 그의 임기응변과 돈보다 친구가 더 중요하다는 인식은 칭찬받을 만한 것으로, 제자들이 새겨들어야 할 덕목이다.

16:8b-9 이야기의 교훈

예수님은 두 가지 수수께끼 같은 말씀으로 비유를 마친다. 첫 번째는 이 세대의 아들들이 "자기 시대[를 대함]에 있어서는 빛의 아들들보다 더 지혜"롭다는 것이다.16:8 이어서 예수님은 청중을 향해 "불의의 재물로 친구를 사귀라"고 말씀하신다.16:9 둘 다 어려운 말씀이다. 이 세대의 아들들이 빛의 아들들보다 자기 시대를 더 지혜롭게 대한다는 첫 번째 말씀16:8, RSV, ESV 등은 이 비유의 지배적 개념인 위기의식을 보여준다. 비록 청지기는 부정직한 사람이지만, 셈을 하라는 주인의 요구로 촉발된 위기에 신속하고 창의적으로 대응한다. "빛의 아들들"제자들은 예수께서 선포하시는 하나님 나라에 대한 메시지가 초래한 위기에 대해 얼마나 더 단호한 태도를 보여야 하겠는가!

예수님은 계속해서 제자들에게 "불의한 재물"로 친구를 사귀면9:16, 재물이 없어질 때 그들이 "영원한 처소"로 영접할 것이라고 말씀하신다. 이 말씀은 무엇을 의미하는가? 반복되는 말이지만, 문맥을 기억해야 한다. "보물을 하늘에 쌓아 두라는 다른 본문의 말씀12:33에 비추어 볼 때, 이 말씀은 구제를 가리키는 것이 틀림없다"라는 존슨의 지적248은 옳다. 나는 여기에 소유는 오직 관계적 차원에서만 의미가 있음을 보여주는 또 하나의 비유라는 말을 덧붙이고자 한다. 가난한 자에 대한 누가의 관심을 고려할 때, 신자가 자신의 소유를 올바로 사용할 유일한 방법은 적어도 십일조와 보상과 배상의 금액을 넘어서는 절반을 가난한 자에게 나누어 주는 것과 관련이 있다,

16:10-18 하나님 나라에 대한 가르침

대부분의 해석가들은 10-13절과 14-18절을 연결된 본문으로 생각하지 않는다. 재물에 관한 말씀과 율법에 관한 말씀은 다른 주제라고 생각하기 때문이다. 그러나 이 본문은 사실상 같은 주제의 양면에 해당하며 하나님의 계획, 그의 나라에 대한 참된 헌신과 관련이 있다. 이 부분은 옳지 않은 청지기 비유와 장을 끝맺는 부자와 나사로에 관한 이야기를 이어주는 가교역할을 한다. 누가복음 16장 1절-18장 30절로 끝난다. 첫 번째 부분은 두 이야기의 균형을 잡는다. 작은 일에 충성하는 자는 큰일에도 충성한다. 반대의 경우도 마찬가지다. 작은 일에 불의한 자는 큰일에도 불의하다. 예수님의 말씀이 계속되면서 그가 언급하신 "작은 일"은 재물과 관련이 있다는 사실이 분명해진다. "불의한 재물"은 작은 일이다.9절 재물에 충성하지 않는 자는 진정한 재물을 맡을 준비가 되어 있지 않다는 증거가 된다.11절 이 구

절의 "참된 것"은 문맥상 하나님의 나라를 가리키는 것이 분명하다. 끝으로, 신자가 자신이 가진 재물에 충성하지 못한다면 어떻게 자신의 소유가 아닌 하나님의 것에 충성할 수 있겠는가? 이 모든 내용은 마지막 문장에서 분명히 드러난다. 즉, 아무도 두 주인을 섬길 수 없다. 하나님과 재물을 겸하여 섬길 수 없다는 것이다.

말씀을 듣고 있던 바리새인들이 예수님의 가르침에 끼어들어 비웃었다. 내레이터는 그들을 "돈을 좋아하는 자들"이라고 묘사한다. 예수님은 그들을 "사람 앞에서 스스로 옳다 하는 자"라고 부르시며 대답하신다. 그들은 7장 29절에서 요한의 메시지를 듣고 회개한 세리와 죄인들과 대조된다. 그곳에서 회개한 자들은 하나님을 의롭다 하는 자로 묘사된다. 그러나 여기서 예수님은 돈을 사랑하는 그들에게 하나님이 그들의 마음을 아시며 사람 중에 높임을 받는 것은 하나님 앞에 미움을 받는 것이라고 말씀하신다. 우리는 15절의 "미움을 받는 것"의 정확한 의미에 대해 알 수 없지만 본문은 그것이 재물이나 자기 의, 또는 둘 다를 가리키는 표현임을 암시한다.

이어지는 세 절은 문맥에서 벗어난 것처럼 보인다. 예수님은 화제를 바꾸신 것 같다. 그는 율법과 선지자는 요한의 때까지라고 말씀하신다.16절 이 구절은 헬라어로 명사형 문장에 해당한다. 이 문장에는 동사가 없다. 이 구절은 문자적으로 "율법과 선지자는 요한의 때까지"이다. 이것은 영어로는 문장이 성립되지 않는다. 영어권 사용자는 빈칸을 채워야 하는데, 이 빈칸을 어떻게 채우느냐에 따라 신구약 성경의 연결을 어떻게 보고 있는지가 드러난다. NRSV는 "율법과 선지자는 요한의 때까지 유효하다"라고 해석한다. 그러나 이 해석은 문제가 있다. 이어지는 구절이 율법의 한 획도 떨어질 수 없다는 사실을 분명히 하기 때문이다. 율법은 어떻게 요한의 때까지 유효하면서, 그 후에도 효력을 발휘할 수 있는가? RSV는 단순히 "요한의 때까지였다"라고 번역한다. 이것은 문제가 덜 되지만, 명확한 의미를 전달하지 못한다. 성경이나 역사 연구는 언제나 개연성을 다룰 수밖에 없다. 이 구절도 마찬가지다. 즉, 누가의 강조점에 비추어 볼 때 요한과 하나님의 나라에 대한 복음이 율법과 선지자를 대체한 것이 아니라 덧붙여진 것으로 보아야 한다는 것이다. 예수님은 바리새인들에게 이스라엘과 그들의 "완악한 마음"이 처음부터 하나님의 뜻을 알고 따를 기회가 있었다는 취지로 말씀하신 것이다. 율법, 선지자, 요한의 사역, 예수님이 선포하신 하나님의 나라는 모두 하나님의 뜻을 깨닫고 순종하라는 섭리적 부르심이었다.

이 구절 끝에는 다양한 방식으로 해석될 수 있는 낯선 구절이 제시된다. 이 구절에 대한 번역을 어떻게 하든, 복음과 너무나 상충되는 것처럼 들린다. 이 부분은 헬라어에서 중간태나 수동태로 번역될 수 있다. 영어에는 중간태가 없지만, 헬라어에서는 재귀, 강조, 상호적

뉘앙스를 가진다. 만약 이 구절이 이러한 중간태에 해당한다면, 하나님의 나라에 들어가는 모든 사람이 무력을 사용한다는 뜻이 된다. 만일 이 구절이 수동태라면, 하나님의 나라에 들어가는 사람들이 폭력을 경험하게 될 것이라는 의미가 된다. 하나님의 나라에 들어가는 것이 왜 무력을 행사하거나 무력의 희생이 되어야 하는가? RSV는 "사람마다 그리로 격렬히 들어가느니라[enter it violently]"16절로 번역함으로써 두 가지 가능성을 모두 열어 놓는다. 독자는 가장 편하거나 덜 불편한 해석을 임의로 선택해야 한다. NRSV는 "사람마다 그리로 무력으로 들어가려 애쓰느니라"[tries to... by force]라는 중간적 의미를 선택한다.

주석가들 역시 당황스럽기는 마찬가지다. 존슨은 이 구절을 "매우 난해한 구절"로 규명하면서도 예수님이 전파하시는 메시지에 대한 강력한 촉구라는 결론을 내린다.251 하나님의 나라에 들어가는 모든 사람은 그처럼 강력한 압력을 받고 있다는 것이다. 예수께서 모든 사람에게 어린아이처럼 하나님의 나라에 들어가야 한다고 말씀하신 18장 17절이 비유가 아니라면 이곳의 정서와 매우 상충되는 것처럼 보인다. 그렇다면, 어린아이들은 이러한 무력 침입에 대한 대안으로 제시될 것이다. 다른 주석가들은 이것을 "투쟁"으로 해석한다. 이러한 해석은 13장 22-30절의 좁은 문에 관한 말씀을 상기하면 이해가 된다. 그러나 그 구절에서 들어가려고 애쓰는 자는 "모든 사람"이 아니다. 그들은 하나님의 나라 에 있다고 생각하지만 그렇지 않은 소수의 사람이다.

아마도 이 본문에 접근하는 최선의 대안은 이 구절의 난해성을 인정하고 이해에 도움이 되거나 방해가 되는 요소에 주목하는 방법일 것이다. 확실히 누가복음은 하나님의 나라에 들어가는 것이 결코 쉬운 결정이 아님을 보여준다. 그것은 개인적 관심사나 잘못된 생각을 과감히 버릴 수 있는 어려운 선택이자 힘든 결심이다. 그것은 어린아이처럼 되는 것이지만, 이 방식은 많은 사람에게 무력적 침입만큼 어렵다. 성인의 가식과 허식을 벗어버린다는 것은 결코 쉬운 일이 아니다.

누가는 독자에게 여전히 친절을 베풀지 않는다. 이처럼 난해한 본문에 이어 우리는 두 개의 어려운 문장에 직면하게 된다. 하나는 율법이 폐지되는 것보다 천지가 없어짐이 더 쉽다는 것이다. 이것은 콘첼만Conzelmann의 주장28과 달리, 누가가 역사를 율법이 효력을 발휘하는 시대와 그렇지 않은 시대로 나누었다는 개념을 배제한다. 이 진술은 바로 그러한 오해를 막기 위한 것이다.

이어지는 진술 역시 혼란스럽다. 이 구절은 이혼에 관한 가르침이자 재혼에 의한 간음에 관한 말씀이다. 이 말씀에는 마태복음의 병행구19:1-12에 제시된 상세한 해석학적 설명이 빠져 있지만, 유사한 역할을 하는 것으로 보인다. 율법은 절대로 폐지되지 않는다. 율법은 해석이 필요하며, 상충되는 법은 어느 한 법을 따르기 전에 조정이 되어야 한다. 율법은 폐지되지 않았으며, 이 구절은 결혼에 관한 법에 대한 느슨한 해석보다 엄격한 해석을 선호한다는 사실을 보여준다.

16:19-31 부자와 나사로

이것은 복음서에서 가장 잘 알려진 이야기 가운데 하나다. 익숙한 본문은 도움이 될 수 있다. 계속된 어려운 본문들 후에 이처럼 친숙한 이야기로 이어지는 구조는 확실히 위로가 된다. 그러나 내러티브의 친숙함이 본문의 의미와 뉘앙스에 대한 통찰력을 무디게 할 수 있다. 이 본문을 지배하는 경제적 이슈는 이 이야기를 단원의 주제와 연결할 뿐만 아니라 사실상 윤리적 핵심을 형성하지만, 이 이야기는 잘못된 생각의 위험성에 대해서도 경고한다.

이 이야기는 비유로 분류되지 않지만, 몇 가지 차이점과 함께 비유의 특성을 공유한다. 이 이야기는 비유와 마찬가지로 예표적 인물의 등장과 함께 몇 가지 교훈이 제시되는 픽션에 해당한다. 그러나 비유와 달리 나사로라는 특정인의 이름이 나타나며, 다소 풍부한 설명 및 인물묘사가 이루어진다. 이것은 우화보다 짧은 소설에 더 가깝다.

어떤 장르에 해당하든, 이 내러티브는 부자와 가난한 자에 대한 대조를 생생하게 묘사한다. 부자는 좋은 옷을 입고 날마다 호화로운 생활을 한다. 가난한 거지 나사로는 헌데투성이의 병자로 부자의 상에서 떨어지는 부스러기로 연명하고 있다. 음식 부스러기를 두고 경쟁하는 개들이 나사로의 헌데를 핥는 장면은 그의 굴욕감을 잘 보여준다.Johnson: 252 이어서 두 사람 모두 죽는다. 가난한 자는 천사들에게 받들려 아브라함의 품에 들어가고 부자도 장사되어 음부로 내려가 고통을 당한다.

이 시점에서 대화가 시작된다. 먼저, 부자는 아브라함에게 나사로를 보내어 물 한 방울로 혀를 서늘하게 해 달라고 간청한다. 흥미로운 것은 부자가 지옥에서까지 다른 사람은 자신을 섬기기 위해 존재한다는 생각을 버리지 않았다는 것이다. 아브라함의 대답은 매우 구체적이다. 그는 부자에게 지금까지의 불평등한 삶을 바로 잡은 현 상황에 대한 설명과 함께 건너가거나 건너올 수 없게 만든 큰 구렁텅이에 대해 언급한다. 부자를 고통에 빠지게 한 죄에 대한 언급은 제시되지 않는다. 그러나 누가복음에서는 필요 이상의 것을 소유했음에도 불구하고 나누지 않는 것 자체가 죄다.

한 방울의 물도 얻지 못한 부자는 아브라함에게 나사로를 다섯 형제에게 보내어 그들에게 증언하게 함으로써 같은 고통을 겪지 않게 해 달라고 간청한다. 부자는 여전히 나사로를 종으로 생각하고 있다는 사실에 주목하라. 부자가 자신보다 가족을 생각한다는 점에서는 이타적이라고 할 수 있다. 그러나 아브라함은 다시 한번 그를 거부한다. 아브라함은 형제들에게 모세율법와 선지자들이 있다고 말한다. 이것은 하나님의 말씀이 그들을 음부에서 구원하기에 충분하다는 것이다. 쉽게 물러나지 않은 부자는 한 가지 시도를 더 한다. 자신의 형제들에게는 모세와 선지자들보다 죽은 자에게서 그들에게 가는 자가 더 효과적일 것이라고 말한다. 아브라함은 그의 말을 단호히 부인한다. 만약 형제들이 모세와 선지자들이 전하는 하나님의 말씀에 귀를 기울이지 않는다면 죽은 자 가운데서 살아나는 자가 있을지라도 말을 듣지 아니하리라는 것이다.

존슨이 지적한 대로, 이 땅의 가난한 사람들을 돌보는 것은 부자들이 읽는 성경의 원리다. 이러한 "언약적 신실함의 근본적인 의무는 토라의 여러 곳에서 찾아볼 수 있는 명백한 가르침"Johnson: 253이다. 이스라엘 백성은 가난한 자를 위한 하나님의 뜻을 알기 위해 나사로가 다시 살아날 필요가 없었다. 이스라엘 백성은 가난한 자를 위한 하나님의 뜻을 알기 위해 예수님이 필요하지 않았다. 이스라엘 백성은 가난한 자를 위한 하나님의 뜻을 알기 위해 복음 전도자 누가가 필요하지 않았다. 이 교훈은 이스라엘 신앙의 기본이자 성경의 확고한 원리이기 때문에 아무리 부유하고 교활하며 결단력이 뛰어난 인물이라 할지라도 이 계명에서 벗어날 수 없다. 사람은 목숨을 걸고 이 계명을 무시한다.

목회자로서의 예수님17:1-37

이 시점에서 예수님의 가르침의 어조와 청중은 바뀐다. 우리는 예수님의 사역에 대해 자주 생각하고 말하지만, 목회자나 사제로서 예수님의 역할에 대해서는 많이 생각하지 않는다. 그러나 누가는 17장에서 이러한 역할을 하시는 예수님에 대해 묘사한다. 예수님과 제자들은 예루살렘으로 가는 중이기 때문에 예수님의 말씀을 듣는 대상은 항상 같을 수 없다. 그들은 장소나 건물과 연계하여 특정할 수 없다. 그러나 유사성은 있다. 이 장의 주요 청중은 제자들이나 사도들이다. 예수님은 두 차례 말씀을 중단하셨는데, 목회자에게는 익숙한 방해다. 예수님은 한 차례 말씀을 끊으신 후 열 명의 나병환자를 주목하시고 고치신다. 또 한 번은 바리새인들이 하나님의 나라에 대해 묻기 위해 끼어든다. 그러나 예수님은 자신의 양떼에게 말씀을 전파하고 가르치는 일에 초점을 맞추신다. 이 본문에서 예수님은 제자들에 대해 전적으로 만족하는 것은 아닌 것처럼 보이지만, 바리새인을 대할 때보다 훨씬 더 섬세하게 그들을 대하신다. 그는 실족, 믿음, 용서, 섬김 및 인자의 오심이라는 다양한 주제를 다루신다.

17:1-10 몇 가지 이슈에 대한 교훈

16장 14절에 제시된 청중은 사람이 하나님과 재물을 동시에 섬길 수 없다는 예수님의 말씀을 비웃었던 자들로, 예수님은 그들에게 아브라함과 나사로에 관한 이야기를 들려주셨다. 다음 청중은 제자들이다.17:1 예수님은 실족과 죄에 대한 일반적인 말씀으로 시작하신다. 예수님은 제자들을 "작은 자"를 인도하는 지도자나 잠재적인 지도자로 생각하시는 것이 분명하다.17:2 예수님은 이 장에서 목회자일 뿐만 아니라 리더십 훈련에도 관여하신다. 이 본문은 누가의 생각처럼 "교회적"이다.

어쨌든, 예수님은 실족그리스어로 "걸림돌"은 피할 수 없지만, 작은 자를 실족하게 히는 것은 피해야 한다고 가르치신다. "작은 자"는 누가복음에 네 차례 언급된다. 누가복음 7장 28절에서 예수님은 하나님의 나라에서는 극히 작은 자라도 가장 큰 자인 세례요한보다 크다고 말씀하신다. 이것은 하나님 나라의 모든 사람은 "작은 자"이며 그보다 더 큰 자는 없다는 사실을 보여주는 것일 수 있다. 9장 48절에서 제자들이 누가 더 크냐는 논쟁으로 다툴 때, 예수님은 실제로 "어린 아이" 하나를 그들 앞에 세우시고 하나님의 나라에서는 가장 작은 자가 가장 크다는 말씀을 다시 한번 하신다. 이 친근한 용어를 세 번째 만날 수 있는 곳은 12장 32절의 "적은 무리"라는 표현이다. 예수님은 하나님이 그들에게 그 나라를 주시기를 기뻐하시기 때문에 무서워할 필요가 없다고 말씀하신다. 이 시점까지 작은 자에 대한 모든 언급은 하나님의 나라에 있는 자들을 가리켰기 때문에 17장 2절의 작은 자에 대한 언급도 하나님의 나라를 택한 자들을 가리키는 것으로 보인다.

예수님은 제자들이 이 작은 자를 인도하는 리더로서 그들을 잘못 인도하지나 않을까 염려하신다. 예수님은 매우 강하면서도 부드러운 어조로 말씀하신다. 이 작은 자 중의 하나를 실족하게 하느니 차라리 연자맷돌을 매고 바다에 빠지는 것이 낫다는 것이다.

작은 자가 상호 간에 어떻게 행동해야 할 것이냐라는 상황에서, 예수님은 회개와 용서라는 주제에 대해 말씀하신다. 작은 자 사이의 죄는 하나님의 가족으로서 형제간에 책망과 경고가 있어야 한다. 그러나 회개하면, 몇 번이고 용서해야 한다. 하루에 일곱 번이라도 죄를 짓고 회개하면 용서해야 한다. 아무리 상습적인 죄라 할지라도 회개하는 자를 용서하지 않을 수 없다.

사도들의 대답은 특이하다. 그들은 예수께 믿음을 "더하소서"라고 요구한다. 이러한 요구는 겸손한 것처럼 보이지만, 예수님이 듣고 싶어 하시는 대답은 아니다. 17장 6절에 제시된 예수님의 대답은 허탈한 웃음에 가깝다. 헬라어 구문에서는 사실과 반대되는 조건절에 해당한다. 이 절에 명시되거나 암시된 의미는 다음과 같다. "너희에게는 그런 믿음이 없지만 만일 너희에게 겨자씨 한 알만한 믿음이 있었더라면 이 뽕나무더러 뿌리가 뽑혀 바다에 심기어라 하였을 것이다.그러나 그렇게 할 수 없다” 예루살렘으로 가까이 갈수록, 예수님을 실망시킨 제자들의 문제점이 더욱 분명해진다. 우리는 여기서 그들이 완주하지 못하는 이유와 함께, 하나님께 헌신하기 위해 필요한 것을 제자들에게 가르치기 위해 애쓰시는 예수님의 모습을 엿볼 수 있다. 리더십, 용서, 믿음과 같은 문제도 중요하지만, 이어지는 단락은 가장 핵심적인 문제를 다룬다. 그것은 끊임없이 인정받으려는 욕망과 자신을 드러내고 싶어 하는 충동이다. 제자들은 모든 소유를 버리고 예수님을 따랐으며, 예수님이 바리새인을 책망한 부의 문제도 피했다. 그러나 그들은 갈릴리에서부터 함께해 온 소수의 무리 안에서조차 권력과 지위를 향한 끊임없는 욕망에서 벗어나지 못했다. 맡은 일을 모두 수행한 종이 주인에게 감사의 말을 기대하지 않는 것처럼 하나님 나라의 종으로서 의무를 다했다고 지위와 인정을 기대해서는 안 된다.

17:11-19 네 번째 요구: 나병환자를 고치심

예수님의 제자 양육 사역은 이 시점에서 치유기사로 전환된다. 이것은 네 번째 요구에 해당하는 본문이자 예루살렘 여정이 끝나가는 이 시점에 집중된 세 가지 요구 가운데 첫 번째 요구다. 누가복음 5장에 나오는 중풍병자 기사와 7장에 나오는 백부장과 병든 하인에 관한 기사 및 시몬의 집에서 예수님의 발에 향유를 부은 여자에 관한 이야기를 상기해보라.

이곳에 제시된 세 가지 이야기 -나병환자, 부유한 관원, 삭개오- 역시 앞서의 이야기들과 마찬가지로 인간의 행복에 중요한 무엇인가를 요구한다. 이러한 요구에 장애가 되는 것들은 문제가 해결됨으로써 극복되기도 하고 해결되지 않아 그대로 남아 있기도 한다.

이야기가 전개되면서 지리적 혼선이 드러난다. 예수님은 갈릴리와 사마리아 사이의 경계를 따라 예루살렘으로 가는 중이시다. 본문에 대한 다양한 이문은 초기 독자조차 지리적 어려움을 겪었음을 보여준다. 따라서 우리는 이것이 GPS에 의한 정확한 위치 파악 외의 다른 목적이 있을 것이라는 결론을 내릴 수 있다. 누가는 독자에게 예수께서 예루살렘으로 가는 중이라는 사실을 상기시키고 있으며, 이것은 이 이야기에 나오는 사마리아인을 위한 무대를 마련한다.Johnson: 260 갈릴리와 사마리아에 대한 언급은 두 지역 사이의 긴장을 상기시켜 줄 수도 있다.

예수님이 한 마을에 들어서자 나병환자 열 명이 예수를 만나 우리를 불쌍히 여기소서라고 부르짖었다. 이 병에 대해서는 약간의 논쟁이 있지만, 레위기의 묘사는 한센병보다 건선이나 백선과 같은 염증성 피부병에 가깝다는 피츠마이어의 말은 옳다.1981: 573 민수기 5장 2-3절에 따르면, 이 병을 앓는 사람은 오염을 방지하기 위해 진영 밖에 머물러야 했다. 레위기 13-14장의 상세한 묘사로 미루어 판단할 때, 이 피부병은 전염성이 있어 격리할 수밖에 없었던 것으로 보인다. 당시 나병환자는 윗입술을 가리고 부정하다고 외쳐야 했다.레 13:45 이곳 본문에서 나병환자는 부정하다고 외친 것이 아니라 큰 소리로 자비를 부르짖었다. 그들의 요구를 가로막는 장애물은 엄청난 것이지만, 그들은 그것을 극복하기 위해 큰 용기를 내었다.

그들을 보신그리고 들으신 예수님은 가서 제사장들에게 몸을 보이라고 말씀하셨다. 레위기에 따르면 이러한 행동은 그들을 공동체로 회복시키기 위한 제의 및 정화 과정의 첫 번째 단계에 해당한다. 이 이야기의 초점은 나병환자에 대한 치유가 아니라, 어떻게 그들 중 한 명만 돌아와 감사했느냐에 맞추어진다. 그는 예수님의 발 아래에 엎드리어 큰 소리로 하나님께 영광을 들리며 예수님께 감사했다. 예수님은 열 사람 가운데 하나님께 영광을 돌리러 돌아온 자는 사마리아 사람뿐이라고 대답하신 후 그를 보내시며 네 믿음이 너를 구원하였느니라고 말씀하셨다. 다른 아홉 명이 감사치 않은 것은 오늘날의 정서에도 부적절한 처신으로 보인다. 후원자에 대한 감사를 중시하는 고대 문화에서 그처럼 큰 은혜에 감사치 않았다는 것은 훨씬 더 충격적이었을 것이다.

피츠마이어가 지적한 것처럼, 이 이야기에는 예수님의 세 차례 질문과 함께 세 가지 대조적 요소가 제시된다.1985: 1151-52 먼저 예수님은 감사하는 사람과 감사하지 않는 사람 사이의 명백한 대조를 강조하신다. 두 번째는 이방인17:18 나병환자의 비천한 지위에 초점을 맞춘다. 사마리아인을 이방인으로 규정한 것은 일부에서 주장하는 것처럼 반유대주의가 아니다. 그러한 가정은 시대착오적이다. 이것은 이 한 명과 나머지 아홉 명 사이의 대조다. 이 대조에는 가난한 자와 소외된 자에 대한 누가복음의 관심이 나타난다. 사마리아 사람인 그는 유대인 제사장에게 접근조차 할 수 없었다! 나병환자는 모두 소외된 자이지만, 이 사마리아 사람은 그 중에서도 가장 소외된 자다. 마지막 세 번째 질문은 치유와 신앙의 연결을 보는 자와 보지 못하는 자 사이의 대조에 초점을 맞춘다. 열명의 나병환자가 모두 고침을 받았으나, 오직 사마리아 사람만 이 치유의 기적을 신앙의 눈으로 바라보았다. 그는 돌이켜 이 기적을 베푸신 하나님을 깨닫고 그에게 영광을 돌린다. 따라서 여기서도 바른 안목은 회개를 통해 믿음에 이르는 중요한 단계로 제시된다. 나병 환자의 원하는 것이 달랐다. 아홉 명은 치유를 원했으며 그들의 요구는 이루어졌다. 그러나 방해하는 장벽이 훨씬 높았던 한 사람은 고침을 받았을 뿐만 아니라 다시 돌아와 감사함으로써 치유자와 깊은 관계를 맺는다. 내면의 깊은 영적 요구가 하나님의 자비를 경험하는 응답으로 이어진 것이다.

17:20-37 볼 수 없는 나라

나병환자를 고치신 기사에서 다른 본문으로 넘어가는 전환구는 없다. 예수님은 여전히 나병 환자들을 만나신 마을 입구에 계신다. 바리새인들이 하나님의 나라가 어느 때에 임하는지 물었다. 이 질문은 하나님 나라에 대한 예수님의 가장 흥미로운 진술 가운데 하나로 이어진다. 예수님은 누가복음 특유의 방식으로 하나님 나라의 현재적 임재를 그 나라에 대한 미래적 소망과 연결하신다. 또한 예수님은 제자들이 깨닫지 못하는 고난의 필요성을 장차 올 "인자의 날"에 대한 소망17:22과 연결하신다.

20절의 하나님 나라에 대한 예수님의 첫 번째 말씀은 존슨의 번역처럼260, "면밀한 관찰"이 불가하다는 것이다. 이 구문은 두 가지 뉘앙스를 가진다. 그 나라의 징조를 기다리는 것은 그것을 실현하는 방법이 아니라는 것이다. 사실상 사람은 자신의 행동으로 그것을 실현할 수 없다. 하나님의 나라는 원칙적으로 징조의 나라가 아니다. 적어도 장엄하고 분명한 표징이라는 의미에서의 징조는 없다. 사람은 "보라 여기 있다" "보라 저기 있다" 하지도 못할 것이다.17:21 그것은 성벽이나 강이나 요새로 경계가 확실히 구별된 영역이나 영토 개념의 나라가 아니다. 사실 그 나라는 "너희 안에" 있다. entos"안에" 또는 "가운데"라는 전치사의 의미에 대해서는 많은 논쟁이 있었다. 이 "안에"는 예수께서 바리새인 및 "너희"와 나눈 대화의 상황과는 조화되기 어려운 영적 개념이다. 오히려 entos는 "가운데"라는 해석이 더 바람직해 보인다. 이 독법은 치유기사와 하나님 나라에 대한 선포가 연결된 사실을 생각하면 이해가 된다. 하나님의 나라는 사람들이 치유를 받을 때 실현된다. 역설적이지만, 하나님의 나라를 찾는 바리새인들은 종종 예수님의 치유사역에 불쾌해했다. 이 구절에는 언어유희가 나타난다. 즉, 하나님의 나라를 찾아다녔던 바리새인들이 예수님에 대해 수차례 "면밀한 관찰"을 했다는 것이다. 그러나 이러한 면밀한 관찰에도 불구하고 그들은 그 나라를 발견하지 못했다. 여기서 그들은 다시 한번 그것을 놓친다. 예수께서 열 명의 나병환자를 고치시자마자 그들은 그 나라가 언제 임하느냐고 묻는다.

예수님은 대화 상대인 바리새인들에게 하나님 나라의 현재적 실재에 대해 말씀하신 후, 제자들에게로 향하신다. 예수님이 그들에게 전한 메시지는 하나님 나라의 현재적 실재는 유일한 실재가 아니라는 것이다. 하나님의 나라는 미래적 소망이기도 하다. 예수님은 그들이 "인자의 날 하루"를 보고 싶어 할 것이라고 말씀하신다.17:22 인자라는 표현은 앞서 본문에서도 사용된 바 있다. 11장 30절에서 예수님은 요나가 니느웨 사람들에게 표적이 된 것처럼, 인자도 이 세대에 표적이 될 것이라고 말씀하신다. 이 용어는 12장에서도 광범위하게 사용된다. 인자를 부인하거나 모독해서는 안 된다.8-10절 끝으로, 인자는 생각하지 않은 때

에 올 것이다.12:40

　제자도는 인내와 회의론, 둘 다 요구한다. 예수님은 인자의 날을 보고 싶어 하는 욕구가 가시화될 때를 가리키신다. 비록 암시적이기는 하지만, 이 말씀은 비관적인 어조를 담고 있다. 아마도 제자들은 박해나 여러 가지 환난이나 고난에 직면하여 인자의 날을 고대할 것이다. 예수님은 그때 이 간절한 구원이 어디서 어떻게 올 것인지 안다고 주장하는 사람들이 많이 나타날 것이라고 말씀하신다. 그러나 그들의 말은 거짓으로 드러날 것이다. 그런 사람들에게 인자의 날은 번개만큼 예측이나 파악이 어려울 것이다.

　이어서 예수님은 이 구원의 이미지를 현재적 고통, 특히 자신의 고난과 연결하신다. 이것은 승리적 의의 비전이 아니라, 하나님의 종들의 고난을 통해 성취될 의의 승리에 대한 비전이다. 그러나 하나님의 의는 반드시 승리의 날을 가져올 것이다. 이 날에 대한 예수님의 이미지는 하나님의 공의에 관한 두 개의 히브리어 성경 진술과 연결된다. 노아 시대에 이어 롯의 때에 악이 멸망했듯이, 인자의 시대에도 그러할 것이다. 그날이 오면 신자들은 주저하지 말아야 한다. 집이나 밭을 돌아보거나 심지어 목숨을 보전하려는 생각조차 치명적일 수 있다. 그 날에는 하나님의 목적을 위한 절대적 포기만이 구원의 유일한 소망이 될 것이다.

　이 본문은 두 개의 암울한 이미지로 끝난다. 하나는 한 침대에 누운 두 사람 가운데 하나는 데려감을 얻고 하나는 버려둠을 당할 것이며, 함께 맷돌을 가는 두 여자 가운데 하나는 데려감을 얻고 하나는 버려둠을 당할 것이라는 친숙한 묵시록적 본문이다. 이 이미지는 인자의 날이 요구하는 하나님의 목적을 위한 절대적 포기를 가리킨다. 또 하나의 이미지는 17장 37절에 나오며, 주여 "어디오니이까"라는 제자들의 질문에 이어진다. 이 대답은 질문과 조화를 이루지 않는 것처럼 보이지만, 문맥상 그들의 질문은 데려감을 당한 자들이 어디로 가는지와 관련된 것임을 보여준다. 그러나 이러한 질문은 하나님의 나라가 언제 임할 것이냐는 바리새인들의 질문만큼이나 부적절하다. 예수님은 질문에 대답하는 대신, 의도적으로 질문의 초점을 다른 곳으로 돌리신다. 준비가 되지 않은 자, 하나님의 목적을 위해 모든 것을 포기할 각오가 되지 않은 자에게는 주검 있는 곳을 독수리가 보여줄 것이다.

　이 구절은 해석하기 어렵다. 그러나 존슨은 이 말씀의 의미에 대해 잘 요약해준다.

> 누가에게 있어서 하나님의 부르심이나 하나님의 방문은 죽음만큼이나 확실하게 다가온다. 요점은 연대기가 아니라 회개다. 하나님께 순종하고자 하는 사람들은 충분히 응답할 수 있을 만한 기민함을 가지고 여행에 나서야 한다. "주여 어디오니이까"라는 제자들의 마지막 질문도 부당한 것이다. 하나님의

나라는 장소가 아니라 원리이기 때문이다. 그러므로 예수님의 대답은 비유로 주어진다. 그러나 그것은 정확한 대답이다. 독수리는 주검이 있는 곳이면 어디든 모인다. 하나님의 백성이 하나님의 말씀으로 모이는 곳이면 어디든 하나님의 나라다.Johnson: 267

돈과 믿음에 관한 두 번째 말씀18:1-30

지위와 권력과 돈은 이 단원을 구성하는 네 이야기의 공통적 주제다. 누가는 몇 개의 짧은 에피소드를 자신의 내러티브로 엮어낸다. 불의한 재판관과 과부에 관한 첫 번째 에피소드18:1-8에서, 비유에 대해 언급한 도입부는 이어지는 비유에는 해당되지 않는 것으로 보인다. 9절에는 말씀을 듣는 대상이 갑자기 바뀌는 모습을 볼 수 있다. 첫 번째 비유는 "그들"의 가장 가까운 선행사가 제자들이기 때문에 표면상 그들에게 하신 말씀으로 볼 수 있다. 그러나 18장 9-14절의 바리새인과 세리에 대한 비유는 자기를 의롭다고 믿고 다른 사람을 멸시하는 자들에 대한 말씀이다.9절 이 장 후반부에서 제자들은 어린아이들과의 관계에서 실패한다.15-17절, 그러나 그들은 예수님을 따르기 위해 모든 것을 버린 자라는 간접적인 칭찬을 받기도 한다.28-30절 하나님의 나라를 소유한 어린아이들과 달리, 그들은 여러 면에서 부족해 보인다. 그러나 영생에 관해 묻는 관리보다는 나아 보인다. 그렇다면 9절의 자기를 의롭다고 믿는 자들은 제자들도 포함하는가? 본문은 이 부분에 대해 명확한 언급을 하지 않는다.

이 부분의 구조는 두 개의 비유 뒤에 어린아이들 및 부자 관리가 등장하는 두 차례의 만남에 관한 기사가 이어지는 구조다.

18:1-8 과부와 재판장

지난 장에서 예수님은 하나님의 나라에 대한 바리새인들과 제자들의 질문에 두 가지 요지로 대답하셨다. 첫째로, 하나님의 나라는 그들 가운데 있지만 종말론에 사로잡힌 자들의 면밀한 관찰로는 식별할 수 없다. 둘째로, 하나님의 나라는 현재적 실재이자 예수님을 따르는 자들이 염원하는 미래적 소망이다. 과부와 재판장에 관한 비유는 이 두 번째 쟁점에 초점을 맞춘다. 제자들이 끊임없이 구하고 포기하지 말아야 할 것은 구체적으로 하나님의 공의를 구하는 기도다. 이런 점에서 이 비유 서두의 기도에 대한 언급은 매우 적절해 보인다.

이 비유는 소위 "작은 것에서 큰 것으로"라는 랍비의 논쟁을 사용한다. 이것은 자신만 생각하는 한 재판장에 관한 가볍고 코믹한 이야기이다. 본문에 따르면, 그는 하나님이나 사람을 존중하지 않는다. 그 도시에 사는 한 과부가 그를 찾아와 공의를 부르짖었다. 이 이야기는 여자의 고통에 대해 구체적으로 언급하지 않지만, 우리는 당시 사회에서 과부가 얼마나 취약한 존재인지 알고 있다. 당시의 사회법이나 문화적 관습에서, 과부는 남편의 죽음과 함께 가장 중요한 후원자이자 안전의 원천을 잃은 것이다. 과부를 괴롭히는 자가 시댁 식구든 채권자이든 그에게 구혼하려는 불량배든, 여자를 도와줄 수 있는 유일한 존재는 그 도시의 재판장이다. 그러나 이 재판장은 하나님을 두려워하지 않고 사람을 무시하는 자다.

그는 처음에 관할 구역 내의 이 문제에 개입하고 싶어 하지 않았다. 그러나 결국 재판장은 자신의 무관심에 대해 일말의 자책감도 느끼지 않은 채 과부의 사건을 처리하고자 한다. 그는 양심의 가책을 느끼지 않는다. 그는 사실상 비난받을 만한 자신의 성격을 기꺼이 인정한다. 그럼에도 불구하고, 재판장은 과부가 번거롭게 했기 때문에 앞으로도 계속 찾아와 "괴롭게" 할 것을 두려워하여 원한을 풀어주기로 한다.

일부 해석가들이 시도했던 것처럼 재판장을 하나님과 동일시하는 것은 큰 의미가 없다. 핵심은 이 재판장이 하나님과 같다는 것이 아니라 불의한 재판장조차 등쌀에 못 이겨 공의를 시행한다면, 하나님은 얼마나 더 "밤낮 부르짖는"18:7 자들의 원한을 풀어주시지 않겠느냐는 것이다. 이 비유는 인자가 올 때에 세상에서 믿음을 보겠느냐는 말씀으로 끝난다. 그러므로 제자들은 과부처럼 간절히 공의를 구해야 한다. 그들은 인자의 날을 고대하듯이17:22, 과부가 재판장 앞에 나오듯이 하나님께 나아와 공의를 구하며 부르짖어야 한다. 공의를 위한 부르짖음이야말로 그들이 항상 간구하고 낙심하지 말하여 할 기도다.18:1 그들은 이러한 기도를 통해 인자가 세상에 오실 때 보고 싶어 하시는 믿음을 보여줄 수 있다.18:8

18:9-14 바리새인과 세리 비유

바리새인과 세리 비유는 과부와 재판장 비유와 마찬가지로 거울 이미지를 형성한다. 재판장과 바리새인은 자기를 의롭다고 믿고 다른 사람을 멸시하는 데 여념이 없는 자들이다. 과부와 죄인은 불의에 의한 것이든 자신의 죄로 인한 것이든 자신이 처한 절망적 상태를 깨닫고 공의를 위해 자신 너머를 바라보는 사람들이다. 과부는 재판장을, 죄인은 하나님을 바라본다. 두 이야기는 10장에 나오는 율법교사, 선한 사마리아인, 마리아, 마르다 이야기처럼 하나의 단위로 기능한다. 그곳의 주제는 제자들의 지성과 섬김이다. 지성과 섬김은 둘 다 하나님의 의보다 자기 의의 수단이 될 수 있다. 이곳의 주제는 개인적인 신앙 및 하나님과의 관계가 어떻게 예배의 수단이 아니라 자기 의의 수단이 될 수 있는지를 보여준다.

존슨의 주장처럼, 두 비유의 주제는 사람과 하나님의 관계를 표현하는 기도일 뿐만 아니라 사람과 하나님의 관계 자체인 기도이다.274 기도, 또는 하나님과의 관계는 진실할 수도 있지만, 자기 영광을 위해 남용될 수도 있다. 바리새인은 "자기 혼자" 기도한다. 반면에, 세리는 시선을 아래로 떨군다. 중요한 것은 세리의 눈은 아래로 향하지만, 마음은 하늘로 향한다는 것이다. 이것이 두 사람의 차이점이다. 한 명은 자신을 보고, 다른 한 명은 아래를 내려다본다. 또 하나의 차이점은 자기 평가 및 비교의 기준이다. 바리새인은 자신을 긍정적으로 평가하며, 그의 비교 기준은 다른 사람곁에 있는 세리과의 관계적 지위이다. 반면에 세리는 자신이 죄인이라는 사실을 인정할 뿐만 아니라 곁에 있는 바리새인에게 주의를 기울이지 않는다. 그의 유일한 비교 기준은 하나님의 거룩하심이다. 끝으로, 바리새인은 자신이 한 일과 하지 않은 일에 사로잡혀 있다. 그는 금식하고 십일조를 바쳤으며, 다른 사람들처럼 토색하거나 간음하지 않았다. 세리는 하나님 앞에서 자신이 누구인지에 집중한다. 그는 자신의 경건이나 도덕적인 행위가 아니라 하나님 앞에서 죄인이라는 사실에 초점을 맞춘다.

이 비유는 예수님의 가르침으로 끝난다. 바리새인은 스스로 의롭게 여기지만 세리는 하나님의 의롭다 하심을 받는다. 우리는 여기서 다시 한번 누가복음에서 너무나 친숙한 반전의 진술을 찾아볼 수 있다. 누구든지 자기를 높이는 자는 낮아지고, 자기를 낮추는 자는 높아질 것이다.

18:15-17 어린아이들에 대한 축복

예수께서 어린아이들을 맞아주시는 이 본문에는 여전히 하나님의 나라 예법에 진전이 없는 제자들의 모습이 잘 나타난다. 이 본문은 9장 46-48절의 사건을 상기시킨다. 그곳에는 제자들의 문제점이 잘 드러난다. 제자들이 그들 중 누가 크냐는 추한 논쟁을 벌이자 예수님은 어린아이 하나를 데려다가 곁에 세우신다. 예수님은 그들에게 누구든지 이런 어린아이 하나를 영접하면 나를 영접하는 것이고 나를 영접하는 자는 하나님을 영접하는 것이라고 말씀하신다. 이 에피소드는 그들 가운데 가장 작은 자가 가장 큰 자라는 말씀으로 끝남으로써, 논쟁은 한동안 잠잠해진다.

예루살렘을 향한 여정의 끝이 다가오면서, 제자들은 다시 한번 부족함을 드러낸다. 여기서는 예수님이 아이를 데려오신 것이 아니라 사람들이 예수님의 축복을 바라며 어린아이들을 데려온다. 놀랜드Nollans는 사람들이 예수께서 만져 주기를 바라고 자기 아이를 데리고 온 이 장면에서 민속 종교적 요소를 발견한다.1993a: 881 그는 이러한 면이 제자들이 어린아이들을 대하는 태도에 대한 부분적 설명이 될 수 있다고 주장하지만, 이곳의 문맥은 제자들이 예수님과 가깝다는 지위를 남용했을 가능성을 보여준다. 후자의 가능성이 더 큰데 이것은 특히 제자들이 예루살렘에 도착한 후 그곳에서 전개되는 중요한 사건들에서 실패하는 모습을 보여주기 때문이다.

그들이 무슨 생각으로 그렇게 했든, 예수님은 아이의 부모를 꾸짖는 제자들을 제지하신다. 예수님은 "어린 아이들이 내게 오는 것을 용납하고 금하지 말라 하나님의 나라가 이런 자의 것이니라"18:16고 말씀하신다. 해석가들은 "이런 자"such의 문법적 구조를 "비인칭 속격"으로 분류한 존슨의 주장에 이의를 제기한다. 하나님의 나라는 어린아이들의 것인가, 아니면 그들은 하나님 나라의 구성원인가? 존슨은 하나님 나라는 어린아이가 아니라 하나님께 속한 것이라고 주장하며 후자를 택한다. 이것은 누구든지 하나님의 나라를 어린아이와 같이 받아들이지 않는 자는 결단코 거기 들어가지 못할 것이라는 진술18:17을 고려할 때 바람직한 해석으로 보인다. 하나님의 나라는 어린아이들과, 하나님의 나라와 그 나라에 속한 가난한 자와 소외된 자를 어린아이를 받아들이는 것처럼 받아들이는 자들로 구성된다.

이 해석은 예수님이 어린아이들을 금한 제자들을 금하신 방식과 일치한다. 제자들은 어린아이들을 받아들이지 못하기 때문에 천국에 들어가지 못하고 있다는 것이다.

18:18-30 다섯 번째 요구

부자 관리에 관한 이야기는 이제는 친숙한 요구Quest Story 가운데 다섯 번째 요구에 해당한다. 이 관리는 사람에게 중요한 것을 찾아 예수께 나아온다. 물론 여기에도 장애물이 존재한다. 이 이야기에서 예수님은 장애물 가운데 하나를 던지신다. 이 장애물은 극복되지 않으며 요구는 이루어지지 않는다. 일곱 개의 요구 기사 가운데 이례적인 장면이다.

이 이야기는 일련의 요구의 한 부분으로 덧붙여질 뿐만 아니라, 앞서 언급한 바 있는 율법교사와 선한 사마리아인에 관한 비유10:25-37와도 연결된다. 요구의 내용은 동일하다. 율법교사와 부자 관리 모두 영생을 얻기 위해 무엇을 해야 하는지 알고 싶어 한다. 예수님은 이 율법교사에게 "네가 율법을 어떻게 읽느냐"라는 윤리적인 대답을 하신다. 그러나 자신을 "선한 선생님"18:18이라고 부르는 관리에게 예수님은 시편54:6; 73:1; 118:1-4, 29; 136:1; 70인역 참조에 나오는 인간의 규범적 대답을 제시한다. 오직 하나님만이 선하시다는 것이다.Johnson: 276 두 대화에서 영생이라는 주제에 대한 첫 번째 논의의 요지는 율법이다. 10장의 율법교사는 보다 나은 모습을 보여준다. 그는 율법의 핵심인 하나님과 이웃에 대한 사랑을 정확히 이해했다. 그러나 그는 이웃에 대해 질문함으로써 자신을 정당화하려는 것으로 묘사된다. 우리는 여기서 예수께서 이러한 자기 의를 특별히 반대하신다는 사실을 알 수 있다.

이곳 본문에서 예수님은 관리에게 율법을 어떻게 읽느냐고 묻지 않으신다. 대신에 예수님은 율법의 일부을 인용하신다. 그는 십계명 중 다섯 가지 계명을 제시하신다. 다섯 가지 계명은 대체적으로 신명기 5장 16-20절의 순서를 따른다. 이 이야기에서는 율법교사에 관한 이야기와 달리, 이 관리가 자기 의를 드러내려는 조짐이 있음에도 불구하고 그런 언급이 나타나지 않는다. 그는 예수님이 인용하신 계명들을 어려서부터 지켰다고 주장한다.

그러나 누가복음의 제자도는 가난한 자를 돌아보고 예수님을 따르는 틀 안에서 율법을 지킬 것을 요구한다. 12장 33절에서 제자들은 모든 소유를 팔아 구제하라는 명령을 받았다. 이곳 본문에서 어려서부터 모든 계명을 지킨 관리는 그에게 여전히 부족한 것이 하나 있는데 그것은 자신의 소유를 팔아 가난한 사람에게 나누어 주는 것이라는 말씀을 듣는다. 이스라엘의 언약적 삶이라는 퍼즐을 장식할 마지막 카드는 이스라엘의 하나님께 순종하는 가난한 자에 관한 관심이다. 하늘의 보물은 제자도의 행위를 따른다.

그러나 이 관리는 괴리를 메울 수 없었다. 예수님의 말씀을 들은 그는 근심했다. 그는 재물이 많았기 때문이다.18:23 긍정적인 반응을 보이지 못한 그를 보신 예수님은 부자가 하나님의 나라에 들어가는 것이 얼마나 어려운지를 지적하신다. 역설적이지만, 재물은 영생을 얻으려는 자와 그곳으로 가는 진입로 사이를 가로막고 있는 가공할만한 장벽임이 다시 한 번 드러난다. 예수님은 부자는 낙타가 바늘귀로 들어가기 어려운 만큼 하나님의 나라에 들어가기 어렵다고 보신다.

이 말씀은 듣는 자들을 매우 당황하게 만든 것으로 보인다. "그렇다면 누가 구원을 얻을 수 있으리이까"18:26라는 질문은 이러한 사실을 잘 보여준다. 예수님이 제자들에게 요구하신 포기는 매우 단호하다. 그러나 베드로가 상기시켜 준 것처럼, 제자들은 부르심을 받아들이고 모든 소유를 버림으로써 모범을 보여주었다. 예수님은 베드로의 말을 부정하지 않으신다. 예수님은 하나님의 나라를 위한 그들의 희생, 특히 가장 어려운 친족까지 버린 것은 하나님의 나라와 영생을 상속할 자격이 있다고 말씀하신다.18:29-30 그들의 희생은 영원할 것이다

성서적 맥락 속의 본문

어린아이

어린아이를 대하시는 예수님의 태도는 당시 문화의 전형적 모습과 유사하기도하고 다르기도 하다. 이스라엘에서 어린이는 하나님이 주신 소중한 축복이었다. 히브리 성경에 나오

는 가장 가슴 아픈 본문 가운데 하나는 아이를 낳지 못하는 여자에 관한 이야기다. 사라창 16-18장, 리브가창 25:19-25, 라헬창 30장, 마노아의 아내이자 삼손의 어머니삿 13장, 한나삼상 1장, 수넴 여자왕하 4장; 나중에 엘리사가 그의 아들을 살린다는 모두 아이를 원했다. 그들은 하나님의 특별하신 개입으로 아이를 낳았으며, 그들은 대부분 하나님의 백성의 족장이 된다. 누가복음의 유아기 내러티브에서 두드러진 활약을 보이는 엘리사벳은 이러한 전통에 속한다. 하나님은 이스라엘에서 아이를 낳지 못하는 여자들의 친구가 되신다. 그들의 자녀는 어렵게 태어났기 때문에 특히 소중히 여겨진다.

아이들은 성경 내러티브에서도 중요한 역할을 한다. 하나님은 이삭의 잉태에 개입하실 뿐만 아니라 그를 통해 아브라함을 시험하신다. 하나님은 자신의 명령을 철회하시고 양을 준비하여 이삭을 구원하신다.창 22:1-19 미리암은 어머니가 모세를 갈대밭에 숨기자 보고 있다가 바로의 딸이 모세를 데려가자 그에게 어머니를 유모로 천거하는 영민함을 보인다.출 2:1-10 하나님은 어린 사무엘에게 엘리에 대한 특별한 예언적 메시지를 주신다.삼상 3:1-20 사무엘은 사울의 후계자를 택하기 위해 이새를 찾아간다. 그는 하나님의 지시에 따라 밖에서 양을 치던 이새의 막내아들 다윗을 불러 기름을 붓는다.삼상 16:3-14

시편 127편 3-5절은 자식을 여호와의 기업으로 축하하며, 시편 139편 13-18절은 우리가 어머니의 태에서 잉태될 때부터 하나님이 우리를 돌보신다는 사실을 분명히 한다. 과부와 나그네와 함께 고아는 하나님의 특별한 책임을 지신다. 이스라엘 백성은 그들을 보살피고 부양해야 했다.출 22:22-24; 신 10:17-18 등 아이들을 부르시고 사랑하시는 예수님은 확실히 아이들을 소중히 여기고 돌보는 이러한 전통 위에 서 계신다.

그러나 예수님이 아이들을 축복하신 데에는 이러한 전통 이상의 것이 담겨 있다. 예수님은 전통에서 벗어나 그것을 비판하기까지 하신다. 필자의 제자 가운데 한 명인 에스더 무하가치Esther Muhagachi는 탄자니아 출신으로 도도마Dodoma에서 거리의 아이들을 보살피고 있다. 그는 예수께 데려온 아이들이 거리의 아이들일 것이라고 생각하는 감동적인 에세이를 썼다. 모든 사회는 과부와 나그네와 함께 아이들을 경시했다. 예수께 데려온 아이들 가운데는 확실히 거리의 아이들도 있었을 것이다. 우리는 종종 예수께 데려온 아이들이 그럴듯한 부모에게서 사랑을 받고 자란 포동포동한 아이일 것이라고 생각한다. 그런 아이들을 어떻게 제자들이 돌려보낼 수 있었겠는가? 현실적으로 그들은 훨씬 다양한 환경, 건강, 청결, 기질, 매력을 가진 아이들이었을 가능성이 크다. 아이들을 소유물로 여기던 시대, 가난이 만연하고 아이들이 학대받고 무시당하는 당시에 예수님은 사랑의 길을 보여주셨다.

우리는 여전히 이런 시대에 살고 있다. 나는 다음과 같은 기도를 한다. 이 기도는 사람들과 함께 이 본문을 연구할 때 했던 기도다.

> 은혜로우신 하나님,
> 　우리의 삶 속의 아이들로 인해,
> 　그들이 구현하는 기쁨과 희망으로,
> 　그들이 보여주는 경이로운 삶으로 인해 감사드립니다.
> 오 하나님, 그들을 양육하는 우리에게 자비를 베푸소서
> 　그들의 끝없는 요구에 인내하게 하시고
> 　그들의 무한한 질문에 대답할 지혜를 주옵소서.
> 우리의 아이들에게 잘못한 죄를 용서해 주소서.
> 　아이들에 대한 과도한 관심으로 그들을 감상주의에 빠지게 하고
> 　　지나친 보호로 아이가 우리의 전부가 되게 하며
> 　　우리의 못다 이룬 꿈을 그들에게 떠 맡긴 죄,
> 　이러한 과잉 보살핌 속에
> 　　오늘날 많은 아이들이 무시와 남용과 착취를 당하게 한 죄를 용서하소서.
> 오 주여 도우소서.
> 　자식이 있든 없든, 아이들을 축복하는 거룩하고 고단한 사역에
> 　한 마음으로 동참하게 하소서.
> 아멘.

교회생활에서의 본문 적용

부와 소유

부와 소유는 누가복음은 물론 다른 복음서에서도 강조되었으나, 오늘날 교회는 이 주제에 큰 관심을 두지 않는다. 우리가 돈을 어떻게 생각하고 그것을 어떻게 사용할 것인지는 성적인 문제보다 민감하고 골치 아픈 유일한 주제일 수 있다. 그러나 우리가 누가복음을 읽어본다면, 특히 전기나 소설처럼 누가복음 전체를 통독한다면, 이 문제가 복음의 핵심이라는 사실을 분명히 깨닫게 될 것이다.

조심스러운 말이기는 하지만, 많은 교회나 출판사나 신학교가 이 주제를 다룰 때 드러나는 문제점 가운데 하나는 이 문제를 영적으로 접근하지 않고 윤리적으로 접근한다는 것이

다. 그러나 내가 주저하는 이유는 두 가지 이유 때문이다. 첫째로, 우리는 이 주제를 영성화 spiritualization함으로써 오히려 복음과 우리 자신에게 해를 끼쳤다는 것이다. 이러한 영성화 는 우리의 혹을 떼 주었다. 우리는 모든 것을 하나님께 기꺼이 드릴 의지만 있다면, 실제로 할 일은 없다고 생각한다. 우리의 진정한 부는 하늘에 있다는 사실을 아는 한, 이 땅의 부로 자신이 원하는 무엇이든 할 수 있다는 것이다. 이러한 정신적 임기응변은 예수께서 부와 소 유에 대해 언급하신 진지함을 외면한다. 이러한 태도는 자신에게도 아무런 도움이 되지 않 는다.

내가 망설이는 두 번째 이유는 현실적으로 건전한 윤리적 사고야말로 이러한 영성화에 대한 가장 바람직한 해법이라는 것이다. 나는 선하고 견고하며 윤리적인 사고의 중요성을 경시하거나 축소할 생각이 없다. 그것은 교회가 감당해야 할 중요한 사역이다. 우리는 상품 소비, 세계 경제의 불균형, 청지기 정신 및 세금 전쟁에 대한 진지한 성찰이 필요하다. 우리 는 신분의 차이와 이러한 차이가 빈곤에 미치는 영향에 대해 깊이 생각해 보아야 한다. 우리 는 빈곤과 빈곤이 사회에 미치는 영향에 대해 면밀히 살펴볼 필요가 있다. 한 걸음 더 나아 가 우리는 이 모든 문제를 복음의 메시지에 비추어, 그리고 누가가 묘사하는 예수님에 비추 어 고찰해 보아야 한다.

그러나 복음은 이처럼 신중하고 윤리적인 논리를 넘어선다. 부와 소유에 대한 예수님의 가르침은 바로 이 문제의 핵심에 초점을 맞춘다. 복음의 관점에서 부와 소유에 관한 문제의 핵심은 가능성의 문제이기도 하다. 핵심은 인간의 기본적인 욕구를 충족시킬 수 있는 것 이 상의 것을 요구하고 축적하는 것은 하나님과 사람에게서 멀어지게 한다는 것이다. 한 가지 가능성은 우리가 필요 이상으로 쌓아놓은 것을 내어놓는다면, 하나님 및 사람들과 연합할 수 있다는 것이다. 배를 버리고 예수님을 좇았던 제자들과 달리 우리는 하나의 행위로서 부 와 소유를 버리라는 요구를 받지 않는다. 버리는 행위 자체에 거룩함이나 기쁨이 있는 것은 아니다. 거룩함과 기쁨은 "[예수를 따르기] 위하여"에 있다. 버리는 행위는 일부다. 그것은 우리가 간절히 원하고 추구하는 자유를 향한 첫걸음이다. 우리는 알게 모르게 이 자유를 향 해 형성되는 중이다. 예수님은 우리에게 이러한 자유를 원하신다. 그것은 거룩함과 기쁨으 로 가득한 자유다. 그것은 마침내 우리를 하나님이 계신 본향으로 데려다 줄 것이다.

회중 가운데 부한 자가 얼마나 되든, 포기와 자유와 기쁨과 거룩함에 관한 이 메시지는 우 리가 귀 기울여 들어야 할 말씀이다. 부와 소유에 관한 메시지를 들었다고 해서 분별력이라 는 어려운 과제에서 면제되는 것은 아니다. 인간의 기본적인 필요는 무엇인가? 이 필요의 범주에서 벗어나는 것은 무엇인가? 필요를 벗어난 축적은 어느 시점부터 시작되는가? 버리는 일에 필요한 것은 무엇인가? 이윤 창출 기회, 기업인, 투자, 투자자는 이 그림과 어떻게 부합하는가? 우리는 어떻게 필요, 포기, 자유, 기쁨이라는 관점에서 사회 기관들을 돌볼 수 있는가? 우리의 책임이 다른 사람들때로는 수많은 사람의 기본적인 필요와 관련될 경우, 어떻게 해야 하는가? 예수님의 가르침은 이러한 문제들을 회피하려는 것이 아니라 해법을 찾기 위한 것이다. 그러나 그리스도의 말씀에 기초한 이 논쟁의 목적은 완전한 해답, 완전한 그리스도인, 완전한 회중, 완전한 세상이 아니다. 이 논쟁의 목적은 위를 향한 마음과 자유로운 마음으로 이처럼 어려운 문제를 붙들고 어려운 결론에 도달할 수 있는 그리스도인과 기독교 공동체다

우리 교회에는 소위 "2퍼센트 기금"이 있다. 우리는 세계 도처의 자원을 이용하여 살아가는 북미인이라는 인식과 함께 십일조 외에 수입의 2퍼센트를 바치라는 권면을 받는다. 우리는 이 기금을 배상이라고 생각한다. 확실히 배상은 냉철한 개념이며 엄격한 명분이다. 그러나 우리는 이 기금을 모으고 사용 지침을 의논하며 집행을 결정하는 모든 과정을 통해 자유와 기쁨을 경험했다. 이 기금을 통해 큰 기쁨을 느꼈다면 경솔한 말인가? 우리는 이러한 노력을 통해 전 세계 사람들과 관계를 구축했다. 우리는 도전하는 마음으로 이 기금에 동참했다. 이 사역은 소망과 관대함의 정신을 강화했으며, 수년에 걸쳐 강력한 모습으로 형성되었다. 비록 작은 일이지만 나름대로 부와 소유에 대한 예수님의 가르침을 구현한 것이다.

여정의 끝

개관

우리가 예수님을 예루살렘에서 마지막으로 본 것은 예수님이 열두 살 되던 해였다. 그는 또래 아이들보다 훨씬 성숙한 모습으로 율법교사들과 논쟁을 벌였다. 예수님은 마지못해 예루살렘을 떠나셨으며, 그를 찾으러 가던 길을 되돌아온 부모를 따라 나사렛으로 가셨다. 이제 성인이 되신 예수님은 유대인의 희망과 꿈의 도시로 향하고 있다. 예수님은 그곳에서 일어날 끔찍한 일을 내다보고 계신다. 또한, 이 전설적이고 유서 깊은 도시에 대한 깊은 동경과 심금을 울리는 순간을 경험했다. 예루살렘은 예수님과 특이하고 측량할 수 없는 관계로 엮인 운명의 도시였다.

여정 내러티브의 이 마지막 단원은 내러티브 전체의 핵심 주제와 모티브가 집약되며, 예수님을 맞이하는 예루살렘의 숨겨진 이면을 예시한다. 이 단원은 예수님이 제자들과의 대화를 통해 언급하신 수난에 대한 마지막 예고로 시작한다. 그러나 제자들은 이 말씀을 깨닫지 못했으며 여전히 "잃은" 자임을 보여준다. 여정이 계속되는 동안, 제자들은 헌신과 깨달음에 대한 검증을 통과하지 못했다. 이러한 실패는 이 마지막 단원의 서두에서 중대한 국면에 접어든다. 예수님의 고난과 죽음에 대한 교훈이 끝난 후 여정 내러티브에서 다루었던 주제와 일부 주제에 대한 결론을 제시하는 세 가지 이야기가 이어진다. 소경에 대한 치유와 삭개오 이야기 및 열 므나 비유가 그것이다. 이 단원은 예수님과 제자들이 예루살렘에 도착함으로써 끝난다. 따라서 모든 여정 내러티브는 감람산에서 나귀를 타시고 승리의 입성을 하신 예수께서 깊은 묵상 가운데 성을 보시며 우시는 장면으로 끝난다.

예수님이 깊은 묵상 가운데 "그의" 성으로 돌아가신 것은 분명해 보인다. 예수님은 예루살렘에 대한 자신의 주장을 잘 알고 계신다. 예수님은 열두 살 때 마지못해 떠난 곳을 환영받지 못하실 것을 아시면서도 기꺼이 들어가신다. 예수님이 나귀를 타신 것나귀는 왕의 행차에 적당한 수단은 아니지만, 자신을 왕으로 환호하는 사람들을 제지하지 못하게 하신 것, 예루살렘을 자랑스럽고 벅찬 마음으로 보신 것이 아니라 우신 것은 모두 예상을 뒤엎는 그가 예고를 입증한다. 예수님의 주장은 하나님 나라의 반전이다. 예루살렘은 그가 열두 살에 떠나셨던 율법의 도시가 아니다. 예루살렘은 앞으로 일어날 사건들에 휘말려 심판받을 성이다

단락 구조

고난, 죽음, 부활, 18:31-34

다윗의 자손, 인자, 18:35-19:10

    18:35-43 맹인에 대한 치유

    19:1-10 여섯 번째 요구: 삭개오

왕권에 관한 비유, 19:11-27

찬양과 애가, 19:28-44

    19:28-40 예루살렘 입성

    19:41-44 예루살렘을 보고 우심

본문 주해

고난, 죽음, 부활18:31-34

갈릴리 사역 단원은 처음 두 개의 수난 예고로 끝났다.9:22, 44 여정 내러티브 역시 예루살렘에서의 사역 마지막 며칠 동안 당할 고난에 대한 예고로 끝난다. 예수님은 이 예고를 열두 사도에게 하신다. 예수님은 그들에게 예루살렘으로 올라가는 중이라는 사실에 대해 언급하신다. 이것은 자주 언급되지만 모호한 말씀 가운데 하나다. 예수님은 그곳에서 인자에 대한 선지자의 예언이 응할 것이라고 말씀하신다. 예언의 성취에 관한 이 주제는 부활 후 내러티브에 다시 등장한다. 예수님은 엠마오로 가는 제자들과 그날 이후 예루살렘에 모여 있던 다른 제자들에게 자신의 죽음과 부활을 통해 일어난 모든 일이 성경의 약속에 대한 성취임을

상기시키신다.

이 수난 예고는 앞서의 두 차례 예고와 관련하여, 그리고 마가복음 및 마태복음과 관련하여, 한 가지 흥미로운 새로운 사실이 나타난다. 예수님은 누가복음 9장 22절에서 제자들에게 자신이 장로들과 대제사장들과 서기관들에게 버림받아 죽임을 당한 후 다시 살아날 것이라고 말씀하신다. 우리는 예수님이 수동태를 사용하신 사실에 주목할 필요가 있다. 9장 44절의 두 번째 예고는 비교적 평범하다. 그는 사람들의 손에 넘겨질 것이다. 그러나 이곳에서 예수님은 유대 종교 지도자들에 대한 언급을 생략하신다. 예수님은 자신이 이방인들에게 넘겨질 것이라고 말씀하신다. 또한 18장 32절의 수동태는 33절에서 능동태로 바뀐다. 이방인들이 채찍질하고 그를 죽일 것이다.

누가복음은 이러한 점에서 마태복음20:18 및 마가복음10:33과 다르며, 능동태로 전환된다는 점에서 마태복음보다 마가복음에 가깝다고 할 수 있다. 누가복음은 대제사장들과 서기관들이 예수님을 조롱했다는 언급 대신, 이방인들에 대해서만 언급한다. 마태복음은 계속해서 수동태를 사용하지만예수님은 조롱과 채찍질과 십자가에 못 박힘을 당하실 것이다, 마가복음은 누가복음과 마찬가지로 능동태를 사용한다. 이방인들이 예수님을 능욕하고 침 뱉으며 채찍질하고 죽일 것이다. 이 두 가지 요소는 사소하지만 중요하다. 누가복음은 기독교가 로마와 제국주의적 방식에 위협이 되지 않는다는 사실을 보여준다고 주장하는 학자들이 있기 때문이다. 그러나 누가는 이곳에서 로마 제국이 십자가 처형에 관여한 역할에 대해 다른 복음서 기자와 달리 전혀 완화하지 않는다.

예수님은 부활에 관한 소망의 어조로 예고를 마치지만, 열두 사도는 예수님이 말씀하신 고난이나 부활에 관한 내용을 전혀 깨닫지 못한다. 그들이 깨닫지 못한 사실은 세 차례나 강조된다. 9장 22절의 첫 번째 수난 예고 후, 제자들이 이 메시지를 어떻게 받아들였는지에 대한 언급은 나타나지 않는다. 그러나 9장 45절과 여기서는 제자들이 예루살렘에서 있을 예수님의 사역에 대해 깨닫지 못한 사실이 강조된다. 그들은 하나도 깨닫지 못하였다. 말씀의 의미가 그들에게 감추어졌으며, 그들은 그 이르신 바를 알지 못했다.

이 구절은 예수님이 홀로 사역을 마치실 것이라는 사실을 보여주는 편집적 언급이다. 이것은 또한 예수님과 제자들이 예루살렘으로 가는 동안 말씀을 전하시고 가르치시며 병자를 고치신 일들이 아무런 깨달음도 주지 못했음을 보여준다. 9장 22절 이후 많은 일이 일어났지만, 예수님을 기다리고 있는 운명과, 고난이 그의 사역의 일부라는 사실에 대한 깨달음은 거의 없었다. 우리는 이러한 깨달음의 부족이 수난 및 부활 후 내러티브에서 얼마난 큰 역할을 하는지 보게 될 것이다.

다윗의 자손, 인자18:35-19:10

이어지는 두 이야기, 18장 끝의 맹인을 고치신 기사 및 19장 서두의 삭개오 기사는 다윗의 자손1:32과 인자예: 5:24; 6:5, 22; 7:34라는 두 가지 호칭을 재확인한다. 누가는 이러한 호칭을 사용한 두 이야기를 나란히 제시함으로써 몇 가지 요지를 제시한다. 첫째로, 그는 예수님이 이스라엘의 영광이 되기 위해 보내심을 받은 언약의 자녀라는 사실을 다시 한번 지적한다. 이것은 유대인에 대한 치유와 화해에 관한 이야기다. 둘째로, 누가는 유대인의 영광이 모든 사람의 영광이 된다는 사실을 지적한다. 첫 번째 이야기에서는 모든 백성이 맹인을 고치신 일로 하나님을 찬양한다. 두 번째 이야기에서는 가난한 자는 삭개오를 통해 혜택을 받은 가난한 자들이 유대 공동체로 회복된다. 셋째로, 두 이야기는 하나님의 나라가 예수님의 치유 및 화해 사역을 통해 나타난다는 사실을 다시 한번 강조한다. 세 가지 요소는 여정 내러티브의 중요한 주제로, 이 단원의 끝부분에서 다시 한번 강조될 것이다.

18:35-43 맹인을 고치심

이 이야기는 지리적 언급으로 시작한다. 예수님은 여리고에 가까이 가신다. 여정 내러티브는 끝으로 갈수록 장소에 대한 언급이 더 뚜렷해지고 다양해진다. 예수님이 여리고로 들어가실 때, 한 맹인이 예수님 일행이 지나가는 소리를 듣고 무슨 일이냐고 묻는다. 나사렛 예수께서 지나가신다는 말을 들은 그는 두 가지 중요한 연관성을 찾아낸다.18:37 그는 속으로 나사렛 예수는 언약 백성, 이스라엘 백성과 관련된다고 생각했다. 그는 이러한 연결을 가능하게 하는 "다윗의 자손"18:38이라는 호칭으로 예수님을 부른다. 이러한 연결은 탄생 내러티브에 잘 나타난다. 그러나 이어지는 이야기들에는 이 호칭이 거의 나타나지 않는다. 6장의 진설병 및 다윗의 용사들에 대한 언급과 함께 다윗과 예수님은 점차 유사성을 보인다. 그러나 예수님이 다윗의 후손으로 태어나신 것은 분명하나1:32 이곳 18장에서 맹인이 다윗의 자손이라고 부르기 전까지는 그런 이름으로 불리지 않으신다.

한편으로 맹인은 이 이름을 자비와 연결한다. 반복되는 말이지만, 이 개념은 탄생 내러티브에 나오는 마리아의 찬가에서 확립된다. 마리아는 뱃속의 아기를 이스라엘에 대한 하나님의 자비와 두 차례 연결한다. 누가복음에는 이 단어가 거의 사용되지 않지만, 누가복음 10장에 나오는 선한 사마리아인 이야기와 누가복음 16장에 나오는 부자와 나사로 이야기에 나타난다. 부자는 이곳의 맹인처럼 아브라함에게 자비를 구한다. 17장에는 나병 환자들이 예수께 자비를 구한다. 누가복음에서는 마지막으로, 이곳 맹인 이야기에 나타난다. 이것은 누가복음의 탄생 내러티브에 제시된 예수님의 목적이 이스라엘에 대한 하나님의 자비와 연결되며 치유 사역을 통해 성취된다는 사실을 다시 한번 상기시킨다.

어린아이들의 경우에서처럼, 맹인이 예수께 접근하는 것을 막으려는 사람들도 있었다. 그러나 그는 침묵하지 않고 더욱 큰 소리로 부르짖었다. 이러한 행동은 18장의 하나님을 두려워하지 않고 사람을 무시하는 재판장에 관한 이야기에 나오는 과부와 같다. 그러나 재판장과 달리, 예수님은 맹인의 부르짖음에 훨씬 적극적인 반응을 보이신다. 예수님은 머물러 서서 그 사람을 부르신 후 무엇을 원하는지 물으셨다. 맹인이 보기를 원한다고 하자 예수님은 그를 고치시는 동시에 그의 믿음에 대해 언급하신다.

이 이야기는 "영광을 맛보는" 장면으로 끝난다. 눈을 뜨게 된 맹인은 하나님께 영광을 돌리며 예수님을 따랐으며, 모든 백성은 하나님을 찬양 했다. 이것은 누가복음에서 모든 것이 결합된 시간 가운데 하나로, 믿음과 치유와 제자도와 하나님에 대한 찬양이 함께 어우러지는 경건한 장면이다.

19:1-10 여섯 번째 요구: 삭개오

맹인에 관한 이야기와 마찬가지로, 이 이야기는 지리적 언급과 함께 시작한다. 예수님은 여리고로 들어가 지나가시는 중이시다. 예수님 일행은 예루살렘에 점점 가까이 다가가신다. 우리는 삭개오에 관한 상당한 양의 정보를 얻는다. 삭개오라는 인물에 대해서는 이름과 생업, 마음가짐 및 그의 외모에 대한 묘사까지 제시된다.

삭개오 기사는 누가복음 10장의 율법교사 및 18장의 관리에 관한 이야기와 연결된다. 삭개오는 단순한 세리가 아니라 세리장이다. 공동체에서의 지위와 부 및 권력에 관한 한 그는 율법교사나 관리와 비슷하다. 그럼에도 불구하고 이야기의 결말은 상당히 다르다. 그 차이는 3절에서 분명하게 드러난다. 삭개오는 예수님을 만나려고 한다. 그는 자신을 의롭다 하거나 심지어 영생을 얻으려 하지 않았다. 그의 목표는 다르다. 그는 단지 예수님을 보고자 했다. 그러나 키가 작고 사람이 많아 볼 수 없었던 그는 앞으로 달려가 한 나무에 올라간다.

이 이야기는 몇 마디의 짧은 진술을 통해 전형적이지 않은 인물에 대해 제시한다. 삭개오는 사회적 지위에 있어서는 율법교사나 관리에 가까운 인물이지만, 그의 외모와 행동은 어린아이에 더 가깝다. 그는 예수께서 앞장에서 하신 말씀의 모범적인 사례가 된다. 즉, 삭개오는 하나님의 나라는 그것을 어린아이와 같이 받아들이는 자의 것이라는 말씀과 하나님은 낙타가 바늘귀로 들어가는 일도 하실 수 있다는 말씀을 구현한다. 우리가 오해해서는 안 되는 한 가지 사실은, 삭개오는 키가 작고 나무 타는 재주가 있지만 완전한 성인이라는 것이다. 그의 회개와 보상과 관대함은 완전한 성인의 결정과 행위다. 그러나 그의 수용성과 열정과 카리스마는 예수께서 갈릴리 사역 및 예루살렘을 향한 여정에서 가족과 소유를 버리고 자신을 좇은 자들이나 어린아이들에 대해 칭찬하셨던 제자도의 자질이다.

누가복음에는 손님과 주인의 역할이 수시로 바뀌며, 역전되기도 한다. 예수님은 다른 사람의 집에 청함을 받은 후 주인의 역할을 하기도 한다. 어떤 면에서는 이곳의 본문도 마찬가지다. 예수님은 삭개오에게 내려오라고 말씀하신다. 왜냐하면, "오늘" 예수께서 그의 집에 "유하여야"it is necessary 하시기 때문이다.19:5 이 구절은 짧은 산문에 해당하지만, 누가복음의 다른 주제들 속에 깊이 울려퍼진다. 누가복음에서 "dei"it is necessary라는 헬라어는 항상 중요하며, 이곳에서도 다른 곳과 마찬가지로 예수님을 통해 이루시고자 하는 하나님의 목적의 핵심이 무엇인지를 잘 보여준다[당위성, p. 436]. 삭개오의 집에 머무시는 것은 고난, 죽음, 부활과 같은 성육신의 사역의 일부이다. 삭개오는 예수님을 영접하라는 말씀에 즉시 기쁜 마음으로 응한다. 다시 말하지만, 그는 아이들에게서 흔히 볼 수 있는 수용성을 보여준다. 이러한 수용성은 지친 어른들에게는 찾아보기 어려운 요소지만 하나님의 나라에 들어가기 위해서는 반드시 필요하다. 그것은 결백이 아니라 -삭개오는 순수하지 않다- 하나님 나라의 반전적 가치관을 받아들일 마음과 생각을 갖추는 것이다.

삭개오가 속한 공동체의 다른 사람들은 전형적인 "성인"이다. 그들은 예수님이 죄인들과 함께 먹는 성향에 대해 수군거린다. 이러한 반응은 예수님의 사역 초기부터 있었던 전형적인 저항이다. 삭개오는 이러한 불평에 귀를 기울이지 않는다. 그뿐만 아니라 그는 그들의 말에 담긴 판단을 받아들인다. 그러나 불평하는 자들과 달리, 그는 여기서 전통적인 성인이 아니라 하나님 나라의 성인의 모습을 온전히 보여준다. 삭개오는 서서 소유의 절반을 가난한 자들에게 나누어주고 속여 빼앗은 일이 있으면 네 갑절이나 갚겠다고 선언한다. 일부 역본이 19장 8절의 "서서"를 "stop"멈추다으로 번역한 것은 삭개오가 사람들의 불평을 멈추게 한 후 예수님뿐만 아니라 그들에게도 자신의 의도를 밝혔음을 보여준다는 존슨의 주장은 일리가 있다.285 그것은 사적인 고백이자 공적인 선언이다. 본문에는 나타나지 않지만, 부정한 행위에 대한 언급에 따르면, 삭개오는 가난하게 산 것 같지는 않다. 그러나 그는 큰 감사와 기쁨으로 그 나라의 요구를 받아들였다.

본문의 사건 순서에 주목하라. 예수님을 통한 하나님의 사역과 그의 구원을 향한 삭개오의 행동 사이에는 뚜렷한 구분이 없다. 삭개오는 예수님을 만나고 싶어 하며, 예수님은 그에게 손을 내미신다. 이 상황은 사랑과 교제의 한 장면이며, 이 장면으로부터 삭개오의 관대하고 정의로운 반응과 같은 개인적인 변화가 초래된다. 결국 예수님은 이러한 행동과 상호 작용이 삭개오를 하나님과 그의 공동체로 회복시키는 구원을 이루었다고 선언하신다. 예수님은 계속해서 삭개오도 아브라함의 자손이라고 선언하신다.19:9 삭개오는 회개와 회복을 통해 예수님의 제자가 되었을 뿐만 아니라 이스라엘의 후손으로 회복되었다.

예수님의 마지막 선언은 인자가 오신 목적을 강조한다. 그것은 잃어버린 자를 찾아 구원하시는 것이다. 삭개오에게 일어난 일이 예수님의 사역의 핵심이라는 것은 분명하다. 그것은 예수께서 이 땅에 오신 이유다. 우리는 이 이야기를 주일학교 아이들을 위한 본문으로 여길 때가 많다. 물론 아이들에게 정말 유익한 이야기이다. 그러나 이 이야기는 어른들도 반드시 알아야 할 말씀이다. 이 이야기는 간결한 단어와 짧지만 강력한 이미지로 누가복음의 본질을 포착한다.

왕권에 관한 비유19:11-27

이 비유는 예수님이 예루살렘을 향해 가시는 중이라는 또 하나의 언급으로 시작된다. 청중에 대한 묘사는 실태적 통계 수치가 아니라 태도에 따른 것이다. 이 비유의 청중은 하나님의 나라가 즉시 임할 것으로 생각하는 자들이다. 이 도입부는 다소 부자연스럽지만Johnson: 289, 이제 우리는 스토리와 도입부 사이에 중요한 연결이 있을 것이라고 가정할 만큼 누가복음의 방식에 익숙해 있다. 우리는 이야기를 조금 더 자세히 살펴본 후 다시 이 주제로 돌아올 것이다.

이 비유는 종종 므나 비유로 불려 왔다. 그러나 나는 나중에 살펴볼 몇 가지 이유로 인해, 이것은 청지기에 관한 비유가 아니라 왕권에 관한 비유라는 존슨의 주장을 따른다.292 대부분의 독자에게는 마태복음의 달란트 비유가 더 익숙하므로, 두 본문의 차이점은 중요하다. 누가복음의 배경은 정치적이다. 요세푸스는 『유대 고대사』Jewish Antiquities에서 헤롯 같은 통치자가 영역에 대한 지배권을 얻는 과정에 대해 묘사한다.Ant. 14.370-389 그는 로마로 가서 제국의 승인을 받아야 한다. 존슨이 지적하듯이, 이 여행은 힘든 과정이겠지만, 반드시 오랜 시간이 걸리지는 것은 아니다.289 이 비유에서 귀인은 이 여행을 떠나기 전에 열 명의 종을 불러 열 므나를 주며 자신이 돌아오기까지 장사하라고 말한다. 나중에 드러나겠지만 종들은 각자 한 므나씩 받는다. 이것은 3개월 치 임금에 해당하는 큰 금액이다. 그러나 마태복음의 비유와 달리, 이 금액은 달란트처럼 큰돈이 아니며, 차등 지급된 것도 아니다.

다른 차이도 나타난다. 마태복음에는 달란트를 받은 한 그룹만 나타나지만, 누가복음에는 두 부류의 종들이 등장한다. 열명의 종은 열 므나를 받았다. 그러나 주인과 사이가 좋지 않은 백성은 그를 미워하여 사자를 뒤로 보내어 그가 왕 됨을 원하지 않는다는 사실을 알렸다.

그 후 마침내 왕위를 받아낸 귀인이 돌아온다. 그는 즉시 종들을 불러 결산한다. 주인은 먼저 므나를 맡긴 종들에 대해 결산한 후, 이제는 "원수"echthroi, 19:27가 된 "백성"politai, 19:14을 처벌한다. 그는 종들에게 받은 돈으로 어떻게 장사했는지 설명하게 한다. 첫째는 한 므나로 열 므나를 남겼으며 칭찬과 함께 열 고을 권세를 차지한다. 둘째는 다섯 므나를 남겨 다섯 고을을 차지한다. 그러나 주인을 무서워한 한 종은 므나를 잃을까 두려워 그대로 가져 온다. 그는 주인이 두지 않은 것을 취하고 심지 않은 것을 거두는 엄한 사람인 줄 알았다고 말한다.

주인은 종의 두려움이 옳았다는 것을 즉시 보여준다. 그는 종이 돈을 은행에 맡겨 최소한 이자라도 받을 수 있게 하지 않은 것에 대해 책망한다. 주인은 곁에 섰는 자들에게 그 종에 게서 한 므나를 빼앗아 열 므나를 남겨 열 고을을 받은 종에게 주라고 명령한다. 곁에 섰는 자들은 이 조치가 너무 과하다고 생각한다. 그들은 주인의 엄격함이 드러났음에도 불구하 고, 그에게 이미 열 므나가 있다고 이의를 제기한다. 그러자 주인은 무릇 있는 자는 받겠고 없는 자는 그 있는 것도 빼앗기리라는 말로 감정을 억누른다.

므나를 맡긴 종들 -나머지 일곱 명에 대한 언급이 없으므로 최소한 그들 중 세 명- 과 결 산을 마친 귀인은 원수들에 대해 훨씬 가혹한 형벌을 내린다. 그는 자신이 왕 됨을 원하지 아니한 원수들을 이리로 끌어다가 내 앞에서 죽이라고 명령한다.

우리는 삭개오에 관한 따뜻한 이야기와 예루살렘 입성이라는 승리의 어조 사이에 삽입 된 이 엄격한 비유를 어떻게 이해해야 하는가? 이 이야기에 대한 전통적 이해는 알레고리 적 해석에 의존한다. 알레고리적 해석은 신자들이 예수께서 왕으로 재림하시기까지 인내하 며 기다릴 것을 격려한다. 그들은 기다리는 동안 받은 재능을 지혜롭게 사용해야 한다. 그러 나 존슨은 이 해석이 누가복음의 문맥과 일치하지 않는다며 이의를 제기한다. 누가가 종말 론적 이슈를 다루려는 의도였다면, 이 비유를 다른 곳에 배열하거나 다른 방식으로 표현할 수 있었을 것이다. 오히려 우리는 이 비유를 복음서의 뒷부분에서 일어날 일뿐만 아니라 이 미 일어난 일에 대한 언급으로 보아야 한다. 이것은 여정 내러티브의 관심사인 하나님 나라 에 대한 헌신과 소유에 관한 비유다. 존슨은 이 비유에서 큰 주목을 받지 못하는 귀인은 "곧 왕으로 환영을 받고 제자들에 바실레이아하나님의 나라를 나누어 주시며 강도에게 낙원의 문 을 열어주시고 부활하신 주님으로서 사역자들의 말과 행위를 통해 계속해서 권위를 행사하 실"Johnson: 294 예수님을 가리킨다고 주장한다.

존슨은 본문의 문맥적 틀에서 벗어나지 않으려 했다는 점에서 전통적인 이해를 넘어섰지 만, 이 비유를 지나치게 알레고리화하는 경향이 있다. 그는 자신의 고을을 받은 신실한 종들의 역할을 사도들에게 부여하면서, 그들은 사도행전에서 "하나님의 회복된 백성의 권위"를 행사한다고 주장한다.Johnson: 294 이 해석은 본문이 말하려는 의미보다 질서와 사도적 계승을 주장하는 가톨릭적 인식에 치우쳐 있다. 제자들은 소유 문제에서는 대체로 모범적이었지만, 수난 기사에서는 이 비유의 신실한 종들이 보여준 담대함과 헌신을 보여주지 못한다. 더구나 제자들은 사도행전 전반부의 주요 인물이며 여러 결정 과정에서 주도적인 역할을 하지만, 사실상 예수님의 권위로 활동하시는 분은 성령이시다. 열두 제자는 성령의 인도하심을 받으며, 바나바와 바울을 포함한 다른 인물들도 마찬가지다.

이 비유는 문학적 콘텍스트에 호소한다는 존슨의 주장은 일리가 있다. 확실히 이 비유는 하나님의 나라에 대한 진술이다. 이러한 사실은 이 단락의 서두에 잘 나타나 있으며, 우리는 이러한 기법에 대해 잘 알고 있다. 또한, 이 비유는 누가복음 나머지 부분에 대한 해석의 키가 될 수 있다. 그러나 이 비유에서의 배역을 누가행전에 나오는 인물들과 직접 연결하는 확고한 상관관계는 지나친 해석일 수 있다. 예수님의 제자들과 원수들에 대한 묘사는 이러한 해석보다 훨씬 복잡하고 미묘한 의미를 제시한다. 한 가지 분명하게 말할 수 있는 것은 이 비유를 그런 식으로 이해하는 것은 하나님의 나라에 대한 전통적 이해에 해당하면, 예수님의 가르침과는 정면으로 배치된다는 것이다. 오히려, 이 비유는 충격을 주기 위한 것으로, 이러한 충격은 재림에 대한 기대가 아니라 예수께서 선포하시는 하나님의 나라에 대한 헌신과 소유에 초점을 맞춘다. 하나님의 나라는 믿는 자의 삶의 핵심이다. 그들이 자신의 소유로 섬기는 모든 일은 그 나라를 다스리시는 하나님에 대한 담대한 헌신과 열정을 반영해야 한다. 이런 면에서 우리는 아무런 언급이 없는 일곱 명의 종에 대해 궁금하지 않을 수 없다. 그들은 독자를 대표하는가? 그것은 누가가 우리를 이야기 속으로 들어오게 하는 초청인가? 예수께 헌신한 사람들이 직면한 위기를 고려할 때, 우리는 어떤 각오와 방식으로 하나님의 나라에 반응해야 하는가?

찬양과 애가19:28-44

여정 내러티브는 두 개의 극적이고 가슴 아픈 장면으로 끝난다. 그것은 예수님이 나귀 새끼를 타고 예루살렘을 향하시는 장면과 예수님이 성을 바라보며 우시는 장면이다. 므나 비유에 대한 존슨의 해석이 잘못된 이유 가운데 하나는 이곳의 연속된 두 본문이 어떻게 그의 해석에 함축된 리더십과 지배에 대한 전통적 개념을 뒤엎는지에 대해 고려하지 않았다는 것이다.

19:28-40 예루살렘 입성

여정 내러티브의 뒷부분에 나오는 대부분의 본문처럼, 이 이야기 역시 지리적 언급으로 시작한다. 왕권 비유와 므나 비유를 말씀하신 예수님은 제자들과 함께 무리보다 앞서가신다. 감람원에 도착하신 예수님은 제자 중 두 명을 마을로 보내시며 몇 가지 구체적인 지시를 내리신다. 마을로 가면 아무도 타 보지 않은 나귀 새끼를 볼 것인데 그것을 풀어 끌고 오되, 만일 누가 어찌하여 푸느냐 묻거든 주가 쓰시겠다 하라는 것이다. 모든 일은 예수님이 말씀하신 대로 전개되며, 그들은 나귀 새끼를 끌고 온다.

나귀 새끼가 오자 제자들은 그 위에 겉옷을 걸쳐 놓고 예수님을 태웠다. 예수님이 나귀를 타고 감람산에서 예루살렘으로 내려오자 사람들은 자기의 옷을 길에 폈다. 이 장면은 무리가 예후의 밑에 옷을 깔고 나팔을 불며 "예후는 왕"이라고 외쳤던 열왕기하 9장 13절을 상기시킨다. 두 장면은 비슷하면서도 다르다. 이것은 왕의 행차다. 산에서 내려올 때 "제자의 온 무리"가 큰 소리로 하나님을 찬양했다.19:37 내레이터는 "자기들이 본 모든 능한 일"로 인하여 찬양했다고 말한다. 그들은 "찬송하리로다 주의 이름으로 오시는 왕이여 하늘에는 평화요 가장 높은 곳에는 영광이로다"19:38라고 외쳤다. 이것은 탄생 내러티브의 천군 천사를 반영하는 거울 이미지다. 그곳에서 천사들은 하나님을 찬양하며 이 땅에서의 평화를 빌었다. 이곳에서 제자들은 하나님을 찬양하며 하늘의 평화를 기원한다.

왕권에 대한 선포는 분명하지만, 이 왕이 안타깝게도 분열된 나라를 다스리시는 것도 사실이다. 이처럼 여정 내러티브는 승리와 비극의 어조로 끝난다. 바리새인들은 누가복음에서 마지막으로 등장하여, 독자들이 예상하는 대로 예수님과 그의 사역에 저항한다. 그러나 바리새인 가운데 예수님을 왕으로 선포한 제자들을 책망하기를 요구한 사람은 일부다.19:39["어떤 바리새인들"] "어떤" 바리새인들이라는 표현은 그들이 수난의 결정적인 사건에서 제외되고 사도행전에서 그들에 대해 긍정적으로 묘사하기 위한 예비단계일 수 있다. 어쨌든, 바리새인 가운데 일부는 기뻐 들떠 있는 제자들이 못마땅하다.

예수님은 그들의 불만에 대해, 만일 이 사람들이 침묵하면 "돌들이 소리 지르리라"고 말씀하신다.19:40 돌에 대한 이러한 언급은 복음서의 후반부에서 중요한 역할을 하게 될 주제를 선택하여 확장한다. 이 주제는 3장 8절에서 시작된다. 그곳에서 세례요한은 하나님이 능히 이 돌들로도 아브라함의 자손이 되게 하실 것이라고 주장한다. 19장 44절에서는 예수님이 평화의 방문자로 온 자신을 받아들이지 않은 예루살렘에 대해 돌 하나도 돌 위에 남기지 아니할 것이라고 선언하신다. 여정 내러티브 후에는 "돌"에 관한 다른 언급이 제시된다. 20장 17-18절에는 "건축자들의 버린 돌"이라는 구절이 나타나며, 21장 6절에는 성전의 멸망에 대한 언급이 제시된다. "돌 하나도 돌 위에 남지 않고 다 무너뜨려지리라." 마지막으로 24장 2절은 무덤에서 굴려 옮겨진 돌에 대한 언급이 나타난다. 이 묘비 이미지는 외치는 돌, 이스라엘 백성으로서의 돌, 산 돌이신 예수님, 성전의 돌, 그리고 성전의 돌과 함께 은유적 의미가 있다.

그러나 이곳의 돌 이미지는 예수님이 왕이시라는 선포가 하나님으로부터 온 것이며 예수님이 원한다고 막을 수 있는 것이 아니라는 사실을 보여준다.

19:41-44 예루살렘을 향한 눈물

여정 내러티브의 마지막 장면은 참을 수 없는 눈물이다. 이 비통하고 강렬한 장면은 누가복음에만 나타나는 특별한 장면이다. 예수님은 이 장면에서 상처 입은 선지자의 마음과 자세로 성으로 향하신다. 이 본문은 예레미야의 눈물렘 9:1과 애가서의 도입부 이미지를 상기시킨다. 이 장면은 초점을 좁혀 클로즈업한다. 우리는 예수님의 눈에서 눈물이 흐르는 모습을 본다. 예수님이 우신 것은 하나님의 백성이 "평화에 관한 일"을 알지 못했기 때문이다.19:42 이 눈물은 불과 몇 구절 앞에 나오는 "하늘에는 평화"라는 제자들의 환희에 찬 외침과 탄생 내러티브의 "땅에는 평화"19:38; 2:14 CSB라는 천사들의 노래를 애달픈 단조로 바꾼다. 평화는 탄생 내러티브에서의 의미를 포함하여 누가복음의 강력한 주제다. 7장 50절에서 예수님은 죄를 지은 여자를 용서하시고 보내시며 평안히 가라고 말씀하신다. 8장 48절에서 예수님은 혈루증으로 앓는 여자를 고치시고 평안히 가라고 말씀하신다. 그러나 백성들은 그의 오심과 그의 평화를 환영하지 않는다. 예수님은 하나님의 백성들에게 논쟁과 다툼의 근원이 되신다. 예수님을 평화의 사신으로 인정하지 않는 자는 하나님의 선지자뿐만 아니라 하나님의 평화도 거부한 것이다.

하나님의 백성이 눈이 어두워 깨닫지 못함에 따라, 그들이 사랑하는 도시에 대한 전망은 밝지 않다. 예수님은 깨닫지 못한 백성에게 임할 전쟁과 파멸의 날에 대해 말씀하신다. 원수들이 예루살렘을 함락할 것이다. 이 부분은 구조적 붕괴 및 개인적 파멸에 대한 묘사와 함께 강렬한 이미지로 제시된다. 원수들이 사면에 토둔을 쌓고 사방을 포위할 것이며, 어른들은 물론 아이들까지 땅에 메어침을 당할 것이다. 물질과 사람을 포함한 이미지와 함께, 돌 하나도 돌 위에 남지 않을 것이다. 이 모든 파괴는 방문하는 날"보살핌을 받는 날"을 알지 못함 때문이다. 이 방문의 날은 하나님이 그의 백성의 삶 속에 개입하시는 날이다. 선지자의 관점에서 볼 때, 하나님이 개입하시는 카이로스의 시간은 평화의 날이다.19:44 그러나 히브리어 성경에서 볼 수 있듯이, 백성이 반응하지 않으면 이 평화는 심판으로 바뀔 수 있다. 사랑과 심판은 신적 페이소스pathos의 두 얼굴이다. 예수님이 하나님의 성을 보시고 우신 것은 하나님의 백성이 하나님의 사랑을 받아들이지 못한다는 사실을 다시 한번 보여준다.

성서적 맥락 속의 본문

성경 속의 애가

애가는 누가복음에서 세 가지 중요한 역할을 한다. 13장 31-35절에서 예수님은 암탉이 새끼를 날개 아래에 모음 같이 예루살렘 백성을 모으려 한 것을 그들이 거절했다고 탄식하신다. 이곳 19장 41-44절에서 예수님은 예루살렘 사람들이 평화의 방문자를 알아보지 못함으로 인해 탄식하신다. 22장 31-34절에서 예수님은 시몬 베드로가 사탄이 밀 까부르듯 하는 것을 견디지 못할 것이라고 탄식하신다.

낸시 리Nancy Lee는 히브리어 성경에 나오는 애가를 사회적인 불의에 대한 탄식이나 도움을 부르짖는 형식과, 죽음이나 재앙이나 각종 파괴에 대한 비가 형식이라는 두 가지 유형으로 범주화한다. 성경에는 두 번째 유형의 애가보다 첫 번째 유형이 많이 나타난다. 그러나 선지자들은 이스라엘의 죄에 대해 죽음의 노래를 부르는 등, 종종 비가를 독특한 방식으로 사용했다.Lee 1

누가복음에 나타난 예수님의 애가는 이러한 선지자적 특성을 가진다. 예수님은 사회적 불의에 대해 호소하거나 불평하지 않으신다. 예수님은 예루살렘과 시몬에게 벌어질 치명적인 일을 슬퍼하신다. 예루살렘은 선지자나 그들이 전하는 평화를 인정하지 않는다. 도덕적, 사회적 부패에 젖은 예루살렘은 멸망하게 될 것이다. 전쟁을 좋아하는 예루살렘의 성향은 파멸로 이어질 것이다. 마찬가지로, 죽음에 대한 두려움은 시몬 베드로를 무너뜨릴 것이다. 물론 시몬은 이것을 믿지 않는다. 그는 예수님의 말씀에 즉시 반박하며, 옥에 갇히거나 죽음이 기다릴지라도 예수님과 함께하겠다고 약속한다.22:33 이러한 각오는 즉시 예수님을 부인하는 결과로 이어진다.22:54-62

이런 부류의 애가는 절망과 함께 희망을 드러낸다. 죽음이나 재앙을 앞둔 비가는 죽음이나 재앙을 변화시키고 바꿀 수 있는 또 하나의 기회를 의미한다. 예루살렘이 선지자와 평화에 관한 일을 받아들인다면 다른 결과를 맞이할 수 있을 것이다. 시몬은 예수와의 관계가 자신의 목숨을 구하는 것보다 더 귀하다는 사실을 인정할 수 있을 것이다. 그뿐만 아니라, 애가는 공동체와 개인이 실패에 직면한 상황에서도 희망의 선언이 될 수 있다. 그것은 슬픔과 심판을 전하는 동안에도 회복의 가능성을 제시한다. 시몬은 결국 예수님이 말씀하신 대로,

이러한 가치를 깨닫고 회개하게 된다. 그러나 그는 죄, 애통함, 회개, 회복을 통한 어려운 걸음을 걸어야 할 것이다. 하나님께로 돌아서는 공동체도 마찬가지다. 이런 의미에서, 예수님의 탄식은 가브리엘이 사가랴에게 전한 세례 요한에 관한 예언과 연결된다. 이 예언에는 이스라엘의 많은 사람이 주 하나님께로 돌아올 것이라는 소망이 나타난다.1:17

교회생활에서의 본문 적용

교회에서의 애가

강의실에서 보낸 가장 마음 아픈 아침 중 하나는 교회적 상황에서의 탄식과 관련이 있다. 큰일을 당해 슬픔을 억제할 수 없는 상태에 이른 두 명의 그리스도인이 있다. 한 사람은 형제의 죽음을 겪었는데, 어떤 기도도 위로가 되지 못했다. 그는 깊은 탄식과 비통함에 빠졌으며, 이러한 믿음의 상태를 교회 안에서도 더 많이 표출할 수 있는 공간을 원했다. 다른 한 사람은 여러 가지 환난과 힘든 일을 겪으면서도 모든 것은 하나님의 뜻이며 자신의 유익을 위한 것이라는 신앙으로 버텼다. 그에게 탄식은 믿음의 부족을 의미했다. 탄식하며 슬퍼하는 것은 하나님이 불완전하시다거나 자신의 믿음이 하나님의 온전하신 뜻을 이루기에 부족함을 보여준다는 것이다.

이 문제는 우리의 약점을 여지없이 드러낸다. 우리가 어떤 선택을 하든, 이러한 상황 자체는 우리의 뼛속까지 사무치게 한다. 이처럼 힘든 경험은 우리가 전혀 대처할 태세가 되어있지 않은 시점에 찾아온다. 모든 학생과 특히 내가 어쩔 줄 몰라 했던 그날 아침에 가장 크게 느낀 것은 우리 교회와 교단과 회중과 신학교가 이 문제에 대한 과제를 제대로 하지 않았다는 사실이다. 이것은 쉬운 문제가 아니다. 열정적이고 확신에 찬 우리의 기도가 응답을 받지 못하는 것처럼 보일 때, 어떻게 우리의 기도에 대한 확신을 가지며 탄식이 필요하다고 생각하겠는가? 나는 우리가 함께 긴장해야 한다고 확신한다. 두 사람 모두 신앙과 삶이 순수했기 때문이라는 이유만으로도 그렇다.

우리가 할 수 있는 일은 이 문제에 관한 판단을 보류하고 교회가 열정적 기도와 탄식의 공간을 모두 마련해야 할 필요성을 인정하는 것일 수 있다. 교회와 기관은 특정 표현법을 다른 표현법보다 우선할 때가 얼마나 많은지 모른다. 우리는 특정 표현이나 고정관념에 편안함을 느끼고 다른 표현법에 대해서는 경시하는 경향이 있다. 이런 태도는 유익을 주지 못한다고 생각한다. 전체가 한 방향으로 가면서 다른 방향을 배제하는 선택은 서로의 믿음을 세워 주기보다 억제할 수밖에 없다. 성숙한 회중이나 기관은 서로의 필요를 받아들이고 서로 관용을 가르칠 것이다. 그러나 우리는 고통을 당할 때 당사자의 입장에서 볼 수 있는 준비가 되어있지 않다. 그러나 그때야말로 교회가 개입하여 따뜻하고 넓은 마음을 보여줄 때다. 우리는 믿음으로 함께 성장한다.

이러한 목적을 위해 공예배 시간에 탄식을 위한 공간을 더 많이 만든다면, 신앙의 성장과 영적 성숙의 문을 열 수 있을 것이다. 말로 표현할 수 없는 것을 표현하기 위해 재앙이 오기까지 마냥 기다리는 것은 견디기 힘든 일에 직면할 때 견디기 위해 준비하는 태도가 아니다. 우리가 머뭇거릴 수밖에 없는 데에는 몇 가지 이유가 있다. 어려움을 회피하려는 인간적 본능, 우리가 절망하면 우리의 믿음이 소망을 지탱하지 못할 것이라는 두려움, 나쁜 일을 말하면 나쁜 일이 찾아온다는 미신이 그것이다. 그러나 평범하고 일상적인 비극에 대한 인식은 우리의 의식 가까이에 있다. 우리는 뉴스에 귀를 기울이며 신문을 읽는다. 우리는 온라인을 통해 죽음과 파괴의 이미지를 본다. 우리가 예배 시간에 부족한 말과 침묵으로, 말할 수 없는 고통과 탄식에 동참하는 시간을 마련한다면말할 수 없는 탄식 가운데 우리와 함께하시는 하나님에 대한 새로운 인식을 얻을 수 있을 것이다. 오 하나님이여 긍휼을 베푸소서!

제4부

그리스도, 십자가, 부활과 그 후

누가복음 19장 45절-24장 53절

개관

　피조물인 우리는 종종 두 방향으로 끌리는 모습을 본다. 우리는 삶 속에서나 믿음 안에서 친근함과 경외심에 이끌린다. 나는 최근 작은 예배당의 친밀한 공간에서 열린 콘서트에 참석한 적이 있다. 합창단은 홀로코스트에 관한 내용을 인상 깊은 합창곡으로 승화시킨 노래를 불렀다. 노래가 끝나자 큰 감동에 빠진 청중은 박수 치는 것조차 잊은 채 미동도 하지 않았다. 이 고요한 정적을 깬 것은 누군가의 핸드폰 소리였다. 다행히도 아무도 웃지 않았다. 아무도 겸연쩍어하는 그에게 핀잔을 주지 않았다. 전적으로 신성하면서도 전적으로 인간적인 순간이었다. 어떻게 그럴 수 있는가?

　누가복음의 절정에 해당하는 이 마지막 단원에서 우리는 가장 강력한 본문으로 향한다. 누가와 우리에게 예수님은 가까운 친구이자 우주적 그리스도시다. 그에게는 가슴이 미어지는 듯한 인성과 장엄하고 위대한 신성이 나란히 겹쳐져 있다. 우리는 이 마지막 단원을 통해 성육신과 그 모든 불가해함과 수수께끼에 가장 부드럽게 직면하게 될 것이다.

　성전을 정화하는 장면으로 시작하여 24장의 승천 장면으로 끝나는 이 단원은 누가복음을 구성하는 네 개의 큰 단원의 마지막 부분에 해당한다. 첫 번째 대단원1-2장에서 누가는 무대를 설정한다. 아기가 태어나고 중요한 주제들이 소개된다. 3장부터 9장 50절까지 이어지는 두 번째 대단원에서 예수님은 자신의 사역을 시작하신다. 그는 세례를 받고 광야에서 시험을 당하며 나사렛에서 첫 번째 설교를 행하시고 갈릴리에서 말씀을 전하고 가르치며 치유하는 사역을 시작하신다. 예수님은 첫 번째 설교에서 말씀하신 내용을 실행하신다. 요한의 제자들이 그가 자신들이 찾던 그분이 맞는지 묻자, 예수님은 그들에게 주변에서 전개되고 있는 자신의 사역을 보라고 말씀하신다. 세 번째 대단원은 변모 이후 예수님이 예루살렘으로 향하시는 장면으로 시작한다. 여정 내러티브로 불리는 9장 51절부터 9장 44절까지, 예수님은 갈릴리에서처럼 복음을 전파하고 가르치며 치유하는 사역을 계속하신다. 그러나 예루살렘으로 가시면서 행하신 사역은 많은 반대에 직면하며 긴장이 조성된다.

　이제 이 마지막 대단원에서 이러한 긴장과 대립은 십자가 위에서 절정에 달한다. 누가는 이러한 외적인 도전과 제자들을 위한 사역 사이를 광범위하게 누빈다. 누가에게 예수님은 가까운 친구이자 우주적 그리스도시다. 그는 이 복음서의 마지막 부분에서, 독자인 우리가 이러한 사실을 깨닫기를 바란다.

이 마지막 단원에는 네 개의 흐름이 나타난다. 첫 번째 흐름은 19장 45절부터 21장까지에 나타나며, 성전에서 장사하는 자들과 대제사장들과 서기관들과 장로들과 사두개인들을 상대하시던 예수님은 제자들에게로 초점을 옮기시고 종말의 전조가 될 정치적, 자연적 재앙에 대해 말씀하신다. 이것은 친숙한 주제이지만 이곳에서의 함의는 더욱 중요하다. 공동체 밖에서 전개되고 있는 음모나 이너서클 내부에서 일어나는 일 모두에서 긴장이 고조되고 위기가 닥쳐온다.

두 번째 흐름은 22장 1-62절에서 찾아볼 수 있으며, 예수님은 마지막으로 제자들을 모아 가르치고 경고하며 기도하고 기다리신다. 그들은 최후의 만찬을 함께 한다. 예수님은 제자들에게 그들의 인간적인 연약함에 대해 경고하시지만, 그들은 예수님의 말씀에 귀기울일 준비가 되어있지 않다. 예수님은 감람산에서 기도하시면서 제자들도 자기와 함께하기를 원하시지만, 그들은 이러한 뜻에 부응하지 못한다. 이 흐름은 예수님이 체포되고 끝까지 그와 함께 하려 했던 제자들의 노력이 실패로 돌아가는 것으로 끝난다.

세 번째 흐름인 22장 63절-23장 56a절에서 예수님은 자신에 대한 재판과 처형을 홀로 마주하신다. 그는 예루살렘의 딸들, 구레네 시몬, 두 강도, 로마 백부장과 함께 있다. 그들은 모두 낯선 자며, 예수님의 친구들은 물론 갈릴리에서부터 그를 따라온 여자들까지도 멀리 떨어져 서 있다.

마지막 흐름23:56b-24:53은 부활하신 예수님이 친숙하면서도 낯선 모습으로 변형되신 후 다시 제자들과 함께하시는 모습을 보여준다. 예수님은 자신이 살아 계심을 보이시고 마지막으로 그들을 가르치신 후 그들에게 축복하시고 떠나신다.

단락 구조

성전 뜰에서의 가르침, 19:45--21:38

식사, 기도 및 성전 뜰, 22:1-62

재판, 정죄, 홀로 십자가에 못박히심, 22:63--23:56a

부활, 승천, 23:56b--24:53

성전 뜰에서의 가르침

개관

우리는 종종 책, 영화, 사진, 기타 예술 형식을 분위기 있게 묘사한다. 아프리카의 한 강가에서 세례를 주는 흐릿한 장면, 북부 미네소타 호수의 안개 속에 솟아오른 소나무 위에 앉아 있는 고독한 백로, 비 오는 날 중국의 한 거리에서 손을 맞잡고 있는 두 아이 뒤로 비취는 실루엣을 생각해 보라. 우리는 이처럼 희미한 묘사 속에서 부드럽게 처리된 예리한 진실의 윤곽을 인식한다.

누가복음 마지막 단원의 이 첫 번째 흐름에서 성전은 많은 것이 함축된 잊을 수 없는 공간이다. 누가는 이처럼 의미 있는 종교적, 상징적 공간을 이용하여 특유의 분위기 있는 방식으로 하나님이 택하신 자들이 예수님에 대한 엇갈린 반응을 보임으로써 초래된 비극적 상황에 초점을 맞춘다. 이스라엘은 성육신을 통한 하나님의 목적의 중심에 있다. 그러나 메시아의 오심을 위해 준비된 이스라엘 백성은 그리스도를 한마음으로 환영하지 않는다. 이것은 누가에게 충격적인 일이 아닐 수 없다. 이스라엘의 신앙적 삶의 중심지인 성전은 이러한 희망과 고통을 상징한다. 성전에 들어가신 예수님은 신앙적 중심지에서 합당한 위치를 차지하신다. 먼저 성전을 정화하신 예수님은 낮에는 선생으로서 말씀을 가르치고 병을 고치시며 밤에는 감람산에서 쉬신다. 예수님의 가르침은 대적들의 질문에 대답하는 형식으로 제시된다. 그들은 예수님의 권위와 함께 세금에 대한 입장 및 죽은 자의 부활에 대해 묻는다. 논쟁이 끝나자 시간적 여유를 가지신 예수님은 환난에 대처하는 방법과 머리를 들라는 명령 및 용기를 잃지 말라는 권면 등 다양한 주제에 대해 가르치신다. 가뭄과 겨울이 지나면

푸른 싹이 돋아나는 무화과나무에 관한 비유는 예수께서 공적으로 가르치시는 마지막 시간에 남긴 이미지다.

단락 구조

성전 정화, 19:45-48

논쟁을 통한 간접적 공격, 20:1-40

    20:1-8 첫 번째 질문: 누가 준 권위냐?

    20:9-19 논쟁이 된 비유

    20:20-26 두 번째 질문: 세금

    20:27-40 세 번째 질문: 죽은 자의 부활

문제의 핵심에 대한 가르침, 20:41-21:4

    20:41-44 수수께끼

    20:45-21:4 수수께끼의 해답인 과부

예수님의 성전 사역, 21:5-38

    21:5-7 예루살렘 성전

    21:8-38 환난의 때에 해야 할 생각과 행동

본문 주해

성전 정화 19:45-48

마침내 예루살렘에 도착하신 예수님이 가장 먼저 하신 일은 성전에서 가르치는 자로서 자신의 권위를 확고히 하고 예루살렘 당국자와의 논쟁을 지속하기 위한 무대를 마련하는 선지자 역할이다. 예수님은 자신의 정체성과 권위를 선포하는 것에 주저했으나 이제 더 이상 그렇게 하지 않으신다. 이번 방문은 누가가 예수께서 성전에 오셨다고 명시적으로 밝힌 두 번째 방문이다. 첫 번째는 2장 41-52절에 나오는 열두 살 소년 시절이었다. 이제 막 유대의 성인이 된 예수님은 그 시점의 자신에게 필요한 질문을 통해 그곳에 있는 선생들을 당황하게 했다.

이번에는 아주 다른 방식으로 성소로 들어가신다. 이 장면은 언약의 사자가 금을 연단하는 자처럼 성전에 임할 것이라는 말라기 3장을 연상시킨다. 그런 마음으로 성전에 들어가신 예수님은 그곳에 있는 장사하는 자들을 내쫓기 시작하신다. 성전은 예배하는 곳이다. 그러나 한편으로 성전은 불가불 상업 행위의 중심지이기도 했다. 성전은 매년 성전세를 받았으며, 순례객에게 제사로 바칠 동물을 매매했다. 예수님만이 이러한 행위를 비판한 것은 아니다. 쿰란 공동체4QpHab 9:1-7 역시 이러한 성전 관습에 대해 비판했다.Johnson: 300

예수께서 성전 관습에 대해 비판하신 내용은 분명하다. 기도하는 집이 되어야 할 아버지의 집이 강도의 소굴로 변했다는 것이다. "강도"19:46라는 단어는 신약성경 다른 곳에서 나라에 반역한 자를 가리키는 말로 사용된다.Fitzmyer 1985: 1268 피츠마이어는 누가복음이 마가복음의 "만민이 기도하는 집"막 11:17이라는 언급을 생략한 사실을 지적하며 이러한 연관성을 덜 강조한다. 그러나 누가복음은 예수님을 민족적인 메시아로 묘사하지 않는다는 사실을 고려할 때, 피츠마이어의 주장과 달리 연관성은 충분하다. 확실하게 말할 수 있는 것은 누가복음의 예수님은 개인이나 나라의 확장을 위해 국가 권력이나 경제적 권력을 사용하는 것을 일관되게 비판하신다는 것이다. 예수께서 성전이 국가적 아젠다를 위해 가난한 자에 대한 경제적 권력으로 억누른 것을 비판하신 것은 지금까지 예수님이 보이신 행동이나 말씀과 일치한다.

예수님이 이 행동에 대해 어떻게 생각하시고 그로 인한 실패나 성공에 대해 어떤 판단을 내리셨든, 그의 행동은 두 가지 즉각적인 결과를 초래했다. 첫째로, 예수님은 성전에서 가르치는 자리에 앉게 되었다. 예수님은 아무런 구속을 받지 않고 날마다 성전에서 가르치신다. 둘째로, 예수님을 대적하는 세력들은 그가 추구하는 나라를 막기 위해 새로운 강도로 연합한다. 대제사장들과 서기관들과 백성의 지도자들은 함께 모여 예수님을 대적하며 그를 죽이려고 꾀한다. 유독 바리새인들은 이 명부에서 빠져 있다. 그들이 누가복음에서 마지막으로 등장한 것은 19장 39절이다. 그들은 사람들이 예수님의 예루살렘 입성을 환영하고 찬양하자 예수께 그렇게 하지 못하도록 요구한다.

그들은 지금 예수님과 재앙 사이에 서 있다. 예수님을 대적하고 죽이려는 세력에 동조하고 가담한 자들은 백성이 다 그에게 귀를 기울여 듣고 그 말씀을 믿고 의존하기 때문에 목적을 달성할 수 없다. 백성은 예수님의 말씀을 너무 진지하게 경청함으로써 그를 죽이려는 자들이 가까이 다가갈 수 없는 장벽을 형성하고 있다. 앞으로의 상황은 바뀌겠지만, 현재로서는 예수께서 날마다 성전에서 가르치심으로써 그의 나라를 선포하는 사역이 계속되고 있다.

논쟁을 통한 간접적 공격20:1-40

백성으로 인해 예수님을 직접 공격하지 못하게 된 세력은 여러 가지 민감한 문제들을 질문하는 간접적인 공격을 통해 여러 면에서 그를 곤혹스럽게 했다.

20:1-8 첫 번째 질문: 누가 준 권위인가?

이 장의 예수님에 대한 첫 번째 간접적인 공격에서, 성전 정화 사건 이후 뾰족한 방법을 찾지 못한 백성의 지도자들은 현장에 도착하여 예수님의 권위에 대해 질문한다. 그들이 예수께 무슨 권위로 "이런 일을 하는지" 물었을 때 예수님은 성전에서 가르치시며 복음을 전하고 계셨다. 이 복음은 4장 45절 이후 오직 하나님 나라에 관한 복음을 의미한다.20:2 그들은 누가 그에게 이러한 권위를 주었는지 알고 싶어 했다. 그들이 "말하다"라는 단어 대신 "행하다"라는 단어를 사용했다는 것은 예수께서 가르치시고 전파하신 사실보다 성전 정화 사건에 초점을 맞춘 것으로 볼 수 있으며, 아마도 무리의 환호를 받으며 예루살렘에 입성하신 일이나 치유와 기적을 베푸신 행위도 염두에 두었을 것이다. 그러나 예수께서 하나님의 나라라는 다른 나라에 관한 복음을 전하시고 가르치셨다는 구체적인 언급20:1을 간과해서는 안 된다. 이것은 구체적으로 예수님의 가르침과 하나님 나라에 관한 복음 전파를 예루살렘의 지도자들바리새인은 빠져있다 사이에서 고조되고 있는 긴장과 연결한다.

예수님은 그들의 질문에 같은 질문으로 반박하신다. 이 전략은 온 성이 달아오를 때 한 차례 이상 더 사용된다. 예수님은 그들에게 요한의 세례를 베푸는 권위가 하늘에서 온 것인지 사람에게서 나온 것인지 물으신다. 그들은 이 질문에 대해 서로 논쟁을 벌이며 모호한 태도를 보인다. 피츠마이어Fitzmyer가 지적하듯이, 그들의 관심은 요한의 세례를 베푸는 권위에 있지 않았다. 그들은 어떤 대답도 자신들에게 불리하다는 상황을 인식했기 때문이다.1985: 1275 만일 하늘로부터라 하면 어찌하여 그를 믿지 아니하였느냐 할 것이며, 사람으로부터라 하면 요한을 선지자로 인정하는 백성이 그들을 돌로 칠 것이다. 사람들이 그들을 돌로 칠 것을 두려워했다는 것은 존슨이 주장한 것처럼304 산헤드린이 얼마나 백성과 멀어져 있는지를 보여준다. 산헤드린은 일반적으로 종교 문제를 관할하는 자들의 총회인 예루살렘 공회Great Sanhedrin를 가리킨다. 덧붙이자면, 백성에 대한 지도자들의 두려움은 유대인의 절기 동안 예루살렘에서 고조되고 있는 긴장을 보여준다.cf. Josephus, Ant. 20.106; J.W. 5.244 예수님의 평소 모습을 생각하면, 어떻게 그가 처형을 당할 수 있었는지 의문이 들지 않을 수 없다. 사람들을 먹이시고 병을 고치신 일이 사형을 받을 만한 일이었는가? 그러나 성전에서의 도발적인 행위나 다른 나라를 전파한 사실 및 지도자들이 백성을 두려워했다는 것은 확실히 일촉즉발의 상황이었음을 보여준다.

지도자들의 대답은 대답이라고 할 수 없다. 그들은 요한의 권위가 어디로부터인지 알지 못하노라고 말한다. 예수님도 자신의 권위에 대한 질문에 대답하지 않겠다고 말씀하신다. 이것은 예수께서 자신의 권위를 거부하고 재판에 넘기려는 그들에 대한 도전을 암시한다. 물론 그들은 결국 예수님을 재판할 것이다. 그러나 여기서 예수님은 요한에게 했던 것과 동일한 방식으로 그들을 꼼짝 못 하게 하신다. 그들 역시 예수님이 하시는 일이 하나님으로부터 온 것인지 확인해야 했다. 그러나 지금은 백성의 눈치를 보지 않을 수 없으며, 지도자들은 그들을 두려워했다.

20:9-19 논쟁이 된 비유

긴장이 고조된 가운데 예수님은 긴장을 더욱 고조시키는 비유를 말씀하신다. 본문의 농부에 관한 비유는 예수께서 누가복음에서 말씀하신 모든 비유 가운데 가장 신랄하고 통렬한 비유다. 마치 예수님은 예루살렘에 입성하시면서 신중함이나 조심스러운 태도는 모두 갈릴리에 두고 오신 것 같다. 그는 여기서 대적의 두려움 속으로 거침없이 나아가신다.

이 비유는 포도원을 만들어 농부들에게 세로 주고 오랫동안 떠난 포도원 주인에 대한 묘사로 시작한다. 추수할 때가 되자 주인은 한 종을 보내어 소출을 거두어 오게 한다. 그러나 농부들은 계약을 이행하지 않고 오히려 종을 몹시 때리고 빈손으로 주인에게 돌려보냈다. 두 차례나 같은 일이 반복되면서 종에 대한 농부들의 적대감은 더욱 고조된다. 결국 주인은 이 모든 일을 겪고도 사랑하는 아들을 보내면 문제가 해결될 것이라는 잘못된 판단을 한다. 그러나 아들은 종보다 더 심한 대우를 받는다. 농부들은 그를 포도원 밖에 내쫓아 죽였다.

이 부분에서 이야기를 잠시 멈추신 예수님은 청중에게 직접 물으신다. "주인이 이 사람들을 어떻게 하겠느냐"20:15 이어서 예수님은 이 수사학적 질문에 직접 대답하신다. 주인의 인내가 한계에 도달했다는 것이다. "와서 그 농부들을 진멸하고 포도원을 다른 사람들에게 주리라"20:16

일부 비유와 달리 이 비유에는 무리의 반응이 나타난다. 예수님이 이 수사학적 질문을 던지고 대답하실 때, 무리는 누가보다 바울의 어조에 가까운 말로 대답한다. "그렇게 되지 말아지이다"20:16 이것은 헬라어로 강한 부정에 해당하며, 농부의 운명이 당국자와 지도자의 운명으로 현실화하지 않기를 바라는 염원을 드러낸다. 피츠마이어Fitzmyer가 지적하듯이, 이것은 예수님에 대한 백성의 반응과 지도자들의 반응 사이의 차이를 보여준다.1985: 1285 예수님은 무리의 반응에 대해 성경 구절로 대답하신다. 예수께서 인용하신 구절은 시편 118편의 "건축자들의 버린 돌이 모퉁이의 머릿돌이 되었느니라"라는 말씀이다. 이 구절은 전쟁에서 승리한 것에 대해 감사한다. 이 문맥에서 인용된 말씀은 백성의 지도자들을 더욱 공격하는 비유가 되게 한다. 돌의 의미를 확장하기 위해 예수님은 이 돌이 두 가지 면에서 문제가 될 것이라는 경고를 덧붙인다. 즉, 이 돌이 떨어지는 자는 깨어질 것이며, 이 돌이 사람 위에 떨어지면 그를 가루로 만들어 흩으리라는 것이다. 이 은유는 본문과 조화를 이루지 않는다. 모퉁이 돌은 한 곳에 고정되어 있으며, 사람이 그 위에 떨어지거나 이 돌이 사람 위에 떨어질 것 같지 않다. 그러나 이 구절의 의미는 분명하다. 즉, 모퉁이 돌이신 예수님을 거부하는 자는 엄중한 심판을 받게 된다는 것이다. 예수님을 대적하는 것은 생명의 길이 아니라 멸망의 길을 선택하는 것이다.

이 비유에 해당하는 자는 분명하게 "깨달아야" 한다. 대적들은 예수님을 그 자리에서 체포하고 싶어 하지만 백성이 두려워 그렇게 하지 못한다.

20:20-26 두 번째 질문: 세금

권위에 대한 질문이 성과를 거두지 못하고 오히려 농부 비유의 날카로운 지적을 받아야 하는 난처한 위치에 놓인 대적들은 다시 한번 예수님을 함정에 빠뜨리기 위한 시도를 한다. 이번에는 진지한 질문자 행세를 하는 정탐꾼을 보내어 예수님의 가르침에 귀를 기울이는 척한다. 그들이 보낸 자들이 아무리 진지해 보일지라도, 본문은 그 의도가 총독을 끌어들이기 위한 것임을 분명히 보여준다. 마가복음이나 마태복음과 달리, 누가복음은 이 시점에서 정치적 아젠다를 분명하게 제시한다. 총독은 이곳에 언급된 서기관이나 대제사장이 가지고 있지 않은 권한을 가지고 있다. 세금에 관한 질문은 예수님을 사형에 처할 권한을 가진 로마 당국과 불화하게 하려고 특별히 고안된 것이다.

정탐꾼들은 온갖 말로 예수님에게 아첨한다. 그들은 예수님을 선생님이라고 부른다. 사실, 그들은 말하는 내내 예수님을 선생으로 대한다. 그들은 예수님이 바로 말씀하시고 가르치신다고 말한다. 이러한 음모는 예수님이 결국은 신성모독 혐의로 정죄당하신다는 사실에 비추어볼 때 참으로 아이러니하지 않을 수 없다. 그들은 예수님이 사람을 외모로 취하지 아니하신다고 말한다. 이것은 누가의 나중 이야기에 등장하는 성품이다. 사도행전 10장 34절에서 베드로는 하나님은 사람의 외모를 보지 않으신다고 말한다. 끝으로 정탐꾼은 예수님이 하나님의 도를 가르치신다고 말함으로써 그를 하나님과 연결한다. 누가복음의 다른 곳에서와 마찬가지로, 이러한 아이러니는 분명하며 중요하다. 예수님이 처형당하실 때 그의 머리 위에 씌워진 이름은 또 하나의 사례가 될 수 있다. 비록 이야기에 등장하는 인물들은 그것을 믿지 않지만, 누가복음의 독자나 청중은 그들이 무의식중에 진실을 표현하고 있다는 사실을 안다. 정탐꾼들은 아첨의 말을 끝낸 후 "우리가 가이사에게 세를 바치는 것이 옳으니이까 옳지 않으니이까"20:22라고 묻는다.

이 질문은 1세기 팔레스타인 유대인이라면 누구라도 쉽게 대답하기 어려웠을 것이다. 더구나 예수님처럼 적대적이고 긴장된 환경에서 일하는 논쟁적인 인물이라면 더욱 그랬을 것이다. 그러나 정탐꾼들의 간계를 꿰뚫어 보신 예수님은 동전을 보여달라는 요구와 함께 그들에게 질문을 던지신다. 그들이 가지고 있는 데나리온은 가이사의 형상이 새겨진 로마의 동전으로, 은연중에 자신들을 고발한다. 정탐꾼들이 이 동전을 소유하고 사용한다는 것은 그들이 가이사를 의지하며 나아가 로마 정복자들과 결탁하려는 생각이 있음을 분명히 보여준다. 예수님이 데나리온을 소지하지 않고 있다는 사실은 의미가 있다. 예수님은 그들에게 동전에 누구의 형상과 글이 있느냐고 물으심으로서 정상적인 유대인이라면 누구라도 입에 올리기 싫어할 이름을 그들 스스로 말하지 않을 수 없게 하신다.Fitzmyer 1985: 1291

세금에 관한 예수님의 가르침은 이중적이다. "가이사의 것은 가이사에게 하나님의 것은 하나님께 바치라"20:25는 것이다. 피츠마이어는 이 말씀에 대한 세 가지 해석 방법을 제시한다. 두 왕국 이론은 가장 오래된 해석 방법이다. 하나님의 나라가 세워졌지만, 그것이 국가를 대신하지는 않는다. 따라서, 우리는 하나님의 절대적 권위를 인정하듯이, 백성에 대한 국가의 정당한 권위를 인정해야 한다. 이 구절에 대한 두 번째 해석 방법은 반어법적 해석이다. "가이사의 것은 가이사에게" 바치라는 말씀은 모순되거나 무성의한 어조를 가진다. 가이사의 것은 마땅히 주어야 하지만, 그것은 중요한 것이 아니라는 것이다. 세 번째 해석은 피츠마이어가 반 열심당 해석anti-Zealot interpretation이라고 부르는 해석 방법이다. 예수님은 열심당이 주장하는 납세 거부라는 시민 불복종 운동을 반대하신다. 그러나 예수님은 세금 문제가 중요한 것이 아니라고 말씀하신다. 가이사의 형상이 새겨진 동전은 가이사에게 바칠 수 있지만, 중요한 것은 하나님의 모습과 형상을 지닌 인간은 하나님의 소유라는 것이다.Fitzmyer 1985: 1292-93 뿐만 아니라 회당에서 자란 모든 유대인은 이미 "땅과 거기에 충만한 것과 세계와 그 가운데에 사는 자들은 다 여호와의 것"시 24:1이라는 사실을 알고 있다.

피츠마이어Fitzmyer는 세 번째 해석을 "바른 방향"으로 나아가는 해석으로 평가한다.1985: 1293

이 구절의 역사적 배경에 대해 어떤 말을 하든, 예수님의 대답은 소위 열심
당원의 해법이나 바리새인의 해법을 지지하지 않는다. 그는 어떤 쪽 편도 들

지 않으신다. 예수님은 함정에 빠트리려는 질문에 직접 대답하시지만, "그의 대답은 이 문제를 다른 차원의 영역으로 옮긴다... 하나님의 보편적 주권에 대한 암시를 통해 제국의 세금 문제를 초월하신다"1294, 인용 ing K. Weiss, TDNT 9:81

피츠마이어는 계속해서 이 에피소드에서 예수님은 정치적인 대답을 회피하신다고 말한다. 따라서 이 진술은 예수님을 고발한 자들이 그가 백성을 미혹하고 가이사에게 세금 바치는 것을 금하며 자신을 왕이자 그리스도라고 했다고 말하는 23장 2절의 혐의를 뒤집는다.Fitzmyer 1985: 1294

피츠마이어는 바른 방향으로 가고 있지만, 이 진술에 나타난 예수님과 누가의 뉘앙스를 제대로 파악하지 못하고 있다. 23장 2절의 고발은 예수께서 처형당하실 때 그의 머리 위에 쓴 "유대인의 왕"이라는 명패나 정탐꾼들의 아첨과 비슷하다. 이러한 것들은 문자적인 사실이라기보다 더 깊은 차원에서 사실이다. 정치를 국가에 대한 지지나 반대를 의미하는 것으로만 본다면, 확실히 예수님은 정치적인 대답을 회피하신다. 그러나 다른 정치적 선택도 있다. 하나님께 대한 전적인 헌신이 모든 삶의 중심이 되어야 한다는 예수님의 주장은 비록 국가에 대한 찬반의 정치는 아니라 할지라도 확실히 정치적인 함의를 가진다.

간교한 정탐꾼들은 예수님의 대답에 반박하지 못하고 침묵한다. 그러나 그들이 끝까지 침묵한 것은 아니다. 앞서 살펴본 대로 그들은 23장 2절에서 예수님의 대답을 왜곡하여 그를 해칠 방법을 찾기 때문이다. 그러나 지금으로서는 침묵할 수밖에 없었다.

20:27-40 세 번째 질문: 죽은 자의 부활

예수님의 대적들이 다음으로 보낸 자들은 사두개인이다. 누가의 진술에 따르면 그들은 부활을 믿지 않는다.행 23:8 참조 누가복음에서 사두개인이 언급된 것은 이곳이 처음이다. 그들이 예수께 던진 질문은 사두개인과 바리새인 사이의 논쟁에서 흔히 볼 수 있는 이론적 내용이다. 사두개인들은 이 질문을 하기 위해 신명기 25장 5절과 창세기 38장 8절의 명령을 결합한다. 두 본문은 자녀 없이 죽은 형제의 대를 잇게 해야 한다는 소위 수혼법을 다룬다. 그들은 일곱 형제가 모두 자녀가 없이 죽었으며 맏이의 아내는 대를 잇기 위해 그들 모두와 결혼했다는 가상적 상황에 대해 질문한다. 그들이 알고 싶은 것은 "부활 때에 그 중에 누구의 아내가 되리이까"20:33라는 것이다. 문제는 예수께서 사두개인의 신앙에 따라 대답하실 것인가, 아니면 바리새인의 신앙에 따라 대답하실 것이냐는 것이다.

예수님은 이 질문에 대해 이전 질문보다 길고 상세하게 대답하신다. 아마도 예수님은 이 문제를 진지하게 받아들이신 듯하다. 또한 예수께서 질문자들의 의도를 꿰뚫어 보셨다는 취지의 언급도 없다. 이 문제는 비중에 있어서는 큰 차이가 없지만, 확실히 다른 에피소드보다 질적으로 중요한 내용처럼 다루어진다.

예수님의 대답의 첫 부분은 결혼에 대한 사회적 관습을 세속적 행위로 격하시킨다. 그것은 인간의 존속과 안녕을 위한 하나님의 선물일 수 있지만, 영원한 것이 아니라 세상적 현상일 뿐이라는 것이다. 결혼에 초월적 의미를 부여하려는 것은 감상적 사고일 뿐이며, 예수님은 사실상 이러한 질문이 합당치 않음을 암시하신다. 지상의 제도는 세속적 삶을 위한 것일 뿐이다.

예수님은 이러한 논증에 대해 히브리어 성경을 인용하신다. 죽음은 실제적 현상이지만, 어떤 의미에서 죽음은 더 이상 존재하지 않는다. 하나님의 자녀, 부활의 자녀는 천사와 같다. 예수님은 불이 붙었으나 사라지지 아니하는 떨기나무 본문출 3장에서 하나님이 그곳에서 오래전에 죽은 조상의 하나님으로 모세에게 나타나신 사실에 주목하신다. 하나님은 죽은 자의 하나님이 아니요 살아 있는 자의 하나님이시기 때문에 그들은 살아 있는 것이 분명하다는 것이다. 그들은 적어도 하나님에 대하여는 살아 있다.

이 대답은 부활이 없다는 사두개인의 신앙보다 부활이 있다는 바리새인의 신앙에 가까우며, 율법에 정통한 서기관들은 예수님의 말씀에 호응한다. 적어도 이 시점에서 예수님의 대답은 이 장의 다른 본문과 마찬가지로 대적들의 아젠다에 도움을 주는 것처럼 보이지 않는다.

문제의 핵심에 대한 가르침20:41-21:4

이제 예수님은 백성의 선생으로서 주도권을 잡으신다. 예수님은 질문을 받으시기에 지쳤을 수도 있다. 질문은 모두 진지하거나 진실한 것도 아니다. 이유는 알 수 없지만 예수님은 수수께끼를 내시고 서기관들을 비판하신 후 가난한 과부를 모범으로 제시하신다. 예수님은 이 모든 가르침을 통해 자신이 생각하는 문제의 핵심이 무엇인지를 보여주신다.

20:41-44 수수께끼

예수님은 청중에게 다윗이 그리스도를 주라고 불렀다면 어떻게 그리스도가 다윗의 자손이 될 수 있느냐고 물으신다. 이 구절에 대한 많은 주석 가운데 존 놀랜드John Nolland, 1993b:

971의 주석이 가장 요약적이다. 그는 간략하고 집약적인 한 문장을 통해 이 수수께끼가 예수님과 누가에게 어떤 역할을 하는지에 대한 여덟 가지 견해를 제시한다. 이 여덟 가지 견해는 다윗의 자손임을 증명하는 것이 어렵다는 사실부터 다윗의 자손이라는 개념에 대한 불편함에 이르기까지 다양한 내용으로 구성된다.

놀랜드는 이 여덟 가지 견해에 대한 평가에서 문제는 예수님이 다윗의 육신적 후손이 아니라 "다윗과 솔로몬이 다스리던 이스라엘의 초기 통일 왕국의 전형"971에 부합하는 다윗 계열의 인물로서 메시아에 대한 기대라고 주장한다. 따라서 예수님은 다윗계열의 메시아, 다윗의 자손이시지만 역사적 다윗과는 다르며 새로운 다윗을 기다리는 메시아 대망론과도 다르다. 물론 메시아는 이러한 기대를 충족하기에 충분하시다

놀랜드의 관점은 누가가 이스라엘의 역사 및 텍스트와 관련하여 다루고 있는 예수님의 연속성 및 불연속성과 일치한다. 우리는 유아기 내러티브에서 동정녀 탄생이 족보와 긴장을 초래한다는 사실을 살펴보았다. 누가는 족보를 소개하면서 편집적 언급을 통해 이러한 긴장에 주목한다.3:23 나는 놀랜드의 분석이 충분하지 않다고 생각한다. 예수님이 예기치 않게, 그러나 합당한 방식으로 성취하실 메시아적 기대는 이스라엘의 호전적 성향 및 민족적 소망과 관련이 있다. 예수님은 광야에서 시험을 받으실 때부터 자신의 권력을 비군사적, 비민족적, 비배타적 방식으로 행사하신다. 그것은 일반적 메시아 대망론과 부합하지 않는 방식이다. 예수님은 이 수수께끼에서 주께서 다윗에게 그의 대적을 자신의 발등상으로 삼을 때까지 우편에 앉으라고 말씀하신 시편 110편을 인용하신다.20:42-43

고난의 싸움은 광야에서 시험받을 때부터 시작되었으며, 이 시점에서는 예수님의 사역과 활동의 근원에 더 큰 초점이 맞춰진다고 할 수 있다. 긴장이 점차 고조되면서, 예수님의 대적이 누구이며 무엇을 하려는지도 뚜렷해진다. 예수님의 삶과 사역에서 일어난 많은 일은 그가 다윗의 군사적 용맹함을 따르지 않음을 보여준다. 그러나 그는 이스라엘의 위대한 왕들처럼 확실히 하나님이 세우셨다. 그가 세례를 받으실 때 들었던 음성, 그리고 변화산에서 다시 들었던 음성은 결코 부인할 수 없다. 예수님이 아무리 시편 110편과의 관계를 이해하신다고 해도, 이 시점에서 누가복음의 독자들은 이 비유를 제대로 이해하기 어렵다. 예수님은 다윗과 다른 방식으로 대적을 다루셨고 다루고 계시며 다루실 것이다. 누가복음의 주장은 예수께서 다윗과 같은 이스라엘 민족의 메시아 대망론을 성취하지 못했지만, 역설적인 방법으로 그러한 민족적 소망을 이루셨다는 것이다. 그러나 이러한 성취를 받아들이는 것은 개인과 민족 전체의 차원에서 마음과 생각의 근본적인 변화와 회개에 달려 있다. 그는 결코 군사적 메시아가 아니시다!

율법 전문가인 서기관들과 과부의 대조는 예수님이 어떻게 다윗의 아들이자 다윗의 주가 될 수 있는지에 대한 수수께끼를 푸는 열쇠가 된다. 예수님은 이 말씀을 시작하시면서 수수께끼에서 서기관으로 주제를 바꾸신다. 예수님의 서기관의 외식을 비판하신다. 그들은 긴 옷을 입고 다니는 것을 원하며 시장에서 문안 받는 것과 회당의 높은 자리와 잔치의 윗자리를 좋아한다. 그들은 과부의 가산을 삼키며 외식으로 길게 기도한다. 그들의 경건은 보이기 위한 것이다. 예수님은 이 말씀을 하실 때 눈을 들어 한 가난한 과부가 헌금함에 두 렙돈을 넣는 것을 보신다. 이 과부는 예수님의 말씀의 요지를 더욱 강조할 수 있게 해 준다. 예수님은 이 과부가 자기의 소유를 전부 넣었기 때문에 다른 사람보다 많이 넣었다고 말씀하신다.

따라서 누가의 반전에 관한 주제는 하나님 나라에 대한 논쟁 및 수사학적 대화를 마무리한다. 예수님이 성전에서 가르치시고 선포하신 역설과 반전의 나라는 메시아적 성취가 일어나는 방식이다. 이스라엘의 소망을 향한 이 예상치 못한 길의 반전적 가치를 깨달은 자는 제자도의 요건을 충족한 자며 하나님의 자녀 가운데 가장 작은 자이자 가장 큰 자로 그 나라에 들어갈 자다.

예수님의 성전 사역21:5-38

복음서의 이 부분은 종말론적 또는 묵시적 강화로 불린다. 종말론이나 묵시 신앙에 대해서는 탁월한 자료가 충분하므로 여기서는 중복할 필요가 없다. 그러나 피츠마이어가 제공하는 최소한의 특징은 본 주석에 많은 도움이 된다. 그에 따르면 종말론은 이 본문의 주제를 가리키는 전문용어다. 여기서 예수님은 예루살렘 및 세상과 관련된 "마지막 일들"에 대해 말씀하고 계신다. 묵시는 이 마지막 일들에 대한 특정 방식의 사상이나 기록을 가리킨다. 마지막 일들에 대한 마음가짐이나 긴박감이나 특정 이미지는 묵시적이라고 할 수 있다. 종말론은 주제이며, 묵시는 하나의 장르다. 이곳의 모든 진술이 묵시적인 것은 아니라고 할지라도 이 단락 전체는 종말론으로 보아야 한다.Fitzmyer 1985: 1323-24

21:5-7 예루살렘 성전

예수님이 항상 즐거우셨던 것은 아니다. 그는 여기서 사람들이 "와"라고 감탄하는 장면에 개입하신다. 성전을 방문한 자와 순례객 및 오늘날 관광객에 해당하는 사람들은 성전을 보고 아름다운 돌과 장식에 놀라며 감탄했다. 예수님은 그들의 말을 끊으신 후, 그들이 보는 모든 것이 날이 이르면 돌 하나도 돌 위에 남지 않고 다 무너뜨려질 것이라고 말씀하신다. 사람들은 그때가 언제이며 그때가 되었음을 어떻게 알 수 있는지 묻는다.

21:8-38 재앙의 날에 어떻게 생각하고 행동할 것인가

이러한 경고로 성전에 대한 감탄을 중단시키신 예수님은 하나님의 나라에 거하는 자들에게 요구되는 태도와 행동을 설명하는 데 집중하신다. 평안한 시기에 하나님의 나라에 거하는 것도 마찬가지다. 재앙이 닥치고 하나님의 얼굴이 보이지 않을 때, 하나님의 사랑하는 사람들은 어떻게 하나님과의 관계를 지속할 수 있는가?

미혹을 받거나 두려워하지 말라21:8-19 사람들은 징조를 구했으나 예수님은 그들의 태도에 관한 말씀으로 화제를 바꾸신다. 그들은 미혹을 받아서는 안 된다. 그들은 주의 이름으로 와서 때가 가까웠다 하는 자들을 만나게 되겠지만 자세히 분별하여 아무도 따라서는 안 된다. 그들은 난리와 소요의 소문을 들을 때에 두려워하지 말아야 한다. 이러한 전쟁과 재앙의 가능성은 크지만, 제자들이 결정적인 반응을 보일 시점은 아니다. 하나님이 사랑하시는 백성은 주변에서 일어나는 일들이 결정적인 순간처럼 보일지라도 두려워하거나 불안해해서는 안 된다.

예수님은 성경 언어를 사용하여 "민족이 민족을, 나라가 나라를 대적하여 일어날 것"이라는 사실을 상기시킨다.21:10 지진, 기근, 전염병과 같은 무서운 재앙이 일어날 것이다. 그러나 예수님의 경고는 제자들의 태도와 행동에 초점을 맞춘다. 그들은 이 모든 격변의 시기를 편안하고 안전하게 지낼 것이라는 생각을 해서는 안 된다. 상황이 좋지 않으면 제자들도 무조건 보호받는 것이 아니다. 그들은 사실상 최악의 상황을 마주하게 될 것이다. 그들은 예수님의 이름으로 천국 복음을 선포했다는 이유로 박해를 받고 투옥되며 고발을 당해 집권자들 앞에 끌려갈 것이다.

이런 일들이 그들에게 일어날 때, 그들이 이처럼 끔찍한 상황에 직면할 때, 그들은 증인의 사명을 감당해야 한다. 그들은 믿음을 가져야 한다. 그들은 변명할 것을 미리 궁리할 필요가 없다. 말과 논증에 필요한 것들이 주어질 것이기 때문이다. 심지어 가까운 친척과 벗에게 배신을 당할지라도 대적이 능히 변박할 수 없는 구변과 지혜를 받을 것이다. 하나님의 사랑하는 자녀이자 하나님 나라의 시민인 그들은 머리털 하나도 상하지 않을 것이다.

예수님의 말씀은 그 나라의 제자들은 궁극적인 의미에서 해를 입지 않을 것이라는 의미가 분명하다. 예수님을 둘러싼 긴장감은 그가 나사렛에서 처음으로 설교하실 때부터 계속되고 있다. 갈릴리 사역에서는 호수 건너편에서 귀신들린 자를 고치실 때를 제외하고는 특별한 신체적 위협이 없었지만, 예루살렘 입성 후에는 긴장이 점차 고조되고 있다. 지금까지 제자도의 대가도 결코 가볍지 않았다. 예수님은 여기서 제자들의 머리털 하나도 상하지 않을 것이라고 약속하시기 전에 그들 중 몇이 죽임을 당할 것이라고 말씀하신다. 이 역설은 이 예수, 이 복음, 이 복음서기자가 지금까지 줄곧 주창해온 역설의 일환이다. 그것은 제자들의 삶의 지침이자 근본인 "생명 속의 죽음"/"죽음 속의 생명"이라는 역설이다. 죽음까지 불사하는 인내로 구원을 얻을 것이다.

어둠21:20-24 종말론적 강화의 이 부분에서, 예수님은 예루살렘과 그곳의 백성에게 닥칠 암울한 상황에 대해 묘사하신다. 그것은 사방이 대적으로 둘러싸인 거룩한 성에 관한 이미지다. 누가는 예루살렘이 로마에 함락된 주후 70년 이후에 이 글을 썼는데, 로마는 다른 정복자와 마찬가지로 매우 잔인했다. 이러한 최근의 기억은 수 세기 전 바벨론 멸망에 대한 역사적 기억과 마찬가지로 이곳의 본문을 채색한다.

이 본문은 전쟁과 정복의 시기에 인간의 고통을 생생하게 담아낸 통렬한 묘사다. 전쟁이 모든 것을 파괴하는 가운데 집을 잃은 사람들은 목숨을 부지하기 위해 도망가야 한다. 아이 밴 자들과 젖먹이는 자들은 가장 취약한 계층이다. 그들은 자신의 세대는 물론 공동체의 미래를 나타낸다는 점에서 이러한 취약성은 매우 파괴적이다. 인간의 생명과 자유의 상실은 참으로 두렵고 놀라운 일이다. 대적에게 유린당하여 썩어가는 것은 도시의 건물과 문화만이 아니다. 그것은 함께 울고 웃는 공동체의 모든 관계마저 빼앗아간다.

빛21:25-28 인간의 전쟁이 초래할 끔찍한 결과에 대한 말씀을 마치신 예수님은 더욱 희망적인 방향으로 초점을 맞추신다. 하나님이 주관하시는 종말은 인류의 파괴에 대한 해결책이 된다. 그러나 더 좋은 상황으로 가기 전에 더 나쁜 상황을 거치게 될 것이다. 앞서의 파괴는 사람이 시작하고 실행에 옮긴 것이다. 이 파괴는 인간의 탐욕과 적개심에 의한 것이었다. 그러나 25-26절의 재앙은 자연계와 하늘의 권능들과 이 땅의 바다가 뒤엉킨 파괴다. 그것은 사람들이 "세상에 임할 일을 생각하고 무서워서 숨을 쉴 수 없을 만큼"Fitzmyer의 번역, 1985: 1348 엄청난 두려움이 될 것이다. 모든 것이 끝난 것처럼 보이고 전쟁으로 세상이 갈기갈기 찢겨나가며 자연계마저 뒤틀려 흔들릴 때. 인자가 구름을 타고 능력과 큰 영광으로 오실 것이다. 그것은 희망의 전조다. 그때가 되면 믿는 자들은 일어나 머리를 들어야 한다. 그들의 속량이 가까웠기 때문이다.21:28

"속량"이라는 단어는 누가복음에서 자주 언급되지 않지만, 중요한 시점에 나타난다. 그것은 탄생 내러티브에 나오는 사가랴의 노래에서 약속되었다.1:68 이스라엘의 구속이나 회복에 대한 소망은 24장의 엠마오로 가는 제자들과 사도행전 서두의 승천 장면에 나오는 제자들에 의해 언급된다. 이곳에 언급된 속량은 특히 앞장의 다윗에 대한 수수께끼 후에 바로 이어짐으로써, 구속의 개념이 민족적 차원을 넘어섰음을 강조한다. 민족의 정체성과 소망의 중심인 예루살렘이 무너지자 사람들은 그곳을 떠났으며, 그 후 해방과 구원 개념은 편협한 민족적 기대를 넘어서는 방식으로 재형성되었다.

상징으로서 무화과나무21:29-33 예수님은 새로운 속량을 무화과나무 이미지로 제시한다. 이것은 매우 단순한 상징이자 교훈이다. 봄에 나무에서 싹이 나면 결실의 계절이 돌아왔음을 알려주듯이 인간과 자연계의 대혼란은 하나님의 나라가 도래했음을 보여준다는 것이다. 예수님은 이 시기가 곧 "이 세대가 지나가기 전에" 임할 것이라고 말씀하신다. 끝으로, 예수님은 그들에게 천지는 없어질지라도 복음의 말씀 -하나님 나라에 관한 메시지- 은 영원할 것이라는 사실을 상기시키신다.

이 말씀의 의미나 이미지는 어렵지 않다. 어려움이 있다면, 이 말씀이 한 세대 후 누가복음의 청중이나 오랜 세월이 지난 오늘날 우리에게 주는 의미가 무엇이냐는 것이다. 피츠마이어의 말처럼, "이 세대"21:32에 대한 해석은 다양하다.21:32 예수님은 자신의 세대를 염두에 두셨는가? 그렇다면, 예수님이 말씀하신 일들이 우리가 모르게 일어난 것이 아니라면 틀린 말이 될 것이다. 우리의 기독론에 따르면, 그것은 심각한 문제일 수도 있고 아닐 수도 있다. 예수님은 유대 민족을 이 세대로 보셨는가? 그것은 문헌적 증거에 근거한 것이라기보다 해석사에 있어서 반유대주의적 편견에서 나온 부당한 결론으로 보인다. 예수님은 인류 전체나 종말론적 세대를 의미하셨는가? 피츠마이어의 관점에서는 마지막 두 가지 가운데 하나가 가장 가능성이 커 보인다.1985: 1353 내가 아는 한, 누가의 입장에서 예수님이 틀렸다는 것은 문제가 되지 않거나, 적어도 큰 문제는 아니었을 수 있다. 우선, 누가는 예수님의 신성뿐만 아니라 인성에 대해서도 보여주고자 한다. 이러한 사실은 십자가와 부활에 다가갈수록 점점 더 분명해진다. 예수님이 감람산에서 고뇌하신 장면으로부터 예루살렘에서 제자들에게 나타나 구운 생선 한 토막을 드신 장면까지, 누가는 예수님이 참으로 그가 말씀하신 "살과 뼈"24:39이심을 믿게 하려고 노력한다. 우리는 예수님이 몸도 마음도 사람이시라는 사실을 누가 이상으로 어렵게 받아들인다.

예수님이나 그의 말씀을 이곳에 배열한 복음서기자가 어떤 역사적 일정표를 생각했든, 본문의 요지는 신자가 정치적이든 우주적이든 다가올 재앙을 두려워하지 말고 영원한 생명의 말씀을 신뢰해야 한다는 것이다.

성전 사역의 결론21:34-38 성전 강화의 마지막 단락은 예수님의 권면 및 사역하는 기간 중 일과에 대한 묘사로 마친다.

종말론적 일정표와 관계없이, 이 시기에 요구되는 행동은 깨어 기도하라는 것이다. 예수님은 말씀을 듣는 자들에게 씨 뿌리는 자 비유를 상기시키는 말씀을 통해, 방심하지 말고 항상 기도하라고 말씀하신다. 가시떨기에 떨어진 씨앗이 결실치 못하게 막은 것은 이생의 염려였다. 예수님이 생각하시는 환난의 때에 신자들을 가로막는 것은 가시떨기에 떨어진 씨를 가로막았던 방탕함과 술취함과 재물과 소유에 대한 염려다. 우리가 이러한 세속적 추구에 빠진다면, 뜻밖에 어려움이 덫과 같이 찾아올 것이다. 해법은 정신을 차리고 힘주시기를 기도하는 것이다. 그렇게 한다면, 우리는 궁극적인 의미에서 안전할 것이며 예수님 앞에 설 수 있을 것이다.

이 장의 마지막 두 절은 이 단락뿐만 아니라 단원 전체의 결론이 된다. 여기서 누가의 요약적 성향은 수난의 소용돌이가 몰아치기 전 예수님의 평화로운 일상을 엿보게 해 준다. 예수님과 제자들은 사역과 휴식의 규칙적인 일상을 통해 힘을 얻고 다가올 고난에 대비한다. 누가는 긴장과 혼란이 고조되는 와중에 예수께서 낮에는 성전에서 가르치셨다고 말한다. 마지막 구절은 그 기간이 예수께서 이른 아침에 말씀을 들으려고 성전에 나아온 백성을 가르치시는 평화로운 시기이자 폭풍전야임을 암시한다. 예수님은 밤이 되면 감람산으로 가셨다. 그곳은 기도하며 쉴 수 있는 영혼의 쉼터로, 예수께서 사랑하시는 공간이었다.

성서적 맥락 속의 본문

성전

성전에 대한 예수님의 상반된 감정은 새로운 것이 아니다. 성경은 성전에 관한 많은 것을 증거한다. 예수님은 성전과 애증의 상반된 감정을 가진 첫 번째또는 유일한 이스라엘 사람이 아니다! 성전을 짓거나 재건하기 위한 결정에는 항상 논란이 뒤따랐다. 첫 번째 성전 건축은 많은 의문을 불러일으켰다. 성막이나 성전이 예배하기에 더 적합한 장소인가? 누가 성전을 지어야 하는가? 위대한 왕 다윗은 피를 많이 흘렸기 때문에 성전 건축에 부적합하다고 보았지만대상 22:8-10, 솔로몬이 다윗보다 더 도덕적이라고 보기는 어렵다. 솔로몬은 기원전 957년에 성전을 짓는 데 성공했지만, 역사의 여러 시점에서 공격을 받고 재건되었다. 이 성전은 결국 기원전 587-586년에 바벨론이 예루살렘을 함락하고 많은 사람을 포로로 잡아갈 때 파괴되고 말았다.

성전과 성전의 제의는 이스라엘의 상상 속에서나 실제적 삶에서, 종종 선지자적 비판의 대상이었다. 아모스와 예레미야는 그 땅의 과부와 고아와 가난한 사람들의 복지보다 성전과 제의를 우선한 것을 책망했다. 또한 선지자들은 거짓 예배를 비판했다. 말라기 1장 10

절은 전형적인 사례다. 선지자는 성전 문을 닫아 헛된 예배를 드리지 못하게 했으면 좋겠다는 여호와의 말씀을 전한다. 예수님과 성전의 관계는 일반적으로 제2성전 유대교로 알려진 시기에 일어난다. 이 시기는 유대의 포로민이 바벨론에서 돌아와 성전을 재건축한 기원전 515년경부터 시작되며, 헤롯의 보수 공사로요 2:20 참조 새롭게 단장한 성전이 로마에게 함락된 주후 70년까지 계속된다. 이 시기는 성전 제의가 끝난 후의 유대교와 성전이 사라진 후 등장한 기독교에 비해 초기 유대교라고 불린다.

사복음서는 이구동성으로 예수님이 성전보다 위대하시며 성전을 지배하신다고 증거한다. 복음서기자의 관점에서 볼 때 성전 제의는 예수 그리스도의 사건에 모든 자리를 내어주어야 한다. 몇 가지 공관복음 기사는 이러한 사실을 분명히 한다. 여기에는 예수님의 세례에 이어지는 광야의 시험, 제자들이 안식일에 이삭을 따 먹은 일, 성전 정화, 안식일 논쟁에 관한 이야기가 포함된다.

그 외에도 성전이 예수님께 부합해야 한다는 말씀이나 가르침도 많다. 여기에는 승리의 예루살렘 입성 및 종말론적 가르침이 포함된다. 누가복음은 이러한 관점을 다루고 강조한다. 이 복음서는 성전에서 분향하는 사가랴에 대한 수태고지 장면으로 시작하여 예수께서 승천하신 후 제자들이 하나님을 찬양하기 위해 성전으로 돌아가는 장면으로 끝난다. 이러한 인클루지오는 성전에 대한 누가의 애정과 함께, 그가 복음서를 기록할 당시 성전 건물은 없었으나 예수 그리스도께서 성전 대신 복음의 동반자가 되실 것이라고 확신했던 누가의 낙관론을 보여준다. 이러한 애정과 낙관론은 사도행전에서 난타당하지만, 누가는 지친 바울이 로마의 한 집에 연금되어 있는 마지막 장면에서까지 그의 말을 믿는 유대인이 있었다는 사실을 언급한다.28:24

요한의 글에서 성전에 대한 논박은 더욱 강력한데, 이것은 예수 운동과 전통적인 유대 성전주의자들 사이의 긴장이 고조되었던 후기 역사의 현실을 반영한다. 요한은 성전 정화 장면을 예수님 사역 초기로 옮기고, 성전에 반대하는 수사학을 최대한 부각시킨다. 바울의 이방인 사역에서 성전은 신자에게 그리스도의 몸과 유사한 메타포가 된다. 바울은 종종 성전을 예루살렘에 있는 성전과 대조할 뿐만 아니라, 바울과 신자들이 맞서 싸우고 있는 다른 신들을 위한 성전과 대조한다. 끝으로 성전은 계시록에서 주로 하나님의 능력이 드러나고 하나님이 온전히 거하시는 하늘의 성전과 관련하여 다시 한번 비유적으로 사용된다. 성경 문학에서 성전은 한두 마디로 모든 의미를 담아내는 간단명료한 개념으로 제시되지 않는다. 그것은 복잡하고 풍성하며 다원적인 의미다. 누가가 성전을 하나의 모티브, 배경, 상징, 예배의 장소로 사용한 용례는 성전의 의미를 더욱 풍성하게 한다.

교회생활에서의 본문 적용

하나님의 나라

우리는 때때로 예수님이 왜 하나님의 나라에 대해, 즉 그의 통치나 영역에 대해 그토록 많이 말씀하셨는지 의아해한다. 그는 왜 이 메타포를 선택하셨으며, 이 영역을 비유와 역설적 언어로 정의하셨는가? 예수님은 사실상 자신의 의도를 한번도 구체적이고 직설적인 산문체로 제시하지 않으신다. 가장 전형적인 사례는 아버지께서 제자들작은 무리에게 그 나라를 주시기를 기뻐하신다는 12장 32-33절의 진술이다. 바로 이어서 예수님은 그들에게 소유를 팔아 구제하라고 말씀하신다. 우리는 그렇게 함으로써 무엇인가를 받는다.

우리는 이 말씀을 통해 그의 나라는 땅과 강과 마을이 있는 세속적 영역이 아니라는 사실을 깨닫는다. 우리는 대부분 그렇게 생각한다. 누가복음에서 분명하게 드러나듯이, 하나님의 나라는 민족적 관심사와 일치하지 않는다. 그러나 인류는 종종 이러한 사실을 잊어버린다. 부활 후 내러티브의 몇 군데서 제자들은 같은 실수를 범한다. 엠마오 노상의 두 제자는 부활하신 예수님을 알아보지 못한 채 그가 이스라엘을 속량할 자라고 바랐다고 말한다.24:21 예수께서 승천하신 사도행전 1장에서 제자들이 던진 마지막 질문은 그가 이스라엘을 회복하실 날이 지금이냐는 것이었다. 그렇다면 하나님의 나라를 민족적 관심사와 동일시한 것에 대해 지나치게 자책할 필요는 없을 것이다. 앞서간 성도들 역시 그렇게 했을 것이다.

그러나 예수님은 한결같이 하나님의 나라와 민족적 관심사를 분리하셨다. 콘스탄티누스 시대에 분명히 드러났듯이, 예수님이 그렇게 하신 것은 지혜로운 선택이었다. 콘스탄티누스가 신자가 되자 신앙과 폭력의 관계를 제대로 깨닫지 못함으로써 믿음의 중요한 요소가 사라지고 말았다. 그는 더 큰 폭력을 막기 위한 소위 구속적 폭력을 포함하여, 폭력은 악을 억제하고 지배한다는 잘못된 생각에 빠졌다. 그리스도의 십자가를 방패에 메고 그의 이름으로 전쟁을 시작하는 이러한 경향에서 크게 벗어나지 않는다. 우리는 그처럼 뻔뻔하지 않을 수 있지만, 미국이 기독교 국가라는 말을 종종 듣고 말한다. 이것은 미국이 유대교나 무슬림보다 더 기독교적이라는 뜻의 설명적 표현이다. 그러나 우리는 이 말을 미국이 다른 나라들보다 도덕적 우위에 있다는 의미로 사용하기도 한다. 그것은 확실히 문제가 있다.

예수님이 말씀하시는 하나님의 나라 개념은 오늘날의 캐나다나 미국보다 팔레스타인 점령지의 정치적 상황과 유사하다. 예수님을 따르는 자들이 잘못 생각한 하나님의 나라와 국가와 연관성은 사실에 입각한 것이 아니라 가설일 뿐이다. 우리의 상황은 다르며, 영혼의 건강은 훨씬 위험한 상태에 놓였을 수 있다. 북미의 우리는 힘에 의한 특권을 누리고 있다. 우리는 자신이 이러한 안전과 평안을 누릴 자격이 있다는 가정을 쉽게 한다는 점에서 우리의 상황은 더욱 음흉하고 위험하다. 이러한 가정을 말로 표현하든 하지 않든, 우리는 본문에 나오는 어떤 인물보다 자신의 곳간을 크게 짓고 풍성한 소출에 자축하는 농부눅 12:18에 가깝다. 우리 자신은 우리가 복음에 귀를 기울이지 못하게 방해하는 요소이기도 하다.

우리의 부와 국력을 어떻게 할 것인가는 본 주석의 범위를 벗어난다. 눅가는 그 대답을 제시하지 않는다. 오히려, 누가복음은 우리가 함께 가야 할 분별의 길로 우리를 인도한다. 우리는 이러한 부르심을 절박한 마음으로 진지하게 받아들여야 한다. 영적이든 아니든, 우리의 모든 건강은 그것에 달려 있다.

식사, 기도, 성전 뜰

개관

우리는 누가복음 전체에서 온전히 구현된 예수님에게 초점을 맞추었다. 가히 측량할 수 없고 상상할 수도 없는 성육신의 기적은 심장이 멎을 듯한 결정 관계로 치닫는다. 왜냐하면 예수님의 성육신은 다른 사람과의 관계성이 핵심이기 때문이다. 십자가 내러티브는 특히 극적이고 통렬한 비애감을 자아내지만, 사건을 통해 예수님과 제자들이 갈라서기 전 마지막 장면은 누가복음이 초점을 맞추는 관계성을 통해 감정적 정점에 이른다. 식탁교제와 감람산에서의 기도 장면에서 예수님은 목회자이자 선지자시다. 그는 십자가에서의 연약한 모습과 다르면서도 동일한 연약성을 보이신다. 열두 사도22:14는 예수님과 가장 가깝고 아끼시는 사람들이다. 그들은 예수님이 갈릴리에서 첫 번째로 부르신 자들이다. 그들은 예수님이 산에서 밤새도록 기도하신 많은 사람 가운데 선택하신 자들이다.6:12-16 그들은 길에서, 회당에서, 평지에서, 성읍에서, 그리고 식탁에서 예수님과 함께 했다. 이 열두 사람은 예수께서 기적을 베푸시는 것을 보고 그가 가르치시는 말씀을 들었다. 그들은 예수께 질문을 던지고 불만을 표출했다.

22장 1-30절에서 시간을 가리키는 언급은 중요하며, 31-62절도 마찬가지다. 누가는 유월절이라 하는 무교절이 다가왔다는 진술로 시작한다. 유대인의 거룩한 날들이 임박한 것이다. 22장 7절에서 누가는 그날이 왔다고 말하며, 22장 14절에서는 최후의 만찬 전 때가 이르렀다고 말한다. 22장 53절에서 예수님은 자신을 잡으러 온 자들에게 "이제는 너희 때"라고 말씀하신다. 그리고 마침내 닭 울음소리와 함께 새벽이 찾아온다.22:60

공간을 가리키는 언급 역시 중요하다. 예수님이 제자들과 함께 마지막으로 식사하시는 장소는 주목을 받는다. 누가복음에서 항상 중요한 공간인 거룩한 식탁은 가장 중요한 의미가 있다. 식탁을 떠나 밤중의 감람산으로 옮긴 것은 가정에서 오지로 가는 감정적인 여정에 해당한다. 감람산이라는 공간22:40에서 제자들과 예수님은 마음과 생각이 상반된 방향으로 극단까지 치닫는다. 이 단원의 마지막 공간은 대제사장의 집과 뜰이다. 뜰 가운데 피운 불빛의 깜빡임은 베드로의 두려움과 예수님의 간절함 사이의 단절된 거리를 보여준다.

22장 1-62절에서 누가는 각 단락을 조심스럽게 짜깁기한다. 1-6절에서 누가는 19-21장에서 고조된 긴장이 어떻게 외적 위협과 내적 위협을 통해 구체화 되는지를 보여주는 배경적 정보와 함께 수난 사건으로의 전환을 시도한다. 7-13절은 예수님이 가장 가까운 사람들과 함께 마지막 식사를 하실 장소를 선택하고 준비하는 과정에 대한 진술이다. 세 번째 단락인 22장 8-22절은 최후의 만찬 장면이다. 이 장면 뒤에는 제자들이 누가 크냐로 서로 다투는 장면이 이어진다.

다음 다섯 개 단락은 논지가 특별한 사례에 해당한다. 여기서 누가는 예수님과 제자들의 결정적 관계에 대한 독서 지침을 제공하기 위해 단락의 순서 및 연결에 매우 세심한 주의를 기울인다. 누가는 이 부분에 대한 청중의 이해를 돕기 위해 4장의 첫 설교를 제시할 때와 같은 세심한 방식으로 22장 31-62절을 다시 한번 대칭구조로 제시한다. 이 대칭구조는 특히 명확하다[대칭구조, p. 428]. 여기서 중요한 것은 이 구조를 어떻게 이해하고 사용할 것이냐는 것이다. 이 구조는 다음과 같다.

22:31-34 예수님이 베드로가 자신을 부인할 것이라고 말씀하심
　22:35-38 검에 관한 말씀
　　22:39-46 예수님의 감람산 기도, 제자들의 잠
　22:47-53 검에 관한 말씀
22:54-62 베드로가 예수님을 부인함

본문은 베드로의 부인 + 검 + 기도 + 검 + 베드로의 부인의 구조로 형성된다. 누가는 우리가 어떻게 검에 관한 두 차례의 말씀과 체포 장면을 염두에 두면서 핵심부인 감람산 기도 장면을 읽기를 기대하는가? 감람산에서 아버지께 드린 기도는 예수님을 변화시켰는가? 우리는 누가가 다른 어떤 복음서기자보다 더 비장한 어조로 묘사한 감람산의 고뇌를 하나님의 계획에서 자신의 능력을 어떻게 사용할 것인가에 대한 처절한 고뇌로 이해할 수 있는가? 이

기도를 통해 예수님의 마음에 내적 변화가 있었는가? 이것은 검에 대한 양면성을 보여주는가?

이 개요에는 이러한 대칭구조가 완전히 드러나지 않을 수 있다. 이 본문 직전에는 제자들이 서로 크다고 다투는 장면이 나타난다. 이 본문 직후에는 예수님이 매를 맞고 눈을 가린 채 조롱을 당하시는 장면이 이어진다. 권력의 남용을 보여주는 대칭구조 형식의 본문은 더 있다. 그러나 이 본문을 넓은 문맥 속에서 살펴본다면 검과 기도에 더욱 세밀한 초점을 맞추게 해 줄 것이다.

단락 구조

식사, 22:1-30
    22:1-6 구조 강화
    22:7-13 유월절 준비
    22:14-22 몸을 주심
    22:23-30 제자도: 분열과 통합

시험당할 때의 기도, 22:31-62
    22:31-34 베드로의 부인
    22:35-38 검
    22:39-46 예수님의 기도
    22:47-53 검
    22:54-62 베드로의 부인

본문 주해

식사 22:1-30

22:1-6 구조 강화

22장 1-6절의 언어는 우리에게 위험이 더욱 고조되었다는 인식을 심어준다. 유월절이라 하는 무교절이 다가왔다. 이것은 일상적 시간에서 벗어나 거룩한 시간으로 진입하는 결정적 순간이다. 그러나 거룩함이 강화되면 악도 강화된다. 2절에 나오는 아넬로신anelōsin이라는 단어는 일반적으로 "죽이다," "제거하다," "처형하다"라는 의미로 번역되는데, 복음서에는 거의 나타나지 않는다. 누가복음에서는 이 단어가 이곳에 처음 사용되며, 23장 32절에서 예수님과 함께 십자가에 달린 두 죄수에 대해 한 차례 더 사용될 뿐이다. 다른 복음서에는 마태복음 2장 16절에만 유일하게 사용된다. 그곳에서 이 단어는 모든 아기를 죽이려는 헤롯의 악한 의도에 사용된다. 누가는 대제사장들과 서기관들이 예수님을 죽이려 했으나 백성이 두려워 그렇게 하지 못했다고 진술한다.

이어서 사탄이 등장한다. 누가복음에서 마귀는 4장의 시험 장면에서 예수님을 유혹하는 존재로 나타나며, 8장에서는 땅에 관한 비유에 등장한다. 그러나 마귀는 누가복음에서 실제적인 배역을 맡지 않으며, 여기서도 특별한 대사 없이 단지 복음서의 줄거리 안에서 언급될 뿐이다. 사탄은 앞서 예수님의 말씀 가운데 언급된다. 10장 18절에서는 하늘에서 번개처럼 떨어지는 것으로, 11장 18절에서는 스스로 분쟁하면 설 수 없다는 말씀 속에, 그리고 13장 16절에서는 꼬부라진 여자를 오랫동안 붙들고 있는 존재로 언급된다.

이곳 본문에서 사탄은 행동을 유발한다. 그는 유다에게 들어간다. 사탄의 지배 아래 놓인 가룟 유다는 행동에 돌입한다. 유다는 열두 제자 가운데 하나였음에도 불구하고, 대제사장들과 성전 경비대장들을 찾아가 예수님을 넘겨줄 방도를 의논한다. 유다를 만난 그들은 기뻐하며 계획을 실행할 수 있게 돈을 주기로 약속한다. 누가는 유다가 그 시점부터 무리가 없을 때 예수님을 그들에게 넘겨줄 기회를 찾았다고 말한다. 유다는 그들과 합세하여 예수님을 대적하며, 다른 제자들과 무리는 여전히 예수님 편에 서 있다. 내부에 심각한 균열이 발생한 것이다. 예수님은 대제사장 무리와 같은 외적인 요인뿐만 아니라 탐욕에 눈이 먼 유다의 배신이라는 내적인 요인에 의해 위기에 처하신 것이다.

22:7-13 유월절 준비

누가는 "It is necessary"라는 표현을 다시 한번 사용함으로써 수난 내러티브가 시작되었음을 알린다[당위성, p. 436]. 이 표현은 열두 살 된 예수께서 성전에 올라가신 이야기, 수난에 관한 예고, 삭개오 이야기에서 드러난 예수님에 대한 하나님의 목적을 상기시킨다. 이곳 본문에서는 유월절 양을 잡아야 함을 보여준다. 이러한 필요성은 다른 필요와 달리, 예수님과 제자들의 협력을 요구한다. 보본Bovon의 말처럼, 이 일은 예수님과 제자들이 함께 하는 일이지만, 세 단계로 진행된다. 먼저, 이 절기는 이스라엘에 대한 하나님의 신실하심에서 비롯된 것이다. 유월절은 하나님이 그들을 해방하신 날을 기념하는 절기라는 것이다. 두 번째 단계는 이 절기에 대한 예수님의 리더십이다. 예수님은 나중에 이 절기를 주관하시고 의식에 대한 변경과 조정을 주도하실 것이기 때문에 절기를 위한 준비도 주관하셔야 한다. 세 번째는 제자들의 역할이다. 그들은 묻고 듣고 순종한다. 그들은 예수님의 지시를 수행하고 하나님의 기대를 충족시키는 기념 공동체이다.Bovon 2012: 140 앞으로 살펴보겠지만, 제자들은 유월절에서의 역할보다 그것을 준비하는 과정에서 하나님의 기대에 더 잘 부응한다. 준비를 잘 마친 그들은 정작 유월절 식탁에서는 비난과 말다툼에 빠진다.

예수님은 베드로와 요한을 택하시고 유월절을 준비하게 하신다. 그들이 예수께 어디서 함께 먹기를 원하시느냐고 묻자 예수님은 물 한 동이를 가지고 가는 사람을 따라가면 큰 다락방으로 안내할 것이라는 구체적인 지시를 내리신다. 그곳이 유월절을 준비할 장소라는 것이다.

이 구절은 제자들의 합당한 행동에 대한 표본질문은 하되 순종하는을 제공하는 외에도, 최후의 만찬에 필요한 두 가지 중요한 사실을 강조한다. 하나님 나라의 삶을 위한 준비는 중요하다. 보본은 누가가 "준비"라는 용어를 선호한다고 주장한다.2012: 143 하나님의 나라가 가까이 다가온 것처럼 사는 것은 부분적으로 선한 마음과 사려 깊은 질문하는 순종으로 준비하는 것이다. 풍성함과 넉넉함은 하나님 나라 삶의 또 다른 측면이다. 준비된 방은 넓다. 그것은 소란한 거리의 삶보다 높은 곳에 위치한 이층다락방이다. 이 다락방은 그들의 필요를 충분히 채워줄 수 있다. 그곳은 은혜로운 장소다.

베드로와 요한은 예수님이 말씀하신 사람을 만나 예수께서 지시한 대로 유월절을 준비한다.

22:14-22 몸을 주심

누가에게는 유월절 양을 잡는 과정에 대한 세부적인 설명이나 절기의 정확한 순서보다 출애굽9:31의 배경이 되는 해방을 기념한다는 절기의 의미를 상기시키는 것이 더 중요하다. 보본은 이곳에서 예수님과 제자들이 따랐던 관습은 성경에서 원래 말한 급한 식사가 아니라고 주장한다. 대신에 그들은 더 이상 노예 신분이 아닌 지위를 선언하고 헬라와 로마의 식탁교제를 반영한 여유롭고 편안한 식사를 한다.2012: 143 이 식사는 예수께는 "마지막 기회"였으며, 제자들에게는 "첫 번째 기념"이었다.157항

누가복음에서 가장 친밀한 이 식사 장면은 예수님의 드문 감정 표현으로 시작된다. 때가 이르렀으며, 예수님은 모든 것이 갖춰진 이 넓은 방에서 자신이 가장 아끼는 가까운 사람들과 함께 식탁에 앉아 계신다. 그들은 예수께서 밤이 새도록 기도하신 후 택하신 열두 제자다.눅 6:12-16 예수님의 첫 마디는 그의 간절함을 보여준다. 이것은 강조를 위해 단어를 반복하는 셈어적 표현이다. 영어로는 "내가 이 유월절 먹기를 원하고 원하였노라"와 같은 번역

이 가장 근접한 표현일 것이다. 또는 우리가 상상할 수 있는 모든 간절함을 담아 예수께서 이 순간을 기다리셨다고 표현할 수 있을 것이다. 예수님은 제자들에게 때가 이르렀다는 것은22:14 고난의 시간이 되었다는 의미라고 말씀하신다.

예수님은 배경이 되는 유월절에 관한 말씀과 함께, 잠시 후 떠날 자신의 역할에 대해 언급하심으로써 제자들에게 이 식사의 중요성에 관해 가르치신다. 예수님은 곧 떠나실 분이시다. 예수님은 더 이상 그들과 함께 먹지 못하실 것이다. 예수님은 잔을 통해 이 새로운 현실에 대해 생생하게 묘사하신다. 17절에서 예수님은 잔을 드시고 감사 기도를 하시며, 계속해서 사도들에게 잔을 갖다가 나누라고 말씀하신다. 예수님은 이어서 그들에게 하나님의 나라가 임할 때까지 다시는 잔을 마시지 않겠다는 말씀을 반복하신다. 이 잔은 누가복음의 성찬에 관한 말씀에서 중요한 역할을 하며, 시공을 초월하여 성찬을 기념할 수 있는 이중적 상황을 정립한다. 예수님은 이 의식을 거행할 때 실제로 임재하시면서 부재하신다. 열두 제자에게 이 순간은 우리와 마찬가지로 예수님의 죽음과 떠나심에 대해 깊이 생각하는 시간이다. 첫 번째 제자들에게는 예수님이 예고하신 고난에 대한 묵상이며, 우리에게는 그가 당하신 고난에 대한 기억이다. 수 세대가 흐른 지금은 불안한 마음을 내려놓고 주께서 가리키시는 미래의 요구에 대해 진지하게 숙고할 때다. 또한, 지금은 소망으로 살아갈 때다. 예수님은 이 잔을 통해 고난의 실재를 인정하시고 성취와 재회의 새로운 실재를 선포하신다. 하나님의 아들 예수님은 하나님의 나라가 임하기까지 이러한 소망 가운데 거하신다. 이 예수님은 성찬이 거행될 때마다 실제로 임재하신다.

분위기를 조성하신 예수님은 이 식사가 전통적으로 매우 친숙한 의식임에도 불구하고 새로운 지평을 열고 있음을 보여주신다. 예수님은 떡을 가져 감사하신 후 떼어 나누어 주신다. 이곳에 제시된 누가의 언어는 오천 명을 먹이실 때의 언어를 반영하며, 부활 후 엠마오에서 있었던 식사 장면에서의 언어를 예시한다. 예수님은 제자들에게, 자신이 취하여 감사하시고 떼어 나누어주시는 이 떡이 자신의 몸이라고 말씀하신다. 본문에 나타난 누가의 언어는 우리에게 익숙하며 간단한 문장과 단순한 유추를 사용한다. 유월절 식사Seder를 포함한 유대의 식사 의식이나 헬라의 유사한 모임에는 이곳의 본문과 비슷한 진술을 찾아볼 수 없다.Bovon 2012: 158 우리는 본문의 말씀에 담긴 놀라운 새로움을 놓치지 말아야 한다.

광야에서, 그리고 수천 명을 먹이신 장면에서 떡은 하나님의 공급하심을 보여주는 기능을 했다. 떡은 중개되지 않고 직접 공급된다. 이곳에서 예수님은 자신의 몸을 공급하신다. 그는 하나님의 백성을 위해 가슴 시리도록 대담한 하나님의 공급하심을 구현하신다. 예수님은 가장 사랑하는 자들에게 하나님의 공급하심이 그들에게 주어졌다고 말씀하신다. 그들은 이것을 행하여 그를 기념해야 한다.22:19 또한, 그들은 예수님이 돌아가신 후 이 밤과 그 의미를 기억하면서 취하고, 감사하고, 떼어 나누어주어야 한다. 제자들은 예수님이 식탁에서 하신 말씀과 행동의 의미를 온전히 이해할 수 없을 것이다. 그들은 예수께서 육체로 함께 하시지 않은 상태에서 이러한 의미를 깨달으며 살아가야 한다.

예수님과 제자들은 식사를 계속하신다. 누가는 떡과 잔 사이에 식사시간을 배치한 유일한 복음서기자다. 유대의 유월절은 식사 후에 잔을 마셨다는 사실을 고려할 때, 누가가 유대 전통에 특히 민감했음을 알 수 있다. 저녁을 먹은 후 예수님은 같은 방법으로 잔을 받으신다. 예수님은 제자들을 위해 잔을 부으시며 이 잔은 새 언약의 잔이라고 말씀하신다. 보본이 지적하듯이, 잔과 언약의 관계는 잔의 내용물을 제단에 쏟은 피와 연결할 때만 작동한다.2012: 159 잔을 받아 따라주며 지시하는 행위는 잔을 마시는 것만큼이나 의식에서 중요하다.

의식의 두 요소인 떡과 잔은 과거와 현재와 미래를 연결한다. 과거는 대체되는 것이 아니라 재해석된다. 찢긴 몸과 흘린 피는 유월절과 하나님이 백성과 맺으신 언약을 상기시키고 확장하며 다시 한번 초점을 맞춘다. 이러한 이미지와 개념은 예루살렘에서 일어나고 있는 일에 의미를 부여하며, 제자들이 앞으로 며칠 동안 이 성에서 벌어질 혼란스럽고 불길한 사건속으로 들어가기 위한 틀을 제공한다. 또한, 떡과 잔의 이미지와 개념은 치유와 온전케 됨을 기뻐하는 자들과 연합하여 슬픔과 소망 가운데 이 의식을 실천할 미래의 새로운 공동체로 향하게 한다.

자신을 넘겨줄 자에 대한 예수님의 언급을 이 의식 전에 배열한 마태와 달리, 누가는 이 시점에서 핵심 그룹 내에 배신자가 있다는 사실을 인정하신다. 보본이 지적한 것처럼, 대부분의 번역이 예수께서 배신자의 손이 상 위에 있음을 아시는 장면을 "그러나 보라"22:21로 시작한 것은 보본의 말처럼 부자연스럽고 갑작스럽다.2012: 169 21-22절은 극명한 대조를 이룬다. 예수님이 지금까지 제자들에게 하신 말씀 가운데 가장 간절하고 사랑으로 가득하며 희생적인 말씀은 자신의 공동체가 깨어졌다는 언급과 함께 제시된다. 예수님을 팔 자의 손이 그와 함께 상위에 있다.

확실히 유다는 복음서에 나타난 이런 식의 증거를 넘어서는 비방을 받아 왔다. 누가는 prodidōmi "배반하다," 막 14:10의 이문라는 동사 대신 paradidōmi "넘겨주다," 롬 8:32의 하나님이 예수님을 "내주시다"와 같은 동사를 사용한다. 유다의 행동에는 강력한 양면성이 나타나는데, 예수님은 식탁에서 말씀하실 때 이 사실에 주목하신다. 탁자 위에 놓인 두 손, 즉 예수님의 손과 그를 곧 대적에게 넘길 자의 손마저도 신비한 방법으로 하나님의 마음속에 있다. 그러나 표리부동한 손의 적대감과 상실감은 자신에게 비참한 결과만 초래하게 된다.

우리는 이 수난 내러티브에서 예수님을 중심으로 전개되는 사건들에 나타난 하나님의 뜻에 대한 의문을 가진다. 그러나 평신도든 신학자든 이 본문에 대한 완전한 이해는 사실상 불가능하다. 확실히 누가는 끝까지 예수님과 함께하신 신실하신 하나님의 성품보다 예수님과 아버지의 뜻에 대한 그의 결심에 초점을 맞춘다. 누가복음에서 예수님은 십자가 위에서 왜 나를 버리셨나이까라고 부르짖지 않으신다. 누가복음은 예수님이 하나님의 형벌을 받으신다는 느낌을 주지 않는다. 오히려 예수님은 어렵게 얻었지만 진정한 의지로 기꺼이 자신의 역할을 다하신다. 예수님은 제자들과 자신을 따르는 자들을 위해 자신의 생명을 자진하여 쏟아부어 주신다. 이처럼 자원하는 마음은 세례받으실 때 하나님께 받은 사명을 어떻게 완수하실 것인가에 대한 깊은 고뇌와 분투를 통해 나온 것이다.

그러나 예수님은 자신에게 주어진 어렵고 힘든 운명에 따라 움직이신다. 그것은 그를 사랑하는 아들이라고 부르신 분이 맡기신 운명이며, 사랑하는 아버지께서 그의 고뇌에 함께하시면서도 제거하지 않으시고 제거할 수도 없는 운명이다. 누가복음 22장 22절에서 예수님은 자신이 작정된 대로, 또는 지정된 대로kata to hōrismenon 가시는 것으로 말씀하신다.

하나님은 예수님의 고난과 죽음을 원하시는가? 물론 그렇지 않다. 적어도 직접적으로 원하시는 것은 아니다. 하나님은 예수께서 그의 유일하고 특별한 화해 사역을 성취하기를 원하시는가? 이 고귀한 행위, 이러한 영과 육의 결합이 고난과 죽음을 수반할 수도 있지 않은가? 물론 그렇다.

우리는 사소하고 평범한 방법으로 하나님의 신비를 경험한다. 우리는 자녀에게 그들의 삶을 더 어렵게 하고 미래를 덜 풍요롭게 하며 성공을 보장해주지 못하는 가치관을 주입한다. 안타깝지만, 성실과 자비가 경기장이나 회의실에서 항상 성공에 이르는 길은 아니다. 자녀에게 진리를 사랑하고 사랑을 귀하게 여기라고 가르칠 때, 우리는 그들이 이러한 가치관 때문에 고통을 겪기를 바라는가? 그렇지는 않을 것이다. 그러나 필요하다면 그렇게 해야 할 것이다. 누가복음에서 볼 수 있듯이, 이 문제는 비극적인 분위기가 감돈다. 진리를 사랑하고 사랑을 존중하는 태도가 조롱을 받거나 어려움이나 고통으로 이어져서는 안 될 것이다. 그러나 현실은 그렇지 않다. 예수님은 자신의 길을 묵묵히 걸어가신다. 그는 하나님 나라의 가치관을 실천하며 살아가신다. 그렇게 하는 것이 고난과 죽음으로 이어져서는 안 될 것이다. 그러나 그렇지 않을 때가 있다. 그것은 아마도 불가피한 일일 것이다. 확실히 하나님은 알고 계셨다. 사실 우리도 알고 있다. 그러나 악에 굴복하여 예수님을 하나님 나라의 원수들에게 넘긴 자에게는 진정한 비극이 기다리고 있다. 기쁜 소식은 하나님은 이러한 재앙조차 그 나라의 목적을 위해 사용하실 능력이 있다는 것이다. 예수님을 따르는 자는 나중에 선으로 악을 갚으라는 요구를 받는다. 그에 앞서 하나님이 예수님의 죽음을 통해 하신 일이 바로 그것이다. 하나님은 악을 선으로 갚으셨다. 이런 의미에서 수난과 관련된 모든 사건은 하나님의 뜻 안에서 이루어졌다. 그러나 누가복음에서 이처럼 끔찍한 십자가 사건을 자신의 크신 목적 안에 품고 계신 하나님은 광야에서 세례를 받을 때부터 십자가에서 마지막 숨을 거두시기까지 예수님을 마음에 품고 계신 그 하나님이시다.

22:23-30 제자도: 분열과 통합

자신의 몸을 내주신다는 것과 제자들 가운데 악이 들어왔다는 예수님의 놀랍고 엄숙한 말씀에 대해, 제자들은 누가 크냐로 다투는 모습으로 반응한다. 그들은 23절에서 예수님을 대적의 손에 넘길 자가 누구인지 서로 묻는다. 이어지는 24절에서는 전혀 상반된 생각을 드러낸다. 그들 중 누가 크냐는 것이다. 그들은 마치 자신의 지도자를 내주는 거사를 일으킬 자가 누구냐로 다투는 듯하다. 이러한 다툼의 밑바탕에는 훨씬 복잡한 속내가 자리 잡고 있는 것은 아닌가? 그들은 예수님이 떠나신 후의 리더십 공백을 염두에 두고 자리 경쟁을 하는 것은 아닌가? 그들의 충성심 경쟁이 권력 투쟁의 양상으로 변질된 것은 아닌가?

예수님은 그들의 옹졸함을 받아주지 않으신다. 예수님은 자신이 생각하는 리더십과 제자들이 생각하는 리더십을 확실하게 구분하시고 그들의 리더십은 "이방인"의 생각이라고 말씀하신다. 이것은 신실한 유대인 제자들에게 매우 엄격한 지적이다. 예수님은 제자들에게 이방인에게는 그들을 주관하며 은인이라 칭함을 받는 임금이 있다고 말씀하신다. "칭함을 받다"라는 수동태의 용례는 중요하다.22:25 소위 은인은 두려움을 주는 자라고 할 수 있다. 그들은 다른 사람을 아첨하게 만드는 힘이 있으므로 은인으로 불린다. 보본이 지적하듯이, 우리는 이러한 예수님의 말씀 배후에 있는 정치권력에 대한 비판을 간과해서는 안 된다.2012: 173

예수님은 제자들도 그런 자들처럼 행동했음에도 불구하고 "너희는 그렇지 않을지니"22:26라고 말씀하신다. 예수님은 위대함과 지도자에 대한 의미를 재정의하신다. 예수님은 누가복음의 독자에게 친숙한 언어로 다시 한번 하나님 나라의 자녀에 대해 상기시키신다. 가장 큰 자는 그 나라에 들어가는 어린아이와 같은 자다. 지도자는 그들 가운데 예수님이 섬기신 것처럼 섬기는 자다. 하나님 나라에서 권위 있는 자는 이타적이고 가식이 없는 자들이다. 하나님 나라에서 권위 있는 자는 따르는 자들의 복지구원과 평화를 위해 섬기는 자들이다.

예수님은 제자들에게 익숙한 윤리를 다시 한번 간략히 간결하게 말씀하신 후, 그들에게 사명을 부여하신다. 이 사명은 예수께서 부활하신 후 누가복음 24장에서 주신 사명을 예시하며, 그곳의 사명 못지않게 은혜로 충만하다. 제자들은 예수님이 마련하신 통렬하고 무거운 최후의 만찬을 유치한 언쟁으로 바꾸어 버렸다. 그들은 중요한 임무를 수행할 준비가 되어 있음을 보여 준 적이 한 번도 없다. 그럼에도 불구하고, 예수님은 그들에게 하나님의 나라를 맡기신다. 그들은 유치한 말다툼을 했지만, 여전히 예수님 곁에 남아 있다. 그것은 결코 사소하지 않은 중요한 준거가 된다. 이런 상황에서 예수님은 하나님이 자신에게 원하신 나라를 그들에게 원하신다. 이것은 일반적인 법적 용어이다. 수행적 언어이기도 하다. 결혼식의 성혼 선언문처럼, 이 말씀은 하나의 증거가 된다. 그들이 하나님 나라의 상속자가 된 것은 예수께서 그들을 하나님 나라의 상속자라고 선언하셨기 때문이다.

상속자로서 그들은 하나님 나라의 식탁에 앉을 자리가 있다. 또한, 그들은 이스라엘을 다스릴 것이다. 예수님이 유대인에게 생명과 사망으로 인도하는 선택을 제시하셨듯이, 제자들도 같은 전통을 이어갈 것이다. 이 시점에서 제자들은 예수님이 그들에게 허락하신 식탁이 맹인, 병든 자, 저는 자, 가난한 자를 포함한 모든 사람에게 열려 있다는 사실을 이해하지 못할 수 있다. 제자들은 그들이 상상하는 보좌가 종이 앉는 자리와 닮았다는 사실을 모를 수 있다. 그러나 제자들의 불완전한 인식이나 이러한 비전과 상반된 성품은 그들에게 부여된 지위의 의미나 실재를 축소하지 않는다. 제자들은 작은 자가 되어 하나님 나라에 들어갈 것이며, 예수님을 따르는 자들을 인도할 것이다. 그것은 은혜다.

시험당할 때의 기도22:31-62

앞서 언급했듯이 누가는 특히 이 본문을 위한 독서지침을 제공한다. 아래의 대칭구조는 예수님이 감람산에서 기도하신 후 어떤 변화가 있었는지를 염두에 두면서 읽을 수 있게 한다.

22:31-34 예수님이 베드로가 부인할 것이라고 말씀하심
22:35-38 검에 관한 말씀
22:39-46 감람산에서 기도하시는 예수님, 잠든 제자들
22:47-53 검에 관한 말씀
22:54-62 베드로가 예수님을 부인함

22:31-34 베드로의 부인

예수님은 베드로를 시몬이라고 부르며, 그에게 관심을 집중하신다. 예수님은 시몬이라는 이름을 두 차례 직접 호명하신다. 이것은 특별한 강조를 위한 것이다. 10장 41절의 예수님과 마르다에 관한 이야기와 13장 34절의 "예루살렘아, 예루살렘아"로 시작하는 애가를 상기해 보라. 예수님은 5장에서 시몬에게 깊은 데로 가서 그물을 내리라고 말씀하신 후 6장 14절에서 시몬에게 베드로라는 이름을 주신다. 여기서는 아마도 베드로의 관심을 끌기 위해 시몬이라고 부른 것으로 보인다.

예수님은 베드로에게 긴장이 고조되는 이 시점에 사탄이 예수님의 핵심 제자들 모두에게 도전하고 있다는 인식을 드러내신다. 31절에 나오는 2인칭 대명사는 둘 다 복수형이다. 사탄은 모든 제자를 시험하려 한다. 밀 까부르듯 한다는 것은 예수님의 메타포다. 예수님이 32절에서 2인칭 단수를 사용하여 베드로 개인에게 초점을 맞추신 것은 의미가 있다. 두려움과 혼돈의 체질 속에서 우왕좌왕하는 제자들의 리더인 베드로를 위한 예수님의 중보 기도는 무엇보다도 베드로의 믿음이 떨어지지 않기를 바라는 것이었다. 기도는 거기서 끝나지 않는다. 베드로가 예수께서 말씀하신 대로 믿음이 실패했을 때, 예수님은 그가 돌이켜 영혼의 닻이신 예수께 돌아와 다시 리더십을 발휘하여 제자들을 굳게 할 수 있기를 기도하신다.

변덕스럽고 성격이 급한 베드로는 예수께서 말씀하신 의미나 모호함이나 경고에 대해 깊이 생각하지 않는다. 주와 함께 옥에도, 죽는데도 가겠다는 베드로의 자신만만한 선언이 얼마나 진정성 있는지는 해석자마다 견해가 다르다. 그러나 베드로의 성품을 고려할 때, 확실한 것은 아니지만 그가 24절에서 다른 제자들과 함께 누가 크냐는 문제로 다툰 후 33절에서 이처럼 당찬 약속을 했을 가능성이 있다. 베드로는 자신의 약속이 어떤 의미인지를 모른다. 예수님의 말씀처럼, 그는 실패할 것이다. 그의 믿음은 자신의 충성심에서 나온 것으로, 예수 그리스도의 제자에게 합당한 믿음이 아니라는 사실은 곧 드러나게 된다. 그러나 그의 진심을 의심할 이유는 없다. 비록 방향이 잘못되었지만, 그의 의도는 선하다. 예수님이 베드로에게 하신 마지막 말씀은 어둡다. 베드로는 새벽이 오기 전에 세 차례나 예수님을 모른다고 부인할 것이다.

22:35-38 검

예수님은 베드로에게 말씀하신 후, 제자들과 소지품과 검에 대한 다소 모호한 대화를 나누신다. 먼저, 예수님은 그들에게 전대와 배낭과 신발도 없이 보내었을 때 부족한 것이 있더냐고 물으신다. 그들은 충실하게 "없었나이다"라고 대답한다.22:35 제자들은 전대와 배낭과 신발이 없었으나 예수님이 물으시는 깊은 의미를 파악하고 정확하게 대답한다. 그들에게는 예수님이 말씀하신 것들이 없었음에도 불구하고, 모든 필요가 충족되었다. 하나님이 공급해주신 것이다.

예수님은 이어서 이유는 알 수 없지만 자신의 말씀을 바꾸신다. 그리고 말씀을 번복하신 사실을 인정하신다. "이제는 전대 있는 자는 가질 것이요 배낭도 그리하고"22:36 누가복음에 나타난 예수님의 성품과 어울리지 않는 더욱 당혹스러운 말씀은 추운 밤 노상에서 꼭 필요한 겉옷을 팔아 검을 사라는 것이다. 예수님이 이처럼 특이한 지시를 내리신 이유는 이사야 53장 12절에 나오는 네 번째 종의 노래를 자신의 삶에서 이루어져야 하기 때문이다. 이사야서의 종은 불법자의 동류로 여김을 받아야 한다. 제자들은 자신들이 이미 검 둘을 가지고 있다고 대답하며, 예수님은 "족하다"고 말씀하신다.22:38

이 구절은 성경 해석자들 사이에 난해 구절로 잘 알려져 있으며, 성경 전체에서 가장 어려운 구절이라고 말하는 사람들도 있다. 그러나 어떤 해석도 충분하지 않을 것이다. 예수님은 왜 앞서 하신 말씀을 번복하셨는가? 왜 제자들은 앞서 예수님의 지시를 알면서도 이미 검 둘을 가지고 있는가? 예수님이 성경을 성취하기 위해 동류로 여김을 받아야 할 불법자는 누구인가? 검 둘이 족하다는 말씀은 무슨 뜻인가?

전통적으로, 그리고 일부는 여전히 지금도, 이 본문은 시대가 바뀌었다는 예수님의 신호로 이해했다. 예수님이 사역하시는 동안 적용되었던 관점이 그가 안 계신 미래에는 더 이상 유지될 수 없다는 것이다. 특히 검에 관한 지시에 대한 번복은 예수님이 제자들에게 무장한 채 믿음을 지키기를 바라셨음을 보여준다는 것이다. 이 해석은 몇 가지 의문을 제기한다. 이것은 예수님이 혁명적 사고방식을 허락하지 않으신 한, 불법자가 누구냐는 질문에 대한 답이 될 수 없다. 그뿐만 아니라 이 구절이 예수께서 두 개의 검 가운데 하나를 사용한 제자를 꾸짖고 귀가 떨어져 나간 종을 낫게 하신 체포 장면과 어떻게 연결되는지 설명하지 못한다. 또한, 이 해석은 검을 사용한 행위를 거룩한 전쟁으로 이해하지 않는 한, 즉 기드온 이야기삿 7:2에서처럼 하나님이 특별한 무기도 없이 전투에 임하는 군대를 위해 싸우신 것으로 볼 수밖에 없는 성전으로 이해하지 않는 한, 검 둘이면 족하다고 말씀하신 이유를 설명하지 못한다. 이 본문을 근거로 오늘날의 전쟁을 합리화하는 것은 문제가 있다.

최근에는 예수님의 대화가 제자들을 시험하기 위한 것이라는 주장이 제기되고 있다. 예수님은 제자들이 자신의 가르침에서 얼마나 벗어나 있는지를 보여주기 위해 이전 명령을 번복하셨다는 것이다. 불법자의 동류에 관한 말씀은 제자들을 가리키며, 그들이 칼을 휘두른 행위는 예수님의 말씀에서 얼마나 멀리 벗어났는지를 드러낸다. 따라서 예수님이 "족하다"라고 말씀하신 것은 검이 충분하다는 것이 아니라 정보가 충분하다는 반의적 표현이라는 것이다.

이 해석의 가장 큰 문제점은 지금까지 예수님은 상대방의 함정에 종종 지혜롭게 반격하셨지만, 제자들에게는 언제나 진솔하게 대하셨다는 것이다. 예수님은 가까운 제자들에게 솔직하게 대하셨다. 그는 사역하시는 내내 제자들에게 도전을 주셨지만, 그들을 함정에 빠트리신 적은 없다. 예수님은 조금 전 베드로에게 그가 자신을 세 번 부인할 것이라고 말씀하셨다. 예수님은 그에게 가능한 한 흉금 없이 말씀하셨다. 두 개의 검에 관한 말씀에서22:38 이처럼 복잡한 방식으로 태도를 돌변하신다는 것은 앞뒤가 안 맞는다. 이 해석은 예수님의 이전 지시와 칼을 사용한 것을 꾸짖으신 다음 장면과의 연속성을 유지하기 위한 시도로 볼 수 있다.

세 번째 해석은 충분히 고려해볼 가치가 있다. 존 하워드 요더John Howard Yoder는 『예수님의 정치학The Politics of Jesus』에서 체포되시기 전 예수님의 기도를 그에 대한 마지막 시험으로 언급하면서, 특별한 설명 없이 이 시험은 검의 사용과 관련이 있다고 말한다. 남아프리카 공화국의 성경학자인 H. A. J. 크루거H. A. J. Kruger는 이 본문에는 고난당하는 종과 거룩한 전쟁의 언어가 모두 나타난다고 주장했다. 전자는 이사야 53장 12절의 불법자의 동류로 여김을 받았다는 말씀에 나타나며, 후자는 예수님이 감람산에서 제자들에게 주신 시험에 들지 않게 기도하라는 명령에 나타난다.

이러한 주장과 관찰은 진지한 주의를 기울일 필요가 있다. 우리는 누가가 본문 배열에 얼마나 세심한 주의를 기울였는지에 대해 살펴본 바 있다. 우리가 이 배열대칭구조을 하나의 독서지침으로 진지하게 받아들인다면, 이 어려운 본문을 예수께서 검을 사용하지 못하게 한 체포 장면뿐만 아니라 예수님이 아버지의 뜻을 받아들이기 위해 피땀 흘려 기도하시는 장면에 비추어 읽어야 한다.

예수님의 성경, 그가 안식일에 회당에서 들었던 말씀, 그가 인용하신 신명기, 창세기, 이사야, 시편의 말씀은 하나님이 이 땅에서 그에게 주신 사명을 드러내기 위한 풍성한 자원이 된다. 예수님은 거룩한 전쟁에 관한 전통과 고난받는 종의 모티브를 잘 알고 계신다. 이러한 내용은 어렸을 때부터 접하신 주제다. 누가는 이 중요한 시점에 이러한 문제들에 대해 생각하고 계신 예수님에 대해 묘사한다. 자신에게 닥칠 사건들을 인식하신 예수님은 가까운 제자들과 함께 마지막 식사를 하시면서 그들의 다툼에도 불구하고 끝까지 최선을 다해 가르치신다. 예수님은 감람산에서 그들에게 기도를 명하신다. 이 모든 과정에서, 사랑하는 자들에 대한 말씀에는 고난받는 종과 거룩한 전사의 메아리가 스며있다. 어쩌면 두 검에 관한 대화에 나타난 긴장감은 예수님 자신의 생각과 마음의 동요를 나타내는 것일 수 있다. 그는 거룩한 전쟁의 두 검을 휘두를 것인가, 아니면 불법자의 동류가 되어 고난받는 종으로 죽기까지 희생할 것인가? 둘 다 가능한 방법은 없는가?

22:39-46 예수님의 기도

예수님은 제자들에게 검 둘이면 충분하다고 말씀하신 후, 습관을 따라 제자들과 함께 감람산으로 가신다. 21장 37절에 따르면, 이러한 습관을 예수께서 예루살렘에 입성하신 직후 시작되었다. 그는 낮에는 성전에서 가르치시고 밤에는 제자들과 함께 감람산으로 가셨다. 그곳에는 오두막이 준비되었거나 나무 아래에 야영할 공간이 있었을 것이다. 그러나 이 날 밤은 쉬러 간 것이 아니다. 예수님은 기도하기 위해 그들을 이 익숙한 장소로 데려가신다. 예수님은 그들에게 시험에 들지 않기 위해 기도하라고 말씀하신다. 정결과 기도는 예수님의 성경적 전통에서 거룩한 전쟁 및 신적 구원과 오랫동안 연관되어왔다. 예수님이 거룩함을 추구하신 사실을 고려할 때, 그가 이 시점에 제자들에게 원하신 것이 성이나 기타 신체적 기능을 피하는 전통적 금기인지는 알 수 없다. 그러나 이곳에서 예수님이 촉구하신 기도는 거룩한 전쟁을 준비하는 진영에 요구되는 거룩함과 궤를 같이한다.신 23:9-14

기도특히 회개 기도는 거룩한 전쟁의 오랜 관계가 있다. 이스라엘이 악을 행함으로써 미디안 족속의 손에 넘어갔을 때, 기드온은 천사와 긴 대화기도를 통해 자신이 할 일과 자신이 그 일에 합당한지에 대해 의문을 나타낸다.삿 6:11-15 솔로몬은 성전을 봉헌할 때 회개를 하나님의 구원과 연관하는 장문의 기도를 드린다.왕상 8:33-53 깨어 기도하라는 예수님의 명령은 여호수아가 군대에게 깨어 있으라"stay alert"수 8:4고 지시한 것과 같은 맥락이다. 예수님과 제자들은 긴박한 상황에 처해 있다. 예수님은 잠시 후 이 잔을 옮겨달라고 기도하실 것이다. 신적 구원은 모든 이스라엘 백성의 깊은 영적 형성의 일부다. 제자들이 깨어 기도해야 하는 것은 당연하다.

예수님은 제자들에게 기도를 촉구하신 후 그들을 떠나 "돌 던질 만큼"41절 가까운 곳에 가서 아버지께 간절히 매달리신다. 이 기도는 가장 가까운 제자들까지도 함께할 수 없는 깊은 고뇌의 영적 투쟁이다. 그것은 아버지와의 특별한 개인적 만남이다.

예수님의 기도는 단순하지만 진지하다. 예수님은 이 잔을 피하려는 마음과 아버지의 뜻을 이루시려는 두 가지 의지를 조화시키려 하신다. 이 기도가 예수께서 제자들과 검에 관해 말씀하신 후 시작되었다는 것은 누가복음과 다른 복음서를 구별하는 요소로 작용한다. 예수께서 자신을 짓누르는 시험과 처형을 피하고 싶어 하실 것이라는 추측은 가능하다. 그러나 거룩한 전쟁이라는 개념은 훨씬 큰 모호함을 초래한다. 잔 자체에는 다원적 메타포에 해당한다. 히브리어 성경에는 구원의 잔뿐만 아니라 하나님의 진노의 잔에 대한 언급도 나타난다. 거룩한 전쟁과 고난받는 종의 혼합은 여러 면에서 제자들을 위해 쏟으신 잔을 그의 피로 맺은 새 언약으로 생각할 수 있게 한다. 두 의지를 조화시키려는 고뇌와 분투는 결코 간단하거나 필연적인 결론이 아니다.

본문은 예수께서 어떤 결단을 내렸는지에 대해 알려주지 않는다. 그것을 알기 위해서는 이어지는 체포 장면 및 두 개의 검 가운데 하나를 휘두른 제자에 대한 예수님의 단호한 반응을 기다려야 한다. 그러나 그의 기도는 고뇌가 끝났다고 말하며, 결심의 결과에 대해 알려준다. 예수님은 더욱 크고 강력한 아버지의 뜻에 대한 두 언급 사이에 잔을 옮겨 달라는 기도를 삽입한다. 그는 아버지의 사랑에 대한 근본적인 신뢰를 드러낸 두 표현 사이에 자신의 요구를 위치시킨다. 예수님은 자신의 생명과 원하지 않는 고난의 쓴잔을 마시는 일까지 하나님의 목적에 맡기신다.

하나님은 천사를 보내어 사랑하는 아들을 섬기게 함으로써 그의 신뢰에 응답하신다. 천사는 피땀을 흘리며 고통스러운 기도를 하시는 예수께 힘을 더한다. 43-44절은 다른 번역본에는 나타나지 않는 내용으로 정확한 출처를 알기 어렵다. 그러나 이 구절은 자신에게 일어날 일에 대한 지극히 자연스러운 두려움보다 훨씬 복잡한 문제가 걸려 있다는 누가의 인식과 조화를 이룬다. 누가복음에는 의지에 대한 고뇌가 구체적으로 제시되며, 신적 위로가 훨씬 강력한 행위로 나타난다.

22:52-53 검

체포는 기도의 현장을 혼돈과 혼란과 폭력으로 얼룩지게 한다. 예수님이 제자들을 깨워 다시 기도하라고 명령하실 때, 한 무리가 이 친밀한 시간을 방해한다. 감람산에서 기도하는 현장에 없었던 것으로 보이는 유다가 그들을 앞장서 왔다. 우리는 이러한 본문의 전개를 당연한 것으로 받아들이는 경향이 있지만, 아직도 해결되어야 할 문제가 남아 있다. 기도와 천사의 위로를 통해 새로워진 예수님은 양면성을 해결하고 거룩한 전사와 고난받는 종의 새로운 통합을 드러내며 수난의 다음 단계로 담대히 나아갈 준비가 되었음을 보여준다.

유다의 의도는 무엇인가? 22:47-48 유다는 이미 제자들 무리에게서 떠난 것이 분명하다. 아마도 그는 예수님이 식탁에서 손에 관해 말씀하신 직후나 감람산으로 갈 때, 아니면 예수님은 기도하시고 다른 제자들은 잠들었을 때 떠났을 것이다. 이제 유다는 폭도를 끌고 돌아와 우정과 제자도의 전형적인 친밀함을 표현하며 예수에게 다가간다. 누가복음의 전형적인 장면의 하나로, 예수님은 유다의 마음을 알고 계신다. 예수님은 누가복음에서 가장 통렬한 어조 가운데 하나로, 네가 입맞춤으로 인자를 파느냐고 물으신다.22:48 이처럼 왜곡된 우정의 몸짓은 깊은 상처를 준다

거룩한 전쟁22:49-51 예수님이 유다의 의도에 대해 말씀하신 것을 듣고 주변에서 전개되고 있는 일을 본 사람들은 "우리가 칼로 치리이까"라고 묻는다. 앞서 검에 관한 예수님의 말씀을 생각하면, 이 질문은 당연하다. 실제로 그 중의 한 사람은 예수님의 대답이나 명령을 기다리지 않고 즉시 대제사장의 종을 쳐 오른쪽 귀를 떨어뜨린다.22:50 그러나 감람산에서의 기도를 통해 두 의지를 조화시킨 예수님의 태도는 명확하다. 예수님이 하시려는 일이 성전이라면 -확실히 어느 면에서는 정확히 그렇다- 그것은 검을 사용하지 않는 성전이 될 것이다. 예수님은 강력한 어조로 멈추라고 말씀하신다. 더 이상 그렇게 해서는 안 된다는 것이다.22:51 예수님은 종의 귀를 낫게 하신다. 이 전쟁은 상처를 주는 것이 아니라 낫게 하는 싸움이다.

고통받는 종?22:52-53 끝으로, 예수님은 대적에게로 향하신다. 누가는 47절에서 무리로 묘사한 자들을 여기서는 대제사장들과 성전의 경비대장들과 장로들이라는 세 집단으로 분류한다. 예수님은 그의 백성의 대적이 된 그들에 대해 고난받는 종에게 기대하는 온유한 행동과는 거리가 먼 도전적 태도와 풍자로 맞서신다. 예수님은 밤중에 무기를 들고 자신을 잡으러 온 그들을 비웃기라도 하듯이 강도를 잡으러 왔느냐고 물으신다. 예수님은 그들에게 자신이 날마다 성전에서 가르칠 때 체포하지 않았다는 사실을 상기시킨다. 그들은 언제든지 예수님을 체포할 수 있었지만, 그렇게 하지 않았다는 것은 예수님에 대한 대중적 지지를 두려워했음을 보여준다. 예수님이 가르치시고 치유하시며 사랑하신 무리는 예수님의 예루살렘 입성 후 그를 죽이려는 저들과 예수님 사이에 위치해왔다. 어둠의 권세는 부분적으로는 예수님이 사역하신 백성들의 부재에 있다. 예수님은 이 장면에서 마지막으로 냉엄한 말씀을 하신다 "그러나 이제는 너희 때요 어둠의 권세로다"22:53

예수님은 감람산에서 두 개의 검으로 무장한 제자들에게 둘러싸여 계신다. 이 제자들은 잠들었지만 도망하지는 않았다. 그들에게는 두 개의 검이 있었으며 그것을 기꺼이 사용할 수 있음을 보여주었다. 제자들과 맞선 무리는 수적으로 훨씬 우세했다. 그들은 검도 많았으며, 검이 없는 자는 몽치를 들고 있었다. 이것은 다윗과 골리앗, 기드온과 미디안 족속의 전쟁과 같은 성전의 전형적인 장면이다. 차이점이라면 이곳 본문에서는 대적이 골리앗과 미디안 족속이 아니라 이스라엘의 대제사장들과 성전의 경비대장들과 장로들이라는 것이다.

예수님은 "권세"exousia라는 표현을 사용하심으로써 이러한 아이러니를 부각하신다. 이 단어는 권위, 절대적 권위, 권세, 지배를 의미한다. 또 하나의 단어dynamis는 힘이라는 일반적인 의미가 있다. 예수님이 체계적인 권력을 가리키는 용어를 선택하신 것은 의미가 있다.

예수님의 거룩한 전쟁에서는 치유가 검을 대신하며, 고난의 섬김에서는 담대한 진리 선포가 유약함을 대신한다. 우리는 다음 장의 재판 장면에서 예수께서 침묵하시는 모습에 의미를 부여할 것이다. 그러나 이곳에서 예수님의 말씀은 담대하고 분명하며, 확실히 도전적이다. 한밤중 고뇌에 찬 기도를 통해 하나님의 뜻을 받아들이심으로써 힘으로 저항하기를 포기하시고 이 위기의 순간에도 제자들을 인도하시고 가르치신 예수님은 조금도 위축되지 않으신다. 그는 담대히 "하나님의 사랑하는 백성의 사랑하는 지도자들인 너희가 어둠의 권세가 되었도다"22:53 의역라고 말씀하신다. 하나님의 나라는 고난과 비폭력의 나라이다. 그것은 수동적이고 유약한 나라가 아니다. 그것은 결코 온화하지 않으며 결코 온화하지 않을 것이다.

22:54-62 베드로의 부인

예수님에게 체포 장면은 결정적이다. 감람산에서의 기도는 그의 길을 명확히 해 주었다. 무리가 그를 잡으러 왔을 때, 예수님은 기도를 통한 결심에 따라 온전하고 자유롭게 행동한다. 제자들은 경우가 다르다. 그들이 이 반전된 나라를 받아들이고 그것이 요구하는 자유와 온전함으로 들어가기에는 남은 길이 요원하다.

예수님이 붙잡혀 대제사장의 집으로 들어가실 때, 베드로는 사람들 틈에 섞여 멀찍이 따라간다. 그들은 체포하러 온 무리가 아닐 것이다. 아마도 그들은 예수님이 산에서 마을로 잡혀가실 때 소란에 이끌려 따라나선 구경꾼들일 것이다. 베드로의 태도는 대담한 행동이 아니다. 그것은 예수께서 단호한 행동과 담대한 말씀으로 보여주신 용기와 다르다. 그러나 그것은 비겁한 행동도 아니다. 적어도 베드로는 예수님을 따라갔다. 그러나 다른 제자들은 어디에 있는가? 예수님 주변에는 아무도 없는 것 같다. 베드로는 예수님과 함께 옥에도 가고 죽음도 불사하겠다는 약속을 지금까지는 지키고 있다.

대제사장의 집에서 사람들은 뜰 가운데 불을 피웠다. 누가의 내레이션에서 이 장면은 최후의 만찬의 따뜻함과 친밀함을 상기시키는 가정적 묘사다. 그러나 그곳은 집안도 아니고 바깥도 아닌 뜰이다. 이러한 경계지역, 회색지대 내의 불은 거짓된 따뜻함을 제공하며, 이야기가 전개되면서 베드로의 합류 노력에도 불구하고 거짓 친밀감만 드러낼 뿐이다.

확실히 베드로는 추운 날씨에 지친 상태였지만, 다른 사람들 틈에 끼어 자신과 예수님 사이의 거리를 좁히려 했다. 그들 중에 있던 한 여종이 베드로를 알아보고 사람들에게 그가 예수님과 함께 있었다고 말했다. 그러나 베드로는 "이 여자여 내가 그를 알지 못하노라"No, no! I don't know him"고 부인했다.

사람들은 하던 말을 계속했으나 조금 후 -베드로에게는 너무 이른 시간에- 한 남자가 합류하여 같은 말을 했다. "너도 그 도당이라"Yes, yse, I remember. Your're with him, right? 베드로는 다시 부인했다.

그리고 한 시간쯤 지났다. 베드로는 잠시 마음을 놓았다. 그러나 오래 머무는 것은 안전하지 않다. 사람들은 그를 너무 쉽게 알아보았다. 그럼에도 불구하고 무엇인가 제자도의 본능이 그를 그곳에 붙들어 매었다. 그는 예수님을 위해 일어설 수도 없고, 그의 곁을 떠날 수도 없다. 마침내 다른 한 사람이 더욱 강력하고 집요하게 "이는 갈릴리 사람이니 참으로 그와 함께 있었느니라"고 장담했다. 베드로는 모른 척했다. "이 사람아 나는 네가 하는 말을 알지 못하노라"22:59-60

밤은 길었다. 그들 위 밤하늘에는 암흑에서 짙푸른 새벽으로 가는 미세한 조짐이 있었다. 베드로가 여전히 더듬거리며 부인하는 중에 소리가 들렸다. 그것은 베드로가 평소에 늘 듣던 익숙한 소리, 이 새로운 날의 새벽을 알리는 닭 울음이었다. 그러나 이 소리는 다시는 평범한 닭 울음이 되지 않을 것이다. 그 소리는 평생 그의 인간성과 연약성과 하나님에 대한 의존성을 상기시켜 줄 것이다. 예수님도 닭 우는 소리를 들으셨다. 그는 돌아서서 베드로의 얼굴을 뚫어지게 쳐다보신다. 이 장면이 정확히 무엇을 의미하는지는 예수님과 베드로 사이에 영원히 남아 있다. 그것은 틀림없이 실망과 연민과 책망과 사랑이 뒤섞인 복잡한 시선이었을 것이다. 예수님이 어떤 시선으로 바라보셨든, 결과적으로 베드로는 자신의 실상을 깨닫는다. 그는 자신의 말과 행위를 돌아보았다. 그는 옥에도 죽는데에도 예수님을 따르겠다고 한 자신의 약속이 얼마나 공허한 것이었는지 깨닫는다. 베드로는 불과 뜰을 떠난다. 그는 예수님을 남겨둔 채 밖으로 나가 심히 통곡한다.

24장 12절의 짧은 진술을 제외하면, 이 구절은 누가복음에서 베드로에 대한 마지막 언급이다. 이 장면은 예수님이 깊은 데로 가서 그물을 내리라고 말씀하신 사람의 비극적인 결말이다. 우리는 사도행전을 통해 이것이 베드로 이야기의 끝이 아니라는 사실을 알고 있다. 사실 베드로가 다른 제자들보다 더 큰 실패를 경험했다면, 그것은 베드로가 예수님을 따르기 위해 그들보다 더 열심히 노력했기 때문이다. 정확하게 말하자면, 뜰에 피운 불 주변에서 그가 직면했던 위험은 결코 사소한 것이 아니다. 베드로가 다르게 행동했더라면 어떤 일이 일어났을지, 또는 베드로가 주님과 함께 십자가에 못 박혔더라면 어떤 유익한 목적을 달성했을지 우리는 알 수 없다. 우리가 아는 것은 예수님이 베드로에게 그런 목적을 기대하지 않으셨다는 것이다. 22장 31-34절에 나타난 예수님과 베드로의 마지막 개인적 대화는 예수께서 자신의 지상 사역이 끝난 후 베드로가 얼마나 많은 역할을 감당해야 할 것인지 아셨다는 것을 보여준다. 그러나 지금 베드로에게 필요한 것은 눈물과 회개다. 무거운 마음으로 밖에 나간 베드로는 새벽 추위 속에 뜨거운 눈물을 흘린다.

성경적 문맥에서의 본문

거룩한 전쟁과 고난 받는 종

누가는 감람산의 예수님에게, 그리고 그의 내면에서 일어난 일과 함께 속죄에 대한 이해를 체계적으로 서술한다. 이렇게 생각하는 근거 가운데 하나는 거룩한 전사와 고난받는 종이라는 두 가지 주제가 성경 본문, 특히 누가복음의 이곳에 매우 세밀하게 얽혀 있다는 것이다. 예수님은 이러한 주제에 대해 알고 계셨다. 누가는 예수님이 성경을 잘 알고 계셨으며 율법과 성문서, 특히 시편과 선지서를 자유롭게 인용하셨음을 보여준다. 이들 본문에는 거룩한 전쟁과 고난받는 종이라는 두 가지 주제가 얽혀 있다. 예수님과 누가를 이해하기 위해서는 정경에 나타난 이러한 주제 전개에 대해 알아야 한다.

성전Holy War

거룩한 전쟁의 역사는 복잡하고 오래되었다. 그것에 대한 정의나 묘사는 어느 정도 분석가의 판단에 달려 있다. 아나뱁티스트 중에는 제이콥 엔즈Jacob Enz와 밀라드 린드Millard Lind가 1970년대에 이 주제에 대한 중요한 작업을 했다. 당시 두 학자는 아나뱁티스트 메노나이트 성경 신학교당시에는 연합 메노나이트 성경 신학교에서 가르쳤으며 서로의 생각을 공유했다. 그들은 다소 다른 관점에서 이 문제에 접근했다. 엔즈는 그의 저서 『그리스도인과 전쟁: 구약성경에 나타난 전쟁의 기원』The Christian and Warfare: The Roots of Warfare in the Old Testament, 1972에서 기독교 평화주의자의 관점에서 구약성경의 전쟁에 대해 살펴보았다. 그는 이스라엘의 전쟁과 고대 근동 문화의 전쟁이 어떤 차이가 있느냐에 주목했다. 구약성경의 성전에 대한 최근의 고찰은 본 시리즈의 신명기 주석과 여호수아 주석을 참조하라.

린드는 구약성경의 신학적 관점에서 이 문제를 다룬다. 그는 가장 순수한 최초의 성전은 이스라엘 백성이 아니라 하나님의 전쟁이었다고 주장한다. 하나님이 전쟁이나 전쟁의 방법은 물론 전쟁의 결과까지 정하셨다는 것이다. 린드는 『전사이신 여호와: 고대 이스라엘의 전쟁 신학』Yahweh Is a Warrior: The Theology of Warfare in Ancient Israel, 1980을 썼다. 엔즈와 린드의 학생들은 그 기간에 서로를 존중하고 상대에게서 배운다는 자세로 임했다. 엔즈는 린드에게 종종 "린드가 문제를 이층으로 걷어찼다"고 놀렸다. 성경에 나타난 폭력은 지금도 문제다. 신약성경 학자인 나는 이것을 신약성경과 구약성경 간의 문제라고 생각하지 않는다. 신구약 성경 모두에 폭력이 산재한다.

성경 여러 곳에는 성전을 하나의 가능성으로서뿐만 아니라 이스라엘 백성의 의무로 묘사하거나 가정하거나 상기시킨다. 가장 결정적인 초기 자료 가운데 하나는 출애굽기 15장이다. 이 시는 애굽에서 해방된 이스라엘 백성이 안도하며 기뻐하는 상황을 배경으로 한다. 린드는 이것이 구약성경에 나오는 거룩한 전쟁의 전형이라고 주장한다. 이 전형적 본문에서 이스라엘은 사실상 아무것도 하지 않는다. 모든 시나리오는 이스라엘 백성을 애굽에서 해방하신 하나님이 설계하시고 시행하셨다. 모세가 이끄는 이스라엘 백성은 하나님이 그들의 힘이요 방패라고 주장한다. 히브리 성경 전체에서 성전에 부합하는 전쟁은 이스라엘 백성이 아니라 하나님이 주관하시는 싸움이다. 이스라엘 백성은 한편에 비켜서서 바라보기만 할 뿐이다.

이스라엘 백성이 가나안을 정복하기 위한 첫 번째 전쟁수 6장에서, 하나님은 여호수아에게 정해진 패턴을 지시하신다. 즉 이스라엘 군대는 여리고성을 매일 한 번씩 엿새 동안 여섯 차례 돌고 일곱째 날에는 일곱 번 돌아야 한다는 것이다. 그렇게 하면 성벽이 무너져 내릴 것이며, 여호수아와 그의 군대는 성으로 들어가 여리고를 함락할 것이다.

사사기 6-7장에서 기드온은 양털 한 뭉치를 통해 하나님이 이스라엘 백성을 미디안과 아말렉족속에게서 구원하시기 위해 자신을 도구로 사용하실 것인지 확인하려 한다. 자신의 소명에 관한 문제가 해결되자 기드온은 전쟁을 준비한다. 그러나 준비된 군사는 너무 많았다. 그들과 함께 전쟁에 나간다면, 이스라엘은 하나님의 능력보다 자신의 힘을 믿으려는 유혹에 빠질 것이다. 기드온은 결국 군사를 하나님이 적절하다고 생각하시는 300명으로 줄인다. 그는 군사를 셋으로 나눈 후 나팔을 불고 항아리를 깨뜨리게 함으로써 대적을 도망하게한다. 거룩한 전쟁이라는 언더독 모티브는 전쟁에서 이긴 후에도 계속된다. 다윗과 골리앗을 생각해 보라. 확실히 막대기 하나와 작은 돌 다섯 개로는 거인을 상대하기 어렵다. 그러나 하나님의 손이 다윗과 함께하신다.

따라서 성전에 관한 두 가지 강력한 주제가 나타난다. 첫 번째는 이스라엘에게 불리한 전세다. 모든 상황은 이스라엘에게 불리하기 때문에 이스라엘은 하나님이 그들의 전사라는 사실을 깨닫는다. 둘째는 이스라엘의 전사이신 하나님은 특별하고 비정상적인 방법으로 승리를 거두신다는 것이다. 목적은 동일하다. 이스라엘은 이것이 누구의 전쟁인지를 분명히 깨닫는다. 또한, 우리는 성전의 세 번째 주제를 보게 된다. 즉, 지도자로부터 군사에 이르기까지 하나님의 전쟁에 사용되는 자는 훈련을 위한 준비가 되어있어야 한다는 것이다. 그들은 깨끗해야 한다. 그들은 전쟁에 나서기 전에 성적 금욕을 포함한 성결 규례를 지켜야 한다. 그들은 누가복음의 말씀처럼 깨어 기도해야 한다.

이 간략한 개요는 성전에 대한 개념을 단순화, 이상화한 것이다. 이스라엘이 이러한 관점을 얼마나 깊이 받아들이고 신실하게 따랐는지는 알 수 없다. 사실, 성전의 역사성은 구약성경 학계에서 종종 의문시된다. 거룩한 전쟁에 관한 이야기는 군사적으로 큰 업적을 세운 후 모닥불 주변에서 들려주는 전쟁 이야기의 특징들과 함께 이야기된다. 그러나 이러한 논쟁은 최후의 큰 싸움을 앞둔 예수님에 대한 누가의 묘사를 이해하는 데 큰 의미가 없다.

예수님이 이러한 성경적 지류에서 수용하신 사상은 성경의 신학적 이상주의에 가까웠을 것이다. 누가복음의 예수님은 현실과 부합하는 인간적 관점이 아니라 하나님의 의도가 무엇이냐는 일관된 관점에 따라 성경을 해석하신다. 이것은 다른 신약성경의 관점은 물론 22장 35-38절의 두 검에 관한 본문과도 일치한다. 누가복음의 두 검에 관한 구절은 거룩한 전쟁 개념과 가장 잘 어울리는 것으로 보인다. 검 둘이면 충분하다는 말씀은 고대나 현대의 어떤 전쟁 개념보다 나팔과 항아리를 든 기드온의 300명 군사와 훨씬 공통점이 많다. 마태복음은 예수님이 "열두 군단 더 되는 천사"25:63를 보내실 수 있다고 진술한다. 베드로전서는 예수님이 욕을 당하셔도 맞대어 욕하지 아니하시고 "오직 공의로 심판하시는 이에게 부탁"2:23하신다고 진술한다. 이 모든 선택은 모든 구원은 오직 하나님께 달려 있다는, 성전에 대한 근본적인 신뢰와 일치한다.

거룩한 전쟁의 다른 특징들은 누가복음과 일치한다. 그가 묘사하는 예수님은 확실히 예상치 못한 놀라운 구원의 수단과 조화를 이룬다. 우리는 누가복음 4장에서 예수님이 자신을 절벽에서 떨어뜨리려는 무리 가운데로 지나서 가신 사실을 기억한다. 전사들의 준비성이나 거룩함에 관한 한, 예수님만큼 기준에 정확히 부합하는 인물이 있는가?

종의 노래

고난받는 종은 이사야서에 나오는 결코 잊을 수 없는 신비한 존재다. 이 인물은 학자들이 제2이사야라고 부르는 이사야서의 후반부사 40-66장에 나타난다. 학자들은 40-55장을 제2이사야, 56-66장을 제3이사야라고 부르기도 한다 소위 종의 노래는 해당되는 본문의 범위를 포함하여 거의 모든 것이 논쟁의 대상이다. 일반적으로 이사야 42장 1-4절, 49장 1-6절, 50장 4-9절또는 50장 4-11절, 52장 13절-53장 12절이 이러한 본문에 해당된다. 우리는 종의 노래 전체에서 일정한 발전을 본다. 첫 번째 본문에서, 시또는 찬송의 화자는 이스라엘의 하나님이시다. 주제는 열방에 공의를 가져다주기 위해 선택된 종이다. 이 종은 하나님의 은혜를 입었으며, 상한 갈대를 꺾지 아니하고 꺼져가는 등불도 끄지 아니하며 진실로 정의를 시행할 것이다. 그는 정의를 세우기까지 쇠하지 아니하며 낙담하지 아니할 것이다.

첫 번째 노래의 어조는 희망적이지만, 두 번째 노래는 금욕적인 모습을 드러낸다. 이 노래는 종의 관점에서 진술된다. 그는 원근의 백성을 불러 자신의 소명이 확실함을 알린다. 이 종은 자신이 하나님의 목적을 위해 어머니의 태에서부터 부르심을 받았다는 사실을 상기한다. 이어서 그는 자신이 헛되이 수고했다고 슬퍼한다. 종은 절망 가운데서도 하나님이 그의 힘이 되신다고 고백한다. 이 노래는 여전히 종의 목소리로 그의 부르심을 재확인할 뿐만 아니라 더욱 확장한다. 그가 종이 되어 야곱의 지파들을 일으키며 이스라엘 중에 보전된 자를 돌아오게 하는 것은 오히려 쉬운 일이다. 그는 이방의 빛이 되어 이방에 구원을 베풀 것이다.

세 번째 노래에서는 종의 운명이 급격히 바뀐다. 이 노래는 다시 한번 종의 언어로 표현된다. 첫째로, 그는 듣는 훈련에 신실했다고 말한다. 종은 주 여호와께서 귀를 열어주셨으므로 자신은 거역하지 않았다고 진술한다. 그는 이어서 그것이 무엇을 의미하는지 자세히 설명한다. 그는 구타를 당했다. 그는 수염을 뽑혔다. 그는 모욕과 침 뱉음을 당했다. 이어서 종은 다시 하나님이 그의 힘이시라는 주제로 돌아간다. 그러므로 그는 부끄러워하지 아니하고 오히려 담대할 수 있다. 이 노래는 친구들에게 자신과 함께 서라고 호소하며 대적에게 나오라고 외치는 장면으로 끝난다. 주 여호와께서 그의 힘이시므로 그들은 좀먹은 옷처럼 해어질 것이다.

네 번째 노래는 가장 길고 가장 친숙하며 가장 가슴 아픈 노래다. 이 노래는 첫 번째 노래와 마찬가지로 하나님의 음성으로 돌아간다. 노래는 종이 높이 들려질 것이라는 예언으로 시작한다. 여호와는 종이 현실에서는 초라한 모습이었기에 사람들이 놀랄 것이라고 말씀하신다. 53장 1절부터는 화자가 바뀌며, 내레이터는 종에게 무슨 일이 일어났는지를 보는 "우리"가 된다. 내레이터가 종을 경시했던 자들인지는 분명하지 않다. 확실히 우리는 그의 역할에 대해 잘못 생각했다. 종은 우리가 보기에 흠모할 만한 것이 없었다. 사람들이 그를 멸시하고 거부했을 때 우리도 그의 연약함을 보고 귀히 여기지 않았다.

다윗의 전사와 고난받는 종의 결합

외견상 신성한 전쟁과 고통스러운 섬김이라는 두 가지 주제를 결합한다는 것은 어려워 보인다. 그러나 최선의 이상적 관점에서 보면, 공통분모를 찾을 수 있다. 거룩한 전쟁과 고난받는 종은 둘 다 주권적 하나님에 대한 근본적인 신뢰가 핵심이다. 거룩한 전사는 모든 결과에 대해 하나님을 신뢰한다. 고난당하는 종은 구원보다 그의 들으심을 신뢰한다. 모든 애가에서 볼 수 있듯이, 불평은 "공의로 심판하시는 이"에 대한 부탁이다.벧전 2:23 애가의 감정이 어떠하든, 성경적 패러다임에서 탄식은 신뢰의 행위다. 두 주제는 절제된 신뢰에 뿌리를 두고 있다.

이러한 신뢰에 더하여, 두 주제는 이스라엘과의 관계라는 공통점을 가지고 있다. 거룩한 전사나 고난받는 종 모두 개인적 삶은 중요하지 않다. 두 경우 모두 개인적 삶은 공동체의 삶, 공동선에 종속한다. 거룩한 전사의 마음에는 이스라엘의 유익이 자리 잡고 있다. 고난받는 종의 마음에도 이스라엘의 유익이 자리 잡고 있다. 둘 다 하나님의 백성의 유익을 우선한다는 것이다.

끝으로, 두 주제는 자신이 공동체를 섬기기 위해 공동체로부터 부름을 받은 자이며 공동체와 운명을 함께하는 지체라는 인식을 공유한다. 21세기의 우리는 강력하고 활기찬 자아 개념을 개인주의적이라고 생각하는 경향이 있다. 우리는 집단의 자기 이해가 결코 약하지 않다는 인식을 받아들이지 못한다. 그러나 거룩한 전사와 고난받는 종은 자신이 백성과 하나이며 백성을 위한 존재라고 생각한다. 전사는 하나님의 백성 가운데 하나로 싸운다. 고난받는 종은 하나님의 백성 가운데 하나로 복종한다. 전사와 종은 부르심에 있어서는 사람들과 구별되지만, 소명을 완수함에 있어서는 백성과 함께 서 있다.

예수님의 지혜는 이러한 두 주제의 결합을 실행하심에 있다. 그는 이 두 가지 태도, 입장, 관점을 더욱 강력한 하나로 바꾼다. 예수님은 십자가를 향해 나아가시는 거룩한 전사이지만 비폭력적인 전사이시다. 그는 전쟁의 양상을 주권적 하나님에 대한 절대적 신뢰로 바꾸신다. 또한 예수님은 십자가를 향해 나아가시는 고난받는 종이지만, 결코 수동적이지 않으신 종이시다. 그는 고난의 양상을 무력한 고난에서 자발적인 고난으로 바꾸신다. 이러한 결심과 헌신은 선천적이며 인간적이다. 동시에 이러한 결심과 헌신에는 인간보다 더 큰, 우주적이고 놀라운 무언가가 있다. 그것은 모든 세대를 위한 순간적 행동이다.

교회적 삶에서의 텍스트

고난과 하나님의 뜻

예수님의 고난과 하나님의 뜻에 대한 복종은 우리에게 문제가 된다. 경건이라는 주제는 제대로 작동한 적이 없다. 나의 할머니는 마흔다섯 나이에 갑자기 돌아가셨다고 한다. 당시 어머니의 나이는 열일곱 살이었으며, 일곱 살 동생부터 다섯 자녀가 어머니를 잃었다. 교회 성도들은 어머니에게 하나님의 뜻이라며 위로했다. 그들은 좋은 의도에서 말했으나, 어머니는 그때나 그 후에나 그 말을 믿지 않았다. 우리가 시간이 흐르고 성장하면서 비극적인 사건에 대해 어떤 관점을 가지든, 역사를 하나님의 뜻과 쉽게 동일시하는 것은 결코 바람직하지 않다. 그것은 억지로 지워내는 것이다. 우리의 주권적 하나님은 역사를 주관하신다. 그러나 일어나는 모든 일이 반드시 하나님의 뜻인 것은 아니다. 어떻게 그럴 수 있겠는가?

이 문제는 누가복음이나 다른 신약성경 저자들에게 새로운 것이 아니다. 유대 사상가들과 저술가들은 하나님의 뜻과 고난에 관한 문제를 잘 알고 있었다. 도덕이 정립되지 않은 세상은 성경에서 매우 친숙한 주제다. 확실히 인간이 결과에 영향을 미치는 경우가 존재한다. 경건한 자의 번영은 자주 언급되는 희망이다. 불의한 자의 쇠락 역시 자주 언급된다. 그러나 하나님의 언약에 따라 사는 삶이 모든 것을 해결해 주는 것은 아니라는 현실적 인식도 많이 찾아볼 수 있다. 경건한 자가 항상 번성하는 것은 아니며, 불경건한 자가 잘되기도 한다는 것을 보여주는 사례는 많다. 누가와 예수님의 전통은 시편과 욥기의 전통이기도 한다. 우리는 시편 기자와 욥을 통해 고난이 죄로 인해 초래된다는 사실을 알고 있다. 우리는 고난이 때로는 우리의 교훈을 위함이라는 사실을 알고 있다. 우리는 고난이 때로는 치유를 위해 필요한 요소라는 사실을 이해한다. 그러나 우리는 시편 기자와 욥을 통해 때때로 고난은 설명할 수 없으며, 우리의 교훈이나 치유와 무관하다는 사실을 깨닫는다.

그것은 관계의 신비다. 고난의 문제는 하나님과 하나님의 백성의 관계에서 비롯된다. 질문, 의심, 탄식은 하나님에 대한 신뢰와 하나님과 자신의 자유의지에 뿌리를 둔다. 하나님은 꼭두각시 인형을 만들어 무조건 믿고 복종하게 하실 수 있었다. 그러나 하나님은 그렇게 하시지 않고 자발적인 관계를 택하셨다. 문제는 여기서 발생한다.

본 주석은 선악의 신비에 관한 문제를 다루지 않을 것이다. 그러나 우리는 누가복음의 관점에서 이 문제를 들여다볼 수 있다. 첫째로, 우리는 누가가 하나님이 예수님의 죽음을 원하셨으며 예수님은 자신이 다시 살아나실 것을 알고 계셨으며 그가 당하신 고난은 일시적이며 쉽게 잊을 수 있다고 생각한 사실을 논의에서 제외할 수 있다. 그러나 이것은 이 문제의 복잡성을 회피할 수 있지만, 누가의 복잡미묘한 생각은 도외시한 것이다.

확실히 누가복음은 하나님이 예수님에게 주신 사명이 있다고 기록한다. 앞서 살펴보았던 헬라어 "dei"당위성로 돌아가서, 이 사명은 예수께서 거하시는 세상에 하나님의 나라를 선포하고 시행함과 함께, 말씀을 전파하고 가르치며 치유하는 사역과 관련이 있다. 그것은 죽음에 대한 두려움을 넘어서는 것, 하나님의 아들의 능력을 사용하여 자기를 드러내는 것, 그리고 마침내 감람산에서 폭력이나 수동성의 시험을 넘어서는 것과 관련이 있다. 이러한 사명과 인성을 고려할 때, 이러한 목적과 가치관을 실천하는 누군가의 삶은 결코 쉽지 않을 것이라는 추측은 얼마든지 가능하다.

하나님은 예수께서 고난을 당해 십자가에서 죽게 하시려고 보내신 것은 아니다. 하나님은 선하시다. 성육신의 목적과 그 목적에 저항하려는 인간성을 고려할 때, 이러한 충돌은 충분히 예상할 수 있다. 물론 예수님은 이러한 사실을 알고 계셨으며, 하나님도 마찬가지다. 하나님만 알고 계신 것은 아니다. 예수님의 인식 여부와 관계없이 하나님은 언제나 그곳에 함께 계시며 위로하시고 격려하시고 탄식하시고 슬퍼하셨다. 이것은 궁극적인 역설이다. 하나님은 예수님이 죽기를 바라지 않으셨지만, 예수께서 끝까지 사명을 완수하시기를 바라셨다. 비록 그것이 십자가의 죽음으로 끝날지라도.

재판, 정죄, 홀로 십자가에 못박히심

개관

예수님에 관한 수많은 영화와 책은 전형적으로 수난 내러티브를 미화한다. 나는 청년 시절에 니코스 카잔차키스Nikos Kazantzakis의 『그리스도의 마지막 유혹』Last Temptation of Christ이라는 책을 읽었다. 이 책은 나중에 영화로 만들어졌다. 카잔차키스는 이 긴 소설의 3분의 1을 예수님이 십자가에 달렸을 때 그의 마음이 어디로 향하고 있었는지에 대해 묘사한다. 이 책은 예수님 이야기를 가장 사실적으로 각색한 작품 가운데 하나일 수 있지만, 대부분의 다른 책과 마찬가지로 십자가 처형의 세부적인 내용까지 매우 자극적으로 묘사한다.

이와 대조적으로 누가복음은 다른 공관복음과 마찬가지로 예수님의 재판과 처형을 비교적 담담히 진술하며, 예수께서 고통당하시는 모습을 특별히 감각적으로 묘사하지 않는다. 누가는 예수님이 빌라도와 헤롯에게서 받은 세 차례의 재판에 대해 그의 죽음에 관한 짧은 묘사보다 훨씬 자세하게 진술한다. 복음서는 이 부분에서 다른 순교자에 대한 기록과 구별된다.

그 외 누가가 상세히 묘사한 장면으로는 예루살렘의 딸들에 대한 언급, 예수님의 십자가를 대신 짊어진 구레네 사람 시몬에 대한 진술이 있다. 흥미로운 사실은 누가가 이 내러티브에 바리새인을 포함하지 않는다는 것이다. 그들은 이 시점에서 이야기에서 제외되는데 이것은 아마도 누가가 사도행전을 염두에 둔 때문인 것으로 보인다. 사도행전에서 바리새인 가말리엘은 긍정적인 역할을 한다. 바울은 사도행전 끝까지 바리새인으로 남아 있다. 누가복음에서 바리새인은 호기심이 많을 뿐만 아니라 예수님에 대해 비판적이었지만, 그들은 예수님의 재판과 처형에 특별한 역할을 하지 않는다.

예수님의 재판과 처형에 대한 누가의 묘사에는 누가복음 특유의 마지막 요구가 제시된다. 이 요구는 예수님과 함께 십자가에 달린 행악자에게서 나온다. 우리는 이 통렬한 에피소드를 통해 예수께서 마지막으로 사람들과 교류하는 모습을 본다. 이 에피소드는 "자기가 하는 것을 알지 못하는"23:34 자들에 대한 용서를 구하는 장면과 함께 누가복음의 몇 가지 핵심 주제를 이어간다. 무지와 회개와 용서에 관한 주제는 사도행전을 통해 구체적으로 다루어질 것이다.

단락 구조

고문과 조롱, 22:63-65

유대 장로들 앞에서, 22:66-71

심문과 선고, 23:1-25

    23:1-5 빌라도의 심문

    23:6-12 헤롯의 심문

    23:13-25 빌라도의 선고

십자가 처형, 죽으심, 23:26-53

    23:26-38 예수님의 마지막 여정

    23:39-43 일곱 번째 요구: 예수님의 마지막 공동체

    23:44-49 예수님의 죽음

    23:50-53 예수님의 장례

전환구, 23:54-56a

본문 주해

고문과 조롱22:63-65

우리는 이 시점에서 누가의 대칭구조로부터 벗어났다. 그러나 이어지는 두 개의 작은 단락은 22장 23-30절 나오는 제자들의 권력 다툼과 내용적으로 연결된다. 따라서 앞서 언급했듯이, 대칭구조는 22장 23-30절부터 22장 63-71절까지 확장된다고 할 수 있다. 그렇다

면, 대칭구조의 맨 외곽쪽 한 쌍은 "베드로의 부인"이 아니라 "권력과 권력에 대한 오용"이
될 것이다. 그러나 이 대칭구조의 핵심적인 기능은 독자들에게 두 검 및 체포에 관한 본문을
기도 장면에 비추어 읽으라는 지침을 제공하는 것이다. 즉, 기도 후에 어떤 변화가 있었느냐
는 것이다. 따라서 "부인"이나 "권력"의 대칭은 실체적이라기보다 단지 구조를 위한 형식적
요소일 뿐이다. 그러나 두 단락은 뒤얽혀 있으며, 따라서 전체적 관점에서 해석해야 한다.
베드로가 악한 영과 분투했던 기나긴 밤 동안, 예수님은 첫 번째 시련을 겪으신다. 공적인
법적 절차가 시작되기도 전에, 예수님은 밤새 취조를 당하시며 정의는 뒷전으로 밀려난다.
불행히도 당시는 전통적으로나 문헌적으로 간수가 죄수를 학대할 수 있는 시절이었으며,
예수님을 지키는 자들은 그를 학대했다. 그들은 예수님의 눈을 가리고 때린 후 누가 그렇게
했는지 맞춰보라며 조롱했다. 그들은 계속해서 이름을 부르며 많은 말로 욕했다. 꽤 긴 밤이
었다.

유대 장로들 앞에서22:66-71

날이 새고 닭이 울었다. 주먹질과 조롱이 잦아든 순간, 예수님과 베드로는 침묵과 고통으
로 가득 찬 교감의 순간을 가진다. 베드로는 떠났으며, 예수님은 그를 위로할 수 없다.

마침내 잔혹한 밤이 끝나고, 외견상 정상적인 기소가 이루어졌다. 대제사장들과 서기관
들로 구성된 장로들이 공회로 모였다. 밤새 시달리며 매를 맞아 고통 가운데 계신 예수님이
그들 앞에 끌려 나오셨다. 그들의 질문은 외견상 간단하고 직설적이다. "네가 그리스도이거
든 우리에게 말하라"22:67

이것은 1세기 유대교에서는 상당히 난처한 질문이었다. 그리스도라는 칭호는 9장에서
예수님이 제자들에게 사람들이 자신을 누구라고 하느냐고 물으신 후 일시적으로 붙여진 이
름이다. 나중에 예수님을 부인한 베드로는 변화산 장면 직전에 그를 "하나님의 그리스도"
라고 부른다. 따라서 새로운 것은 아니다. 그러나 이 상황에서의 질문은 불길한 그림자를 드
리운다. 권력 집단이 예수님을 대적하여 모인 상황에서, 예수님은 이 종교 지도자들이 신성
모독의 단서를 찾아 가능한 정치적 야욕과 연결하려 할 것이라는 사실을 알고 계신다. 이 경
우, 질문의 의도는 예수님의 신분이 아니라 그것이 그를 고발할 수 있는 단서가 될 수 있느
냐에 초점을 맞춘다.

예수님은 수수께끼 같은 어조로 대답을 시작하신다. 이것은 예수께서 대적을 대하실 때
흔히 볼 수 있는 방식이다. 만일 예수께서 자신이 그리스도라고 말해도 그들은 믿지 않을 것
이다. 그들은 예수님이 그리스도든 아니든 상관없다. 그들은 예수님이 인정하기를 바란다.

그래야만 그를 기소하여 신성모독죄로 처벌할 수 있기 때문이다.

만일 예수님이 자신은 그리스도가 아니라고 대답하신다면, 그들은 어떤 반론도 제기할 수 없을 것이다. 왜냐하면 어느 쪽이든 그를 무죄로 만들 것이기 때문이다. 즉, 예수님이 그리스도가 아니라는 대답을 인정한다면 그를 고소할 명분이 없어질 것이며, 부인한다면 예수님을 그리스도로 대해야 할 것이기 때문이다. 따라서 대답할 수 없다는 예수님의 말씀은 옳다.

고난받는 종은 신체적으로 연약한 상태에 계시지만 여전히 상대를 당황하게 하실 수 있다. 더욱이, 예수께서 맡으신 고난받는 종의 역할에서 저항 정신은 여전히 작동하고 있다. 예수님은 담대히 "이제부터는 인자가 하나님의 권능의 우편에 앉아 있으리라"22:69고 말씀하신다. 이 말씀은 대적을 어둠의 권세라고 부르신 것과 직접적인 관련이 있다. 예수님은 언제나 자신을 인자로 지칭하셨다. 그러나 이곳에서 예수님은 자신의 탄생과 세례, 광야, 변화산, 감람산에서 자신에게 부여된 하나님의 권능을 처음으로 명확하게 주장하신다.

이러한 저항과 힘찬 선언은 그의 대적들이 원하는 반응이 아니지만, 그들은 필요한 것을 얻었다. 예수님의 선언은 그들이 얼마든지 왜곡하여 목적을 달성할 수 있는 단서로 충분했던 것이다. 그들은 "그러면 네가 하나님의 아들이냐"라고 물었으며, 예수님은 "너희들이 내가 그라고 말하고 있느니라"고 대답하신다. 이 대답에 만족한 대적들은 "우리가 친히 그 입에서 들었노라"는 결론을 내린다.22:70-71

예수님이 인자에서 하나님의 아들로 인정하기까지 자신에 대한 인식의 변화는 결코 사소한 것이 아니다. 예수님은 하나님으로부터 자신이 그의 사랑하는 아들이라는 말씀을 들었다. 그는 베드로로부터 자신이 그리스도라는 말을 들었다. 예수님은 이러한 호칭을 주장하신 적이 없는데, 그 이유는 두 용어 모두 왕권과 관련된 위험한 개념이기 때문일 것이다. 하나님의 아들과 그리스도라는 용어는 1세기 유대교의 분열된 해석학계에서 오랫동안 비중 있는 개념으로 다루어졌으며, 예수님의 사역에서도 재해석하려 했던 용어다. 이곳에서 예수님은 굴욕과 고통의 상태에서도 하나님의 아들이라는 이름을 고수하실 뿐만 아니라 담대히 하나님 우편 자리에 앉을 것이라고 말씀하신다. 이러한 예수님의 인식이 결코 일반적이거나 평범하지 않다는 것은 분명하지만, 예수님은 확실히 이러한 주장을 하실 수 있다.

예수님의 수수께끼 같은 대답은 확실히 저항으로 이해할 수 있다. 거룩한 전사와 고난받는 종을 결합하신 하나님의 아들로서 예수님은 폭력적이거나 수동적이지 않으시다. 그는 제자들이 가진 검 둘로 대적자들에 맞서 싸우지 않으실 것이다. 또한 예수님은 그들에게 수동적으로 굴복하지도 않으실 것이다. 예수님의 말씀은 참으로 영예로운 말씀이며 담대한 저항의 말씀이다. 예수님은 묻는 자들에게 자신에 대한 혐의를 추론하게 하시며, 그들이 신성모독이라고 주장하는 하나님과 자신이 동등하심을 담대히 선언하신다. 그것은 자신의 고통과 십자가 처형을 통해 대적이 하나님의 목적에 맞서기 위해 부당한 권력을 휘두르고 있다는 강력한 고발이다.

심문과 선고23:1-25

23:1-5 빌라도의 심문

예수님을 고발할 거리를 찾은 공회종교 문제를 관할하는 입법기관인 산헤드린, Bovon 2012: 249는 하나가 되어 일어나 그를 빌라도에게 끌고 갔다. 예수님을 빌라도에게 데려간 것은 불길한 조짐이다. 산헤드린과 달리 빌라도는 사형에 해당하는 사건을 다룰 수 있다.Fitzmyer 1985: 1474 누가는 마가나 마태보다 로마법에 대해 더 정통하다. 그는 장로들이 빌라도 앞에서 예수를 고발한 혐의에 대해 상세히 진술한다. 그들이 주장하는 혐의는 세 가지다. 1 그는 유대 백성을 미혹했다. 2 그는 가이사에게 세금 바치는 것을 금했다. 3 그는 자신이 유대인의 왕, 그리스도라고 말했다. 그날 새벽 공회에서 다룬 혐의에 해당하는 것은 하나뿐임에도 불구하고 이러한 주장을 한 것은 놀랍지 않다. 예수님의 갈릴리 사역 초기부터 치유와 죄사함을 선포하시는 그에 대한 신학적 논쟁과 비난이 이어졌다. 예수님은 아무에게도 가이사에게 세금을 바치지 말라고 말씀하지 않았지만, 빌라도는 그 사실을 모른다. 그들은 그날 새벽 공회가 예수님에게서 들은 대답에 이러한 혐의를 추가한 것이다. 세 번째 혐의에 관해서도, 사실 공회는 왕권에 대한 질문은 꺼내지도 않았으며 단지 예수께서 인정하신 그리스도라는 신분에 대해 추론한 것일 뿐이다. 그들은 예수님에게 거짓 혐의를 덮어씌우기 위해 반쪽짜리 진실을 꿰맞추었다.

빌라도는 처음 두 혐의와 세 번째 혐의의 대부분을 무시했다. 그는 예수님의 신학적 정통성에 대해서는 무관심하거나 문외한인 것처럼 보인다. 그는 예수님과 세금에 대한 그의 생각이 로마 제국에 위협이 되거나 그 지역에 대한 이해관계에 큰 영향이 없다고 생각하는 것 같다. 뿐만 아니라 빌라도는 그가 메시아일 가능성이나 "기름부음 받은 자"라는 용어에 함축된 의미에 큰 관심을 보이지 않는다. 빌라도가 집착한 한 가지는 산헤드린이 예수께 묻지 않았던 것으로, 왕권에 관한 것이다. 그는 예수께 단도직입적으로 네가 유대인의 왕이냐고 묻는다. 이런 내용만으로 빌라도의 생각을 재구성하기는 어렵다. 그는 예수님을 정신적으로 온전치 못하거나 망상에 사로잡힌 자로 여길는지 모른다. 어쩌면 그는 자신이 유대인 내부의 새로운 정치적 분파에 다루고 있다고 생각할는지도 모른다. 이러한 생각은 빌라도에게 특별한 변화를 의미하지 않는다. 빌라도의 질문에는 그가 이 문제로 당황했다거나 심지어 진지하게 받아들인다는 흔적조차 나타나지 않는다.

예수님이 네 말이 옳다는 수수께끼 같은 대답을 하시자 빌라도는 그에게 죄가 없다고 선언한다. 사람들에게 맞아 만신창이가 된 이 초라한 행색의 왕이 자신에 대해 어떻게 생각하거나 말하든, 사형에 해당할만한 죄가 되지 않는다는 것이다. 보기 드문 상황이지만, 어쨌든 빌라도는 이 사람에게 죄가 없다는 진실을 말한다.

빌라도는 대제사장들과 무리에게 말했다. 우리는 여기서 대제사장의 집 뜰에 있던 사람들로 보이는 무리가 추가되었다는 사실에 주목할 필요가 있다. 예수님에게 더 이상 따르는 무리가 없다. 갈릴리에서 오는 내내 예수님에게는 그를 따르는 백성이 있었다. 그들은 예수께서 예루살렘에 입성하신 후 완충 지대로서의 중요한 역할을 수행한 바 있다. 성전 정화 19:45-48 후, 대제사장들과 서기관들과 관리들은 예수님을 죽이려 했으나 무리로 인해 그렇게 할 수 없었다. 하지만 이번에는 달랐다. 이것은 중요한 전환점이 된다. 백성은 더 이상 예수님 편에 서지 않고 장로들의 편에 선다.

빌라도가 예수님 문제를 해결할 수 있다고 생각했다면 오산이다. 무리와 장로들은 한 편이 되어 빌라도가 무시할 수 없는 한 가지 사실을 말한다. 즉, 이 예수는 갈릴리에서부터 시작하여 이곳 예루살렘에 오기까지 백성을 선동하여 소동하게 했다는 것이다. 그러나 예수님을 따르는 무리는 평화로웠으며 지도자들의 폭력적 생각을 억제하는 역할을 했다는 사실에 비추어 볼 때, 그리고 무리를 화나게 한 것은 예수님이 아니라 지도자들이라는 사실을 생각할 때, 이것은 예수님의 사역에 대한 흥미로운 평가가 아닐 수 없다. 그것은 확실히 적반하장이었다. 그러나 분노한 군중은 모든 통치자, 특히 억압적 통치자에게 심각한 걱정거리가 아닐 수 없다. 분노한 무리는 가공할만한 힘을 가진 것으로 보이기 때문에, 두려움을 감춘다고 해결될 일은 아니다. 빌라도는 다른 것은 몰라도 이 문제만큼은 그들의 말에 귀를 기울이지 않을 수 없었다.

23:6-12 헤롯의 심문

빌라도는 갈릴리라는 말을 듣는 순간, 딜레마에서 벗어날 길을 보게 된다. 그는 어쩌면 피를 흘리려는 유대 지도자들과 자신의 양심을 모두 만족시킬 수 있을 것이다. 마침 헤롯이 예루살렘에 있었기 때문에, 빌라도는 골치 아픈 사건을 모두 헤롯에게 떠넘긴다. 예수님은 베들레헴에서 태어나셨지만, 부모가 갈릴리 출신으로 나사렛에 거주했기 때문에 갈릴리 사람으로 여겼을 것이다.Fitzmyer 1985 : 1481 헤롯은 예수님을 보고 기뻐했다. 그는 이 갈릴리 사람을 오래전부터 보고 싶어 했다. 예수님은 9장 1-6절에서 열두 제자를 보내어 복음을 전하고 병자를 낮게 하셨다. 제자들의 성공은 헤롯을 당황하게 했다. 헤롯이 요한을 처형하자마자, 그의 발자취를 잇는 또 한 사람이 나타난 것이다. 어떤 사람들은 요한이 다시 살아났다고 생각했다. 따라서 호기심이 생긴 헤롯은 예수님을 보고자 했으나 지금까지는 보지 못했다.

13장 32절에서 예수님이 "저 여우"에게 보낸 덜 정치적인 메시지를 기억해보라. 그의 언어는 무례한 표현처럼 보이지만, 예수님은 눈에 띄지 않게 활동하시는 분이심이 나타난다. 그를 따르는 무리, 잦은 이동, 광야를 선호하심 등은 이러한 은둔성을 뒷받침한다.

헤롯은 예수님이 행하시는 이적을 보고 싶어 했다. 예수님은 수시로 이적을 행하셨다. 그러나 누가복음에서 표적을 찾는 행위는 불길한 조짐을 보여준다. 13장에서 예수님은 표적을 구하는 것은 그의 말씀에 공감하지 못하는 자들의 시험이며11:16, 악한 세대가 표적을 구한다고 말씀하신다.11:29 누가복음의 독자는 헤롯이 이적을 보고 싶어 한 것이 신앙을 보여주는 것이 아니라는 사실을 안다.

우리는 또한 유아기 내러티브에 나오는 헤롯 대왕이든, 그의 아들 헤롯 안티파스든, 헤롯의 질문은 호의적이지 않다는 사실을 알고 있다. 왜냐하면 이러한 본문들은 베들레헴에서 아이들을 학살한 마태복음의 소름 끼치는 이야기를 알지 못한다고 할지라도 헤롯을 명백한 대적으로 제시하기 때문이다. 누가는 탄생 내러티브에서 세례 요한과 예수님을 유사한 방식으로 제시함으로써 요한을 죽이는 자는 예수님의 친구가 아니라는 사실을 이해할 수 있게 해준다. 헤롯이 호의적인 인물이 아니라는 사실은 그의 질문에 대한 예수님의 반응을 통해서도 알 수 있다. 예수님은 아무 대답도 하지 않으신다. 이것은 약자의 품위를 지키는 유서 깊은 방법이다. 예수님이 헤롯의 의도적인 질문에 대답을 거부한 것은 자신의 힘을 보여줄 수 있는 유일한 수동적 저항 방식이다.

헤롯은 예수님을 골탕 먹일 수 없다. 대제사장들과 서기관들이 계속해서 고발을 이어가자 헤롯은 질서를 가장한 위선을 포기하고 군인들과 함께 예수님을 업신여기며 희롱한다. 그들은 예수님에게 빛난 옷을 입혀 빌라도에게 돌려보낸다. 누가는 빌라도와 헤롯이 전에는 원수였으나 당일에 서로 친구가 되었다는 말로 이 단락을 끝맺는다. 피츠마이어Fitzmyer가 지적하듯이 점령국의 상하 계급 사이의 일반적인 불편함 외에는 두 통치자 사이에 악감정이 있었다는 역사적 증거는 없다.1985: 1482 이 구절은 누가가 현 상황에 대한 암울한 묘사를 위해 일반적 인간관계를 차용한 문학적 기법으로 보인다. 예수님의 수난은 음식을 건네는 식탁 위에서 맞잡은 손, 한밤중의 입맞춤, 손님에게 꼭 필요한 빛난 옷을 제공하는 인심,

그리고 악한 의도로 맺어진 우정 등, 세속적 행위의 조롱 속에 일어난다.

23:13-25 빌라도의 선고

누가는 다른 공관복음 저자들보다 빌라도에 관대한 편이다. 누가는 예수께서 십자가에 못 박히기 전에 채찍질 당하는 장면에 대해 묘사하지 않은 유일한 복음서기자다. 따라서 누가는 우리가 빌라도의 노력을 어느 정도 인정하게 한다. 그는 수난 장면에서 보기 드물게 진실을 말하고 옳은 일을 하려고 노력한다. 빌라도는 예수님을 고발한 대제사장들과 지도들을 백성과 함께 부른다. 아마도 빌라도는 자기가 원하는 자들을 부를 수 있었을 것이다. 우리는 그가 왜 백성들을 불렀는지 궁금하다. 우리는 빌라도가 예수님의 갈릴리 사역에 대해 무엇을 알고 있으며 어떤 생각을 하고 있는지 알지 못한다. 그뿐만 아니라 우리는 그가 이 장면에서 백성을 어떻게 생각하는지도 알지 못한다. 그는 백성이 대제사장들과 지도자들에 맞서 자신의 편에 서줄 것으로 생각했는지도 모른다. 어쩌면 빌라도는 백성이 대제사장과 관리들과 함께하거나 그들의 편에 선다면 그들이 미혹에 빠지지 않았다는 증거가 될 것으로 생각할지도 모른다.

빌라도의 전략이 무엇이든, 그는 대제사장들과 관리들과 백성들 앞에서, 예수님의 무죄를 강력하게 선언한다. 빌라도는 그들의 고발을 입증할 만한 증거를 찾지 못했으며, 헤롯도 죄를 찾지 못하였기에 예수님을 돌려보낸 것이라고 말한다. 죽일 일을 찾지 못한 빌라도는 예수께 교훈을 가르치겠다. "때려서 놓겠노라"고 말한다. 이 구절에 사용된 동사paideuō는 말로 타이르는 것으로부터 신체적 처벌에 이르기까지 다양한 의미로 해석된다. 누가는 빌라도가 왜 예수님에게 교화가 필요하다고 생각했는지는 언급하지 않는다. 이것은 실제적인 제안이라기보다 고발자들을 달래기 위한 타협안일 가능성이 크다. 빌라도는 분위기를 진정시키는 데 초점을 맞추어 많은 수고와 노력을 기울인다. 빌라도의 생각이나 희망과는 반대로, 대제사장들과 관리들과 백성들은 한마음으로 예수님을 대적한다. 그들은 일제히 바라바를 놓아주고 예수님을 없애라고 소리지른다.

"명절에는 반드시 한 사람을 놓아주는 전례가 있었더라"라는 17절은 대부분의 번역본에서 의심스러운 본문으로 여겨 생략된다. 이 구절은 누가의 기록이 아닌 것으로 보인다. 피츠마이어Fitzmyer는 나중에 덧붙여진 자료라는 주장을 둘러싼 역사적 이슈에 관해 유익한 논쟁을 제공한다.1985: 1485 빌라도가 죄수 하나를 반드시 풀어주어야 한다는 당위성은 누가복음의 dei의 용례에 대한 혼란을 초래한다. 정확히 같은 표현은 아니지만, 이러한 용례는 누가가 예수님을 보내신 하나님의 목적을 나타내기 위해 조심스럽게 사용하는 "당위성"dei

을 혼란스럽게 하기에 충분하다. 누가는 자신의 중요한 주제에 혼란이 초래되는 것을 방지하기 위해 더 부자연스러운 번역을 선호했을 수 있다. 그러나 사본을 연구하는 학자들은 이 구절이 본문 해석에 도움을 주려는 서기관에 의해 나중에 추가되었다는 주장에 공감한다.

빌라도는 끝까지 예수님의 무죄를 주장했으나, 무리는 끈질지게 예수님의 죽음을 요구했다. 빌라도는 23장 13-16절에서 예수님이 무죄를 주장했으며, 18-19절에서 백성을 포함한 대적들은 예수님을 없애고 바라바를 놓아달라고 요구한다. 20절에서 빌라도는 예수님을 다시 놓아 주려했으나, 21절에서 무리는 십자가에 못 박게 하라는 더욱 구체적이고 강경한 요구를 한다. 그들은 단순한 죽음이 아니라 최악의 사형 형태인 십자가 처형을 요구한 것이다. 22절에서 빌라도는 세 번째로 예수님이 악한 일을 하지 않았으며 죽일 죄도 찾지 못했다고 변호한다. 그러나 23절에서 무리는 다시 한번 큰 소리로 재촉하여 십자가에 못 박기를 구한다. 이번에는 폭력과 죽음을 부르짖는 그들의 소리가 이긴다.

누가는 23장 24-25절에서 수난 내러티브의 기저에 흐르는 차분하고 강력한 비통함으로, 빌라도가 폭도들의 요구를 받아들여 바라바는 놓아주고 예수님은 넘겨주어 그들의 뜻대로 하게 했다고 진술한다. 누가는 이 마지막 장면에서 빌라도라는 로마의 관리를 악한 의도를 가진 부정적인 인물이 아니라 유약한 인물로 묘사하였으나, 예수님은 다른 공관복음에서와 마찬가지로 잔인한 운명을 맞이 하신다.

일부 학자들이 누가복음을 로마를 위한 "변증서"로 보는 이유는 이처럼 누가가 빌라도를 긍정적으로 묘사한 때문이다. 누가가 로마의 통치자들에게 그리스도인은 선량한 시민이며 로마제국에 치명적인 존재가 아니라는 사실을 보여주려 했다고 주장하는 사람들도 있다. 그러나 우리가 살펴본 바와 같이, 빌라도에 대한 누가의 긍정적 묘사는 결코 강력한 지지로 볼 수 없다. 누가가 다른 복음서에 비해 빌라도를 덜 잔인하고 더 많이 갈등하는 인물로 묘사한다고 할지라도, 결코 빌라도의 죄를 면제하는 것은 아니다. 그는 영웅으로 부상하거나 훌륭한 지도자로 묘사되지 않는다. 누가는 그를 본질적으로 유약하며 두려워하는 인물로 묘사한다. 결국 빌라도의 유약함은 그의 잔인함으로 이어진다

십자가 처형, 죽음 23:26-53

23:26-38 예수님의 마지막 여정

더 이상의 질문이나 토론 없이, 그리고 더 이상의 조롱이나 고통 없이, 예수님은 형장으로 끌려가신다. 주석가들은 예수님을 십자가로 이끈 자들이 정확히 누구인지에 대해 논쟁한다. 어떤 주석가는 유대인은 사형을 집행할 권한이 없으므로 로마인으로 보아야 한다고 주

장한다. 그러나 이것은 예수님의 죽음을 부르짖은 자들이 그를 죽음으로 이끈 자들이라는 사실을 암시한다. 이러한 양면성은 법적 실체가 무엇이든, 예수님의 동족이 그에게서 돌아서는 비극적인 행위를 보여주려는 누가의 방식일 수 있다.

구레네 사람 시몬23:26 이 구절의 "그들"이 누구를 가리키든, 그들 중 누군가는 오늘날 리비아가 위치한 북아프리카 해안 구레네의 시몬이라는 사람에게 일을 시킬 수 있는 위치에 있었다. 그곳에는 일찍이 유대인 식민지가 있었기 때문에 시몬은 유대인일 가능성이 있다.Fitzmyer 1985: 1496 누가는 시몬이 왜 예수님의 십자가를 지는 일을 맡았는지에 대해 언급하지 않는다. 다른 복음서와 달리 누가복음에는 끔찍한 채찍질 장면도 나타나지 않지만, 예수님은 체포와 재판으로 인해 큰 타격을 입었을 것이다. 밤새 잠도 못 자고 음식이나 물도 섭취하지 못한 상태에서 예수님은 "선지자야 너를 친자가 누구냐"라는 잔인한 조롱의 대상이 되었다. 그는 온갖 거짓 증거와 비방을 받았다. 예수님은 육체적으로나 정신적으로 극도로 쇠약한 상태에서 십자가약 100파운드의 가로대를 짊어진 채 비틀거리고 있었을 것이다. 시몬은 예수님 뒤에서 튼튼한 어깨로 십자가를 받쳤을 것이다.

푸른 나무23:27-31 시몬 뒤에는 슬피 우는 여자를 포함하여 많은 무리가 따랐다. 이 여자들의 등장은 무리가 다시 한번 돌아섰다는 표시인가? 무리 가운데 일부는 정신을 차리고 지금의 사태에 후회하기 시작했다는 것인가? 이 여자들은 처형장마다 따라다니는 전문 호객꾼인가? 유일한 단서는 예수께서 그들에게 말씀하시는 방식이다. 예수님은 그들을 예루살렘의 딸들이라고 부르시는데23:28, 그들은 갈릴리에서부터 예수님을 따라 나섰으며 이 장 끝부분에서 다시 등장할 여자들과 구별된다. 예수님은 이 여자들의 이름을 부르지 않고, "예루살렘의 딸들"이라는 일반적 호칭을 사용하신다.

예수님은 그들에게 나를 위하여 울지 말고 너희와 너희 자녀를 위하여 울라고 말씀하신다. 예수님은 이사야 54장 1-10절 및 고대의 다양한 고전 작가들과 공명하는 방식으로 Fitzmyer 1985: 1498 참조, 잉태의 축복에 대한 일반적 개념을 애가로 바꾸었다. 일반적으로 아이를 가지는 것은 축복이며 가지지 못하는 것은 저주다. 그러나 이러한 전통적 이해는 전쟁이나 환란의 시기에는 비극으로 바뀐다. 재앙의 시대에는 자녀가 고통 가운데 죽는 것을 보느니 자녀가 없는 것이 낫다는 것이다.

예루살렘 여자들과 함께한 이 장면은 자신의 탄생을 비극적인 어조로 회상하고 반영한다. 마리아가 자신의 임신을 자신뿐만 아니라 그의 백성을 위한 축복으로 여겼던 것처럼, 예수님도 자신의 고통과 죽음을 자신뿐만 아니라 그의 백성의 고통으로 보신다. 어떤 악이 그를 짓누르든, 누가 그의 운명을 결정하든, 예수님의 고통은 그의 백성의 고통이다. 예수님은 감람산에서 기도하시면서 자신의 뜻을 아버지의 더 크신 뜻에 일치시키셨다. 그는 자신의 두려움과 고뇌를 하나님의 사랑이 어떤 증오의 힘보다 강하다는 인식에 묻었다. 비록 결과는 알 수 없지만 이 신뢰가 폭력을 우회하지 않고 그것을 통과하게 할 것이라는 사실을 알기에, 예수님은 비극적인 이야기를 들려주신다. 그는 자신의 상황 때문만이 아니라 하나님의 사랑에 대적하는 증오와 파괴의 환경으로 인해 여자들과 함께 탄식하신다. 이러한 환경은 그 사랑에 직면해야 한다. 검을 버린 거룩한 전사, 수동적이지 않은 고난의 종은 여기서 가장 정직한 탄식을 내뱉으신다. 차라리 지진이 일어나는 것이 더 나을 것이다. 그의 백성은 연약하다. 그들은 어떤 상황에서도 취약한 존재다. 검을 의지하는 삶은 취약하다. 계속되는 점령으로 고통당하는 삶도 취약하다. 예수님이 성취하고 계신 통합도 그에 못지않게 취약하다. 이러한 사실은 십자가를 향한 마지막 여정에서 분명하게 드러난다. 그러나 예수님은 오직 "공의로 심판하시는 이"2:23를 신뢰하셨다. 그것이 다른 점이다.

십자가에서23:32-38 누가는 다른 복음서기자들과 마찬가지로 복음서에서 가장 어두운 장면을 절제된 어조로 묘사한다. 그는 이 잔인하고 치욕적인 사형 집행 방식에 대한 끔찍한 핏빛 묘사보다 대화 내용과 관계에 초점을 맞춘다. 그날 세 사람이 사형을 당했다. 예수님은 마지막 시간을 두 명의 행악자와 함께했으며, 하나는 좌편에 하나는 우편에 달렸다. 예수께서 십자가에 달리신 장소는 해골이다. 이곳은 형장으로도 불리지만, 아마도 지형학적으로 해골을 닮았다고 해서 그런 이름을 붙였을 것이다.Fitzmyer 1985 : 1502

예수님은 십자가에서 세 차례 말씀하신다. 첫 번째는 용서의 말씀이며34절, 두 번째는 자신을 기억해 달라고 간구하는 행악자에 대한 말씀이며, 마지막 세 번째는 자신의 영혼을 아버지 손에 부탁한다는 말씀이다. 용서에 대한 이 중요하고 잊을 수 없는 말씀은 예수님이 돌아가시고 수 세기가 지난 후 서기관들이 삽입한 구절로 알려져 왔다. 이러한 판단에 대한 외적인 증거는 강력하다. 연합 성경 협회United Bible Societies는 이 구절에 "A" 등급을 부여하면서, 이 구절은 확실히 원래적 본문이 아니라고 진단한 바 있다. 그러나 브루스 메츠거Bruce Metzger는 이 구절을 "기독교적"dominical이라고 부른다. 이것은 이 구절이 비록 괄호 안에 있어 기원에 대한 의구심을 갖게 하지만, 누가복음처럼 텍스트의 한 부분이 되기에 충분할 만큼 오래된 자료라는 것이다.1994: 154

문학 비평가들은 내적 증거에 더 많은 비중을 두는 경향이 있다. 이런 관점에서 볼 때, 십자가에서 하신 말씀은 일관성이 없어 보인다. 로버트 태너힐Robert Tannehill은 누가의 원래 자료에 이 구절이 들어있었다는 설득력 있는 주장을 제시한다. 역사적인 관점에서 볼 때, 현존하는 자료에는 "아버지 저들을 사하여 주옵소서 자기들이 하는 것을 알지 못함이니이다"

라는 구절이 빠져 있다는 것은 분명하다.Fitzmyer 1985: 1503 그러나 태너힐은 우리가 가지고 있는 초기 사본들은 유대인에 대한 반감이 누가가 복음서를 기록할 때보다 훨씬 더 고조된 시대의 자료라고 주장한다. 예수님이 아버지께 용서를 구한 "저들"은 이 이야기에서 아직 등장하지 않은 로마 군인들이 아니라, 예수께 등을 돌린 그의 동족일 것이다. 누가복음이 기록될 당시 유대인에 대한 용서는 훗날만큼 큰 상처가 되지 않았을 것이다. 태너힐은 이 구절이 원래의 자료에 들어있었으나 유대인에 대한 증오심이 증폭되었다가 사라지면서 이 구절이 생략되었다가 다시 복원되었다고 주장한다.1996: 340-41

문학적인 관점에서 볼 때, 용서의 말씀은 복음에 대한 누가의 전체적 비전과 완벽하게 일치하기 때문에 누가가 이 구절을 생략할 것이라고는 상상하기 어렵다. 누가복음 전체에는 해방과 용서라는 주제가 스며있다. 세례 요한은 죄사함을 전하며, 어부들은 생업을 버리고 예수님을 따른다. "우리가 우리에게 죄 지은 모든 사람을 용서하오니 우리 죄도 사하여 주시옵고"11:4라는 기도는 주기도문의 핵심이다. 누가는 예수님을 대적하는 자들이 자기가 하는 것을 모른다는 무지 개념을 사도행전에서 다시 한번 다룬다. 예수님이 죽음을 향한 길고 먼 여정을 시작하시면서 자신이 전적으로 신뢰하는 하나님에 대한 이 사랑과 긍휼로 가득한 말씀이야말로 예수님 이야기에 대한 누가의 이해와 묘사의 핵심이다. 누가가 이 구절을 포함하지 않았다는 것은 후대의 학자들이 그것을 다룰 능력이 없다는 뜻으로밖에 생각할 수 없다. 우리는 최소한, 이 구절이 원래의 자료가 아니라면 누가의 생각과 가장 마음이 합한 누군가가 이 구절을 삽입했을 것이라는 추측을 할 수 있다. 우리는 용서가 필요한 사람들에 대한 하나님의 긍휼이라는 영역에 대해 살펴보고 있다.

누가는 계속해서 시야를 넓힌다. 그는 우리가 이 폭력의 희생자로부터 나오는 말을 듣기 위해 집중하고 있는 예수님의 얼굴로부터 그의 주변에서 일어나고 있는 장면으로 초점을 확장한다. 군인인지 알 수 없는 누군가가 제비를 뽑아 예수님의 옷을 나눈다. 중요한 것은 백성이 관리들과 분리된다는 것이다. 이 과정은 예루살렘의 딸들과 함께한 장면에서 시작되었을 수 있다. 이곳의 장면은 결정적이다. 백성은 십자가 주변에서 조롱에 동참하지 않는다. 그들은 단지 서서 구경할 뿐이다. 그러나 관리들은 잔인한 희롱을 계속한다. 그들은 기괴한 세례 장면을 재현하면서 조롱한다. 그들은 하나님의 택하신 자 그리스도라는 신분을 들먹이며 자신을 구원해보라고 비웃는다.

이 시점에서, 마침내 로마 군인들도 자신의 소임을 잊고 유치한 게임에 동참한다. 그들은 예수께 신포도주를 주며 "유대인의 왕"이라고 조롱한다.23:37 누가는 심지어 예수님의 머리 위에 "유대인의 왕"이라 쓴 패가 있었다고 진술한다.23:38 그것은 마지막 모욕이자 최후의 진실이다.

23:39-43 일곱 번째 요구: 예수님의 마지막 공동체

십자가 위의 예수님과 두 행악자에 관한 이야기는 누가의 일곱 가지 요구에 관한 본문 가운데 마지막 본문에 해당한다. 이것은 또한 가장 가슴 아픈 이야기이기도 하다. 앞서 살펴보았듯이, 요구에 관한 본문은 인간의 행복에 필수적인 무언가를 요구하기 위해 예수에게 다가가는 이야기이다. 여기에는 요구를 이루지 못하게 하는 장애물이 있다. 이러한 장애물은 요구자 안에 있는 내적 요인일 수도 있고, 요구자 주변의 사회적, 물리적, 문화적 상황이나 여타 장벽일 수도 있다. 이러한 장애물은 종종 이야기 속의 다른 사람들의 도움으로 제거되고 요구가 이루어지거나 장애물이 여전히 남아 있어 요구가 충족되지 못하기도 한다. 일곱 가지 요구에는 중풍병자, 병든 하인을 데리고 있는 백부장, 예수님의 발에 향유를 부은 여자에 관한 이야기 등, 예수님의 갈릴리 사역 초기에 있었던 세 가지 요구가 포함된다. 다른 세 가지 요구는 예루살렘 여정의 끝부분에 나타나며, 열 명의 나병환자, 삭개오, 부자 관원에 관한 이야기다. 부자 관원의 경우 장애물을 제거하지 못했으며, 그의 요구는 충족되지 않았다.

한 가지 남은 마지막 요구는 이곳 수난 내러티브에 나타난다. 요구에 관한 다른 본문과 마찬가지로 생각보다 내용이 복잡하다. 어느 면에서 이 본문에는 두 가지 요구가 나타난다. 예수님과 함께 십자가에 못 박힌 두 행악자는 저마다 요구를 한다. 그들이 추구하는 것은 인생의 궁극적 목적이다.

누가는 예수님과 함께 십자가에 달린 두 사람을 "행악자"라고 부른다. 그들이 유대인인지 이방인인지, 그들이 어떤 죄를 범했는지는 알 수 없다. 두 행악자 가운데 하나의 말에 따르면 그들은 자신이 행한 일에 상당한 보응을 받는 중이다. 오늘날 사회에서 부자가 처형당하는 일은 드물다는 사실을 아는 나는 1세기 팔레스타인에서도 이러한 역학관계가 작용했을 것이라고 생각한다. 어쨌든 두 행악자는 함께 십자가에 못 박힌 예수님에 대해 근본적으로 다른 접근 방식을 취한다. 그들은 예수님이 자신과 다르다는 사실을 인정하지만, 같은 생각은 거기까지다.

첫 번째 행악자는 예수님을 비방하며 자신의 처형을 정당한 것으로 받아들이지 않는다. 그는 조금 전 군인들이 희롱했던 것과 비슷한 말을 한다. "네가 그리스도가 아니냐 너와 우리를 구원하라"23:39

그의 말은 군인들의 희롱과 비슷하지만, 큰 차이가 있다. 희롱하는 군인들은 그날 죽을 위험이 없다. 그러나 행악자는 예수님과 같은 십자가에서 똑같은 일을 경험하고 있다. 죽어 가는 행악자의 입에서 나오는 조롱은 살려달라는 절박한 탄원이다.

그들이 택할 수 있는 제한적인 대안들 가운데, 두 번째 행악자는 근본적으로 다른 선택을 한다. 첫째로, 그는 동료 행악자를 꾸짖는다. 그는 세 사람 모두 곧 하나님의 심판대 앞에 설 것이라는 사실을 상기시킨다. 그들은 예수님의 상황과 달리, 사람의 재판과 하나님의 재판 이 대략 일치하지만, 예수님은 결백하시다는 것이다.

예수님은 죄가 없으시다는 그의 고백은 예수님의 무죄에 대한 네 번째 선언이다.Johnson: 378 23장 13-25절에서 빌라도는 무리 앞에서 세 차례나 예수님은 죄가 없으시다고 선언하 며 그들의 말에 반박한다. 뿐만 아니라 빌라도는 헤롯이 예수님을 다시 돌려보낸 것은 그에 게 사형에 해당할 만한 죄를 찾지 못하였기 때문이라고 말한다. 십자가에서 첫 번째 행악자 를 꾸짖고 예수님과 달리 자신들은 정당한 보응을 받고 있다고 말한 그는 예수께 그의 나라 에 임하실 때 자기를 기억해 달라고 간구한다. 그는 예수님을 자신과 같은 행악자와 다르게 볼 뿐만 아니라 구원에 대한 생각도 다르다. 그는 예수께 자신에게 닥쳐온 죽음에서 구해 달 라고 하지 않고, 그 나라에서 기억해 달라고 간구한다.

예수님도 그를 실망시키지 않으신다. "내가 진실로 네게 이르노니 오늘 네가 나와 함께 낙원에 있으리라"23:43

이 세 사람에게 고통과 가쁜 숨과 큰 두려움으로 가득한 생의 마지막 순간에 이곳에서 일 어난 일은 예수님의 마지막 교제에 해당한다. 이 교제는 예수님 주변의 마지막 공동체에서 일어난다. 그리고 그것은 예수님이 이 땅에 머무시는 동안 행하신 마지막 사역의 행위이자 상호적 사역이다.

예수님은 행악자를 목회자의 심정으로 돌보며 그의 두려움을 없애 주고 평안을 주신다. 그러나 행악자 역시 예수님이 누구신지 알아보고 그가 그곳에 계신 것이 부당함을 알림으 로써 예수님을 섬긴다. 우리는 그가 예수님과 교제한 사실을 간과해서는 안 된다. 갈릴리에 서부터 예수님을 따라온 제자들은 그를 버렸다. 심지어 여자들도 다른 친척 및 지인들과 함 께 "멀리 서서" 지켜볼 뿐이다.23:49 그러나 예수님은 이 마지막 제자와 함께 돌아가신다. 그는 홀로 죽지 않으셨다.

악담한 행악자에게도 문이 닫힌 것은 아니다. 두 번째 행악자의 꾸짖음 자체는 일종의 초 대다. 선택의 여지가 좁고 마음에 드는 선택지가 없다고 할지라도, 이미 부과된 짐에 대해 어떤 인식을 가지고 감당할 것인가에 대한 선택은 남아 있다. 공동체는 이곳 십자가 위에서 도 열려 있다.

23:44-49 예수님의 죽음

누가는 통렬한 마지막 요구의 교제로부터 자연계로 초점을 바꾼다. 한낮의 시간이지만 온 땅에 어둠이 임했다. 이 어둠은 제육시부터 제구시까지정오부터 오후 세 시까지 세 시간 동안 지속되었다. 누가는 해가 빛을 잃었다고 말한다. 이 현상은 히브리 성경에 나오는 여호와의 날, 즉 심판의 날 개념과 관련된다.Fitzmyer 1985: 1517 예수님이 죽으신 후 수 세기 동안, 신자들은 이 구절을 세상 죄를 짊어지신 예수님에 대한 심판으로 생각했다. 그러나 이러한 생각은 개념의 중요성에도 불구하고, 누가의 관점보다 대속적 속죄 신학에 더 가깝다. 예수님이 죽으신 날, 세상 죄를 짊어지신 날, 한낮에 해가 빛을 잃은 그 날은 심판의 날이라는 것이다. 그러나 이 날은 아우구스티누스4-5세기가 말하는 보복적 심판이 아니라 히브리어 성경의 회복적 심판의 날이다. 회복적 심판으로서 예수님의 죽음은 그를 십자가에 못 박은 모든 사람과 모든 것의 새로운 규범이 된다. 예수님의 죽음은 오직 사랑을 증거함으로써, 하나님의 사랑을 거부하고 대적하는 인간을 비롯한 모든 세력을 물리치고 심판한다.

온 땅에 어둠이 임하면서 성소의 휘장이 둘로 찢어졌다. 예수님의 죽음은 그를 대적하는 모든 세력에 대한 우주적 심판의 사건일 뿐만 아니라, 특히 이스라엘의 종교 지도자들에 대한 심판이기도 하다. 이 세부적인 묘사는 유아기 내러티브에 나오는 시므온의 예언뿐만 아니라 감람산에서의 체포 장면과 연결된다. 예수님은 체포당하실 때 대제사장들과 성전 경비대장들에게 이제는 그들의 때요 어둠의 권세라고 말씀하셨다. 누가는 이곳에서 예수님의 죽음을 앞두고 온 땅에 임한 세 시간의 어둠과 갈라진 성전 휘장을 통해, 이 두 현상이 하나님의 손에 의한 것임을 보여준다. 예수님을 대적하는 우주적, 인간적, 정치적, 종교적 세력은 심은 대로 거두고 있다.

찢어진 성전 휘장 역시 마리아와 요셉이 아이를 데리고 정결례를 행할 때 시므온이 마리아에게 했던 말을 상기시켜 준다. 2장 34절에서 시므온은 마리아에게 이 아이는 "이스라엘 중 많은 사람을 패하거나 흥하게" 하는 표적이 되기 위하여 세움을 받았다고 말한다. 누가의 관점에서는 안타깝게도, 예수님의 복음은 불화의 원인이 되어 왔으며 앞으로도 그럴 것이다. 성전 휘장이 갈라진 것은 예수님의 백성의 분열을 반영한다. 또한. 그것은 많은 그리스도인이 주장하는 것처럼 하나님과의 직접적인 관계를 상징하는 것이 아니라, 악에 맞선 거룩한 저항과 고난이 구속과 어떤 상호 작용을 하는지에 대한 보다 완전한 이해를 가리킬 수 있다. 어쨌든 하나님은 창세기 3장의 실락원 이후 구속사를 진행해오셨다.

이 문학적 단위의 나머지 부분은 네 개의 짧은 삽화로 전개된다. 예수님은 마지막 가쁜 숨을 내쉬며 큰 소리로 자신의 영혼을 아버지 손에 부탁하신 후 돌아가셨다.46절 이 절규는 자신의 뜻을 하나님의 뜻과 일치시킨 감람산 기도와 궤를 같이한다. 예수님은 그곳에서 하나님의 사랑은 인간의 상처를 외면하지 않지만, 항상 상처를 덜어주는 것은 아니라는 현실을 받아들이셨다. 예수님과 우리를 향한 하나님의 사랑은 비록 십자가에서의 폭력이라 할지라도 폭력을 우회하는 방법이 아니라 그것을 통과하는 방식을 취한다. 이런 의미에서 하나님의 사랑은 가혹한 요구를 할 수 있다. 이러한 십자가의 부르짖음은 감람산의 기도를 재현한다. 이 부르짖음은 아버지에 대한 예수님의 신뢰로 시작하고 끝나는 수난의 여정을 완성한다. 이 여정은 끝났으며, 예수님은 마침내 고통에서 벗어나 안식에 들어가신다.

예수님이 죽으신 후 세 차례의 개종이 이어졌다. 이 개종은 가장 먼 곳에서 가까운 곳으로, 가장 급진적인 것에서 평범한 것으로 일어난다. 사형을 집행하던 로마의 이방인 백부장은 그 된 일을 보고 하나님을 찬양하며 예수님의 무죄를 선언한다. 우리는 그가 어떻게 변화했는지 알 수 없지만, 그는 예수님이 돌아가신 후 그에게 나아온 첫 번째 사람이 된다.

두 번째 변화는 무리 가운데서 일어난다. 그들은 예수님이 사역하시는 동안 완충 지대의 역할을 효과적으로 수행했다. 그러나 그들은 예수님이 빌라도 앞에서 재판을 받으실 때 그에게서 등을 돌렸다. 그들은 십자가 처형이 이루어지는 동안 구경꾼으로 지켜보기만 했다. 이제 그들은 본래의 인간성과 분별력을 회복하고 예수님에 대해 안타까운 마음을 가진다. 그들은 가슴을 치며 집으로 돌아갔다. 예수님의 제자들과 친구들에게는 변화와 회심이라는 말을 붙이기에는 시기상조인 것처럼 보인다. "예수를 아는 자들과 갈릴리로부터 따라온 여자들도 다 멀리 서서 이 일을 보니라"23:49라는 구절은 누가복음에서 가장 슬픈 말씀 가운데 하나다. 그들은 증인이지만 가까운 증인은 아니다. 이 장면에서 예수님과 가장 가까운 사람들은 가장 먼 관계가 되었다. 그뿐만 아니라 누가는 그들이 어떻게 느끼며 무슨 생각을 하는지에 대해 어떤 단서도 제공하지 않는다. 우리는 로마인의 고백으로부터 무리의 탄식을 거쳐 예수님과 가장 가깝고 가장 많은 사랑을 받은 자들의 침묵에 이르게 된다.

23:50-53 예수님의 장사

예수님과 그를 따르는 자들 사이의 거리감은 누가가 이 시점에서 새로운 인물에 대한 소개로 시작함으로써 더욱 통렬함을 자아낸다. 유대인의 동네 아리마대 출신 요셉이라는 사람이 현장에 도착한다. 그는 공회 의원이기 때문에 예수께서 체포되신 후 아침부터 일어난 모든 사건과 함께했다. 요셉은 공회에서 예수님에게 혐의를 덮어씌우는 현장에 있었으나 그들의 결의와 행사에 찬성하지 않았다. 누가는 그가 선하고 의로운 사람이라고 말한다. 더구나 그는 하나님의 나라를 기다리는 자다. 공회가 예수님을 투표로든, 합의로든, 아니면 다른 방식으로든 어떻게 처리하기로 결의했든, 요셉은 그 과정에 동참하지 않았다.

이 요셉은 예수님을 따르는 자들이 그에게서 멀리 떨어져 있을 때 앞으로 나아온다. 그는 빌라도에게 가서 예수님의 시체를 달라고 요구한다. 그는 시신을 조심스럽게 내려 세마포로 싸고 사람을 장사한 일이 없는 바위에 판 무덤에 넣어두었다. 당시만 해도 이 작은 땅에서 매장지는 귀했다. 복음서기자들 가운데 누가와 요한만이19:41 아직 사람을 장사한 적이 없는 새 무덤이라는 사실을 언급한다.Johnson: 283 요셉이 준비한 무덤은 부패가 끝나 뼈를 모아 영구적으로 보관할 수 있는 작은 매장지로 옮기기 전까지 시신을 안치하는 장소였을 것이다.Hachlili: 450

전환구23:54-56a

예수님의 죽음에 관한 누가의 진술은 이 단원을 마치고 다음 단원으로 들어가기 위한 요약적 언급으로 끝난다. 그는 독자를 위해 날짜를 알려준다. 이날은 금요일, 안식일 전날이다. 안식일은 해 질 무렵 시작하는데, 적도에서 가까운 이 나라는 오후 6시경에 해당한다. 예수님이 오후 세 시쯤 운명하셨다면, 신실한 아리마대 사람 요셉은 시간에 쫓겼을 것이다.

누가는 우리에게 예수님의 제자들에 대한 희망의 끈을 놓지 말아야 할 이유를 제시한다. 이제 멀리서 바라보기만 하던 여자들이 물리적으로나 신앙적으로 거리를 좁히고 있다. 그들은 요셉을 따라 무덤으로 가서 시신을 어떻게 두었는지 살펴보았다.23:55 그들은 곧 해가 지고 안식일이 시작되기 때문에 시간이 촉박한 상태에서 요셉이 얼마나 세심하게 준비했는지 알았을 것이다.Fitzmyer 1985: 1530

예수님의 시신은 깨끗이 씻어 단장할 필요가 있었다. 여자들은 돌아가 필요한 향품과 향유를 준비한 후, 안식일을 지켰다. 계명을 따라 습관적으로 안식일을 준비하고 지켜야 했던 그들은 예수님의 장사를 준비하는 것만큼 시급히 대처해야 할 일은 없었다. 그러나 그들은 가까이 다가와 최선을 다해 준비했다. 그들은 그들이 있어야 할 곳에 있었다.

성서적 맥락 속의 본문

죽음에 대한 두려움을 극복함

셰릴 브리지스 존스Cheryl Bridges Johns 여사는 오하이오주 트로트우드에 있는 연합신학대학원United Theological Seminary의 오순절 연구 객원 교수이자 글로벌 오순절 연구의 집Global Pentecostal House of Study 책임자로 있다. 그의 신앙은 고전적 오순절주의 전통 위에 서 있다. 수년 전 아나뱁티스트 메노나이트 성서 신학교를 찾은 존스는 우리에게 낯선 orthopathy라는 단어에 대해 설명했다. 그는 orthopathy를 orthodoxy 및 orthopraxy 와 비교했다. 존스에 따르면, orthodoxy는 정통적 사상이다. 가톨릭 신자들은 바른 생각에 치중한다. orthopraxy는 정통적 행위를 가리킨다. 메노나이트는 바른 행동에 치중한다. orthopathy는 하나님의 열정에 대한 바른 느낌 또는 지향성이다. 오순절 교인들은 이러한 정통적 감성에 치중한다는 것이다. 존스 여사는 우리는 서로를 필요로 한다고 말했다. 올바른 사고와 올바른 행동의 통합은 올바른 감정 없이는 일어날 수 없다는 것이다.

이러한 통합은 속죄의 목적인 구원과 직결된다. 하나님이 우리 안에서 속죄를 이루시는 과정은 다양한 용어로 표현할 수 있다. 우리는 그것을 회심이나 십자가를 짊어지는 것이라고 말할 수 있다. 우리는 그것을 예수님을 보내신 하나님의 은혜로운 주권에 대한 인간의 반응이라고 말할 수 있다. 우리는 그것을 하나님 및 이웃친구든 원수든과의 화해라고 말할 수 있다. 새로운 피조물의 삶이라는 용어 역시 속죄의 과정을 가리키는 훌륭한 표현이 될 수 있다. 그러나 우리가 어떤 언어를 사용하든, 누가복음의 속죄는 죽음에 대한 두려움을 극복하고 담대하게 사는 삶을 포함한다. 이것은 은혜가 우리의 생각과 몸과 혼과 영을 지배하는 근본적인 변화며, 평생 지속된다. 이러한 변화는 마음과 직결된다. 그것은 감정적orthopathic이다. 그것은 우리를 하나님의 열정, 세상을 향한 하나님의 사랑, 하나님의 창조로 인도하며 하나님의 나라에 대한 지속적인 헌신으로 인도한다. 물론, 그것은 감정 이상이다. 그것은 새로운 사고 및 행동 방식에 대한 헌신이다. 바꾸어 말하면, 그것은 정통적 사상과 정통적 행위 및 정통적 감성이다. 예수님은 우리를 하나님의 열정으로 향하도록 방향을 재설정하셨기 때문에, 우리는 이 세상과 그 안에 사는 이웃과 대적에 대해 다르게 행동해야 한다.

죽음의 두려움에 대해 죽어야 한다는 것은 성경에서 광범위하게 사용되는 개념이기도 하다. 물론 영생의 기쁨에 대한 언급은 많다. 그러한 확신이 우리가 죽음에 대한 두려움에 지배되거나 위축되지 않는 삶을 살도록 격려하는 것은 당연하다. 그러나 우리는 여기서 이러한 확신이 미래적인 것이 아니라 현재적 삶을 위한 것임을 명백히 보여주는 사례들에 대해 구체적으로 살펴볼 것이다. 관련된 본문은 많지만 여기서는 시편 23편과 히브리서 2장 14-15절, 두 곳만 살펴보고자 한다. 시편 23편 4절에서 히브리 성경 텍스트는 "사망의 음침한 골짜기"에 대해 언급한다. 맛소라 사본보다 시기적으로 앞선 70인역은 이 사망의 그림자에 대해 언급한다. 헬라어와 히브리어 텍스트는 약간 다르지만, 본문의 요지는 같다. 즉, 이러한 골짜기로 다닐찌라도 주께서 나의 위로자와 보호자가 되시므로 두려워하지 않는다는 것이다. 다시 말하면, 시편기자는 사망의 두려움에 대해 죽었다는 것이다. 그는 자신이 죽을 것을 알지만 그러한 두려움이 자신을 지배하지 못하게 하는 법을 배웠다. 이처럼 하나님을 따르는 신실한 자의 중요하고 결정적인 태도 속에는 도덕적으로 흔들리고 불확실한 세상에서 헌신과 신뢰로 살아갈 수 있는 자유가 있다. 따라서 시편기자의 요구는 충족되며, 그의 육신적 필요는 전적으로 목자이신 여호와께 맡긴다.시 23:1-3

히브리서 2장 14-15절에서 저자는 구원이란 죽음에 대한 두려움을 극복하는 것임을 더욱 분명히 한다. 성육신의 목적은 예수님이 죽음을 통해 죽음의 세력을 잡은 마귀를 멸하시기 위한 것이다. 저자는 계속해서 이러한 행위는 죽기를 무서워하므로 종 노릇 하는 모든 자를 놓아준다고 말한다. 우리의 구원은 죽음이 무서워 종이 된 자를 해방시킨다. 또한, 구원은 영생을 약속할 뿐만 아니라 우리를 해방시켜 생명의 주를 기쁘게 섬길 수 있는 삶을 살 수 있게 한다.

교회생활에서의 본문 적용

누가의 속죄관

누가는 속죄화해, 속량라는 단어를 사용하지 않는다. 신약성경에는 이런 단어들이 잘 사용되지 않는다. 그러나 예수님의 십자가와 그것이 죄 사함과 어떤 관계인지에 대한 누가의 입장으로서 그의 속죄관은 여러 면에서 주목할 만한 가치가 있다. 누가의 속죄관은 세 가지 전통적 속죄관과 조화를 이루면서 발전된 내용도 나타난다[속죄: 누가의 신학, p. 419]. 누가는 십자가에서 일어난 일에 대해 일반적으로 생각하고 이해할 수 있게 도와준다. 그는 속죄 신학에 더욱 깊은 의미를 부여한다. 그뿐만 아니라 누가의 속죄관은 그의 복음서를 이해하는 데에도 결정적인 역할을 한다. 십자가와 십자가의 의미는 누가가 전하는 예수 그리스도의 기쁜 소식에 초점을 맞춘다. 누가행전은 십자가에 이르기까지의 이야기와 십자가로부터 이어지는 이야기를 떠나서는 이해할 수 없다. 십자가와 부활은 누가행전 전체적 관점에 비추어 읽을 때만 의미가 있다. 한편으로, 십자가와 부활은 두 책의 정점에 해당한다. 따라서 십자가에 대한 누가의 관점은 누가행전에 대한 우리의 문학적 관점뿐만 아니라 속죄에 대한 신학적 이해에도 도움을 준다.

십자가에 대한 누가의 이해는 오늘날 교회와 공동체 생활의 틀에도 영향을 준다. 누가의 십자가 이해는 오늘날 교회에 대한 관점이나 세상에서의 역할과 같은 실천적 교회론에 매우 중요하다. 속죄를 보복적 정의가 아니라 회복적 정의로 본 누가의 관점이 교회적 상황에 영향을 미친다는 사실을 보여주는 세 가지 영역이 있다. 1 교회 성장, 2 리더십, 3 교회 권징으로 인한 갈등.

교회 성장

대속적 관점의 속죄에서 출발한 복음 전도와 교회 성장은 종종 계산적이라고 할 수 있다. 숫자가 중요하다는 것이다. 우리는 전 세계에 복음을 전하고 싶다. 우리는 영혼을 구원하는 일에 집중한다. 우리는 "당신의 이름이 생명책에 기록되어 있는가?"라고 질문한다. 살아 있는 교회는 큰 교회, 성장하는 교회, 지교회가 많은 교회, 새로운 선교지를 개척한 교회다.

이러한 노력이 문제가 있다는 것은 아니다. 예수님은 누가복음 24장에서 제자들에게 예루살렘부터 땅끝까지 복음을 전하라고 명령하셨다.행 1:8 참조 사도행전 서두에서 누가는 하루에 수천 명씩 늘어나는 신자의 수에 주목한다. 활기차고 성공적인 선교는 확실히 누가복음의 비전 가운데 하나다.

그러나 속죄를 회복적 정의로 보는 누가의 관점은 복음의 영향력을 확장하려는 우리의 노력에 중요한 비판을 제공한다. 복음 전도와 교회 성장이 영혼을 구원하고 그들을 생명책에 기록하는 일에만 집중한다면, 누가의 복음 개념에서 멀어질 수밖에 없다. 회복적 정의 또는 화해는 대속적 속죄가 제공하는 칭의보다 더 수수께끼 같고 역설적이며 아이러니한 개념이다. 그것은 자아를 잃어버림으로써 자아를 찾는 엄중한 여정이다.

나는 종종 사람들을 교회로 데려오거나 신학교에 입학시키려는 오늘날의 노력에 대해 누가가 어떻게 생각할지 궁금하다. 온갖 시설과 설비를 갖춘 연령별 프로그램, 첨단기술을 동원한 화려하고 현란한 예배, 예수님은 고사하고 누가의 설 자리는 어디인가? 우리의 주장은 모든 초점을 편안함에 맞춘 것 같고, 예수님의 주장은 불편함에 초점을 맞추신 것 같다. 다른 사람들을 기쁘게 하는 데 몰입해 있는 우리가 어떻게 반전적 사고를 요구할 수 있을 것인지 이해할 수 없다.

나의 아버지는 종종 새로 부임한 한 목사님에 관한 이야기를 들려주곤 했다. 그의 설교가 마음에 들지 않았던 교인들이 한 가족씩 교회를 떠나고 결국 목사님과 네 명의 성도만 남게 되었다고 한다. 노회는 교회 폐쇄를 언급했고 그가 다른 사역지를 찾을 수 있을지 의문을 가졌다. 그러나 그 후 성도들이 점차 늘어나자 교회는 힘을 얻고 큰 성장을 이루었다. 한 집단을 불편하게 했던 말씀이 다른 집단에게는 유익한 말씀이 되었던 것이다.

밥 에크블래드Bob Ekblad는 그의 저서 『저주받은 자와 함께 성경 읽기』Reading the Bible with the Damned에서 풍요로운 북미 사회의 그리스도인은 교회가 자신을 현 상태status quo 와 구별하지 않는 한구별하기 전까지 현 상태와 동일시된다고 주장한다.vii 이러한 원리는 정확히 누가복음의 예수께 적용된다. 에크블래드의 표현을 빌리자면, 예수님은 언제나 소외된 자, 버림받은 자, 저주받은 자와 함께 계셨다. 가장 작은 자에게 복음을 전한 분을 따르는 준엄한 제자도는 결코 최신 교회 성장 매뉴얼로 바뀌지 않을 것이다. 그러나 오늘날 남반구 Global South의 역사와 교회 상황은 다른 이야기를 들려준다. 교회는 언제나 역경 가운데 처할 때, 교회가 참으로 소외된 자, 가난한 자, 억압받는 자와 동일시 되었을 때, 가장 활발하게 성장했던 것이다.

따라서 속죄 공동체는 교회 성장에 대해 면밀히 살펴보고, "가장 작은 자"와 동일시한다는 것의 진정한 의미에 대해 재평가해야 할 것이다. 아마도 교회 성장의 기준은 숫자가 아닌 다른 무엇이 되어야 할 것이다. 우리는 화해를 위해 어떤 노력을 하고 있는가? 우리는 하나님과 하나님이 사랑하시는 사람들 간의 화해를 위해 어떤 노력을 하고 있는가? 개인 간의 화해나 집단 간의 화해에 대해서는 어떤 노력을 하고 있는가? 사람과 자연과의 화해에 대해서는 어떤 노력을 하는가? 우리는 회복적 정의라는 힘들고 거룩한 사역을 어떻게 수행하고 있는가? 복음으로 전 세계를 정복하는 일은 가치 있고 중요한 목표다. 그러나 세상의 회복을 추구하는 것은 복음의 더 중요한 목표다. 우리는 예수님을 주로 선포하는 일과 상처받고 지친 세상에 귀 기울이는 일을 분리할 수 없다. 예수님을 중심한 공동체는 상상할 수 있는 다양한 방법으로 정의를 회복하는 공동체다. 우리는 교회사를 통해 우리가 진정으로 하나님 나라의 반전적 방식, 회복적인 방식의 제자도를 고수한다면 교회가 성장할 뿐만 아니라 하나님께 영광을 돌리게 될 것이라는 격려를 받는다.

리더십

누가의 속죄관은 실천적 교회론에도 도움이 되는 리더십에 대한 관점을 제공합니다. 누가복음의 속죄 공동체에서 리더십의 아마도 가장 중요한 속성은 죽음에 대한 두려움을 극복하는 여정에 나서는 것이다. "여정"이라고 말한 것은 그것이 아무도 도착해본 적 없는 끝없는 평생의 과정이기 때문이다. 이것은 지도자에게만 요구되는 특별한 자격이 아니다. 우리는 모두 이 제자도의 길에 참여해야 한다. 그러나 공동체의 지도자는 우리에게 이러한 속죄 공동체 리더십 속성에 관한 관심과 성찰을 보여주어야 할 책임이 있다. 악에 대해 능동적, 비폭력적으로 맞서는 고난의 길이 공동체의 특성이라면, 공동체의 리더는 이러한 삶에 솔선수범해야 할 것이다. 죽음의 두려움에 대한 극복은 다양한 모습으로 나타나며 다양한 방식으로 입증된다. 그 길은 하나만 있는 것이 아니다. 다행히도 신앙의 삶은 한 가지 치수만 있는 것이 아니다. 그러나 우리는 지도자에게 나타나는 몇 가지 특징을 찾을 수 있다.

죽음에 대한 두려움을 극복해 나가는 지도자는 적극적인 마인드를 가져야 한다. 그들은 영적 훈련에 매진하고 수양어떤 형태로든 간에과 성찰에 집중해야 한다. 그는 위기의 때에 하나님을 신뢰하고 그에게 도움을 구해야 한다. 그들은 예수님이 체포되기 전에 기도하셨던 감람산의 영적 지형을 절절히 깨닫게 될 것이다.

죽음에 대한 두려움을 극복해 나가는 지도자는 담대해야 한다. 그들은 두려울 수 있지만, 이러한 두려움이 그들을 지배하거나 그들의 결정에 영향을 주게 해서는 안 된다. 용기는 경솔한 만용이 아니다. 용기는 두려움이 우리를 사로잡지 못하게 하면서 그것과 함께 하는 것이다. 누가의 표현을 빌리자면, 자기를 내려놓고 십자가를 지는 것이다. 우리는 이러한 용기를 가져야 한다.

죽음에 대한 두려움을 극복해 나가는 지도자는 권력을 개인적 용도가 아니라 공동체가 준 선물로 사용해야 할 것이다. 공동체의 지도자가 능동적이고 고난받는 사랑의 제자도를 권력 싸움에 이용할 수는 없다. 권력에 대한 포기를 선언하고 권력이 없는 체하다가 자신에게 권력이 있음을 보이기 위해 그것을 사용하는 행위는 지도자 자신과 그가 이끄는 공동체를 망치는 속임수이다. 권력은 공동체가 개인과 집단으로서 진리와 사랑으로 소임을 다할 수 있도록 돕기 위해 주어진 공동체의 선물이다. 권력은 성령과 공유하며, 권력의 중심은 성령이시다.

속죄 공동체의 지도자는 혼자가 아니다. 누가복음에서 우리 모두가 부르심을 받은 능동적 고난의 사랑은 지도자들을 하나가 되게 한다. 그것은 또한 지도자와 따르는 자를 한 공동체로 모은다. 지원과 책임은 함께 가야 한다. 책임이 따르지 않는 지원은 어리석고 지원이 없는 책임은 개인과 지도자 모두에게 해가 되며 탈진하거나 실패로 가는 지름길이 된다.

그러므로 지도자와 공동체는 이러한 지원과 책임을 통해 기쁨 가운데 능동적인 고난의 사랑을 실천하는 자로 함께 성장해갈 수 있다. 고난, 도전, 위협, 악은 항상 우리와 함께 있다. 그러나 그리스도의 이름과 정신으로 그러한 것들을 함께 극복해 나갈 때 우리는 더욱 큰 기쁨과 번영을 맛보게 될 것이다.

갈등

속죄에 대한 누가의 관점은 그리스도의 몸 안에서 갈등을 해소하는 방식에도 영향을 미친다. 십자가의 길, 능동적이고 비폭력적인 고난의 사랑은 갈등을 해결하는 방법과 내용의 중요한 근간이 될 수 있기 때문이다. 이것은 우리가 갈등을 우리와 우리가 맡은 사명이 더욱 성장하는 장으로 인식한다는 뜻이다. 예수님의 삶과 사역과 죽음과 부활이 우리에게 조금이라도 유익이 된다면, 우리에게 각인된 초대 교회의 모범적 투쟁의 흔적이 우리의 삶에서 열매를 맺으려면, 이러한 갈등상태가 정상적이라는 사실을 인정해야 한다. 갈등을 찾아 다닐 필요는 없지만, 그것을 받아들일 수 있어야 한다. 그러한 도전에 대한 푸념이나 불평은 속죄 공동체에 어울리지 않는다. 능동적인 고난의 사랑이 갈등 해소의 수단이고 내용이라면, 우리가 문제를 해결할 수 있는 유일한 길을 알고 있다는 자만심이나 확신에 취할 여유가 없을 것이다. 핵심 질문은 더 이상 누가 옳고 누가 그르냐가 아닐 것이다. 분별력이 필요하다는 것은 분명하다. 그러나 여전히 문제는 남아 있다. 그것은 어떻게 하면 우리와 우리 주변에서 능동적인 고난의 사랑을 유지하고 강화할 수 있느냐는 것이다. 우리는 오직 이러한 상황에서만 선악을 바르게 분별할 수 있을 것이다. 오직 이런 상황에서만 바른 해법을 제시할 수 있을 것이다. 우리는 오직 이런 상황에서만 비록 가는 길이 험할지라도 함께 앞으로 나아갈 수 있을 것이다. 이런 식의 갈등 해소는 우리가 갈등으로부터, 그리고 그것에 대해 배운 모든 것, 즉 기술, 지혜, 실수, 자신의 한계에 대한 인식을 포함한다. 그것은 반드시 유쾌한 것만은 아니다. 바른 열정과 정직한 사역이 다른 사람을 당황스럽게 할 수 있으며 시간이 걸릴 수도 있다. 그러나 갈등을 위한 모임이나 활동에 앞서 기도하는 시간을 가지고 구주의 능동적이고 비폭력적인 고난의 사랑에 순종한다면, 우리가 얼마나 더 온유한 마음으로 공동선을 추구하며 배울 수 있는 자가 되겠는가? 우리의 해법이 여느 때처럼 불완전하다고 해도, 우리는 능동적이고 비폭력적인 고난의 사랑이 우리의 절대적 증거라는 확신을 가지고 담대히 나아갈 수 있다. 우리의 증거는 순수함이나 완전함이나 경건이 아니라 십자가를 향한다.

부활, 승천

개관

　우리는 종종 예수님 주변 사람들이 그의 부활에 대한 소식을 어떻게 받아들였는지에 대해 쉽게 공감하지 못하는 경향이 있다. 이야기 밖에서 결말을 알고 있는 우리로서는 여기서 어느 것이 옳은지 알고 있으며, 때로는 깨닫지 못하는 제자들을 비난하는 경향이 있다. 예수님도 이해가 느린 그들을 꾸짖으시지만, 그는 예수님이시다. 우리는 인간의 연약함을 돌아보며 마땅히 생각할 바를 아는 것이 얼마나 어려운 일인지 돌이켜보아야 한다. 십자가에서의 부활은 전례가 없는 일이며, 아무리 과학이 발달하기 전 시대라 할지라도 그들은 영리하고 지혜로운 자들이다. 그들은 예수님이 이적과 기사를 행하고 심지어 죽은 자와 죽어가는 자를 살리는 것도 보았다. 그러나 고문으로 신체가 상하고 십자가에서 처참하게 처형당한 상태에서의 부활은 이야기가 다르다.

　복음서의 이 마지막 장은 남녀 제자들의 믿음을 향한 여정을 보여준다. 남자 제자들의 여정은 여자 제자들의 여정보다 길고 확장적이며 상세하게 제시된다. 두 여정 모두 슬픔과 불신에서 기쁨과 믿음으로 전환하는 과정완전한 것은 아니지만의 핵심은 자신의 현재적 경험을 예수께서 사역 중에 말씀하신 내용과 올바른 방식으로 결합하는 것이다. 먼저 깨달은 쪽은 여자들이다. 그들은 무덤이 비어 있는 것을 보고 두려워했다. 그러나 천사의 말을 들은 그들은 눈앞에서 전개되고 있는 일에 대해 다시 생각함으로써 충분히 깨닫고 결국 열한 사도와 다른 제자들에게 가서 기쁜 소식을 전한다. 남자들은 깨달음이 더디다. 그들은 여자들의 말을 믿지 못하고 계속해서 현실을 부정한다. 그들은 엠마오로 가는 길에서 예수님에게 책망을 듣는다. 그들은 성찬을 행할 때 비로소 예수님을 알아보고 지금 일어나고 있는 일과 그 일이 예수께서 사역 초기에 말씀하신 내용과 일치한다는 사실을 정확하게 깨달았다. 결국, 남녀 제자들은 같은 장소에 도착하게 된다. 비록 새로 난 자의 불안하고 연약한 믿음이지만, 기쁜 소식을 전하기에 충분하다. 그들은 성전으로 돌아가 하나님을 찬양한다.

단락 구조

무덤가의 여자들, 23:56b-24:11

베드로에 대한 주석, 24:12

엠마오의 제자들, 24:13-35

    24:13-27 마을로 가면서

    24:28-35 우리와 함께 유하사이다

떠나심, 24:36-53

    24:36-43 내 손과 발을 보라

    24:44-49 너희는 증인이라

    24:50-53 축복

본문 주해

무덤가의 여자들 23:56b-24:11

빈 무덤에서 여자들에 관한 누가의 이야기는 예수님의 다른 제자들이 복음서 마지막 장의 남은 부분에서 걸어야 할 깨달음과 화해의 여정을 보여주는 축소판이다. 듣는 본문은 읽는 본문과 달리 종종 단원의 서두에 텍스트의 나머지 부분에 관해 예시하는 이야기를 제시한다. 24장에 나타나는 제자들의 동선은 1-11절의 여자 제자들의 동선을 따라간다. 여자들이 의심과 두려움을 지나 희망과 선포로 나아가듯이, 비록 느리긴 하지만 엠마오로 가는 제자들에 이어 나머지 제자들도 그 길을 따라간다.

이 장은 예수님과 제자들의 이야기 가운데 가장 낮은 지점에서부터 시작한다. 지도자에 대한 처형은 로마 군대와 일부 유대 지도자들의 결탁이라는 방법으로 이루어졌다. 안타까운 것은 예수님이 사실상 홀로 죽음을 맞이했다는 것이다. 열두 제자는 모두 그를 배반하거나 부인하거나 버렸다. 갈릴리에서부터 그를 따라왔던 여자들과 지인들도 그의 불행을 지켜보기만 했다.23:49

　24장 서두에서 여자들은 사랑하는 지도자와의 거리를 좁히려 하지만… 너무 늦었다. 그는 이미 죽었기 때문이다. 적어도 그들은 그렇게 생각했다. 그러나 그들은 옳은 일을 하기 위해 최선을 다한다. 그들은 향품과 향유를 준비하여 무덤으로 가져가서 상처 입은 시신을 단장하려 했다. 그러나 모든 일은 그들이 무거운 마음으로 이 길을 나설 때 예상했던 대로 진행되지 않았다. 봉인된 무덤과 치욕적인 주검 대신, 그들은 찬란한 옷을 입은 두 사람이 지키는 빈 무덤만 보았다. 그들은 두려워 얼굴을 땅에 대었다. 두려움은 현현에 대한 인간의 합당한 반응이다. 그것은 진정한 두려움이자 거룩한 두려움이다. 신적인 존재를 만날 때, 정상적이고 합당한 반응은 두려움이다. 현현과 같은 장면에서 신적인 존재는 일반적으로 사람에게 두려워할 필요가 없다고 말한다. 여기서는 이런 장르적 요소가 생략된다. 대신에 책망이 제시된다. 이러한 책망은 확신을 주는 역할을 한다. 구체적으로 말하면, 그들은 예수께서 갈릴리에서 하신 말씀을 제대로 들었다면 그의 시신을 찾으러 이곳까지 오지 않았을 것이라는 사실을 상기하게 된다. 어찌하여 너희는 죽은 자들 가운데서 살아 있는 자들을 찾느냐? 그들은 여자들에게 "어찌하여 살아 있는 자를 죽은 자 가운데서 찾느냐"24:5고 묻는다. 그들은 향품과 향유를 들고 죽은 자의 땅으로 올 것이 아니라 살아 있는 자들 가운데서 예수님을 찾아야 했다는 것이다. 그들이 예수께서 갈릴리에서 가르치신 말씀을 기억했더라면 이런 실수를 하지 않았을 것이다.

　물론 이 책망은 정당하지 않다. 그 여자들은 사람이다. 그들은 지난 며칠 동안 일어난 특별한 사건을 인간적 경험에 비추어 접근해 왔다. 그러나 그들은 이 인간적 방정식에 있어서 하나님의 능력에 대해 정확하게 산출하지 않았다. 그들은 갈릴리에서 예수님의 가르침에 진지하게 귀 기울이지 않았으며 제대로 믿지도 않았다. 이제 그들은 이러한 사실을 기억하고 변화된다. 무덤에서의 교훈, 이상하게도 확신을 주는 책망은 이 반전의 복음서에서 최종적 반전을 도출한다. 여자들은 달라졌다. 자신의 실패에 짓눌려 슬퍼하던 소심한 여자들이 예수님의 부활이라는 기쁜 소식을 전하는 첫 번째 메신저가 된 것이다. 누가복음이 제자들에게 요구하는 것은 바로 이것이다. 자신을 잊고 무슨 일이 있어도 기쁜 소식을 전함으로써 십자가를 지는 것이다.

지극히 모범적인 종교 생활을 하는 지극히 모범적인 여자들이 부활의 첫 번째 선포자로 변화되었음에도 불구하고, 이 이야기는 행복한 결말을 맞지 못한다. 누가는 이야기가 끝날 무렵에 가서야 이 여자들의 이름을 밝힌다. 그들은 제자들도 잘 아는 여자들이었다. 그들이 내부 사람들이었다는 사실은 다른 제자들이 그들의 말을 믿지 않았다는 통렬한 사실을 더욱 부각한다. 신자 공동체가 이처럼 성별에 따라 극적으로 나뉜 것은 이곳이 처음이다. 누가는 열한 사도와 다른 모든 이가 여자들의 **말**을 믿지 않았다고 하지 않고 **여자**를 믿지 않았다고 진술함으로써한글 성경은 반대/역주 이러한 구분을 확실히 한다. 그들을 믿지 않았다는 구절의 "그들"은 영어에서는 여자를 가리킬 수도 있고 말을 가리킬 수도 있다.24:11 그러나 헬라어에서는 여성만 지칭한다. 제자들은 그들이 여자이기 때문에 믿지 않았다는 것이다. 열한 사도는 갈릴리 시절부터 그들을 알고 지냈음에도 불구하고 믿지 않았다. 사도들은 여자들의 말을 "허탄한 듯이" 들려 믿지 않았다. 이제 그들 앞에는 그들 자신의 인식과 화해의 여정이 기다리고 있다. 누가복음의 나머지 부분은 슬픔에 잠긴 소심한 자에서 담대한 부활의 선포자로 변하는 여정으로 채워질 것이며, 이 여정은 사도행전 서두의 장들까지 확장될 것이다.

베드로에 대한 주석24:12

많은 영역 성경은 12절을 나중에 삽입된 구절로 보고 생략한다. 그러나 피츠마이어Fitz-myer는 주요 사본 일부에 이 구절이 들어있기 때문에 다시 한번 살펴볼 필요가 있다고 주장한다.1985: 1547 베드로는 일어나 무덤으로 달려가 몸을 굽혀 빈 무덤에 세마포만 놓여 있는 것을 보고 집으로 돌아가 어찌 된 영문인지 궁금해한다. 이 장면은 문학적 관점에서 볼 때, 누가복음에 나타난 남자 제자들과 여자 제자들의 차이에 대한 강조 및 베드로에 관한 관심에 비추어 볼 때 의미가 있다.

무덤으로 달려가 몸을 굽혀 안을 들여다본 베드로는 22장 33절에서 예수님과 함께 옥에도 가고 죽는 데에도 가겠다고 호언장담했던 그 베드로가 아니다. 그는 예수님을 부인하고 떠나 통곡했던 침묵하는 베드로다. 그러나 예수님은 베드로가 자신을 부인할 것이라고 말씀하실 때 그의 믿음이 떨어지지 않기를 기도했으며 돌이킨 후에 형제를 굳게 할 것을 약속하셨다. 베드로는 이곳 24장에서 이처럼 차분한 역할을 한다. 그는 말이 없고 행동에 대한 설명만 제시된다. 그는 달려간다. 그는 몸을 구부린다. 그는 본다. 그런 다음 그는 돌아간다.

그는 다시 한번 등장한 것이다.

이러한 언급은 의심하는 독자들에 대한 누가의 문장 배열과도 일치한다. 누가를 페미니스트라고 부르는 것은 시대착오적이지만, 누가는 독자가 부활의 첫 번째 증인이 여성이라는 사실에 도전을 받을 것을 알고 있었던 것으로 보인다. 당시 문화에서 여성은 법적으로 증인이 될 수 없었다. 그들은 여자 열 명의 증언이 남자 한 명의 증언과 같다고 생각했다. 그러나 다른 복음서기자와 마찬가지로, 누가는 여자들이 이 중요한 사건의 첫 번째 증인이었다고 단호하게 말한다. 예수님에 대한 복음의 긴급성은 남자만 신뢰할 수 있는 증인이라는 통념을 압도한다. 제자들이 여자들의 말을 믿지 못했던 것처럼, 누가복음의 독자들도 대부분 믿지 않는다. 누가는 베드로의 행동에 대한 묘사를 통해 여자들의 말이 사실임을 보여준다. 무덤은 비어 있었다.

엠마오의 제자들24:13-35

베드로에 대한 진술이 무덤이 비어 있다는 사실에 대한 의혹여자들만 보고 전했기 때문에 제기된 의문을 지운다면, 엠마오 사건은 빈 무덤이 살아 계신 예수님을 증거한다는 사실에 대한 의문을 지운다. 예수님의 시신에는 어떤 일도 일어날 수 있다. 요한복음 20장에서 막달라 마리아는 빈 무덤을 보고 예수님의 시신을 누군가 옮겼다고 생각한다. 마태복음 28장에서 관리들은 제자들이 예수님의 시신을 훔쳐 갔다는 소문을 퍼뜨릴 음모를 꾸민다. 그러나 누가는 예수님과 제자들이 엠마오로 가는 길에서 만난 사건을 통해, 무덤이 비어 있을 뿐만 아니라 예수님이 실제로 살아나셨으며 그들 가운데서 떡을 떼셨다는 확신을 준다.

이 이야기는 기억에 남는 두 장면을 통해 전개된다. 하나는 24장 13-27절에 제시된 노상에서의 대화이며, 또 하나는 24장 28-35절에 나오는 식탁에서의 계시다.

24:13-27 마을로 가심

예수님의 제자 중 둘이 다른 제자들을 예루살렘에 남겨 둔 채 7마일 가량 떨어진 엠마오로 향한다. 우리는 복음서의 마지막 부분에서 구레네 시몬이나 아리마대 요셉의 경우처럼, 자세한 소개 없이 새로운 인물들을 만난다. 두 제자 가운데 하나는 글로바로 확인된다. 다른 제자의 이름은 제시되지 않는다. 글로바와 동행한 자는 여자일 수도 있고, 어쩌면 그의 아내일 수도 있다. 그러나 누가복음 당시의 가부장적 문학에서 이름이 나오지 않는 사람은 남성으로 가정한다. 남성과 여성에 대한 누가의 관심으로 볼 때, 다른 제자가 여자라면 의도적으로 생략하지 않았을 것으로 보인다.

두 제자는 엠마오를 향해 걸어가면서 최근 예루살렘에서 있었던 일에 관해 이야기하며 슬퍼했다. 예수님이 두 제자 곁에 오셔서 그들을 대화에 끌어들이시는 장면은 아이러니를 즐기는 누가가 제시하는 가장 특별한 아이러니 가운데 하나다. 이유는 알 수 없지만 그들은 예수님을 알아보지 못한다. 예수님은 그들에게 무슨 이야기를 하고 있는지 물으셨다. 두 제자는 처음에는 어떻게 대답해야 할지 몰랐다. 그들은 슬픈 빛을 띠고 머물러 섰다. 마침내 글로바가 대답했으나, 그들이 몇 가지 잘못된 결론에 도달했다는 사실이 드러난다. 글로바는 예루살렘에 체류하면서도 어떻게 나사렛 예수의 죽음에 대한 일을 모르냐며 놀란다. 글로바가 예루살렘에서 일어난 일에 대해 누구보다 잘 알고 계시는 예수님에게 이 질문을 했다는 것은 아이러니가 아닐 수 없다. 19장 41-44절에서 예수께서 평화에 관한 일을 몰랐던 예루살렘 사람들에 대해 탄식하신 사실을 상기해보라. 글로바와 그의 친구는 예루살렘 주민일 수도 있고 아닐 수도 있지만, 유월절 기간에 예루살렘에 머물렀다. 그들이 예수님을 알아보지 못한 이유 가운데 하나는 예수님이 그들이 바라던 민족적 구원자가 아니라는 생각에 실망한 탓일 수 있다.

글로바는 예수님을 능력 있는 선지자이지만 이스라엘의 속량을 이루지 못하고 십자가에 못 박히신 분으로 묘사한다. 그들은 여자들의 보고를 들었으나 반신반의한다. 그들은 여자들이 빈 무덤을 보았다는 말을 믿지만, 예수님이 살아나셨다는 말은 믿지 않는다. 그들은 예수께 새벽에 무덤에 갔다가 그가 살아나셨다 하는 천사들을 보았다는 여자들의 말에 놀랐다고 말한다. 그들은 "우리와 함께 한 자 중에 두어 사람이 무덤에 가 과연 여자들이 말한 바와 같음을 보았으나 예수는 보지 못하였느니라"24:24고 말한다. 그들은 예수님이 그들 곁에 계셨음에도 여전히 그를 알아보지 못했다.

그들이 예수님을 알아보지 못한 이유는 부분적으로 예수님의 삶과 사역이 제시하는 해석학적 변화를 인식하지 못한 무능력과 관련이 있다. 글로바와 그의 친구는 자신의 슬픔, 예수님이 선지자라는 인식, 이스라엘에 대한 민족적 소망에 집착한다. 그들은 특히 지도자의 고난이 자신과 이스라엘의 구원에 어떤 역할을 하는지 이해하지 못한다.

24장 25-27절에서 예수님은 찬란한 옷을 입은 자들이 여자들을 꾸짖듯이 두 제자를 꾸짖으신다. 예수님은 그들에게 마음이 둔하고 미련한 자라고 말씀하신다. 엠마오로 가는 제자들은 십자가에 못 박혀 죽은 예수님은 선지자라는 사실을 정확히 이해한다. 그러나 그들은 이 예수님의 선지자적 사명의 본질은 깨닫지 못한 채 그가 선지자라는 사실만 안다. 이 장에서 dei당위성에 관한 주제는 정점그리고 결론에 이른다. 이 표현은 24장 7절에서 찬란한 옷을 입은 자들이 사용했으며, 예수님은 이곳에서 이 표현을 다시 사용한다. 예수님은 "그리스도가 이런 고난을 받고 자기의 영광에 들어가야[dei] 할 것이 아니냐"24:26라고 말씀하신다. 그들이 놓친 것은 바로 이 연결이다. 그들은 천사들이 목자에게 전한 "땅에서는 평화"2:14라는 메시지로부터 예수께서 감람산에서 하나님의 사랑을 신뢰하기 위해 애썼던 마지막 투쟁에 이르기까지 모든 여정에서 보여준 비폭력적 고난의 사랑을 보고 들을 기회가 충분했음에도 불구하고 놓쳤던 것이다.

이 단락은 예수께서 참을성 있게 모세로부터 시작되는 성경으로 돌아가 자신의 사역에 관해 설명하시는 장면으로 끝난다. 예수님은 감람산에서의 고뇌로부터 시작하여 십자가의 중요한 재판 및 부활을 통한 입증에 이르는 과정을 통해 히브리어 성경에 대한 어떤 새로운 이해에 도달하셨다. 누가가 묘사하는 대로 예수님은 이러한 새로운 이해를 통해 고난과 영적 전쟁, 그리고 궁극적으로는 구원에 관한 문제에 대한 관점을 정립하신다. 우리는 예수님이 이 제자들에게 정확히 무엇을 말씀하셨는지 알고자 한다. 만약 알 수 있다면 오랜 시대에 걸친 몇 가지 해석학적 문제가 해결되었을 것이다. 그러나 우리에게는 누가복음이 있다. 누가는 선지자부터 시작하여 성경이 예수님의 삶과 가르침과 죽음과 부활에 대해 어떻게 이해하는지에 대한 설명을 제시한다.

24:28-35 우리와 함께 유하사이다

예수님과 제자들이 함께하는 여정 안에 삽입된 이 짧은 여정이 끝나는 장면이다. 세 명의 여행자는 두 제자의 목적지에 도달했다. 그들은 엠마오 가까이 왔다. 그러나 예수님은 계속해서 더 가시려 하는 것 같았다. 예수님은 그들을 가르치셨다. 그들이 그의 말씀에 대해 어떻게 할 것인지는 그들에게 달렸다.

그들은 온전히 이해하지 못했음에도 불구하고, 친절한 본능은 여전했다. 그들은 날이 기울었다며 함께 유하시기를 강권했다. 예수님은 허락하시고 그들과 함께 유하러 들어가신다. 그들은 함께 식사했으며, 다음에 일어난 일은 누가복음의 독자들에게 친숙한 장면이다. 누가복음에서 자주 볼 수 있듯이, 손님이 주인이 된다. 예수님은 떡을 가지사 축사하시고 떼어 그들에게 주신다. 글로바와 친구는 예수님이 이런 모습을 이전에 본적이 있을 것이다. 그들은 22장의 최후의 만찬은 아니더라도 9장에 나오는 오천 명을 먹이신 현장에는 있었을 것이다. 떡을 가지사 축사하시고 떼어 나누시는 장면은 매우 친숙하면서도 항상 새로운 성찬 장면이다. 이러한 행동은 두 제자의 둔감함을 깨뜨렸으며, 그들은 그가 누구신지를 알아본다. 그는 길에서 그들과 합류했다. 그는 짐짓 그들이 무슨 말을 하고 있는지 물었다. 그는 미련한 그들에게 자신의 길에 관해 설명해 주었다. 그는 그들의 권유를 받아들여 하룻밤을 함께 묵었다. 식탁의 주빈이 된 그는 그들을 초대한 후 자신의 몸을 떼어 나누어주셨다. 그는 더 이상 낯선 사람이 아니었다. 그들의 눈이 밝아지자 예수님은 떠나신다. 그들에 대한 예수님의 사역이 끝난 것이다.

그들은 참으로 예수님을 알아보고 고난의 사랑에 대해 정확히 깨달았는가? 이 질문은 우리에게도 동일하게 적용된다. 그러나 그들은 다시 한번 제자로서 처신한다. 그들은 예수님과 함께 했던 여정을 회고하며, 그가 길에서 말씀하실 때 마음이 뜨거웠다고 간증한다. 두 제자는 일어나서 여전히 예루살렘에 남아 있는 다른 제자들에게 돌아간다. 그들은 자신들이 잘못된 길에서 잘못된 방향으로 가고 있었다는 사실을 깨닫는다. 이제 그들은 예수님이 다시 살아나셨다고 증거한다. 그들은 앞서의 여자들처럼, 기쁜 소식을 전하는 자가 된다.

엠마오로 가던 제자들은 예루살렘으로 돌아왔을 때, 열한 제자는 나름대로 여정 중이었다. 예루살렘에 남아 있는 자들은 여자들의 말을 허튼소리로 치부할 때의 모습이 아니었다. 그들은 엠마오로 가는 제자들에게 예수님이 죽은 자 가운데서 살아나셨을 뿐 아니라 시몬에게 나타나셨다고 말한다. 누가가 예수께서 베드로에게 나타나신 장면에 대해 언급하지 않은 이유는 알 수 없지만, 무덤이 비어 있다는 사실만이 전부는 아니라는 것은 분명해졌다. 예수님의 시신은 누가 훔쳐간 것이 아니다. 그는 살아나셨다.

떠나심24:36-53

복음서의 마지막 단락은 강력한 결론을 형성하는 세 개의 짧은 장면으로 구성된다. 첫 번째 장면인 누가복음 24장 36-43절은 전적으로 관계적이며 기발한 터치로, 예수님은 예루살렘에 있는 제자들에게 나타나셔서 자신의 부활에 대한 의혹을 일거에 해소해주신다. 두 번째 장면인 44-49절은 예수께서 제자들에게 자신의 사역을 신학적으로 마무리하시고 그들에게 마지막으로 사명을 맡기신다. 마지막 장면인 50-53절에서 누가는 예수님의 승천에 대해 진술하며, 복음서는 처음과 마찬가지로 성전에 있는 사람들이 하나님을 찬양하는 장면으로 끝난다.

24:36-43 내 손과 발을 보라

글로바와 다른 제자가 예루살렘에 있는 열한 제자에게 어떻게 예수님이 떡을 떼심으로 자기들에게 알려지신 것을 말할 때, 예수님이 친히 그들 가운데 나타나신다. 놀란 제자들은 그 보는 것을 영으로 생각했다. 일부 역본은 예수께서 그들에게 "너희에게 평강이 있을지어다"라고 말씀하셨다고 덧붙인다. 누가는 성경의 현현 전통에 빠진 것처럼 보이며, 평화에 대한 확인은 이런 장면의 전형적인 요소에 해당한다. 이 구절이 누가의 진술이든 나중에 삽입된 구절이든, 누가복음 2장에 나오는 목자들에 관한 장면을 떠올리게 한다. 그들 역시 무서워했으며 평화를 확신했다. 그러나 목자 이야기와 달리, 제자들은 이야기의 시작이 아니라 끝에 있다. 예수님은 그들의 두려움과 자신의 실체에 대한 불신을 꾸짖으신다. 그들은 무덤 곁에 서 있는 여자들과 엠마오로 가는 제자들을 꾸짖을 때처럼, 어찌하여 의심하느냐고 물으신다. 예수님은 그들에게 자신의 실체를 확인시키기 위해 상처 입은 몸을 보여주신다. 예수님은 그들에게 "내 손과 발을 보고 나인 줄 알라 또 나를 만져 보라"24:39라고 말씀하신다. 예수님이 제시하신 살과 뼈는 창세기의 아담과 하와 이야기를 떠올리게 한다. 그곳에서 하와를 맞이한 아담은 "이는 내 뼈 중의 뼈요 살 중의 살이라"창 2:23고 감탄한다. 그는 사람이시다. 그는 유령이 아니다.

무덤은 비어 있으며, 예수님은 살아 나셨다. 그는 살과 뼈를 가진 인간 피조물로 살아 계신다. 그러나 누가의 표현처럼, 제자들은 여전히 그 사실을 받아들이지 못하고 기쁨으로 믿지 않는다.

이 장면은 세상적 기쁨으로 끝난다. 음식을 먹는 행위는 언제나 건강이나 웰빙과 연결되며, 누가복음에서는 특히 그러하다. 예수님은 그들에게 이 근처에서 뭐 먹을 거 있어? 예수님이 그들에게 "여기 무슨 먹을 것이 있느냐"24:41고 물으신다. 그들은 구운 생선 한 토막을 드렸다고 했는데 이것은 그들 중 누군가 먹다가 남은 것이 분명하다. 예수님은 그것을 받아 그들이 보는 앞에서 잡수신다. 빈 무덤은 먹지 않는다. 잃어버린 시체는 먹지 않는다. 유령은 먹지 않는다. 그러나 사람은 먹는다. 결국 제자들은 예수님이 살과 뼈로 돌아오셨음을 믿는다.

24:44-49 너희는 증인이라

예수님은 제자들에게 마지막 고별사를 통해 그의 말씀이 새로운 것이 아님을 상기시키신다. 그들은 전에 예수께서 그들과 함께 계실 때24:44, 갈릴리의 변화산에서와 예루살렘에서 최후의 만찬시 이 말씀을 들은 적이 있다. 말씀의 요지는 그리스도의 고난과 부활의 기쁜 소식 사이의 연관성이다. 예수님은 율법과 선지서와 시가서 등 모든 성경이 그의 삶과 죽음과 부활의 진리를 증언한다고 덧붙이신다.

우리는 종종 이러한 해석학적 접근에 어려움을 겪는다. 우리는 이 말씀을 지나치게 문자적으로 받아들이거나 지나치게 비유적으로 받아들이는 경향이 있다. 히브리어 성경을 나사렛 예수에 대한 문자적 예언으로 이해하려는 시도는 실효성이 없고 억지스럽다. 모세 오경이나 선지서는 메시아라는 용어를 미래적 인물을 지칭하는 표현으로 사용하지 않는다. 시편에서 메시아라는 칭호는 다윗계열의 왕다윗이나 그의 후계자에게 여섯 차례나 일곱 차례 사용되었다. 한편으로 우리는 이곳에서 예수님의 삶과 죽음과 부활과 그리스도로서의 사명은 오직 율법과 선지서와 시편에 비추어 볼 때만 의미가 있다는 사실을 무시하는 경향이 있다.

이것은 무슨 의미인가? 이것은 적어도 누가복음서에서는 하나님의 주권과 그의 사랑이 역사 속에서 활동한다는 뜻이다. 하나님은 선지자들을 보내시고 백성에게 말씀을 전하시며 예수님을 보내신다. 이것은 인간의 완악함, 즉 우리의 모든 의문과 의심, 미지근한 헌신, 하나님의 사랑에 대한 노골적인 반대가 이 사랑을 무너뜨릴 수 없다는 뜻이다. 우리의 거부에도 불구하고, 때로는 우리의 저항으로 인해, 하나님의 인내는 궁극적으로 승리한다.

히브리어 성경 어디에도 "그리스도가 고난을 받고 제삼일에 죽은 자 가운데서 살아날 것"24:46이라는 언급은 나타나지 않지만, 예수님과 누가는 이 사실을 알고 있었다. 다른 의미에서 히브리 성경 전체는 하나님이 인간을 어떻게 다루시는지를 보여주는 증거다. 누가복음에는 기름 부음 받은 메시아, 예수 그리스도의 고난의 사랑을 통해 이러한 하나님의 섭리가 온전히 구현된다. 고난받으신 복되신 예수님은 이러한 이름으로 불리시기에 합당하시다.

예수님의 사명은 완성되었으나, 한편으로는 계속 이어져야 할 사역이다. 이제 그의 삶과 죽음과 부활을 제자들의 손에 맡겨야 할 때가 왔다. 그들은 그의 이름으로 회개와 죄 사함을 모든 족속에게 전파해야 한다. 이 회개와 죄 사함은 개인적인 영역은 물론 사회적, 우주적 영역에까지 파급되어야 한다. 비록 여러 면에서 부족하고 상처를 입은 제자들이라 할지라도 그들은 증인이다. 회개와 죄 사함은 요한이 광야에서 선포한 내용이다. 회개와 죄 사함은 예수님이 사역하시는 내내 선포하신 하나님 나라의 핵심이다. 회개와 죄 사함은 수난의 핵심이다. 회개와 죄 사함은 예수님의 부활과 성령의 선물이 부여하는 능력이다.

예수님은 제자들에게 "너희는 이 모든 일의 증인이라"24:48고 말씀하신다. 그것은 예수께서 제자들에게 허락하시는 마지막 은혜의 사명이다. 이 무리에는 영웅이 없다. 이 작은 대열에는 성도의 기둥이라고 할만한 존재가 없다. 그러나 그들은 그분과 함께 머무르며, 때로는 비틀거릴지라도 항상 그에게로 돌아올 것이다. 그들은 인류에게 가장 필요하고 중요하며 결정적인 임무, 곧 이 사실을 증거하는 일을 맡았다.

24:50–53 축복

누가는 짧은 진술로 복음서를 마친다. 예수님은 제자들을 데리고 베다니 앞까지 가서 손을 들어 그들을 축복하신다. 축복하실 때 그들을 떠나 하늘로 올라가신다. 그러나 이 이별 장면에는 슬픔이 없다. 제자들은 큰 기쁨으로 예루살렘으로 돌아가 성전에서 하나님을 찬양한다. 그것은 기쁨의 이별이었다.

성경적 문맥에서의 본문

고난의 사랑

엠마오의 제자들은 예수님이 참으로 누구신지 알아가는 과정에서 그들이 걷고 있는 고난의 사랑의 길을 알고 이해하고 있는가? 한편으로는 그렇지만, 다른 한편으로는 완전히 이해하지 못한 것 같다. 그런 면에서 그들은 우리의 동료 순례자일 뿐만 아니라, 고난의 사랑에 대한 역사적 양면성에 우리와 동참한 자들이다.

예수님은 알고 계시며, 우리도 어느 정도는 이해한다. 예수님은 성경을 읽으셨다. 그는 하나님 앞에서 그의 아들로 사셨다. 예수님은 고뇌하셨으며, 시험을 받으셨다. 마침내 그는 고난의 사랑을 실천하셨으며, 거룩한 전사와 고난의 종을 하나로 묶으셨다. 제자들도 빈 무덤을 보았던 여자들로부터 부활하신 예수님의 상하신 몸을 보았던 제자들에 이르기까지 이해했다. 그들은 십자가와 부활에 비추어 성경을 읽었으며, 비폭력적인 고난의 사랑으로 예수님을 따랐다. 신약 성경에서 신자 공동체의 지체가 된 자들 역시 이해했다. 바울은 가장 두드러진 사례다. 사도행전 26장에서 바울은 다메섹 도상에서 예수님을 만나기 전의 자신에 대해 폭력적인 사람으로 묘사한다. 그는 개종 후 악을 악으로 갚기보다 고난을 택했다.

베드로전서의 저자와 독자들은 이러한 고난의 사랑을 자신의 소명이자 사명으로 인식했다. 베드로전서 2장 21-24절의 찬양은 십자가의 핵심인 고난의 사랑에 대한 초기의 심오한 표현이다. 보복하지 말라는 주제, 고난의 사랑으로 세상을 이기라는 주제는 예수님의 죽음과 부활에 대한 신약성경의 언급 전체에서 찾을 수 있다. 바울은 로마서 12장 19절에서 원수 갚는 것, 또는 공의는 하나님께 속한 것이라고 외친다. 정경 전체를 하나의 통일성 있는 글로 읽으면, 비폭력적인 고난의 사랑이 인간의 행동과 반응에 대한 하나님의 방식이며 그의 뜻이라는 결론에 이르지 않을 수 없다.

초대 교회는 고난의 사랑을 따르는 길이 자신의 사명이라고 생각했다. 교회사의 첫 3세기 동안 신자들은 평화주의자였다는 증거는 충분하다. 교회사 전체에는 폭력을 폭력으로 갚기보다 고난의 사랑이라는 어려운 길을 택한 자들이 항상 있었다. 가톨릭 교회의 수도회, 왈도파, 메노나이트, 후터파, 아미쉬, 형제 교회, 퀘이커 교도 및 아나뱁티스트는 한결같이, 그리고 담대한 마음으로 이 길을 걸었다.

　그러나 한편으로, 예수님의 제자들은 고난의 사랑의 길을 가로막는 민족주의로부터 자유롭지 못하였다. 부활하신 예수께서 사십일 동안 제자들 가운데 다니시며 하나님의 나라를 전파하신 후에도 제자들은 여전히 민족적 구원을 찾았다. 사도행전 1장 6절에서 제자들은 예수께서 곧 승천하실 것이라는 사실을 모른 채 마지막으로 예수께 모였다. 그들은 엠마오로 가는 제자들이 예수님을 알아보기 전에 했던 질문과 유사한 질문을 던진다. 이것은 그들이 고난의 사랑의 길을 이해하지 못했다는—또는 적어도 전부가 이해한 것은 아니라는 사실을 보여주는 결정적 증거다. 그들은 지금이 예수께서 이스라엘 나라를 회복하실 때인지를 묻는다. 그들은 예수께서 가르치신 하나님 나라에 관한 모든 비유를 듣고 치유 사역을 보았으며 예수님의 수난과 부활을 직접 목격했음에도 불구하고 그들의 관심은 여전히 민족의 회복에 있었다.

　예수님이 택하신 고난의 사랑의 길을 가로막는 성경적 위협은 민족주의였다. 제이크 엔즈Jake Enz, 1972, 밀라드 린드Millard Lind, 1980, 페리 요더Perry Yoder, 1987, 윌러드 스와틀리Willard Swartley, 1996와 같은 사람들의 주석에서 드러나듯이, 무력으로 영토를 차지하고 보호하려는 인간의 본성은 오래전부터 시작된 고대적 유물이다. 이 오랜 세월 동안 성경은 고난의 사랑이라는 길을 보여주었다. 오늘날의 상황에서 우리가 고난의 사랑에 대해 무슨 말을 하든, 고난의 사랑에 대한 성경적 증거가 민족의 정체성이나 민족을 보호하는 문제를 다룬 적이 없다고 말할 수는 없다.

　민족주의는 강력한 적이다. 초기 교회의 평화주의적 증언은 처음 3세기 정도만 유지되었다. 기독교가 나라의 종교가 되면서, 평화주의는 사라졌다. 그때나 지금이나 교회와 국가의 결합은 교회를 국가의 욕망과 이익에 복종시킨다는 것을 의미한다. 부활 후 예수님과 함께했던 제자들로부터 오늘날 이 시대의 투쟁에 이르기까지, 고난의 사랑은 제대로 이해되지 못했다. 또는 기껏해야 이해했지만 제대로 이행되지 못했다.

교회생활에서의 본문 적용

부활

　부활하신 예수님을 알아보는 일은 교회로서는 삶을 변화시키는 기쁜 도전이 아닐 수 없다. 이러한 인식과 화해의 경험은 교회의 삶 가운데 어디서 어떻게 나타나는가? 우리는 어디서 어떻게 증인의 "허튼 소리"를 받아들이거나 거부하는가? 거리를 좁힐 기회는 어디에 있는가?

우리는 본 주석에서 누가복음의 기독론에 초점을 맞추지만, 더욱 큰 실제 및 광범위한 신학도 관심의 대상이다. 하나님은 어디에 계신가? 우리는 이 땅에서 전개되는 하나님의 역사를 얼마나 정확하게 보고 있는가? 하나님의 영은 우리 가운데 어디서 어떻게 운행하시는가? 그러나 이러한 논의의 목적을 위해 우리는 누가복음의 언어로 제시할 것이다. 우리는 삼위일체와 같은 주제에 대해서도, 누가복음의 부활 후 기사에 나타난 언어와 이미지를 통해 살펴볼 것이다.

교회에서는 몇 가지 이유로 예수님을 찾아보기 어렵다. 우선, 예수님은 낮은 모습으로 나타나시기 때문이다. 우리는 성경을 통해 예수님이 항상 가난한 자, 저는 자, 눈먼 자, 병든 자, 옥에 갇힌 자와 함께 계심을 볼 수 있다.마 25:31, 46 또한 예수님은 두세 사람이 그의 이름으로 모인 곳에 함께 하신다.마 18:20 이런 만남은 우리가 일반적으로 예수님을 만나려고 찾아가는 상황에서 이루어지는 것이 아니다. 우리는 세상이나 교회나 인생에서 극적인 현현을 기대한다. 콘서트, 위대한 예술, 대단한 설교, 화려한 공연, 종교 의식, 자연 및 아름다움은 우리가 종종 하나님을 찾고 만나는 곳이다. 우리는 고요한 가운데 묵상을 하며, 완전함과 위대함을 추구한다.

그러나 어쩌면 우리는 이 과정에서 예수님을 만날 수 있는 가장 확실하고 낮은 자리를 놓칠 수 있다. 마태복음은 양과 염소 이야기마 25장를 통해 옥에 갇힌 자, 헐벗고 굶주린 자, 병든 자 가운데 계심을 보여준다. 누가복음은 소외된 자, 가난하고 불쌍한 자를 위해 일하시는 모습을 보여준다. 예수님이 주일 아침 팔레스타인에서 엠마오로 향하던 두 제자에게 나타나셨을 때, 그는 평범한 행인으로 나타나셨다. 우리가 그리스도인 제자로 살아갈 때, 예수님은 우리의 일상 속에 나타나신다. 성육신의 핵심은 하나님이 우리 곁에 오셨다는 것이다. 성육신의 핵심은 하나님은 영광스러울 뿐만 아니라 겸손하시며, 멀리 계실 뿐만 아니라 가까이 계시며, 헤아릴 수 없을 뿐만 아니라 쉽게 인식할 수 있는 분이시라는 것이다. 우리는 이처럼 낮은 자세로 먼저 하나님께 나아가야 한다. 이것은 누가복음을 관통하는 "두려워하지 않는 경외"라는 주제의 요지다. 경외하되 무서워하지 말라는 것이다. 우리는 무서워하지 말라는 분에게 경외하는 마음으로 나아감으로써 바른 존중, 바른 거리감, 바른 감사와 찬양을 배운다.

나는 어머니께서 돌아가시기 전 마지막 수년을 두 동생과 함께 돌보아드렸다. 어머니와 낯설고 축복된 친밀함 속으로 깊이 들어갈 때, 나의 첫 번째 반응은 두려움이었다. 내가 이 일을 감당할 수 있을까? 내게 이 일을 할 수 있는 자비심, 마음의 준비, 세심한 능력, 인내심.

그리고 사랑이 있는가? 하나님은 신실하시며, 나는 이 일을 하는 데 필요한 것을 가지고 있다는 사실을 알게 되었다. 나는 긴장을 풀고 우리가 나눈 대화, 우리가 함께했던 그 날의 소소한 즐거움, 동고동락했던 모든 순간을 소중히 여기게 되었다. 어느 순간, 나는 내가 주는 것보다 받는 것이 많다는 사실을 깨달았다. 나는 이런 사실을 다른 사람들에게 설명하기가 어려웠으며, 사람들이 좋은 뜻에서 우리가 어머니를 위해 한 일에 대해 칭찬할 때 나 자신에게 화가 났다. 나는 그들에게 그런 칭찬은 어머니에게 해야 한다고 말하고 싶었다. 달이 가고 해가 갔다. 그러던 어느 날, 어머니와 나는 깊은 깨달음을 얻었다. 그날 우리에게 일어난 일은 성찬이었다. 성찬이라는 표현은 그날 했던 말이 아니라, 나중에 내가 혼자 생각한 말이다. 사실, 그날은 본질상 침묵의 시간이었다. 둘 다 피곤에 지친 긴 하루가 끝나고 저녁 약을 먹던 어머니는 갑자기 내 손을 잡았다. 우리는 서로의 눈을 바라보았으며, 깨닫게 되었다. 우리는 하나님의 임재를 느꼈으며 우리가 서로 지켜주고 있다는 사실을 알게 되었다. 우리의 상호 돌봄은 어머니와 딸의 유대보다 훨씬 크고 강한 유대감이었다. 우리가 맞잡은 손과 피부와 눈에 예수님이 임재하셨다. "이것은 너희를 위하여 주는 내 몸이라"눅 22:17-20 참조 그것은 인식이자 화해였다. 깨어진 관계를 회복하고 화해한 것이 아니라 -엄마와 나는 사이가 좋았다- 현재적 삶과 곧 있을 죽음을 인식하고 받아들이는 화해였다. 그리고 우리는 우리를 주께로 향하게 하는 너무나도 불완전한 인간성으로 인해 기쁨을 느꼈다.

우리는 예배를 드릴 때 종종 외적 의존과 내적 의존에 관해 이야기한다. 이 표현은 Carol Doran과 Tom Troeger의 『식탁에서의 문제』Trouble at the Table: Gathering the Tribes for Worship, 1992라는 책에서 나온 말이다. 그들은 내적 의존intra-dependence과 외적 의존extra-dependence은 "두 개의 다른 존재 방식"이라고 설명한다.

> 내적 의존은 자신에게 의존하는 상태다. 대부분의 성인은 인생의 대부분을 내적 의존 상태로 살아야 한다. 내적 의존은 완전하지 못하다. 우리는 주기적으로 이 역할에 변화를 주어야 한다. 우리는 주는 대신 받아야 하며, 지배하는 대신 지배 당해야 하며, 한 마디로 타인에게 의존하는 "여분의 의존"이 필요하다. 교회의 예배는 사람들이 궁극적이고 유일한 신뢰의 대상이신 하나님께 의존하도록 초대한다. 예배의 "역사"가 일어나면 사람들은 이 여분의 의존에 대한 경험을 통해 새로워짐으로써 일상으로 돌아가 책임 있게 하나님이 주신 은사를 사용할 수 있다.101

예수님에 대한 인식과 화해는 예배를 통해 외적 의존과 내적 의존을 경험하는 것과 같다. 이것은 놀랄 일이 아니다. 왜냐하면 하나님은 우리를 예수 그리스도의 제자로서 그를 섬기는 삶으로 부르시기 때문이다. 책임을 지는 것과 지배권을 버리는 것. 그것이 바로 어머니와 딸이 어머니가 죽기 전 마지막 몇 년 동안 한 일이다. 이것은 바로 교회가 해야 할 일이기도 하다. 부활하신 주님에 대한 인식과 거룩한 신적 화해는 우리를 성육신, 성찬, 고난의 사랑의 길로 부른다. 계시록이 교회에 썼듯이계 3:8 그것은 우리 앞에 열린 문이며, 우리에게는 그리 어려운 일이 아니다.

누가복음 개요

제2부 갈릴리 사역   3:1-9:50

에세이

그리스도론: 누가의 구약적 관점에서 바라본 기독론

복음서 어디에도 누가복음 1-2장만큼 예수님에 대한 믿음과 구약의 믿음 사이의 관계를 근본적으로 자세하게 다룬 곳은 없다. 신구약 성경의 관계는 특히 유아기 내러티브와 관련하여 종종 오해를 받았다. 성육신과 예수님의 사역을 통해 나타난 성령의 역사 및 그를 죽은 자 가운데서 다시 살리신 하나님의 능력은 참으로 새로운 하나님의 행위이다. 그러나 이러한 새로움은 옛것과의 불연속성을 의미하지 않으며, 이스라엘이 하나님과 함께해온 긴 여정 동안 그들을 위한 하나님의 역사를 대체한다는 의미도 아니다. 어쨌든, 이러한 행위들은 하나님의 또 한 차례의 "새로운" 행위였다. 예수님을 통한 하나님의 행위를 구약의 믿음에 대한 발전으로 보거나 특히 구약의 믿음을 대체하는 것으로 보는 것은 비성경적이며 결코 바람직하지 않다.

브레바드 차일즈Brevard Childs가 잘 표현했듯이, 신약성경기자들의 관심은 어떻게 하면 예수님 사건에 비추어 구약성경을 다룰 수 있느냐가 아니었다. 그것은 루터의 관심사였으나, 누가의 관심사는 아니었으며 다른 신약성경기자들의 관심사도 아니었다. 그들의 관심사는 반대였다. 신약성경기자들은 자신이 성경을 기록하고 있다는 인식을 하지 않았을 것이기 때문에 성경을 하나님의 참된 말씀으로 믿었다. 그들이 아는 유일한 성경은 히브리어 성경 또는 헬라어로 번역된 70인역이었다. 따라서 문제는 어떻게 하면 예수 그리스도의 기쁜 소식을 성경적 관점에서 이해할 것이냐는 것이었다.Childs: 226

이러한 차이는 두 성경이 어떻게 관련되어 있는지를 이해하기 위해서뿐만 아니라 요한과 예수님의 탄생 이야기를 성전 제의와 관련된 관습이나 사건과 연결하려는 누가의 세심한 노력을 이해하는 데에도 결정적인 역할을 한다. 누가는 예수님과 요한의 탄생이 이스라엘 역사 안에 나타난 하나님의 행위와 연속성을 가진다는 믿음을 드러낸다. 마리아와 사가랴와 시므온이 두 사람의 탄생에서 드러난 이스라엘의 구원과 해방에 대한 소망을 표현할 때, 그들은 히브리어 성경 본문과 주제를 사용한다. 그들이 표현한 소망과 기대는 이스라엘 백성이 묵상하는 토라나 시편과 같은 구약성경의 소망과 기대이다. 누가의 탄생 내러티브에 나오는 소망은 먼 옛날부터 내려오는 이스라엘 백성의 소망이다. 누가는 이러한 사실을 거듭 강조한다. 이곳의 소망이 그곳의 소망을 대체하는 것이 아니지만, 확실히 다른 해석의 대상이 되었다.

차일즈는 예수님을 이스라엘에 대한 하나님의 약속을 성취하신 분으로 이해하는 것만이 메시아라는 칭호를 이해하는 유일한 방법이라고 주장한다. 예수님을 하나님의 기름 부음받은 자Christos, Christ라는 헬라어는 mašiaḥ라는 히브리어를 번역한 것임로 이해한다는 것은 "오래 전부터 선지자들이 선포해 온 왕의 직분을 맡은 자"Childs: 227로 이해할 때만 의미가 있다. 당시의 유대 성경은 신약성경기자들을 포함하여 신자들이 예수님의 삶과 죽음과 부활을 받아들이는 준거가 되는 권위 있는 경전이었다.227 누가는 예수님이 이스라엘에 대한 하나님의 약속을 성취하신 사실을 보여주는 다른 증거와 함께 탄생 내러티브를 추적한다. 우리는 요한이 예수께 세례를 베푼 후, 성령과 함께 예수님을 사랑받는 아들로 선포하시는 하나님의 음성을 듣는다.3:15-22 3장 23-38절의 계보는 예수님이 이스라엘의 육체적, 영적 조상에 확실한 뿌리를 내리고 있음을 보여준다. 예수님은 시험당하실 때 히브리 성경4:1-13을 통해 마귀를 물리치고, 4장 16-30절에서는 동일한 성경을 사용하심으로써 자신의 사역을 시작하신다. 예수님은 변화산9:28-36에서 모세와 엘리야와 함께 나타나 자신의 별세에 관해 말씀하신다.

복음서 끝부분에서, 예수님과 구약성경의 연결은 더욱 강화된다. 예수님은 승리의 입성19:28-40, 예루살렘에 대한 애가19:41-44, 성전 정화19:45-48를 통해 비록 예루살렘 백성이 알아보지도 못하고 인정하지도 않지만 자신이 이스라엘 왕권의 정당한 상속자임을 입증하신다. 마침내 부활하신 예수님은 24장 44절에서 "모세의 율법과 선지자의 글과 시편에 나를 가리켜 기록된 모든 것이 이루어져야 하리라 한 말이 이것이라"고 말씀하신다.

오늘날 그리스도인유대인도 마찬가지다에게는 예수님의 관점에서 구약성경을 조망하는 것보다 구약성경의 관점에서 예수님을 조망하는 것이 더 어렵다. 2천 년의 괴리는 상당하다. 그리스도인과 유대인은 같은 구약성경을 가지고 있지만 그것을 이해하는 방식은 다르다. 그럼에도 불구하고 누가는 예수님을 이스라엘의 영광을 위해 이스라엘에서 나신 분이시며 이방인에 대한 계시의 빛으로 본다.Childs: 232 이 소망은 두 개의 뚜렷이 구별된 신앙으로 발전했지만, 누가복음이나 신약 성경 다른 곳에도 이러한 발전이 하나님의 뜻임을 보여주는 증거는 거의 없다.

누가복음과 교회 안의 여자들

누가복음 1장과 2장에 나오는 유아기 내러티브로부터 누가복음 24장에 나오는 무덤가에 있는 여자들의 이야기에 이르기까지, 오늘날 여성은 이 복음서에서 긍정적인 요소와 공통점을 발견했다. 누가의 유아기 내러티브는 많은 여성이 자신의 경험을 확인하고 공감하는 본문 가운데 하나다. 낸시 카우프만 시저Nancy Kaufmann Cisar는 오늘날 어머니들이 어떻게 마리아의 경험과 마리아의 조상이자 원형인 한나의 경험에 비추어 모성의 경험을 비교 평가해보는지 고찰한다. 그는 자신의 모성과 마리아와 한나의 모성 사이에는 다양한 차이점이 있다는 사실에 주목한다. 가부장적 상황의 출산 환경이나 문화적 제약은 오늘날 여성의 상황과는 다른 점이 많다. 그럼에도 불구하고 그는 한나와 마리아는 둘 다 자신의 자녀를 넘어서는 비전을 품었다는 결론을 내린다. 그는 "두 사람은 각자 아들의 생애를 넘어 모든 유대인에게 확장되는 섭리에 기뻐했다"7고 말한다.

이러한 관점은 출생과 모성에만 집착하는 안일한 감상주의와 반대된다. 중요한 것은 이러한 본문에 진지하게 귀를 기울이는 것이다. 특히 이 본문은 여성이 출산과 어머니가 되기 위한 고통과 인내를 촉구하기 위한 것이라기보다 하나님이 그들의 삶을 통해 무엇을 하고 계시느냐는 큰 그림을 보도록 부르고 계신다는 사실을 강조하는 것이 중요하다. 이 본문은 자녀가 없는 사람들을 포함하여 모든 어머니와 아버지에게, 하나님의 섭리가 어떻게 개인이나 가족의 일생을 넘어 모든 사람, 모든 시대로 확장되는지를 바라보라고 촉구한다. 그것은 우리의 삶 가운데 자신이나 자신의 가족에게 무엇이 최선인지가 아니라 하나님이 창조하신 모든 인간의 공동선을 위해 무엇이 최선인지를 성찰하고 결정할 것을 요구한다.

본문에 나오는 다른 이야기들, 즉 7장 36-50절의 향유를 부은 여자, 8장 40-56절에 나오는 야이로의 딸과 혈루증 앓는 여자, 10장 38-42절의 마리아와 마르다 이야기는 강하고 놀라운 여성에 관해 말해 준다. 누가복음에 나오는 여자들은 누가가 가장 세밀하게 묘사한 이야기 가운데 등장한다.

마리아와 마르다와 함께 8장 1-3절의 여자 제자들과 24장 1-11절의 여자 제자들은 그리스도인 리더십의 선구자들이다. 무덤으로 갔던 여자들은 부활을 목격한 모든 증인이 해야 할 일을 더 일찍, 그리고 덜 의심하면서 행한다. 그들은 빈 무덤의 증거를 본다. 그들은 갈릴리로부터 시작해서 예수님에게서 들은 가르침과 지식을 결합한다. 그들은 이러한 정보를 정확하게 종합하여 부활의 기적이 실제로 일어났다는, 믿을 수 없지만 도저히 회피할 수 없는 결론에 도달한다. 무엇보다도 그들은 돌아와서 다른 제자들과 사도들에게 자신이 본 것과 그것을 토대로 내린 결론을 이야기한다. 그날 아침 이후 수 세기를 내려오면서, 이 부활의 증인에 대해 더 이상 궁금해하는 사람은 없다.

우리는 또한 이 본문이 성경에 관심을 가지고 성경적 믿음을 고백하는 여성에게 미칠 수 있는 영향을 축소해서는 안 된다. 오늘날의 페미니스트 운동은 누가의 여성관에 대해 엇갈린 반응을 보여왔다. 마르다와 마리아에 대한 주석눅 10:38-42에서 살펴보았듯이, 일부 페미니스트 해석가들은 누가가 마태나 마가나 요한에 비해 여성의 역할을 경시한다고 주장한다. 그들의 주장에 따르면, 누가는 예수께서 불러 모으신 평등한 공동체 안에서 여성의 역할을 점차 축소한다는 것이다. 그들은 누가복음 7장 38절에서는 여자가 예수님의 발에 향유를 붓는 반면, 마태복음 26장 7절과 마가복음 14장 3절에서는 여자가 예수님의 머리에 향유를 붓는다고 주장한다. 그들은 머리에서 발로 바뀐 것은 누가가 여성의 역할을 축소시키려 했기 때문으로 본다. 그러나 이런 결론은 누가복음이 다른 복음서보다 더 많은 여성에 대해 더 깊이 있게 묘사하기 위한 것이라는 사실을 고려하지 않는다.

어느 복음서가 여성에게 더 호의적인가에 대해 추측하기보다, 이 복음서가 여성의 영성을 위한 놀라운 보고라는 사실에 기뻐하는 것이 현명한 태도일 것이다. 누가는 마리아, 엘리사벳, 안나, 마리아와 마르다, 막달라 마리아, 요안나, 야고보의 어머니 마리아, 그리고 다른 이름 없는 여자들을 자신의 내러티브 속에서 더욱 돋보이게 한다. 복음서가 기록된 당시의 문화적 상황을 고려할 때, 이것은 놀라운 일이다. 그렇다. 이 본문은 확실히 가부장적이다. 아니, 누가는 소위 말하는 페미니스트가 아니다. 그러나 누가복음에 나오는 여자들은 나이가 많든 적든 신앙의 영웅으로 묘사된다. 그들은 히브리어 성경에 나오는 여자들과 마찬가지로 반드시 있어야 할 전형적인 표본으로 제시된다.

여성을 어느 정도 소유물로 간주하는 문화에서, 그들은 아무런 중재자 없이, 누구의 허락도 구하지 않고, 담대히 자신의 목소리를 내며 먼저 하나님과 관계를 맺고 서로와 관계를 맺는 사람으로 묘사된다. 그들은 질문하고 예배하며 찬양하고 기도하며 예언하고 경배하며 고난받고 증거한다. 환란의 때, 불확실한 시대에 신앙의 모범인 그들에게 주목하는 것은 참으로 적절하고 바람직한 일이다. 그들은 오늘날 사회에서 모든 신앙인에게 영감과 도전을 주는 원천이며, 앞으로도 계속 그럴 것이다.

누가복음의 반유대주의

신약성경이 반유대주의적인가라는 질문은 누가복음을 넘어 모든 복음서에 적용되는 질문이다. 대부분의 학자는 유대인에 대한 논쟁은 누가복음이나 마가복음보다 마태복음과 요한복음에서 더 두드러진다는 데 동의한다. 그러나 공관복음은 물론 요한복음까지 이 질문은 시대착오적이다. 공관복음에서 바리새인에 대한 언어는 매우 논쟁적이다. 그것은 우리가 일반적으로 생각이 다른 사람들에게 말하는 어조가 아니다. 그러나 역사적 의미에서 그것은 반유대주의라기보다 분열과 고통의 언어라고 할 수 있다.

예수님의 율법에 대한 존중이나 히브리 성경에 대한 믿음 및 하나님 나라에 대한 선포는 바리새인과 유사하다. 예수님은 율법과 히브리 성경에 대한 믿음 및 하나님 나라에 대한 일부 해석에서 그들과 견해차를 보이신다. 그러나 실제적인 믿음의 삶에 관한 한 바리새인에 가까웠으며 그들보다 더 진지했다. 신앙과 행위가 가까운 집단 사이에서는 강경하고 날카로운 언어가 사용되며, 오히려 신앙과 행위가 크게 다른 집단들 사이에서는 일반적으로 그런 언어가 사용되지 않는다. 예를 들면 메노나이트나 그 후손인 아나뱁티스트 세계를 이해하는 사람들은 이러한 현상에 대해 잘 알고 있다. 우리가 이단이라고 부르고 그들의 신앙이나 진정성에 의문을 제기하는 것은 불교나 힌두교가 아니다. 우리는 가톨릭 신자나 성공회 신자에 대해서도 그런 말을 사용하지 않는다. 메노나이트는 신앙과 행위는 거의 같지만 "…에 대한 관점"이 다른 사람들에 대해 "다른 메노나이트"other Mennonites라고 부르는 경향이 있다. 메노나이트의 "독자의 소리"Reader's Say 칼럼이 반메노나이트 논쟁이 아니라 메노나이트 내부의 논쟁인 것처럼, 신약성경의 논쟁은 유대교 내부의 논쟁이며 반유대적 논쟁이 아니다. 나는 이러한 반유대주의를 완화하기 위해 예수님의 대적을 묘사할 때 "바리새인" 대신 "일부 바리새인"이라는 표현을 사용한다. 따라서 본 주석의 바리새인은 대부분 일부 바리새인을 가리킨다/역주

그러나 기독교 반유대주의의 끔찍한 역사는 이러한 유대교 내부의 논쟁에 대한 해석을 어렵게 했다. 기독교인은 역사의 과정에서 유대인에 지배권을 강화해 왔기 때문에, 이 분열과 고통의 언어는 오염된 반유대주의적 수사학과 행동의 영향을 받았다. 그리스도인이 "인종 청소"나 반인륜적 범죄를 위해 유대교 내부의 논쟁을 악용하는 행태에 대해서는 어떤 논증이나 변론도 없다.

이 주제에 대한 분별력을 위해서는 유다에 관한 이야기를 어떻게 다루느냐가 중요하다. 사실, 신약성경의 복음서에 대한 주석을 검증하는 좋은 방법은 저자가 유다에 관한 구절을 은혜롭게 다루는지를 보면 된다. 저자는 유다를 인간 이하로 묘사하는가? 저자는 유다의 행동을 "유대인"의 책임으로 여기는 것을 피하고 있는가? 텍스트 자체의 반유대주의의 가능성에 관한 연구와, 본문을 반유대주의적 관점에서 해석하는 것은 별개의 문제다. 저자가 유다라는 인물을 어떻게 다루는지는 누가의 반유대주의 사상보다 해석자 자신에 대해 더 많

은 것을 드러낸다.

윌리엄 클라센William Klassen, 1996은 『유다: 배신자인가, 예수님의 친구인가?』*Judas: Betrayer or Friend of Jesus?*에서 유다가 예수님을 "넘겨준 것"은 배신행위가 아니라 예수님을 위한 최선이라고 생각한 일을 한 것일 뿐이라고 주장한다. 이 책은 좋은 책이며, 기독교 해석가들이 유다를 묘사하는 방식은 확실히 신약성경 저자들이 그를 묘사하는 방식과 다르다는 사실을 설득력 있게 제시한다. 그러나 유다를 예수님의 친구라고 말한 것은 지나친 해석이다. 그것은 확실히 누가의 관점이 아니다. 누가는 사탄이 유다를 사로잡았으며, 그가 잘못했다는 사실을 분명히 한다. 22장 1-6절에서 누가는 사탄이 유다에게 들어간 것은 탐욕 때문이라고 말한다. 유다는 예수님을 죽이고 싶어 하는 지도자들을 찾아나서며 대가를 위한 협상을 시작한다. 22장 20-22절에서 넘겨주다. "파는"라는 단어를 아무리 긍정적으로 번역하더라도 예수님은 그에게 화가 있을 것이라고 말씀하신다. 22장 47-48절에서 예수님은 유다에게 사랑과 애정을 패러디한 입맞춤으로 자신을 파느냐라는 통렬한 말씀을 하신다. 이 말씀은 예수님에게 고통이었다는 뜻으로 해석할 수밖에 없다. 사도행전 1장 16-20절은 유다가 예수님을 배반한 후 그에게 무슨 일이 일어났는지를 자세히 설명한다. 그것은 무고한 사람의 최후가 아니라, 오히려 깊은 고민과 죄책감에 시달린 자의 최후이다. 누가는 유다가 이러한 곤경에서 벗어나도록 내버려 두지 않는다. 그는 비난받아 마땅하며, 도덕적으로 있을 수 없는 일을 했다. 똑 같이 예수께 큰 죄를 범한 베드로와 달리 유다는 구원의 길로 다시 돌아가지 않는다. 대신에 그는 예수님을 팔아서 받은 돈으로 산 밭에서 목매어 죽는 비참한 최후를 맞이한다.

누가는 유다가 예수님의 친구라는 클라센의 이론을 지지하지 않는다. 유다에 대한 다른 해석도 마찬가지다. 유다를 죄인으로 보는 관점이 바뀌어 유다를 전형적인 유대인으로 규정하기에 이른 것은 누가나 다른 신약성경 복음서기자의 탓이 아니다. 이처럼 사악한 전이는 인간의 악한 본성 속에 깊이 뿌리를 내리고 있다. 이 글을 쓰는 동안에도 비슷한 일이 눈 앞에서 벌어지고 있다. 한 젊은 여성이 남미에서 온 이민자에 의해 살해당했다고 한다. 거의 같은 시기에, 한 백인 남성이 그의 두 딸과 아내를 죽였다. 첫 번째 사건은 이민에 반대하는 온갖 막말을 불러일으키고 있다. 사람들은 범인을 핑계 삼아 왜곡된 논리로 그가 속한 집단 전체를 정죄하며 무차별 비난을 퍼붓는다. 그러나 두 번째 사건의 백인 남성은 단지 한 명의 나쁜 사람일 뿐이며 그의 범죄는 백인이나 남성 전체와 연결되지 않는다.

사실, 특정 집단에 대한 증오와 무시는 "타자"에 대한 두려움에 기인한다. 아나뱁티스트 전통은 인간의 타락을 강조하지 않는 경향이 있지만, 모든 형태의 반유대주의는 우리 모두를 칼빈주의자로 만든다. 이러한 성향은 일찍부터 시작되었다. 유다에 관한 본문은 유대인을 폄하하고 비인간화하는 데 사용될 수 있었고 실제로 사용되었기 때문에 그런 역할을 한 것이다. 메시아의 역할, 구원의 수단, 신앙적 행위와 같은 쟁점들에 대한 신학적 차이는 모두 적대감을 키우는 데 한몫을 하였다. 유대인과 그리스도인 모두 누가 안이고 누가 밖이며, 무엇이 이단이고 무엇이 정통인지를 결정하려 할 때 어김없이 종교적 징계가 따랐다. 로마에 점령당한 영토에서 사는 두려움과 불확실성과 함께, 예수님을 따르는 유대인과 따르지 않는 유대인 사이의 고조된 긴장감은 이러한 공식에 기여했다. 교회사 초기 수 세기 동안 이처럼 끔찍한 적대감이 현실화했던 만큼, 국가 권력이 교회와 결탁하고 기독교의 관심사와 맞아떨어지자, 반유대주의 정서는 추악한 모습으로 바뀌었다. 서기 312년 콘스탄티누스의 개종과 함께 시작된 교회와 국가의 부정한 동맹은 이 모든 편견과 적대감이 칼의 권력마저 쥐게 되었음을 의미한다. 대량학살은 현실적 가능성이 되었으며, 유대인의 관점에서 볼 때 1933-45년의 홀로코스트에서 절정에 달했다.

누가복음이 반유대주의의 발전에 기여했는지의 여부는 우리가 직면하는 중요하고도 고통스러운 문제다. 복음서기자로서 누가는 육백만 명의 유대인 학살에 대한 책임이 없다. 유대 문화와 관습에 대한 누가의 지식예를 들어, 눅 4:16-30은 상당히 깊다. 따라서 우리는 그가 유대인이었을 것으로 생각한다. 누가복음은 헬라인뿐만 아니라 유대인도 염두에 둔 기록이다. 누가는 일부 유대인들이 예수님을 따르기를 거부하는 것에 대해 비극적인 관점을 취한다. 실제로 누가는 어떤 식으로든 유대인을 정죄한 적이 없다. 바울도 사도행전 뒷부분에서 유대인에 대한 불만을 표출하지만, 사도행전 28장 25-31절의 마지막 장면은 사실상 "모든 사람"에 대한 언급으로 보아야 한다.

나는 신약성경, 특히 누가행전에서 반유대주의에 관한 질문에 대한 기능적 대답에 관심이 있다. 우리가 알고 있는 내용을 정리해보면, 1 이 초기 문서들에는 유대인에게 불리하게 사용될 수 있는 이미지와 언어가 나타난다. 이러한 자료는 갈등적인 상황에서 나왔으며, 많은 고통 가운데 생성된 것이다. 2 이러한 이미지와 언어는 유대인 안에서, 유대인 간의 상황에서 나온 것이다. 신약성경에서 유대인은 유대인에게 말을 한다. 물론 이방인에 대한 언급도 있지만 그들에게만 말을 하는 것은 아니다. 3 이러한 이유로 신약성경의 반유대주의에 대해 말하는 것은 정확하지 않다. 이것은 흑인을 인종차별로 고발하는 것과 같다. 흑인에 대한 편견은 있을 수 있지만, 인종차별의 대상이 되어서는 안 된다. 신약성경의 반유대주의도 마찬가지다. 신약성경의 저자들은 예수님을 따르지 않는 유대인에 대해 편견을 가질 수 있지만, 유대인인 그들이 반유대주의자가 될 수는 없다.

그러나 이러한 이유로 인해, 해석자가 신약성경을 반유대주의를 뒷받침하기 위한 자료로 사용하지 않도록 주의해야 한다. 홀로코스트를 경험한 우리는 우리의 해석, 가르침, 설교, 또는 교회나 개인적 삶에서 성경을 사용하는 방식에 있어서 자기비판과 자의식이 없었다는 사실에 대해 변명의 여지가 없다. 우리는 이미 홀로코스트를 경험했으며, 이처럼 끔찍한 인간적 실패의 흔적은 여전히 남아 있다. 그리스도인으로서 우리는 반유대주의를 멈추고 유대인 저자, 유대인 친구, 그리고 유대인 이웃과 진지한 대화를 나눠야 할 절대적인 책임이 있다. 다른 모든 방법은 유대인과 그리스도인 모두가 섬기는 하나님을 욕되게 하는 것이다.

누가복음과 사도행전의 관계

누가 학자들은 대부분 누가복음과 사도행전이 같은 사람에 의해 쓰였다는 사실을 인정한다. 그렇게 생각하지 않는 사람들도 있는데, 특히 잘 알려진 인물로는 작고한 윌리엄 파머 William Farmer와 그의 제자들이다. 이 문제에 대해서는 The Journal for the Study of the New Testament에 실린 마이클 버드Michael Bird의 2007년 논문 "The Unity of Luke-Acts in Recent Discussion"을 참조하라.

나는 젊은 학자로서 누가행전의 내러티브 통일성에 관한 로버트 태너힐Robert Tannehill의 두 권의 저서에 큰 영향을 받았다. 나는 그때나 지금이나 누가복음과 사도행전에 대한 문학적 분석은 두 책이 하나의 문학적 단위라는 사실을 명백히 보여준다고 생각한다. 두 책 사이에 몇 가지 뚜렷한 차이점을 발견한 독자도 있겠지만, 모든 신학적 성향, 주제의 분량 및 문체의 유사성은 이러한 차이점을 압도하고 남는다. 이러한 사실은 두 책의 내용과 목적의 결과로 설명할 수 있다. 누가복음은 스승에 대해 묘사하고, 사도행전은 그의 제자들에 대해 묘사한다.

두 책은 에피소드의 틀을 보여주지만, 누가복음은 예수님의 삶이 기초가 되고 인도자가 되며, 사도행전은 예수 운동이 기초가 되고 인도자가 된다. 더욱이 사도행전은 시작 단계에 있는 운동에 관한 이야기다. 예수님의 재판과 바울의 재판은 유사성이 있지만, 사도행전에는 복음서의 결정적 사건인 죽음과 부활에 상응하는 장면이 없다. 복음서와 사도행전은 구성과 결말에 있어서 극적인 긴장감을 보여준다. 그러나 사도행전에서는 이러한 내러티브적 기법이 생략되며 사실적으로 묘사된다. 사도행전은 비극에 대한 인식도 다르다. 바울은 재판을 받는 중이다. 물론 극적인 순간도 있지만, 그것은 제자의 몫이라는 인식도 나타난다. 분노는 생략된다.

또 하나의 차이점은 지리적 요소다. 누가복음에서 내러티브는 예루살렘을 향한 매우 직접적인 여정을 추구한다. 사도행전은 예루살렘에서 벗어나 점점 더 큰 원을 그리며 확장된다. 예루살렘은 다시 돌아오는 구심점이 되기도 하지만 오래가지는 않는다. 선교사들은 다시 사역의 현장으로 돌아와 예루살렘과 유대와 미지의 땅끝까지 이르는 여정을 재개한다. 그러나 이러한 지리적 차이는 통일성의 요소가 되기도 한다. 우리는 이 두 흐름을 거울 이미지로 묘사할 수 있다. 즉, 복음서의 끝부분에서 예수님이 제자들에게 명령하신 것처럼24:47, 하나는 예루살렘에서 일어난 내러티브에 초점을 맞추고 다른 하나는 이 초점에서 시작하여 더 넓은 세상으로 나아간다.

세 번째 차이점은 공의에 대한 강조다. 많은 사람은 이러한 강조가 사도행전보다 복음서에 더 뚜렷이 나타난다고 주장한다. 나는 이 용어가 누가복음에 더 많이 사용되며 사도행전에서 찾아볼 수 없는 방식으로 그것을 부르짖는다는 데 동의한다. 그러나 이 주제는 사도행전에도 작동하고 있음을 볼 수 있다. 예수님의 죽음은 선포된 복음의 핵심인 불의가 무엇인지를 정확히 보여준다. 이러한 불의와, 특히 하나님이 예수님을 다시 살리심으로써 그것을 부인하신 방식이야말로 선교사들이 예루살렘 중심부로부터 헬라인과 유대인에게 선포한 구원 메시지의 핵심 내용이다. 사도행전의 마지막 부분에는 이것이 로마의 집에 갇힌 바울의 설교와 가르침의 핵심 내용이 된다.1:8; 28:23-28

또한 누가복음과 사도행전은 다른 신약성경과 구별되는 유사점을 공유한다. 두 책 모두 데오빌로에 대해 언급한 프롤로그가 나타난다. 누가복음과 사도행전은 문학적 어조가 같으며, 각 권의 목적에 대해 요약한다. 두 책에는 주제와 모티브를 공유하는 "거울" 이야기가 나타난다. 둘 다 바다에서 폭풍을 만나는 장면을 다룬다. 누가복음 8장 21-25절에서 예수님과 제자들은 호수를 건너다가 갑작스러운 폭풍을 만나게 된다. 예수님은 제자들과 바다를 모두 잠잠하게 하신다. 사도행전 27장 13-44절에서 바울은 그레데 해변에서 폭풍을 만난다. 위기 속에 사흘이 지났으나 바울은 누가복음의 예수님처럼 폭풍을 잠잠하게 하지 못한다. 그러나 그는 선원들과 자신의 일행을 진정시킨다. 그들은 배가 암초에 부딪혀 깨어져 갈 때 모두 간신히 목숨을 구한다. 독자는 누가복음과 사도행전에서 치유 기사를 찾을 수 있다. 두 책 모두에는 천사가 등장하며, 하나님의 말씀을 전한다. 두 책에는 정치적 긴장과 부당한 고소가 나타난다. 고난은 복음서와 사도행전 모두에 나오는 주제다. 아마도 가장 놀라운 것은 예수님과 바울이 재판을 받는 장면일 것이다.

누가복음과 사도행전은 신학과 주제 및 문체의 상호 작용 외에도 사도행전이 누가복음을 성취한다는 인식을 제공한다. 예를 들어, 사도행전 7장에서 스데반이 돌에 맞아 죽는 장면은 예수님의 삶과 죽음을 반영할 뿐만 아니라 누가복음에 나타난 제자도의 개념을 성취함으로써 그것을 재현한다. 스데반의 증언은 누가가 예수님 이야기의 근원으로 인식했던 텍스트의 궤적을 요약한다. 그것은 누가복음에 대한 주석이다. 그러나 스데반과 그의 순교는 복음서에서 열두 제자 가운데 누구도 하지 못했던 신실한 제자도에 대한 기대를 충족한다. 그것은 누가복음의 제자도라는 주제를 성취한다. 신실한 제자도가 반드시 순교로 이어지는 것은 아니지만, 때로는 순교를 당하기도 한다. 제자는 십자가를 지고 끝까지 가라는 부르심을 받았다. 누가복음 9장 23-24절에 대한 주석에서 살펴보았듯이, 날마다 자기 십자가를 지는 것이 반드시 폭력적 죽음을 맞이한다는 뜻은 아니다. 간단히 말해, 우리는 한 번 죽을 뿐이다. 날마다 십자가를 진다는 것은 날마다 "죽음의 두려움을 극복한다"는 뜻이다. 한편으로, 신실한 제자가 된다는 것은 육체적 죽음에 이르기까지 예수님을 따른다는 뜻이다. 스데반의 경우가 그러했다. 기독교 교회사 전체의 모든 순교자도 마찬가지다. 오늘날 세계의 일부 지역에서는 지금도 일어나고 있는 일이다. 사도행전 7장에 나오는 스데반의 이야기는 제자도와 제자도의 궁극적 대가에 관한 진지한 이야기다. 누가복음은 이 목표로 가리키며, 사도행전은 그것의 성취다.

사도행전은 열린 결말을 통해서도 누가복음을 성취한다. 사도행전의 끝부분에서 바울은 가택 연금을 당한다. 그는 나름대로 돈을 쓰고 있지만, 누가는 바울의 수입원이 무엇인지 구체적으로 밝히지 않는다. 한 군인이 그를 지키고 있지만, 바울은 사람들을 집으로 청하여 가르치는 자유를 누렸다. 그의 사역은 엇갈린 결과를 낳았다. 그의 말을 믿는 사람도 있고 믿지 않는 사람도 있었다. 그러나 바울은 자기에게 오는 사람을 다 영접하고 아무런 방해도 받지 않고 하나님의 나라를 담대히 선포했다.행 28:16-31 전승에 따르면 바울은 결국 로마에서 순교했다고 한다. 누가는 그 사실을 틀림없이 알고 있었을 것이다. 그렇다면 그는 왜 그의 죽음에 대한 언급으로 이야기를 끝내지 않았을까?

누가는 예수 그리스도의 복음에 관한 두 권의 책을 이처럼 열린 결말로 마무리하는데, 그 이유는 궁극적으로 제자들의 운명은 이슈가 될 수 없기 때문이다. 중요한 것은 복음 자체의 운명이다. 제자도는 항상 위험하지만, 제자의 죽음으로 끝날 수도 있고 그렇지 않을 수도 있다. 그러나 그것은 누가의 최종적 메시지가 아니다. 누가의 마지막 요지는 제자들이 어떤 상황에서도 계속해서 복음을 전한다는 것이다. 소멸될 수 없는 것은 복음 자체의 생명이다. 복음의 생명은 어둠이 끌 수 없는 빛이다. 나는 복음이 아무런 방해받지 않고 "거침없이" 전파되게 하시는 성령님을 비판하는 일은 절대로 하지 않을 것이다. "거침없이"라는 헬라어는 사도행전의 마지막 단어다.

누가복음의 평화와 정의

본 주석의 여러 관점 가운데 하나는 누가복음의 예수님은 비폭력적이며 정의를 사랑하는 나라를 선포하신다는 것이다. 모든 해석가가 이렇게 주장하는 것은 아니다. 실제로 예수님이 이 땅에 평화를 주러 온 것이 아니라고 말씀하신 누가복음 12장 51절이나 제자들에게 검을 사라고 말씀하신 22장 36절과 같은 본문은 확실히 이러한 관점에 반하는 것처럼 보인다.

그러나 누가복음 전체는 평화와 정의의 나라를 분명하게 선포한다. 이러한 주장을 뒷받침하는 가장 중요한 본문은 누가복음 서두의 시험 장면과 후반부의 수난 및 십자가 처형 장면이지만, 누가는 유아기 내러티브부터 이 부분에 초점을 맞추기 시작한다.

1장 17절에서 가브리엘은 아기 요한의 사명은 아버지의 마음을 자식에게, 거스르는 자를 의인의 슬기에 돌아오게 하는 것이라는 통렬한 말씀과 함께 사가랴에 대한 메시지를 끝맺는다. 주님의 오심을 위해 백성을 준비시키는 화해는 하나님과의 화해뿐만 아니라 인간 상호 간의 화해이다.

마리아의 찬가는 마리아에게 일어난 일을 하나님이 이스라엘 백성에게 주신 약속에 비추어 해석한 정의를 찬양한다. 마리아는 자신을 위한 정의를 노래했으며, 그의 찬가에는 백성을 위한 정의가 드러난다. 권세 있는 자를 내리치시고 주리는 자를 좋은 것으로 배불리신다는 구체적인 진술을 통해 마리아는 사회 평등과 함께 평화와 정의의 구현을 예언적으로 외친다.

마찬가지로 요한의 출생에 관한 사가랴의 노래 역시 그가 사용한 이미지나 명백한 진술을 통해 평화와 정의에 대한 비전을 드러낸다. 사가랴의 구원에 대한 비전은 백성들이 원수의 손에서 건지심을 받고 종신토록 주의 앞에서 성결과 의로 두려움이 없이 섬기게 하리라는 것이다. 그는 베네딕투스Benedictus로 알려진, 평화를 소망하는 강력한 기도로 마친다. "이는 우리 하나님의 긍휼로 인함이라 이로써 돋는 해가 위로부터 우리에게 임하여 어둠과 죽음의 그늘에 앉은 자에게 비치고 우리 발을 평강의 길로 인도하시리로다"1:78-79

누가복음 2장에서 천사들은 목자들에게 예수님의 탄생을 알린다. 이 목자들은 분명 마리아가 노래한 비천한 자들일 것이다. 요한의 출생과 마찬가지로, 예수님의 탄생은 이 땅의 평화와 정의를 위한 소망의 시작이다. 그것은 영적인 소망이다. 왜냐하면 성경적 의미에서 어떤 행복도 주권자이신 하나님의 선물이며 하나님 및 이웃과의 바른 관계를 포함하기 때문이다. 그러나 그것은 천사들이 노래했던 "이 땅에서의 평화"이기도 하다.2:14 이 구절은 사가랴가 말한 "평강의 길"과 함께, 1장과 2장의 평화와 정의가 이 땅과 하늘 모두에 확실하게 뿌리 내리고 있음을 의미한다.

요셉과 마리아가 정결예식을 위해 아기 예수를 데리고 성전에 갔을 때 시므온이 부른 찬송은 이 주제에서 중요한 미래 지향적인 요소다. 이 진술은 누가행전 전체의 프로그램적 기능을 한다. 시므온은 이 아이가 구원의 징표로, "이방을 비추는 빛"이자 "주의 백성 이스라엘의 영광"2:32이라고 말한다. 이 두 가지 비전은 전체의 한 부분으로, 광범위하고 중요한 화해를 가리킨다. 동시에 시므온은 이 화해가 태초부터 시작된 평화와 정의를 향한 운동처럼 저항에 부딪히게 될 것이라고 경고한다. 따라서 그는 이 아기에 대해 "이스라엘 중 많은 사람을 패하거나 흥하게 하며 비방을 받는 표적이 되기 위하여 세움을"2:34 받았다는 준엄한 진술을 한다.

안나의 말은 이스라엘의 구원을 위한 마리아의 소망을 반영한다. "예루살렘의 속량"2:38은 평화와 정의를 가져올 것이다. 따라서 가브리엘의 첫 마디부터 안나의 소망과 생각에 이르기까지, 누가복음의 처음 두 장은 평화와 정의라는 주제를 도입한다.

누가복음의 나머지 부분 전체에서 구원은 이러한 용어로 제시되며, 하나님의 행위는 인간이 소망하는 평화와 정의에 대한 성취로 나타난다. 3장 1-20절에 나오는 세례 요한의 사역은 정의와 용서라는 주제를 반영한다. 회개는 세례를 받고 죄에서 돌이켜 의를 행하는 것으로 실현된다. 세례 요한의 비전은 누가복음 1장 46-55절에 나오는 마리아의 노래를 반영한다. 누가는 이사야 40장의 말씀으로 요한의 사역에 대해 묘사한다. 그의 사역은 낮추고 곧게 하며 평탄하게 함으로써 주의 길을 예비하는 것이다. 하나님의 구원은 평화와 정의의 길이다. 회개한 자는 정의를 행할 책임이 있다. 재물을 소유한 자, 세리, 군인은 모두 낮추시고 곧게 하시며 평탄하게 하시는 하나님의 사역에 동참해야 한다.눅 3:10-14 요한은 헤롯이 그를 옥에 가둠으로써 부당한 희생을 당한다.3:20

4장 1-13절의 광야 시험에서 예수님은 평화와 정의의 사역 배후에 있는 힘을 비전통적, 비폭력적 힘으로 규정하신다. 그것은 이기적이거나 생존주의적 힘이 아니다. 그것은 자신을 과시하기 위해 모으는 힘이 아니다. 그것은 선정적이거나 자신을 드러내기 위한 힘이 아니다. 그것은 하나님을 섬기는 힘이다.

예수님이 누가복음 4장에서 첫 설교를 하실 때, 설교의 핵심은 가난한 자, 갇힌 자, 눈먼 자, 억압받는 자를 위한 공의의 선포였다. 예수님은 구원을 하나님이 받아주시는 은혜의 날로 선포한다. 그는 이러한 선포를 위해 이사야 본문을 선택하신 후 그 비전을 이스라엘 백성뿐만 아니라 세계 도처의 모든 백성에게 적용하신다.

갈릴리 사역에는 예수님이 나사렛에서 선포하신 해방에 관한 이야기로 풍성하다. 그는 사람들을 육체적, 영적, 사회적 속박으로부터 해방시키신다. 그는 소유로부터, 증오로부터, 계산적인 호의로부터, 다른 사람에 대한 판단으로부터, 해방을 전파하신다. 요한이 제자들을 보내어 예수님이 장차 오실 분이신지 확인하고자 했을 때, 예수님은 자신이 하고 계신 일을 보라고 대답하신다. 구원은 눈먼 자, 저는 자, 나병환자, 귀먹은 자, 가난한 자를 위한 치유와 정의이다.7:18-23

9장 1-6절은 이러한 선교가 비폭력과 밀접하게 연결된다는 사실을 분명히 보여준다. 예수님이 처음으로 열두 제자를 보내시며 복음을 전하고 병자를 치유하게 하셨을 때, 그들은 아무런 식량이나 자신을 보호할 무기조차 없이 나가야 했다. 제자들은 그들을 영접하는 마을에만 의존해야 했다. 그들을 받아들이지 않더라도 다른 반응을 보여서는 안 된다. 그들은 단지 비폭력 시위로서 발에 묻은 먼지를 떨고 떠나야 했다

9장 22절의 첫 번째 수난 예고는 예수께서 자신이 하나님으로부터 받은 사명이 폭력적으로 끝날 것으로 알고 계심을 보여준다. 예수님은 자신이 죽임을 당하고 제삼일에 살아날 것이라고 말씀하신다. 수난에 관해 예고하신 예수님은 십자가가 자신의 삶과 제자들의 삶에 가지는 의미에 대해 말씀하신다. 예수님이 말씀하신 십자가는 적어도 제자들에 관한 한 궁극적 십자가는 아니다. 그것은 날마다 지는 십자가로, 더 치명적일 수도 있고 덜 치명적일 수도 있다. 그것은 목숨을 잃는 것이자 목숨을 구하는 삶의 방식이다. 예수님은 온 천하를 얻는 것4장 5절에서 천하만국을 주겠다는 마귀의 시험을 반영한다는 사실에 주목하라과 진정한 자아를 빼앗기는 것을 대조한다. 예수님은 예루살렘에서 직면하게 될 폭력에 대응하는 다양한 방법이 자신과 제자들에게 초래할 대가를 염두에 두고 계신다. 십자가를 지고 따른다는 것은 죽는다는 의미가 아니라 폭력에 대응하는 방식을 가리킨다. 그것은 보복이나 자기방어와는 다른 종류의 대응 방식이다. 그것은 비폭력적이고 고난받는 사랑의 길이다. 복음서의 나머지 부분은 이것이 무슨 의미인지에 대해 상세히 밝힌다.

갈릴리 사역의 끝부분 및 여정 내러티브의 시각 부분에서 예수님은 십자가에 관해 묵상하신 것을 실천하신다. 그는 9장 51절에서 예루살렘을 향하여 올라가기로 굳게 결심하시며, 9장 52-56절에서 이 결심의 첫 번째 부정적인 결과를 받는다. 예수님은 예전처럼 사자들을 앞서 보내시며 마을이 예수님을 맞을 준비를 하게 하신다. 그러나 사마리아의 한 마을에서는 예수께서 예루살렘으로 가신다는 이유로 그를 받아들이지 아니 한다. 사마리아인은 그리심 산에서 예배를 드렸다. 야고보와 요한은 옛 선지자들처럼 하늘에서 불을 내려 사마리아를 멸할 생각까지 한다. 그러나 선지자이신 예수님은 그렇게 생각하지 않으며, 야고보와 요한을 꾸짖으시고 함께 다른 마을로 가신다. 길은 정해졌으며, 사명을 수행할 방법도 정

해졌다.

예수님은 하늘에서 불을 내려오게 하는 방법을 택하지 않으시지만, 억압과 압제에 대해서는 선지자적 입장을 취하실 것이다. 예수님이 개념화하신 것처럼, 평화와 정의의 사역은 친절하거나 예의바른 것과는 무관하다. 예수님은 11장 37-54절에서 권세에 대한 진리를 분명하고 정확하게 말씀하신다. 그는 착취를 일삼으며 공의를 행하지 않는 바리새인을 책망하신다. 그는 지기 어려운 짐을 다른 사람에게 지우는 율법교사를 책망하신다. 고난의 사랑과 비폭력의 길은 갈등에서 물러나는 것이 아니라 그것과 맞서 솔직하고 정직하게 해결하는 것이다.

이 험난한 사랑의 길은 죽음에 대한 두려움을 극복하고 하나님의 사랑에 의지하는 것에 기초한다. 머리털까지도 세시는 하나님은 이처럼 사랑하는 자들을 귀하게 여겨진다. 두려워하지 말라12:4-7 그러므로 이 길을 걷는 자들은 염려를 떨쳐버리고 하나님 나라에 집중할 수 있다.12:22-34 이러한 염려로부터의 자유, 하나님의 사랑에 대한 단호하고 끈질긴 신뢰는 예수님과 그를 따르는 자들이 제국의 권세에 굳건히 맞설 수 있게 한다. 13장 31-35절에서 헤롯이나 그의 권세가 자신을 규정하거나 지시하게 내버려 두지 않겠다고 결심하신 예수님은 이 길에 앞장서신다.

고난의 사랑과 비폭력의 길은 예수께서 예루살렘에 입성하시고 십자가를 향해 나아가실 때 매 순간 이루어지는 일련의 결심이다. 모든 것은 이 시점 이후의 행보에 달려 있다. 예수님은 제자들의 시중을 받으며 나귀를 타시고 예루살렘에 입성하심으로써 제국이 생각하는 권력을 패러디하신다. 이러한 비폭력적 시위가 초래할 결과를 잘 알고 있는 바리새인들은 예수님을 만나 제자들을 책망하라고 말한다.19:28-40 예수님은 자신이 평화의 근원임을 깨닫지 못하는 예루살렘을 향해 우시며19:28-40, 이어서 비폭력적 시위의 두 번째 단계로 넘어가신다. 예수님은 성전에서 장사하는 자들을 내쫓으시며 성전은 강도의 소굴이 아니라 기도하는 집이라고 외치신다.19:45-46 확실히 고난의 사랑의 길은 수동적이지 않고 능동적이다. 평화와 정의의 길은 친절함이나 예절의 길이 아니다.

고난의 사랑과 비폭력의 길을 걸으시는 예수님의 투쟁은 최후의 만찬과 감람산 기도 장면에서 전면에 드러난다. 예수님은 전통적이면서 새로운 식탁 의식을 통해, 자신이 고난을 당할 것이며 이 임박한 고난은 제자들의 구원을 위한 것임을 분명히 하신다. 예수님은 그들을 위해 떡몸을 떼시고 잔피을 부으신다. 그러나 이 행위는 거룩한 전쟁을 상기시키는가, 아니면 고난의 종의 묵종을 상기시키는가? 이 질문은 마지막으로 고찰해야 할 내용이다. 22장 31-62절 주석에서 언급했듯이, 예수님은 22장 35-38절에서 검에 관한 문제를 제기하신다. 거룩한 전쟁을 위해서는 검 둘이면 충분하다. 그러나 이 문제는 22장 40-46절의 아버지께 드리는 기도를 통해 해결된다. 예수님은 십자가로 나아가시면서 거룩한 전사와 고난의 종을 결합하여 "비폭력적" 전사이자 "능동적으로 맞서는" 사랑하는 자가 되신다.

이러한 결심과 함께 평화와 정의라는 주제는 누가복음 전체를 관통한다. 평화는 정의를 통해 오며, 정의는 제국과 인간의 삶을 압박하는 모든 세력에 맞서는 힘들고 거룩한 일이다. 그것은 치유하고 위로하며 소유를 포기하고 적대감을 버리는 힘들고 거룩한 일이다. 그것은 비폭력적이면서도 능동적인 또 하나의 길을 선택하는 힘들고 거룩한 일이다. 그것은 굳세고 담대하면서도 자비로운 길이다.

당위성(It is necessar)

짧지만 중요한 헬라어 단어 하나가 누가복음과 사도행전 전체를 관통하는 궤적을 형성한다. 이 단어는 "~이 필요하다"[반드시 ~해야 한다]라는 뜻을 가진 dei라는 단어이다. 가장 잘 알려진 용례는 수난 예고에서 찾을 수 있다. 예수님은 제자들에게 자신은 고난을 받아야 한다고 말씀하신다.눅 9:22; 13:33; 17:25; 22:37 학자들은 누가복음의 예수께서 자신에 대해 이 표현을 사용하신 것은, 내레이터인 누가가 예수님의 사역의 신성한 목적 및 그가 이 사역을 어떻게 이해하는지를 강조한 것이라는 데 동의한다.

이 궤적에서는 특히 수난에 대한 예고가 두드러지지만, 우리는 때때로 "dei"가 사용된 다른 상황이나 사건을 간과해 왔다. 그런 본문들 역시 예수님의 지상 사역에 대해 많은 것을 말해준다. 첫 번째 용례는 열두 살 된 예수님이 마리아와 요셉에게 자신은 "아버지의 일에 관계하여야" [아버지의 집에 있어야] 한다고 말씀하시는 장면이다.2:49 두 번째 용례는 예수님이 가버나움을 떠나실 때다. 그는 동네 사람들에게 "다른 동네들에서도 하나님의 나라 복음을 전하여야"4:43 한다고 말씀하신다. 이 두 가지 당위성은 근본적이며 중요하다. 예수님은 이스라엘의 전통과 텍스트에 깊이 젖어 계신다. 아버지의 일에 관계하신다["아버지의 집에 있어야 한다"]는 것은 성전에서 선생들과 대화하며 율법에 대해 토론하는 것을 포함한다. 부모가 그를 찾았을 때 성년이 된 예수님은 선생들에게 듣기도 하고 묻기도 하셨다. 이 과정은 나사렛에서 시작되었으며, 다시 나사렛으로 돌아가서도 계속해서 순종하여 받드실 것이다. 그러나 이 사흘은 나중에 있는 또 한 차례의 사흘을 예시하며, 전통에 대한 자신의 이해를 검증해볼 특별한 기회를 제공한다. 그것은 예수님이 부모의 염려를 무릅쓰면서까지 추진하신 생생하고 중요한 교제다.

당위성의 두 번째 사례도 유사하다. 가버나움은 확실히 예수님에게 일종의 시험이었다. 그것은 광야 시험과는 성격이 다르지만, 결코 가벼운 시험은 아니었다. 특히 그의 고향 나사렛의 거부로 마음의 상처를 받고 목숨의 위협까지 느꼈던 후라, 가버나움은 분명 충분한 보상이 될 만한 곳이었다. 예수님은 그곳에서 따뜻한 환대를 받으신다. 그는 가버나움에서 사역의 은사를 마음껏 발휘할 수 있는 자유를 찾으신다. 그곳은 예수님을 필요로 한다. 그러나 사람들의 반대가 그의 사역을 제한할 수 없었듯이 대중적 인기가 그의 사역을 제한할 수 없었다. 그것은 반드시 그래야만 했다. 예수님의 사역은 지역에 국한되지 않는다. 그것은 보편적 사역이다. 예수님은 어느 곳에 가시든, 아버지의 일에 관계하셔야 한다. 가버나움은 놀라운 환대에도 불구하고 예수님에 대한 소유를 주장할 수 없다.

예수님은 아버지의 일에 관계하셔야 한다. 그는 다른 동네에서도 말씀을 전하고 가르치셔야 한다. 예수님은 고난을 받으셔야 하며, 그는 이 고난에 대해 제자들에게 경고하셔야 한다. 예수님은 헤롯이 아젠다를 주도하게 해서는 안 되신다. 그는 삭개오의 집에 머무셔야만 하신다. 끝으로 예수님은 그의 고난과 죽음과 부활 후, 믿지 못하고 당황해하는 제자들에게 이 고난이 사명의 일부라는 사실을 상기시켜주셔야만 한다. 고난은 불가피하지만, 그것이 핵심은 아니다.

사도행전에서 당위성이라는 주제를 좇아가다 보면, 사실 제자의 삶에서 고난이 차지하는 위치는 누가복음의 예수님에게 고난의 의미보다 훨씬 부차적이라는 사실을 알 수 있다.

대칭구조(CHIASM)

대칭구조는 헬라문학 뿐만 아니라 히브리 문학에도 광범위하게 퍼져 있는 수사학적 기법이다. 우리는 영어에서도 이 구조를 온갖 방식으로 사용한다. 허버트 위어 스미스Herbert Weir Smyth는 대칭 구조에 대해 "교차적 강조를 위해 대조적 구절을 십자형으로 배열한 구조"로 정의한다.677 가장 간단한 형태는 A B B' A 의 패턴이다.

마가복음 2장 27절에서 예수님은 제자들이 안식일에 밀밭에서 이삭을 잘라 먹는 것을 비난한 바리새인들에게 **"안식일**이 **사람**을 위하여 있는 것이요 **사람**이 **안식일**을 위하여 있는 것이 아니니라"고 말씀하신다. 산상수훈마태복음과 평지설교누가복음에는 이러한 수사학적 용례를 다수 찾아볼 수 있다. 예를 들어, 마태복음 6장 24절의 구조는 다음과 같다.

한 사람이 두 주인을 섬기지 못할 것이니

혹 이를 **미워하고** 저를 **사랑하거나**
혹 이를 **중히** 여기고 저를 **경히** 여김이라
너희가 하나님과 재물을 겸하여 섬기지 못하느니라

우리는 영어에도 이러한 구조를 찾아볼 수 있다. 존 F. 케네디 대통령의 1961년 취임 연설에는 다음과 같은 유명한 구절이 나타난다.

조국이 여러분을 위해 무엇을 할 수 있는지 묻지 말고,
여러분이 조국을 위해 무엇을 할 수 있는지 물어보십시오.

연설, 포스터, 스포츠 헤드라인, 미디어 광고는 대칭구조로 가득하다. 대칭구조라는 말을 알든 모르든, 우리는 다른 사람의 기억에 오래 남기를 원할 때 종종 이 구조를 사용한다.

누가복음의 일부 대칭구조는 단순한 A B B' A' 패턴보다 복잡하다. 이 구조는 반복되지 않는 중심부를 포함할 수 있다. A B C B' A'. 이 경우 일반적으로 중심부가 강조된다. 또는 일반적인 패턴이 더 길 수 있다. A B C D E D' C' B' A'. 우리는 누가복음에서 몇 개의 대칭구조에 대해 살펴보았다. 누가복음 4장 18-19절에 나타난 이사야서 인용문의 복잡한 대칭 구조 가운데 하나에 대한 분석은 누가복음 4장 16-30절의 본문 주석을 참조하기 바란다.

많은 대칭구조는 유사한 단어와 구문의 배열에 의존하지만 같은 주제로 대칭을 이루는 경우도 존재한다. 이러한 주제에 의한 대칭구조는 누가복음에서 일종의 독서지침처럼 작용한다. 이것은 대칭 배열만 이룬다고 되는 것은 아니다. 우리는 누가의 배열이 어떻게 본문을 읽는 지침이 될 수 있는지 자문해 보아야 한다. 예를 들면, 우리는 누가복음 22장 31-62절의 대칭구조가 단락마다 어떻게 전개되는지 살펴보았다. 베드로가 부인할 것이라는 예수님의 예고; 두 검에 관한 본문; 감람산에서의 기도; 검을 사용한 체포 장면; 베드로가 부인하는 장면. 이러한 문학적 배열은 주목할 만하지만, 중요한 것은 누가가 이 본문을 이런 식으로 읽도록 배열한 이유다. 이곳 본문의 경우, 핵심부에서 어떤 변화가 있었느냐는 것이다. 예수님이 "잔"을 앞에 두고 고뇌하신 감람산 기도는 그 후에 이어지는 사건을 어떻게 변화시키는가? 예수님에 대한 누가의 묘사에서 드러나듯이, 바뀐 것은 예수님이 십자가에서 마지막 도전에 직면하실 때 거룩한 전쟁과 고난받는 종의 모티브가 상호 인정하는 방식으로 합쳐졌다는 누가의 인식이다. 누가의 자료 배열은 그가 예수님과 십자가 위에서의 사명을 어떻

게 이해하는지를 볼 수 있는 중요한 자료가 된다. 보그만Borgman은 누가복음 주석에서 누가복음 9장 51절-19장 44절의 여정 전체가 대칭구조로 형성된다고 주장한다. 그는 본문의 구조를 다음과 같이 제시한다.78

    1a "이 집이 평안할지어다" 9:51-10:24
    2a "내가 무엇을 하여야 영생을 얻으리이까?" 10:25-42
    3a 무엇을 어떻게 기도해야 하는가 11:1-13
    4a 표적이나 지위가 아니라 말씀을 듣고 행함이다 11:14-32
    5a 네 안을 들여다보고 말씀을 행하라 11:33-12:12
    6a 소유권과 재산을 포기하라 12:13-34
    7a 특권을 포기하고 그것을 하나님을 위해 사용하라 12:35-48
    8a 가족과 종교적 규례를 포기하라 12:49-13:17
    9a 하나님의 나라 13:18-19
      - 좁은 문으로 들어가라 13:23-30
    9b 예루살렘 13:31-35
    8b 가족과 종교적 규례를 포기하라 14:1-35
    7b 특권을 포기하고 그것을 하나님을 위해 사용하라 15:1-32
    6b 소유권과 재산을 포기하라 16:1-31
    5b 네 안을 들여다보고 말씀을 행하라 17:1-19
    4b 표적이나 지위가 아니라 말씀을 듣고 행함 17:20-27
    3b 무엇을 어떻게 기도해야 하는가 18:1-14
    2b "내가 무엇을 하여야 영생을 얻으리이까?" 18:15-34
    1b "평화에 기여하는 것들" 18:35-19

이 주장에는 몇 가지 문제가 있다. 일부 구절은 확실히 부자연스럽다. 예를 들면, 15장 1-32절에 나오는 잃어버린 양, 잃어버린 동전, 잃어버린 아들에 관한 비유는 특권을 포기하고 하나님을 위해 사용하라는 교훈으로 보기 어렵지만, 보그먼은 이 세 가지 비유를 듣는 바리새인과 서기관들15:1-2이 특권을 포기하고 하나님을 위해 사용해야 한다는 교훈이라고 주장한다. 그것도 나름 중요한 논지이기는 하나, 상실이라는 주제나 그것이 누가복음에서 차지하는 중요성에 대해서는 간과한 면이 있다. 다행히도, 15장에 대한 보그먼의 설명은 대

칭구조에 배열된 위치보다 훨씬 많은 발전을 보여준다.176-85

몇 가지 문제점에도 불구하고 보그먼은 누가의 소통의 도구로서 대칭구조의 힘을 보여준다. 여정 내러티브에 대한 그의 대칭구조는 특히 가장 바깥쪽과 가장 안쪽의 대칭이 설득력을 가진다. 특히 1a-b, 2a-b 및 3a-b의 대칭은 뚜렷하다. 평화에 관한 두 구절, 영생에 관한 두 이야기, 기도에 관한 두 가지 언급은 누가가 이처럼 명확한 대칭을 이룬 여정 내러티브의 핵심부에서 중요한 내용을 찾도록 인도하고 있음을 보여준다.

우리는 실망하지도 않는다. 13장 18-21절에서 예수님은 겨자씨와 누룩 비유로 하나님의 나라를 설명하신다. 13장 22-30절에서 예수님은 제자들과 다른 사람들에게 이 하나님 나라에서의 헌신에 대해 도전하신다. 마지막으로 13장 31-35절에서 우리는 헤롯에 대해 경고한 바리새인들에 대한 예수님의 대답을 통해 하나님 나라의 제자가 되는 대가와 그 나라의 제자가 되는 능력을 볼 수 있다.

그러나 이들 본문에 대한 보그먼의 이해는 다소 실망스럽다.204-14 이것은 아마도 그가 하나님의 나라에 들어가는 문제에 대해 다룬 13장 22-30절에 지나친 초점을 맞추었기 때문일 것이다. 더욱이 그는 이 구절이 여정 이야기의 핵심일 뿐만 아니라 두 권으로 된 누가행전 전체의 핵심이라고 주장한다.210 보그먼은 자신의 주장을 뒷받침하기 위해 하나님의 은혜 안에서 그 나라를 찾으려고 애쓰는 장소에 대한 설명에 휩쓸린다. 누가가 하나님의 은혜와 인간의 반응을 어떻게 이해했는지에 대한 보그먼의 주장에는 문제가 없지만, 이 본문 전체가 논증을 위해 사용될 필요는 없다고 생각한다.

여정 내러티브 중심에 위치한 세 가지 움직임과 함께 13장 18-35절이 하나님 나라에서 살기 위해 필요한 헌신을 어떻게 묘사하는지 이해하는 것만으로도 충분하다. 이 헌신의 중심에는 하나님의 사랑에 대한 비전과 제국의 위협에 담대히 맞서 휘둘리지 않는 용기를 찾아볼 수 있다. 따라서 그 순간은 4장 1-14절의 시험과 22장 39-46절의 감람산 기도와 같은 누가의 다른 순간들과 궤를 같이 한다. 그곳에서 예수님이 자신과 자신이 선포하는 하나님의 나라를 하나님 및 제국과 관련하여 규명하신다.

돈과 소유

오늘날 교회의 논쟁은 주로 성 문제, 특히 동성애 관계에 초점을 맞추는 것처럼 보인다. 그러나 신약 성경 전체, 특히 누가행전은 성 문제보다 돈과 소유에 더 많은 초점을 맞춘다. 진취적이고 끈기 있는 몇 사람은 실제로 각 주제와 관련된 구절 수를 세어 본 후 비교가 안

된다는 결론을 내렸다. 그런 용기나 참을성이 없는 나는 수치를 제공하기 어렵다. 그러나 누가행전을 읽어본 사람이라면 누구나 부와 소유에 대한 강조가 더 선호된다는 사실을 인정할 것이다. 예수님은 주기적으로 돈에 관한 문제에 집중하게 하시는 것처럼 보인다. 예수님은 평지설교에서 분명히 가난한 자는 복이 있지만 부자는 화를 당할 것이라고 말씀하신다. 누가복음 6:20, 24 8장 11-15절의 좋은 땅에 대한 비유에서 성장을 가로막는 가시떨기는 부자를 가리킨다. 마찬가지로 예수님은 12장 15-21절에서 더 큰 곳간을 지으려 했던 부자에 관한 비극적인 비유를 통해 그런 부에 대해 경고하심으로써 이 땅에 재물을 쌓는 것을 반대하신다. 누가복음의 일곱 가지 요구 가운데 두 가지인 18장 18-25절의 부자 이야기와 19장 1-10절의 세리 삭개오 이야기는 제자들에게 필요한 부에 관한 내용을 중요하게 다룬다. 누가복음에는 부와 소유에 관한 내용으로 가득하다. 이러한 내용은 이야기와 가르침을 통해 제시되며, 부에 대한 풍성한 조언을 담고 있다.

오늘날의 수많은 도전에 대해 우리는 성경이 가능한 더 많은 말씀과 지침을 주기를 바라지만, 부와 소유의 경우에는 다른 문제가 있다. 우리는 이처럼 풍성한 내용 가운데 예수님또는 누가의 부와 소유에 대한 관점을 어떻게 이해해야 하는가? 크리스토퍼 M. 헤이즈Christopher M. Hays는 『모든 것에 대한 포기: 누가복음의 돈과 제자도』Renouncing Everything: Money and Discipleship in Luke에서 두 가지 중요한 문제를 제기한다. 하나는 자료가 일관성이 없는 것처럼 보인다는 것이다. 어느 시점에서 예수님은 다른 곳에서 문제 삼지 않았던 이슈를 제기하신다. 또 하나는 예수님이 비현실적이라고 할 만큼 이상주의적으로 보이신다는 것이다.2-6

부자 관리18:18-30와 삭개오19:1-10에 관한 두 개의 요구와 관련된 본문은 이 두 가지 문제를 생생하게 보여준다. 첫째로, 부의 문제에 대해서는 두 가지 다른 해법이 있는 것처럼 보인다. 예수님은 부자 관리에게 가진 것을 모두 팔아 가난한 자들에게 나누어 주라고 도전하신다. 이와는 대조적으로, 삭개오 이야기에서는 두 사람 사이에 부에 관한 대화가 전혀 오가지 않는다. 예수님과 삭개오는 이마 부에 관한 대화를 나누었을 수 있다. 그러나 우리는 본문에 나타난 정보만 가지고 있을 뿐이다. 어느 시점에서 삭개오는 자신이 속여 빼앗은 일이 있으면 사 배로 갚을 것이며, 남은 소유의 절반을 가난한 자들에게 나누어 주겠다고 선언한다. 본문에 나타난 내용으로만 볼 때 예수님은 삭개오에게 구체적인 지침이나 가르침을 주지 않는다. 그러나 예수님은 이 세리장이의 결정과 계획에 대해 "오늘 구원이 이 집에 이르렀으니"19:9라고 칭찬하신다. 우리는 이 두 부자에 대한 기대가 같지 않은 이유를 물어볼 수 있을 것이다. 왜 예수님은 둘 가운데 한 사람에게만 다 팔아서 가난한 자들에게 나누어주라고 말씀하시는가? 왜 예수님은 다른 사람에게는 구체적인 지침을 내리지 않으시고 전부가 아닌 일부만 나누어 준 그를 칭찬하시는가?

21장 1-4절에 나오는 과부의 헌금을 상기하면 이 문제는 더욱 복잡해진다. 가난한 과부는 마지막 두 렙돈을 헌금함에 넣는다. 상식적으로 생각하면 이런 사람은 두 렙돈을 성전에 바치기보다 자신을 돌보아야 한다. 혹시 그는 성전의 돌봄을 받기를 원했는가? 누가 그의 일용할 양식을 책임지겠는가? 가난한 사람을 불쌍히 여기시는 예수님은 우리가 원하는 것, 즉 과부에게 헌금하지 않아도 된다는 말씀을 하지 않으신다. 예수님은 과부의 보잘것없는 헌금을 거절하시기는커녕 칭찬하신다. 아무리 비현실적이라 할지라도 자신의 소유 전부를 바친 가난한 과부는 자신의 부를 과시하며 많은 헌금을 바친 부자들의 모범이 된다. 부자의 헌금은 성전에는 더 많은 가치를 가져다주겠지만, 개인적 부에 있어서는 훨씬 적은 가치에 해당한다.

부에 대한 예수님의 태도에서 가장 두드러진 모순은 예수님 자신이 그를 따르는 자들과 제자들이 공급하는 물질에 의존하고 있다는 사실이다. 누가복음 8장 1-3절에서 누가는 여자 제자들 가운데 일부가 자신의 소유로 예수님 일행을 섬겼다고 말한다. 그는 막달라 마리아, 수산나, 요안나의 이름을 언급하며 다른 여러 여자가 함께했다고 말한다. 그들은 예수님의 고침을 받은 자들이다. 예수님은 그들의 부에 대해 아무런 언급도 하지 않으신다. 이야기의 내레이터인 누가는 그들이 자신의 소유로 선한 일을 하고 있다고 칭찬한다. 사실상 이 여자들은 예수님의 사역 자금을 대고 있다.

헤이스는 재산과 소유에 대한 예수님의 윤리가 개인에 따라 달라진다는 개인화personalist 논리로 이러한 긴장과 불일치를 해결한다. 이 용어는 예수님이 자신을 따르는 부유한 자와 가난한 자를 개인별로 대응하신다는 뜻이다. 제자들은 하나님의 나라를 위해 "전부"를 바치라는 도전을 받는다.85

헤이스의 해법은 설득력이 있지만, 걱정스러운 부분도 있다. 나는 그가 어떤 면에서는 옳다고 생각한다. 예수님은 누가행전에서 부와 소유에 대한 획일적인 윤리적 가르침을 제시하지 않으신다. 더 큰 곳간에 집착하는 농부에 대한 준엄한 비유와, 마지막 두 렙돈을 성전에 바친 가난한 과부에 대한 엄청난 칭찬을 생각해 보라. 그런 후, 크게 급진적이지 않은 행동으로 예수님의 칭찬을 받은 삭개오와 여자 제자들을 상기해보라. 우리는 부와 소유에 대한 하나의 일관성 있는 원리를 찾을 수 없다. 확실히 예수님은 모든 사람이 자신의 "전부"를 바치기를 기대하신다. 그러나 "전부"라는 개념은 유동적인 것처럼 보인다. 12장 16-20절에 나오는 가상의 인물은 더 큰 곳간을 지으려다 목숨을 잃는다. 21장 1-4절에서 가난한 과부는 마지막 두 렙돈을 바친 후 다른 사람에게 의존하는 삶을 살았을 것이다. 한 사람의 "전부"가 의미하는 바는 두 사례에서 명확히 드러난다. 누가복음 8장의 여자 제자들과 누가복음 19장의 삭개오는 헌금한 후에 재산을 나누어준 후에도 수입의 상당 부분을 소유한다. 여자들의 헌신은 계속되고 있으며, 사취한 자나 가난한 자에 대한 삭개오의 헌신도 계속되고 있다. 여자들은 상당한 헌신을 하고 있음에도, 계속해서 수입이 있으며, 세리장도 마찬가지다. 이 부분에서 헤이스의 주장은 설득력이 있다.

헤이스의 해법에 대한 나의 걱정은 "개인화"라는 단어와 관련이 있다. 이 단어는 누가복음의 독자들에게 부를 합리화할 수 있는 여지를 너무 많이 준다. 우리는 "나의 소유가 주님의 것인 한, 내가 부를 소유하는 행위에는 아무런 문제가 없다"고 생각한다. 부와 소유에 관한 "개인화된" 윤리보다 누가복음은 부와 소유의 축적을 단호히 반대한다고 말하는 것이 옳다. 사적인 용도나 사적인 안전을 위해 부와 소유를 축적하는 행위는 칭찬받지 못한다. 여자 제자들의 수입 활동이나 지혜로운 세리장 삭개오의 지속적인 수입 능력은 부를 창출하는 자의 쾌락이나 안전이나 부 자체를 위한 축적이 아니다. 오히려 이러한 수익은 예수님의 사역이나 정의로운 일에 사용된다. 헤이스가 놓치고 있는 또 한 가지는, 부와 소유를 주님께 바치는 행위야말로 그리스도인이 염려로부터 자유로워지는 원천이 된다는 사실이다. 이러한 연결은 부와 소유라는 주제에 대한 누가의 공헌이라고 할 수 있다.

누가와 예수님의 부와 소유에 대한 관점을 진지하게 받아들이면 어떻게 될까? 교회와 총회의 분별력이 더욱 확장될 것이다. 오늘날 거의 모든 기독교 교회와 총회는 기본적 필요가 무엇이며 기본적 필요를 충족한 후 남은 부와 소유물을 어떻게 "책임감 있게" 사용할 것인지에 대해 그리스도인 개인에게 맡기고 있다. 이 문제는 자발적 공동체intentional communities와 같은 몇 가지 예외적인 사례를 제외하면, 비공개적인 것으로 간주되어 왔다. 누가와 예수님의 부와 소유에 대한 관점을 진지하게 받아들인다면, 이처럼 중요하게 생각하는 은닉성을 버려야 할 것이다. 복음이 요구하는 대로 우리의 모든 소유를 바치는 일에 대한 획일적인 대안은 없을 것이다. 그러나 다양한 방안은 공동체의 분별력과 투명성에 기초해야 할 것이다. 우리는 이 문제에 관한 한 복음적 삶과는 거리가 멀다. 부디 부의 축척과 사적인 삶을 버리는 것이야말로 예수님이 원하시는 염려로부터의 자유를 준다는 사실을 깨닫기 바란다. 우리의 재정은 예수님에 의해 재정의되었다. 우리의 정신적, 감정적 행복도 마찬가지다.

동정녀 탄생

동정녀 탄생은 누가복음 유아기 내러티브의 극히 작은 일부분이며, 특별한 설명이나 변론 없이 짤막하게 진술되어 있어 본 주석에 에세이로 포함하는 것이 적절한가에 대한 의구심을 가질 수 있다. 그럼에도 불구하고 이 기적은 교회의 신학과 역사에 많은 관심과 논쟁을 불러일으켰다.

동정녀 탄생은 몇 가지 이슈를 제시한다. 동정녀 탄생의 역사성은 마태복음과 누가복음의 탄생 내러티브의 수수께끼 가운데 하나이다. 또 한 가지는 동정녀 탄생이 신앙과 실천에 얼마나 중요한 문제인가 하는 것이다. 세 번째는 동정녀 탄생과 계보 사이의 문학적 긴장이다. 이러한 긴장은 로마가 아니라 유대교 내의 정치적 파장을 불러일으킬 수 있다.

역사성에 관한 문제는 종종 강한 감정을 불러일으킨다. 어떤 사람들은 이 사건은 기록된 내용처럼 일어날 수 없는 일이며, 실제로 일어나지도 않았을 것으로 생각한다. 독자들은 이처럼 특이한 사건을 믿기 어려울 것이다. 또는 이런 사건이 평범한 출산의 기적을 축소할 수 있다고 생각할지 모른다. 사람에 따라서는 동정녀 탄생의 진정성에 대한 믿음을 신앙의 시금석으로 보기도 한다.

이 탄생에 대한 다양한 믿음은 마커스 보그와 N. T. 라이트의 유익한 저서 『예수님의 의미: 두 개의 환상』*The Meaning of Jesus: Two Visions*, 171-86 참조에 가장 분명하게 나타난다. 두 저자는 이 문제에 대해 근본적으로 다른 접근을 한다. 보그는 동정녀 탄생은 사실이 아니지만, 그럼에도 불구하고 더 심오한 차원에서는 사실이라고 주장한다. 그는 예수님의 탄생에 관한 기사는 신약성경 본문 가운데 비교적 나중에 기록되었다고 말한다. 바울은 이 탄생에 대해 거의 언급하지 않는다.롬 1:3; 갈 4:4 복음서 가운데 가장 먼저 기록된 마가복음은 예수님의 탄생에 대해 전혀 언급하지 않는다. 이것은 아마도 그 사실에 대해 몰랐거나, 알고 있었더라도 중요하다고 생각하지 않았기 때문일 것이다.

역사적 관점에서 보그는 마태복음과 누가복음의 기록 사이의 차이점에 문제가 있다고 평가한다.180 보그는 탄생에 관한 몇 가지 사실을 역사로 본다. 예수님은 헤롯 대왕이 죽기 전, 아마도 주전 4년 이전에 태어났을 것이다. 그는 아마도 나사렛의 농부 집안에서 태어났으며, 그의 부모는 마리아와 요셉이었다.182 보그는 이러한 사실 외에는 추측하고 싶어 하지 않는다. 그럼에도 불구하고, 그는 탄생 내러티브가 하나님의 계시로서 예수님에 대한 믿음을 표현한다는 점에서 사실이라고 믿는다. 보그는 탄생 이야기가 "예수님은 세상의 빛인가? 그는 참 주님이신가? 그에게 일어난 일은 '하나님의 일'인가?"와 같은 참으로 중요한 질문에 대한 대답이 된다고 생각한다.186 동정녀 탄생은 마태나 누가와 같은 복음서기자가 세상의 빛, 참되신 주, "하나님의 일"로서 예수님에 대한 믿음을 표현하는 한 방식이다.

라이트Wright는 이처럼 중요한 질문에 대한 보그의 관심은 유익하다는 사실을 인정하면서도, 다른 견해를 취한다. 비록 동정녀 탄생의 역사성이 죽음과 부활의 역사성과 같은 신학적 무게를 지닌 것은 아니지만, 마태와 누가가 동정녀 탄생과 같은 내용을 만들어낼 이유는 없다고 생각한다. 두 기록은 차이가 있지만, 마리아가 처녀로 잉태했다는 가장 중요한 사실에 있어서는 일치한다. 그들이 그것을 사실로 믿지 않았다면, 그런 이교도적 개념을 유대 이야기에 도입할 이유가 없다는 것이다. 더구나 예수님의 탄생에 관한 기록이 초기 독자나 해석가에게 문제가 되었다는 증거는 거의 없다. 보그가 적절한 대답을 내놓지 못한 라이트의 지적과 관찰은 유익해 보인다.

동정녀 탄생에 얼마나 큰 중요성을 부여할 것이냐라는 두 번째 이슈는 좀 더 어려운 질문이다. 가톨릭교회와 신자들의 교회 일부를 포함한 다른 전통에서는 동정녀 탄생에 성경이 강조하는 것 이상의 중요성을 부여한다. 동정녀 탄생에 대한 믿음은 20세기 초 근본주의와 현대주의 논쟁의 다섯 가지 "근본" 가운데 하나가 되었다. 신학에서 동정녀 탄생은 성경에서 강조하는 것보다 훨씬 중요한 의미를 지니게 되었다. 실제적인 교회 생활에서, 동정녀 탄생은 믿음을 검증하는 잣대로 사용되었다.

문학적 기법과 저자의 의도

평생 성경에 대한 문학적 이해를 가르치면서 내가 가장 많이 들었던 질문은 회의적이었다. "선생님은 정말로 저자가 그것을 염두에 두었을 것으로 생각합니까?" 학생들은 주로 내가 텍스트의 문학적 특징에 대해 지적할 때 그렇게 묻는다. 그것은 내가 가장 좋아하는 질문 중 하나이기도 하다.

어떤 면에서, 작가가 대칭구조나 인클루지오와 같은 문학적 기법을 사용하려는 의도가 있느냐의 여부는 중요하지 않다. 잘 알려진 문학적 기법을 포함한 문학적 관습은 우리의 문화와 잠재의식 속에 깊이 뿌리박혀 있어 우리는 특별한 생각 없이 그것을 사용하는 경우가 종종 있다. 우리는 우리가 모르는 문학적 기법까지 사용할 수 있다. 예를 들어, 우리는 침상에서 아이들에게 이야기를 들려줄 때, "옛날 옛적에..."로 시작한다. 우리는 아무런 의식 없이 그렇게 시작한다. 우리는 아이들에게 들려주는 이야기이므로 전래 동화로 시작해야겠다고 "결심"하지 않는다. 우리는 아무 생각 없이 그렇게 한다. 사람들은 대개 이야기를 그렇게 시작하기 때문이다. 또한, 우리는 아이들에게 이야기를 사실로 믿고 편안한 마음으로 들으라거나, 다른 세상, 다른 현실에 와 있다고 생각하라는 설명도 하지 않는다. 아이들은 어릴 때부터, 그런 개념을 이해하기 훨씬 전에 그렇게 할 줄 안다. 그들에게 필요한 것은 "옛날 옛적에"라는 익숙한 구절이다.

우리 집에 있는 두 살배기 소중한 아이도 "옛날 옛적에"라고 자신의 이야기를 시작한다. 내가 말하고자 하는 것은 사람은 언어를 습득할 때 문학적 기법도 함께 배운다는 것이다. 특정 문학적 기법의 이름을 아느냐는 중요하지 않다. 그런 기법이 의미가 있으려면 화자의 의식이나 의도가 선행되어야 한다는 주장도 마찬가지다. 언어나 문학적 표현은 둘 다 의사소통이라는 근원적 필요에 의한 것이며, 전달의 기교를 통해 만족을 느낀다.

우리가 의식적이든 아니든 문학적 기법이나 수사학을 사용하는 것은 소통을 원하기 때문이다. 우리는 아이들이 놀이 활동을 끝내고 잠들기를 원한다. 우리는 이야기를 사용하여 이러한 전환을 돕는다. 우리가 익숙한 형식으로 이야기를 하는 이유는 의식적이든 아니든 그런 형식이 새롭고 낯선 이야기를 소개하거나 도움을 위해 필요한 설명을 하는 것보다 아이들이 더 빠르고 편안한 마음으로 몰입할 수 있다는 사실을 알기 때문이다.

소통에 대한 욕구는 모든 문학적 노력의 핵심이다. 존 F. 케네디가 1월 어느 날 취임 연설을 쓰기 위해 자리에 앉았을 때, 어느 순간에 "이 부분에 대칭구조를 사용해야겠다"고 생각하지는 않았을 것이다. 아마도 그는 청중이 자신의 말을 기억해주기를 원했기 때문에 "조국이 여러분을 위해 무엇을 할 수 있는지 묻지 말고, 여러분이 조국을 위해 무엇을 할 수 있는지 물어보십시오"라고 썼을 것이다. 그리고 우리는 그것이 대칭구조라고 인식하든 말든, 그 말을 기억한다.

어느 시대 어느 장소의 저자들과 마찬가지로, 복음서기자들도 듣는 자들이 자신의 말을 기억하기를 원했다. 작가와 독자는 무언가를 기억하기 위해 사용하는 도구가 제한된 세상에 살았다. 녹음기는커녕 종이와 필기도구, 광범위한 지식, 두루마리와 책자에 대한 접근조차 알려지지 않았거나 부자에게만 허락되었다. 저자는 대체로 듣는 자의 기억 능력에 의존했다. 고대 저자는 오늘날의 저자와 달리 기억에 남는 방식으로 글을 쓰는 것이 중요했다.

우리의 회의적으로 보는 이유 가운데 하나는 복음서기자가 청각을 위해 사용한 문학적 기법을 듣는 능력이 우리에게 제한되어 있다는 것이다. 우리는 청각적 암시에 덜 의존하기 때문에 우리의 이해를 돕기 위한 기법을 인식하거나 이해하는데 둔하다. 청각적 문화에서 시각 문화로의 전환 및 그것이 성경 연구에 미치는 영향에 대해서는 메리 셰르츠와 페리 요더Mary Schertz and Perry Yoder의 텍스트에 대한 주석Seeing the Text: Exegesis for Students of Greek and Hebrew을 참조하기 바란다.

고대 문헌에 나타난 문학적 기법과 관련된 중요한 질문은 저자가 그런 기법을 사용할 의도가 있었느냐가 아니다. 중요한 것은 그런 기법을 텍스트에서 명확히 구별할 수 있느냐라는 것이다. 그런 것이 있는가? 성경 본문에 대한 설득력 있는 문학적 비평이라면 항상 본문 자체에 뿌리를 두어야 할 것이다. 텍스트에 문학적 기법이 사용되었고 문학적 비평가가 그것을 모든 독자가 알 수 있게 명확하게 제시할 수 있다면, 그 비평가는 자신의 능력을 최대한 발휘하여 해석할 수 있는 여지를 가진 것이다.

복선

작가는 독자가 책 전체를 이해하기 쉽도록 복선foreshadowing이라는 문학적 기법을 사용한다. 복선은 종종 추리 소설에 사용된다. 추리 소설을 읽는 독자는 복선을 인식할 수도 있고 인식하지 못할 수도 있지만, 복선이 성공적으로 사용되었는지 여부는 알 수 있다. 만일 독자가 소설 끝부분에 이르러 "이런 식의 결말을 예상했어야 했는데"라는 변화를 감지하지 못한다면, 숙련된 작가가 아니다. 영리한 추리 작가는 독자가 끝까지 추측하게 만들지만, 결말은 그동안 일어났던 일을 수긍할 수 있어야 한다. 느닷없이 나타난 엉뚱한 결말은 이해할 수 없다. 그것은 이야기나 독자 모두에게 바람직하지 않다. 그런 책은 재활용 쓰레기통으로 들어가게 될 것이다.

누가는 정교한 복선을 사용한다. 예를 들면, 요한과 예수님의 탄생 기사에서 누가는 복음이 다양한 모습으로 전개될 것이라는 사실을 예시한다. 쌍을 이루는 평행구는 중요하다. 탄생 이야기에서 누가는 사가랴와 마리아에 대한 수태고지를 연결한다. 그는 시므온과 안나를 연결한다. 그의 내러티브에는 한 쌍의 남성과 여성이 연속적으로 등장한다. 탄생 내러티브에서 거룩한 가족은 예루살렘에서 끝난다. 예루살렘은 예수님의 지속적인 목적지가 된다. 여정 내러티브 전체는 이 거룩한 도성을 향하고 있다. 사도행전은 그곳에서 시작해서 "땅끝"을 향해 점점 확장된다.행 1:8 탄생 내러티브에서 가브리엘은 두 차례 등장한다.눅 1:19, 26 천사들은 수난22:43 및 부활 후 내러티브24:4-7에 다시 등장한다. 들에서 목자들에게 나타난 현현은 변화산에서의 현현에 반영된다.

더욱 중요하고 놀라운 형태의 복선은 마리아의 찬가Magnificat와 사가랴의 노래Benedictus에 나타난다. 마리아의 찬가는 태너힐Tannehill이 주장하는 누가복음의 요구에 관한 텍스트이다.1985: 112 비천한 자를 높이시고 권세 있는 자를 내리치신다는 마리아의 묘사는 인간에게 중요한 것을 요구하기 위해 예수께 나아가 일곱 개 본문에 잘 반영된다. 이 이야기에서는 요구를 가로막는 장애물은 극복되거나 극복되지 않는다. 따라서 요구는 성취될 수도 있고 성취되지 않을 수도 있다. 일곱 가지 요구 가운데 세 가지는 갈릴리 사역 초기에 등장하며 중풍병자, 병든 하인을 데리고 있는 백부장, 예수님의 발에 향유를 부은 여자에 관한 이야기가 포함된다. 다른 세 가지는 예루살렘 입성 장면에 나타나며 열 명의 나병환자, 삭개오, 부자 관원에 관한 이야기다. 마지막 하나는 십자가에 달린 두 번째 행악자에 관한 통렬한 이야기다. 어쨌든 소외된 사람들의 요구가 모두 이루어졌다는 것은 결코 우연이 아니다. 부유한 삭개오조차 사회적으로는 소외된 자였다.

누가의 "용서에 관한 본문"은 요구와 관련된 본문만큼 뚜렷한 형식을 갖추지 않지만, 사가랴의 노래는 이 부류의 본문 가운데 가장 중요하며 대표적인 본문이다. 이 부류의 본문은 "풀어주다, 허락하다, 놓아주다, 용서하다"라는 의미의 아피에미aphiēmi라는 단어로 연결되어 있다. 두려움 없이 예배할 수 있는 자유와 죄사함에 관한 사가랴의 언어는 이대표적인 본문이다. 이러한 본문에는 세례 요한, 제자들을 깊은 곳으로 보내시는 예수님, 향유를 부은 여자, 주기도문 등이 포함된다. 이 사이클은 예수께서 십자가에서 하신 말씀에서 절정에 이르며, 사도행전의 이야기를 통해 계속된다.

사마리아인

누가는 그의 복음서에서 사마리아인을 세 차례 언급하는데, 모두 여정 내러티브9:51-19:44에 나온다. 여정 내러티브는 예루살렘으로 향하시는 예수께서 보낸 사자들을 받아들이지 않았던 사마리아 마을에 관한 이야기로 시작한다.9:53 10장 29-37절에는 선한 사마리아인에 관한 이야기가 이어지며, 여정 내러티브의 끝부분에는 열 명의 나병환자에 관한 이야기가 나온다. 나병환자 가운데 감사하는 자는 사마리아인 한 명뿐이다.17:11-17

사마리아인은 이스라엘 종족에브라임 지파, 므낫세 지파, 레위 지파과 주전 722년 북이스라엘을 정복한 앗수르가 그곳에 이주시킨 이방인 사이에서 난 후손이다. 사마리아인은 민족성이나 신앙에 있어서 유대인과 비슷했다. 그러나 그들이 사이가 좋았다는 뜻은 아니다. 우리가 알고 있듯이, 때로는 자신과 가장 비슷한 사람에게 가장 강한 적대감을 느낀다. 사마리아인과 유대인은 주로 예배의 중심과 관련하여 논쟁을 벌였다. 두 집단 모두 하나님을 믿었지만, 사마리아인은 사마리아 모세 오경을 경전으로 사용하며 세겜Nablus 근처의 그리심 산을 예배의 중심지라고 믿었다. 유대인은 예루살렘에 있는 시온 산을 예배 중심지라고 믿었다.

역사나 사상에서의 차이점도 볼 수 있다. 사마리아인 가운데 일부는 바벨론 포로또는 귀환를 경험하지 않은 자들의 후손이었다. 논쟁의 초점은 누구의 예배가 옳고 그 이유는 무엇이냐는 것이었다.

이러한 신학적 차이는 신약 시대에 들어와 대부분 문화적, 인종적 적대감으로 발전했다. 예수님은 이러한 문화적, 인종적 편견을 사용하여 원수 사랑과 하나 됨을 가르치셨다. 누가복음에 나오는 사마리아인에 관한 이야기는 모두 이런 맥락에 있다. 예수님은 자신을 거부하는 사마리아 마을에 하늘에서 불을 내리자는 제자들의 요청을 거부함으로써 여정 내러티브의 방향을 정립하신다. 예수님은 선한 사마리아인과 열 번째 나병환자 이야기를 통해 유대인이 멸시하는 저들에게 높은 도덕성을 부여하심으로써 듣는 자들을 놀라게 하신다.

성경적 영성

나는 이 주석 전체에서 그리스도인의 성숙에 관한 추정을 제시했다. 그것은 우리의 삶의 목표이다. 그것은 기독교 교육의 목적이다. 우리는 아무도 이 목적을 성취하지 못했다. 아버지가 돌아가시기 전에 나눈 가장 희망적이면서도 가장 가슴 아픈 대화 가운데 하나는 그가 마지막 순간에 자신의 신앙을 어떻게 평가했느냐와 관련이 있다. "네 마음을 다하며 목숨을 다하며 힘을 다하며 뜻을 다하여 주 너의 하나님을 사랑하고"눅 10:27 아버지는 평생 그렇게 살기 위해 최선을 다한 사실을 인정한다. 내게는 그것으로 충분해 보였다. 아버지는 그것이 마땅하다고 했다. 우리는 미소를 지었다.

우리가 영적 성숙을 추구하고 믿음으로 살아갈 때 성경이 어떤 역할을 하느냐는 그리스도인이 자주 묻는 질문이다. 나는 그것을 정통의 문제라고 생각한다[정통적 사상, 정통적 행위, 정통적 감성, p. 445]. 성경과 함께 하는 삶은 우리를 하나님의 열심, 세상을 위한 하나님의 사랑, 우리를 위한 하나님의 사랑으로 이끈다.

우리는 여러 가지 좋은 이유로 성경을 공부한다. 우리가 성경을 연구하는 것은 교회 사역을 준비하고 성경 공부를 인도하며 설교를 하기 위해, 환자를 위로하고 임종을 함께 하며 집회 순서를 맡아 성경을 읽고 예배를 인도하기 위해서다.

또한, 우리는 자신에 대한 필요성 때문에 성경을 연구한다. 나는 어릴 때 조용히 말씀을 묵상하는 시간으로 하루를 시작하라는 권면을 받았다. 그것은 매우 가치 있는 목표라고 생각했다. 지금도 마찬가지다. 30년 동안 함께 일했던 신학교의 어른들은 어떤 자랑이나 자기 과시 없이 어느 순간 이런 훈련에 매진해왔음을 드러내었다. 신학교 총장이든 아니든, 이러한 습관은 매우 중요하다.

성경적 영성은 이 모든 과정을 포괄하는 총체적 훈련이다. 성경적 영성은 그러한 훈련 이상의 것이다. 성경적 영성은 성경의 말씀, 이미지, 메시지, 도전, 위로가 자신의 정체성의 한 부분이 되게 하는 열린 마음이다. 그것은 이러한 풍성함이 우리의 생각과 마음을 이끌게 하는 것이다. 성경적 영성은 수용성이라고 할 수 있다. 나는 초기 아나뱁티스트가 그것을 겔라센하이트Gelassenheit라고 불렀을 것으로 생각한다. 우리는 아직도 이 단어에 적합한 영어 번역을 찾지 못했다. 그것은 성령에 대한 근본적인 순종, 담대하고 꿋꿋한 온유와 겸손이다. 그것은 정통적 감성orthopathic이다. 그것은 우리의 열정을 하나님의 열정으로 향하게 한다. 그것은 본질적으로 하나님의 주권을 개인적으로 받아들이고 하나님이 느끼시는 것처럼 느끼는 것이다. 그것은 하나님이 세상을 사랑하시는 것처럼 세상을 사랑하는 것이다. 그것은 다른 사람을 자신과 같이 사랑하는 것이다. 우리는 하나님이 다른 사람을 사랑하시는 것처럼 다른 사람을 사랑하지만, 하나님이 우리를 사랑하시는 것처럼 우리 자신을 사랑해야 한다. "네 마음을 다하며 목숨을 다하며 힘을 다하며 뜻을 다하여 주 너의 하나님을 사랑하고 또한 네 이웃을 네 자신 같이 사랑하라." 그것이면 충분하다.

속죄: 누가의 신학

누가는 종종 속죄 신학이 없다는 비난을 받아왔다. 누가복음은 스토리가 이끈다는 말은 사실이다. 그는 속죄에 대해 체계적으로 성찰하지 않는다. 그러나 그의 내러티브에는 속죄에 대한 관점이 드러난다.TLC 22:63-23:56a 참조 이 관점은 중요하며, 교회에서 더 많은 관심을 기울여야 한다. 누가의 속죄관은 누가복음이 기록된 후 수 세기 동안 발전해 온 세 가지 주요 속죄 신학 가운데 어느 것과도 일치하지 않는다. 1 그리스도의 승리, 2 대속적 속죄, 3 도덕적 영향.

속죄에 관한 포괄적 연구를 위해서는 두 가지 자료가 특히 도움이 된다. 먼저 다린 벨루섹Darrin Belousek은 그의 저서 『속죄, 정의, 평화*Atonement, Justice, and Peace*』2011에서 형벌 대속적 속죄에 대해 공감한다. 존 드라이버John Driver는 『교회의 사명을 위한 속죄에 대한 이해*Understanding the Atonement for the Mission of the Church*』1986에서 예수님의 죽음과 부활의 구원적 본질을 이해하기 위해 신약성경이 추구하는 23개의 이미지를 살펴본다. 우리는 본 주석의 취지에 따라 속죄에 대한 세 가지 주요 관점이 누가복음의 속죄관과 어떻게 조화를 이루는지에 대해 간략하게 고찰할 것이다.

후대의 세 가지 관점 가운데 누가의 예수 이야기에 특별한 관심을 기울인 관점은 없다. 그러나 누가복음은 이 세 가지 주요 관점과 공명하거나 미리 맛을 본다.

누가의 관점은 신약의 다른 관점과 정확히 일치하지는 않는다. 그것은 누가 자신의 관점이다. 그래도 연결고리는 있다. 예를 들어, 누가의 언어는 바울보다 더 간접적이지만 우리는 그로부터 더 많은 것을 들을 수 있다. 누가의 속죄관은 선교에서 출발한다. 그것은 세상과의 화해며, 예수님과 초기 교회의 긍휼의 사역에서 드러난 세상의 변화와의 화해다. 그의 속죄관의 기초는 대속적 속죄의 특징인 보복적 정의가 아니라 회복적 정의다. 누가와 누가복음의 예수님에게 정의는 "이에는 이, 눈에는 눈"을 통해 얻을 수 있는 것이 아니라 모든 사람에게 필요를 제공하고 모든 사람에게 책임을 요구하는 조화로운 관계를 회복함으로써 성취된다.

이러한 속죄관은 십자가를 포함하지만, 십자가를 기다리지는 않는다. 십자가는 이미 9장부터 시작된다. 예수님은 제자들에게 십자가를 지고 나를 따르라고 말씀하신다.23절 속죄는 자기 십자가를 지는 것을 의미하지만, 대속적 속죄에서처럼 우리가 죽어 마땅하지만 예수님이 우리 대신 십자가를 지셨기 때문이 아니다. 속죄는 은혜를 받아들이고 은혜의 선물에 따르는 소명에 헌신하는 것이다. 속죄는 화해의 사명을 가진 속죄 공동체에 동참하는 것을 의미한다. 누가복음의 속죄는 본질적으로 거룩한 영적 전쟁과 결합된 예수님의 고난의 사랑에 대한 헌신을 의미한다. 그런 의미에서 속죄는 예수님의 십자가 처형을 포함하지만, 그보다 훨씬 앞서 시작된다. 속죄는 우리가 때때로 가정하듯이 예수님처럼 십자가에서 죽는 것을 의미하지 않는다.그런 결과로 이어질 수도 있지만 속죄는 예수께서 아버지의 사랑을 끝까지 성취하신 십자가 위에서 온전한 의미를 찾을 수 있다. 누가복음의 십자가 중심에는 회복적 정의를 위하시는 하나님의 사랑이 자리한다.

십자가에서 무슨 일이 있었는가?

누가는 신약의 다른 저자들과 마찬가지로 사랑이 속죄의 기초라는 근본적인 개념을 공유한다. 로마서 5장 1-10절에서 바울은 경건치 않은 자를 위한 예수님의 죽음이 성령으로 말미암아 부은 바 된 하나님의 사랑의 증거임을 분명히 한다. 그러므로 경건하지 않은 우리가 받은 화해는 하나님의 사랑을 확증한다. 요한일서의 저자 역시 속죄의 핵심은 사랑이라는 사실을 분명히 한다.특히 3:1-4:21 참조 다른 사람에 대한 사랑은 속죄의 결과이다. 그것은 속죄 공동체의 중요한 표지다. 그러나 그 사랑은 인간의 사랑할 수 있는 능력에서 나온 것이 아니다. 그것은 예수님의 삶과 죽음과 부활의 희생을 통해 주어진 하나님의 사랑이다.

누가의 관점에서 하나님의 사랑은 예수님의 고뇌에 찬 감람산 기도를 통해 시현되고 마지막 순간 십자가 위에서의 용서로 나타났다. 이 사랑의 본질은 행동하는 고난의 종과 비폭력적 거룩한 전사 개념이다. 예수님의 감람산 기도와 십자가의 죽음을 통해 이루신 고난의 사랑은 전신갑주를 입은 영적 군사를 만들어 악을 악으로 갚지 않고 선으로 악과 맞서 물리치게 한다. 베드로전서 2장 21-24절의 찬양은 이러한 역설을 가장 잘 표현한다. 그곳에서 예수님은 욕을 당하시되 맞대어 욕하지 아니하시고 고난을 당하시되 위협하지 아니하시는 분으로 묘사된다. 그는 오히려 오직 공의로 심판하시는 이에게 부탁하신다. 베드로전서는 비폭력적인 거룩한 전사와 비수동적 고난의 종의 근본적 행위를 속죄의 핵심으로 보는 속죄관을 처음으로 드러낸다.

화해는 주로 대속적 고난이나 대속적 희생을 통해서가 아니라, 우리가 일반적으로 무저항이라고 부르는 것, 정확히 말하면 회복적 정의를 통해 일어난다. 보복적 정의만으로는 충분하지 않다. 그것은 분명 평화를 초래하지만, 깊은 평화나 화해를 이루지는 못한다. 보복적 정의는 악을 억제할 수는 있지만, 하나님의 대적베드로전서의 표현을 빌리자면 "우리"을 화해시키기에는 충분하지 않다. 보복적 정의는 지연시키는 역할을 할 수는 있지만, 우리를 하나님과 벗이 되게 하지는 못한다. 하나님의 진노는 보복적 공의를 통해서가 아니라 회복적 공의를 통해 누그러진다. 하나님이 예수님을 통해 얻기를 원하시는 것은 사귐이다.

누가의 관점에서 본 속죄에 대한 세 가지 전통적 관점

1. 그리스도의 승리|Christus Victor

누가의 속죄관은 그리스도의 승리로 알려진 초기 속죄 이론과 유사하며 일부 내용을 수정한다.눅 10:18; 22:69; 골 2:15; 계 19:11-16 누가복음은 하나님이 예수님을 통해 이루신 속죄는 "천하를 어지럽게"사도행전 17:6 한다는 데 동의한다. 예수님의 철저한 순종, 보복에 대한 거부, 그리고 근본적인 신뢰는 천하를 변화시킨다. 성전 휘장을 찢고 하나님과 그의 백성 간의 화해에 대한 새로운 이해의 장을 연 것은 예수님의 압도적 연약함이 지닌 엄청난 힘이다. 이 화해는 수직적 차원에만 머물지 않는다. 예수님의 삶과 죽음과 부활을 통해 가능해진 화해에는 사람들 간의 관계, 자연 세계와의 관계, 교육과 종교 및 정부 조직과의 관계가 포함된다. 그것은 우주적이고 존재론적이다. 우주적 요소들이 질서를 지키고 있는 가운데, 성전 휘장이 찢어지고 돌이 굴러가며 하나님의 아들이 승천하셨다. 그는 언젠가 다시 오실 것이다.

누가의 관점은 "그리스도의 승리" 관점에서 승리주의로 향하는 경향을 바로잡는다. 누가복음의 승리하신 예수님은 인간적 기대에 대한 진정한 반전에 기초한다. 우주 전체의 체계적 변화는 일상적이고 핵심적인 반전의 노고를 통해 결실한다. 하나님의 나라에서는 나중

된 자가 먼저 되고 먼저 된 자가 나중 된다. 굶주린 자는 배를 불리고 부자는 빈 손으로 떠난다. 향유를 부은 여자는 높임을 받고 교만한 바리새인은 비천한 학생이 된다. 궁극적인 승리로서의 십자가는 방패에 예수님의 이름을 새긴 십자군이 아니라, 반전적 가치관으로 섬기는 겸손한 일상에 반영된다.

2. 대속적 속죄|Substitutionary atonement

예수님의 죽음이 어떻게 우리를 구원하는지에 대한 누가의 관점은 대속 신학으로 불리는 대속적 속죄와 유사하며 약간의 수정을 한다.막 10:45; 고후 5:21; 계 5:9; Anselm [1033-1109]에 의해 개발됨 최후의 만찬에서 예수님은 다가오는 위기를 피하지 않고 맞서실 것을 분명히 하신다. 누가복음 4장에서 예수님은 자신을 낭떠러지로 밀어버리려는 무리 사이로 무사히 지나가셨다. 요한복음 10장 39절에서 예수님은 자신을 돌로 치려는 유대 지도자들을 피해 가셨다. 이제 그런 순간들은 지나갔으며, 예수님은 제자들과 함께 최악의 상황에 대비하신다. 예루살렘에 머물기로 결심하신 예수님은 그것이 자신을 위해서가 아니라 제자들을 위한 것이라는 확신이 들었다. 예수님은 떡을 떼어 그들에게 주시며 "이것은 너희를 위하여 주는 내 몸"눅 22:19이라고 하셨으며, 잔도 그와 같이 하여 "이 잔은 내 피로 세우는 새 언약"눅 22:20이라고 말씀하셨다. "너희를 위하여"라는 표현은 희생적 의미임을 분명히 보여준다. 예수님은 자신을 위해서가 아니라23:41 사랑하는 자들을 위해 고난을 받으신 것이다.

이야기가 전개되면서 예수님의 고난은 제자들만을 위한 것이 아님이 드러난다. 그것은 예수님과 함께 십자가에 못 박힌 죄인들을 위한 것이다.눅 23:39-43 그것은 그를 죽인 자들을 위한 것이다. "아버지 저들을 사하여 주옵소서"23:34 그것은 예수님이 말씀을 전파하신 지 오랜 후에 하나님께 영광을 돌리며 예수님의 결백을 주장한 백부장을 위한 것이다.23:47 베드로가 오순절 날 모인 사람들에게 회개하고 세례를 받으라고 초청한 것처럼, 그것은 이스라엘을 위한 것이다.행 2장 그것은 이방인을 위한 것이다. 사도행전 10장에서 베드로는 하나님은 사람의 외모를 보지 않으시며 예수께서 선포하신 평화의 복음은 모든 사람을 위한 것이라는 결론을 내린다. 그것은 우리를 위한 것이기도 하다. 예수님은 우리가 잃어버린 자, 하나님에게서 멀어진 자, 이방인, 폭력적인 자, 재물욕과 소유욕이 강한 자, 두려워하는 자임을 아시고 우리를 위해 고난받으시고 죽으셨다.

누가는 예수님이 제자들과 21세기의 우리를 포함한 죄인들을 위해 죽으셨다는 사실을 분명히 밝힘으로써 최근에 발전된 희생적 속죄와 궤를 같이하지만, 일부 내용은 수정한다. 대속적 속죄 이론의 문제점 가운데 하나는 이 이론을 지지하는 자들 가운데 일부가 예수님에 관한 이야기를 중요한 한 순간, 즉 그의 죽음으로 축소화한다는 것이다. 그러나 누가복음에서 예수님의 죽음은 그의 탄생, 생애, 사역, 부활, 승천, 그리고 그가 세우신 공동체 안에서의 지속적인 기억과 분리될 수 없다. 십자가는 이미 9장부터 시작된 가르침의 핵심이다. 그 전에도 탄생 내러티브에서 시므온은 마리아에게 그의 아들이 비방의 표적이 될 것이라고 말한다.2:34 이처럼 십자가는 처음부터 누가의 염두에 있었다. 누가복음 끝부분에는 고난, 부활, 영광의 승천이라는 주제가 24장 전체에 울려 퍼진다.

누가는 정의에 대한 이해를 바탕으로, 대속적 속죄론에 대한 두 번째 수정을 시도한다. 누가의 이해는 법정적이라기보다 성경적이다. 그것은 보복적 정의가 아니라 회복적 정의다. 예수께서 4장의 나사렛에서 행하신 첫 번째 설교를 통해 선포하시고 그의 사역을 통해 섬기신 정의는 회복적 정의이다. 예수님은 말씀을 전파하시고 가르치시며 병자를 고치실 때, 마땅히 받아야 할 것을 주는 것에 관심이 없으시다. 그는 사람들이 침상을 들고마 9:6 제자로서 걷기에 필요한 것을 주신다. 예수님은 말씀의 요지를 위해 보복적 정의라는 표현을 사용하시지만예를 들어, 부자와 나사로 이야기, 이것은 실제적 사역의 사례가 아니라 제자들에게 성찰을 촉구하기 위한 수사학적 노력에 불과하다. 삭개오의 요구에 관한 이야기는 본문의 정의에 대한 지배적인 관점을 보여준다. 이곳의 반전은 단순히 반전을 위한 반전이 아니다. 이 이야기의 요지는 삭개오가 부정한 방법으로 부자가 되었기 때문에 그를 가난하게 만들려는 것이 아니다. 삭개오 기사의 반전은 자신을 섬기던 자가 공동선을 위해 섬기는 자로 변화되었다는 것이다.

누가는 우리가 하나님의 진노를 가라앉히기 위해 죽어 마땅하다는 사실을 강조하지 않는다. 예수님의 죽음은 마땅히 받아야 할 우리의 형벌을 대신 받기 위한 것이 아니다. 오히려 우리는 하나님을 떠나서, 죽었거나 죽어가고 있다. 물론 말도 안 되는 소리다. 당연히 하나님은 진노하신다. 그러나 이 진노는 하나님의 측량할 수 없는 사랑에서 비롯된다. 하나님은 선과 악을 달아보시는 거룩한 저울이 아니다. 만약 그랬다면, 하나님은 창세기의 홍수 이후 인류에게 어떤 약속도 할 수 없었을 것이다. 하나님은 사랑의 창조주이시며, 그의 진노와 사랑은 보복적 정의가 아니라 회복적 정의를 요구한다. 누가복음은 예수님이 우리를 위해 고난당하시고 죽으신 사실에 대해 양면적 태도를 취하지 않는다. 그러나 예수님의 고난과 죽음은 예수께서 우리를 대신함으로써 우리가 천국에 들어갈 수 있게 되었다는 것보다, 우리의 회개와 용서를 촉구해서 마틴 루터 킹 주니어 목사가 말한 "사랑받는 공동체"beloved community로 거듭나게 하는 것과 더 관련이 있다.

3. 도덕적 영향

십자가를 통한 하나님의 구원 행위에 대한 누가의 관점눅 9:23; 22:33; 벧전 2:21 등은 소위 도덕적 영향 이론Moral Influence Theory에 가깝다. 이 이론은 아벨라드Abelard, 1079-1142에 의해 발전되었으며, 안셀무스Anselm에 대한 반응도 한몫을 했다. 이 깊은 평안과 화해로 가는 길은 예수님이 감람산과 십자가에서 우리에게 눈물로 보여주신 그 길이다. 속죄로 향하는 길은 한편으로는 폭력적인 행위로, 다른 한편으로는 무감각한 수동성으로 향하려는 강력한 이중적 유혹을 뿌리치는 것이다. 누가가 예수님의 수난에 대한 묘사를 통해 말하고자 하는 것은 거룩한 전사와 고난의 종에 대한 우리의 인식이 잘못되었다는 것이다. 두 개념에는 하나님의 주권적 섭리가 드러나지만, 하나님의 가장 높으신 뜻은 두 전통에 대한 예수님의 해석에서 찾을 수 있다. 우리는 거룩한 전사와 고난받는 종의 통합에서 속죄에 대한 하나님의 온전하신 초청을 발견할 수 있다.Essays 425 하나님의 은혜에 대한 우리의 반응은 예수께서 감람산과 십자가에서 보여주신 순종을 본받아야 한다. 폭력적이거나 수동적인 방식이 아니라 고난이라는 방식의 사랑은 예수님이 걸으신 길이며, 우리도 속죄 공동체 안에서 그와 함께 따라가야 할 길이다. 예수님은 사역 기간 내 이 길을 걸으셨다. 그것은 골고다로 향하는 길이다. 그것은 글로바와 다른 제자를 데리고 엠마오로 향하시던 길이다. 그것은 사도행전이 세상을 초대하는 길이다.

누가의 관점은 도덕적 영향 이론과 매우 유사하지만, 이 이론의 약점 가운데 일부를 바로잡는다. 예수님의 모범에 대한 인간의 반응은 중요하다. 하나님의 은혜에 대한 인간의 반응은 결정적이다. 그러나 누가가 수난에 대해 진술했듯이, 하나님의 사랑은 이 비폭력적인 고난의 사랑의 모든 단계마다 배후의 힘으로 작용한다는 사실을 분명히 한다. 누가는 하나님이 예수님과 함께 하심을 분명히 보여준다. 예수님은 감람산에서 아버지께 고통스러운 기도를 하신다. 예수님은 십자가에서 아버지를 향해 자기를 죽이고 있는 자들을 용서해 달라고 간구하신다. 누가복음 24장 말미에서 예수님은 아버지께로 올라가신다. 우리가 하나님의 사랑을 드러내는 인간의 능력을 지나치게 강조한다는 이유를 도덕적 영향력을 무시한다면, 우리가 어떻게 생각하든 혼자서 이 길을 걸을 수 있는 사람은 아무도 없다는 사실을 기억해야 한다.

또한 누가의 이야기는 도덕적 영향 이론이 죄 문제를 심각하게 받아들이지 않는다는 인식을 해소한다. 전사로서 예수님은 수난 내러티브에서 가장 악한 인간의 본성과 맞서 싸운다. 거짓말, 배신, 탐욕, 고독, 버림받음, 고문, 비인간적 취급과 같은 모든 것이 예수님의 마지막 날, 마지막 시간에 강력히 역사한다. 예수님은 안으로는 피땀을 흘리며 기도하시고, 밖으로는 못 박히시는 고통과 가장 악랄한 죄를 참으신다. 예수님의 십자가에 대한 이러한 묘사는 인간의 죄악을 무디게 하지 않는다.

예수님의 죽음은 어떻게 우리를 구원하는가?

누가의 관점은 예수님의 죽음이 우리를 구원하는 방법에 대한 고찰에 어떤 기여를 하는가? 우리는 먼저 이곳의 이론 가운데 어느 것도 예수님의 죽음이 우리를 구원하는 방법에 대한 정확한 설명이 될 수는 없다는 사실을 인정한다. 이 문제는 모든 속죄 사상의 핵심이지만, 결국은 신비에 호소하는 것으로 끝난다. 그것이 유일하게 진정한 결론일 수도 있지만, 속죄에 관한 성실한 연구와 사색은 누가가 이 문제에 어떻게 접근하는지를 요구한다.

속죄에 관한 세 가지 전통적 관점을 간략히 소개하면, 그리스도의 승리 이론은 그리스도의 승리에 의해 창조된 새로운 우주적 실재에 참여함으로써 구원을 받도록 초대한다. 대속적 관점은 우리를 위해 십자가에서 대신 제물이 되신 그의 희생을 개인적으로 받아들임으로써 구원을 받는다고 말한다. 도덕적 영향 이론은 우리가 점점 그를 닮아가며 성장할 때 구원을 받는다고 말한다.

누가복음의 구원은 십자가에서 출발하며 그곳을 중심으로 왔다 갔다 한다. 우리는 대체로 십자가 처형과 부활의 격자를 통해 구원에 대해 성찰하는 부활 후 제자들과 같다. 이러한 부활 후 구도자들에게 구원은 예수께서 십자가 위에서 자신을 죽이려는 자들을 용서해 달라고 아버지께 간구하는 순간부터 시작된다. 우리가 다 사형집행인은 아니다. 그러나 우리는 모두 길을 잃고 집으로 돌아가야 할 자들이다. 누가는 우리가 엄청난 죄짐을 지고 가슴을 치며 자신이 얼마나 큰 죄인인지 선포하라는 말이 아니다. 그러나 누가복음과 성경 본문은 우리가 하나님에게서 벗어나 사회적으로나 개인적으로 비정상적인 상태에 있다는 사실을 인식하기를 끊임없이 요구한다.

우리는 먼저 개인을 생각한 후 민족이나 공동체의 일원으로 생각하는 데 익숙하다. 구약성경의 경우, 사회적 사고가 우선이다. 모든 개인은 먼저 지파의 일원이며 개인은 나중이다. 신약 성경 시대의 사람들은 공동체 의식이 여전함에도 불구하고 개인을 앞세웠다. 우리는 성경에 나타난 구원 및 중생 개념이 우리 시대, 우리 문화가 요구하는 급진적 개인주의를 지지하지 않는다는 사실을 기억할 필요가 있다. 그럼에도 불구하고, 죄와 은혜는 불가분리의 한 쌍이다. 개인이든 집단이든, 구원은 권리를 포기하고 죄와 은혜의 실재를 받아들이는 데서 시작된다. 누가복음에서 이러한 인식은 예수께서 십자가 위에서 아버지께 자기들이 하는 일을 알지 못하는 자들을 용서해 달라고 간구하시는 순간에 나타난다.23:34 용서가 필요한 우리가 사형집행인들 사이에 서 있을 때, 누가는 우리에게 제자들과 함께 나아가 부활을 이해하라고 촉구한다. 사도행전 시대를 향한 눈빛이 반짝이는 누가에게 십자가는 끝이 아니라 시작일 뿐이다. 십자가는 하나님이 예수님을 죽음에서 살리심으로써 예수께서 죽음우리의 관점에서 더 정확히 말하면, 죽음에 대한 두려움을 정복하셨다는 점에서 시작이다. 그러나 예수님이 부활 후 제자들에게 거듭 말씀하신 것처럼, 그것은 기억에 기초한 시작이다. 그들은 예수께서 갈릴리에서 말씀하신, 구주께서 고난을 받고 죽임을 당하고 제삼일에 다시 살아나야 하리라It is necessary는 말씀을 기억해야 한다.

예수님의 죽음과 부활에 참여한다는 것은 하나님 나라의 장성한 자녀가 된다는 뜻이다. 구원은 제자도를 실천하는 삶이다. 구원은 거룩한 전사와 고난받는 종을 결합하신 예수님을 믿고 그를 위해 사는 것을 포함한다. 따라서 용서의 약속은 우리를 새로운 피조물, 그리스도의 몸으로서 교회, 제자들의 거룩한 교제로 향하게 한다. 또한, 용서의 약속은 우리를 감람산의 고뇌와 기도로 돌아가게 한다. 예수님은 아버지께 기도하심으로써, 하나님과 악의 전쟁에 비폭력적 방식으로 동참하는 고난의 사랑의 회복적 정의를 통해 상처 난 세상을 치유해야 하는 자신의 사명을 온전히 이해하셨다. 누가복음에서 구원은 자기 십자가를 지고 예수님을 따를 때 성취된다. 우리는 결코 자신을 구원할 수 없다. 하나님의 은혜는 예수님을 통해 확장되며, 우리가 응답할 수 있게 한다. 우리가 예수님을 따를 때, 하나님의 손이 우리를 붙잡아 주신다. 지위, 재물, 안락함 및 안전을 중요시하는 전통적 의미에서, 이 길은 인간적인 매력이 없다. 하나님과 그의 은혜를 떠나서는, 누구도 이러한 부르심에 부응할 수 없다.

동시에, 예수님이 인도하시는 길은 우리의 내면 가장 깊은 곳에 있는 진실을 요구한다. 우리가 이러한 고난의 대립적 사랑의 길을 따를 때, 우리는 진정한 자아를 회복하게 된다. 우리는 우주의 중심에 있는 심오한 신적 사랑의 진정하고 기쁜 증인이 된다. 이 길의 모든 단계는 우리를 초월하는 은혜에 의존한다. 또한 이 과정의 모든 단계는 우리의 반응에 달려 있다. 이러한 하나님과 인간의 협력적 관계는 하나님이 품으셨던 에덴의 꿈과 아들을 보내심을 포함한 모든 거룩한 섭리를 성취한다. 이것이 바로 구원이라는 역설이다. 그것은 속죄의 핵심이다.

시와 종말론: 예수님과 종말

예수님 시대에 살았던 많은 사람은 역사의 종말이 다가오고 있다고 생각했다는 충분한 증거가 있다. 누가복음은 다니엘이나 요한계시록과 같은 묵시문학이 아니지만, 누가는 묵시적 모티브와 주제가 지적 환경의 일부였던 시대에 복음서를 기록했다. 이러한 영향은 누가복음 21장 5-36절의 묵시적 담론이나 20장 9-18절의 포도원 주인 이야기와 같은 일부 비유에서도 종종 나타난다. 예수님 자신이 종말론적 긴박성을 느끼셨으며, 설교와 가르침을 통해 그런 태도를 보이셨다는 것은 의심의 여지가 없다. 그는 사람들이 아직 기회가 있을 때 가던 길에서 돌이켜 하나님의 나라에 들어가기를 원하셨다. 시간이 얼마 남지 않았다는 인식은 예수님이 누구시며 그가 자신의 사명을 어떻게 이해하셨는지를 보여주는 한 장면이다.

그러나 예수께서 시대적 긴박성을 민감하게 느끼신 것은 사실이지만, 그러한 인식이 사역의 지배적인 주제가 된 것은 아니다. 종말이 어떻든 그것이 얼마나 임박했든, 사람들은 여전히 살아야 했으며 이러한 삶은 그의 사역의 초점이 되었다. 예수님은 묵시적 종말보다 현재적 일상에 더 많은 관심을 가지셨다. 따라서 종말론과 묵시는 하나님 나라를 향한 변화라는 비전의 중요한 배경을 형성하지만, 그것이 무대의 중심은 아니다. 화자로서 누가는 역사의 종말에 대해 보다 장기적인 관점을 유지한다. 그는 복음서를 기록할 때 두 번째 책을 염두에 두고 있었다. 따라서 역사의 종말에 대한 인식이나 긴박감은 덜 강력했다. 누가는 예수님에 비해 이 새로운 운동이 치유의 역사이며 하나님의 지상 사역의 한 부분을 형성한다는 인식이 강했다. 누가가 예수님을 따르는 자들이 이어질 미래 시대의 어떤 영향을 미칠 것인지 미리 내다보았다는 주장은 지나치게 앞서간 생각이다. 그러나 누가가 예수님과 그의 신학적 환경 속에 있는 다른 많은 사람과 동일한 강도의 종말론적 기대를 공유했다는 주장은 부정확하다. 누가는 시간에 대한 자신만의 관점을 가지고 있었다. 그는 이스라엘에 대한 하나님의 역사가 예수님의 사역을 지지하고 뒷받침하는 것처럼, 예수님의 사역이 교회 사역의 기초가 된다는 사실을 알았다. 교회는 종말론적 또는 묵시적 기대를 안고 살아갈 수도 있지만, 여전히 현재를 살아가야 한다. 그런 관점에서 누가와 예수님은 매우 조화를 이룬다. 그들에게 중요한 것은 사람이 종말까지 어떻게 살 것이냐라는 것이다. 다만 예수님이 대중적인 차원에서 보았던 것을 누가는 좀 더 제도적인 차원에서 보았을 뿐이다.

인자

인자ho huios tou anthropou는 예수님이 자신에게 사용하시는 호칭이다. 이 단어는 "인간의 아들자식"Son[Child] of Humanity이라는 뜻이 있다. 최근까지만 해도 대부분의 번역가는 son of man사람의 아들이라는 전문용어를 사용했다. 그러나 오늘날 "사람"과 "인간"은 뉘앙스의 차이가 있으므로 나는 "인간의 아들"이라는 표현을 선호한다. "아들" 대신 "자식"이라는 표현도 가능하지만, 아들이라는 표현을 사용한 것은 학계에서 원래 사용하던 "사람의 아들"이라는 용어와의 연계성을 유지하고 싶었기 때문이다.

"인자"는 누가복음에서 25회 사용되었는데, 예수님은 그 가운데 한 차례만 제외하고 나머지는 모두 자신에게 적용하셨다. 한 가지 예외는 빈 무덤을 지키던 천사들이 여자들에게 예수께서 갈릴리에서 "인자"에 대해 하신 말씀을 기억하라고 꾸짖는 24장 7절에 나타난다. 이곳에는 누가복음의 정형화된 수난 예고이 무렵이면 예고라기보다 역사로 보아야 하겠지만가 마지막으로 제시된다.

본 주석은 누가의 주제를 복음서의 궤적을 따라 추적한 후, 이 용어를 공관복음 밖의 신구약성경 전체와 연결한다. 우리는 이러한 주제의 발전이 마가복음과 Q자료에 기인한다고 생각한다. "인자"에 대한 공관복음Synoptics의 용례는 놀라울 정도로 일관성이 있다. 나는 대부분의 학자와 마찬가지로 마가복음이 원래의 자료일 것이라고 생각한다. 마태복음과 누가복음이 일치하는 자료 가운데 마가복음에 나타나지 않은 자료는 Q라는 가상의 자료에 기인한 것으로 본다. 이 책은 누가복음 주석이기 때문에 마가복음에 대한 누가의 용례를 따른다. 우리는 누가가 사소한 예외에도 불구하고 이 전통을 따르고 있다는 사실을 알아야 한다.

누가복음에서 예수님은 중풍병자를 고치시는 첫 번째 요구에 관한 본문5:24에 이르기까지 자신에게 인자라는 표현을 사용하지 않으신다. 그러나 예수님은 그 전에 다른 이름을 들은 적이 있다. 우리는 마리아가 어린 예수님과 무슨 이야기를 나누었는지 모른다. 예수님에 대한 호칭은탄생 내러티브에 많이 나타나며, 특히 가브리엘이 마리아에게 아기를 낳을 것이라고 알리는 장면에 집중된다. 가브리엘은 예수님을 "지극히 높으신 이의 아들, 다윗의 후손, 하나님의 아들"로 부른다.1:26-38; 3:31 참조 예수께서 탄생하신 후 들에서 목자에게 나타난 천사들은 "그리스도[기름부음 받은 자] 주"2:11라는 이름을 덧붙인다. 우리는 마리아가 어린 예수께 무슨 말을 했으며 예수님은 자신이 들은 정보에 대해 어떻게 생각하셨는지 알 수 없다. 그러나 우리는 열두 살 되신 예수님이 성전을 "내 아버지의 집"2:49이라고 말한 사실을 알고 있다. 이것은 예수님이 자신에 대해 들은 말을 어느 정도 인식하고 계심을 보여준다. 다른 아이들과 마찬가지로, 예수님의 자아 인식은 주변 사람들이 자신을 어떻게 부르고 어떻게 인식하느냐에 뿌리를 둔다.

예수님에 호칭에 관한 주제는 그가 성인이 되어 사역을 시작하실 때도 계속된다. 특히 중요한 것은 세례 장면이다. 그는 이 장면에서 "내 사랑하는 아들"이라는 하늘의 음성을 듣는다.3:22 하나님의 아들이라는 신분은 광야에서 시험받으실 때 즉시 도전을 받는다. 성령이 예수님을 광야로 이끄실 때, 대적 마귀는 첫 번째와 세 번째 시험을 통해 그가 참으로 하나님의 아들이라면 무엇이라도 해보라고 비웃는다.4:3, 9 예수님은 자신의 권세를 부당하게 사용하여 신분을 증명해보라는 도전을 물리치심으로써 시험을 이기신다. 예수님은 4장의 나사렛에서 행한 첫 설교에서 또 다른 도전에 직면하게 된다. 설교를 마치자, 나사렛 마을 사람들은 그가 요셉의 아들이 아니냐고 말한다.4:22 그들은 예수님을 그렇게 알았으며, 나는 그것이 또 하나의 시험이라고 생각한다. 즉, 대중적 인기를 누리려는 유혹이다. 그가 요셉의 아들이라는 마을 사람들의 말은 칭찬이다. 예수님은 지역 회당에서 훌륭한 설교를 하셨으며, 그런 예수님을 금의환향한 인물로 자축하려는 마을 사람들의 찬사는 뿌리치기 어려웠을 것이다. 그러나 이처럼 쉬운 길이 자신의 운명이 아니라는 것을 아신 예수님은 그들의 잘못된 생각을 깨닫게 하려 하신다. 하지만 이러한 노력은 무위로 끝나고 사람들은 그를 죽이려 한다.

예수님이 어떻게 자신을 "인자"로 칭하게 되셨느냐는 문제를 고찰할 때 이러한 배경에 대한 인식은 중요하다. 예수님이 이 표현을 처음 사용하신 것은 자신의 권위와 진정성 때문이다. 5장 24절에서 예수님은 중풍병자에게 죄사함을 선포하신 것을 공격하는 자들에게 자신을 인자라고 부르신다. 6장 5절에서 예수님은 제자들이 안식일에 시장하여 이삭을 잘라 먹은 행위를 변호하시는 중에 다시 이 호칭을 사용하신다. 이러한 사역 초기에 이 용어는 그의 가르침에도 나타난다. 6장 22절에서 예수님은 인자를 위해 핍박받는 자는 복이 있다고 말씀하시며, 7장 34절에서는 금욕적 생활보다 먹고 마시는 것을 탐한다는 비판과 관련하여 이 용어를 사용하신다.

누가복음 9-12장에서 "인자"는 예수께서 고난이 그의 삶에 미칠 영향에 대해 말씀하시면서 처음으로 중요한 의미적 발전을 보인다. 9장 22절과 44절에서, "인자"는 공식적인 수난 예고와 연결된다. 한 가지 흥미로운 사실은, 자신을 인자로 칭하신 이 두 본문은 "나의 아들 곧 택함을 받은 자"9:35라는 하늘의 음성을 듣는 변화산 장면과 연결된다는 것이다. 인자를 다양한 고난과 연결한 주제는 9장 58절의 "머리 둘 곳이 없도다"라는 말씀, 11장 30절의 악한 세대가 구하는 표적, 충성심에 대한 검증12:10 및 성령을 모독하는 행위12:8에 관한 말씀을 통해 계속된다.

12장 40절부터 17장까지 인자는 다양한 종말론적 기대와 연결되며, 이 주제는 특히 17장에 집중적으로 나타난다. 이러한 본문들은 인자가 생각하지 않은 때에특히 미리 경고를 받은 자보다, 주께서 더디 올 것이라고 생각한 자들에게 다양한 영광과 심판으로 임하실 것을 보여준다. 17장 22-37절의 임박한 하나님 나라에 대한 묘사에는 인자에 관한 네 가지 언급이 제시된다. 예수님은 인자의 재림과 관련된 놀라운 심판에 관한 말씀 중에도, 사람인자의 특성에 해당하는 고난에 대한 관점을 잃지 않으신다.17:25

이러한 영광과 심판의 묵시적 연결은 21장 27절과 36절에도 다시 나타나지만, 누가복음 18장에 나오는 "인자"의 용례는 대체로 예수님의 사역 및 수난과 관련된 호칭으로 되돌아간다. 이 호칭은 18장 1-8절의 과부와 옳지 않은 재판관에 관한 이야기의 끝부분, 18장 31절의 수난 예고, 19장 1-10절의 삭개오의 이야기에 나타난다. 또한 "인자"는 예수께서 유다를 안타까운 마음으로 대하시는 장면에 나타난다. 배신을 예고하는 장면과 유다가 입맞춤으로 예수님을 알려주는 체포 장면에서 예수님은 자신을 인자로 호칭하신다.22:22, 48 확실히 이러한 문맥에서는 "인자"가 부드러움과 아이러니의 어조를 내포한다. 가장 인간적인 분이 가장 가깝고 소중히 여기는 자 가운데 하나에게 비인간적인 대접을 받은 것이다.

누가복음의 나머지 두 가지 용례는 주목할 만하다. 첫 번째는 마태복음에는 병행구가 있지만 마가복음에는 나오지 않는다. 누가복음의 마지막 두 용례 사이에는 더욱 현격한 차이가 드러난다. 본 주석은 예수님이 십자가로 나아가시면서 거룩한 전사와 고난받는 종이라는 주제를 어떻게 통합하시는지를 보여준다. 이러한 통합은 기본적으로는 감람산의 기도를 통해 일어나며, 예수님은 비폭력적인 거룩한 전사이자 수동적이지 않은 고난의 종으로서 수난에 들어가신다. 예수께서 선을 추구하시면서 폭력을 포기하셨다는 첫 번째 증거 중 하나는 체포 장면에서 종의 귀를 잘라 버린 제자를 꾸짖으신 것이다.22:49-51 그가 선을 추구하시면서 수동적인 태도를 버렸다는 첫 번째 증거 중 하나는 22장 67-69절에서 장로들과 대제사장들과 서기관들에게 대답하신 말씀이다.자세한 설명은 그곳 주석을 보라 요약하면, 예수님은 자신이 그리스도냐는 질문에 지혜롭게 대답하신다. 말하자면 예수님은 그들 스스로 함정에 빠지게 한 것이다. 이 과정에 인자라는 용어가 사용된다. 여기에 덧붙여 예수님은 어느 때보다 솔직히 인자의 신분에 관해 대답하신다. "인자가 하나님의 권능의 우편에 앉아 있으리라"22:69 다음 순간, 예수님은 누가복음에서 하나님의 아들이라는 호칭에 가장 가깝게 다가가신다.

마태복음에는 인자가 "권능의 우편에 앉아 있는 것"에 대한 언급이 나타나지만, 누가복음처럼 심문하는 자들을 자기 함정에 빠트리는 식은 아니다. 마태는 26장 63절에서 예수님이 침묵하신다고 진술한다. 이어서 네가 하나님의 아들 그리스도냐는 질문에 예수님은 "네가 말하였느니라"26:64고 간단히 대답하신 후 바로, 인자가 권능의 우편에 앉아 있는 것과 하늘 구름을 타고 오는 것을 보리라고 말씀하신다. 그러나 누가는 예수님을 능동적이며 지혜로운 고난의 종으로 묘사하려는 목적에 따라 이 부분을 마태와 다르게 설정한다.

누가가 이 용어를 복음서의 가장 극적인 드라마 안에서 사용한 것은 24장이다. 마태복음이나 마가복음에는 이 구절에 대한 병행구가 나타나지 않는다. 빈 무덤을 지키던 천사들은 향료와 향유를 가지고 온 여자들을 꾸짖는다. 그들은 여자들에게 예수께서 갈릴리에 계실 때에 어떻게 말씀하셨는지를 기억하라고 말한다.24:6-7 따라서 누가는 인자라는 칭호에 관해 대부분 마태복음 및 마가복음의 용례를 따랐으나, 이곳 마지막 부분에서는 복음서의 결론으로 사용한다. 인자라는 칭호는 예수님의 목소리를 통해서가 아니라 천사들의 입을 통해 나오는 것이 바람직하다.

24장의 나머지 부분에서 예수께서 자신에게 메시아/기름부음 받은 자/그리스도라는 칭호를 사용하신 것도 적절하다. 예수님이 아무런 제한이나 모호함 없이 이 이름을 주장하신 것은 이곳이 처음이다. 누가는 4장 41절에서 예수님은 자기가 그리스도인 줄 아는 귀신들이 말함을 허락하지 아니하신다. 9장 20절에서 베드로는 무리가 나를 누구라 하느냐는 예수님의 질문에 하나님의 그리스도시니이다라고 정확하게 대답한다. 예수님은 즉각적이고 단호하게 대화를 중단하신다. 23장 1-5절에서, 예수님을 대적하는 공회는 빌라도 앞에서 그가 자신을 그리스도, 즉 왕이라고 주장한다고 고발한다. 빌라도는 혐의 가운데 그리스도에 관한 부분은 무시한 채 네가 유대인의 왕이냐고 묻는다. 예수님은 "네 말이 옳도다"23:38라는 수수께끼 말로 대답하신다.

예수께서 십자가에 못 박히실 때, 많은 사람은 그를 그리스도라고 비웃는다. 그들은 네가 그리스도면 십자가에서 내려오라고 조롱한다.23:35, 37, 39 어떤 사람들은 그가 그리스도이심을 정확하게 고백한다. 그러나 예수님은 그의 죽음과 부활을 묘사한 이곳 24장에 이르기까지 이 문제에 대해 아무런 대답을 아니 하신다. 예수님은 24장 26절에서 엠마오로 가는 두 제자와 함께 계실 때, 그리고 24장 46절에서 제자들과 함께 예루살렘으로 돌아오셨을 때, 자신이 그리스도임을 명확하게 말씀하시고 고난과 연계하신다. 인자라는 칭호는 누가복음에서 다양한 목적에 사용되었으나, 결국 그리스도라는 이름에 자리를 내어준다.

구약성경 및 드물지만 복음서 외 신약성경의 용례에 비추어볼 때, 이 용어는 예수님이나 복음서기자의 광범위한 용례보다 묵시적 본문에 나타나는 영광/심판과 더 많은 관련성을 보여준다. 니켈스버그G. W. E. Nickelsburg는 『인자』Son of Man라는 논문에서 언제나 그런 이름으로 불리는 것은 아니지만 영광과 심판 중에 나타나는 "인자 같은 이"의 호칭 및 개념에 포괄적인 도움을 제공한다.ABD 6:137-50 그의 글은 성경 본문 및 현존하는 문학 작품에서의 용례에 대해 상세히 다룬다. 자세한 내용은 그의 글을 참고하기 바란다.

히브리어 성경에서 100여 차례 사용된 "인자"는 대부분 에스겔서와 다니엘서에 나타난다. 복음서가 인자라는 개념을 이러한 전통에서 가져온 이상, 그들은 이 이미지의 출처로 묵시 자료를 사용한 것이다. 이 텍스트에서 지배적인 개념은 특정인, 어쩌면 모든 사람을 염두에 두었을 것이다. 그러나 다니엘서와 같은 문헌에서 인자는 "하나님의 심판과 구원의 종말론적 대리인"ABD 6,137; 단 7:13 참조이라는 보다 한정된 개념으로 사용된다. 복음서 외 신약 성경에는 이 단어가 세 차례 등장한다. 사도행전 7장 56-57절에는 스데반이 순교를 당할 때 "인자가 하나님 우편에 서신 것"을 보는 장면이 나온다. 이어서 계시록 1장 13절과 14장 14절에는 인자가 하늘에 나타난다. 이 구절은 예수님에 대한 언급이 거의 확실하지만, 성육신하신 예수님에 대한 본문과는 큰 관련이 없다.

성경적 신앙의 관점에서 볼 때, 동정녀 탄생을 성경 기자들처럼 사실로 믿는 것이 지혜일 것이다. 동정녀 탄생의 진실성에도 불구하고, 이 문제가 예수님의 죽음과 부활에 대한 믿음과 동일한 믿음의 잣대는 될 수 없다는 라이트의 주장은 옳다. 이러한 평가는 아나뱁티스트의 신앙 고백이 동정녀 탄생을 다루는 관점과 일치하는 것으로 보인다. 1527년의 슐라이트하임 조항Schleitheim Articles과 1963년 약식 메노나이트 신앙고백과 같은 몇 가지 신조는 동정녀 탄생에 대해 전혀 언급하지 않는다. 다른 신조, 특히 긴 신조에서는 동정녀 탄생이 간략하게 언급되지만 정교하지도 않고 특별히 옹호되지도 않는다. 1632년에 네덜란드에서 채택된 도르트 신조 제4조는 예수님이 "동정녀 마리아에게 잉태되셨다"라는 구절로 시작한다. 그보다 최근인 1995년의 「메노나이트 관점에서의 신앙 고백」Confession of Faith in a Mennonite Perspective은 동정녀 탄생에 대해 한 차례 언급할 뿐이다. 제2조의 네 번째 문장은 "우리는 예수 그리스도를 하나님의 독생자, 육신을 입으신 하나님의 말씀으로 믿는다. 그는 성령으로 잉태되셨고 동정녀 마리아에게서 나셨다"라고 진술한다. 2014년 메노나이트 형제들의 신앙고백도 같은 표현을 사용한다.

보그와 라이트는 둘 다 귀중한 통찰력을 제공한다. 라이트는 신자들의 교회 신학과 더 잘 어울린다. 그러나 보그는 사실에 관한 문제를 넘어 동정녀 탄생이 무엇을 의미하는지 묻게 한다. 동정녀 탄생에 대한 믿음은 누가 참된 신자인지를 구별하는 빠르고 쉬운 방법 이상이어야 한다는 것이다. 누가는 왜 이 기적을 그의 기록에 포함했는가? 그의 탄생에 대한 기록은 교회 안과 밖을 구분하는 논쟁을 넘어, 예수께서 선포하신 나라의 주가 되시는 하나님의 놀라운 사랑과 주권에 대한 믿음을 선포하게 하는 말씀이 되어야 한다는 것이다. 이러한 목적과 용례는 확실히 이 사건을 기록한 누가의 의도와 한층 더 일치할 것이다.

이러한 의도는 탄생 내러티브와 계보 사이의 긴장에 대한 문학적 관찰과도 궤를 같이한다. 3장 23절에서 누가는 예수님을 사람들이 아는 대로는 요셉의 아들이라고 묘사한다. 당시의 헬라어에는 괄호가 없었지만, "사람들이 아는 대로는"이라는 문구는 편집적 주석이 분명함을 보여준다. 계보의 기능은 예수님을 정당화하는 것이지만, 그것이 전부다. 이 계보는 예수님의 혈통을 다윗과 야곱 및 아브라함을 거슬러 올라간다. 이러한 혈통은 중요하다. 그러나 그는 소위 요셉의 아들이다. 예수님과 그의 혈통 사이에는 중요한 유사성과 차이점이 존재할 것이다. 누가복음 20장 41-44절에서 예수님은 자신과 다윗 왕의 관계에 대한 수수께끼를 제시하신다. 예수님이 생각하고 계신 진리 가운데 하나는 이러한 과거와 상응하는 연결고리로서 자신의 지위와 관련이 있다. 동정녀 탄생에 관한 누가의 기록은 예수님의 탄생을 하나님의 성령의 기적으로 제시한다. 그것은 또한 하나님이 이곳에서 새로운 일을 하고 계심을 보여준다.

인클루지오

인클루지오inclusio는 고대 수사학에서 자주 사용되는 문학적 기법으로, 오늘날에도 종종 사용된다. 인클루지오는 시작과 끝이 같다. 저자는 동일한 주제나 유사한 언어로 시작하고 끝낸다. 누가복음은 1장 5절의 성전에서 시작하며, 24장 53절의 성전에서 끝난다. 마태복음은 1장 25절에서 임마누엘하나님이 우리와 함께 계신다이라는 예수님의 이름으로 시작해서 항상 우리와 함께하시겠다는 예수님의 약속28:20으로 끝난다. 요한복음은 프롤로그 이후 1장 19절에서 "요한의 증언이 이러하니라"라는 진술로 시작하여, 21장 24절의 에서 그의 증언이 참되다는 언급으로 마친다.

이 기법은 설교나 수필, 심지어 보고서나 실용적인 글에서도 찾아볼 수 있다. 작가나 연설가는 종종 처음 시작한 내용으로 다시 돌아와 끝낸다. 물론 다 그런 것은 아니지만, 우리는 대체로 독자나 청중에게 어디에서 시작했으며 얼마나 멀리 왔는지를 알려준다.

정통적 사상, 정통적 행위, 정통적 감성

정통적 사상orthodoxy이나 정통적 행위orthopraxy는 대학이나 신학교에서 자주 접하는 익숙한 개념이다. Orthodoxy는 헬라어 원어로 "바른 생각"이다. 마찬가지로 orthopraxy는 "바른 행위"이다. 테네시 주 클리블랜드에 있는 오순절 신학교의 영적 갱신 및 기독교학 교수였던 셰릴 브리지스 존스Cheryl Bridges Johns 여사는 2007년 아나뱁티스트 메노나이트 성경 신학교Anabaptist Mennonite Biblical Seminary에 와서 강의를 한 적이 있다. 존스는 우리에게 "정통적 감성"orthopathy이라는 용어를 소개했다. 그는 가톨릭 신자는 정통적 사상이 탁월하고 메노파 신자는 정통적 행위에 탁월하다고 했다. 그러나 그는 메노나이트 신자에게는 오순절주의가 필요하다고 했다. 왜냐하면 오순절주의자는 정통적 감성orthopathy에 탁월하기 때문이라는 것이다. orthopathy는 "바른 감성," 또는 그의 말처럼 자신의 열정을 하나님의 열정으로 향하게 하는 것이다. 그날의 강의는 나에게 큰 깨달음의 순간이었다. 존스는 내가 놓치고 있는 것, 내가 속한 전통이 놓치고 있는 무엇을 채워주었다. 그의 말은 옳았다. 우리는 오순절주의가 필요하다. 우리 자신을 하나님의 열정에 맞추는 것은 확실히 옳은 일이며, 정통적 사상과 정통적 감성의 통합 원리이기도 하다. 그것은 바른 감성이 바른 사상과 바른 행위를 뒷받침해야 하는 이유이기도 하다.

이러한 용어들은 우리가 성경을 배울 때 고려해야 할 몇 가지 특징이 있다. 우리는 하나님, 예수님, 성령, 죄, 구원, 교회론, 종말론 및 다양한 신앙적 주제와 관련하여 바른 생각을 하기 위해 성경을 사용할 수 있으며, 또한 마땅히 그렇게 해야 한다. 성경은 다른 질문들뿐만 아니라 이러한 용어들에 대한 정보를 얻을 수 있는 중요한 출처가 된다. 우리가 이러한 용어들에 대해 어떻게 생각하든, 반드시 성경에 근거한 것이어야 한다. 덧붙여서, 우리는 여러 가지 이슈에 대해 어떻게 행동해야 하며 어떤 태도를 보여야 할 것인지 분별하기 위해 성경을 사용할 수 있다. 우리는 실제로 그렇게 하고 있으며, 마땅히 그렇게 해야 한다. 특히 제자도의 삶과 관련된 모든 것은 전적으로 성경에 기초한다. 우리의 도덕적, 윤리적 사고는 성경의 이야기, 산문, 시에 깊이 뿌리내려야 한다. 이처럼 우리는 성경을 공부할 때 바른 생각과 바른 행동에 초점을 맞추기 위해 최선을 다한다.

성경에 대한 감성적 의존 역시 매우 중요하다. 우리는 사상과 행위뿐만 아니라 감성도 전적으로 성경에 의존해야 한다. 우리의 열정이 하나님의 열정을 향하지 않는다면, 우리의 감정이 하나님의 감정에 의해 형성되고 결정되지 않는다면, 우리는 결코 하나님의 뜻에 따라 생각하고 행동하지 못할 것이다. 정통적 감성은 우리가 놓친 부분이다. 그것은 우리의 머리와 손을 연결한다. 그것은 무슨 일이 있어도 우리의 중심 의지가 하나님의 편에 설 수 있게 힘을 준다.

바른 감성을 위한 성경 연구는 신학이나 윤리를 위한 성경 연구 못지않은 학문적 훈련이다. 사실 바른 감성으로 성경을 읽는다는 것은 일상적인 헌신 훈련이다. 바꾸어 말하면, 우리는 신학적 주제나 윤리적 문제에 대한 통찰력을 얻기 위해 집중력을 가지고 열정적으로 성경에 몰입할 수 있다는 것이다. 성경을 바른 감성으로 읽기 위해서는 성경과 함께 생활하며 성경을 규칙적으로 읽을 준비가 되어있어야 한다. 우리는 당장의 필요보다 -그것이 아무리 합당한 것이라 할지라도- 훈련 자체를 위해 성경을 읽을 준비가 되어있어야 한다. 감성적 성경 읽기는 장기적인 과정이다. 중요한 것은 기억이다. 말씀은 텍스트뿐만 아니라 우리의 마음과 생각에 있어야 한다. 아나뱁티스트 기도서는 많은 사람에게 유익을 주었다, 반복, 익숙함, 정형화된 읽기, 기도는 말씀이 우리의 삶 속에 살아 역사하게 한다.

우리가 잘 안다고 생각하는 말씀도 다른 사람들과 함께 읽으면 도움이 된다. 나는 삭개오 이야기에서는 더 이상 배울 수 없다고 생각한 적이 있다. 여러분은 그 이야기를 얼마나 많이 실천해 보았는가? 하지만 삭개오 이야기는 나의 영적 성장의 초석이 되었다. 북미의 백인으로서 특권을 가진 나는 실제로 정의를 실천하고 있는가? 마찬가지로 중요한 것은, 나는 삭개오처럼 넘치는 기쁨으로 그 일을 감당하고 있느냐는 것이다. 혼자든 여럿이든, 성경을 감성적으로 읽는 방법은 여러 가지가 있다. 그러나 그것은 생활의 일부가 되어야 한다. 나는 우리가 하루에 한 시간씩 성경을 읽지 않으면 좋은 그리스도인이 될 수 없다고 말하는 것이 아니다. 내가 말하고자 하는 요지는 정기적으로 성경을 읽으려고 노력하지 않으면 믿음의 성장을 초래할 가장 확실하고 효과적인 방법을 놓치게 된다는 것이다.

제국

예수님은 누가가 그의 복음서에서 묘사한 것처럼, 제국과 맞서신다. 이것은 재론의 여지가 없을 만큼 확실한 사실이다. 예수님은 제자들에게 지위와 재물을 멀리할 것을 확실히 요구하셨기 때문에, 인간 제국의 힘과 성령의 권능의 차이는 현격했다. 그러나 오늘날 두 실재는 이 부분에 대해 보다 명확한 설명을 요구한다.

첫 번째로 생각해볼 것은 백인 민족주의이다. 이 은밀하고 가증스러운 신조는 일부 백인 복음주의 그리스도인 사이에 확산되어 있다. 누가복음의 예수님은 백인 우월주의자 그리스도인의 예수님이 아니다. 예수님은 낯선 자를 환영하신다. 예수님은 비폭력을 실천하셨다. 예수님은 낮아짐과 공동체를 강조하시고 소유를 나누어주라고 말씀하셨다. 나는 무슨 말을 더 해야 할지 모르겠다. 다만 그것은 절대 아니라는 것이다. 예수님이 백인을 경호하는 총잡이라는 생각 자체가 우습지 않은가? 그분은 갈색 예수님이시다.

두 번째는 더 가슴 아픈 이야기로, 당시 이스라엘과 관련된다. 예수님이 그곳에서 사역하시고 죽으시고 부활하시고 아버지께로 승천하실 때, 이스라엘은 점령국이었다. 이스라엘의 통치자 가운데 일부는 유대인이나 유대계가령, 헤롯 왕조였지만, 모든 지배권은 로마에 있었다. 따라서 1세기 이스라엘에 대한 모든 언급은 이러한 현실을 진지하게 받아들여야 한다. 오늘날 이스라엘은 팔레스타인에게 점령당한 나라가 아니라 그들을 지배하는 점령국이다. 우리가 미국이나 세계열강에 부여하는 제국이라는 이름은 오늘날 이스라엘 국가에도 적용될 수 있다.

이스라엘이 제국이라는 인식은 반유대주의의 우를 범하지 않으려는 우리의 노력에 항상 긴장을 불어넣어야 한다. 여기에는 수수께끼가 있다. 이 문제는 1세기 문학에 대한 주석을 쓸 때 매우 복잡해진다. 나는 누가복음과 관련하여 이스라엘을 언급할 때, 독자들이 로마에 점령당한 1세기 팔레스타인을 가리킨다는 사실을 이해해 주기를 바랐다. 나는 오늘날 이스라엘 국가의 목적이나 목표를 지지한다는 것이 아니다.

동시에 나는 오늘날 인종차별에는 반유대주의 정서가 깊이 내재한 사실을 알고 있다. 캐나다와 미국에서는 유대인이 인구 조사나 유사한 통계에서 대체로 백인으로 분류되기 때문에 이러한 내재성이 드러나지 않는다. 그러나 제2차 세계대전을 전후하여 유럽, 특히 독일에서 일어난 사건들은 월등한 인종을 추구하는 순수 혈통이라는 미친 개념에 기초한 것이다. 소피아 사마타르Sofia Samatar는 자신의 저서 『하얀 모스크: 회고록』The White Mosque: A Memoir에서 어떻게 독일의 일부 메노파 신자들이 "인종 도해, 뼈의 알파벳"이라고 불리는 뼈 구조로 메노파 인종을 규명하는 작업에 동원되었는지를 살펴본다.126 당시의 메노파 신자들은 당연히 두려움이 앞섰지만, 자신을 유대 민족과 구별하려는 그들의 노력은 불행한 결과를 초래했다. 사마타르는 독일의 메노파 일부를 노동 수용소와 사형집행으로부터 구출하기 위해 노력하는 가운데 부지중에 인종차별을 조장하는 인종 구별에 가담하게 되었다는 메노나이트 중앙위원회 담당자 피터 다이크Peter Dyck에 대해 통렬한 언어로 묘사한다.128

이 모든 것은 제국적 요소, 특히 반유대주의와 인종주의에 뿌리를 둔 백인 민족주의가 복음의 밝은 조명 아래 분명히 드러나야 할 필요가 있음을 보여준다. 나의 조상은 당시 체제에서 이단으로 인식되어 순교당했다. 나는 이단이라는 단어를 사용하는 것을 꺼린다. 그러나 백인 우월주의의 이름으로 무기를 든 예수님의 이미지에 대한 비판에 이보다 강력한 단어는 없어 보인다. 달리 할 말은 없다. 오직 하나님의 긍휼을 바랄 뿐이다.

제자, 사도, 열두 제자

누가복음에서 열둘열두 제자로 불리는 사도는 예수께서 6장 12-15절에서 호명하신 핵심 그룹이다. 누가복음에서 사도나 열두 제자라는 용어는 그리 많이 나타나지 않는다. 예수님의 "제자"는 누가복음에서 30번 정도 언급되는, 더 광범위한 영역에 해당한다. 8장 1-3절에서 "보냄을 받은" 사도는 한 여자가 예수께 향유를 부은 7장 36-50절 이후 몇몇 여자와 함께 예수님과 동행한 열두 제자로 나타난다. 9장 1-6절에서 예수님은 그들에게 능력을 주시고 하나님의 나라를 전파하며 병든 자를 고치는 사명을 위해 보내신다. 9장 10절에서 전도를 마치고 돌아온 사도들은 예수께 보고한 후 함께 휴식을 취하기 위해 한적한 곳으로 떠난다. 그러나 이 휴식은 오래가지 못한다. 무리가 알고 따라왔기 때문이다. 그들을 영접하신 예수님은 말씀을 전파하고 병자를 고치는 긴 하루를 시작하신다. 그날 저물 무렵, 열두 제자는 예수께 나아와 무리를 보내어 먹을 것을 얻게 하시기를 구한다. 예수님의 생각은 달랐다. 그와 열두 제자가 오천 명을 먹이는 것이다.

9장 이후, 사도나 열두 제자는 큰 관심을 받지 못한다. 10장 1절에서 예수님이 따로 세워 앞서 보낸 자는 열둘이 아니라 칠십 인이다. 사도나 열두 제자에 대한 산발적 언급은 특별히 호의적이지 않다. 17장 1-5절에서 사도들은 하루에 일곱 번이라도 용서하라는 가르침에 가장 먼저 반응한다. 제자들도 예수님의 말씀을 듣지만, 마지막에 예수께 "우리에게 믿음을 더하소서"라고 말하는 자는 사도들이다. 우리는 사도들의 외침이 어떤 어조였는지 가늠할 수 없지만, 이어진 예수님의 말씀은 "너희에게 겨자씨 한 알만한 믿음이 있었더라면.."이다. 이것은 예수께서 그렇게 생각하지 않으심을 보여준다. 18장 31-34절에서 예수님은 열두 제자를 따로 불러 예루살렘에서 자신에게 어떤 일이 기다리고 있는 지에 대해 보다 분명하게 깨닫게 하신다. 그것은 수난에 대한 예고 가운데 가장 구체적이고 가장 분명한 말씀이지만, 열두 제자는 그 말씀을 이해하지 못한다. 22장 14절에서 사도들은 최후의 만찬에 참여하며, 22장 3절과 22장 47절에서 가룟 유다는 열두 제자 중의 한 명으로 구체적으로 언급된다. 마지막으로 24장 10-11절에서 사도들은 무덤에 간 여자들이 전한 부활의 기쁜 소식을 믿지 않는 자들로 제시된다. 한 마디로, 사도들은 광범위한 제자 집단과 구별되지만, 누가복음에서는 큰 관심을 받지 못하며, 그 가운데는 부정적인 묘사도 있다.

이와는 대조적으로, 누가는 더 큰 그룹의 제자들에게 초점을 맞춘다. 이 그룹에는 여자들도 포함된다.8:1-3 또한 24장 13-35절에서 엠마오로 가던 글로바와 그의 친구도 포함된다. 이 그룹은 예수님의 말씀을 듣고 따르던 자들이 포함된다. 이 그룹은 사도들열두 제자을 배제하지 않지만야고보와 요한은 9장 54절에서 구체적으로 거명된다, 핵심 그룹보다 광범위하다. 누가

에게 있어서 "제자"라는 단어의 핵심 개념인 "배우는 자"나 "학생"은 보내심을 받은 자라는

개념보다 광범위하다.

N
W
E
S
시돈
사렙다
아빌레네
다마스쿠스
헐몬산
시리아
두로
페니키아
가아사라 빌립보
갈릴리
프롤레마이스
고라신
가버나움
마가단
벧세다
갈멜산
가나
티베리아
갈릴리호수
나사렛
나인
다볼산
가다라
데가폴리스
가이사라
살렘
애논
거라사
지중해
사마리아
수가
베뢰아
마하나임
미스바
사마리아
욥바
그리심산
+아리마대
에브라임
여리고
+베다니
엠마오
아스돗
예루살렘
쿰란
베다니
아스칼론
유 다
베들레헴
마카이루스
가자
드고아
헤브론
사해
브엘세바
마사다
이두매아
나바테아
신약시대의
팔레스틴지도
+ 도시의 위치가 부정확

관련서적 Bibliography

Alexander, Loveday

2005 *The Preface to Luke's Gospel: Literary Convention and Social Context in Luke 1:1-4 and Acts 1:1.* Society for New Testament Monograph Series 78. Cambridge: Cambridge University Press.

Alter, Robert

1981 *The Art of Biblical Narrative.* New York: Basic Books.

Baker, David

1998 "The Jubilee and the Millennium: Holy Years in the Bible and Their Relevance Today." *Themelios* 24, no. 1 (October): 44–69.

Baker—Fletcher, Karen

2006 *Dancing with God: The Trinity from a Womanist Perspective.* St. Louis: Chalice.

Barton, John

2002 *The Biblical World.* Vol. 2. Oxfordshire: Routledge.

Bartsch, Hans—Werner

1974 "The Sword—Word of Jesus (Luke 22:35-38)" *Brethren Life and Thought* 19 (Summer): 149–55.

Bauer, Walter

1958 *A Greek-English Lexicon of the New Testament and Other Early Christian Literature.* 2nd ed., edited by F. Wilbur Gingrich and Frederick W. Danker. Chicago: University of Chicago Press.

Belousek, Darrin W. Snyder

2011 *Atonement, Justice, and Peace: The Message of the Cross and the Mission of the Church.* Grand Rapids: Eerdmans.

Bird, Michael

2007 "The Unity of Luke-Acts in Recent Discussion." *Journal for the Study of the New Testament* (June 1): 425–48.

Borg, Marcus, and N. T. Wright

1999 *The Meaning of Jesus: Two Visions.* San Francisco: HarperSanFrancisco.

Borgman, Paul

2006 *The Way according to Luke: Hearing the Whole Story of Luke-Acts.* Grand Rapids: Eerdmans.

Bovon, François

2002 *Luke 1: A Commentary on the Gospel of Luke 1:1–9:50.* Hermeneia: A Critical and Historical Commentary on the Bible. Minneapolis: Fortress.

2012 *Luke 3: A Commentary on the Gospel of Luke 19:28–24:53.* Hermeneia: A Critical and Historical Commentary on the Bible. Minneapolis: Fortress.

2013 *Luke 2: A Commentary on the Gospel of Luke 9:51–19:27.* Hermeneia: A Critical and Historical Commentary on the Bible. Minneapolis: Fortress.

Boyd, W. J. Peter

1956 "Peter's Denial—Mark xiv.68, Luke xxii. 57." *Expository Times* 67 (August): 341.

Burnett, Clint
  2013 "Eschatological Prophet of Restoration: Luke's Theological Portrait of John the Baptist in Luke 3:1-6."
       Neotestimentica 47, no. 1: 1–24.
Burridge, Richard A.
  2007 *Imitating Jesus: An Inclusive Approach to New Testament Ethics*. Grand Rapids: Eerdmans.
Childs, Brevard
  1993 *Biblical Theology of the Old and New Testaments: Theological Reflection on the Christian Bible*.
       Minneapolis: Fortress.
Cisar, Nancy Kaufmann
  1999 "Hannah's Song, the Magnificat, and Millennial Reflections on Motherhood." *Friends Journal:
       Quaker Life and Thought Today* 45, no. 12 (December 1): 6–7.
Conzelmann, Hans
  1961 *The Theology of St. Luke*. Translated by Geoffrey Buswell.
       Philadelphia: Fortress.
Craddock, Fred
  2009 *Luke*. Interpretation: A Bible Commentary for Teaching and Preaching. Louisville: Westminster John
       Knox.
Doran, Carol, and Thomas H. Troeger
  1992 *Trouble at the Table: Gathering the Tribes for Worship*. Nashville: Abingdon.
Driver, John
  1986 *Understanding the Atonement for the Mission of the Church*. Scottdale, PA: Herald Press.
Dunstan, Sylvie G.
  2020 "You, Lord, Are Both Lamb and Shepherd." In *Voices Together*, #432. Harrisonburg: MennoMedia.
Ekblad, Bob
  2005 *Reading the Bible with the Damned*. Louisville: Westminster John Knox.
Elias, Jacob W.
  1978 "The Beginning of Jesus' Ministry in the Gospel of Luke: A Redaction-Critical Study of Luke 4:14-
       30." ThD diss., Toronto School of Theology.
Enz, Jacob
  1972 *The Christian and Warfare: The Roots of Warfare in the Old Testament*.
       Scottdale, PA: Herald Press.
Fitzmyer, Joseph
  1982 *The Gospel according to Luke I–IX: Introduction, Translation, and Notes*.
       Anchor Bible 28. New York: Doubleday.
  1985 *The Gospel according to Luke X–XXIV: Introduction, Translation, and Notes*. Anchor Bible 28A.
       New York: Doubleday.
Flusser, David
  1969 *Jesus*. New York: Herder and Herder.
Gallagher, Edmon L.
  2022 *The Gospel of Luke: Explorations in Christian Scripture*. Cypress Bible Study Series. Florence, AL:
       Heritage Christian University Press.
González, Justo L.
  2010 *Luke. Belief: A Theological Commentary on the Bible*. Louisville: Westminster John Knox.
Green, Joel B.
  1986 "Jesus on the Mount of Olives (Luke 22:39-46): Tradition and Theology." *Journal for the Study of
       the New Testament* 26: 29–48.
  2015 *Conversion in Luke-Acts: Divine Action, Human Cognition, and the People of God*. Grand Rapids:

Baker Academic.

Guyot, Gilmore H.
1942 "Peter Denies His Lord." *Catholic Biblical Quarterly* 4, no. 2 (April): 111–18.

Hachlili, Rachel
2005 *Jewish Funerary Customs, Practices and Rites in the Second Temple Period.* Supplements to the Journal for the Study of Judaism 94, edited by John J. Collins. Leiden and Boston: Brill.

Hays, Christopher M.
2016 *Renouncing Everything: Money and Discipleship in Luke.* New York: Paulist Press.

Jarvis, Cynthia A., and E. Elizabeth Johnson, eds.
2014 *Feasting on the Gospels: Luke.* 2 vols. Louisville: Westminster John Knox.

Johnson, Luke Timothy
1991 *The Gospel of Luke.* Sacra Pagina. Collegeville, MN: Liturgical Press.

Karcher, Eva
2002 *Otto Dix.* London: Taschen.

Karris, Robert J.
2001 "Women and Discipleship in Luke." In *A Feminist Companion to Luke*, edited by Amy-Jill Levine with Marianne Blickenstaff, 23–43. Cleveland: Pilgrim.

Kazantzakis, Nikos
1960 *Last Temptation of Christ.* Translated from Greek by P. A. Bien. New York: Simon and Schuster.

Klassen, William
1996 *Judas: Betrayer or Friend of Jesus?* Minneapolis: Fortress.
2002 *Love of Enemies: The Way to Peace.* Eugene, OR: Wipf and Stock.

Kreider, Alan
2016 *The Patient Ferment of the Early Church: The Improbable Rise of Christianity in the Roman Empire.* Grand Rapids: Baker Academic.

Kruger, H. A. J.
1997 "A Sword over His Head or in His Hand? Luke 22:35-38." In *The Scriptures in the Gospels*, edited by C. M. Tuckett, 597–604. Leuven: Leuven University Press.

Kurz, William S., S.J.
1985 "Luke 22:14-38 and Greco-Roman and Biblical Farewell Addresses." *Journal of Biblical Literature* 104, no. 2: 251–68.

Lampe, G. W. H.
1984 "The Two Swords (Luke 22:35-38)" In *Jesus and the Politics of His Day*, edited by Ernst Bammel and C. F. D. Moule, 335–51. Cambridge: Cambridge University Press.

Lee, Nancy
2012 "Lament in the Bible and in Music and Poetry across Cultures Today." Teaching the Bible: An E-newsletter for Public School Teachers by Society of Biblical Literature (August 3) https:// www. sbl-site.org/assets/pdfs/TB7_LamentMusic_NL.pdf.

Levine, Amy–Jill, and Marian Blickenstaff, eds.
2002 *A Feminist Companion to Luke.* New York: Sheffield Academic.

Levine, Amy–Jill, and Ben Witherington III
2018 *The Gospel of Luke.* New Cambridge Bible Commentary. New York: Cambridge University Press.

Liberto, David
2003 "To Fear or Not to Fear? Christ as *Sophos* in Luke's Passion Narrative." *Expository Times* 114, no. 7 (April): 219–23.

Lind, Millard
1980 *Yahweh Is a Warrior: The Theology of Warfare in Ancient Israel.*

Scottdale, PA: Herald Press.

Luz, Ulrich

2005 *Matthew 21–28: A Commentary*. Minneapolis: Fortress.

Marcus, Joel

1995 "Jesus' Baptismal Vision." *New Testament Studies* 41 (October): 512–21.

Maynard–Reid, Pedrito U.

1997 *Complete Evangelism: The Luke-Acts Model*. Scottdale, PA: Herald Press.

Metzger, Bruce

1968 *The Text of the New Testament: Its Transmission, Corruption, and Restoration*. Oxford: Oxford University Press.

1994 *A Textual Commentary on the Greek New Testament*. 2nd ed. Freiburg im Breisgau: United Bible Societies.

Minear, Paul S.

1964 "A Note on Luke xxii 36." *Novum Testamentum* 7, no. 2 (March): 128–34.

Mosothoane, Ephraim K.

1987 "Violence in the Gospel Tradition." In *Theology and Violence: The South African Debate*, edited by Charles Villa-Vicencio, 111–32. Grand Rapids: Eerdmans.

National Memorial for Peace and Justice

2018 "The National Memorial for Peace and Justice." EJI. museumandmemorial.eji.org/memorial.

Neyrey, Jerome H.

1980 "The Absence of Jesus' Emotions—the Lucan Redaction of Lk 22,39-46." Biblica 61 (1980): 153–71.

Nolland, John

1989 *Luke 1:1–9:20*. Word Biblical Commentary 35A. Nashville: Nelson.

1993a *Luke 9:21–18:34*. Word Biblical Commentary 35B. Nashville: Nelson.

1993b *Luke 18:35–24:53*. Word Biblical Commentary 35C. Nashville: Nelson.

Ollenburger, Ben C.

2001 "Jubilee: 'The Land Is Mine; You Are Aliens and Tenants with Me.' " In *Reclaiming the Old Testament: Essays in Honour of Waldemar Janzen*, edited by Gordon Zerbe, 208–304. Winnipeg: Canadian Mennonite Bible College Publications.

Olson, Dennis T.

1992 "Temptations and Trials in Deuteronomy 6–11, Luke 4, and Luke 22–24: The Significance of a Recurring Three-Fold Pattern." In *All Things New: Essays in Honor of Roy E. Harrisville*, edited by Arland J. Hultgren, Donald H. Juel, and Jack Dean Kingsbury, 21–28. Word and World Supplement Series 1. St. Paul: Luther Seminary.

Pervo, Richard

1987 *Profit with Delight: The Literary Genre of the Acts of the Apostles*. Philadelphia: Fortress.

Reid, Barbara E.

1996 *Choosing the Better Part? Women in the Gospel of Luke*. Collegeville: Liturgical Press.

Ringe, Sharon

1985 *Jesus, Liberation, and the Biblical Jubilee: Images for Ethics and Christology*. Overtures to Biblical Theology 19. Philadelphia: Fortress.

Samatar, Sofia

2022 *The White Mosque: A Memoir*. New York: Catapult.

Schaberg, Jane D., and Sharon H. Ringe.

2012 "Luke". In *Women's Bible Commetary*, edited by Carol A. Newsom, Sharon H. Ringe, Jacqueline E. Lapsey. Louisville: John Knox.

Schertz, Mary H.

1994 "God's Cross and Women's Questions: A Biblical Perspective on the Atonement." *Mennonite Quarterly Review* 68, no. 2 (April): 194–208.

Schertz, Mary H., and Perry B. Yoder

2001 *Seeing the Text: Exegesis for Students of Greek and Hebrew*. Nashville: Abingdon.

Scurlock, JoAnn, and Burton T. Anderson, trans.

2005 *Diagnoses in Assyrian and Babylonian Medicine*. Urbana: University of Illinois Press.

Sellew, Philip

1987 "The Last Supper Discourse in Luke 22:21-38." *Forum* 3, no. 3: 70–95.

Senior, Donald, C.P.

1988 "Jesus in Crisis: The Passion Prayers of Luke's Gospel." In *Scripture and Prayer: A Celebration for Carroll Stuhlmueller*, edited by Carolyn Osiek and Donald Senior, C.P., 117–30. Wilmington, DE: Glazier.

Shillington, V. George

2001 "Salt of the Earth? (Mt 5:13/Lk 14:34f)" *Expository Times* 112, no. 4: 120–21.

Smyth, Herbert Weir

1956 *Greek Grammar*. Revised by Gordon M. Messing. Cambridge: Harvard University Press.

Snodgrass, Klyne R.

2008 *Stories with Intent: A Comprehensive Guide to the Parables of Jesus*. Grand Rapids: Eerdmans. 2nd ed., 2018.

Soards, Marion L.

1986 "'And the Lord Turned and Looked Straight at Peter': Understand- ing Luke 22,61." *Biblica* 67, no. 4: 518–19.

Swartley, Willard M.

1976 "Yoder's 'Politics of Jesus': An Analysis of Its Biblical Rootage." Unpublished paper, October 8. In Archives of Mennonite Historical Society of Saskatchewan. Vol. 3.127, Peace Theology Papers.

1996 "War and Peace in the New Testament." *Aufstieg und Niedergang der Römischen Welt* 26, no. 3: 2299–408. Berlin: de Gruyter. Also pub- lished as an offprint.

2019 *Jesus, Deliver Us: Evil, Exorcism, and Exousiai*. Eugene, OR: Cascade Books.

Tannehill, Robert C.

1986–90 *The Narrative Unity of Luke-Acts: A Literary Interpretation*. 2 vols. Philadelphia: Fortress.

1996 *Luke*. Abingdon New Testament Commentaries. Nashville: Abingdon.

Tiede, David L.

1980 *Prophecy and History in Luke-Acts*. Philadelphia: Fortress.

1988 *Luke*. Augsburg Commentary on the New Testament. Minneapolis: Augsburg.

Tilley, Terrence W.

2008 *The Disciples' Jesus: Christology as Reconciling Practice*. Maryknoll, NY: Orbis Books.

Tostengard, Sheldon

1980 "Luke 22:39-46." *Interpretation* 34 (July): 283–88.

Trocmé, André

1973 *Jesus and the Nonviolent Revolution*. Translated by Michael H. Shank and Marlin E. Miller. Scottdale, PA: Herald Press.

Tuckett, C. M.

2002 "Luke 22, 43-44: The 'Agony' in the Garden and Luke's Gospel." In *New Testament Textual*

Criticism and Exegesis, edited by A. Denauz, 131–44. Leuven: Leuven University Press.

Voices Together

2020 Harrisonburg, VA: MennoMedia.

Wiebe, Ben

1992 *Messianic Ethics: Jesus' Proclamation of the Kingdom of God and the Church in Response.* Scottdale, PA: Herald Press.

Wink, Walter

1968 *John the Baptist in the Gospel Tradition.* London: Cambridge University Press.

Yoder, John Howard

1994 *The Politics of Jesus: Vicit Agnus Noster.* 2nd ed. Grand Rapids: Eerdmans.

Yoder, Perry B.

1987 *Shalom: The Bible's Word for Salvation, Justice, and Peace.* Newton, KS: Faith & Life Press.

2017 *Leviticus.* Believers Church Bible Commentary. Harrisonburg, VA: Herald Press.

추가적인 자료

본문 주해

González, Justo L. Luke. Belief: A Theological Commentary on the Bible. Louisville: Westminster John Knox, 2010. 이 시리즈는 오늘날 성경 학자들과 신학자들 사이의 괴리를 메우려고 시도한다. 곤잘레스는 특히 누가복음의 반전이라는 주제와 오늘날 교회의 관련성에 초점을 맞춘다.

Jarvis, Cynthia A., and E. Elizabeth Johnson, eds. Feasting on the Gospels: Luke. 2 vols. Louisville: Westminster John Knox, 2014. 이 책은 Feasting on the Word 시리즈의 일부에 해당하는 7권의 복음서 가운데 두 편으로, 1권은 누가복음 1–11장을 다루고 2권은 누가복음 12–24장을 다룬다. 이 책은 다른 주석과 마찬가지로 본문을 신학, 목회, 주석, 설교라는 네 가지 관점에서 접근하며 교회 중심적 사고를 하는 다양한 저자에 의해 집필되었다.

Levine, Amy–Jill, and Ben Witherington III. The Gospel of Luke. New Cambridge Bible Commentary. New York: Cambridge University Press, 2018. 700페이지 달하는 이 책은 누가복음에 대한 방대한 새 주석 가운데 하나로, 한 유대인 학자와 복음주의 학자 간의 대화 및 주석이다. Levine과 Witherington은 역사와 신학, 그리고 누가복음이 수천 년 동안 어떻게 선용또는 악용되었는지에 대해 활기차고 진솔한 대화를 나눈다.

Snodgrass, Klyne R. Stories with Intent: A Comprehensive Guide to the Parables of

Jesus. 2nd ed. Grand Rapids: Eerdmans, 2018. 이 책은 비유에 관한 걸작 가운데 하나다. Snodgrass는 각 복음서의 비유에 대한 역사적 배경, 문학적 맥락 및 해석학적 역사를 다룬다.

성경에 대한 반응

나는 성경에 대한 반응도 훌륭한 자료가 된다는 사실을 점차 인식하게 되었으며, 실제로 몇몇 작품은 누가복음을 연구하는 동안 많은 영감을 주었다. 가장 인상 깊은 작품은 울리히 루즈Ulrich Luz의 마태복음 21-28장에 대한 해석학적 주석Luz: 460에서 찾은 오토 딕스Otto Dix의 베드로의 뉘우침을 주제로 한 석판화다. Otto Dix는 제1차 세계대전에 참전한 후 전쟁에 환멸을 느낀 독일의 예술가다. 그의 작품은 충격적이며 노골적이다. 원래 개신교도였던 그는 결국 무신론자가 되었으며 불신자로 남아 있다. 흥미로운 사실은 그의 후기 작품들은 이러한 신앙적 입장을 굽히지 않으면서도 점차 성경적 주제를 많이 다룬다는 것이다.Karcher: 202 나는 주석을 집필하는 동안 종종 베드로가 자신이 한 일을 뉘우치는 모습에 대한 딕스의 묘사로 되돌아가곤 했다. 그림의 여백이나 강력한 윤곽은 두 번째 기회를 주신 신적 은혜와 인간적 슬픔의 심오한 연합을 보여준다. 그것은 베드로의 현현일 수 있다. 그것은 전쟁의 상처로 인한 오토 딕스 자신 비극적 이야기일 수도 있다. 어쩌면 그것은 제자 베드로와 복음서기자 누가와 예술가 딕스가 이 우주 공간에서 어울려 보인다는 필자의 확신일지도 모른다. 우리는 이러한 희망적 조화 속에서 미래를 구축해나가는 본문의 의미를 찾을 수 있다.

다른 두 작품 역시 복음서기자 누가가 예수님을 신앙의 핵심적 역설로 묘사한다는 필자의 통찰력에 중요한 기여를 한다. 두 작품은 본 주석 작업이 거의 끝날 무렵 만났기 때문에 본서에서는 생성적 역할을 하지 못했지만, 둘 다 필자에게 절실했던 긍정적 신호를 주었다. 그것은 확실히 생명, 믿음, 예수, 누가를 아우르는 것이었다. Voices Together 432에서 실비아 던스턴Sylvia Dunstan은 "주님, 당신은 어린 양이시며 목자이신다"라는 찬송가 가사를 들려준다. 던스턴은 이 찬송가에서 우리가 따르는 예수님의 복잡성과 카리스마를 인정한다. 그는 "영원한 순간"이며 "선물이자 희생"이시다. 그리고 2021년, 이스턴 메노나이트 신학교에서 음악, 미술, 간단한 의식을 통해 믿음을 배양하기 위한 밭과 씨 프로젝트Soil and the Seed Project를 시작했다. 그들이 부르는 "나는 나의 구속주가 살아계심을 안다네"라는 가사는 우리가 잘 알고 좋아하는 세이크리드 하프Sacred Harp에 수록된 찬양으로Voices Together 347, 고난의 종과 거룩한 전사의 이미지를 통합한 누가의 개념을 반영한 것처럼 보인다.

나는 두 작품을 고대의 문헌을 들여다볼 수 있는 창으로 추천한다. 두 작품은 확실히 우리의 이성적이고 직선적인 마음을 넘어 정통적이고 핵심적이며 우리를 하나로 묶고 조명함으로써 보다 영적이고 신적인 무언가로 향하도록 도와준다.

기타 자료

Gallagher, Edmon L. *The Gospel of Luke*: *Explorations in Christian Scripture*. Cypress Bible Study Series. Florence, AL: Heritage Christian University Press, 2022. 이 책은 바이블 스터디 교사를 위한 자료로, 공관복음 문제와 같은 기본적 정보에 대한 요약 외에도 토론을 위한 지침 및 질문이 포함된 격의 없는 자료다.

Green, Joel B. *Conversion in Luke-Acts*: *Divine Action, Human Cognition, and the People of God*. Grand Rapids: Baker Academic, 2015. Green은 인지과학 및 성경적 신학을 통해 "회개와 변화는 무엇을 의미하는가"라는 누가행전의 핵심 질문에 대한 통찰력을 제공한다. 이것은 중요한 질문이며, 그린이 지적하듯이 누가는 회심을 하나의 여정이자 평생의 습관으로 보는 관점에 중요한 기여를 한다.

Levine, Amy-Jill, and Marian Blickenstaff, eds. *A Feminist Companion to Luke*. New York: Sheffield Academic, 2002. 이 책에 실린 14편의 에세이는 누가복음에 등장하는 여성에 대한 다양한 페미니즘적 관점을 보여준다. 예수님 당시 1세기 여성의 역할과 기능 및 활동에 대해 다룬 이 책은 당시의 여성에 대한 이해 및 생생한 페미니즘 사고에 대한 인식에 중요한 자료다.

Maynard-Reid, Pedrito U. *Complete Evangelism*: *The Luke-Acts Model*. Scottdale, PA: Herald Press, 1997. Maynard-Reid는 누가복음이 전도에 대한 전반적 관점을 제시하며 사회적, 영적 변화와 갱신을 강조한다는 주장을 설득력 있게 제시한다.

Tannehill, Robert. *Narrative Unity of Luke-Acts*: *A Literary Interpretation*. 2 vols. Minneapolis: Fortress, 1986-90. 감리교 학자인 Tannehill은 누가행전에 대한 최초의, 그리고 여전히 가장 훌륭한 문학적 해석가 중 한 명이다. 이 책은 연대기적 순서에 따르지 않고 제자도, 가난하고 억압받는 자와 같은 주제를 이용한다는 점에서 전통적인 주석 형식과 다르다. 따라서 목회자나 특정 구절에 대한 통찰력을 얻으려는 사람들에게는 어려울 수 있다. 그러나 이 책은 성경 색인이 잘되어 있어 충분히 활용해볼 가치가 있으며 특히 설교와 교육에 유익한 자료다. 누가복음에 대한 보다 직접적인 설명을 원한다면, Abingdon Bible Commentary series Nashville: Abingdon, 1996에 수록된 Tannehill의 누가복음편을 참조해도 좋다. 그러나 이 자료는 사용하기에는 편리하지만, 문학적 해석의 풍요로움과 매력이 부족하다

자료색인 성구 및 고대문헌